해법

부동산중개론

이 승 길 저

法 文 社

苦生하신 어머니와 아내에게 바친다

머 리 말

드디어 봄이 온 듯하다. 햇살은 따스하고 바람도 상큼하다. 유난히 길고 추웠던 겨울이 아니었던가! 올 봄에는 모두 다 따사로운 햇살을 느낄 수 있으면 좋겠다.

본서를 기획하고 집필을 시작한 지 15개월이 흘렀다. 그 동안 "부동산중개업법"이 2006. 1. 29. 생명을 다하고, "공인중개사의업무및부동산거래신고에관한법률"이 2006. 1. 30.부터 시행됨에 따라, 거의 완성했던 원고를 상당 부분 다시 수정하게 되면서 피로감이 누적되었다. 매일 반복되는 과정에서 굳이 책을 쓸 필요가 있을까 하는 회의감도 들었지만, 인내하면서 탈고(脫稿)하였다.

필자가 부동산중개업에 정진(精進)한 지도 10년이 지났다. 그 동안 다양한 지식과 경험을 습득하기 위하여 나름대로 노력하였으나 아직도 부족함은 여전하다. 그럼에도 불구하고 본서를 집필하게 된 것은 중개업에 지침이 될 만한 이론서가 부족하기 때문이다. 사실 부동산을 논하기 위해서는 부동산학뿐만 아니라 법학, 경제학, 행정학 등 다양한 인문·사회과학을 두루 섭렵(涉獵)해야 하고, 아울러 상당한 실무경험의 집적(集積)도 요구되는 것이 사실이다. 이러한 사정으로 그 동안 제대로 된 이론서 내지 실무지침서가 출간되기 어려웠을 것이다. 다만, 본서는 다음과 같은 목적으로 집필하였음을 밝히고자 한다.

첫째, 부동산 중개업에 종사하는 분들이 실무지침서로 활용할 수 있도록 배려하였다. 중개실무 과정에서 파생될 수 있는 다양한 문제와, 부동산에 대한 근본적인 의문에 답할 수 있는 내용들을 다양하게 수록하였으므로 실무 길라잡이로써 충분할 것이다.

둘째, 공인중개사 시험을 준비하는 수험생들을 염두에 두고 서술하였다. 본서는 일관하여 현행 "공인중개사의업무및부동산거래신고에관한법령"을 중심으로 논하였으므로, 깊이 있고 체계적인 이론에 천착(穿鑿)하고자 하는 수험생들에게는 좋은 참고서가 될 것이다.

셋째, 부동산 학업에 골몰(汨沒)하는 학생들의 학습능력과 부동산 마인드를 입체적으로 향상시킬 수 있도록 구성하였다. 주지하다시피 우리나라는 부동산 학문의 일천(日淺)한 역사로, 아직 학생들의 지적 욕구를 충족시켜 줄 만한 교재가 흔하지 않다. 따라서 본서는 부동산학도들에게 새로운 가치관을 심어줄 수 있을 것이다.

평소 부동산 정책과, 관련 공법들이 정치(精緻)하지 못하여 파생되는 사회적 부조리를 목도(目睹)하면서, 이제는 국가적 차원에서 부동산 분야에 필요한 전문가를 체계적으로 양성할 필요가 있다는 생각을 해본다. 그렇게 되려면 우선 다양한 이론서가 많이 출간되어야 할 것이다. 본서가 그 계기가 되기를 기대한다.

마지막으로 무명인 저자의 원고를 흔쾌히 받아주신 법문사의 배효선 사장님 그리고 수고를 아끼지 않으신 전충영 상무님과 송병량 차장님의 노고에 깊이 감사드리며, 아울러 본 서를 통하여 독자제현 모두가 부동산에 대한 새로운 지평을 볼 수 있게 되기를 바란다.

2006. 6. 10.

대구 송현동에서

차   례

제2편 부동산 중개실무

제1편

공인중개사의업무및
부동산거래신고에관한법률

제 1 장 총   론

제 1 절 부동산 중개 연혁

1. 서   설

중개(仲介)는 오랜 역사를 가지고 있다. 중개의 대상이 되는 것은 사람·사물에 한정되지 않았다. 오늘날에도 우리 생활주변에는 중개행위가 필요한 분야가 많음을 볼 수 있다. 특히 부동산 중개는 부동산에 대한 사적소유 의식이 형성된 이후 탄생하였을 것임은 짐작할 수 있다. 그런데 우리 역사에서 부동산 중개와 관련된 연혁은 거간(居間)에서 찾는 것이 일반적이다(김기수 1973, 8, 9-21). 따라서 오늘날 우리가 사용하고 있는 "중개"라는 용어가 사용되기 전에는 당연히 "거간"이라는 용어가 사용되었음은 물론이다.[1]

고대 그리스, 로마시대에도 중개는 자유롭게 행해졌다. 그러나 중세에는 중개인 단체의 구성원이 아니면 중개행위를 할 수 없도록 하는 공직의 성격을 갖고 있었고, 19세기 이후부터 비로소 자유영업으로 인정되었다. 중국의 경우에는 한·육조시대에 시보인(時保人), 지견인(知見人) 등의 중개인 제도가 나타났는데, 이들은 자신들이 중개한 물건에 하자가 있을 경우 담보책임도 부담하는 준공인(準公人)의 지위에 있었다(소성규 1998, 21-22).

한편 우리 역사속에 나타나는 중개 연혁은 고려시대의 객주(客主)와 거간에

---

1) 거간의 의미는 "사람들의 행위에 관여하여 일의 성사를 도와주는 행위"를 의미하고, 이러한 일을 주도하는 사람을 "거간군(居間君)"이라 했다. 거간의 연혁에 대해 객주(客主)에 의해 발생했다는 "객주기원설", 외국과의 교역을 중개하는 역할에서 출발했다는 "교역기원설", 자연경제 시대에 물자의 유통·교환을 담당하는 역할에서 발생하였다는 "물자유통기원설" 등이 있는데, 일반적으로는 물자유통기원설에 거간의 근거를 두고 있다고 한다(김기수 1973, 20).

서 출발하여 오늘에 이르고 있는 바, 각 시대별 중개업을 담당한 자와 그 제도
에 대하여 간단히 살펴보면 다음과 같다.

2. 우리나라 중개 연혁

가. 고려시대 중개제도

1) 객 주

객주는 생산자로부터 위탁받은 물품을 보관·관리하면서, 동 물건의 판매를
행하는 일종의 위탁매매업자로서 그 수하에 많은 거간을 거느리고 있었다. 일
반적으로 객주를 부동산 중개업의 효시(嚆矢)로 보고 있다.

2) 거 간

거간은 객주의 중개 업무를 보조하는 자를 말한다. 거간에는 두 종류가 있었
는데 객주의 집에 거주하면서 활동하는 내거간(內居間)과, 거주하지는 않고 출
퇴근 하는 외거간(外居間)이 있었다.[2] 이들 거간은 토지·가옥에 대한 매매·
대차·전당(典當)뿐만 아니라 일반 상품에 대한 중개 기능도 담당하고 있었다.

나. 조선시대 중개제도

1) 가쾌(家儈)

가쾌는 일명 "집주름" 또는 "가거간(家居間)"이라 칭하며, 토지·가옥의 매
매·전당(典當)·대차(貸借)의 중개를 업으로 하는 거간을 말한다. 이러한 점에
서 가쾌를 우리 역사상 최초의 부동산 중개업자로 평가하고 있다. 가쾌는 주로

---

2) 내거간에는 객주와 같이 출자하여 조합원의 지위를 갖고 있어 상업적 이윤을 추구하면서
객주의 기업에 일정한 역할을 하는 동사거간(同事居間)과, 객주에게 단순한 노력만 제공하
고 임금을 받는 노력거간(勞力居間)이 있다. 한편 개성상인 중에는 화물을 중개하는 당화
거간(唐貨居間)과, 금전을 중개하는 환전거간(換錢居間), 상전(商前)앞에서 손님을 끌고
들어와 상점 주인에게 수수료를 받는 열립군(列立軍)이라는 거간도 있었다고 한다(소성규
1998, 21).

경성·평양에서 활동하였고, 여러 명의 가쾌가 공동으로 사무소를 운영하였다. 영업장소에는 특별한 제한을 받지 않았으며 알선으로 거래가 성사되었을 경우에는 가쾌가 매매증서 등에 증인으로 연서(連書)함으로써 보증책임도 부담하였다. 한일합병 당시 가쾌의 수는 약 500여명에 이르렀다고 한다.

2) 복덕방(福德房)

복덕방은 가쾌 내지 가거간의 영업장소를 말한다. 복덕방은 대체로 수 인의 가쾌들이 공동으로 운영하였다. 한일합병 당시 경성에는 약 100여개의 복덕방이 있었다고 한다.

다. 대한제국시대 중개제도

거간은 객주에 소속된 보조기관으로 활동하였다. 그러나 1890년부터는 독립된 상업주체로 변화된다. 이 때부터 객주와 거간 사이에 다툼이 빈번하여, 그 분쟁을 방지하고 상거래 질서를 유지하기 위하여 1890. 5. 15. 근대적 중개제도를 최초 입법화한 "객주거간규칙"을 제정하여 3개 개항지인 부산·인천·원산에서 시행하였다. 그 후 1893년에는 거간인가제를 도입하게 된다. 이에 따라 거간이 되고자 하는 자는 한성부에서 신원조사와 일정한 절차를 통하여 발급하는 "거간인가증"이라는 첩장(帖帳)을 교부받아 활동하게 된다.

라. 일제시대 중개제도

1910. 8. 29. 일제에 의해 한일합병이 된 후, 일본인의 자유로운 거래활동을 보장하기 위하여 거간에 대한 인가제가 폐지됨으로써 중개업은 자유직역(自由職域)이 된다. 그 후 1922년에는 경기도령 제10호로 제정된 "소개영업취제규칙"을 통하여 부동산 중개업을 허가제로 운영하게 된다.

마. 소개영업법에 의한 중개제도

1945. 8. 15. 해방 이후에도 일제시대의 중개제도가 한동안 그대로 운영되었

다. 그 후 1961. 9. 23. "소개영업과 그 단속에 관한 사항을 규정함으로써 국민생
활의 편익을 증진함을 목적"으로 법률 제726호로 소개영업법이 제정·시행되
었다. 동법에 의하면 소개영업 범위는 "부동산·동산·기타 재산권"도 포함하
고 있었다. 그리고 종전의 허가제는 신고제로 전환되어 다시 자유직업으로 변
하게 된다. 이러한 소개영업법은 부동산중개업법이 시행되는 1984. 4. 1.까지 시
행되었는데, 다음과 같은 문제점을 내포하고 있었다.

첫째, 신고제 및 무자격제로 운영함으로써 누구나 소개영업이 가능하여 소
개업자의 폭증과 난립을 초래하였다.[3]

둘째, 소개업자의 의무규정이 미비하여 불건전한 방법의 소개행위 및 악덕
소개행위가 자행되었다. 특히 소개 대상물에 대한 하자여부·권리관계·법령상
제한사항 등에 대한 확인 및 설명의무 규정이 없었으므로 고의적인 기망에 의
한 소개행위도 빈번하였다.

셋째, 악덕 소개업자를 규제하는 제도가 미비하였다. 즉 신고제로 인하여 일
정한 자격이 요구되지 않았으므로 허위·부정·투기조장·가격조작·탈세 등
불법적인 행위에 대해서도 적절히 규제할 수 있는 제도적 장치가 부족하였다.

바. 부동산중개업법에 의한 중개제도

1) 서 설

위에서 논한 소개영업법에 대한 여러 문제를 보완하기 위하여 1975. 12. 2.
개정안이 제출되었다. 동 법안의 주요내용은 소개영업의 대상물을 부동산에 한
정하고, 전과자·무능력자 등 결격사유가 있는 자는 중개 업무를 수행할 수 없
도록 하며, 중개업을 허가제로 운영하는 등의 내용을 담고 있었다.[4] 그러나 동

---

3) 전국 소개업자수는 1970년 20,218명, 1976년 24,963명, 1978년 35,450명, 1980년 38,146명으
로 폭증하였다. 학력별 분포는 국졸·중졸·고졸·대졸 순이었고, 국졸과 중졸의 수가 전
체 소개업자수의 약 70%를 차지하고 있었다(김기수 1985, 46).
4) 공화당 박삼철(朴三喆) 의원 외 75인의 의원입법으로 제출된 동 개정안의 동기는 1971. 3.
발족된 가칭 "대한부동산거래사협회"의 발족에 힘입었다고 한다(김기수 1973, 48). 동 법
안의 내용을 구체적으로 살펴보면, 소개영업의 대상은 부동산으로 제한하고(제2조), 소개
영업자의 자격을 제한하여 전과자·무능력자 등 일정한 결격사유가 있는 경우에는 소개영

개정안은 제9대 국회 회기종료로 자동폐기 된다.

그 후 1978년 부동산 투기과열로 지가폭등 현상이 또 다시 사회문제로 대두
되자, 동년 9. 19. 내무부안으로 다시 개정안이 국회에 제출되었다. 동 법안에는
부동산 소유권 이전을 목적으로 하는 거래계약 체결시 관급용지를 사용할 의
무, 계약서 작성권자는 그 부본을 행정기관에 보고할 의무, 자격사인 중개사와
등록관청의 허가를 받은 중개인 및 내무부장관의 허가를 받는 중개법인으로 중
개업자를 구분하고, 중개업자의 결격요건 규정을 두고, 업무지역 한정규정을 통
하여 중개인은 읍·면·동지역, 중개사는 시·도 지역, 법인은 전국으로 하며,
기타 중개업을 규율하기 위한 여러 제도를 담고 있었다. 그러나 동 법안도 기존
소개영업자의 대량 실업과 이에 따른 노년층의 대정부 불만층 형성 및 새로운
도시개발로 인한 소개업자의 부족 등에 따른 문제로 결국 폐기되고 말았다.[5]

업을 할 수 없게 하고(제3조), 소개영업을 하고자 하는 자는 시장·군수·구청장의 허가를
받도록 하며, 소개영업자의 정원을 시·도 조례로 정하도록 하였다(제4조 및 제5조). 소개
영업을 하고자 하는 자는 재정보증인 2명을 선임하거나 20만원 이상의 금액을 공탁하여야
하고(제7조), 소개영업 허가취소 및 업무정지 사유를 구체적으로 규정하며(제9조 및 제10
조), 소개행위에 관한 보수는 내무부령으로 정하며(제12조), 소개영업자는 허가기관이 인
정하는 용지를 사용토록 하고, 업무처리부에 영업실적을 명확히 기재하여야 한다(제20조
및 제21조). 소개영업자의 품위보전과 자율적 규제를 위한 부동산소개영업연합회를 설립
하고(법 제25조 내지 제29조), 소개영업법 위반에 대한 벌칙을 강화하는 등의 내용을 담고
있었다(법 제31조 내지 제34조).

5) 1978. 9. 19. 내무부안으로 제출된 "부동산거래중개법(안)"은 중개업자의 위법행위에 대한
   처벌 및 행정처분 강화와 내부적 통제를 강화하기 위한 입법의 성격이 강하였는데, 그 주요
   내용은 다음과 같다.
   ① 부동산 소유권 이전을 목적으로 하는 거래계약서 등을 작성할 경우 관급용지를 사용할
      의무(제3조 제1항)
   ② 거래당사자가 직접 계약서를 작성하지 않을 경우에는 계약서 작성권자를 지정하며, 지
      정된 작성권자는 계약서 부본을 관할 시장·군수·구청장 및 세무서장에게 보고할 의
      무(제3조 제2항 및 제4조)
   ③ 부동산 중개업자를 구분하여 중개인은 시·군·구청장의 허가를 받도록 하고, 시험을
      통한 자격자인 중개사는 신고, 법인은 내무부장관의 허가를 받아 중개업을 하도록 하
      며, 업무활동 지역은 중개인은 시·군·구 지역, 중개사는 시·도 지역, 법인은 전국으
      로 규정함(제7조, 제12조, 제16조, 제21조, 제23조)
   ④ 중개업자의 결격사유와, 공정한 업무처리, 비밀준수, 겸업금지, 중개물건확인설명, 업무
      처리부 비치 등 의무를 규정함(제10조, 제26조, 제27조, 제29조, 제32조 내지 제34조, 제
      36조)
   ⑤ 중개업자의 사위행위·과장광고, 투기조장, 자기거래, 허가증 대여 등에 대한 금지규정

1979. 7. 23. 내무부안으로 다시 부동산거래중개법(안)이 제출되었는데, 동 법안은 1978년 안보다는 훨씬 정돈된 것이었다. 그러나 동 법안도 부동산 경기 침체와 정치적 불안으로 인하여 보류되고 말았다.[6]

부동산중개업법은 앞서 논의된 소개영업법 개정 등과 관련하여 제안된 법안을 중심으로 정부안으로 제출되어 1983. 12. 30. 법률 제3676호로 제정되고 1984. 4. 1.부터 시행되었다. 동법 시행과 더불어 기존의 소개영업법은 폐지되었다. 그런데 부칙으로 소개영업법에 의하여 1983. 11. 30. 이전에 신고를 하고 소개영업을 하고 있던 자는 동법 제7조에서 규정하고 있는 결격사유에 해당하지 않으면 허가를 받은 것으로 인정하고, 법 시행일로부터 3개월 내에 신고증을 반납하고 허가관청으로부터 중개업 허가증을 교부받도록 하였다.

2) 부동산중개업법 연혁

부동산중개업법은 제정과 더불어 시대 조류에 따라 수차례에 걸쳐 개정하게 되는데, 제정 법률과 그 개정에 따른 주요내용을 살펴보면 다음과 같다.

가) 제정 법률의 주요내용(1983. 12. 30. 법률 제3676호)

① 공인중개사제도 도입

② 중개업에 대한 허가제

③ 결격자에 대한 중개업 종사 금지규정

을 명문화시킴(제28조, 제32조)

⑥ 부동산 거래질서 유지, 지역간 업자수의 균형 기타 공익적 필요에 따라 중개업 허가 또는 신고에 대해 거부할 수 있는 규정을 명문화시킴(제37조)

⑦ 중개업무 정지 및 취소사유를 구체화 하고 중개업자의 보수를 대통령령으로 정함(제38조, 제39조, 제44조)

⑧ 중개업자의 자질향상과 권익보호, 손해배상, 기금조성을 위한 부동산중개업조합 및 중앙회를 법인으로 설립토록 함(제45조 내지 제52조)

⑨ 동법규정 위반에 대한 벌칙 강화(제56조 내지 제59조)

⑩ 결격사유가 없는 기존 소개영업자가 영업소 시설기준을 갖춘 경우에는 동법 시행 후 1년간만 중개업을 허용토록 함(부칙 제4조)

6) 1979년 개정안의 주요내용은 대부분 1978년 법률안과 동일하며, 단지 중개업자의 손해배상 책임을 담보하기 위한 보증보험 및 공탁제도를 도입하고 있는 점 등에서만 다소 발전된 법안으로 평가되고 있다(법 제26조).

④ 중개대상물에 대한 확인·설명의무와 이에 대한 서면교부의무

⑤ 중개업자의 손해배상의무 및 금지행위 규정

⑥ 중개업 종사자의 교육의무

⑦ 허가관청 관할구역 내 사무소 설치 및 이중사무소 설치금지

⑧ 재정보증인 선임, 보증보험, 공탁제도를 통한 의뢰인 보호

⑨ 중개인의 영업권을 시·군·구에 한정

⑩ 부동산중개업협회 설립 의무화

나) 1차 개정 법률 주요내용(1989. 12. 30. 법률 제4153호) — 부동산중개업 전문성 제고를 위한 개정

① 공인중개사 및 법인에 한해 중개업 신규허가

② 중개업자의 거래계약서 작성의무 및 허위기재 금지의무

③ 중개업자의 비밀준수의무, 중개물건확인·설명의무 강화

④ 중개행위에 대한 용어 중 "영업"을 "업무"로, "영업소"를 "사무소"로 변경

⑤ 중개업자 사용인을 "중개보조원"과 "소속 공인중개사"로 구분하고, 결격사유가 있으면 사용인이 될 수 없도록 함

⑥ 업무보증 방법으로 재정보증인제 폐지 및 손해배상책임 확대

⑦ 중개업자에 대한 행정처분시 청문절차 도입

⑧ 협회의 공제사업 및 회원과 중개 의뢰인 간 분쟁조정을 위한 협회 내 분쟁조정위원회 설치근거 규정 도입

⑨ 중개업 종사자에 대한 교육내용 및 교육기간 명시, 광고 등에 따른 사무소 명칭 표시규정 도입

다) 제2차 개정 및 제3차 개정(1990. 8. 1. 법률 제4244호 및 1990. 12. 27. 법률 제4268호)

제2차 개정은 부동산등기특별조치법 개정에 따라 거래계약서의 필요적 기재사항 및 검인(檢認)계약서 사용의무제 폐지 등에 따른 부수개정이었고, 제3차 개정은 정부조직법 개정으로 부동산 중개업무 주관 부서가 내무부에서 건설부로 이관됨에 따른 개정이었다.

라) 제4차 개정(1993. 12. 27. 법률 제4628호) ― 부동산중개업 선진화를 위한 개정

① 부동산거래정보망 도입과 이를 이용할 경우 중개인의 업무지역을 전국으로 확대할 수 있도록 함

② 중개법인의 겸업범위를 구체화시켜 업무범위를 확장시키고 분사무소 설치를 가능토록 함

③ 중개사무소 설치 기준을 삭제하고, 전속중개계약제도를 도입함

④ 중개 의뢰인의 검인신청요구권 신설

⑤ 시·도 조례로 정하도록 한 중개수수료 규정을, 건설부령이 정하는 범위 내에서 시·도 조례로 정하도록 함

⑥ 건설부의 공인중개사시험위원회 및 분쟁조정위원회를 허가관청에도 설치할 수 있도록 허용함

마) 제5차, 제6차 개정(1997. 12. 13. 법률 제5453호, 제5454호)

제5차 개정에는 청문절차를 폐지하여 행정절차법에 의하도록 하고, 제6차 개정은 부동산 중개업무 주관부서 명칭이 건설부에서 건설교통부로 변경됨에 따른 개정이었다.

바) 제7차 개정(1999. 3. 31. 법률 제5957호) ― 부동산 중개시장 개방에 대비한 중개업의 자율적 성장기반 조성을 위한 개정

① 중개업 허가제를 등록제로 변경

② 허가일로부터 30일내 업무개시 의무규정, 중개업 허가갱신제, 사용인의 고용인원 제한 및 고용·해고에 따른 신고제, 일반교육 및 연수교육제도, 중개업자의 협회 설립의무, 협회정관 준수의무, 협회 자동가입제, 협회 임원의 건설교통부장관 승인제를 각 폐지함으로써 회원과 협회의 자율성을 최대한 보장토록 함

사) 제8차 개정(2000. 1. 28. 법률 제6236호) ― 중개업의 합리적 개선을 위한 개정

① 중개인의 업무지역을 시·군·구에서 특별시·광역시·도 지역으로 확

대하고, 등록관청 관할구역 밖으로도 사무소 이전을 허용함

② 폐업 및 신규등록을 사전신고에서 사후신고제로 간편화 함

③ 중개 의뢰인의 중개계약서 작성요구권 인정

④ 중개대상물확인・설명서 내용을 확대하고, 중개업자에게 중개대상물에
　대한 자료제출요구권 인정

⑤ 계약금 등에 대한 예치권고제 도입

⑥ 감독기관의 사무소 방문요건 강화

⑦ 중개업 종사자의 이중소속 금지규정 및 중개업자의 장부비치 의무, 사무
　소 명칭규정, 분쟁조정위원회 제도를 각 폐지함

⑧ 공인중개사 자격취소 요건을 벌금형에서 징역형으로 강화하고, 공인중개
　사 또는 이와 유사한 명칭 사용을 금지함

⑨ 합동사무소 설치근거 명문화

⑩ 업무정지와 과태료 병과규정의 단일화 및 협회의 정관변경・사업계획・
　예산 등에 대한 건설교통부장관에게 보고할 의무규정 삭제

3. 공인중개사의업무및부동산거래신고에관한법률

가. 제정 목적

공인중개사의업무및부동산거래신고에관한법률은 부동산중개업을 건전하게
지도・육성하고, 공정하고 투명한 부동산 거래질서를 확립함으로써 국민경제에
이바지함을 목적으로 제정하였다(법 제1조).[7] 공인중개사의업무및부동산거래
신고에관한법률(이하 이 책에서는 "공부법" 또는 "법"이라 한다. 그 하위법은 "영",
"칙"이라 한다)의 제정목적을 도식으로 표현해 보면 다음과 같다.

---

[7] 공인중개사의업무및부동산거래신고에관한법률은 법률 제7638호로 제정되어 2005. 7. 29.
　공포되었다. 그리고 동법 부칙 제1조에 의하여 부동산거래신고제에 관한 법 제27조, 제28
　조, 제51조 제1항 제2호 및 동조 제3항은 2006. 1. 1.부터, 기타 규정은 2006. 1. 30.부터 시행
　하게 되었다.

궁 극 적 목 적
국민경제 이바지

⇑

간접목적(법적 효과)
공정하고 투명한 부동산거래질서확립

⇑

직접목적(1차목적)
중개업의 건전한 지도 · 육성

공부법이 추구하는 궁극적인 목적을 구현하기 위해서는 직접목적과 간접목적이 실현될 수 있어야 한다. 따라서 직접목적을 실현하기 위하여 중개업자에 대한 행정기관의 지도·감독규정과, 중개업자가 준수해야 할 각종 의무·금지규정 및 이에 따른 권리규정을 두고 있다.

한편 중개업 등록제, 공인중개사 명칭 무단사용 금지, 중개대상물 확인 및 설명, 에스크로우 제도, 부동산거래신고제, 중개업자의 결격사유, 중개 의뢰인에 대한 손해배상제도, 중개업자에 대한 행정규제와 벌칙 등을 통하여 간접목적을 구현하고자 한다.

나. 공부법의 법적 성격

1) 사법의 특별법

공부법은 사법(私法), 즉 민법 및 상법에서 규정하고 있는 중개와 관련된 규정에 앞서 적용되는 특별법적 지위에 있다. 따라서 부동산 중개와 관련된 경우에는 먼저 공부법이 적용되고, 동법에 특별한 규정이 없을 경우에만 민법 또는 상법의 규정을 보충적으로 적용하게 된다.

2) 부동산 중개에 관한 일반법

공부법은 민법 또는 상법을 제외한 다른 법률에서 부동산 중개와 관련된 특별규정을 두고 있을 경우에는 이들 규정에 대해서는 기본법으로서의 지위에 있다. 따라서 다른 법률에서 부동산 중개와 관련된 규정이 두고 있을 경우에는 이들 법률이 먼저 적용되고, 공부법은 보충적으로 적용된다.

3) 사회법

공부법은 공법적(公法的) 성격과 사법적(私法的) 성격이 혼합된 사회법적 성격을 갖고 있다. 사회법을 일명 "중간법"이라고도 한다. 즉 국가와 중개업자간 수직적 관계를 규율하고 있는 공인중개사 제도, 중개사무소 등록과 관련된 규정, 등록관청의 지도·감독규정, 중개업자의 금지행위·의무규정 및 그 위반에 대한 행정처분과 벌칙규정은 공법적 성격을 갖고 있다.

반면 중개업자와 중개 의뢰인의 사적자치 영역에 속하는 중개계약, 거래계약, 법정한도 내의 중개수수료 결정에 대한 합의 등은 사법적 성격에 해당한다. 따라서 공부법은 공법과 사법의 성격을 겸하고 있다.

다. 공부법상 주요개념 정의

1) 중 개

법 제2조 제1호에서는 중개 개념을 다음과 같이 정의하고 있다. 즉 "중개라 함은 법 제3조의 규정에 의한 중개 대상물에 대하여 거래 당사자 간의 매매·교환·임대차 그 밖의 권리의 득실변경에 관한 행위를 알선하는 것"이라고 규정하고 있다. 여기서 중개의 개념요소에 대하여 살펴보면 다음과 같다.[8]

가) 중개행위 성립요건

중개가 성립하기 위해서는 객관적으로 당사자 간의 거래계약 성립과정에 중개업자의 알선·매개행위가 있어야 한다. 따라서 일반적으로 중개가 성립되기

---

8) 법 제2조 제1호에서 권리의 득실변경의 예시적인 모습으로 "매매·교환·임대차"를 규정하고 있으나 이는 잘못된 표현이다. 즉 임대차는 물권에 준하는 권리의 모습 그 자체이지, 권리가 득실변경하는 행위의 형태가 아니다. 그리고 "매매·교환"도 권리이전의 한 모습에 불과하므로 적당한 표현이 될 수 없다. 따라서 중개개념을 정의하고 있는 동 법문을 "…중개대상물인 권리의 설정·이전·변경에 관한 행위의 알선…"이라고 정의하는 것이 타당하다.

위해서는 다음과 같은 요건이 필요하다.

(1) 법정 중개대상물이 존재할 것

법 제3조에는 법정 중개대상물을 규정하고 있다. 여기에는 토지, 건물 그 밖의 토지의 정착물, 대통령령이 정하는 재산권 및 물건으로서 입목에관한법률에 의한 입목·광업재단저당법에 의한 광업재단·공장저당법에 의한 공장재단을 규정하고 있다(법 제3조 및 영 제2조). 따라서 중개업자에 의한 중개행위가 성립하기 위해서는 이러한 중개대상물이 존재하여야 한다.

(2) 사적 거래가 가능할 것

법정 중개 대상물에 해당하는 경우에도 각 대상물은 사적 거래가 가능한 것이어야 하다. 예컨대 법정 중개대상물인 경우에도 공물(公物)에 해당할 경우, 즉 행정재산에 해당하는 공공용물·공용물·기업용 재산과 보존재산은 사적 거래의 대상이 아니므로 중개대상물이 되지 못한다.

(3) 쌍방 중개의뢰인이 존재할 것

매도·매수의뢰인, 임대·임차의뢰인 등 중개업자에게 중개대상물을 매개로 대립적 지위에 있는 중개의뢰인이 존재하여야 한다. 따라서 일방 중개의뢰인만 존재할 경우에는 중개가 성립될 수 없다. 만약 일방 중개의뢰인을 통하여 중개업자가 거래계약을 체결한 경우에는 자기거래에 해당할 뿐 중개는 성립되지 않는다.

(4) 매매·교환 그 밖의 권리의 득실변경에 관한 행위의 알선이 있을 것

중개가 성립하기 위해서는 중개대상물에 대한 어떤 권리의 득실변경에 대한 중개업자의 알선이 있어야 한다. "알선(斡旋)"이란 중개의뢰인 쌍방의 입장에서 부동산에 대한 권리의 득실변경이 가능하도록 조력하는 일체의 사실행위를 말한다. 다만, 중개대상물에 대한 매매·교환은 중개업자의 중개행위 모습에 대한 예시에 불과함은 물론이다.

나) 중개의 법적 성질

(1) 사실행위

중개는 법률사실 중 사실행위에 속한다. "사실행위"란 법률사실 중 사람의

정신작용에 기한 적법행위의 한 유형으로, 행위에 의하여 생긴 결과만이 법률상 의미가 있는 것을 말한다. "법률사실"이란 법률요건을 구성하는 각각의 사실을 말한다. 다수의 법률사실이 결합하여 법률요건을 이루고, 법률요건은 다시 법률효과를 발생하게 된다. 다만, 중개행위는 거래계약 체결과정에 어떤 의식과정이 요구되는 혼합사실 행위에 해당한다고 할 수 있다(곽윤직 1989, 325). 판례도 부동산 중개행위는 거래계약 체결이라는 법률효과를 구성하는 하나의 법률요건으로써 사실행위에 해당한다고 판시하고 있다(서울고판 1994. 12. 15).

(2) 보조적・준비적 행위

부동산 중개행위는 당사자의 거래계약 체결이라는 법률효과를 완성하기 위한 중개업자의 보조적・준비적 행위라고 볼 수 있다(서울고판 1994. 12. 15). 여기서 "보조적・준비적 행위"란 어떤 법률효과를 형식적으로 보충하거나 확정하는 것을 목적으로 할 뿐, 직접 실질적인 법률관계를 변동케 하는 것이 아닌 행위를 말한다(곽윤직 1989, 355).

다) 중개와 구별되는 개념

(1) 대 리

"대리(代理)"란 대리인이 대리권을 수여한 본인의 이름으로 의사표시를 하거나 수령함으로써 그 법률효과가 직접 본인에게 귀속케 하는 제도를 말한다(민법 제114조). 이러한 대리행위는 법률행위에 대해서만 인정되고, 사실행위나 불법행위에는 허용되지 않는다.

중개행위는 중개업자가 중개의뢰인의 요구에 따라 당사자 간에 거래계약이 성립될 수 있도록 알선・매개하는 보조적・준비적・사실적 행위에 불과한 것이므로, 법률행위에만 허용되는 대리제도와는 구별된다.

(2) 위 임

"위임(委任)"이란 당사자 일방(委任人)이 상대방(受任人)에 대하여 사무처리를 위탁하고, 상대방이 이를 승낙함으로써 성립하는 계약으로 수임인의 노무를 이용하는 계약을 말한다(민법 제680조). 위임의 목적인 "사무처리의 위탁"이라함은 수임인으로 하여금 재량에 따라 사무를 처리케 하는 것을 말한다. 그리고 위임은 원칙상 무상성(無償性)을 가지며, 위임인과 수임인은 절대적 신뢰를 바탕으로 성립하게 된다.

중개행위는 중개업자와 중개의뢰인 간의 신뢰관계를 전제로 하지 않는다는 점과, 유상성 및 사무처리를 위탁받는 것이 아니라는 점에서 위임과는 구별되고 있다.

⑶ 고 용

"고용(雇傭)"이라 함은 당사자 일방(勞務者)이 상대방(使用者)에 대하여 노무 내지 노동력을 제공할 것을 약정하고, 상대방은 이에 대하여 보수를 지급할 것을 약정함으로써 성립하는 계약을 말한다(민법 제655조). 고용은 노무자 자신이 자기의 노무 그 자체를 제공하여야 하고 사용자의 지휘·감독을 받아야 한다. 한편 사용자는 노무자의 노무를 적법하게 임의로 활용함으로써 어떤 일을 완성할 수 있다. 대신 일의 완성과 무관하게 노무자에게 보수를 지급할 의무가 있다.

중개행위는 중개활동이라는 노무 그 자체만으로는 부족하고 당사자 간의 거래계약 체결이라는 중개완성이 필요하며, 중개업자가 중개의뢰인으로부터 지휘·감독을 받지 않는다는 점에서 고용과 구별된다.

⑷ 도 급

"도급(都給)"이란 수급인(受給人)이 어떤 일을 완성할 것을 약정하고, 이에 대하여 도급인(都給人)이 그 완성된 결과에 대하여 보수를 지급할 것을 약정함으로써 성립하는 계약을 말한다(민법 제664조). 도급은 "어떤 일의 완성 그 자체"를 목적으로 하는 계약이다. 따라서 일의 완성이 없으면 아무리 수급인이 노력을 제공한 경우라도 보수의 일부도 청구할 수 없다. 그리고 수급인은 일을 완성하여 목적물을 도급인에게 인도할 의무가 있다(곽윤직 1984, 405-413).

부동산 중개행위도 거래계약 체결이라는 중개완성이 없으면 중개수수료 청구권이 발생하지 않는다는 점에서 보면 도급과 유사하다. 그러나 중개업자는 중개를 완성시킬 의무가 없는 점에서 수급인과 구별된다.

(5) 사자의 행위

"사자(使者)"란 본인이 결정한 내심적 효과의사를 그대로 전달함으로써 표시행위 완성에 협력하는 자를 말한다. 사자에는 단순히 본인이 완성한 의사표시를 그대로 전달하는 전달기관으로서의 사자와, 본인이 결정한 의사를 상대방에게 표시함으로써 그 의사표시를 완성하는 표시기관으로서의 사자가 있다(곽윤직 1989, 446).

중개행위도 의뢰인의 의사를 타방 의뢰인에게 전달하는 측면에서는 사자와 유사한 측면이 있다. 그러나 중개과정에는 중개업자가 전문가적 입장에서 법적·사실적·경제적 측면을 분석·판단한 결과를 바탕으로, 쌍방 의뢰인을 설득하는 점에서 사자와 구별된다.

(6) 현상광고

"현상광고(懸賞廣告)"란 광고자가 어떤 행위를 한 자에게 일정한 보수를 지급할 것을 표시하고, 이에 응모한 자가 그 광고에서 정한 행위를 완성함으로써 효력이 발생하는 계약을 말한다. 현상광고 중 광고로 정한 행위를 한 자 가운데서 가장 우수한 자에게만 보수를 주겠다는 의사표시를 "우수 현상광고"라 한다. 현상광고가 있을 경우에는 광고자가 정한 행위를 완료한 자에게는 그 광고에서 정한 보수청구권이 발생한다. 광고자가 정한 행위는 현상광고가 있기 전에 완성한 경우라도 무방하고, 이러한 광고가 있음을 알지 못하고 지정행위를 완료한 경우에도 보수청구권이 발생하게 된다(민법 제675조 내지 제678조).

중개행위도 일의 완성, 즉 거래계약이 체결되어야 보수청구권이 발생한다는 점에서는 동일성이 있다. 그러나 중개는 중개계약 및 거래계약 모두 중개업자와 중개의뢰인의 청약과 승낙으로 성립하는 낙성계약임에 비해, 현상광고는 광고주(廣告主)의 청약에 대한 응모자의 단순한 승낙만으로는 부족하고, 광고에서 정한 물적 요건을 갖추어야 성립하는 요물계약(要物契約)인 점에서 구별되고 있다.9)

---

9) "요물계약"이란 계약에 대한 합의 이외에도 당사자 중 일방이 물건의 인도 또는 기타의 급부를 하여야만 성립하는 것으로 천성계약(踐成契約)·실천계약(實踐契約)이라고 칭하

(7) 거래계약 이행행위

"거래계약 이행행위"란 중개완성 후 행하게 되는 필요적 절차인 거래대금 지급과 목적 부동산의 인도·인수 및 그 권리등기에 이르는 절차에 속한 행위를 말한다.

중개행위는 일반적으로 거래계약 체결 이후에도 신의칙 내지 관행상 그 이행과정에 관여하게 되나, 중개행위는 어디까지나 중개계약으로부터 거래계약이 체결되는 시점 사이에서만 성립하는 한정된 개념이므로 거래계약에 따른 이행행위와는 구별되고 있다.

라) 중개의 종류

(1) 중개업자 관여에 따른 구분

(가) 지시중개(소극적 중개)

"지시중개(指示仲介)"란 중개대상물에 대하여 단순한 자료만 전시하거나(展示仲介), 중개대상물에 관한 정보의 제공 및 조언만 행하는(報道仲介) 소극적 형식의 중개행위를 말한다.[10]

(나) 참여중개(적극적 중개)

"참여중개(參與仲介)"란 단순한 지시중개 형태를 벗어나, 적극적으로 중개의뢰인 사이에 참여하여 거래계약을 성사시키기 위하여 활동하는 중개형태를 말한다.

(2) 중개대상물에 따른 구분

(가) 민사중개

부동산 중개는 민사중개에 해당한다. "민사중개"란 상행위에 해당하지 않는 각종 거래의 알선행위를 말한다. 민사중개에는 혼인·고용 등에 대한 알선도 포함된다. 민사중개에는 원칙상 민법 규정이 적용된다. 다만, 민법에는 중개에

기도 한다. 우리 민법상 14종의 유명계약 중 요물계약은 현상광고뿐이다.

10) 1984. 4. 1.부터 시행한 "부동산중개수수료및실비의기준과한도등에관한조례(준칙)"에 따르면 전시하는 중개물건의 용지규격 및 게시일수에 따라 최저 금 20,000원에서 최고 금 200,000원 까지 전시수수료를 받을 수 있는 규정을 두면서, 중개수수료와 전시수수료는 겸하여 청구할 수 없도록 규정한 바 있었다.

대한 규정이 없다. 따라서 부동산 중개는 원칙상 공부법을 적용하게 된다.

(나) 상사중개

"상사중개"란 상행위와 관련된 거래를 알선하는 행위를 말한다. 우리 상법 제93조 이하에는 상행위와 관련된 상사중개에 대한 상세한 규정을 두고 있다. 부동산 중개는 상사중개는 아니다. 그러나 특별한 경우에는 상법이 적용될 수도 있다.

(3) 중개업자 수에 따른 구분

(가) 단독중개

"단독중개"란 1인의 중개업자가 중개의뢰인 양 당사자의 거래계약을 알선하고 단독으로 거래계약서를 작성하는 것을 말한다. 중개실무상 거래계약의 대부분은 단독중개에 의하여 체결되고 있다.

(나) 공동중개

"공동중개"란 중개완성 과정에 둘 이상의 중개업자가 관여함으로써 일방 중개업자는 매도의뢰인을, 타방 중개업자는 매수의뢰인을 각각 설득하는 방법 등으로 다수 중개업자의 노력으로 성립하는 거래계약을 말한다. 공부법에는 이러한 공동중개를 활성화하기 위하여 합동중개사무소, 전속중개계약 및 부동산거래정보망제도 등을 두고 있다.

(4) 중개행위 성질에 따른 구분

(가) 사적중개

"사적중개(私的仲介)"란 부동산에 대한 중개행위를 공부법에 근거하지 않고 행하는 것을 말한다. 부동산 중개행위는 원칙상 공부법 제9조에 의하여 등록된 중개업자만 할 수 있으므로 사적중개는 금지된다. 다만, 사적중개로 거래계약이 체결된 경우에도 사법상 효력에는 아무 문제가 없고, 단지 보수를 받은 경우에만 공부법에 저촉될 뿐이다. 그러나 우연한 기회에 당사자 간의 거래를 알선하고 이에 따라 보수를 받은 경우에도, 그 행위가 계속·반복성을 가진 경우가 아니라면 적법성을 가질 수 있다.

(나) 공적중개

"공적중개(公的仲介)"란 법률에 의하여 적법한 요건을 갖춘 자가 행하는 중개를 말한다. 즉 현행 공부법 제9조에 의하여 등록관청에 등록한 중개업자가 행하는 중개가 이에 해당한다. 이를 일명 "공인중개"라 칭하기도 한다. 공적중개를 할 경우에는 공부법에 따른 권리와 의무를 부담하게 됨은 물론이다.

(5) 물건 소재지에 따른 구분

(가) 국내중개

"국내중개"란 국내에 소재하는 중개대상물에 대하여 거래를 알선하는 것을 말한다. 공부법은 국내법이므로 대한민국 내에서 활동하는 중개행위와 중개대상물에 대하여 규율하고 있다.

(나) 국외중개

"국외중개"란 대한민국 외에 소재하는 중개대상물에 대하여 거래를 알선하는 행위를 말한다. 국외중개인 경우에는 원칙상 공부법이 적용되지는 않고, 중개대상물이 소재하는 해당 국가의 국내법을 적용받게 된다.

2) 공인중개사

"공인중개사"라 함은 공부법에 의하여 공인중개사 자격을 취득한 자를 말한다(법 제2조 제2호). 공인중개사 자격을 취득할 수 있는 자는 자연인에 한정되고 법인은 취득할 수 없다. 따라서 공인중개사는 건설교통부장관・특별시장・광역시장・도지사가 시행하는 공인중개사 자격시험에 합격한 자연인을 말한다(법 제4조 제1항 및 제2항).

3) 중개업

"중개업"이라 함은 다른 사람의 의뢰에 의하여 일정한 보수를 받고 중개를 업(業)으로 하는 것을 말한다(법 제2조 제3호). 즉 중개업은 다음과 같은 개념 요소를 갖고 있다.

첫째, 타인으로부터 중개 의뢰가 있어야 한다. 따라서 다른 사람으로부터 중개 의뢰가 없음에도 불구하고 중개업자가 거래계약을 체결한 경우라면, 이는 중개행위에 해당하지 않는다.

둘째, 중개행위를 업(業)으로 하여야 한다. 중개를 "업"으로 한다 함은 영리를 목적으로 특정 또는 불특정 다수인을 상대로 계속·반복적으로 부동산 거래행위를 알선하는 것을 말한다. 이와 관련된 판례를 살펴보면 다음과 같다.

> 영리의 목적이 없는 무상 중개행위는 중개업에 해당하지 않는다. 따라서 우연한 기회에 단 1회 건물 전세계약을 중개하고 수수료를 받은 사실만으로는 알선·중개를 업으로 한 것으로 볼 수 없다(대판 1988. 8. 9).
>
> 변호사법 제3조의 변호사의 직무 중 "일반 법률사무"에는 부동산중개업법 소정의 중개를 포함하지 않는다고 봄이 타당하다할 것이므로 변호사는 공인중개사처럼 중개 대상물의 매도인·매수인 등 거래당사자 양측의 사이에서 계약을 성사시키기 위한 알선행위는 할 수 없다(법무부 유권해석, 2002. 1. 24).

셋째, 일정한 보수를 받아야 한다. "보수"는 영업행위에 대한 결과로써 상인의 지위에 있는 중개업자에게 주어진 당연한 권리로 인정되는 것이다. 다만, 무상으로 중개행위를 한 경우에는 당연히 받을 수 있는 보수청구권을 선의로 포기한 것에 불과하므로 중개업 요건에 부합되지 않는 것은 아니다.

4) 중개업자

가) 중개업자 개념

"중개업자"라 함은 공부법에 의하여 중개사무소의 개설등록을 한 자를 말한다(법 제2조 제4호). 공부법에 의하여 중개사무소 개설등록을 신청할 수 있는 자는 공인중개사(단, 소속 공인중개사는 제외)와 일정한 법적요건을 구비한 법인에 한정된다. 따라서 공부법상 공인중개사와 중개업만을 영위할 목적으로 설립된 법인에 한해 중개업자가 될 수 있다. 그리고 공부법 시행 이전에 이미 중개업자 지위를 취득하고 있는 중개인에게도 중개업자 지위를 그대로 인정하고 있다(법 부칙 제6조 제1항).

나) 중개업자 종류

(1) 개인 중개업자

(가) 공인중개사 중개업자

"공인중개사 중개업자"란 공인중개사로서 법 제9조에 의하여 중개사무소 소재지 관할 등록관청으로부터 중개업 등록을 필하고 중개업을 영위하는 자를 말한다.

(나) 중개인 중개업자

"중개인 중개업자"란 공부법 부칙 제6조 제1항에 의하여 2006. 1. 30. 이전에 종전 부동산중개업법 제4조에 의하여 중개사무소 개설등록을 한 자(법률 제5957호 부동산중개업법 중 개정법률 부칙 제2조의 규정에 의하여 중개사무소 개설등록을 한 자 포함)로서 법 제9조의 규정에 의하여 중개사무소 개설등록을 한 것으로 간주되는 자를 말한다. 이러한 중개업자를 구 부동산중개업법 제2조 제5항에서는 "중개인"이라 칭하고 있었다.

(2) 법인 중개업자

"법인 중개업자"란 상법상 회사로서 공부법에 따른 일정한 요건을 갖추어 주된 사무소 소재지 관할 시장·군수·구청장으로부터 중개업등록을 받은 자를 말한다. 법인 중개업자에 대한 구체적인 내용을 살펴보면 다음과 같다.

(가) 요   건

법인이 중개업을 영위하기 위해서는 다음과 같은 법적요건을 구비하여야 한다(영 제13조 제2호).

① 상법상 회사로서 자본금이 금 5천만원 이상일 것

② 부동산중개업 및 법 제14조에서 규정하고 있는 겸업이 허용되는 업무만을 영위할 목적으로 설립된 법인일 것

③ 대표자가 공인중개사로서, 임원(합명회사 또는 합자회사는 무한책임사원을 말한다. 이하 같다)의 과반수가 공인중개사일 것

④ 임원 전원 및 분사무소 책임자가 중개업 등록신청일 현재 법 제34조 제1항에서 정한 실무교육을 받은 날로부터 1년 이내일 것[11]

⑤ 건축물 대장이 존재하는 건물에 소유권·전세권·임차권·사용차권 등의 방법으로 중개사무소를 확보할 것

(나) 종   류

① 공부법에 의한 법인 중개업자

"공부법에 의한 법인 중개업자"란 법 제9조 제2항 및 영 제13조 제2호에 의하여 부동산 중개업만 영위할 목적으로 본점 소재지 관할 등기소에서 법인 설립등기를 한 후, 등록관청으로부터 중개업 등록을 한 상법상 회사를 말한다. 이러한 중개법인은 상법 제170조에 따라 합명회사·합자회사·주식회사·유한회사로 구분된다. 그런데 중개법인은 상법규정에 불구하고 법인의 종류와 무관하게 모두 자본금이 각 금 5,000만원 이상이어야 한다.

㉮ 중개합명회사 : "합명회사(合名會社)"란 회사 채무에 대하여 직접·연대·무한책임을 지는 2인 이상의 무한책임 사원으로 구성되는 회사를 말한다(상법 제178조, 제212조). 합명회사의 무한책임 사원은 업무집행권을 갖고 있으며, 주식회사의 임원에 해당한다(상법 제200조). 따라서 중개합명회사를 설립하기 위해서는 다음과 같은 요건이 필요하다. 즉 최소 인적구성요건인 2명으로 중개합명회사를 설립하고자 할 경우에는 2명이 모두 공인중개사이어야 한다. 만약 3명 이상의 무한책임사원으로 설립할 경우에는 그 반수 이상이 공인중개사로 구성하면 된다. 회사설립은 무한책임사원으로 참여하는 자가 공동으로 정관을12) 작성하여 본점 소재지 관할 등기소에서 설립등기를 함으로써 법인이 성

---

11) 법문상 "임원의 과반수는 공인중개사일 것"이라고 규정하고 있으므로, 과반수 미만의 임원에 대해서는 공인중개사가 아닌 자도 취임할 수 있다. 다만, 영 제13조 제2호 라목에는 임원 전원이 실무교육을 받도록 규정하고 있으므로, 공인중개사 아닌 자가 법인의 임원으로 취임하는 경우에도 법 제34조 제1항에서 규정하고 있는 실무교육을 받아야 한다.

12) 합명회사는 정관을 작성하여 무한책임사원 전원이 기명날인 또는 서명하여야 한다. 정관의 필요적 기재사항은 다음과 같다(상법 제179조).
　　① 설립목적
　　② 상호
　　③ 사원의 성명·주민등록번호 및 주소
　　④ 사원의 출자 목적과 그 가격 또는 평가의 표준
　　⑤ 본점의 소재지
　　⑥ 정관작성 연월일

립한다(상법 제172조). 그러나 법인 중개업자가 되기 위해서는 관할관청에 중개업 등록을 필하여야 한다. 중개합명회사를 대표하는 업무집행사원은 정관이 정하는 바에 따라 단독 또는 공동으로 정할 수 있다. 이때 업무집행사원이 되는 자는 모두 공인중개사이어야 한다. 그러나 만약 업무집행사원을 두지 않은 경우에는 각 무한책임사원이 전부 중개법인을 대표할 권한이 있으므로, 무한책임사원 전부를 공인중개사로 구성하여야 한다(상법 제200조 제1항, 제202조).

　　㉯ 중개합자회사 : "합자회사(合資會社)"란 무한책임사원과 유한책임사원으로 구성되는 회사를 말한다(상법 제268조). 여기서 무한책임사원은 합명회사의 경우와 같이 회사 채무에 대하여 직접·연대·무한책임을 지는 사원을 말하며, 유한책임사원은 자기의 출자한도 내에서만 회사 채무에 대한 책임을 지는 사원으로서 주식회사의 주주와 같은 지위에 있다(상법 제277조). 이에 따라 무한책임사원은 주식회사 임원과 같은 지위에 있으나, 유한책임사원은 단순한 주주에 불과하다. 따라서 중개합자회사의 유한책임사원은 누구라도 참여할 수 있다. 중개합자회사를 설립하기 위해서는 최소한 1명의 유한책임사원과 1명의 무한책임사원이 정관을 작성하여, 본점 소재지 관할 등기소에 설립등기를 함으로써 성립한다(상법 제172조).[13] 그러나 중개합자회사가 중개업을 영위하기 위해서는 등록관청으로부터 중개업 등록을 필하여야 한다. 중개합자회사의 업무집행권을 갖는 무한책임사원의 과반수는 공인중개사이어야 한다. 따라서 공인중개사 1명 또는 2명이 합자회사를 설립할 경우에는 이들 공인중개사가 모두 무한책임사원이 되고, 기타 일반인은 유한책임사원으로 참여하면 된다. 다만, 3인 이상으로 무한책임사원을 구성할 경우에는 그 반수 이상을 공인중개사로 구성하면 족하다. 중개합자회사의 무한책임사원은 각자 회사를 대표하고 업무를 집행할 권한이 있다(상법 제273조). 다만, 정관으로 회사를 대표할 업무집행사원을 둔 경우에는 무한책임사원 중에서 선출된 자가 단독 또는 공동으로 회사를

---

13) 합자회사는 정관을 작성하여 무한책임사원과 유한책임사원 전원이 기명날인 또는 서명하여야 한다. 정관의 필요적 기재사항은 합명회사의 필요적 기재사항과 같다. 다만, 이에 더하여 각 사원이 무한책임 또는 유한책임인 것을 기재하여야 한다(상법 제270조).

대표하게 된다. 따라서 업무집행사원은 전부 공인중개사이어야 한다. 업무집행
사원을 정하지 않은 경우에는 무한책임사원 전원을 공인중개사로 선임하여야
할 것이다.

    ㉲ 중개주식회사 : "주식회사"란 주식으로 세분된 일정한 자본을 가지고
설립된 물적회사로서, 주주가 자기의 주식인수 가액을 한도로 출자의무를 부담
하는 회사를 말한다(상법 제331조). 상법상 주식회사는 금 5천만원 이상의 자본
금과, 3인 이상의 이사 및 감사로 구성된다. 다만, 자본의 총액이 금 5억원 미만
인 경우에는 1인 또는 2인의 이사로 구성할 수 있다. 주식회사가 1인으로 이사
를 구성할 경우에는 그 이사가 대표이사 및 이사회 기능을 담당하게 된다(상법
제383조 제6항). 주식회사의 자본은 주식으로 분할되며, 1주의 금액은 100원 이
상으로 하여 균일한 가격으로 정하게 된다. 이사와 감사는 창립총회에서 선임
한다. 이사의 임기는 3년 이내, 감사의 임기는 취임 후 3년 내의 최종 결산기에
관한 정기총회 종결시까지로 한다(상법 제312조, 제329조, 제383조 및 제410조). 중
개주식회사는 발기인이 정관을 작성하여 본점 소재지 관할 등기소에 회사 설립
등기를 함으로써 성립한다(상법 제172조).[14] 다만, 부동산 중개업을 영위하기
위해서는 주된 사무소 소재지 관할 등록관청에 공부법 제9조에 의한 중개업 등
록을 하여야 함은 물론이다. 5억원 미만의 자본금으로 중개주식회사를 설립할
경우에는 2인의 공인중개사로 임원을 구성할 수 있다. 이때 1인은 이사로, 1인
은 감사로 취임하면 된다. 다만, 임원을 3인 이상으로 구성할 경우에는 그 과반

---

14) 주식회사 정관은 발기인이 작성하여 각 기명날인 또는 서명하여야 하며, 공증인의 인증을
    받아야 한다. 정관의 필요적 기재사항은 다음과 같다(상법 제289조 및 제292조).
    ① 설립목적
    ② 상호
    ③ 회사가 발행할 주식의 총수
    ④ 1주의 금액
    ⑤ 회사설립시 발행하는 주식의 총수 ― 회사가 발행할 주식 총수의 4분의 1 이상으로 발
      행하여야 한다.
    ⑥ 본점 소재지
    ⑦ 회사가 공고를 하는 방법 ― 공고는 관보 또는 시사에 관한 사항을 게재하는 일간신문
      에 하여야 한다.
    ⑧ 발기인의 성명·주민등록번호 및 주소

수 이상은 공인중개사이어야 한다. 중개주식회사의 대표이사는 필수기관으로 이사 중 1인 또는 수 인으로 이사회에서 선임하게 된다. 다만, 정관이 정하는 바에 따라 주주총회에서 선임할 수 있다(상법 제389조).

　㉣ 중개유한회사 : "유한회사(有限會社)"란 50인 이하의 사원으로 구성되는 물적회사로서, 각 사원이 자기의 출자액을 한도로 유한책임을 지는 회사를 말한다. 다만, 특별한 사정이 있을 경우에는 법원의 인가를 얻어 50인 이상으로 사원을 구성할 수 있다(상법 제545조, 제553조). 유한회사는 자본금 1천만원 이상으로 하여 설립할 수 있다. 유한회사 자본금은 1좌(座)의 금액을 5천원 이상으로 하여 균일하게 정하여야 한다. 이사는 1인 이상 두어야 하나, 감사는 임의기관으로 두지 않아도 무방하다(상법 제546조, 제561조, 제568조). 유한회사 이사는 회사를 대표할 권한이 있다.[15] 다만, 이사가 수 인인 경우에는 정관에 특별한 규정이 없는 한 사원총회에서 1인 또는 수 인의 대표이사를 선임하여야 한다. 수 인의 이사가 존재할 경우에는 주식회사와 같이 대표이사는 필수기관이다(상법 제561조, 제562조). 중개유한회사를 설립하기 위해서는 정관을 작성하여 본점 소재지 관할 등기소에 설립등기를 함으로써 성립한다(상법 제172조).[16] 다만, 중개업을 영위하기 위해서는 본점 소재지 관할 등록관청에 공부법 제9조에 의한 중개업 등록을 하여야 함은 물론이다. 상법상 유한회사는 자본금이 금 1천만원 이상이면 족하나, 부동산 중개유한회사는 자본금이 최소 금 5천만원 이상 되어야 하는 점에서 차이가 있다(영 제13조 제2호 가목). 중개유한회사가 1인 또는 2인으로 이사를 구성할 경우에는 이들이 전부 공인중개사이어야 한다. 그러나

---

15) 주식회사 이사는 유한회사의 이사와 달리 회사대표권이 없다.
16) 유한회사 정관에는 각 사원이 기명날인 또는 서명하여야 하며 공증인의 인증을 받아야 한다. 필요적 기재사항은 다음과 같다(상법 제543조, 제293조).
　① 설립목적
　② 상호
　③ 사원의 성명·주민등록번호 및 주소
　④ 자본의 총액
　⑤ 출자 1좌의 금액
　⑥ 각 사원의 출자좌수
　⑦ 본점의 소재지

3인 이상으로 이사 또는 감사를 구성할 경우에는 이들 임원 중 과반수 이상이 공인중개사이어야 한다. 대표이사도 공인중개사이어야 함은 물론이다.

② 특별법에 의한 법인 중개업자

법인 중개업자는 공부법에 의한 중개법인이 원칙이다. 그러나 특별법에 의하여 부동산 중개업을 영위할 수 있는 법인 중개업자가 있다. 다만, 이러한 법인은 원칙상 중개업자라 할 수는 없고, 각 법인의 고유목적에 부수하여 일정한 중개 업무를 수행할 수 있는 권한을 부여받고 있음에 불과하다. 동 법인은 각 설립근거 법률에서 규정하고 있는 범위와 한계에 따라 중개업을 할 수 있다. 다만, 이와 관련된 특별규정이 없을 경우에는 공부법이 적용된다. 특별법에 의하여 설립된 법인 중에서 부동산 중개 업무를 수행할 수 있는 법인은 다음과 같다.

㉮ 농업협동조합법에 의한 지역농업협동조합 : 농업협동조합법에 의한 조합에는 지역조합과 품목조합이 있고, 지역조합은 지역농업협동조합과 지역축산업협동조합으로, 품목조합은 품목별·업종별 협동조합으로 구분된다. 농업협동조합법에 의하여 설립된 조합 및 그 중앙회는 공부법 제9조의 적용을 받지 않는다(농업협동조합법 제2조 및 제12조 제1항). 따라서 등록관청에 등록을 하지 않아도 부동산 중개업을 할 수 있다. 다만, 농업협동조합법 제57조 제2호 바목에 의하면 지역농업협동조합의 경우에는 "농지의 매매·임대차·교환의 중개"에 대하여 그 사업목적으로 할 수 있도록 규정하고 있음에 반하여, 지역축산업협동조합, 품목별·업종별협동조합, 농업협동조합중앙회는 각 목적 사업에 이와 유사한 근거 규정이 없다. 따라서 공부법 제9조와 무관하게 중개업을 영위할 수 있는 조합은 지역농업협동조합에 한정된다. 동 조합은 정관에서 정한 업무구역 내 소재하는 농지에 대한 매매·임대차·교환에 관한 중개 업무를 자유롭게 할 수 있다(농업협동조합법 제14조, 제57조 제1항 제2호 바목). 그러나 해석상 "농지(농지법 제8조에 해당하는 농지를 말한다)의 소유권에 대한 매매·임대차·교환"에 한해 중개할 수 있을 뿐이다. 따라서 농지에 대한 소유권 이외의 기타 권리, 즉 농지에 대한 지상권·지역권·저당권·환매권 등에 대한 거래 알선행위는 금지된다.[17]

㉯ 산림조합법에 의한 지역산림조합 : 산림조합법에 의한 조합에는 지역조합과 전문조합으로 구분된다. 지역조합은 지역산림조합을 말하며, 전문조합은 품목별·업종별 산림조합을 말한다. 중앙회는 산림조합중앙회를 말한다(산림조합법 제2조 제1호 내지 제4호). 동법에 의하여 설립된 조합과 중앙회는 공부법 제9조의 적용을 받지 않고, 그 사업과 관련된 부동산 중개업을 자유롭게 할 수 있다(산림조합법 제11조 제1항). 그런데 지역산림조합의 경우에는 그 목적사업에 "임목(林木) 및 임야의 매매·임대차·교환 등의 중개"를 할 수 있도록 규정하고 있으나, 전문조합 및 조합중앙회는 그 사업목적에 이와 관련된 근거규정이 없다. 따라서 지역산림조합인 경우에만 정관으로 정한 관할구역[18) 내 소재하는 "임야"에 대한 매매·임대차·교환 등에 대한 중개행위를 공부법 제9조와 무관하게 할 수 있고, 전문조합과 조합중앙회는 이를 할 수 없다. 그러나 "임목"은 원칙상 부동산이 아니므로 이에 대한 알선행위는 무방하다(산림조합법 제15조 제1항 제1호 및 제46조 제1항 제2호 자목). 다만, 해석상 "임야"에 대한 중개행위의 경우에도 이에 대한 "소유권의 매매·임대차·교환"에 한해 알선할 수 있을 뿐이므로 소유권 이외의 권리, 즉 임야에 대한 지상권·지역권·전세권·저당권·환매권 등에 대한 중개행위는 금지된다.[19)

㉰ 신탁업법에 의한 신탁회사 : "신탁업"이라 함은 신탁법에 의한 신탁을 업으로 하는 것을 말한다(신탁업법 제1조의2). 신탁법상 "신탁"은 신탁설정자

---

17) 농지에는 전세권은 설정하지 못한다. 따라서 중개대상 권리에도 전세권은 포함될 수 없다(민법 제303조 제2항).

18) 지역산림조합의 업무구역은 시·군·자치구의 구역으로 한다. 다만, 시·군·자치구의 구역으로 조직하는 것이 부적당한 경우에는 산림청장의 승인을 얻어 따로 구역을 정할 수 있다(산림조합법 제13조 제1항).

19) 농업협동조합법에 의한 지역농업협동조합의 경우에는 업무구역 내 소재하는 농지에 대한 매매·임대차·교환에 한해 중개행위를 할 수 있으나, 산림조합법에 의한 지역산림조합의 경우에는 "업무구역 내 소재하는 임목 및 임야의 매매·임대차·교환 등"이라고 규정하고 있어 소유권 이외의 권리, 즉 지상권·지역권·전세권·저당권 등에 대한 중개도 가능한 것으로 해석할 여지가 있으나, 지역농업협동조합과의 관계에서 볼 때 소유권에 한정된다고 보는 것이 타당하다(농업협동조합법 제57조 제1항 제2호 바목 및 산림조합법 제46조 제1항 제2호 자목). 다만, 임목(林木)에는 입목에관한법률에 의하여 부동산으로 간주되는 "입목(立木)"도 포함하는 것으로 보는 것이 타당할 것이다.

(委託者)와 신탁을 인수하는 자(受託者)와의 특별한 신탁관계에 기하여 위탁자가 특정 재산권을 수탁자에게 이전하거나 기타의 처분을 하고, 수탁자로 하여금 일정한 자(受益者)의 이익 또는 특정한 목적을 위하여 그 재산권을 관리·처분케 하는 사법상 법률관계를 말한다(신탁법 제1조 제2항). 신탁업을 영위하기 위한 자격요건은 금전신탁의 경우에는 금 250억원 이상, 금전 이외의 재산신탁 업무를 수행하는 경우에는 금 100억원 이상의 자본금을 갖추고 금융감독위원회로부터 인가를 받아야 한다(신탁업법 제3조 제1항 및 제2항). 신탁회사는 신탁업무외 부수적으로 부동산에 대한 매매 또는 대차의 중개 업무를 수행할 수 있도록 허용하고 있다(신탁업법 제13조 제1항 제3호 및 제4호). 다만, 농업협동조합법 제12조 제1항 및 산림조합법 제11조 제1항에서 규정하는 바와 같이 "공부법 제9조의 규정을 적용하지 아니한다."라는 명문규정이 없다. 따라서 신탁회사가 신탁업법에서 허용하고 있는 부동산 중개와 관련된 업무를 수행하기 위해서는 공부법 제9조에 의하여 등록관청으로부터 부동산중개업 등록을 필하여야 한다. 만약 등록을 하지 아니하고 중개 업무를 수행할 경우에는 중개사무소 개설등록을 하지 아니하고 중개업을 한 자에 해당하여 3년 이하의 징역 또는 2,000만원 이하의 벌금형에 처해질 수 있다(법 제48조 제1호). 그리고 등록을 하고 중개업을 영위할 경우에도 해석상 "부동산 소유권 매매와 대차"에 대한 중개업무, 즉 소유권에 대한 매매·임대차·전세·사용대차에 대해서만 알선할 수 있고, 기타 지상권·지역권·전세권·저당권·환매권 등에 대한 알선행위는 할 수 없다.

5) 소속 공인중개사

"소속 공인중개사"라 함은 중개업자에 소속된 공인중개사로서 중개업무를 수행하거나, 중개업자의 중개업무를 보조하는 자를 말한다. 여기에는 법인 중개업자에 속한 임원이나 사원으로서 공인중개사인 자를 포함한다(법 제2조 제5호). 소속 공인중개사는 중개업자에 소속된 자이므로 중개인에 소속된 자도 소속 공인중개사가 된다.

중개법인에는 상법상 법인으로 중개업만 영위할 목적으로 법 제9조에 의하여 본점 소재지 관할 시장·군수·구청장으로부터 중개업 등록을 한 경우와, 특별법에 의하여 등록 또는 등록과 무관하게 중개업무를 수행할 수 있는 특수 법인이 있다. 전자인 법인은 임원 또는 사원의 과반수 이상이 공인중개사이어 야 하고, 그 대표자도 공인중개사이어야 하므로, 공인중개사인 임원은 한편으로 는 전부 법인 중개업자의 소속 공인중개사가 된다. 그리고 특수법인이 각 개별 법에서 정하고 있는 중개업무를 수행하기 위하여 공인중개사를 채용한 경우 및 이들 법인이 법 제13조 제3항에 의하여 분사무소를 설치한 경우에는 그 분사무 소를 대표하는 공인중개사와 기타 공인중개사도 모두 소속 공인중개사가 됨은 물론이다.

한편 분사무소 대표자인 소속 공인중개사를 특히 "분사무소 책임자"라 칭하 고 있다(영 제13조 제2호 라목, 영 제15조 제3항 제1호).

6) 중개보조원
가) 의 의

"중개보조원"이라 함은 공인중개사가 아닌 자로서 중개업자에 소속되어 중 개대상물에 대한 현장안내 및 일반서무 등 중개업자의 중개업무와 관련된 단순 한 업무를 보조하는 자를 말한다(법 제2조 제6호). 중개보조원은 개인 또는 법인 중개업자에 소속될 수 있다. 다만, 이들은 중개대상물에 대한 현장안내 및 중개 업자와 관련된 일반사무를 취급하는 등 단순한 업무만 수행할 수 있을 뿐이다.

나) 소속 공인중개사와의 차이

소속 공인중개사는 중개업자에 소속된 공인중개사로서 중개보조 업무뿐만 아니라 중개업무도 수행할 수 있다. 소속 공인중개사는 중개대상물확인·설명 서와 거래계약서에 중개업자와 함께 서명·날인할 의무가 있다. 그리고 소속 공인중개사 중 법인의 대표자 또는 분사무소 책임자는 직접 중개대상물에 대한 확인·설명·자료제시 및 동 서면과 거래계약서를 작성하고 교부할 권한도 있 다(법 제25조 제4항, 법 제26조 제2항).

다만, 소속 공인중개사는 중개업자의 고유권한은 행사할 수 없는 것으로 보아야 한다. 따라서 법문상에는 비록 중개 업무를 수행할 수 있는 것으로 규정하고 있다 하더라도, 제한된 범위 내에서만 중개업무를 수행할 수 있는 것으로 해석하는 것이 타당하다.

다) 중개보조원 업무범위

중개보조원은 중개업자에게 소속되어 중개업무를 보조하는 자이므로, 일반적으로 중개업무와 관련된 전반적인 업무를 수행할 수 있는 것으로 볼 수 있다. 그러나 중개보조원의 업무는 중개업자가 중개업무를 수행하는 데 필요한 각종 업무에 대한 단순한 보조에 그쳐야 할 것이므로, 중개업자의 본질에 속하는 행위는 할 수 없다. 만약 이를 허용하게 되면 부동산 거래질서가 문란해질 수 있고, 불법 및 탈법적인 중개활동이 성행할 우려가 있기 때문이다. 이러한 취지에서 공부법에서도 중개대상물의 상태·입지·권리관계·거래이용규제 등에 대한 확인·입증서면 제시와 이에 대한 설명, 중개대상물확인설명서 및 거래계약서 작성에는 관여할 수 없도록 제한하고 있다(법 제25조 제1항 및 제3항, 제26조 제1항의 반대해석).

7) 부동산거래정보망
가) 의   의

"부동산거래정보망"이라 함은 중개업자 상호간에 부동산 매매 등에 관한 정보의 공개 및 유통을 촉진하고, 공정한 부동산 거래질서를 확립하기 위하여 건설교통부장관으로부터 이에 대한 승인을 받아 설치 운영하는 체계를 말한다(법 제24조 제1항 및 제2항). 부동산거래정보망은 중개업자들이 의뢰받은 중개 대상물을 서로 공유할 수 있도록 함으로써 능률적·효과적으로 중개업무를 수행할 수 있도록 하고, 부동산 거래질서를 확립하기 위한 선진화된 정보교환 시스템이라고 할 수 있다.[20]

---

[20] 2004. 1. 현재 건설교통부장관의 승인을 받아 부동산거래정보망을 운영하고 있는 사업자는 한국공인중개사협회, 대한공인중개사협회, 한국감정원, 아시아나항공이 있다.

나) 기   능

① 중개업자간 부동산 관련 정보공유를 가능케 함으로써 공동중개를 활성화시킬 수 있다.

② 부동산 중개업무 수행에 따른 지역적 한계를 극복할 수 있다.

③ 부동산거래정보망을 통하여 적정한 부동산 가격형성 및 조절을 가능케 함으로써 부동산 시장을 투명하게 한다.

④ 중개대상물에 대한 광역적 광고를 가능케 함으로써 거래 활성화 및 신속성을 추구할 수 있다.

다) 부동산거래정보망 설치 및 운영자

(1) 지정권자 : 건설교통부장관

(2) 승인 요건

건설교통부장관으로부터 중개업자를 대상으로 한 거래정보사업자로 지정 및 승인을 받기 위해서는 전기통신사업법에 의한 부가통신사업자로서 다음과 같은 요건을 구비하여야 한다(법 제24조 및 칙 제15조).[21]

① 당해 부동산거래정보망에 가입 및 이용을 신청한 중개업자 수가 전국적으로 2,500인 이상이고, 10개 이상의 특별시·광역시·도에서 각 50인 이상의 중개업자가 가입·이용 신청을 하였을 것

② 정보처리기사 2인 이상을 확보하였을 것

③ 공인중개사 2인 이상을 확보하였을 것

④ 부동산거래정보망 가입자가 이용하는 데 지장이 없을 정도의 건설교통부장관이 정하는 용량 및 성능을 갖춘 컴퓨터 설비를 확보하였을 것

(3) 거래정보사업자 의무

① 거래정보사업자로 지정받은 날로부터 3월 내 운영규정을 정하여 이에 대하여 건설교통부장관으로부터 승인받을 의무

---

21) 부가통신사업자(附加通信事業者)는 정보통신부장관에게 신고를 하고 기간통신사업자(基幹通信事業者)로부터 전기통신 회선설비를 임차하여 기간통신 역무를 제외한 전기통신 역무를 제공하는 사업을 영위하는 자를 말한다(전기통신사업법 제4조 및 제21조).

② 운영규정을 변경할 경우 건설교통부장관의 승인을 받을 의무

③ 중개업자로부터 의뢰된 중개대상물 정보에 한해 공개할 의무

④ 의뢰받은 정보 그대로 공개할 의무

⑤ 중개업자에 따라 차별하지 않고 공개할 의무

(4) 중개업자 의무

① 중개대상물에 대한 정확한 정보공개 의무

② 거래계약 체결 등으로 중개대상물이 변경된 경우, 거래정보사업자에게 즉시 통보할 의무

(5) 거래정보사업자 지정 취소사유

건설교통부장관은 거래정보사업자가 다음과 같은 사유 중 어느 하나에 해당할 경우에는 청문절차를 거친 후 거래정보사업자 지정을 취소할 수 있다.

① 거짓 기타 부정한 방법으로 거래정보사업자로 지정을 받은 때

② 거래정보사업자로 지정 받은 날로부터 3월내 운영규정을 정하여 건설교통부장관의 승인을 받거나, 그 변경승인을 얻지 아니한 때

③ 운영규정 내용에 위반하여 부동산거래정보망을 운영한 때

④ 거래정보사업자가 중개업자 아닌 자로부터 부동산에 관한 정보를 의뢰받아 공개하는 경우

⑤ 의뢰받은 내용과 다르게 공개하거나, 중개업자에 따라 차별적으로 정보를 공개한 경우

⑥ 정당한 이유 없이 정보사업자로 지정된 날로부터 1년 내 부동산거래정보망을 설치·운영하지 않을 경우

⑦ 개인 거래정보사업자가 사망하거나 법인의 해산 등의 사유로 부동산거래정보망을 계속 운영하는 것이 불가능한 경우

제2절 중개대상물

1. 의 의

"중개대상물"이란 공부법에 의하여 등록된 중개업자가 적법하게 중개할 수 있는 업무 대상이 되는 객체로서의 부동산을 말한다. 중개대상물에 해당하는지 여부는 중개업무의 한계를 정하는 개념으로 매우 중요한 의미를 갖고 있다. 따라서 중개업자 입장에서는 업무의 객체성을 구분할 수 있고, 고유 업무영역을 구별하는 기준이 된다. 공부법에 의한 중개대상물에는 토지, 건축물과 그 밖의 정착물, 대통령령이 정하는 재산권 및 물건으로써 입목에관한법률에 의한 입목·광업재단저당법에 의한 광업재단·공장저당법에 의한 공장재단으로 한정하고 있다(법 제3조 및 영 제2조).

한편 중개업자가 취급할 수 있는 중개대상물은 형식상 위와 같이 5가지 종류로 구분하고 있으나, 구체적인 대상물의 범위 및 어떤 권리와 변동사항을 중개대상으로 할 것인가에 대해서는 아무 언급이 없다. 따라서 이하에서는 이와 관련된 문제에 대하여 구체적으로 논해 보기로 하자.

2. 중개대상물의 종류

가. 토 지

1) 토지의 개념

"토지"라 함은 일정한 범위의 지면(地面)을 말한다. 토지는 그 구성물인 암석·지하수·토사(土砂) 등과 분리될 수 없다. 따라서 토지 소유권에는 이러한 구성물도 당연히 포함되는 것으로 하고 있다.[22)]

한편 토지는 만조수위선(滿潮水位線)으로 둘러싸인 육지(陸地) 부분을 말한다.[23] 따라서 토지는 바닷가를 포함한 육지 부분이다.[24] 다만, 육지 내에 있는 공유수면 부분, 즉 하천·호소(湖沼)·구거 기타 공용 또는 공공용으로 사용되는 수면(水面)과 수류(水流)로써 국유인 부분은 토지에서 제외하고 있다(공유수면관리법 제2조 제1호).

2) 토지의 개수

토지는 연속하고 있어 물리적으로는 구분할 수 없고 개수의 관념도 인정할 수 없다. 그러나 법률상 인위적으로 그 지표에 선을 그어 경계로 삼고 구분하는 방법으로 개수를 정하고 있다. 이에 따라 지적도에 경계를 구분하는 선을 통하여 필지(筆地)를 정하고, 각 필지마다 이를 특정하기 위한 사항을 부여하고 있는데, 지적도·임야도를 통하여 각 필지에 대한 토지의 소재·지번·지목·경계 등의 내용을 확인할 수 있다(지적법 제10조). 토지는 지적도 또는 임야도에 의하여 인위적으로 구분된 각 필지를 단위로 개수를 정하게 된다.[25]

---

22) 광업법 제3조에서 규정하고 있는 법정광물이 속한 토지의 미채굴 광물에 대한 채굴권 및 취득권, 즉 광업권을 부여할 수 있는 권한은 국가에 있으므로, 토지 소유권은 이들 광물에는 미치지 못한다. 따라서 미채굴 광물은 토지 소유권에는 속하지 않고 국유에 속하는 독립된 부동산으로 간주하고 있다(곽윤직 1989, 304). 한편 이와 관련하여 판례는 "논둑은 논의 구성부분이며, 논둑을 논에 포함시켜서 거래하는 것이 상례이다."라고 판시한 바 있다(대판 64다120).

23) 바다와 육지와의 경계선인 만조수위선(滿潮水位線)을 기준으로 토지인지 여부, 새로 토지가 생겼는지 여부 및 토지가 없어졌는지 여부를 판단하게 된다(곽윤직 1989, 80).

24) "바닷가"라 함은 만조수위선으로부터 지적공부에 등록된 지역까지의 사이에 있는 육지부분을 말한다(공유수면관리법 제2조 제2호). 이를 일명 "강가·물가·빈지(瀕地)"라 칭하기도 한다.

25) 토지의 1필지를 정하는 기준으로는, 원칙상 지번부여지역 안의 토지로서 소유자와 용도가 동일하고 지반이 연속되어야 한다. 다만, 주된 용도인 토지의 편의를 위하여 설치된 도로·구거 등의 부지, 주된 용도의 토지에 접속되거나 주된 용도의 토지로 둘러싸인 토지로써 다른 용도로 사용되고 있는 토지는, 주된 용도의 토지에 편입하여 1필지로 할 수 있다. 그러나 종된 토지의 용도가 대(垈)인 경우, 종된 토지 면적이 주된 토지면적의 10%를 초과하는 경우, 종된 토지가 330m²를 초과할 경우에는 그러하지 아니하다(지적법 시행령 제2조).

3) 토지의 종류

토지는 주된 용도에 따라 그 종류를 구분하고 이를 지적공부에 등재하게 된다(지적법 제2조 제7호). 토지는 지적법에 따라 28개 지목(地目)으로 구분하고 있는데, 이에 대하여 구체적으로 살펴보면 다음과 같다(지적법 제5조 및 동법시행령 제5조).

(1) 전

"전(田)"이란 물을 상시적으로 이용하지 아니하고 곡물·원예작물(과수류는 제외)·약초·뽕나무·닥나무·묘목·관상수 등의 식물을 주로 재배하는 토지와, 식용으로 사용하기 위한 죽순을 재배하는 토지를 말한다.

(2) 답

"답(畓)"이란 물을 직접 상시적으로 이용하여 벼·연·미나리·왕골 등의 식물을 주로 재배하는 토지를 말한다.

(3) 과수원

"과수원(果樹園)"이란 사과·배·밤·호도·귤나무 등 과수류를 집단적으로 재배하는 토지와, 이에 접속된 저장고 등 부속 시설물의 부지를 말한다. 다만, 과수원 내에 있는 주거용 건축물의 부지는 대지로 한다.

(4) 목장용지

"목장용지(牧場用地)"란 축산업·낙농업을 영위하기 위하여 조성한 초지, 축산법에 의한 가축을 사육하는 축사 등의 부지 및 이들 토지와 접속된 부속 시설물의 부지를 말한다. 다만, 목장용지에 있는 주거용 건물 부지는 대지로 한다.

(5) 임 야

"임야(林野)"란 산림 및 원야(原野)를 이루고 있는 수림지(樹林地)·죽림지(竹林地)·암석지(巖石地)·자갈땅·모래땅·습지·황무지 등의 토지를 말한다.

(6) 광천지

"광천지(鑛泉地)"란 지하에서 온수·약수(藥水)·석유류(石油類) 등이 용출되는 용출구와, 이러한 토지를 유지하기 위하여 사용되는 부지를 말한다. 다만,

온수·약수·석유류 등을 일정한 장소로 운송하는 송수관·송유관 및 저장시설 부지는 제외한다.

(7) 염 전

"염전(鹽田)"이란 바닷물을 끌어들여 소금을 채취하기 위하여 조성된 토지와, 이에 접속된 제염장 등의 부속시설물 부지를 말한다. 다만, 천일제염 방식에 의하지 아니하고 동력에 의하여 바닷물을 끌어들여 소금을 제조하는 시설물의 부지는 공장용지로 한다.

(8) 대

"대(垈)"라 함은 영구적 건축물 중 주거·사무실·점포·박물관·극장·미술관 등 문화시설과, 이에 접속된 정원 및 부속 시설물의 부지, 국토의계획및이용에관한법률 등 관계 법령에 의하여 택지조성공사가 준공된 토지, 기타 과수원 및 목장용지 내 있는 주거용 건축물의 부지와, 묘지 내에서 묘지의 관리를 위하여 필요한 건축물의 부지를 말한다(지적법 시행령 제5조 제3호, 제4호 단서 및 제27호 단서).

(9) 공장용지

"공장용지(工場用地)"란 제조업을 하고 있는 공장 시설물의 부지, 공업배치및공장설립에관한법률 등 관계 법령에 의하여 공장부지 조성공사가 완료되어 준공된 토지 및 이들 토지와 같은 구역 안에 있는 의료시설 등의 부속 시설물 부지를 말한다.

(10) 학교용지

"학교용지(學校用地)"란 학교의 교사(敎捨)와 이에 접속된 체육장 등의 부속 시설물 부지를 말한다.

(11) 주차장

"주차장(駐車場)"이란 자동차 등의 주차에 필요한 독립적인 시설을 갖춘 부지와, 주차전용 건축물 및 이에 접속된 부속 시설물의 부지를 말한다. 다만, 주차장법에 의한 노상주차장 및 부설주차장, 자동차 등의 판매를 목적으로 설치된 물류장 및 야외 전시장은 제외한다.

(12) 주유소 용지

"주유소 용지(注油所 用地)"란 석유·석유제품 또는 액화석유가스 등의 판매를 위하여 일정한 설비를 갖춘 시설물의 부지 및 저유소·원유 저장소의 부지와 이에 접속된 부속 시설물의 부지를 말한다. 다만, 자동차·선박·기차 등의 제작소 또는 정비공장 안에 설치된 급유·송유시설 등의 부지는 제외한다.

(13) 창고용지

"창고용지(倉庫用地)"란 물건 등을 보관 또는 저장하기 위하여 독립적으로 설치한 보관 시설물의 부지와 이에 접속된 부속 시설물의 부지를 말한다.

(14) 도 로

"도로(道路)"란 일반 공중의 교통운수를 위하여 보행 또는 차량운행에 필요한 일정한 설비 및 형태를 갖추어 이용되는 토지, 도로법 등 관계 법령에 의하여 도로로 개설된 토지, 고속도로 안의 휴게소 부지, 2필지 이상에 진입하는 통로로 이용되는 토지를 말한다. 다만, 아파트·공장 등 단일용도의 일정한 단지 안에 설치된 통로 등은 제외한다. 도로는 도로법과 사도법에 따라 그 개념을 달리한다. 도로법에 의한 "도로"는 일반의 교통에 공용되는 도로로써 고속국도·일반국도, 특별시도·광역시도·지방도, 시도·군도·구도로 등급이 부여되고 구분된다. 각 도로에는 터널·교량·도선장·도로용 엘리베이터 및 도로와 일체가 되어 그 효용을 다하는 시설 또는 공작물로써 도로관리청이 설치한 삭도·옹벽·지하통로·무넘기시설·배수로 및 길도랑·도선의 교통을 위하여 수면에 설치하는 도로 부속물 시설을 의미한다(도로법 제2조 및 동법시행령 제1조의2).

"도로 부속물"이란 도로 구조의 보전과 안전하고 원활한 도로교통의 확보 기타 도로의 관리에 필요한 시설 또는 공작물로써, 도로원표·이정표·수선담당 구역표·도로경계표·도로표식·도로의 방호울타리·가로수 또는 가로등으로서 도로관리청이 설치한 것, 도로와 연접하는 자동차정류장 및 도로수선용 재료적치장과 이들 시설을 종합 관리하는 도로관리청이 설치한 것, 도로에 관한 정보제공 장치·기상관측장치 또는 긴급연락 시설로써 도로관리청이 설치한 것과 아래에서 규정하고 있는 것을 말한다(도로법 제3조 및 동법시행령 제1조 의3).

① 도로상의 방설 및 제설시설

② 도로에의 토사유출·낙석을 방지하기 위한 시설

③ 운전자의 시선을 유도하기 위한 시설

④ 유료 도로상의 통행료 징수 및 관리용 시설

⑤ 도로의 이용증진을 위하여 설치한 휴게시설 및 대기실

⑥ 도로의 관리를 위한 통신시설

⑦ 공동구

⑧ 지하도 및 육교

⑨ 방음시설

⑩ 교통량 측정시설 및 교통 관제시설

⑪ 도로 반사경·과속 방지 및 미끄럼 방지시설과 차량 단속시설

한편 사도법에 의한 도로는, 도로법상 도로 및 도로법이 준용되는 도로를 제외한 도로로써, 이들 도로에 연결되어 있는 길을 말한다(사도법 제2조).[26] 다만, 공원·광구·공장 기타 동일한 시설 내에 설치된 도로와, 5호(戶) 이내의 사용에 공하는 도로 및 법률에 의하여 설치하는 도로에는 사도법이 적용되지 않는다. 그러나 시·도지사, 시장·군수·구청장이 5호 이내의 사용에 공하는 도로인 경우에도 사도법의 적용이 필요하다고 인정한 때에는 그러하지 아니하다. 사도를 개설하거나 개설된 사도를 개축·증축·변경하고자 할 경우에는 관할 시장·군수의 허가를 받아야 한다(사도법 제3조).

(15) 철도용지

"철도용지(鐵道用地)"란 교통운수를 위하여 궤도 등의 설비와 형태를 갖추어 이용되는 토지와, 이에 접속된 역사(驛捨)·차고·발전시설 및 공작창 등 부속 시설물의 부지를 말한다.

---

26) "도로법을 준용하는 도로"란 도로법의 적용을 받지 않는 도로 중, 도로법을 준용하고자 관할 시·도지사 및 시장·군수·구청장이 공고한 도로를 말한다.

(16) 제 방

"제방(堤防)"이란 조수(潮水)·자연유수·모래·바람 등을 막기 위하여 설치된 방조제·방수제·방사제·방파제 등의 부지를 말한다.

(17) 하 천

"하천(河川)"은 자연의 유수가 있거나 있을 것으로 예상되는 토지를 말한다. 하천의 관리 등을 위하여 하천법과 소하천정비법이 있다. 하천법에 의한 하천이란 "공공의 이해와 밀접한 관계있는 유수의 계통(系統), 즉 수계(水系)로써의 하천구역과 하천 부속물"을 말한다(하천법 제2조 제1항 제1호).

하천은 국가하천, 지방1급 및 지방2급 하천으로 구분되며 하천은 원칙상 국유로 하고 있다.[27] 다만, 지방2급 하천인 경우에는 하천공사 등으로 하천에 편입되는 토지에 대하여 보상을 한 경우에만 국유가 된다(하천법 제2조 제2항 및 제3조). 하천법상 하천구역은 다음과 같은 토지를 말한다(하천법 제2조 제1항 제2호).

① 하천의 물이 계속하여 흐르고 있는 토지

② 당해 토지에 식물이 자라는 상황 기타의 형상으로 보아 매년 1회 이상 물이 흐른 흔적을 나타내고 있는 토지. 다만 대홍수 또는 자연현상에 의하여 일시적으로 그 상황을 나타내고 있는 토지인 경우에는 제외한다.

③ 하천 부속물의 부지인 토지구역

"하천 부속물"이란 하천의 관리에 필요한 댐·하구둑·제방·호안(護岸)·수제(水制)·보(洑)·갑문(閘門)·수문·수로터널·운하·관측시설 기타 하천법에 의하여 설치된 시설 또는 공작물을 말한다. 다만, 하천관리청 이외의 자가 설치한 시설 또는 공작물에 대해서는 관리청이 당해 시설 또는 공작물을 하천의 부속물로 관리하기 위하여 해당 시설 또는 공작물 설치자의 동의를 받은 것에 한한다(하천법 제2조 제3항).

④ 하천 관리청으로부터 허가 또는 위탁을 받은 자가 설치한 제방이 있는

---

27) 국가하천은 건설교통부장관이, 지방1급 및 지방2급 하천은 당해 하천을 관할하는 시·도 지사가 관리하게 된다(하천법 제12조).

곳에는 제방으로부터 하심측(河心測)의 제방지(堤防地) 부분

⑤ 제방지와 유사한 토지구역 중 위 ①, ②의 토지와 일체로 관리할 필요가 있는 토지로서 하천 관리청으로부터 지정된 구역

한편 "소하천"은 하천법을 적용 또는 준용받지 않는 하천으로써, 시장·군수·구청장이 소하천의 명칭과 구간을 지정·고시한 것을 말한다. 소하천 구역은 소하천의 형상과 기능을 유지하고 있는 구역, 즉 소하천 부속물이 설치된 토지구역과, 제방이 있는 곳은 그 제방으로부터 물이 흐르는 측의 토지구역을 말한다. 여기서 "소하천 부속물"이란 소하천을 이용·관리하는 데 필요한 제방·호안·보·수문 등의 시설이나 공작물을 말한다(소하천정비법 제2조 제1호 내지 제3호).

(18) 구 거

"구거(溝渠)"라 함은 용수·배수를 위하여 일정한 형태를 갖춘 인공적인 수로·둑 및 그 부속시설의 부지와, 자연의 유수가 있거나 있을 것으로 예상되는 소규모의 수로부지(水路敷地)를 말한다.

(19) 유 지

"유지(溜地)"란 물이 고이거나 상시적으로 물을 저장하고 있는 댐·저수지·소류지(小溜地)·호수·연못 등의 토지 및 연·왕골 등이 자생하는 배수가 잘 되지 않는 토지를 말한다.

(20) 양어장

"양어장(養魚場)"이란 육상에서 수산생물의 번식·양식을 위하여 인공으로 조성한 시설을 갖춘 부지와, 이에 접속된 부속 시설물의 부지를 말한다.

(21) 수도용지

"수도용지(水道用地)"란 정수한 물을 공급하기 위한 취수·저수·도수(導水)·정수·송수 및 배수시설의 부지와, 이에 접속된 부속 시설물의 부지를 말한다.

(22) 공 원

"공원(公園)"이란 일반 공중의 보건·휴양 및 정서생활에 이용하기 위한 시

설을 갖춘 토지로써 국토의계획및이용에관한법률에 의하여 공원 또는 녹지로 결정·고시된 지역을 말한다.

공원은 도시공원법에 의한 것과, 자연공원법에 의하여 지정된 것으로 구분된다. 도시공원법에 의하여 지정된 공원을 도시공원이라 한다. "도시공원"이란 도시지역 안에서 자연경관 보호 및 시민의 건강·휴양·정서생활 향상에 기여하기 위하여 국토의계획및이용에관한법률 제30조에 의하여 결정·고시된 지역을 말한다(도시공원법 제2조 제1호). 도시공원에는 그 기능에 따라 어린이공원·근린공원·도시자연공원·묘지공원·체육공원으로 구분하고 있다(도시공원법 제3조). 다만, 도시공원 중 묘지공원으로 결정된 공원지역은 그 지목을 "묘지"로 한다(지적법시행령 제5조 제27호).

한편 자연공원법에 의하여 공원으로 결정된 지역을 "자연공원"이라 한다. 자연공원은 국립공원·도립공원·군립공원으로 구분된다. 국립공원은 우리나라의 자연 생태계나 자연 및 문화경관을 대표할 만한 지역에 대하여 환경부장관이 지정·관리하는 것이며, 도립공원은 특별시·광역시·도의 자연 생태계나 자연 및 문화경관을 대표할 만한 지역에 대하여 관할 특별시장·광역시장·도지사가 지정·관리하는 것을 말하고, 군립공원은 시·군·구의 자연 및 문화경관을 대표할 만한 지역에 대하여 관할 시장·군수·구청장이 지정·관리하는 공원을 말한다(자연공원법 제2조 제1호 내지 제3호 및 제4조).[28]

(23) 체육용지

"체육용지(體育用地)"란 국민의 건강증진 등을 위한 체육활동에 적합한 시설과 형태를 갖춘 종합운동장·실내체육관·야구장·골프장·스키장·승마장·경륜장 등 체육시설과 이에 접속된 부속 시설물의 부지를 말한다. 다만, 체육시설로써의 영속성과 독립성이 미흡한 정구장·골프연습장·실내수영장·체

---

[28] 자연공원으로 지정된 지역에는 공원계획에 의하여 자연보존지구, 자연환경지구, 자연취락지구, 밀집취락지구, 집단시설지구로 구분된다. 그리고 공원관리청은 자연공원을 보호하기 위하여 배후지 또는 공원진입로 주변의 일정 지역에 대하여 공원보호구역으로 지정하여 관리할 수 있도록 하고 있다(자연공원법 제18조 및 제25조).

육도장·유수(流水)를 이용한 요트장·카누장·산림 안의 야영장 등의 토지는 제외한다.

(24) 유원지

"유원지(遊園地)"란 일반 공중의 위락·휴양 등에 적합한 시설물을 종합적으로 갖춘 수영장·유선장(留船場)·낚시터·어린이놀이터·동물원·식물원·민속촌·경마장 등의 토지와 이에 접속된 부속 시설물의 부지를 말한다. 다만, 이들 시설과의 거리 등으로 보아 독립적인 것으로 인정되는 숙식시설 및 유기장(遊技場) 부지와, 하천·구거·유지로 지목이 부여된 공유지(公有地)에 속하는 것은 제외한다.

(25) 종교용지

"종교용지(宗敎用地)"란 일반 공중의 종교의식을 위하여 예배·법요·설교·제사 등을 위한 교회·사찰·향교 등의 부지와, 이에 접속된 부속 시설물의 부지를 말한다.

(26) 사적지

"사적지(史蹟地)"란 문화재로 지정된 역사적인 유적·고적·기념물 등을 보존하기 위하여 구획된 토지를 말한다. 다만, 학교용지·공원·종교용지 등 다른 지목으로 된 토지 안에 존재하는 유적·고적·기념물 등을 보호하기 위하여 구획된 토지는 제외한다.

(27) 묘 지

"묘지(墓地)"란 사람의 시체나 유골이 매장된 토지, 도시공원법에 의하여 묘지공원으로 결정·고시된 토지 및 장사등에관한법률에 의한 납골시설과 이에 접속된 부속 시설물의 부지를 말한다. 다만, 묘지의 관리를 위한 건축물의 부지는 대(垈)로 한다.

(28) 잡종지

"잡종지(雜種地)"란 다른 지목에 속하지 아니하는 토지로서 갈대밭, 실외에 물건을 쌓아두는 곳, 돌을 캐내는 곳, 흙을 파내는 곳, 야외시장, 비행장, 공동우물, 영구적 건축물 중 변전소·송신소·수신소·송유시설·도축장·자동차 운전학원·쓰레기 및 오물처리장 부지를 말한다. 다만, 원상회복을 조건으로 허가를 받아 돌을 캐내거나 흙을 파내는 곳은 제외한다.

4) 토지의 변경 등

토지는 1개의 연속된 지면(地面)으로 형성되어 있다. 따라서 비록 수면(水面)이 존재하는 경우에도 토지는 연속적으로 육지부분과 연결되어 있다. 즉 바다·하천·호소(湖沼) 등으로 수면이 존재하는 경우에도 그 수면 하에는 여전히 토지가 존재하고 있다. 그러나 일반적으로 토지라 할 때의 토지란, 이들 수면하에 존재하는 부분은 제외하고 육지로 드러난 부분만 토지라 칭하고 있다.

한편 수면으로 존재하는 토지에도 지적법상 하천·유지·구거로 구분된 지목을 부여하고 있다. 그러나 이들 토지는 대부분 공유수면인 자연 공공용물로써 국유에 속하는 것이 대부분이다. 그런데 육지 또는 뭍에 해당하는 이들 토지는 생성되기도 하고 소멸되기도 한다. 이에 대하여 부연해 보자.

가) 토지의 생성

토지가 생성되는 경우란 자연현상 또는 인위적으로 조성되는 경우를 말한다. 자연적으로 토지가 생성되는 경우는 해수면의 융기(隆起) 또는 토사의 퇴적에 의한 경우를 예시할 수 있다. 자연적인 방법으로 토지가 생성된 경우에는 그 토지는 당연히 국유가 된다(민법 제252조 제2항).

토지가 인위적으로 생성되는 경우는 주로 하천·호소 및 바다를 매립하는 경우에 발생하게 된다. 매립으로 새로운 토지가 생성될 경우를 상정하여 제정한 법이 "공유수면매립법"이다. 동법에 의한 "매립(埋立)"은 공유수면에 토사·토석 기타 물건을 인위적으로 투입하여 뭍으로 조성하는 것으로, 간척(干拓)을 포함하는 개념이다(공유수면매립법 제2조 제3호).

공유수면을 매립하여 토지로 조성하고자 할 경우에는 해양수산부 장관의 면허를 받아야 한다(공유수면매립법 제9조). 매립면허를 받은 자가 매립 준공인가를 받은 경우에는 그 날로부터 다음에서 구분하는 바에 따라 각 소유권을 취득하게 된다(공유수면매립법 제26조 제1항).

① 공용 또는 공공용에 사용하기 위하여 조성한 매립지는 국가 또는 지방자치단체

② 매립된 바닷가에 상당한 면적을 집합 구획한 매립지는 국가

③ 위의 ①, ②부분을 제외한 매립지 중, 매립 등에 소요된 총 공사비(조사비·설계비·보상비 기타 비용과 순공사비의 합계)에 상당하는 매립지 부분은 매립면허를 받은 자

④ 위의 ① 내지 ③을 제외한 잔여 매립지 부분은 국가

나) 토지의 소멸

토지는 형식적으로 소멸되기도 한다. 하천·호수·바다에 접속된 토지가 물 또는 바람 등에 의해 침식되어 수면 아래 잠기는 경우가 있다. 이러한 경우를 일명 "토지의 소멸"이라고 한다.

토지가 소멸되는 구체적인 경우는 토지가 포락됨으로써 바닷가·간석지·하상(河上)으로 변경되는 경우이다. "포락지(浦落地)"란 지적공부에 등록된 토지가 물의 침식 등으로 수면 밑으로 잠기는 경우를 말하며, "간석지(干潟地)"란 만조 수위선으로부터 간조 수위선까지의 사이에 형성된 일명 개펄지역을 말하며, "바닷가"는 만조 수위선으로부터 지적공부에 등록되는 토지와의 사이에 존재하는 육지부분을 말한다.

토지가 포락됨으로써 간석지 또는 하천으로 변경된 경우에는 일반적으로 토지가 소멸된다고 볼 수 있다. 그러나 단순히 바닷가 또는 하상으로 변경된 경우에도 포락된 토지에 대한 복구 가능성이 존재할 경우에는 토지의 소멸이라 보기 어렵다. 다만, 토지의 소멸이라고 볼 수 있는 사유가 발생한 경우에는 그 토지에 존재하는 사적권리는 모두 상실하게 된다. 토지가 일부 멸실된 경우에는 그 부분만 소멸하는 것임은 물론이다.

다) 토지의 분합

"토지의 분합(分合)"이란 1필 토지를 분할("분필"이라고도 한다)하거나, 분할된 토지를 합병하는 것을 말한다. 여기서 "합병"은 다시 합필과 협의의 합병으로 구분된다(곽윤직 1993, 353). 토지의 분합에 대하여 살펴보면 다음과 같다.

(1) 토지의 분할

"토지의 분할"이란 1필 토지를 2필지 이상의 토지로 분할하는 것을 말한다. 이를 일명 "토지의 분필"이라 칭하기도 한다. 토지 소유자가 토지의 일부를 매매하기 위하여 필요한 경우 및 토지 이용상 불합리한 지상경계를 시정하기 위하여 필요한 경우에는 언제든지 토지의 분할을 신청할 수 있다.[29] 다만, 1필 토지 중 일부가 형질변경 등으로 용도가 변경된 경우에는 그 변경된 날로부터 60일내 지목변경 신청과 함께 토지의 분할을 신청하여야 한다(지적법 제19조 및 동법시행령 제14조).

토지의 분할에는 원칙상 소유자의 자유의사가 인정된다. 다만, 다음과 같은 제한이 있다. 즉 건축물이 있는 대지가 주거지역 및 기타지역인 경우에는 60m² 이상, 상업·공업지역은 150m² 이상, 녹지지역은 200m² 이상의 범위를 기준으로 각 지방자치단체 조례가 정하는 범위 내에서는 분할이 금지된다(건축법 제49조 및 동법시행령 제80조). 그리고 아래와 같이 건축법 및 농지법에 위반되는 토지분할도 제한하고 있다.

(가) 건축법 제33조(대지와 도로와의 관계)에 의한 분할금지

건축물이 있는 대지는 도로에 2m 이상 접하지 않으면 분할하지 못한다.[30] 다만, 건물의 연면적 합계가 2,000m² 이상인 대지의 경우에는 너비 6m 이상의 도로에 4m 이상 접하도록 분할하여야 한다. 그러나 다음과 같은 경우에는 이러한 제한을 받지 않는다(건축법 제33조 및 동법시행령 제28조).

---

29) 분필절차를 밟기 전에도 1필 토지의 일부를 물권거래의 객체로 할 수 있느냐 하는 문제가 있다. 이에 관하여 대항요건주의(의사주의)를 취한 구민법 하에서는 긍정하는 것이 판례·통설이었다. 그런데 성립요건주의(형식주의)를 취하고 있는 현행 민법에서는 분필절차를 밟기 전에는 토지의 일부에 대한 양도는 물론, 이에 대하여 제한물권을 설정하거나, 시효취득도 하지 못한다고 한다(곽윤직 1993, 80-81). 다만 용익물권, 즉 지상권·지역권·전세권은 분필절차를 밟지 않아도 1필 토지의 일부에도 설정할 수 있는 예외가 인정되고 있다(부동산등기법 제136조, 제137조, 제139조).

30) 건축법 제33조에 의하면 "건축물의 대지"라고 규정하여 법문상 의미가 분명하지 않다. 그러나 분할을 금지하는 입법목적에 비추어 보면 "건축물의 대지"란 건축물이 있는 경우뿐만 아니라, 건축물을 건축할 수 있는 상태의 토지를 포함하는 의미로 해석하는 것이 타당하다. 다만, 입법정책상 이를 명확히 할 필요가 있으므로 "건축물이 있는 토지 또는 건축할 토지"라고 규정하여야 한다.

① 자동차 전용도로를 접한 건축물 있는 대지

② 당해 건축물의 출입에 지장이 없다고 인정되는 경우

③ 건축물 주변에 광장・공원・유원지 기타 관계 법령에 의하여 건축이 금지되고 공중의 통행에 지장이 없는 공지(空地)로써 허가권자가 인정하는 경우

(나) 건축법 제47조(건축물의 건폐율)에 의한 분할금지

건축물이 있는 대지는 국토의계획및이용에관한법률 제77조의 규정에 따른 건폐율에 위반되는 분할은 금지된다. 다만, 특별법에 의하여 건폐율이 완화 또는 강화된 경우에는 이에 의한다. 대지에 2 이상의 건축물이 있을 경우에는 이들 건물의 1층 바닥면적 합계를 건축면적으로 한다(건축법 제47조).

(다) 건축법 제48조(건축물의 용적률)에 의한 분할금지

건축물이 있는 대지는 국토의계획및이용에관한법률 제78조의 규정에 의한 용적률에 위반되는 분할은 금지된다. 다만, 동법에 의하여 용적률을 완화 또는 강화한 경우에는 이에 의한다. 대지에 2 이상의 건축물이 존재할 경우에는 이들 전체면적을 연면적으로 한다(건축법 제48조).

(라) 건축법 제51조(건축물의 높이제한)에 의한 분할금지

시장・군수・구청장이 가로구역(도로로 둘러싸인 일단의 지역)별로 건축물의 최고높이를 지정・공고한 경우, 특별시장・광역시장이 조례로 가로구역별 건축물의 최고 높이를 정한 경우, 최고 높이가 지정되지 않은 경우에는 건축물의 각 부분의 높이가 그 부분으로부터 전면도로(前面道路) 반대쪽 경계선까지의 수평거리 1.5배(다만, 대지가 2 이상의 도로・공원・광장・하천 등에 접할 경우에는 지방자치단체 조례가 정하는 높이)를 각 초과하는 분할은 금지된다(건축법 제51조).

(마) 건축법 제53조(일조 등의 확보를 위한 높이제한)에 의한 분할금지

전용・일반주거지역 안에 소재하는 건축물인 경우에는 일조(日照) 등의 확보를 위하여 건축물의 각 부분에 대하여, 정북방향 인접대지 경계선으로부터 다음 각호의 범위 안에서 건축조례가 정하는 거리 이상 띄우지 않으면 그 대지를 분할할 수 없다.

① 높이 4m 이하 건축물이 있는 경우에는 정북방향 인접대지 경계선으로부

터 1m 이상

② 높이 4m 이상 8m 이하 건축물이 있는 경우에는 정북방향 인접대지 경계선으로부터 2m 이상

③ 높이 8m를 초과하는 건축물이 있는 경우에는 정북방향 인접대지 경계선으로부터 당해 건축물의 각 부분으로부터 높이의 1/2 이상

(바) 농지법 제21조에 의한 농지분할 제한

농지는 농어촌정비법에 의하여 농업생산기반 정비사업이 시행된 경우에는 농지의 세분화를 방지하기 위하여 원칙상 분할을 금지하고 있다. 다만, 다음과 같은 경우에는 분할이 허용된다(농지법 제21조 제2항 및 동법시행령 제24조의2).

① 국토의계획및이용에관한법률에 의한 도시지역의 주거·상업·공업지역과 도시계획시설 부지에 포함된 농지인 경우

② 농지법 기타 법률에 의하여 농지전용허가 및 신고를 필하고 전용한 농지인 경우

③ 분할한 각 농지가 2,000m²를 초과하는 경우

④ 농지의 개량을 위한 경우

⑤ 인접 농지와 분합하는 경우

⑥ 농지의 효율적인 이용을 저해하는 인접 토지와의 불합리한 경계를 시정하기 위하여 필요한 경우

⑦ 농어촌정비법에 의하여 농업생산기반 정비사업을 시행하는 경우

⑧ 농어촌정비법에 의하여 농지를 교환·분합하는 경우

⑨ 농지법에 의한 농지이용증진사업을 시행하는 경우

(2) 토지의 합병

(가) 합병의 종류

① 토지의 합필 : "합필(合筆)"이란 수 필지의 토지를 1필지의 토지로 만드는 것을 말한다. 수 개의 토지는 합필에 의하여 1개의 토지가 된다.

② 토지의 합병 : "합병(合倂)"이란 1필 토지의 일부를 분할하여 다른 필지의 토지에 합필하는 것을 말한다. 이를 "협의의 합병"이라고 한다. 합필에 의하

여 분할되는 토지는 그 면적이 감소되고, 합병되는 토지는 그 만큼 면적이 증가
하게 된다.

(나) 합병신청 의무

토지를 합병하고자 할 경우에는 시장·군수·구청장에게 그 사유를 기재하
여 합병을 신청하여야 한다(지적법 제20조 제1항, 동법시행령 제15조 제3항). 그리
고 주택법에 의한 공동주택 부지와 다른 지목의 토지에 대하여 합병사유가 발
생한 경우에도, 토지 소유자는 그 사유가 발생한 날로부터 60일내 시장·군
수·구청장에게 합병을 신청할 의무가 있다(지적법 제20조 제2항).

(다) 합병의 제한

토지에 대한 합병도 소유자의 자유의사에 일임하고 있다. 그러나 다음과 같
은 사유가 있을 경우에는 합병할 수 없다(지적법 제20조 제3항 및 동법시행령 15조
제2항).

① 합병하고자 하는 토지의 지번부여 지역 및 지목이 다른 경우

② 합병하고자 하는 토지의 각 소유자가 다른 경우

③ 합병하고자 하는 토지에 소유권·지상권·지역권·전세권·임차권 이외
의 등기, 즉 저당권·권리질권·환매권 등기가 존재할 경우. 다만 저당권의 경
우에는 합병하고자 하는 토지의 전부에 대하여 등기원인과 그 년월일, 접수번
호가 동일한 경우에는 합병할 수 있다.

④ 합병하고자 하는 각 필지의 지적도 또는 임야도의 축척이 다른 경우

⑤ 합병하고자 하는 각 필지의 지반이 연속되지 않은 경우

⑥ 합병하고자 하는 각 토지가 등기된 토지와 등기되지 않은 토지인 경우

⑦ 합병하고자 하는 각 필지의 지목은 같으나, 각 토지 일부의 용도가 다르
게 되어 지적법상 분할대상이 되는 경우. 단 합병신청과 동시에 토지의 용도에
따른 분할신청을 동시에 할 경우에는 잔여지간의 합병도 가능하다.

⑧ 합병하고자 하는 각 토지의 소유자가 동일하더라도 공유자의 지분이나
주소가 다른 경우

⑨ 합병하고자 하는 토지가 구획정리·경지정리·축척변경을 시행하고 있

는 지역과 그 밖의 지역에 존재하는 경우

　라) 지목의 변경

　"지목변경(地目變更)"이란 1필 토지의 주된 사용용도가 변경된 경우, 그 변경된 토지를 적합한 지목으로 전환시키는 것을 말한다. 토지 소유자는 아래와 같은 사유가 발생한 경우에는 그 발생한 날로부터 60일내 지목변경을 신청하여야 한다(지적법 제20조, 동법시행령 제14조 제2항 후단 및 제16조).

　① 1필 토지 일부가 형질변경 등으로 용도가 다르게 된 경우

　② 국토의계획및이용에관한법률 기타 법률에 의하여 토지의 형질변경을 위한 공사가 준공된 경우

　③ 토지 또는 건축물의 용도가 변경된 경우

　④ 도시개발사업·농어촌정비사업·주택건설사업·산업단지조성사업·도시재개발사업·지역개발사업 및 이와 유사한 사업의 원활한 추진을 위하여 사업 시행자가 공사 준공 전에 토지의 합병을 신청하는 경우(지적법 제26조 제1항, 동법시행령 제32조 제1항)

나. 토지의 정착물

　토지의 정착물은 헤아릴 수 없이 많다. 우리 민법은 부동산을 "토지 및 그 정착물"이라고 추상적으로 표현하고 있다(민법 제99조 제1항). 토지의 개념은 앞서 살펴본 바와 같이 28개 지목으로 각 필지별로 구분하고 있으므로 어느 정도 명료한 듯하다. 그러나 토지의 정착물은 어느 범위까지로 할 것인가에 대하여 불확실한 측면이 많다.

　토지의 정착물로써 대표적인 것은 물론 건축물이다. 그러나 건축물도 어느 정도의 형태나 규모를 갖추었을 때 독립된 거래의 객체로서 부동산이 될 것인가 하는 점도 분명하지 않다. 그리고 기타 토지 정착물도 어느 정도 요건을 갖추었을 때 독립된 부동산으로 볼 것인가 하는 점도 의문이 든다. 이하에서는 중개업자가 취급할 수 있는 법정 중개대상물인 건축물과, 그 밖의 토지의 정착물은 무엇을 의미하는 것인지에 대하여 살펴보기로 하자.

1) 건축물

가) 건축물의 개념

"건축물"이라 함은 인위적으로 축조한 공작물로써 토지의 정착물을 말한다. 건축물은 토지에 정착하는 공작물 중 지붕과 기둥 또는 벽이 있는 것과, 이에 부수되는 시설물의 지하 및 고가(高架)의 공작물에 설치하는 사무소·공연장·점포·차고·창고 등을 말한다(건축법 제2조 제1항 제2호). 따라서 일반적으로 건축물(이하 "건물"이라 한다)은 지붕과 주벽(周壁)을 갖추고 토지에 정착한 인공물로써 쉽게 해체·이동할 수 없는 것이라고 할 수 있다. 다만, 부동산으로써 건물의 개념은 적법한 허가·신고를 하지 않고 축조된 불법 건물이나 무허가 건물도 포함된다.

그런데 이러한 건물은 건축과정 중 어느 정도 공정(工程)이 경과한 때를 기준으로 컨물이라 할 것이며, 어느 정도 해체 내지 멸실된 경우 건물이 아닌 것으로 볼 것인가 하는 문제가 있다. 결국 이러한 문제는 사회통념에 따라 판단할 수밖에 없다고 한다(곽윤직 1993, 81). 이에 대한 판례의 입장을 살펴보면 아래와 같다.

4개의 나무기둥을 세우고 그 위에 유지(油紙)로 만든 지붕을 얹었고, 4면 중 앞면을 제외한 3면에 송판(松板)을 띄엄띄엄 가로질러 놓았으나 벽이라고 볼 만한 시설이 되어있지 아니한 경우라면 이는 쉽게 해체·이동할 수 있는 것이어서 부동산이라 볼 수 없다(대판 66다551).

철근콘크리트 3층 건물이 6.25사변 중 폭격으로 파괴되어 주위벽(周圍壁)과 2·3층의 상판(床板) 일부만 남았을 뿐 그 밖의 것은 모두 폭소(爆燒)가 된 경우라도 건물이라 할 수 있다(대판 4290민상71).

나) 건물의 개수

건물은 인공물로서 토지와 달리 물리적인 구분성을 갖고 있다. 따라서 원칙상 건물 소유자의 의사에 일임하고 있다. 그러나 한편으로는 소유자의 자유의사에 일임할 수 없는 경우도 있다. 결국 건물의 개수를 구분하는 것도 사회통념 내지 거래관념에 따를 수밖에 없다. 일반적으로 건물의 개수를 정하는 기준으로는 다음과 같은 3가지 요건을 기준으로 하게 된다.

첫째, 물리적 구조로 구분되어 있을 것

둘째, 거래의 객체로서 독립성이 있을 것

셋째, 이용 대상으로써 일체성이 있을 것

다만, 위와 같은 기준에 대하여 예외는 있다. 즉 집합건물과 같이 물리적으로는 1동의 건물이나 수 개의 구분건물로 구성되어 있는 경우 또는 여러 개의 독립된 건물 전체를 1개의 건물로 사용하는 경우인 수 개의 독립된 건물로 구성된 고급저택 등의 경우에는 예외가 인정되고 있다. 따라서 이러한 사정이 존재할 경우에는 당사자의 의사에 따라 수개의 건물을 1개의 건물로 하거나, 1개의 건물을 수 개의 건물로 구분할 수 있다.

한편 1개의 건물을 구분하기 전에도 거래의 객체로 할 수 있는가 하는 문제가 있다. 이는 토지와 마찬가지로 구법 하에서는 허용하였으나, 현행 민법 하에서는 수 개의 건물로 구분등기하기 전에는 처분할 수 없다고 한다(곽윤직 1993, 83). 판례도 건평 55평인 단층주택의 1/3에 해당하는 약 14평 정도만 매매한 사례에서 하나의 건물의 일부분에 대한 매매는 법률상 유효하게 성립하지 못한다고 판시한 바 있다(대판 4293민상859). 다만, 1개의 건물 일부에 대하여 전세권·임차권을 설정하는 것은 가능하다(부동산등기법 제139조 제2항). 판례가 제시하고 있는 건물의 개수를 정하는 기준을 살펴보면 다음과 같다.

물리적 구조뿐만 아니라 거래 또는 이용의 목적물로써 관찰한 건물의 상태도 그 개수 판정표준의 중요한 자료가 될 것이며, 이러한 상태를 판별하기 위해서는 주위 건물과의 접근정도·상황 등 객관적 사정은 물론, 건축주의 의사와 같은 주관적 사정도 고려하여야 하며, 단순한 건물의 물리적 구조로써만 그 개수를 판단할 수는 없다(대판 4293민상623·624).

다) 건물의 분류

(1) 건물의 용도에 따른 구분

"건물용도"란 건물을 종류별로 유사한 구조·이용목적·형태별로 묶어 분류한 것을 말한다(건축법 제2조 제1항 제2호의2).

건물은 용도별로 6개 시설군으로 하여 영업 및 판매시설군, 문화 및 집회시설군, 산업시설군, 교육 및 의료시설군, 주거 및 업무시설군, 기타 시설군으로 구분한 후 다시 21개 세부시설로 각 구분하고 있는데, 그 구체적인 내용을 살펴보면 다음과 같다(건축법 제2조 제2항, 제14조 제3항, 동법시행령 제3조의4, 제14조 제4항).

(가) 영업 및 판매시설군

① 위락시설

㉮ 연면적 150m² 이상인 단란주점

㉯ 유흥주점과 이와 유사한 주점

㉰ 유원시설업 기타 이와 유사한 것. 여기서 "유원 시설업"이란 유원시설 및 기구를 갖추어 이를 관광객들에게 이용하게 하는 업을 말한다(관광진흥법 제3조 제6호).

㉱ 투전기 및 카지노업소

㉲ 무도장, 무도학원

② 판매 및 영업시설

㉮ 다음과 같은 상점 및 이들 상점에 포함된 근린생활시설

ⓐ 당해 용도에 사용되는 연면적 1,000m² 이상인 슈퍼마켓, 일용품 등의 소매점. 여기서 "일용품"이란 식품·잡화·의류·완구·서적·건축자재·의약품류 등 일상생활에 필요한 물품들을 말한다.

ⓑ 당해 용도에 사용되는 연면적 500m² 이상인 게임제공업소, 멀티미디어 문화컨텐츠설비 제공업소, 복합유통·제공업소[31]

---

31) 음반·비디오물및게임물에관한법률 제2조 제9호·제10호·제12호에 규정된 시설을 말한다.

㉯ 도매시장과 도매시장에 포함된 근린생활시설

㉰ 소매시장과 소매시장에 포함된 근린생활시설. 여기서 "소매시장"이란 유통산업발전법에 의한 시장·대형할인점·백화점 및 쇼핑센터 그 밖에 이와 유사한 것을 말한다.

㉱ 여객자동차 및 화물터미널

㉲ 철도역사

㉳ 공항시설

㉴ 항만시설

㉵ 종합여객시설

③ 숙박시설

㉮ 일반 숙박시설인 호텔·여관 및 여인숙과 이와 유사한 것

㉯ 관광 숙박시설인 관광호텔·수상 관광호텔·한국 전통호텔·가족호텔·휴양 콘도미니엄 및 이와 유사한 것

(나) 문화 및 집회시설군

① 문화 및 집회시설

㉮ 관람석의 연면적이 $1,000m^2$ 이상인 다음과 같은 경우

ⓐ 경마장·자동차 경주장 기타 이와 유사한 것

ⓑ 체육관·운동장

㉯ 당해 용도의 연면적이 $300m^2$ 이상인 다음과 같은 시설

ⓐ 종교 집회장과 그 안에 설치하는 납골당

여기서 "종교 집회장"이란 교회·성당·사찰·기도원·수도원·수녀원·제실·사당 기타 이와 유사한 시설을 말한다.

ⓑ 공연장

"공연장"이란 극장·영화관·연예장·음악당·서어커스장·비디오물 감상실·비디오물 소극장 기타 이와 유사한 것을 말한다.

ⓒ 집회장

"집회장"이란 예식장·공회당·회의장·마권장외발매소·마권전

화투표소 기타 이와 유사한 것을 말한다. 다만, 제2종 근린생활시설에는 집회장에 대한 명문규정이 없어 유사 규정인 종교 집회장을 근거로, 일반 집회장의 경우에는 연면적 $300m^2$ 미만이면 제2종 근린생활시설로, 연면적이 $300m^2$ 이상이면 문화 및 집회시설로 본다.

ⓒ 박물관·미술관·과학관·기념관·산업전시관·박람회장 기타 이와 유사한 전시장

ⓓ 동물원·식물원·수족관 기타 이와 유사한 동·식물원

② 운동시설

㉮ 관람석이 없거나, 관람석의 바닥면적이 $1,000m^2$ 미만인 다음과 같은 시설

ⓐ 체육관

ⓑ 육상·구기·볼링·수영·스케이트·로울러 스케이트·승마·사격·궁도·골프 등과 관련된 시설 및 이에 부수되는 건축물

㉯ 연면적 $500m^2$ 이상인 탁구장·체육도장·테니스장·체력단련장·에어로빅장·볼링장·당구장·실내낚시터·골프연습장 기타 이와 유사한 것

③ 관광휴게시설

㉮ 야외음악당

㉯ 야외극장

㉰ 어린이회관

㉱ 관망탑 및 휴게소

㉲ 공원·유원지·관광지에 부수되는 시설

(다) 산업시설군

① 공장 : 물품의 제조·가공·수리에 계속적으로 이용되는 건축물로서 다음과 같은 것을 말한다. 가공에는 염색·도장·표백·재봉·건조·인쇄 등을 포함한다.

㉮ 제2종 근린생활시설에 해당하지 않는 것

㉯ 위험물 저장 및 처리시설에 해당하지 않는 것

㉰ 자동차 관련시설에 해당하지 않는 것

㉱ 분뇨 및 쓰레기 처리시설에 해당하지 않는 것

② 위험물저장 및 처리시설 : 관계 법률에 의하여 설치 또는 영업허가를 받아야 하는 건축물로서 다음에 해당하는 것을 말한다. 여기서 "관계 법률"이란 소방법, 석유사업법, 도시가스사업법, 고압가스안전관리법, 액화석유가스의안전및사업관리법, 총포·도검·화약류단속법, 유해화학물질관리법을 말한다.

㉮ 주유소(기계식 세차설비 포함) 및 석유판매소

㉯ 액화석유가스 충전소

㉰ 위험물 제조소·저장소

㉱ 액화가스 취급소·판매소

㉲ 유독물 보관·저장시설

㉳ 고압가스 저장·충전소

㉴ 기타 ㉮ 내지 ㉳와 유사한 시설

③ 자동차 관련시설 : "자동차 관련시설"에는 건설기계 관련시설을 포함한다.

㉮ 주차·세차장

㉯ 검사·폐차장

㉰ 매매장

㉱ 정비공장

㉲ 운전·정비학원

㉳ 여객자동차운수사업법, 화물자동차운수사업법, 건설기계관리법에 의한 차고 및 주기장

④ 분뇨 및 쓰레기 처리시설

㉮ 분뇨·폐기물 처리시설

㉯ 폐기물 재활용시설

㉰ 고물상

⑤ 창고시설 : "창고시설"이란 창고 및 하역장에 제공되는 시설로써 위험물 저장 및 처리시설 또는 그 부속용도에 해당하지 않는 시설을 말한다. 창고에는 냉장·냉동창고를 포함한다.

(라) 교육 및 의료시설군

① 교육연구 및 복지시설

㉮ 학교(초·중·고등학교, 전문대학·대학·대학교 기타 이와 유사한 것을 말한다)

㉯ 교육원(연수원 기타 이와 유사한 것을 말한다)

㉰ 직업훈련소

㉱ 학원(단, 자동차학원과 무도학원은 제외한다)

㉲ 연구소(연구소에 준하는 시험소와 계측계량소를 포함한다)

㉳ 도서관

㉴ 아동 관련시설 및 노인 복지시설과 다른 용도로 분류되지 않은 사회복지시설 및 근로자 복지시설

여기서 "아동 관련시설"이란 아동 복지시설, 영·유아 보육시설, 유치원 그 밖에 이와 유사한 보육시설을 말한다.

㉵ 청소년수련관·청소년문화의집·유스호스텔 기타 이와 유사한 생활권 수련시설

㉶ 청소년수련원·청소년야영장 및 이와 유사한 자연권 수련시설

② 의료시설

㉮ 병원(정신·치과·한방·종합·일반병원과 요양소를 말한다)

㉯ 격리병원(전염병원, 마약진료소 기타 유사한 것을 포함한다)

㉰ 장례식장

(마) 주거 및 업무시설군

① 단독주택 : 단독주택은 원칙상 1가구가 생활하기에 적합한 구조로 된 주

택을 말한다. 그러나 주된 가구가 사용하고 남는 공간을 타인에게 제공하는 것도 포함된다. 현행법상 단독주택은 다음과 같이 4종류로 구분하고 있다.

㉮ 순수 단독주택 : 단독주택의 원칙적인 모습으로 1가구만 생활할 수 있는 공간구조나 물리적 형태를 갖춘 주택을 말한다. 다만 이러한 주택이라도 1가구의 가정생활과 더불어 가정 보육시설을 운영하거나, 순수하게 가정 보육시설로 활용하더라도 이에 해당하는 것으로 본다.

㉯ 다중주택 : "다중주택(多衆住宅)"이란 여러 세대가 거주할 수 있는 형태를 구비하고 있지만, 각 세대가 독립된 주거생활을 할 수 없는 구조의 단독주택으로써 다음과 같은 요건에 해당하는 것을 말한다.

ⓐ 학생·직장인 등 다수인이 장기간 거주할 수 있는 구조일 것

ⓑ 독립된 주거형태가 아닐 것

ⓒ 주택의 연면적이 330m^2 이하일 것

ⓓ 층수가 3층 이하일 것[32]

㉰ 다가구 주택 : "다가구 주택(多家口 住宅)"이란 주된 가구 이외의 다른 가구들도 독립된 주거생활을 영위할 수 있는 구조로 된 단독주택을 말한다. 다만, 다가구 주택은 실질적으로는 공동주택의 형태를 구비하고 있으므로, 소유자의 의사에 따라 언제든지 공동주택으로 변경될 수 있다. 우리 주변에서 흔히 볼 수 있는 "원룸형 주택"이 일반적으로 이에 해당한다. 다가구 주택의 요건은 다음과 같다.

ⓐ 주택으로 쓰이는 층수가 3개층 이하일 것. 다만, 지하층 및 1층 전부를 필로티(pilotis) 구조로 하여 주차장으로 사용할 경우에는 이를 층수에서 제외한다.

ⓑ 1동의 주택으로 쓰이는 연면적이 660m^2 이하일 것

---

32) 아파트, 연립주택, 다세대주택, 다가구주택은 각 5개층 이상, 4개층 이하, 4개층 이하, 3개층 이하라고 규정하고 있는데 비해, 다중주택은 3층 이하라고 규정하고 있다(건축법시행령 제3조의4 별표 1, 제1호 가목 (3)·다목 (1), 제2호 가·나·다목).

ⓒ 거주할 수 있는 가구가 19세대 이하일 것

㉑ 공관 : "공관(公館)"이란 공무를 수행하는 공무원 또는 외국의 대사·영사 등이 가정생활을 할 수 있도록 건축된 단독주택을 말한다.

② 공동주택 : "공동주택"이란 2세대 이상이 독립된 주거생활을 할 수 있도록 구조 및 이용상 구분하여 건축된 주택을 말한다. 다만, 각 세대에서 주거와 더불어 가정보육 시설을 운영하는 경우 및 가정보육 시설에 전용할 경우에도 공동주택에 해당하는 것으로 본다. 공동주택의 1층을 전부 필로티(pilotis) 구조로 하여 주차장으로 사용할 경우에는 이를 층수 산정에서 제외한다.

㉮ 아파트 : "아파트(Apartment house)"란 주택으로 쓰이는 층수가 5개층 이상인 건물을 말한다. 예컨대 10층 건물이 있을 경우, 그 중 어느 층이든 5개층이 주택으로 사용되면 그 연면적과 무관하게 아파트가 된다.

㉯ 연립주택 : "연립주택(聯立住宅)"이란 주택으로 사용되는 층수가 4개층 이하로써 주택 연면적이 660m^{2}를 초과하는 경우를 말한다. 다만, 지하에 주차장이 있을 경우에는 그 주차장 부분은 면적에서 제외한다.

㉰ 다세대 주택 : "다세대 주택"이란 주택으로 사용되는 층수가 4개층 이하로써 주택부분의 연면적이 660m^2 이하인 건물을 말한다. 다만, 지하 주차장 부분은 면적에서 제외한다. 다세대 주택은 서민들이 일반적으로 거주하는 "빌라주택"이 이에 해당한다. 빌라(Villa)는 어원상(語源上)으로 "한 채 또는 두 채로 형성된 저택(邸宅)·별장 등의 고급 교외주택(郊外住宅)"을 의미하나, 우리나라에서는 일반적으로 도시의 서민형 공동주택을 의미하는 뜻으로 사용되고 있다.

㉱ 기숙사 : "기숙사"란 학교의 학생 또는 공장 종업원 등이 집단적으로 거주할 수 있도록 건축된 공동주택을 말한다. 다만, 공동취사를 할 수 있는 설비는 갖추고 있으나, 독립된 주거생활은 영위할 수 없는 구조

의 공동주택을 말한다.

③ 업무시설

㉮ 국가·지방자치단체의 청사(廳舍)와 외국공관으로써 연면적 $1,000m^2$ 이상인 것

㉯ 금융업소·사무소·신문사·오피스텔 기타 이와 유사한 일반 업무시설로서 연면적 $500m^2$ 이상인 것. 여기서 "오피스텔"이란 업무와 주거를 함께 할 수 있는 건축물로써 건설교통부 장관이 고시하는 것을 말한다.

④ 공공용 시설

"공공용 시설"이란 당해 시설에 사용되는 연면적이 $1,000m^2$ 이상인 다음과 같은 시설을 말한다.

㉮ 구치소·소년원·소년 분류심사원·교도소

㉯ 감화원 기타 범죄자의 갱생·보육·교육·보건 등에 사용되는 시설

㉰ 군사시설

㉱ 집단에너지 공급시설, 발전소

㉲ 방송 프로그램 제작시설, 송신·수신·중계시설, 방송국

㉳ 전신전화국

㉴ 촬영소 기타 이와 유사한 것

㉵ 통신용 시설

(바) 기타 시설군

① 제1종 근린생활시설 : "근린생활시설"이란 주거생활을 하는 데 필요한 각종 사회·경제·문화·복지시설 등을 말한다. 근린생활시설 중 특히 소규모 시설들은 제1종 근린생활시설로 분류되고 있다. 하나의 대지 안에 2 이상의 건물이 있을 경우에는 각 면적을 합하여 제1종 또는 제2종 근린생활시설 여부를 판단하게 된다. 제1종 근린생활시설은 다음과 같다.

㉮ 당해 용도에 사용되는 연면적이 $1,000m^2$ 미만인 경우로서 다음과 같은 시설

ⓐ 슈퍼마켓과 일용품 등의 소매점

  "일용품"이란 식품·잡화·의류·완구·서적·건축자재·의약품류 등 일상생활에 필요한 물품을 말한다.

ⓑ 동사무소·파출소·소방서·우체국·전신전화국·방송국·보건소·공공도서관·지역의료보험조합 기타 이와 유사한 것

㉯ 사용하고 있는 연면적이 500m² 미만인 탁구장·체육도장

㉰ 당해 용도에 사용되는 연면적이 300m² 미만인 휴게음식점

㉱ 이용원·미용원·일반목욕장·공장이 부설되지 않은 세탁소

㉲ 마을공회당·마을 공동작업소·마을 공동구판장 기타 이와 유사한 것

㉳ 변전소·양수장·정수장·대피소·공중화장실 기타 이와 유사한 것

② 제2종 근린생활시설 : 제2종 근린생활시설은 제1종 근린생활시설에 비하여 규모가 큰 경우 또는 특수한 용도에 제공되는 시설로서 아래와 같은 것을 말한다.

㉮ 당해 용도에 사용되는 연면적이 1,000m² 이상인 서점

㉯ 당해 용도에 사용되는 연면적이 1,000m² 미만인 의약품도매점·자동차영업소

㉰ 그 용도에 사용되는 연면적이 500m² 미만인 다음과 같은 시설

ⓐ 테니스장·체력단련장·에어로빅장·볼링장·당구장·실내낚시터·골프연습장 기타 이와 유사한 것

ⓑ 금융업소·부동산중개업소·결혼상담소 등 소개업소, 출판사·사무소 기타 이와 유사한 것

ⓒ 제조업소·수리점·세탁소 기타 이와 유사한 것으로써 대기환경보전법·수질환경보전법·소음진동규제법에 의한 배출시설 설치허가 및 신고가 필요없는 시설

ⓓ 게임 제공업소, 멀티미디어 문화컨텐츠 설비 제공업소, 복합유통제공업소. 다만, 음반·비디오물및게임물에관한법률 제2조 제9호·제10호·제12호에 규정된 시설을 말한다.

ⓔ 학원(단, 자동차 및 무도학원은 제외한다)

㉱ 당해 용도에 사용되는 연면적이 300m² 이상인 휴게음식점

㉲ 당해 용도에 사용되는 연면적이 300m² 미만인 종교집회장·공연장·비디오물 감상실·비디오물 소극장(다만, 비디오물 소극장은 음반·비디오물및게임물에관한법률 제2조 제8호 가목 및 나목의 시설을 말한다)

㉳ 당해 용도에 사용되는 연면적이 150m² 미만인 단란주점

㉴ 일반음식점·기원

㉵ 사진관·표구점·장의사·동물병원·독서실·총포판매소 기타 이와 유사한 것

㉶ 안마시술소·노래연습장

③ 동물 및 식물관련시설

㉮ 양잠·양봉·양어시설, 부화장 및 축사

㉯ 가축시설 : "가축시설"이란 가축용 운동시설, 인공수정센터, 관리사, 가축용 창고, 가축시장, 동물검역소, 실험동물 사육시설 기타 이와 유사한 것을 말한다.

㉰ 도축·도계장

㉱ 버섯재배사

㉲ 종묘배양시설

㉳ 화초·분재 등을 위한 온실

㉴ 동·식물원을 제외한 위와 유사한 시설

④ 묘지관련시설

㉮ 화장장

㉯ 납골당(단, 납골당 중 종교집회장 안에 설치하는 것은 문화 및 집회시설로 한다)

(2) 건물의 영구성에 따른 구분

(가) 일반 건축물

일반 건축물은 토지에 정착되어 지붕과 기둥 및 벽이 있고, 이에 부합되는

시설물로 결합되어 있어, 어느 정도 영구성이 있는 건축물을 말한다. 보통 건축물은 대부분 구조·재질 등에 따라 상당한 내구년한(耐久年限)을 갖고 있다. 이러한 일반 건축물을 효과적으로 관리하고 필요한 행정목적을 달성하기 위하여 "일반건축물대장"과 "집합건축물대장"을 작성·비치하고 있다.

(나) 가설 건축물

"가설 건축물(假設 建築物)"이란 일반 건축물과 달리 특수한 목적에 사용하기 위하여 일시 또는 한정된 기간 동안 사용할 목적으로 축조된 건축물을 말한다. 이러한 건축물을 관리하기 위하여 "가설건축물관리대장"을 두고 있다. 가설 건축물을 설치할 경우에도 허가 또는 신고를 받아야 한다. 이에 대하여 살펴보면 다음과 같다.

① 허가대상 가설 건축물 : 도시계획시설[33] 또는 도시계획시설 예정지에서 아래와 같은 가설 건축물을 설치하고자 할 경우에는 시장·군수·구청장으로부터 건축허가를 받아야 한다. 가설 건축물에 대한 허가요건은 다음과 같은 기준에 의하여 각 지방자치단체 조례로 정하고 있다.

㉮ 철근콘크리트조 또는 철골철근콘크리트조가 아닐 것

㉯ 존치기간이 3년 이내일 것(다만, 도시계획사업이 시행될 때까지 연장할 수 있다)

㉰ 3층 이하 건물일 것

---

33) 도시계획시설은 도시기반시설인 아래 시설 중에서 국토의계획및이용에관한법률 제30조 규정에 의하여 도시관리계획으로 결정된 시설을 말한다(국토의계획및이용에관한법률 제2조 제6호 및 제7호).
  ① 도로·철도·항만·공항·주차장 등 교통시설
  ② 광장·공원·녹지 등 공간시설
  ③ 유통·업무시설
  ④ 수도·전기·가스공급설비
  ⑤ 방송·통신시설
  ⑥ 공동구 등 유통·공급시설
  ⑦ 학교·운동장·공공청사·문화시설·체육시설 등 공공·문화체육시설
  ⑧ 하천·유수지·방화설비 등 방재시설
  ⑨ 화장장·공동묘지·납골시설 등 보건위생시설
  ⑩ 하수도·폐기물 처리시설 등 환경 기초시설

   ㉣ 전기·수도·가스 등 새로운 간선 공급설비의 설치를 요하지 않을 것

   ㉤ 공동주택, 판매 및 영업시설 등 분양 목적으로 건축하는 건물이 아닐 것

   ㉥ 국토의계획및이용에관한법률 제64조 규정에 적합할 것[34]

 ② 신고대상 가설 건축물 : 도시계획시설 또는 도시계획시설 예정지 이외의 지역에서 가설 건축물을 설치하고자 할 경우에는 가설 건축물 축조신고서에 배치도 및 평면도를 첨부하여, 그 존치기간을 정하여 착공 5일전에 시장·군수·구청장에게 신고하여야 한다. 신고대상 가설 건축물의 범위는 다음과 같다(건축법 제15조 제2항, 동법시행령 제15조 제5항, 동법시행규칙 제13조 제1항). 그리고 신고로 설치한 가설 건축물에 대하여 그 존치기간을 연장하고자 할 경우에도 기간 만료 7일 전에 다시 시장·군수·구청장에게 신고하여야 한다(건축법시행령 제15조 제7항).

---

34) 도시계획시설 부지에서 개발행위를 할 경우에는 다음과 같은 제한이 있다. 따라서 가설건축물의 설치 허가를 받기 위해서도 다음과 같은 기준에 적합하여야 한다.
 ① 도시계획시설 설치장소로 결정된 지상·수상·공중·수중·지하에 일정한 공간적 범위를 정하여 도시계획시설이 결정되어 있고, 그 도시계획시설의 설치·이용 및 장래의 확장 가능성에 지장이 없는 범위 안에서 비도시계획 시설을 도시계획시설 부지의 상·하에 설치할 수 있다 — 동시행령에는 "…도시계획시설인 건축물 또는 공작물의 상부 또는 하부에 설치…"라고 규정하고 있으나, 이는 잘못된 표현으로 "도시계획시설 부지의 상부 또는 하부에 설치"라고 표현하는 것이 옳다(국토의계획및이용에관한법률시행령 제61조).
 ② 도시계획시설 결정 고시일로부터 2년이 경과할 때까지 당해 시설설치에 관한 사업이 시행되지 아니한 도시계획시설 중 국토의계획및이용에관한법률 제85조 규정에 의한 단계별 집행계획이 수립되어 있지 아니 하거나, 단계별 집행계획에서 제1단계 집행계획(단계별 집행계획을 변경한 경우에는 최초의 계획을 말한다)에 포함되지 아니한 도시계획시설 부지에서는 다음과 같은 행위에 대한 개발행위허가를 할 수 있다.
  ⓐ 가설건축물의 건축과 이에 필요한 범위 안에서의 토지 형질변경
  ⓑ 도시계획시설 설치에 지장이 없는 공작물의 설치와, 이에 필요한 범위 내에서의 토지의 형질변경
  ⓒ 건축물의 개축·재축과 이에 필요한 범위 안에서의 토지의 형질변경. 다만, 건축법에 의하여 신고하고 설치할 수 있는 건축물의 개축·증축·재축과 이에 필요한 범위 안에서의 토지의 형질변경으로서 도시계획시설 사업이 시행되고 있지 않은 부지에서의 건축은 제외한다.
 위와 같은 규정에 따라 적법하게 가설건축물 또는 공작물이 설치된 경우에도, 당해 토지 안에서 도시계획시설 사업이 시행될 경우에는 그 시행예정일 3개월 전에, 당해 시설물 소유자는 자기의 부담으로 철거 등 원상회복에 필요한 조치를 하여야 한다.

㉮ 재해가 발생한 구역 또는 그 인접구역으로서 시장·군수·구청장이 지정하는 구역 안에서 일시사용을 위하여 건축하는 것

㉯ 시장·군수·구청장이 도시미관이나 교통소통에 지장이 없다고 인정하는 가설흥행장·가설전람회장 기타 이와 유사한 것

㉰ 공사에 필요한 규모의 공사용 가설건축물 및 공작물

㉱ 전시(展示)를 위한 견본주택 기타 이와 유사한 것

㉲ 시장·군수·구청장이 도로변 등 미관정비를 위하여 필요하다고 인정하여 지정·공고하는 구역 안에서, 물건 등의 판매를 목적으로 건축하는 가설 점포로써 안전·방화·위생에 지장이 없는 것

㉳ 조립식 구조로 된 경비용에 쓰이는 가설 건축물로서 연면적 $10m^2$ 이하인 것

㉴ 조립식 경량구조로 된 외벽이 없는 임시 자동차용 차고

㉵ 컨테이너 또는 폐차량 그 밖에 이와 유사한 것으로 된 가설건축물로서, 임시사무실·임시창고·임시숙소로 사용하는 것으로써 건물의 옥상에 설치하는 것이 아닌 것

㉶ 도시지역 중 주거·상업·공업지역에 설치하는 농·어업용 비닐하우스로서 연면적 $100m^2$ 이상인 것

㉷ 연면적 $100m^2$ 이상의 간이용 축사, 가축의 운동 및 비(雨) 가림용으로 설치하는 비닐하우스 또는 천막 구조물

㉸ 농업용 고정식 온실

㉹ 공장부지 안에 설치하는 창고용 천막 기타 이와 유사한 것

㉺ 유원지·종합 휴양사업지역 등에서 한시적으로 설치하는 관광·문화 행사 등을 목적으로 하는 천막 또는 경량구조물

㉻ 기타 건축조례가 정하는 건축물

라) 건물의 생성

건물은 토지와 달리 인공적으로 생성되는 것이므로, 신축이라는 건축행위를 반드시 필요로 한다. "신축"이란 건축물이 없는 대지(기존 건축물이 철거 또는 멸

실된 대지 포함)에 새로운 건물을 축조하는 것으로, 부속 건물이 존재할 경우에
도 주된 건물을 새로 축조하면 이에 해당한다(건축법시행령 제2조 제1항 제1호).

건물은 신축에 의하여 새로운 부동산이 되고, 권리의 객체가 된다. 다만, 신
축중인 건물이 어느 정도 외형을 갖추어야 부동산이 되는가는 거래관념 내지
사회통념에 따를 수밖에 없다. 그러나 건물이 거래의 객체로써 완전한 요건을
구비하기 위해서는 허가권자로부터 사용승인(일명 "준공검사")을 받아야 한다.
이를 통하여 적법하게 건축된 건물인 경우에는 시장·군수·구청장이 건축물
의 소유 및 이용실태를 확인하거나 건축정책의 기초 자료로 활용할 목적으로
건축물대장을 작성하게 된다. 건축물 대장이 작성되는 사유는 다음과 같다(건
축법 제15조, 제29조, 동법시행령 제25조).

① 허가 또는 신고대상 건축물이 완공된 경우 건축주로부터 사용승인 신청
을 받아 그 승인서를 교부한 경우

② 위 ①의 경우를 제외한 기타 건축물이 준공된 경우로써 건축주 등이 그
건축물에 대한 대장기재 요청이 있는 경우

③ 집합건물의소유및관리에관한법률 제56조 및 제57조에 의한 가옥대장의
신규등록 및 변경등록 신청이 있는 경우

④ 건축법 시행일인 1992. 6. 1. 이전의 관계법령 등에 따라 적합하게 건축되
고 유지·관리된 건물 소유자가, 당해 건물에 대한 건축물관리대장 기타 이와
유사한 공부를 통하여 동법에 의한 건축물대장으로 이기 신청하는 경우

⑤ 기타 기재내용을 변경할 필요가 있는 경우로써 건설교통부장관 및 행정
자치부장관이 정하는 공동부령에 해당하는 경우

마) 건물의 변경

건물의 변경에는 물리적 상태가 변경되는 경우와, 물리적 상태와 무관하게
그 활용 측면에서만 변경되는 경우로 구별할 수 있다. 물리적 변경은 건물에 대
한 증축·개축·재축·이전("이축"이라고도 함)이 이루어지는 경우, 즉 신축을
제외한 기타 건축행위가 있는 경우를 말한다. 용도변경은 건물의 물리적 상태
에는 변화가 없고, 단지 그 활용측면에서만 변화가 있는 것을 말한다. 이에 대

하여 구체적으로 살펴보면 다음과 같다.

(1) 건물의 물리적 변경

(가) 건물의 증축

"증축(增築)"이란 기존 건축물의 건축면적·연면적·층수·높이를 증가시키는 건축행위를 말한다(건축법시행령 제2조 제1항 제2호).

(나) 건물의 개축

"개축(改築)"이란 기존 건축물의 전부 또는 일부(내력벽·기둥·보·지붕틀 중 3개 이상 포함되는 경우를 말한다)를 철거하고, 그 대지 안에 종전과 동일한 규모의 건축물을 다시 축조하는 것을 말한다(건축법시행령 제2조 제1항 제3호).

(다) 건물의 재축

"재축(再築)"이란 건축물이 천재·지변 기타 재해로 멸실된 경우, 그 대지 안에서 종전과 동일한 규모로 건물을 다시 축조하는 것을 말한다(건축법시행령 제2조 제1항 제4호). 재축은 자연적·환경적 요인에 의하여 다시 축조하는 것임에 비하여, 개축은 인위적인 사유로 다시 축조하는 데 그 차이가 있다.

(라) 건물의 이전

"이전(移轉)" 또는 "이축(移築)"이란 건축물의 주요 구조부는 해체하지 않은 상태에서 동일 대지의 다른 위치로 옮기는 것을 말한다(건축법시행령 제2조 제1항 제5호). 여기서 건축물의 "주요 구조부"란 내력벽·기둥·바닥·보·지붕틀·주계단을 말한다. 다만, 사잇기둥·최하층의 바닥·작은 보·차양·옥외계단 기타 이와 유사한 것으로써 건물의 구조상 중요하지 않은 부분은 제외된다(건축법 제2조 제1항 제6호).

(2) 건물의 용도에 따른 변경

건물은 사용승인 당시 정한 바에 따라 활용하여야 한다. 그러나 부동산의 환경변화에 따라 주된 용도가 변경될 수 있다. 이러한 경우를 대비하여 건물의 용도변경에 대한 기준을 두고 있다. 건물을 용도 변경하고자 할 경우에는 원칙상 시장·군수·구청장에게 신고하여야 한다. 다만, 일정한 경우에는 신고없이 자유롭게 변경할 수도 있다(건축법 제14조).

(가) 신고대상인 경우

사용승인을 얻은 건축물을 용도변경 할 경우에는 용도변경신고서에 변경하고자 하는 층에 대한 변경 전후의 평면도 및 용도변경에 따른 내화·방화·피난·건축설비에 관한 사항을 표시한 도서를 첨부하여 관할 시장·군수·구청장에게 제출하여야 한다(건축법시행령 제14조 제1항 및 동법시행규칙 제12조의2 제1항).

(나) 자유로운 용도변경이 허용되는 경우

아래와 같은 사유로 건물의 용도를 변경할 경우에는 신고없이 자유롭게 할 수 있다. 다만, 이 경우에도 건축행정상 필요에 의하여 그 변경사항을 신청하도록 하는 경우가 있다. 이러한 입법취지는 부동산 환경변화에 신속하게 적응할 수 있도록 함으로써 국민의 생활편의를 도모하기 위한 것이다(건축법 제14조 제2항 및 제4항, 동법시행령 제14조 제2항).

① 건축물대장에 대한 기재내용 변경신청 의무가 있는 경우

㉮ 동일한 시설군에 해당하는 용도로 변경하는 경우[35]

㉯ 건축법 제14조 제3항(이하 "동 규정"이라 함) 제1호의 시설군에 속하는 건축물의 용도를, 동 규정 제2호 내지 제6호의 시설군에 해당하는 용도로 변경하는 경우

㉰ 동 규정 제2호의 시설군을 제3호 내지 제6호의 용도로 변경하는 경우

㉱ 동 규정 제3호의 시설군을 제4호 내지 제6호의 용도로 변경하는 경우

㉲ 동 규정 제4호의 시설군을 제5호 내지 제6호의 용도로 변경하는 경우

㉳ 동 규정 제5호의 시설군을 제6호의 용도로 변경하는 경우

㉴ 당해 용도로 변경하기 전의 용도로 다시 변경하는 경우. 단 증·개

---

35) 건축물의 시설군은 다음과 같다.
　① 영업 및 판매시설군
　② 문화 및 집회시설군
　③ 산업시설군
　④ 교육 및 의료시설군
　⑤ 주거 및 업무시설군
　⑥ 기타 시설군

축·대수선을 수반하는 경우에는 신고대상이 된다.

㉒ 용도변경 하는 바닥면적 합계가 100m² 미만인 경우

㉓ 동일한 건축물 안에서 면적증가 없이 위치만 변경하는 경우

② 건축물대장의 기재내용 변경신청도 필요없는 경우[36]

㉠ 동 규정의 각 시설군 내의 세부시설에 속하는 용도상호간 변경

㉡ 단독주택을 제1종 또는 제2종 근린생활시설로 변경하는 경우

㉢ 문화 및 집회시설, 판매 및 영업시설, 교육연구 및 복지시설, 운동 및
업무시설을 제1종 또는 제2종 근린생활시설로 변경하는 경우

바) 건물의 소멸

토지의 정착물 중 대표격인 건물은 인위적인 방법 또는 자연적 현상에 의하여 소멸된다. 이를 "건물의 철거 또는 멸실"이라고 한다. 건물이 소멸되면 권리의 객체인 부동산이 없어지게 되므로 소유권과 기타 권리 또한 소멸된다. 따라서 건물이 소멸되면 건축물대장[37]을 정리하게 되고, 등기부가 존재할 경우에는 멸실을 원인으로 "멸실등기"를 한 후, 그 등기용지를 폐쇄하게 된다.[38]

건축물을 인위적인 방법, 즉 의도적으로 철거하고자 할 경우에는 건물 소유자 또는 그 관리자가 7일 전에 시장·군수·구청장에게 신고하여야 한다. 그러나 우연한 사고 또는 자연적 현상으로 건물이 멸실·소실된 경우에는, 소유자 또는 관리자가 멸실 후 15일 내 신고하여야 한다(건축법 제27조 및 동법시행규칙 제24조).[39]

---

36) 건축법시행령 제14조 제5호
37) 건축물대장은 여러 종류가 있다. 일반건축물대장(건축법 제29조), 구분건축물대장(집합건물의소유및관리에관한법률 제3조), 가설건축물대장(건축법 제15조 제4항 및 동법시행규칙 제13조 제3항), 개발제한구역 내 건축물대장 등이 있다.
38) 부동산이 멸실된 경우에는 멸실등기를 하고 그 등기부를 폐쇄하는 것이 원칙이다. 다만, 멸실한 건물이 1동 건물을 구분한 것인 때에는 폐쇄하지 아니한다(부동산등기법 제112조 제1항 단서).
39) 건물의 철거 또는 멸실 신고대상이 되는 것은 건축법 제8조 규정에 의한 허가대상이 되는 건축물에 한한다. 따라서 신고대상 건축물이 철거 또는 멸실된 경우에는 시장·군수·구청장에게 신고할 필요가 없다(건축법시행규칙 제24조 제1항). 그러나 건축행정의 실효를 위해서는 신고대상인 건축물이 철거 또는 멸실된 경우에도 신고토록 할 필요가 있다.

건축물은 신축으로 소유권의 객체가 되고, 철거 또는 멸실로써 그 객체성을 상실하게 된다. 다만, 건축물의 일부분이 철거·멸실된 경우에는 단순한 변경에 불과하며 소멸에는 해당하지 않는다.

2) 기타 토지 정착물

"기타 토지 정착물"이란 독립된 부동산으로 인정되는 건축물을 제외한 기타 지상에 존재하는 모든 인공물을 말한다. 이러한 것에는 무수히 많은 것이 존재할 것임은 짐작할 수 있다. 한편 이들을 크게 분류해 볼 때 건물과 같이 독립된 거래의 객체로써 부동산으로 간주될 수 있는 것과, 토지 또는 건물의 단순한 부합물에 지나지 않는 것도 있다. 그리고 특별법에 의하여 독립된 부동산으로 간주되고 있는 경우도 있다. 기타 토지 정착물로써 일반적으로 논의되고 있는 것에는 공작물·농작물·수목·분묘가 있다. 이에 대하여 상론해 보자.

가) 공작물

"공작물(工作物)"이란 토지의 정착물 중에서 건물·농작물·수목·분묘를 제외한 인공물을 말한다. 공작물은 토지 및 건물의 부합물로 존재하고 있는 경우가 대부분이어서, 주물인 부동산에 변동이 있을 경우에는 당연히 부합하여 이전하는 경우가 많다.[40]

---

40) "부합(附合)"이란 소유자를 각각 달리하는 수 개의 물건이 결합하여 1개의 물건이 되는 것을 말한다. 부합에는 부동산 부합과 동산 부합이 있다(민법 제256조 및 제257조). "부동산 부합"이란 부동산 소유자가 아닌 자가 그의 물건을 타인의 부동산에 결합시킨 경우를 말한다. 다만, 토지와 건물은 별개의 부동산이므로 상호 부합은 있을 수 없다(곽윤직 1999, 273, 274). 부동산에 부합이 발생하기 위해서는 아래 요건에 해당하여야 한다.
① 주물은 부동산이어야 한다.
② 부합되는 물건은 동산·부동산을 불문한다(대판 94다11606, 단 통설은 부합되는 물건은 동산에 한정된다고 한다).
③ 부착·합체가 어느 정도의 단계에 이르러야 한다. 즉 부합된 물건을 훼손하거나, 너무 많은 비용을 지출하지 않고는 분리할 수 없을 정도로 부착·합체가 되어야 한다.
④ 부합의 원인은 인공적이든 자연적이든, 적법한 것이든 불법한 것이든 묻지 않는다.
위와 같은 요건에 의하여 부합이 된 경우에는 다음과 같은 효과가 발생한다.
① 부동산 소유자는 원칙상 부합된 동산의 소유권을 취득한다(민법 제256조 본문). 따라서 부합하는 동산의 가격이 주물인 부동산 가격을 초과하는 경우에도 주물인 부동산 소유자가 부합된 동산의 소유권을 취득한다(대판 4289행상117, 118).

공작물을 설치하는 경우에도 건축법을 적용받는 경우와, 건축법과 무관하게 설치할 수 있는 경우로 구분된다.

(1) 건축법을 적용받는 공작물

공작물에 대하여 건축법은 "대지를 조성하기 위한 옹벽·굴뚝·광고탑·고가수조·지하대피호 기타 이와 유사한 것"이라고 규정하고 있다(건축법 제72조 제1항). 건축법에서는 이러한 공작물이 일정한 기준을 초과할 경우에는 시장·군수·구청장에게 "공작물 축조신고"를 하도록 하고, 시장·군수·구청장은 이들 공작물에 대하여 건축물에 준하는 관리를 하고 있다.[41] 이에 따라 공작물

---

② 부합하는 동산이 권원(權原)에 의한 경우, 즉 지상권·전세권·임차권 등과 같이 타인의 부동산에 자기의 동산을 부속시켜 그 동산을 이용할 수 있는 권리가 있을 경우에는 그 부합물은 부동산에 부합되지 않고 부합시킨 자, 즉 동산 소유자의 소유로 남는다(민법 제256조 단서). 다만, 부합물이 부동산의 구성부분(예컨대 논에 설치된 논둑 등)에 해당할 경우에는 부합된다.

③ 주물인 부동산 소유자는 부합된 동산 소유자에게 보상하여야 한다.

한편 부동산 부합과 관련하여 다음과 같은 특수한 문제가 발생한다.

① 건물을 증·개축한 경우에는 건물 소유자에게 증·개축한 부분이 귀속된다. 그러나 건물의 임차인 등이 건물 소유자의 승낙을 얻어 증·개축한 경우에는 민법 제256조 단서에 의한 "권원에 의하여 부속한 경우"에 해당하여, 증·개축한 부분은 임차인 등의 소유가 된다. 다만, 증·개축 부분이 경제적으로 독립한 거래의 객체가 되지 못할 경우에는 민법 제256조 단서규정은 적용되지 않고, 증·개축 부분은 건물 소유자의 것으로 귀속된다(대판 74다1743). 그러나 증·개축 부분이 독립성을 가질 경우, 기존 건물과 구분 소유관계가 성립한다(대판 76다464). 증·개축 부분이 독립성을 갖느냐의 여부는 사회통념 내지 거래관념에 따라 판단한다.

② 수목·과목 등이 타인의 토지에 부합된 경우에도 이들 물건은 원칙상 주물인 토지 소유자에게 귀속된다. 다만, 임차권 등의 권원에 의하여 부속한 것인 때에는 민법 제256조 단서에 의하여 임차인 등의 소유로 되고 토지에 부합되지 않는다(대판 68다1995). 한편 농작물은 수목 및 과목과 달리 권원없이 타인의 토지에서 경작·재배한 경우 및 심지어 경작자가 토지 소유자나 점유자를 배제하고 경작한 경우에도 토지에 부합되지 않고 경작자에게 귀속된다고 한다(대판 68도906).

41) 건축물의 건축과 관련된 아래의 규정들은 공작물에 대해서도 준용된다(건축법 제72조 제2항 및 동법시행령 제118조 제3항).

① 건축신고 규정(건축법 제9조)

② 건축주의 건설산업기본법 제41조 규정준수의무(건축법 제16조 제3항)

③ 건축허가 및 신고에 따른 국가 또는 지방자치단체의 특례(건축법 제25조)

④ 건축물 소유자 또는 관리자의 건축물 유지·관리의무(건축법 제26조 제1항)

⑤ 손괴우려 있는 대지조성시 옹벽설치 등 안전조치 의무(건축법 제30조 제1항)

⑥ 대지조성 및 토지굴착시 시공자의 안전조치 및 이에 대한 게시의무(건축법 제31조)

⑦ 건축선에 위반되는 건축행위 금지(건축법 제37조)

축조신고를 받은 시장·군수·구청장은 "공작물 관리대장"을 작성·비치하게 된다. 신고대상 공작물은 다음과 같다.

① 높이 2m 넘는 옹벽 및 담장

② 높이 4m 넘는 광고탑·광고판 기타 이와 유사한 것

③ 높이 6m 넘는 굴뚝

④ 높이 6m 넘는 장식탑·기념탑 기타 이와 유사한 것

⑤ 높이 6m 넘는 골프연습장 등의 운동시설을 위한 철탑, 주거·상업지역 안에 설치하는 통신용 철탑 기타 이와 유사한 것

⑥ 높이 8m 이하(위험방지를 위한 난간의 높이는 제외)의 기계식 주차장(바닥면이 조립식이 아닌 것 포함)으로써 외벽이 없는 것

⑦ 높이 8m 넘는 고가수조 기타 이와 유사한 것

⑧ 제조시설·저장시설(시멘트 저장용 싸이로 포함)·유희시설 기타 이와 유사한 것으로써 건축조례가 정하는 것

⑨ 건축물의 구조에 심대한 영향을 줄 수 있는 중량물로써 건축조례가 정하는 것

---

⑧ 건축물이 하중·풍압·지진·진동·충격 등에 안전한 구조일 것과, 허가대상 건축물의 경우 건축·대수선시 구조안전을 확인할 의무(건축법 제38조)

⑨ 건축행위에 따른 건폐율 규정(건축법 제47조)

⑩ 건축물 높이제한 규정(건축법 제51조)

⑪ 일조 등 확보를 침해하는 건축물의 높이제한(건축법 제53조)

⑫ 건축법 위반 건축물에 대한 허가권자의 처분에 따를 의무(건축법 제69조)

⑬ 기존 건축물에 대한 시장·군수·구청장의 안전점검 및 시정명령에 따를 의무(건축법 제70조)

⑭ 건축물의 대지면적·연면적·바닥면적·높이·처마·천정·바닥·층수의 산정방법에 대한 규정(건축법 제73조)

⑮ 건축허가·신고·토지의 굴착·건축법을 위반한 건축물에 대하여 필요한 경우 행정대집행법 제3조 제1항 및 제2항을 생략하고 바로 대집행 할 수 있는 규정(건축법 제74조)

⑯ 행정기관의 건축주·감리자·시공자에 대한 자료제출·보고요구 및 공사장 출입·자재 등에 대한 검사권(건축법 제76조)

⑰ 용도지역·지구에서의 건축제한에 대한 규정(국토의계획및이용에관한법률 제76조)

(2) 건축법을 적용받지 않는 공작물

앞서 살펴본 신고대상에 해당하지 않는 공작물은 건축법을 적용받지 않는다. 따라서 그 축조는 사회상규에 적합하게 원칙상 자유롭게 할 수 있다.

나) 농작물

"농작물"이란 식용·약용·사료용 등으로 사용할 목적으로 토지에 재배하는 각종 식물을 말한다. 농작물은 단순한 토지의 부합물에 불과하다. 따라서 토지의 정착물로써 독립된 물건으로 취급하기 곤란한 측면도 있다. 그러나 농작물은 인간이 생존하는 데 필수적인 자원이므로 특수한 고려가 필요하다. 이에 따라 판례도 농작물의 경우에는 토지의 부합물로 보지 아니하고, 토지의 권리와 구별되는 특수한 물건으로 인정하고 있다. 즉 농작물은 토지 소유권과 무관하게 경작자의 것으로 하고, 아무 권원없이 타인의 토지에서 농작물을 경작·재배한 경우뿐만 아니라 토지 소유자나 그 점유자를 위법한 방법으로 배제하고 경작한 경우에도 농작물의 소유권은 여전히 경작자에게 있는 것으로 하고 있다(대판 68도906).

한편 이러한 농작물도 명인방법(明認方法)을 통하여 그 소유권을 공시할 수도 있다. 그런데 파종 후 수개월 안에 수확할 수 있는 농작물인 경우에는 농작물의 존재 그 자체로써 이미 공시효력이 인정되고 있으므로 명인방법(明認方法)도 필요없는 것으로 보고 있다(곽윤직 1999. 22).

다만, 농작물이 토지의 정착물로써 특수한 물건으로 인정된다 하더라도, 이를 통하여 중개대상물인 부동산으로 간주될 수 있느냐 하는 문제가 있다. 농작물도 엄연히 토지와 다른 독립된 물건으로 간주된다는 점과, 입목 내지 명인방법으로 공시되는 수목의 집단과 달리 해석할 이유가 없다는 점에서 보면, 중개대상물인 부동산이라고 볼 수 있다.[42]

아래에서는 농작물 중에서도 특히 명인방법이 필요한 미분리 과실과 과수목

---

42) 농작물을 단순히 토지와 독립된 "물건"이라고만 설시하고 있어 해석상 분명하지는 않다. 그러나 식재된 농작물은 동산이 아닌 것은 분명하므로, 부동산으로 해석하는 것이 옳을 것이다(대판 68도906, 곽윤직 1999. 22).

(果樹木)에 대하여 살펴보기로 하자.

(1) 미분리 과실 등

"미분리 과실"이란 과목이나 수목에 부착되어 있는 농작물 및 이와 유사한 것을 말한다. 즉 과목 또는 수목의 일부에 지나지 않는 수확하지 않은 열매·쌍엽(雙葉) 등과, 경작기간이 장기간에 걸치는 농작물(인삼·종묘 등)을 말한다. 미분리 과실 등은 명인방법을 취할 경우 과·수목 또는 토지로부터 분리되지 않은 상태에서도 각 독립된 물건으로 인정되고 있다.[43] 따라서 이들 물건이 명인방법으로 공시되고 있다면 토지 소유권에 부합되지 않는 독립된 부동산으로 중개대상물이 된다.

(2) 과　목

"과목(果木)"이란 과일이 열리는 나무를 말한다. 과목의 열매는 명인방법을 통하여 독립된 물건으로 인정될 경우에는 토지 또는 과목에 부합되지 않는다. 그러나 과목 그 자체는 토지의 정착물로서 주물인 토지의 일부로 간주될 뿐이므로, 그 식재된 토지의 부합물에 불과한 것으로 해석하고 있다(대판 71다2313).

다만, 과목의 경우에도 타인이 권원에 의하여 식재한 것은 토지에 부합되지 않으므로, 그 권한있는 자와 별도로 이에 대한 처분행위가 있어야 할 것이다(민법 제256조 단서).

다) 수　목

"수목(樹木)"이란 입목에관한법률에 의하여 부동산으로 간주되는 입목(立

---

43) 미분리 과실은 과·수목으로부터 분리된 경우에는 당연히 동산이 될 뿐이다. "명인방법 (明認方法)"이란 수목의 집단·미분리 과실에 대하여 그 소유권이 누구에게 귀속하고 있음을 제3자가 명백하게 인식할 수 있도록 공시하는 관습법상의 방법을 말한다. 예컨대 수피(樹皮)를 깎아서 거기에 소유자의 성명을 묵서(墨書)한다든가, 미분리 과실의 경우 논·밭 주위에 새끼줄을 둘러치고 소유자의 성명을 표시한 목찰(木札)을 세우는 등의 방법으로 표시하는 것이다. 다만, 명인방법은 특정된 목적물에 한하여 유효하고 특정되지 않으면 효력이 없다. 즉 임목에 대하여 "임목 중 수령(樹齡) 20년 이상, 흉고(胸高) 직경 10.3cm 이상의 소나무 500m²"라고 명시하여도 공시효력이 인정되지 않는다고 한다(대판 72다1351). 명인방법은 소유권에 한해 효력이 있고, 명인방법이 중복될 경우에는 먼저 유효한 공시방법을 갖춘 자가 비록 악의였다고 하더라도 소유권을 취득하게 된다(대판 66다2442).

木)을 제외한 기타 수목 내지 임목(林木)을 말한다. 이러한 수목은 본래 그것이 자라고 있는 토지의 부합물에 불과한 것으로 보고 있다. 판례도 수목에 대해서는 농작물과 달리 경작자의 소유권을 인정하지 않는다. 다만, 입목등기 또는 명인방법으로 특히 그 소유권을 공시하고 있는 경우이거나, 권원에 의하여 식재된 수목인 경우에는 독립된 부동산으로 간주되고 있다(민법 제256조 단서). 따라서 이러한 수목은 토지의 기타 정착물로서 중개대상물이 된다.

라) 분 묘

(1) 의 의

"분묘(墳墓)"라 함은 사람의 시체·유골·유발을 매장함으로써 사자(死者)에 대한 제사 또는 기념을 행하는 장소를 말한다. 분묘는 우리의 미풍양속인 조상 숭배의 전통에서 비롯된 것임은 주지의 사실이다. 이러한 전통사상에 따라 분묘가 존재하는 지역은 조상의 영혼이 자리 잡고 있는 경건한 장소로 인식하게 되었고, 특별한 사정이 없으면 동일한 장소에 계속 존치시키는 것으로 관례화 되었다.

한편 분묘는 토지의 정착물 중 특수한 것으로 취급되고 있다. 즉 다른 정착물은 토지에 부합되거나 그렇지는 않더라도 권리자의 의사에 따라 자유롭게 처분할 수 있으나, 분묘에는 이러한 원리가 적용되지 않는다. 그리고 분묘는 이에 대한 수호 및 봉사(奉祀)를 위하여 분묘기지권으로 특별히 보호되고 있다. 이러한 성질로 분묘는 토지의 정착물임에도 불구하고 거래의 객체가 될 수 없다.

(2) 분묘기지권

"분묘기지권(墳墓基地權)"이라 함은 타인의 토지에 분묘를 설치한 자가 일정한 사유로 인하여 지상권과 유사한 물권을 취득하는 권리를 말한다. 대법원은 이에 대하여 "타인의 토지에 분묘를 설치한 자는 그 분묘기지에 대하여 지상권과 유사한 일종의 물권을 취득한다."고 판시하고 있다(대판 4288민상210).

(가) 분묘의 성립요건

분묘기지권의 전제가 되는 분묘가 되기 위해서는 다음과 같은 요건을 갖추어야 한다.

첫째, 사자(死者)의 시체·유골·유발을 안치한 장소일 것 : "시체(屍體)"란 죽은 사람의 육신을 말하며, "유골(遺骨)"이란 죽은 사람이 화장되거나 또는 기타의 방법으로 백골이나 분골이 된 신체의 일부를 말한다. "유발(遺髮)"이란 사자를 기념하기 위하여 보존한 모발을 말한다. 따라서 사자의 시체·유골·유발 이외의 물건을 안치하고 있거나, 향후 분묘로 사용하기 위하여 설치한 가묘(假墓)는 분묘가 될 수 없다.

둘째, 봉분 등으로 공시될 것 : 분묘는 관습상 인정되는 특별한 공시방법인 봉분(封墳) 등으로 불특정 제3자가 인식할 수 있도록 표시되어야 한다. 대법원도 이에 대하여 평장(平葬) 또는 암장(暗葬)을 하고 있는 경우에는 제3자가 이를 인식할 수 없으므로 분묘기지권을 취득하지 못한다고 판시하고 있다(대판 67다1920, 4294민상804).

(나) 분묘기지권 성립요건

분묘기지권은 타인의 토지에 상당한 제한을 가하는 제도이므로, 무단히 타인의 토지에 분묘를 설치한 경우까지 이를 인정할 수 없다. 따라서 대법원은 분묘기지권이 성립되는 사유를 다음과 같은 3가지로 한정하고 있다(곽윤직 1999, 327~331).

첫째, 자기의 토지에 분묘를 설치한 자가 그 분묘기지에 대한 소유권을 유보하거나 또는 분묘도 함께 이전한다는 특약을 함이 없이 토지를 양도한 경우일 것 : "분묘기지에 대한 소유권 유보"라 함은 분묘가 소재하는 기지부분에 대한 소유권을 보류하고 다른 부분의 토지에 대해서만 권리를 이전하는 경우를 말한다. 그리고 "분묘도 함께 이전한다" 함은 분묘 소유자가 양수인에게 분묘를 임의 처리해도 좋다는 의사표시를 한 경우를 말한다. 이러한 특약을 하지 않고 토지를 양도한 자는, 즉시 그 토지에 존재하는 자기의 분묘에 대하여 분묘기지권을 취득하게 된다(대판 67다1920).

둘째, 토지 소유자의 승낙을 받고 분묘를 설치한 경우일 것 : 타인의 토지에 그의 승낙을 받아 분묘를 설치한 경우에는 즉시 분묘기지권을 취득하게 된다. 다만, 승낙을 받아 설치한 경우에도 토지 소유자와 분묘의 설치에 따른 특별한

약정을 한 경우, 즉 지상권·임차권·전세권·사용대차 등 용익권을 통하여 분
묘를 설치한 경우에는 분묘기지권이 인정되지 않는다(대판 67다1920).

셋째, 토지 소유자의 승낙 없이 무단히 분묘를 설치한 후 20년간 평온·공연
하게 분묘기지를 점유한 경우일 것 : "평온·공연"이란 토지 소유자로부터 분
묘의 이장 또는 그 기지사용에 대한 사용료 청구 등, 분묘와 관련된 분쟁이 없
었던 경우를 말한다. 이러한 경우에는 점유취득 시효를 원인으로 분묘기지권을
취득하게 된다(대판 68다1927). 다만, 분묘기지권을 시효 취득하는 자는 분묘를
설치한 자가 아니고, 분묘의 소유자가 취득하게 된다.[44]

(다) 분묘기지권 성립효과

분묘기지권이 성립하면 당해 분묘에 대하여 다음과 같은 효과가 발생한다.
다만, 분묘기지권 성립에 따른 사용료에 대해서는 당사자간의 특약이 있으면
그에 의할 것이나, 이러한 약정이 없을 경우에는 당사자의 청구에 의하여 법원
이 정하게 된다.[45]

첫째, "지상권과 유사한 물권"을 취득하게 된다.

분묘기지권은 그 분묘기지에 대한 일종의 용익물권으로서 제한물권인 셈이
다. 다만 용익물권이라 하더라도 그 토지에 대한 사용은 오직 "분묘를 소유하고
봉사(奉祀)하기 위한 목적"에 한정되며, 다른 목적으로는 사용할 수 없다.

둘째, 분묘가 존재하는 동안 계속 분묘기지를 사용할 수 있다.

분묘가 존재하는 동안에는 분묘에 대한 수호 및 봉사(奉祀)가 필요할 것이
다. 따라서 당사자 간에 분묘에 대한 존속기간을 약정한 바 없을 경우에는 그
분묘가 존재하는 동안 그 기지를 사용할 수 있다. 다만, 분묘기지 내에서 인정
되는 이러한 권리도 기존의 분묘에 한해 인정될 뿐, 분묘를 추가로 설치하거나
합장(合葬) 등의 목적으로 활용하는 것은 인정되지 않는다(대판 4290민상771).

---

44) 분묘에 대한 소유권은 관습상 종손에 속하고, 방계자손에게는 인정되지 않는다고 한다(대
    판 4291민상182).
45) 분묘기지권 성립에 따른 사용료에 대하여 성립된 판례는 없다. 그리고 이러한 분묘기지에
    대한 사용료 청구에 대해서는 다양한 견해가 있다(곽윤직 1999, 329 내지 330).

셋째, 분묘 주위 토지에 대한 사용권이 있다.

분묘의 보호 및 제사를 위해서는 분묘 주위의 토지 사용은 불가피하다. 따라서 여러 개의 분묘가 집단적으로 설치된 경우라면, 집단으로 구성된 모든 분묘를 보존하고 참배하는 데 필요한 범위 내에서 분묘기지권이 성립되는 것으로 하고 있다(대판 4291민상770).

다. 대통령령이 정하는 재산권 및 물건

지금까지 중개대상물에 해당할 수 있는 토지·건물 기타 토지의 정착물에 대하여 살펴보았다. 그런데 공부법 제3조 제3호에 의한 동법시행령 제2조에는 입목에관한법률에 의한 입목, 광업재단저당법에 의한 광업재단, 공장저당법에 의한 공장재단도 중개대상물이 됨을 규정하고 있다.

1) 입목에관한법률에 의한 입목

"입목(立木)"이란 토지에 부착된 수목(樹木)의 집단으로서 입목에관한법률에 의하여 수목 소유자가 보존등기를 받은 것을 말한다(입목에관한법률 제2조). 수목은 본래 그것이 자라고 있는 토지의 정착물로서 토지의 일부인 부합물에 불과하나, 토지와 분리하여 거래할 필요가 있으므로 관습법에 의한 명인방법(明認方法)이라는 공시방법을 통하여 토지와 구별되는 독립된 부동산으로 다루어 왔고, 판례도 이를 인정하게 된 것이다(대판 72다1351). 다만, 명인방법으로 공시할 수 있는 권리는 소유권에 한정되는 것으로 하고 있다.[46]

한편 1970년대 이후 산림에 대한 대대적인 녹화사업(綠化事業)이 전개되고 산림자원에 대한 개발이 확대되면서 구관(舊慣)에 의한 명인방법만으로는 이러한 현상에 적응할 수 없게 됨에 따라 입목에관한법률을 제정하게 된다. 동법에 의하여 등기될 수 있는 수목의 집단과 그 범위는 1필 또는 1필 토지의 일부에 생립(生立)하고 있는 수목의 집단으로서, 수종(樹種) 및 수령(樹齡)을 묻지 않

---

46) 명인방법으로 공시할 수 있는 대상권리는 소유권 외에도 양도담보도 허용된다고 한다(곽윤직 1989, 310).

는다(입목에관한법률시행령 제1조).[47]

가) 입목등록원부

입목 소유자가 입목에 대한 보존등기를 하고자 할 경우에는 입목 소재지 관할 시장(특별시장, 광역시장 포함)·군수에게 입목등록을 신청하여야 한다. 입목에 대하여 변경이 발생한 경우에도 같다. 시장·군수는 입목등록원부를 비치·관리하여야 하며, 이에 대하여 이해관계 있는 자로부터 열람 또는 등·초본 교부신청이 있을 경우에는 이에 응해야 한다.

나) 입목등기부

각 등기소에는 수목 소유자가 시장·군수로부터 입목등록원부를 교부받아 입목에 대한 보존등기를 신청할 경우에 대비하고 있다. 입목등기를 신청할 수 있는 자 및 입목등기의 효력은 다음과 같다.

(1) 입목등기 신청자

① 수목이 부착된 토지 소유자 및 지상권자로서 토지등기부에 등기되어 있는 자

② 위 ①항에 해당하는 자의 증명서로써 수목에 대한 자기의 소유권을 증명하는 자

③ 판결에 의하여 수목의 소유권을 증명하는 자

(2) 입목등기부에 등기된 수목의 효력

(가) 소유권 및 저당권의 객체

입목등기부에 보존등기된 수목은 입목에관한법률에 의한 "입목(立木)"이 된다. 입목은 단순한 수목의 집단과 달리 토지로부터 독립된 별개의 부동산으로 간주되며, 소유권 및 저당권의 객체가 된다. 입목으로 성립된 수목은 토지의 권

---

47) 입목에관한법률은 1973. 12. 6. 법률 제2484호로 제정하여 1974. 1. 6.부터 시행하고 있다. 동법에 의하여 입목으로 등기될 수 있는 것은 생립(生立)하고 있는 수목이어야 하고, 수목은 집단(集團)을 이루고 있어야 한다. 따라서 고사(枯死)한 나무 또는 몇 그루 정도에 불과한 것은 입목이 될 수 없다. 다만, 수목의 집단성 여부는 사회통념에 따를 수밖에 없을 것이다. 입목의 수령(樹齡)에는 제한이 없다. 그리고 입목등기부는 입목을 기준으로 편성하게 된다(물적편성주의).

리변동에 영향을 받지 않는다(입목에관한법률 제3조).

입목이 저당권의 목적이 된 경우에는 벌채 등으로 토지로부터 분리된 경우에도 추급효(追及效)가 인정된다. 이에 따라 회수한 입목은 채권 변제기를 불문하고 저당권자가 경매를 청구할 수 있다. 다만, 경매로 수취한 매득금(賣得金), 즉 경락대금은 법원에 공탁하여야 한다.

한편 입목 소유자는 저당권자의 경매청구에 대하여 상당한 담보를 공탁함으로써 경매면제를 신청할 수 있다(입목에관한법률 제4조 및 제5조). 그리고 지상권자 및 임차인이 그의 권원에 의하여 입목을 조성하여 저당권의 객체로 한 경우에는, 저당권자의 승낙 없이는 지상권 또는 임차권을 포기하거나 해지할 수 없도록 제한하고 있다(입목에관한법률 제7조).

(나) 입목 소유자에 대한 법정지상권

토지와 입목이 경매 기타 사유로 각각 소유자를 달리하게 된 경우에는 토지 소유자는 입목 소유자에게 지상권을 설정한 것으로 본다. 이 경우 입목의 법정지상권 설정기간은 30년이 된다(민법 제280조 제1항 제1호). 다만, 법정지상권 성립에 따른 지료(地料)는 토지 소유자와 입목 소유자가 협의로 정하게 되나, 만약 협의할 수 없을 경우에는 법원이 정하게 된다(입목에관한법률 제6조).

2) 공장저당법에 의한 공장재단

"공장재단(工場財團)"이란 공장에 속하는 일정한 기업용 재산으로 구성된 일단의 재산으로서 공장저당법에 의하여 설정된 것을 말한다(공장저당법 제3조).

가) 공장재단의 구성물

공장 소유자는 1개 또는 수 개의 공장으로 공장재단을 설립할 수 있다. 다만, 하나의 공장재단에 속한 재산은 동시에 다른 공장재단에는 소속시킬 수 없다. 그리고 타인의 권리인 물건 및 압류·가압류·가처분된 목적물은 공장재단 구성물이 될 수 없다(공장저당법 제11조, 제17조). 그리고 공장재단에 속하는 것은 이를 양도하거나 소유권 이외의 권리, 압류·가압류·가처분의 목적물로 하지 못한다. 다만, 공장재단에 대한 저당권자의 동의가 있을 경우에는 공장재단을 임대할 수 있다(공장저당법 제18조). 공장재단은 공장에 속한 아래 재산 중에서 그 일부 또는 전부로써 구성할 수 있다.

① 공장에 속하는 토지와 공작물

② 기계·기구·전주·전선·배치제관(配置諸管)·궤조(軌條) 기타 부속물

③ 지상권 및 전세권

④ 임대인의 동의 있는 물건의 임차권

⑤ 공업소유권

나) 공장재단 설정 및 목적

공장재단은 공장재단 등기부에 보존등기를 함으로써 설정된다. 공장재단은 보존등기를 함으로써 1개의 부동산으로 간주된다. 다만, 소유권과 저당권 이외의 권리의 목적은 되지 못한다. 그러나 저당권자의 동의를 얻은 경우에는 공장재단을 임대할 수 있다. 공장재단에 대한 보존등기를 하기 위해서는 "공장재단목록"을 제출하여야 한다. 공장재단에 대한 보존등기가 된 경우에는 동 목록은 등기부의 일부가 되고, 그 기재사항은 등기로 본다(공장저당법 제11조 제2항, 제12조, 제14조, 제39조, 제47조).

공장재단을 설정하는 목적은 공장 경영에 제공되는 토지·건물·기계·기구 기타 물적설비 및 공업소유권 등을 묶어 하나의 재단을 구성함으로써, 동 재단을 담보로 저당권 설정등기를 통하여 기업운영 자금을 확보하는 데 있다. 특히 공장재단을 구성하고 있는 각각의 재산들은 공장을 경영하는 데 필요한 경제적·기술적으로 상호 유기적인 관계가 있는 것이므로, 공장 기능을 원활하게 유지하기 위한 정책적 목적으로 인정하고 있다. 따라서 하나의 공장재단에 속하고 있는 재산은 동시에 다른 공장재단에는 속할 수 없도록 제한하고 있다(공장저당법 제11조 제2항).

다) 공장재단등기부

공장재단은 공장재단등기부에 그 보존등기를 함으로써 성립되는데, 각 등기소에는 이를 위하여 공장재단등기부를 비치하며, 1개의 공장재단마다 1등기용

지를 사용하고 있다. 공장재단을 구성하는 목적은 기업운영 자금의 융통에 있으므로, 재단을 구성하여 보존등기를 한 후에도 10개월 내 저당권 설정등기를 하지 않을 경우에는 그 보존등기는 효력을 상실하는 것으로 하고 있다(공장저당법 제12조 및 제13조).

3) 광업재단저당법에 의한 광업재단

"광업재단(鑛業財團)"이란 광업권과 이에 기하여 광물을 채굴·취득하기 위한 제 설비로 구성되는 일단의 기업재산을 말한다(광업재단저당법 제2조).[48] 다만 타인의 권리에 속한 물건이나 압류·가압류·가처분의 목적이 된 물건은 재단의 구성물이 될 수 없다. 그리고 광업재단에 속하는 것은 이를 양도하거나, 소유권 이외의 권리, 압류·가압류·가처분의 목적물도 되지 못한다. 그러나 광업재단에 대한 저당권자의 동의가 있을 경우에는 그 재단에 속한 물건을 임대할 수 있다(광업재단저당법 제5조에 의한 공장저당법 제17조 및 제18조).

가) 광업재단의 구성물

광업재단은 광업권과 그 광업에 관련되어 있는 동일 광업권자에 속하는 아래와 같은 재산의 전부 또는 일부로써 광업권자 의사에 따라 구성된다(광업재단저당법 제3조 및 제4조).

① 토지와 공작물
② 지상권 기타 토지 사용권
③ 임대인의 동의 있는 물건의 임차권
④ 기계·기구·차량·선박 기타 부속물

---

48) "광업"이란 광물의 채광 및 채굴과 이에 부속되는 선광(選鑛)·제련(製鍊) 기타 사업을 말하며, "광업권"이란 산업자원부장관에게 등록한 일정한 토지구역, 즉 광구(鑛區)에서 등록을 한 광물과, 이와 동일한 광상(鑛床) 중에 부존(賦存)하는 다른 광물을 채굴·취득하는 권리를 말한다. 광업권은 물권으로서 상속·양도·조광권(粗鑛權: 타인의 광구에서 광업권의 목적이 되는 광물을 채굴·취득할 수 있는 권리) 및 저당권 설정·체납처분·강제집행 이외의 목적으로는 하지 못한다(광업법 제4조, 제5조, 제12조, 제13조).

나) 광업재단의 설정 및 목적

광업재단을 구성하는 목적은 광업기업을 경영하기 위하여 필요한 토지·건물·기계·기구 기타 물적 설비나 공업소유권 등을 한 데 묶어 하나의 재단을 구성함으로써, 동 재단에 대한 저당권 설정에 따른 담보의 실효성을 높이는 데 있다. 재단을 구성하는 개개의 재산은 광업을 유지하는 데 필요한 경제적 또는 기능적 측면에서 상호 유기적 관계를 갖는 것들이므로, 이들 구성물은 하나의 재단으로 유지되도록 할 필요가 있다. 이에 따라 광업재단은 1개의 부동산으로 간주되고, 동 재단에 속하는 재산은 동시에 다른 재단에는 속할 수 없도록 제한하고 있다(광업재단저당법 제5조, 공장저당법 제11조 제2항 및 제14조 제1항).

다) 광업재단등기부

광업재단은 광업재단등기부에 보존등기를 함으로써 성립된다. 광업재단은 소유권과 저당권 이외의 권리의 목적이 되지 못한다. 다만 저당권자의 동의가 있는 경우에는 광업재단에 속한 물건에 대하여 임대할 수 있다. 각 등기소에는 광업재단등기부를 비치·관리하며, 1개의 광업재단마다 1등기용지를 사용하게 된다.[49)]

한편 광업재단에 대한 보존등기를 한 후 10개월 내 저당권 설정등기를 하지 않을 경우에는 광업재단에 대한 보존등기는 그 효력을 상실하게 된다. 광업재단은 광업기업에 대한 자금 운영의 원활을 확보하기 위하여 인정된 것이므로, 기업자금이 필요 없는 경우까지 굳이 재단등기부를 존치할 필요가 없다. 따라서 공장재단과 동일하게 그 효력을 상실하도록 한 것이다(광업재단저당법 제5조에 의한 공장저당법 제12조 내지 제14조, 제35조, 제36조).

라. 소 결

지금까지 토지와 그 정착물인 건물·공작물·농작물·미분리 과실·수목·분묘 및 입목에관한법률에 의한 입목, 공장저당법에 의한 공장재단, 광업재단저

---

49) 등기소는 형식적으로 등기소라는 명칭을 가진 기관만을 지칭하는 것이 아니고, 지방법원, 지방법원지원, 등기소를 포함하고 있다(공장저당법 제32조).

당법에 의한 광업재단에 대하여 살펴보았다. 그런데 이들 중에서 분묘는 중개
대상물이 될 수 없고, 다른 것들은 형식적으로는 전부 중개대상물이라고 볼 수
있다. 그러나 이러한 물건도 구체적으로 어떤 경우에 중개가 개입할 수 있는가
하는 것은 별개의 문제라 할 수 있다. 즉 이러한 물건들은 형식상 중개대상물로
서 그 요건을 갖추고 있다는 것 뿐이며, 중개대상이 되는 것은 이들 물건에 성
립하는 권리이다. 이들 권리에 대한 구체적인 내용에 대해서는 후술하기로 하
고, 우선 앞서 논한 중개대상물에 성립하는 각 권리의 종류에 대하여 표로 정리
해 보면 다음과 같다.

〈표 1-1〉 중개대상물에 성립하는 권리의 종류

구 분		공 시 권 리				명 인 권 리				공작물	비 고
		토 지	건 물	공 장 재 단	광 업 재 단	입 목	수 목	농작물	미분리 과 실		
물 권	소유권	○	○	○	○	○	○	○	○	○	
	지상권	○	×	×	×	×	×	×	×	×	
	지역권	○	×	×	×	×	×	×	×	×	
	전세권	○	○	×	×	×	×	×	×	×	
	저당권	○	○	○	○	○	×	×	×	×	
	유치권	○	○	○	○	○	○	○	○	○	
채 권	임대차	○	○	○	○	×	×	×	×	○	
	사 용 대 차	○	○	○	○	×	×	×	×	○	
	전 세	○	○	○	○	×	×	×	×	○	
	도 급	○	○	○	○	○	○	○	○	○	

○: 성립 권리, ×: 불성립 권리

3. 중개대상물 요건

중개대상물이란 부동산에 해당하는 법적성질 또는 그 요건으로 인하여 중개
업자가 취급할 수 있는 물건에 해당한다는 것일 뿐, 이들 물건이 곧 법정 중개

대상물이 된다는 뜻은 아니다. 그러나 중개대상물은 형식적으로 중개업자의 업무한계를 정하는 1차적 요건이 된다는 점에 그 의의가 있다. 일반적으로 중개대상물이 되기 위해서는 다음과 같은 3가지 요건이 충족되어야 한다.

가. 법정 중개대상물일 것

"법정 중개대상물"이란 공부법령에 의하여 중개업자가 중개대상물로 취급할 수 있는 것으로 규정하고 있는 물건을 말한다.[50] 공부법 제3조에는 "토지, 건축물 그 밖의 토지의 정착물, 기타 대통령령이 정하는 재산권 및 물건"이라고 규정한 후, 대통령령 제2조에는 다시 "입목에관한법률에 따른 입목, 광업재단저당법에 따른 광업재단, 공장저당법에 따른 공장재단"이 중개대상물임을 규정하고 있다.

그런데 한편으로 보면 법정 중개대상물이라 하더라도 "건축물"인지 여부 및 "기타 토지의 정착물"로서 중개대상물에 해당할 수 있는지 여부에 대한 적격성을 판단하기에는 많은 난제가 있음을 알 수 있다. 중개대상물로서 "기타 토지의 정착물"에는 명인방법을 취하고 있는 수목·농작물·미분리 과실과 기타 공작물이 있음은 전술한 바와 같다.

법정 중개대상물에 해당할 경우에는 원칙상 공부법 제9조에 의하여 등록한 중개업자의 고유 업무영역으로 보장하고 있다는 점이다. 따라서 중개업자가 아닌 제3자가 위와 같은 법정 중개대상물에 대하여 거래 당사자 간의 매매·교환·임대차 기타 권리의 득실변경 행위를 알선하게 되면 공부법 위반으로 처벌된다.

나. 사법상 거래의 대상이 될 것

법정 중개대상물이라도 사법상(私法上) 거래할 수 있는 부동산이 아니면 대상물이 될 수 없다. 이러한 것에는 대표적으로 행정재산과 보존재산이 있다. 행

---

50) 공부법령에는 국회에서 제정한 공인중개사의업무및부동산거래신고에관한법률과, 대통령령인 동법시행령 및 건설교통부장관이 발한 부령(部令)인 동법시행규칙이 있다.

정재산과 보존재산에 대해서는 제2편에서 설명하기로 하겠다.

"사법상 거래의 대상에 해당하는 경우"란 당사자 간의 자유로운 의사에 따라 권리를 이전 또는 설정할 수 있는 경우뿐만 아니라, 다소간 거래에 따른 규제가 있을 경우에도 권리주체의 자유의사에 따라 처분할 수 있는 것, 즉 거래당사자의 체약(締約)에 대하여 행정기관으로부터 동의·허가·인가에 따른 일정한 제한이 있을 경우에도 이에 해당하게 된다.

현행법상 부동산 거래관계에서 국가 및 지방자치단체로부터 위와 같은 규제를 받는 경우로는 외국인 등에 대한 토지취득허가, 사립학교 법인의 기본재산 처분에 따른 허가, 전통사찰 및 향교가 소유한 부동산 처분에 대한 허가, 농지취득에 따른 농지취득자격증명서, 토지거래허가구역으로 지정된 지역에 소재하고 있는 토지거래에 대한 허가 등이 있다. 사적 소유권에 가해지는 이러한 제한의 구체적인 내용에 대해서는 제2편에서 상론하기로 하겠다.

다. 중개행위가 개입될 수 있을 것

중개대상물이 되기 위해서는 법정 중개대상물에 속하고, 사법상 거래의 객체가 될 수 있어야 한다. 그리고 중개업자가 알선 등의 방법으로 관여할 수 있어야 한다. 중개업자의 관여가 필요한 경우란 일반적으로 법률행위로 부동산 권리가 이전되는 경우이다. 따라서 당사자 간의 물권변동이 법률행위와 무관하게 이전되는 경우에는 중개업자의 관여가 필요없다. 이러한 사유는 상속·공용징수·판결·경매 기타 법률의 규정에 의하여 부동산 물권에 변동이 발생하는 경우를 말한다(민법 제187조).

그러나 중개대상물에 성립하는 각종 부동산 물권인 경우에도 그 권리의 변동모습에 따라 중개행위가 불필요하거나 불가능한 경우도 있다. 즉 부동산등기법 제2조에 의한 권리변동의 모습인 보존·설정·이전·변경·처분의 제한·소멸 중에서, 중개가 개입할 수 있는 것은 "설정·이전·변경"에 한정될 뿐, "보존·처분의 제한·소멸"의 경우에는 알선행위가 불필요할 뿐만 아니라 개입할 수도 없다.

4. 중개대상 권리

중개대상물은 토지, 기타 토지의 정착물로서 관습법에 의하여 명인방법으로 공시되는 수목·농작물·미분리 과실 및 분묘를 제외한 공작물, 입목에관한법률에 따른 입목, 공장저당법에 따른 공장재단, 광업재단저당법에 따른 광업재단에 한정되고 있다(법 제3조 및 영 제2조). 그런데 중개대상물은 이들 부동산의 외형 그 자체가 아니고, 그 부동산에 성립하고 있는 다양한 물권이나 채권일 뿐이다. 그렇다면 과연 어떤 권리가 중개대상이 될 수 있는가 하는 문제가 있다. 공부법에는 이와 관련된 특별한 규정을 두고 있지 않으므로 민법에 의하여 해석할 수밖에 없다.

우리 민법은 물권의 종류를 소유권, 점유권, 지상권·지역권·전세권, 유치권·질권·저당권으로 8가지만 인정하고, 기타 물권에 대해서는 당사자가 임의로 창설하지 못하도록 하는 "물권 법정주의"를 취하고 있다(민법 제185조). 그런데 우리의 연구 중심은 어디까지나 부동산에 성립할 수 있는 물권에 한정된다. 따라서 동산 물권인 질권은 원칙상 중개대상물이 될 수 없고, 물건을 사실상 지배하고 있는 객관적 사실에 따라 성립하고 소멸되는 점유권도 독립된 중개대상 권리가 되지 못한다. 결국 중개대상이 될 수 있는 물권은 1차적으로는 완전물권인 소유권과, 용익물권인 지상권·지역권·전세권, 담보물권인 유치권·저당권으로 한정되는 셈이다. 다만, 여기에서 말하는 소유권은 부동산 소유권을 말하며, 저당권도 부동산에 성립하는 권리에 대한 저당권을 의미한다. 이하에서는 이들 중개대상 권리의 내용에 대하여 간단히 살펴보기로 하자.

가. 중개대상 권리의 종류

1) 소유권

가) 소유권의 내용

"소유권"이란 소유하고 있는 물건에 대하여 법률의 범위 내에서 사용·수익·처분할 수 있는 권리를 말한다. 우리 민법은 소유권과 관련하여 "소유자는 법률의 범위 내에서 그 소유물을 사용·수익·처분할 권리가 있다."고 규정하고 있다(민법 제211조). 소유권의 객체는 물건에 한정되며, 기타 권리 예컨대 채권 등에는 성립하지 않는다.

소유권은 물권으로서 완전한 권리를 구비하고 있다. 즉 물건에 대한 사용가치 및 교환가치를 모두 가지고 있고(全面性), 물건을 사용·수익·처분할 수 있는 모든 권능의 원천이며(渾一性), 제한물권의 설정 등에 의하여 일시적으로 권능행사가 중지되기도 하지만 그것이 해소되면 본래의 완전한 권능을 회복하게 되는 탄력성(彈力性), 권리의 존속기간에 제한을 받지 않고 소멸시효에도 걸리지 않는 항구성(恒久性)을 갖고 있다.[51] 소유권은 대표적인 중개대상 권리라 할 수 있다.

나) 소유권의 범위

소유권의 범위에 대하여 우리 민법은 제212조에서 "토지의 소유권은 정당한 이익이 있는 범위 내에서 토지의 상하에 미친다."고 규정하고 있다. 따라서 해석상 토지의 소유권 범위에는 다음과 같은 문제가 있다.

(1) 토지 소유권의 수평적 범위

토지 소유권 범위 중 수평적 범위는 어떻게 정할 것인가 하는 문제이다. 토지는 지적법이 정하는 바에 따라 지적도와 토지대장 또는 임야도와 임야대장에 등재되어 있다. 이로써 그 토지의 소재·지번·지목·면적·경계가 특정되어 있다. 따라서 소유하고 있는 토지에 대한 수평적 한계는 현실 경계와 무관하게 지적도 또는 임야도에 표시된 경계선이 된다. 다만, 지적도를 작성함에 있어서 기점(基點)을 잘못 선택하는 등 기술적인 착오로 인하여 현재의 도상 경계선이 진실한 경계와 다르게 작성된 경우 등에만 토지의 수평적 한계가 실제경계에 까지 미치는 것으로 보고 있다(대판 88다카19712, 대판 92다44503, 대판 94다57879, 대판 95다54761).

---

51) 소유권은 항구성에 의하여 소멸시효의 적용을 받지 않는다. 다만, 타인의 시효취득 결과로 소유권을 상실하는 경우는 있다. 그러나 이로 인하여 항구성이 부인되는 것은 아니다.

(2) 토지 소유권의 수직적 한계

소유권에 의한 토지의 사용・수익・처분을 원활하게 하기 위해서는 지표(地表) 뿐만 아니라 지상의 공간이나 지하에도 그 효력이 미치게 하여야 한다. 이에 따라 우리 민법은 토지의 소유권 범위를 토지의 상・하에도 미치는 것으로 하고 있다. 그러나 이를 무한정 인정할 수는 없으므로 우리 민법은 정당한 이익이 있는 범위 내에서만 소유권이 미칠 수 있도록 제한하고 있다(민법 제212조).

한편 현대에 이르러 토지의 상하를 이용할 수 있는 건축공법이 발전함에 따라 토지의 수직적 한계에 대한 제한의 필요성이 더욱 증대되고 있다. 토지의 수직적 한계와 관련하여 문제되는 내용을 살펴보면 다음과 같다.

(가) 지하의 광물

지하에 내포된 미채굴 광물은 광업권의 객체가 되므로 국가로부터 광업권을 설정하지 않고는 채굴할 수 없다(광업법 제2조 및 제7조). 따라서 광업법상 법정광물(法定鑛物)이 지하에 존재할 경우에는 토지의 소유권은 이들 광물에는 미치지 않는다.[52]

(나) 지하수

지하수가 토지 소유권의 범위에 속할 수 있는가에 대하여 민법에는 특별한 규정이 없다. 그런데 구법시대부터 형성된 판례에 의하면 지하수도 토지의 구성부분으로 보고 있다.[53] 다만, 지하수가 토지의 구성부분에 속한다고 하더라도, 인근 토지 소유자의 권리를 침해하지 않는 범위 내에서만 소유권의 범주로 보호되고 있다. 지하수와 관련된 판례의 입장을 보면 다음과 같다.

> 토지의 소유권은 정당한 이익이 있는 범위 내에서 토지의 상하에 미치므로… 어느 토지 소유자가 새로이 지하수개발 공사를 시행하여 설치한 취수공 등을 통하여 지하수를 취수함으로 말미암아 그 이전부터 인근 토지 내의 원천[54]에서 흘

---

52) 법정광물(法定鑛物)에는 금・은・동・백금・연(鉛) 등 다양한 종류의 광물이 있다(광업법 제3조).
53) 구법시대의 판례도 현재 유효한 것으로 보고 있다(1999 곽윤직, 237).
54) "원천(源泉)"이란 지하로부터 자연적으로 용출(湧出)하고 있는 샘을 말한다.

러나오는 지하수를 이용하고 있는 인근 토지소유자의 음료수 기타 생활상 필요한 용수에 장애가 생기거나, 그 장애의 염려가 있는 경우에는 그와 같은 생활용수 방해를 정당화 하는 사유가 없는 한 인근 토지 소유자는 그 생활용수 방해의 제거(원상회복)나 예방을 청구할 수 있다.

토지 소유자의 새로운 원천의 개발 및 지하수 이용으로 인하여 기존의 원천에서 나오는 지하수를 이용하고 있던 인근 토지 소유자의 생활용수에 장애가 생긴다면 그와 같은 생활방해가 사회통념상 일반적으로 수인할 정도를 넘어서지 않는다고 볼 만한 특단의 사정이 없는 한 그 생활방해는 위법하다 할 것이고, 토지 소유자가 그 지하수 개발에 대하여 관할 행정청으로부터 먹는물관리법에 의한 허가를 받았다는 사유만으로는 위 생활방해가 정당화 된다고 할 수 없다.

지하수 개발공사 자체만으로는 인근 토지 소유자의 생활용수에 장애가 생기지 않는다고 하더라도 인근 토지 소유자는 지하수의 대량취득에 의한 생활방해의 예방을 위하여 필요한 한도 내에서 대량취수를 위한 지하수 개발공사의 중지를 구할 수 있다(대판 97다48913).

2) 지상권

지상권은 용익물권(用益物權)으로 타인의 토지에서 "건물 기타 공작물이나 수목(樹木)"을 소유하기 위하여 그 토지를 사용할 수 있는 물권을 말한다(민법 제279조). 지상권은 객체인 토지의 1필지 일부에도 성립하며, 토지의 지하 또는 공중을 사용할 목적으로도 설정할 수 있다. 지상권의 종류 및 그 한계는 다음과 같다.

가) 약정지상권

"약정지상권(約定地上權)"이란 지상권자와 지상권설정자의 상호협의에 의하여 계약으로 성립하는 지상권을 말한다. 이러한 약정지상권은 일반지상권과 구분지상권으로 구분할 수 있다.

(1) 일반지상권

지상권은 일반적으로 타인의 토지상에 건물 기타 공작물 또는 수목을 소유하기 위하여 약정으로 성립하게 된다. 이를 일명 "일반 지상권"이라 칭하고 있다. 그런데 이러한 일반 지상권을 체결할 경우에는 다음에서 정한 기한보다 단축하여 체결할 수 없고, 만약 이를 위반한 경우에는 지상권설정 목적에 따라 아래 법정기한까지 그 설정기간이 연장된다. 만약 지상권설정 당시 건물 기타 공작물의 종류를 정하지 않은 경우에는 지상권 존속기한은 15년이 되는 것으로 하고 있다(민법 제280조, 제281조).

① 석조·석회조·연와조 또는 이와 비슷한 견고한 건물이나 수목의 소유를 목적으로 설정하는 지상권은 30년. 다만, 견고한 건물인지 여부는 그 건물이 갖는 물리적·화학적 외력(外力), 화재에 대한 저항력, 해체의 난이도 등을 기준으로 판단하게 된다(대판 87다카2404).

② 기타 건물을 소유할 목적으로 설정하는 지상권은 15년

③ 공작물의 소유를 목적으로 설정하는 지상권은 5년

(2) 구분지상권

"구분지상권(區分地上權)"이란 지하 또는 지상의 일정한 공간부분을 정하여 건물 기타 공작물을 소유할 목적으로 설정한 지상권을 말한다(민법 제289조의2 제1항). 구분지상권도 지상권설정자와 지상권자의 합의로 성립하는 점에서는 일반 지상권과 같으나, 일반 지상권은 토지의 지표면과 그 상하를 모두 사용할 수 있고, 그 설정목적도 "건물·공작물·수목"을 소유할 목적으로 설정할 수 있다. 그러나 구분지상권은 토지의 지표는 제외되고 단지 지상 또는 지하의 특정 부분만 사용할 목적으로 설정하는 점에서 차이가 있다. 따라서 수목을 소유할 목적으로는 구분지상권을 설정할 수 없다.[55]

구분지상권 제도를 인정하게 된 이유는 과학기술의 발전에 따라 공중 및 지하의 활용만으로도 용익목적을 실현할 수 있고, 또 그 필요성이 대두되었기 때문이다. 이는 건축자재의 발전 및 이를 이용한 건축공법의 발달로 공중·지

---

55) 구분지상권 설정 목적인 "기타 공작물"의 범위에는 터널·도로·지하철·고가도로·송전선·교량·각종 탑 등을 예시할 수 있다(곽윤직 1999, 323). 구분지상권을 설정할 경우 토지의 상하 범위는 "지표의 상(하) 몇 m로부터 상(하) 몇 m 사이의 공간" 또는 지표상 특정 부분을 기준으로 "무엇으로부터 상(하) 몇 m와 상(하) m 사이의 공간"이라는 형식으로 표시하게 된다(곽윤직 1999, 323 내지 325).

중·수중 등에서도 건축이 가능해 짐에 따라 토지이용에 대한 입체화를 가능케 하기 위한 방법으로 도입된 것이다(곽윤직 1999, 305).

나) 특수지상권

지상권은 당사자 간의 합의에 따라 성립되는 약정지상권이 원칙적인 모습이나, 경우에 따라서는 당사자의 합의와 무관하게 성립하기도 한다. 이러한 특수지상권에는 법률이 정한 일정한 요건에 적합한 경우에 당연히 발생하는 법정지상권과, 관습에 의하여 성립되는 관습법상 법정지상권이 있다.

(1) 법정지상권

지상권은 당사자의 합의에 따라 성립하는 것이 일반적이나, 일정한 경우에는 건물·공작물·수목 소유자를 위하여 토지 소유자에게 지상권이 성립된 것으로 강제되는 경우도 있다. 이는 토지 소유자의 희생을 통해서라도 건물 등 지상물 소유자를 보호할 사회적 필요에 의하여 인정된 것이다.

이러한 지상권에 대해서는 민법과 기타 법률에서 각 성립요건을 규정하고 있는데, 이를 일명 "법정지상권(法定地上權)"이라 칭하고 있다. 법정지상권에는 아래와 같은 4가지가 인정되고 있다.[56]

(가) 민법 제305조 제1항에 의한 법정지상권

토지와 그 지상 건물이 같은 소유자에게 속한 경우, 건물에만 전세권을 설정한 후 토지 소유자가 변경된 경우에는 토지의 특별승계인은 전세권설정자, 즉 건물 소유자에게 지상권을 설정한 것으로 본다.

---

56) 건물·입목 등 일정한 지상물은 토지와 별개의 독립된 부동산으로 간주되고 있다. 그러나 이러한 부동산으로 간주되는 지상물도 성질상 토지의 이용이 전제되지 않고는 존립할 수 없다. 따라서 이들 지상물이 독립된 부동산으로 사용 또는 유통될 수 있기 위해서는 그 기반이 되는 토지의 이용권을 보장하여야 한다. 지상물에 대한 토지이용권은 토지와 지상물의 소유자가 동일한 경우에는 보장할 필요가 없다. 그리고 당사자의 합의에 따라 어느 하나만 양도하고 이에 따른 제한을 스스로 받을 경우에도 특별한 문제가 없다. 그러나 당사자의 합의와 무관하게 특별한 사정으로 토지 소유자와 지상물 소유자가 다르게 된 경우에는 지상물 소유자는 무단히 타인의 토지를 점유하는 것이 되므로 문제가 되는 것이다. 법정지상권은 이러한 모순을 해결하기 위하여 도입된 제도이다. 한편 법정지상권에 위배되는 당사자 간의 특약은 강행규정 위반으로 무효가 된다(대판 87다카1564).

(나) 민법 제366조 제1항에 의한 법정지상권

토지와 그 지상건물이 같은 자의 소유에 속한 경우 어느 한쪽에만 저당권이 설정된 후, 그 저당권의 실행으로 토지와 건물 소유자가 각 다르게 된 경우에는, 토지 소유자는 건물 소유자에게 지상권을 설정한 것으로 본다.

(다) 가등기담보등에관한법률 제10조에 의한 법정지상권

토지와 그 지상의 건물이 같은 소유자에게 속하고 있었던 경우 토지 또는 건물에만 가등기담보권·양도담보권·매도담보권이 설정된 후, 이들 담보권의 실행(처분청산 또는 귀속청산을 말한다)으로 토지와 건물의 소유자가 각 다르게 된 경우에는, 토지 소유자는 건물 소유자에게 지상권을 설정한 것으로 본다.

(라) 입목에관한법률 제6조에 의한 법정지상권

토지와 입목이 같은 자의 소유에 속하고 있었던 경우, 경매 기타 사유로 토지와 입목 소유자가 각 다르게 된 경우에는, 토지 소유자는 입목 소유자에 대하여 지상권을 설정한 것으로 본다.

(2) 관습법에 의한 지상권

지상권은 당사자의 합의에 의하여 성립하는 약정지상권이 일반적인 모습이며, 특별한 경우에는 법률의 규정에 의하여 법정지상권이 성립된다. 그런데 이러한 약정 또는 법정사유에 해당하지 않는 경우에도 일정한 요건에 해당하면 관습법에 의하여 당연히 지상권이 성립되는 것으로 보는 경우도 있다. 이에 해당하는 것으로는 판례가 인정하는 "관습법상 법정지상권"과, 일정한 요건을 구비한 분묘에 대하여 성립하는 "분묘기지권"이 있다.

(가) 관습법상 법정지상권

판례는 법정지상권으로 인정되는 위에서 적시한 4가지 이외의 경우에도 일정한 요건에 해당하면 관습법상 당연히 법정지상권이 성립되는 경우가 있다고 한다. 이를 일명 "관습법상 법정지상권"이라고 한다. 즉 민법이 규정하고 있는 요건을 갖추고 있지 않더라도, 같은 소유자에 속한 토지와 건물이 매각 또는 기타 사유로 각 소유자가 다르게 된 때에는 특히 그 건물을 철거한다는 등의 조건이 없는 이상, 당연히 건물 소유자는 토지 소유자에 대하여 관습에 의한 법정

지상권을 취득하게 된다고 한다(대판 4294민상1103, 대판 4292민상944). 이러한 판례의 입장에 따른 관습법상 법정지상권이 성립하는 요건을 살펴보면 다음과 같다.

첫째, 토지와 건물이 동일인 소유에 속하고 있어야 한다. 따라서 만약 대지 소유자의 승낙으로 건축된 제3자의 소유에 속하는 건물을 취득한 자에게는 관습법상 법정지상권이 인정되지 않는다(대판 71다2124).

둘째, 동일인 소유에 속한 토지와 건물 중 어느 하나가 매매 기타 원인으로 처분되어 토지 소유자와 건물의 소유자가 각 다르게 되어야 한다. 토지와 건물 소유자가 각 다르게 되는 사유로는 매매(대판 4292민상944, 대판 4294민상1103), 증여(대판 63아11), 국세징수법에 의한 공매(대판 67다1831), 강제경매(대판 70다1454) 등을 들고 있다. 법정 지상권은 이러한 사유로 토지와 건물의 소유자가 각 달라지는 즉시 발생하게 된다(대판 65도2530).

셋째, 당사자 간에 지상의 건물을 철거한다는 특약이 없어야 한다. 따라서 동일인 소유에 속하고 있던 대지와 건물 중에서, 건물만 양도하면서 건물을 위한 토지 임대차 계약을 체결한 경우라면, 건물 소유자가 그 대지에 대하여 취득하는 관습법상 법정지상권을 포기한 것으로 보고 있다(대판 67다2007).

위와 같은 요건에 따라 성립된 관습법상 법정지상권도 관습법에 의하여 당연히 성립하는 지상권이므로 등기할 필요가 없다(대판 72다893). 관습법상 법정지상권을 취득한 건물 소유자는 지상권 성립 당시의 토지 소유자뿐만 아니라, 당해 토지를 전득한 제3자에 대해서도 등기와 무관하게 그 지상권을 주장할 수 있다(대판 70다2576, 대판 87다카279). 다만 관습법상 법정지상권도 이를 처분하기 위해서는 등기하여야 한다.

한편 관습법상 법정지상권이 인정되는 건물 소유자가 지상권을 등기하지 않은 상태에서 건물을 처분한 경우라면, 이를 취득한 자는 성립요건주의에 따라 토지 소유자에게는 대항하지 못한다고 한다(대판 64다1211, 대판 70다729). 그러나 특별한 사정이 없다면 법정지상권을 갖고 있던 자가 건물과 함께 토지에 대한 법정지상권도 양도한 것으로 보고, 건물 양수인이 양도인을 순차 대위하여 토지 소유자에게 법정지상권 설정등기의 이행을 청구할 수 있다고 한다(대판 80다2873, 대판 91누5211). 그리고 제3자가 경매를 통하여 건물을 취득한 경우에 도, 그 건물 소유자 앞으로 지상권에 대한 이전등기가 되어 있지 않은 경우에도 법정지상권을 취득하게 된다고 한다(대판 79다1087, 대판 90다16214).

관습법상 법정지상권이 성립되면 특별한 사정이 없으면 민법상 지상권에 관한 내용이 준용되므로(대판 68다1029), 존속기간도 기간의 정함이 없는 지상권으로 보아 민법 제280조 및 제291조에 따르게 되고(대판 63아11), 토지 사용권의 범위도 그 건물을 유지·사용하는 데 필요한 범위에까지 미친다고 한다. 따라서 지상권자가 이를 위반하여 토지를 사용하게 되면 불법점유가 되므로 토지 소유자에게 손해를 배상하여야 한다(대판 66다1844, 대판 73다353).

법정지상권 성립에 따른 지료는 당사자 간의 합의로 정하고, 만약 협의가 성립되지 않을 경우에는 민법 제366조 단서에 따라 당사자의 청구에 따라 법원이 정하는 것으로 하고 있다(조선고판 1916. 9. 29).

(나) 분묘기지권

"분묘기지권(墳墓基地權)"이란 타인의 토지에 분묘를 설치한 자가 그 분묘기지에 대하여 취득하는 지상권과 유사한 물권을 말한다(대판 4288민상210). 분묘기지권은 토지 소유자의 승낙을 얻어 분묘를 설치하는 경우, 승낙 없이 분묘를 설치한 경우로써 평온·공연하게 20년간 분묘기지를 점유한 경우, 자기소유 토지에 분묘를 설치한 자가 후에 그 분묘를 이장한다는 등 특별한 약정을 하지 않고 매도한 경우에 각 취득할 수 있는 것으로 하고 있다. 이에 대한 구체적인 내용은 기술하였으므로 생략하기로 한다.

3) 지역권

가) 지역권의 내용

"지역권(地役權)"이란 자기 토지의 편익을 위하여 타인의 토지를 이용하는 용익물권(用益物權)을 말한다(민법 제291조). 타인의 토지를 이용함으로써 얻게 되는 편익의 종류에는 제한이 없으나, 일반적으로는 인수(引水)나 통행, 관망

(觀望)을 위한 목적으로 설정되는 경우가 많다.[57] 지역권자의 토지를 요역지 (要役地)라 하고, 지역권설정자의 토지는 승역지(承役地)라 한다. 요역지와 승역 지는 반드시 연접할 필요는 없다. 편익의 내용은 요역지의 사용가치를 증가시 키는 것이어야 하므로 요역지의 편익과 무관한 특수한 목적, 예컨대 곤충채집 등을 위한 목적으로는 지역권을 설정하지 못한다.

나) 지역권의 설정

지역권은 요역지와 승역지 소유자 간에 설정되는 것이 원칙이다. 그러나 지 역권은 요역지와 승역지 두 토지의 소유자만의 관계가 아니라 두 토지 자체의 문제이므로, 요역지와 승역지에 대하여 정당한 권리를 가진 제3자도 지역권을 설정할 수 있다. 따라서 요역지 및 승역지의 지상권자・전세권자・임차권자도 그의 권한 내에서 유효하게 지역권을 설정할 수 있다(다수설).[58] 그리고 요역지 와 승역지에 대하여 지역권이 설정된 후에는 요역지・승역지의 소유자는 물론, 지상권・전세권・임차권자도 지역권에 의한 편익 또는 제한을 받게 된다.

요역지는 1필 토지에 대한 일부의 편익을 위해서는 지역권을 설정할 수 없 다. 반면, 승역지는 1필지의 일부에도 설정할 수 있다(이설 없음). 지역권은 요 역지 소유권과 구별되는 별개의 권리이나, 요역지 소유권 등과 분리하여 처분 할 수 없는 본권에 부가된 권리로써의 성격을 갖고 있다. 즉 지역권이 소유권・ 지상권・전세권・임차권에 근거하여 설정된 것이라면, 이들 권리가 이전함에 따라 수반하여 이전된다. 그리고 지역권은 요역지와 분리하여 양도하거나 다른 권리의 목적으로는 하지 못한다. 다만, 이러한 수반성은 당사자간의 특약으로 배제할 수 있고, 만약 이를 등기하면 제3자에게 대항할 수 있다(민법 제292조 제 1항 단서, 부동산등기법 제137조).

---

57) 지역권 설정목적은 제한이 없으나 다만 상린관계(相隣關係)에 관한 강행규정에 위반되는 내용의 것은 설정하지 못한다(곽윤직 1999, 335). 한편 관망을 목적으로 지역권을 설정할 경우에는 조망권(眺望權) 확보를 위한 경우에 유용할 수 있고, 일조(日照)를 위하여 지역 권을 설정할 경우로는 농작물의 경작 기타 생활을 위한 일조권(日照權)이 필요한 경우에 설정할 수 있다.
58) 승역지에 대한 임차권자는 지역권을 설정할 수 없다는 소수설도 있다.

다) 지역권의 특성

승역지 지분권자는 자기의 지분만으로는 지역권을 설정하지 못한다. 그리고 요역지가 분할 또는 일부 양도된 경우에도 지역권은 각 부분에 유효하게 존속한다. 다만, 토지의 일부에 지역권이 설정된 승역지의 경우에는, 그 지역권의 목적이 아닌 토지 부분에 대해서는 당연히 지역권의 효력이 미치지 않는다(민법 제293조).

한편 요역지의 공유자 1인이 지역권을 취득한 경우에는 다른 공유자도 동시에 지역권을 취득하게 된다.[59] 지역권이 설정되면 요역지는 토지의 가치가 증가되고, 승역지는 그 가치가 감소된다. 그러나 승역지에 대한 소유권·지상권·전세권·임차권자의 용익권이 배제되지는 않고, 단지 요역지를 위한 지역권 설정목적에 위배되지 않을 소극적 의무만 부담하게 될 뿐이다.[60] 지역권 설정기간은 당사자 간의 협의에 따라 정할 수 있다. 이러한 합의가 있을 경우에는 그 설정기간에 대하여도 등기할 수 있다. 영구적인 지역권 설정도 가능하다고 본다(이설없음).

라) 지역권의 종류

(1) 작위 지역권

"작위 지역권(作爲 地役權)"이란 요역지 소유자(지역권자)가 승역지에 일정한 행위를 할 수 있고, 승역지 소유자(지역권설정자)가 이를 인용해야 하는 지역권을 말한다. 이를 일명 "적극 지역권"이라고 한다.

(2) 부작위 지역권

"부작위 지역권(不作爲 地役權)"이란 승역지 소유자가 일정한 행위나 이용을 하지 않을 의무를 부담하는 지역권으로, 일명 "소극 지역권"이라고 한다.

---

59) 요역지 공유자 중 1인이 지역권을 취득하게 되면 다른 공유자도 지역권을 취득하게 되므로, 따라서 점유에 의한 지역권의 취득시효를 중단시키려면 요역지 공유자 전원에 대하여 시효중단 또는 정지를 주장하여야 한다.

60) 지역권은 인접 토지 상호간의 이용관계 조절이라는 측면에서는 상린관계와 유사하나 상린권은 법률의 규정에 의하여 당연히 성립하는 인접 토지 상호간의 관계임에 반하여, 지역권은 상린관계로써 보호받기 곤란한 토지의 편익을 적극적으로 추구하기 위한 것이므로 상린관계의 확장이라 할 수 있다.

(3) 계속 지역권

"계속 지역권(繼續 地域權)"이란 일정한 작위 또는 부작위를 계속할 것을 부담하는 지역권을 말한다.

(4) 불계속 지역권

"불계속 지역권(不繼續 地役權)"이란 지역권 행사가 필요한 경우 일시적으로만 일정한 행위를 필요로 하는 지역권을 말한다. 불계속 지역권인 경우에는 지역권을 시효취득 할 수 없다(민법 제294조).

(5) 표현 지역권

"표현 지역권(表現 地域權)"이란 외부에서 볼 때 지역권을 행사하는 사실이 객관적으로 나타나는 지역권으로써, 인수(引水)나 통행(通行) 등을 목적으로 설정하는 지역권이 이에 해당한다.

통로의 개설이 없이 일정한 장소를 오랜 시일 통행한 사실이 있다거나 또는 토지의 소유자가 다만 이웃하여 사는 교분으로 통행을 묵인하여 준 사실만으로는 지역권을 취득할 수는 없고 … 요역지 소유자가 승역지에 통로를 개설하여 승역지를 항시 사용하고 있는 객관적인 상태가 20년간 평온·공연하게 계속된 사실이 있어야 한다(대판 66다2305).
위요지(圍繞地) 통행권이나 통행 지역권은 모두 인접한 토지의 상호 이용조절에 기한 권리로서 토지의 소유권자·지상권자·전세권자 등 토지 사용권을 가진 자에게 인정되는 권리이므로 … 원고는 … 위 토지의 불법점유자라 할 것이어서 원고가 그 토지상에 원고 소유의 건물을 가졌다 하더라도 본 건 토지를 사용할 정당한 권원 없는 원고로써는 토지 소유권의 상린관계로서 위요지에 대한 통행권의 주장이나 통행 지역권의 시효취득을 주장할 수 없다(대판 76다1694).

---

(6) 불표현 지역권

"불표현 지역권(不表現 地役權)"이란 승역지에 대하여 지역권을 행사하고 있다는 사실이 외부적으로 표시되지 않는 형태의 지역권을 말한다. 이러한 모습으로는 "지하에 도관(導管)을 매설하여 인수(引水)하는 지역권"이 이에 해당할 수 있다. 불표현 지역권도 불계속 지역권과 같이 시효취득 대상이 될 수 없다.

4) 전세권

가) 전세권의 내용

"전세권(傳貰權)"이란 전세금을 지급하고 타인의 부동산을 그 용도에 쫓아 사용·수익할 수 있는 용익물권으로써, 목적 부동산이 경매 등으로 처분됨으로써 전세권이 소멸하는 경우 그 순위에 따라 우선변제 받을 수 있는 물권을 말한다(민법 제303조). 이러한 전세권은 종래 "전세"라는 제도가 물권화 된 것으로, 우리 고유의 구관(舊慣)에서 성립된 특유한 제도이다. 전세권자는 물권인 전세권에 대한 처분의 자유가 인정되므로, 임의로 양도·담보제공·임대 및 전전세 할 수 있다. 전세권의 존속기간은 10년을 넘지 못하며, 건물에 대한 전세권 설정기간은 1년 이상으로 하고 있다(민법 제312조). 농지는 전세권의 목적물이 될 수 없고(민법 제303조 제2항), 전세권의 객체인 부동산은 1필 토지의 일부 또는 1동 건물의 일부라도 무방하다. 건물·기타 공작물·수목을 소유할 목적으로도 토지에 전세권을 설정할 수 있다.[61] 전세권설정자는 목적 부동산에 대한 조세·공과금 기타 부담의 증가로 인하여 필요할 경우에는 전세금의 증액을 청구할 수 있다. 다만, 증액을 청구할 경우에도 기존 전세금의 1/20을 초과할 수 없고, 증액한 날로부터 1년 이내에는 다시 증액할 수 없는 제한이 있다(민법 제312조의2단서의시행에관한규정 제2조 및 제3조).

나) 전세권의 효력

전세권은 원칙상 용익물권이나 담보물권성도 있다. 따라서 담보물권성에 의하여 전세권은 목적물에 대하여 부종성·수반성·물상대위성·불가분성을 갖게 된다. 전세권자는 전세기간이 만료된 경우에, 만약 전세권 설정자가 전세금을 반환하지 않으면 전세권에 기하여 목적 부동산을 경매할 수 있다(민법 제318조).[62]

---

61) 타인의 토지에 건물·공작물·수목을 소유하기 위해서는 일반적으로 지상권을 설정하는 것이 원칙이나, 전세권을 통해서도 이러한 목적을 달성할 수 있다(다수설).

62) 전세금은 "정지조건부 반환 채무를 수반하는 금전 소유권 이전"이라고 한다(통설). 즉 전세권자는 전세기간이 만료한 경우에 전세 목적물에 대한 훼손·멸실 등의 사유로 전세권 설정자에게 손해배상 의무가 발생하지 않았을 경우에 한해, 그 보증금에 대한 반환을 청구할 수 있는 권리라고 한다.

전세권 설정자로부터 전세금을 일부만 반환받은 경우에도 그 잔액을 이유로 전세 목적물 전부에 대하여 경매를 청구할 수 있다. 그러나 전세 목적물이 분할할 수 있는 것이면 "과잉금지 원칙"에 따라 전세 목적물인 그 부분에 대해서만 경매를 청구할 수 있을 뿐, 목적건물 전부에 대하여 일괄경매를 청구할 수 없다.

다) 경매실행과 전세권의 효력

(1) 전세권과 저당권의 관계

전세권이 먼저 설정되고 후에 저당권이 설정된 경우, 전세권자가 경매를 실행하게 되면 전세권과 저당권이 모두 소멸하게 되므로 등기순위에 따라 배당된다. 그러나 후 순위 저당권자가 경매를 실행할 경우에는 전세권자의 전세권은 소멸하지 않는다. 저당권이 먼저 설정되고 전세권이 후순위로 등기된 경우에는 저당권이나 전세권 중 어느 것에 의하여 경매가 실행되는 경우라도 모두 소멸하게 된다.

(2) 전세권자의 경매실행

전세권자는 전세기간이 만료된 경우 전세권 설정자로부터 전세금을 반환받지 못한 경우에는 목적 부동산에 대하여 경매를 신청할 수 있다(민법 제318조). 이는 담보권 실행경매에 해당한다. 전세권자가 경매를 신청할 경우에는 다음과 같은 효력이 발생하게 된다(곽윤직 1999, 366 내지 370).

첫째, 전세권이 부동산 일부에 설정된 경우에도 그 부동산에 저당권이 설정되어 있는 경우에는 그 부동산 전부가 경매신청 대상이 된다. 이러한 원리는 전세권에 의한 경매에 의하여 저당권은 전부 소멸하기 때문이다. 이 경우에는 부동산의 일부에 대한 전세권자라 하더라도 부동산 전부의 경매가액으로부터 순위에 따라 우선변제를 받을 수 있다.

둘째, 전세권이 부동산 일부에 설정되어 있고 저당권이 없는 경우에는 원칙상 전세권 설정부분에 한하여 경매를 청구할 수 있다.[63] 그러나 그 부분만으로

---

63) 목적 부동산의 일부에 한해 경매를 청구하는 경우에는 1필 토지의 경우 전세권의 목적 부분인 토지를 분할하여 경매를 청구하여야 하고, 건물인 경우에는 1동 건물이 구분소유권의 객체가 될 수 있으면 구분건물로 등기한 후에 경매를 신청하게 된다. 그러나 구분건물

는 전세보증금을 전부 변제받을 수 없을 경우에는, 그 부동산 전부에 대하여 경매를 청구할 수 있다. 다만, 구분건물인 경우에는 당해 목적물인 구분건물에 대해서만 경매를 신청할 수 있을 뿐이다.

셋째, 동일인 소유의 토지와 건물 중 건물에만 전세권이 설정된 후 경매를 실행할 경우에는 일괄경매를 신청할 수 있다. 그러나 토지에 대한 경락가액으로부터는 우선변제를 받을 수 없다.

한편 전세권자가 건물에 대해서만 경매를 신청한 경우, 이에 응한 경락인이 있을 경우에는 그 경락인은 민법 제366조에 따라 법정지상권을 취득하게 된다.

(3) 전세보증금 반환

전세기간이 경과한 경우에는 전세권자는 전세권설정자에게 전세보증금 반환을 청구할 수 있다. 그런데 이러한 청구권과 관련하여 다음과 같은 특수한 문제가 발생하게 된다.

첫째, 전세권설정자가 전세 보증금을 반환하지 않을 경우 전세 목적물에 대한 경매를 실행하지 않고 전세권설정자의 다른 재산에 대하여 채무명의를 얻어 강제집행 할 수 있는가 하는 점이다. 이러한 방법도 가능하다고 본다. 다만, 일반 채권자를 보호하기 위하여 질권자 또는 저당권자가 채무자에 대한 비담보 재산으로부터 변제받는 데 따른 제한규정인 민법 제340조 및 제370조가 준용된다고 본다.

둘째, 전세권자가 기간만료 시 전세금 반환을 담보하기 위하여 경매가 아닌 "임의환가 특약"을 취할 수 있는가 하는 점이다. 이러한 방법도 가능한 것으로 보고 있다.

5) 유치권
가) 유치권의 내용

"유치권(留置權)"이란 타인의 물건 또는 유가증권[64]을 점유한 자가 그 물건

로 등기할 수 없는 경우라면 건물 전체를 목적물로 하여 경매를 신청할 수밖에 없다(담보물권의 불가분성).

이나 유가증권에 관하여 생긴 채권을 가지고 있을 경우, 그 채권을 전부 변제받을 때까지 그 물건이나 유가증권을 유치할 수 있는 권리를 말한다. 다만, 유치권 발생의 전제가 되는 점유는 적법한 권리에 기인한 것이어야 한다(민법 제320조, 제328조). 유치권은 당사자의 의사와 무관하게 일정한 요건이 있을 경우 당연히 성립하는 법정 담보물권이다.

유치권자는 유치물에 대하여 경매를 신청할 수 있는 권리, 일정한 사유가 있을 경우 유치물로써 직접 채권변제에 충당할 수 있는 권리 및 유치물이 경매 등으로 다른 권리자에게 속하게 된 경우 유치물의 인도를 거절할 수 있는 권리가 있다(민법 제322조).[65]

나) 유치권의 성질

유치권은 물권이므로 목적물의 소유권이 누구에게 속하더라도 유치권 행사를 통하여 사실상 우선변제 받을 수 있다. 그리고 수반성(隨伴性)으로 점유와 채권이 이전하면 유치권도 당연히 이전한다. 또한 불가분성(不可分性)으로 채권을 전부 변제받을 때까지 유치물 전부에 대하여 유치권을 행사할 수 있다.

반면 유치권은 추급효(追及效)가 인정되지 않으며, 유치물에 대한 채권이 발생하지 않았거나 유치물의 점유를 상실한 경우에는 부종성(附從性)으로 유치권도 성립하지 않거나 소멸하게 된다. 점유가 상실되면 유치권도 소멸하므로 물상대위(物上代位)도 인정되지 않는다(곽윤직 1999, 386).

다) 유치권의 성립요건

아래와 같은 요건에 부합될 경우에는 법률의 규정에 의하여 즉시 유치권이 성립하게 된다.

---

64) 유가증권(有價證券)은 재산적 가치가 있는 사권(私權)을 표창하는 증권으로써 그 권리의 이용 및 처분과 증권의 점유가 분리될 수 없는 것으로, 권리가 증권으로 화체(化體)된 것을 말한다. 유가증권에는 권리의 행사에 반드시 증권이 필요한 완전 유가증권(어음·수표·상품권 등)과, 증권이 필요하지 않는 불완전 유가증권(주식·화물상환증 등)이 있다. 사권을 표창하는 것이 아닌 지폐·수입인지·우표 기타 단순한 증거증권(차용증서·영수증 등)이나 면책증권(수하물상환증 등)은 유가증권이 아니다.

65) 원고가 물건의 반환을 청구할 경우, 만약 유치권자가 존재할 경우에는 상환급부판결(相換給付判決)을 하게 된다(대판 69다1592, 대판 73다1642).

① 유치물의 목적물은 물건(동산·부동산) 및 유가증권이어야 한다.

② 채권은 유치물에 관하여 발생한 것이어야 한다. 즉 유치권이 성립하기 위해서는 채권과 유치물 사이에 상호 견련성(牽連性)이 있어야 한다. 채권발생 원인은 계약·사무관리·부당이득·불법행위를 불문하며, 채권과 목적물에 대한 점유와의 사이에는 견련성이 요구되지 않는다. 즉 유치권자가 목적물을 점유하기 전에 그 목적물과 관련된 채권이 발생하고 있고, 그 후 목적물을 점유한 경우라도 무방하다(대판 64다1077, 65다32, 65다258). 다만, 견련성은 다음과 같은 경우에 성립하는 것으로 보고 있다(통설).

첫째, 채권이 유치물에 지출한 비용인 경우 및 유치물에서 발생한 손해배상인 경우에는 견련성이 인정된다. 다만, 임차인이 목적물을 사용하기 위하여 임대인에게 제공한 임대차 보증금은 임차 목적물과의 견련성이 인정되지 않으므로 유치권이 발생하지 않는다.

둘째, 채권이 유치물 반환청구권과 동일한 법률관계 내지 사실관계로 발생한 경우에는 견련성이 인정된다. 예컨대 부동산 매매계약이 취소된 경우, 상대방의 목적물 반환청구권에 대응한 현 점유자의 부당이득에 기한 매매대금 반환청구권은 상호 매매계약의 취소라는 동일한 법률관계에서 생긴 경우이며, 우연히 서로 물건을 바꾸어 점유하고 있는 경우에는 동일한 사실관계로 유치권이 성립되는 경우로써 상호 견련성이 인정된다고 한다(곽윤직 1999, 386, 387).

③ 채권의 변제기가 도래한 것이어야 한다. 따라서 채권 변제기가 도래하지 않은 경우 또는 유치권자의 청구에 대하여, 법원이 유치물 소유자에게 상당한 상환기한을 허락한 경우에는 유치권이 성립되지 않는다(민법 제325조 제2항).

④ 타인의 물건 또는 유가증권을 점유하고 있어야 한다. 점유는 직접점유·간접점유를 묻지 않는다. 여기서 "타인"은 유치물 소유자뿐만 아니라 제3자를 포함하는 것으로 보고 있다(통설, 대판 73다746).

⑤ 점유가 불법행위에 의하여 시작된 것이 아니어야 한다(민법 제320조 제2항). 즉, 점유취득이 점유의 침탈·사기·강박 등에 의한 경우 및 점유할 권원(權源) 없이 또는 이를 알거나 과실로 알지 못하고 점유한 경우에는 유치권이

성립하지 않는다(대판 4288민상136). 따라서 임대차 계약이 해제·해지된 후에도 임차인이 계속 부동산을 점유하면서 지출한 필요비·유익비에 대해서는 유치권이 성립되지 않는다고 한다(곽윤직 1999, 389).

⑥ 당사자 사이에 유치권 발생을 배제하는 특약이 없어야 한다(이설없음).

라) 유치권의 효력

(1) 목적물에 대한 유치권

"목적물에 대한 유치권"이란 유치권자가 채권을 변제받을 때까지 당해 목적물을 계속 점유하면서 인도를 거절할 수 있는 권한을 말한다. 이에 따라 임대차 기간이 끝난 후에도 임차인은 비용상환청구권에 의하여 유치권을 행사하면서 임차물을 계속 사용할 수 있다. 그러나 이에 따른 임차료 상당의 금액은 부당이득으로 반환하여야 한다(대판 62다294, 63다235). 다만, 취득한 부당이득으로써 유치권자가 직접 자기의 채권변제에 충당할 수 있다고 한다(곽윤직 1999, 393).

(2) 우선변제권

유치권은 물권이므로, 제3자인 새로운 소유자에게도 계속 그 효력이 미친다. 따라서 목적물이 경매된 경우에도 경락인에게 유치권을 주장할 수 있다.[66) 동산 또는 유가증권에 대한 유치권자는 제3채권자에 의한 경매신청 시 집행관에게 목적물 인도를 거절할 수 있다. 그러나 만약 유치권자가 목적물을 집행관에게 인도한 경우라도 유치물에 대하여 간접점유를 가지고 있는 것이므로 유치권 행사에는 아무 영향이 없다고 한다(곽윤직 1997, 391).

한편 유치권에는 우선변제권은 없다(이설없음). 그러나 위와 같은 사유로 사실상 우선변제 효력이 있고, 특히 다음과 같은 간이변제충당권(簡易辨濟充當權)을 행사할 경우에는 실질적으로도 우선변제권이 있다. 간이변제 충당요건은 다음과 같다(민법 제322조).[67)

---

66) 유치권 발생원인과 관련되는 채권행사는 당초 채무자에게 하여야 하나, 유치권에 대한 주장은 제3자에게도 할 수 있으므로 결국 새로운 소유자가 변제할 수밖에 없어, 유치권은 사실상 우선변제권이 있는 것으로 된다.

67) 간이변제 충당은 유치권자가 채권을 변제받기 위하여 일반적인 경매절차를 거치게 될 경우 소요되는 번거로움과, 비용 발생을 최소화하기 위하여 인정되는 간편한 환가방법으로

첫째, 정당한 이유가 있어야 한다. "정당한 이유"란 목적물의 가치가 적은 것이어서 경매가 곤란하거나, 경매를 통하면 목적물이 변질·부패 기타 사정으로 적당한 가격을 받기 어려운 경우 등의 사정이 있을 때를 말한다.

둘째, 유치물에 대하여 간이변제 방법으로 환가하여도 좋다는 법원의 허가를 받아야 한다.

셋째, 감정인을 통하여 유치물을 평가하여야 한다.

넷째, 유치권자가 미리 채무자에게 통지하여야 한다.

위와 같은 요건에 따라 간이변제 충당을 실시하는 유치권자는 유치물에 대하여 소유권을 취득하게 되고, 유치권자는 간이변제 충당에 의한 평가액 범위 내에서 그의 채권은 소멸하게 된다. 그러나 만약 평가액이 채권에 충당하고 남을 경우에는 이를 채무자에게 반환하여야 하고, 부족한 경우에는 일반채권으로 변하게 된다. 이러한 절차에 따른 유치물의 취득도 법률의 규정에 의한 취득이므로 등기는 그 요건이 아니다(민법 제187조).

(3) 과실수취권

유치권자는 목적물로부터 발생하는 과실(果實)을 수취함으로써 다른 채권자에 우선하여 자기채권에 충당할 수 있다. 과실에는 천연과실과 법정과실을 포함한다.[68] 유치권자가 수취한 과실은 이자, 원본의 순으로 충당하여야 하고, 천연과실인 경우에는 경매 등을 통하여 환가한 후 채권에 충당하여야 한다.

(4) 유치물사용권

유치권자는 유치물의 보존에 필요한 범위 내에서만 목적물을 사용할 수 있다. 그리고 일정한 경우에는 선량한 관리자의 주의의무를 위반한 것으로 되어 손해배상 책임을 지게 될 수도 있다(민법 제324조). 예컨대 건물의 유치권자가 건물관리를 태만히 함으로써 건물에 대한 자산가치가 상당히 저감된 경우, 유치권자가 선관주의 의무를 위반한 것이 되어 손해배상 책임을 지게 된다.

민법이 인정하고 있는 제도를 말한다.
68) 법정과실에는 유치물을 임대함으로써 발생하는 임차료 수익금 등을 말한다.

(5) 비용상환청구권

유치권자는 유치물에 대하여 지출한 필요비 또는 유익비의 상환을 청구할 수 있다. 다만, 유익비에 대하여 법원은 유치물 소유자의 청구에 의하여 상환기한을 상당한 기간 동안 유예할 수 있다(민법 제325조).

마) 유치권의 소멸

유치권은 유치물의 멸실·수용·혼동·포기 등 물권의 일반적 소멸사유로 소멸한다. 그리고 유치권자가 선관주의 의무를 위반한 경우에는 유치물 소유자의 청구에 의하여 소멸하며,[69] 유치물의 소유자가 유치권자를 위하여 상당한 담보를 제공하고 이에 대하여 유치권자가 응한 때, 기타 법원에서 이에 갈음하는 재판이 있을 경우에도 유치권은 소멸한다(민법 제327조).

유치권은 유치물에 대한 점유를 그 요소로 하므로, 유치권자가 유치물을 분실함으로써 점유를 상실하게 되면 유치권도 소멸한다(민법 제328조). 그러나 유치권자가 유치물을 임대하더라도 그 점유는 계속하는 것이므로 유치권은 소멸하지 않는다. 유치권은 유치물의 점유를 통하여 존속하는 권리이므로 취득시효에 의하여 소멸하는 경우는 없다. 다만, 유치권자가 유치물을 점유하고 있더라도 피담보 채권의 소멸시효의 진행은 막지 못한다. 따라서 피담보 채권이 시효로 소멸하면 유치권도 동시에 소멸하게 된다(민법 제326조).

6) 권리질권

"질권(質權)"이란 채권자가 그의 채권을 담보하기 위하여 채무자 또는 제3자로부터 받은 동산 또는 재산권을 채무의 변제가 있을 때까지 유치함으로써 질물로부터 우선변제 받을 수 있는 권리를 말한다(민법 제329조, 제345조).

질권은 "동산 또는 재산권"을 목적으로 성립하는 권리로서, 목적물에 따라 동산을 목적으로 하는 동산질권, 부동산을 목적으로 하는 부동산질권, 채권 기타 재산권을 목적으로 하는 권리질권으로 구분된다. 그런데 우리 민법상 부동

---

69) 유치물 소유자의 유치물에 대한 반환청구는 형성권이므로, 그 청구권을 행사하는 즉시 유치권이 소멸되는 것으로 보고 있다(이설없음).

산의 사용·수익을 목적으로 하는 지상권·지역권·전세권·임차권은 권리질
권의 목적물이 될 수 없다(민법 제345조).[70] 그리고 소유권도 성질상 권리질권
의 목적이 되지 않는다(곽윤직 1999, 425). 따라서 권리질권의 목적물이 될 수 있
는 것은 결국 저당권에 한정되고 있다.

가) 질권의 법적성질

(1) 질물의 유치권

질권은 물권으로서 목적물의 교환가치를 구속하는 것이므로, 피담보채권에
대한 완전한 변제가 있을 때까지 질물을 유치할 수 있는 권리가 있다. 따라서
질권자는 질물에 대하여 용익물권과 비슷한 권리를 행사할 수 있다.

(2) 우선변제권

질권자는 질물의 환가대금으로부터 우선변제 받을 권리가 있다.

(3) 담보물권성

질권은 담보물권이므로 그 본성에 따라, 피담보 채권에 대한 계약이 무효·
취소·해제 등으로 소멸하는 경우에 질권도 소멸하는 부종성(附從性), 피담보
채권이 상속·회사의 합병·채권양도 등으로 승계된 경우 이에 따라 이전하는
수반성(隨伴性),[71] 채권에 대한 완전변제가 있을 때까지 질물을 유치할 수 있는
불가분성(不可分性), 질물의 변형물에도 질권을 행사할 수 있는 물상대위성(物
上代位性)이 있다.

나) 법정질권

질권은 약정 담보물권이다. 그러나 예외적으로 아래와 같은 사유가 있을 경
우에는 법률상 당연히 질권이 성립되는 것으로 간주하고 있다.

(1) 토지 임대인의 법정질권

토지 임대차와 관련하여 발생한 채권, 즉 차임(借賃)이나 임대차와 관련하여

---

70) 용익물권인 전세권은 일종의 부동산 질권의 성질을 갖고 있다. 그러나 전세권은 우리 법
제상 용익물권으로 분류되고 있으므로 질권의 목적물이 될 수 없다.
71) 피담보 채권이 이전되는 경우에는 질물의 종류에 따른 공시방법 또는 그 대항요건을 구
비하여야 한다. 다만, 당사자 간에 특약이 있을 경우 또는 물상보증인이 제공한 질물에 성
립하고 있는 질권은 그의 동의 없이는 수반되지 않는다(곽윤직 1999, 402).

임차인에게 청구할 수 있는 손해배상청구권 등에 근거하여, 임대한 토지에 존재하는 임차인이 부속하였거나 사용하는 임차인 소유 동산이나 과실을 압류한 경우에는 질권과 동일한 권리를 취득하게 된다(민법 제648조). 다만, 법정질권이 성립되는 동산은 "임차인의 소유에 속한 것"이어야 하므로, 제3자의 소유에 속한 동산을 임차지에 부속시킨 경우에는 법정질권이 성립되지 않는다(다수설).

(2) 건물 등의 임대인의 법정질권

건물 기타 공작물의 임대인이 임대차와 관련하여 발생한 채권에 의하여, 당해 목적물에 부속한 임차인 소유 동산을 압류한 경우에는 질권과 동일한 권리를 취득하게 된다(민법 제650조).

7) 저당권

가) 의 의

"저당권(抵當權)"이란 채무자 또는 제3자가 채무의 담보로 제공한 부동산 기타 목적물에 대하여 채무의 변제가 없을 경우, 이들 저당 목적물로부터 우선변제받는 담보물권을 말한다. 저당권은 일반저당권과 특수저당권으로 구분할 수 있다. 일반저당권을 민법 제356조에서 규정하고 있는 저당권을 말하며, 특수저당권은 민법 제357조에서 규정하고 있는 근저당권·공동저당권 및 법정저당권을 말한다. 특수저당권에 대하여 살펴보면 다음과 같다.

나) 특수저당권

(1) 법정저당권

저당권은 당사자의 합의에 따라 성립하는 약정 담보물권이다. 그러나 특수한 경우에는 저당권설정자의 의사와 무관하게 저당권이 성립하는 것으로 간주되는 경우가 있다. 이를 법정저당권이라 한다. 법정저당권은 "토지 임대인"을 위한 경우에만 성립된다. 즉 토지 임대인이 변제기를 경과한 최후 2년간의 차임 채권이 있을 경우, 그 토지상에 있는 임차인의 소유 건물을 압류한 경우에 성립하게 된다(민법 제649조). 법정저당권은 토지 임대인이 임차인의 소유 건물을 압류하는 즉시 발생하게 된다.

(2) 공동저당권

"공동저당권(共同抵當權)"이란 동일한 채권을 담보하기 위하여 여러 개의 부동산에 대하여 각 설정한 저당권을 말한다. 하나의 단일한 채무를 담보하기 위하여 여러 개의 부동산에 저당권을 각 설정할 경우에는, 법률적으로는 각 부동산의 수에 따른 저당권이 설정된 것과 동일하다. 공동저당권을 설정하는 이유는 채권의 위험분산에 그 목적이 있다. 공동저당권은 동시 또는 순차로 설정할 수도 있고, 각기 다른 부동산에 서로 다른 순위로 설정되기도 한다. 그리고 채무자 또는 제3자가 제공한 부동산에도 성립할 수 있다. 공동저당권을 설정할 경우에는 다른 부동산과 함께 저당권의 목적임을 아울러 표시하고 있다(부동산등기법 제149조).

(3) 근저당권

"근저당권(根抵當權)"이란 계속적인 거래관계로부터 발생하는 다수의 불특정 채권에 대하여 장래의 결산기에 일정한 한도액까지 담보할 목적으로 설정하는 저당권을 말한다(민법 제357조).

근저당권은 저당권에서 요구되는 채권의 부종성이 엄격하게 요구되지 않으므로, 피담보 채권이 일시적으로 없어질 경우에도 저당권이 소멸되지 않는다. 그리고 근저당권을 설정할 경우에는 변제기에 담보할 피담보 채권 최고액을 반드시 등기하는 특징이 있다(민법 제357조 제1항 및 부동산등기법 제140조 제2항). 채권 최고액에는 원금·이자·위약금·채무불이행으로 인한 손해배상금·변제기를 경과한 지연이자 등이 모두 포함된다. 따라서 채권 최고액은 근저당권 설정자가 부담하게 될 채무의 최고 한도를 의미하게 된다.[72)

다) 저당권의 내용

(1) 법적성질

저당권은 약정 담보물권이며, 물권의 일반적 효력에 의하여 목적물로부터

---

72) 근저당권자의 권리 범위는 채권 최고액을 한도로 하게 되므로, 지연이자도 변제기를 경과한 1년분에 한정되지 않는다(곽윤직 1999, 492). 다만, 경매실행 비용은 채권최고액에 포함되지 않는다고 한다(대판 71다26, 대결 71마251).

다른 채권자보다 우선변제 받을 권리가 있다. 그리고 담보물권의 일반적 효력인 통유성(通有性)으로 다음과 같은 효력이 발생한다. 즉 피담보 채권이 무효·취소·해제된 경우 및 피담보 채권이 변제·포기·혼동·면제 등으로 소멸하게 되면 저당권도 소멸하는 부종성(附從性),[73] 피담보 채권이 상속·양도 등으로 동일성을 잃지 않고 승계될 경우 저당권도 동시에 승계되는 수반성(隨伴性),[74] 피담보 채권을 완전변제 받을 때까지 저당권의 효력이 목적물 전부에 미치는 불가분성(不可分性),[75] 목적물의 변형물에도 저당권의 효력이 미치는 물상대위성(物上代位性)이 있다.

(2) 저당권의 성립

저당권은 약정 담보물권이므로 원칙상 당사자 간의 설정계약으로 성립된다. 저당권자는 피담보 채권자이어야 하나, 저당권설정자는 채무자뿐만 아니라 제3자, 즉 물상보증인(物上保證人) 이라도 무방하다. 다만, 저당권설정자는 목적물에 대한 처분권을 가지고 있어야 한다. 따라서 목적물에 대한 진정한 권리자라도 법률에 의하여 처분권을 박탈 내지 제한받고 있는 파산자, 압류·가압류·처분금지가처분 된 부동산 권리자는 당해 목적물에 한하여는 저당권설정자가 될 수 없다. 저당권 설정등기에 따른 비용은 특약이 없으면 채무자(저당권설정자)가 부담하는 것이 원칙이라고 한다(대판 4294민상 291).[76]

한편 도급계약을 체결할 경우, 수급인은 공사비 채권을 담보하기 위하여 공사의 목적물인 부동산에 대하여 도급인을 상대로 저당권설정을 청구할 수 있다. 다만, 동 청구권에 대하여 가등기로 보전하지 않으면 제3자에게 대항할 수 없다(민법 제666조 및 부동산등기법 제3조).

---

73) 부종성 원리에 의하여 저당권은 피담보 채권과 분리하여 처분할 수 없다.
74) 다만 물상보증인이 제공한 저당 목적물은 그의 동의가 없으면 수반되지 않는다.
75) 피담보 채권이 조금이라도 남아있어도 저당권자는 경매를 실행할 수 있고, 저당권설정자는 저당권 말소를 청구하지 못한다(대판 70다207).
76) 저당권도 저당권자의 권리를 위하여 설정되는 것이므로, 일반 물권의 경우와 같이 당연히 저당권자가 부담하는 것이 타당하므로, 위 판례의 입장은 변경되어야 한다.

(3) 저당권의 객체

저당권은 등기라는 공시방법을 통하여 성립하므로 공시되지 않는 권리에 대해서는 설정하지 못한다. 우리 민법상 저당권의 목적이 될 수 있는 것은 부동산에 대한 소유권·지상권·전세권에 한정된다(민법 제356조, 제371조).[77] 그런데 목적권리에 대하여 저당권을 설정할 경우에는 권리의 전부를 대상으로 하여야 하고, 일부를 대상으로 할 수 없다. 즉 1필 토지 또는 1동 건물에 대한 소유권 전부에 대하여 설정할 수 있고, 이들 일부분에는 설정할 수 없다. 따라서 부동산의 일부에 저당권을 설정하기 위해서는 먼저 토지를 분할하거나, 건물을 구분하여야 한다.[78] 그리고 부동산으로 간주되는 입목에관한법률에 의한 입목, 공장저당법에 의한 공장재단, 광업재단저당법에 의한 광업재단도 저당권의 목적이 된다.

(4) 피담보 채권과 그 모습

저당권에 의하여 담보되는 피담보 채권은 처음부터 금전채권일 필요는 없고, 변제기에 금전채권으로 변할 수 있으면 가능하다. 다만, 피담보 채권이 금전채권이 아닌 경우에도 반드시 "채권가액"은 등기부에 공시하여야 한다. 이에 따라 저당권자는 등기부에 공시된 채권액을 한도로 우선변제를 주장할 수 있을 뿐이다(대판 64다247, 70다2982).

채권자는 채권의 일부를 피담보 채권으로 할 수도 있고, 복수의 채권을 피담보 채권으로 할 수도 있다. 저당권은 현재 발생한 채권을 담보하기 위하여 설정하는 것이 원칙이다. 그러나 "장래 발생할 특정채권"을 위해서도 설정할 수 있다(이설없음). 따라서 장래 발생할 특정채권을 위한 조건부 또는 기한부 저당권도 등기와 동시에 효력이 발생하므로 저당권자로서의 권리가 그대로 인정되고 있다(곽윤직 1999, 447).

---

77) 저당권을 설정할 수 있는 것은 부동산에 한정되는 것은 아니다. 즉 동산인 자동차·중기·항공기·선박·광업권·어업권 등도 객체가 된다.

78) 집합건물인 경우에는 처분의 일체성 원칙에 의하여 구분건물이나 대지권 중 어느 일방에 대해서만 저당권을 설정하는 것은 원칙상 금지된다(부동산등기법 제165조의2).

(5) 저당권의 효력

(가) 피담보 채권의 범위

저당권에 의하여 담보되는 피담보 채권의 범위는 원본·이자·손해배상금·저당권 실행비용의 전부에 미친다. 이자에 대한 특약이 있을 경우에는 이율·발생기·지급시기·지급장소 등에 대하여 등기가 있어야 한다. 다만 원본에 대한 변제기가 도래한 후 발생하는 지연이자(遲延利子)는 원본의 변제일로부터 1년간 발생한 이자에 대해서만 저당권의 효력이 미치는 것으로 하고 있다(민법 제360조). 위약 등에 따른 손해배상금도 등기하여야 그 효력이 있다. 다만, 저당권 실행비용은 등기와 무관하게 효력이 미치므로 등기할 필요가 없다. 그러나 저당권 실행비용을 채권자, 즉 저당권자가 부담하기로 약정한 경우라면 피담보 채권의 효력은 저당권 실행비용에는 미치지 않는다고 한다(곽윤직 1999, 449).

(나) 저당물의 한계

① 부합물의 범위 : 저당권은 저당권설정자가 저당권을 설정할 당시 담보로 제공한 부동산과 이에 부합된 물건 및 종물에도 미치는 것으로 하고 있다(민법 제358조). 그러나 토지와 건물은 각 독립된 부동산이므로 상호 부합될 수 없다. 부합물 및 종물은 저당권설정 후 부착된 것이어도 당연히 효력이 미친다(이설 없음, 대결 71마757). 다만, 당사자 간에 특약이 있을 경우 또는 저당 목적물에 타인이 그의 권원에 의하여 부착시킨 때에는 저당권의 효력이 미치지 않는다.[79]

부합물의 범위는 저당목적이 된 부동산과 결합하여 거래관념상 부동산의 일부로 인정되는 것(대결 83마469), 토지에 식재된 과·수목(대결 68마867), 증축된 건물부분(대결 66마592, 69마80), 주된 건물의 부속건물(대결 86마295)등이 이에 해당한다.

② 과실의 범위 : 저당권은 원칙상 과실(果實)에는 효력이 미치지 않는다.[80]

79) "타인이 그의 권원에 의하여 부속시킨 경우"란 지상권자·전세권자·임차인이 그의 권원에 의하여 식재한 수목·건물 기타 공작물과, 이들 권리자의 소유에 속한 종물을 의미한다.
80) 과실(果實)에는 천연과실뿐만 아니라 법정과실도 포함된다(다수설).

저당권은 설정자에게 목적 부동산을 이용할 수 있도록 보장하기 위한 제도이기 때문이다. 그러나 저당권자가 저당권을 실행하기 위하여 목적 부동산을 압류한 경우에는, 그 수취한 과실 또는 수취할 수 있는 과실에도 저당권의 효력이 미치는 것으로 하고 있다. 다만, 이러한 압류사실에 대하여 소유권자·지상권자·전세권자에게 통지하지 않으면 그 효력이 미치지 않는 것으로 하고 있다(민법 제359조).

(다) 저당물에 대한 효과

① 일괄 경매청구권 : 토지와 건물은 독립된 부동산이므로 상호 부합되지 않는다. 따라서 토지 및 건물이 각 저당권의 목적이 된 경우에는 그 토지 및 건물에만 효력이 미친다. 그러나 토지 소유자가 토지에만 저당권을 설정한 후, 그 토지 위에 자기의 소유 건물을 건축한 경우에는 법률관계의 간명화를 위하여 토지 저당권자가 이들 건물에 대해서도 일괄경매를 청구할 수 있도록 허용하고 있다. 다만, 이 경우에도 건물의 경락대금으로부터는 우선변제 받을 수 없다(민법 제365조).

② 물상대위권 : 저당권은 저당목적물뿐만 아니라 그 변형물에도 당연히 미치는 물상대위성(物上代位性)을 갖고 있다. 따라서 저당 목적물이 멸실·훼손·수용된 경우에는 저당권설정자에게 지급되는 보험금·손해배상금·보상금 등의 청구권에도 당연히 그 효력이 미친다(민법 제370조). 따라서 저당권자는 이러한 청구권의 압류를 통하여 물상대위권을 행사할 수 있다. 그러나 물상대위권의 객체는 변형물에 대한 청구권 그 자체일 뿐, 보험금·손해배상금·보상금은 아니다(곽윤직 1999, 451).

한편 저당권의 목적인 부동산으로부터 분리된 부합물 내지 종물에 대해서도 물상대위권을 행사할 수 있느냐 하는 문제가 있다. 다수설은 분리된 동산이 목적 부동산과 결합하여 공시되고 있는 경우에만 저당권의 효력이 미치는 것으로 보고, 따라서 토지로부터 반출된 입목에 대해서는 저당권의 효력이 미치지 않는다고 한다.

(라) 우선변제 효력

저당권의 본질적 효력은 저당 목적물로부터 우선변제 받는 데 있다(민법 제 356조). 그런데 저당권자가 우선변제를 받는 모습에는 채권의 변제기가 도래한 경우 직접경매를 실행하는 방법과, 제3자의 경매실행에 편승하여 우선변제 받는 방법이 있다. 원칙상 저당권자는 제3자에 의한 경매실행은 막지 못하며, 단지 그 순위에 따라 우선변제를 받을 수 있을 뿐이다.[81]

한편 저당권자는 자기 또는 제3자에 의한 경매실행 결과 자기의 채권변제 충당에 부족이 있을 경우에는 별도의 채무명의를 통하여 잔여 권리를 실행하여야 한다.

(6) 저당권의 처분

"저당권의 처분"이란 저당권자가 피담보 채권과 함께 저당권을 제3자에게 양도하는 것을 말한다. 저당권은 부종성(附從性)에 의하여 피담보 채권과 분리하여 처분하지 못하고, 언제나 피담보 채권과 함께 양도하여야 한다. 이를 저당권부 채권양도(抵當權附 債券讓渡)라 한다.

저당권부 채권양도는 물권인 저당권 양도에 대하여 이전등기가 있어야 하고, 피담보 채권양도에 대한 당사자의 의사표시가 있어야 한다. 다만, 저당권설정자인 채무자 기타 제3자에게 대항하기 위해서는 양도인이 설정자에게 이를 통지하거나 또는 저당권설정자가 이에 대하여 승낙하여야 한다. 저당권설정자는 통지를 받거나 승낙을 할 때까지 양도인에게 행한 변제·면제 등에 대한 사유로써 저당권 양수인에게 대항할 수 있다(민법 제450조 제1항). 저당권설정자가 이와 같은 대항사유가 있음에도 불구하고 아무 이의 없이 이를 승낙한 경우에는 선의의 양수인에게는 이를 이유로 대항하지 못한다(민법 제451조).

한편 피담보 채권이 법률의 규정에 의하여 이전할 경우에는 저당권에 대한 이전등기가 없어도 당연히 이전하게 된다. 그리고 피담보 채권의 일부가 이전된 경우에는 저당권의 불가분성에 따라 채권자들이 그 채권액에 비례하여 저당

---

81) 등기의 순위에 대하여 순위확정주의와 순위승진주의가 있다. 우리 민법은 저당권의 순위에 대하여 원칙상 순위승진주의를 취하고 있다(곽윤직 1999, 381).

권을 준공유(準共有)하게 된다.

피담보 채권이 입질되는 채권질의 경우에는 저당권도 피담보 채권과 함께 질권의 목적이 된다.[82] 이 때에는 저당권등기에 대한 부기등기를 통하여 당해 저당권이 질권의 목적임을 등기하여야 질권의 효력이 저당권에 미치게 된다(민법 제348조).

8) 비전형 담보권

민법상 담보물권은 물권법정주의에 따라 유치권·질권·저당권에 한정되고 있다. 전세권도 일부 담보제도로써 기능하는 측면이 있으나 원칙상 용익물권이므로 담보기능은 부수적인 것에 불과하다. 그런데 담보제도로서 기능하는 유치권은 법정 담보물권이므로 당사자간 채권담보제도로써 활용할 수 있는 것이 아니다. 그렇다면 순수한 채권담보 기능을 수행할 수 있는 것은 질권과 저당권뿐인 셈이다. 그런데 질권은 동산·채권·주주권·지적재산권 등에만 성립할 수 있는 것이므로, 결국 부동산을 이용하여 신용을 수수할 수 있는 담보제도는 저당권밖에 없다.

이러한 현실적 한계로 인하여 거래계(去來界)에서는 새로운 담보제도의 필요성을 느끼게 되어 창안한 것이 바로 비전형 담보제도이다. "비전형(非典型)"이란 민법에서 규정하고 있지 않은 새로운 형태의 담보제도라는 의미로 사용되고 있다. 비전형 담보를 일명 변칙담보(變則擔保)라 칭하기도 한다.[83]

가) 비전형 담보의 가치

민법이 인정하고 있는 담보제도 중 질권은 점유질(占有質)이므로, 동산을 담보로 제공할 경우 그 질물을 이용할 수 없게 되는 문제가 있다. 그리고 질권자 및 저당권자가 채권 변제기에 담보권을 실행하기 위해서는 경매절차를 통하여

---

82) 저당권의 원인이 되는 피담보 채권이 채권질의 목적물이 된 경우 저당권의 부종성으로 피담보 채권과 함께 질권의 대상이 되기 때문이다.
83) 비전형 담보의 대상은 물건에 한정되고 있다. 그런데 채권추심을 위임받아 대리 수령하는 방법으로 채권변제에 우선 충당함으로써 비전형 담보와 유사한 효과를 거둘 수도 있다. 그러나 이러한 것은 비전형 담보에는 포함시키지 않는다.

야 하므로, 채권액을 초과하는 환가금액에 대해서는 임의로 취득할 수 없고, 특히 경매를 이용할 경우에는 그 절차가 복잡하고 번거롭다. 따라서 이러한 문제를 해결 내지 회피하기 위하여 창안한 것이 바로 비전형 담보제도이다.

　나) 비전형 담보의 모습과 규제

　비전형 담보는 통상 채권담보를 위하여 목적물에 대한 소유권을 외부적으로 채권자에게 이전하는 형식을 취하고 있다. 이러한 특징으로 채무자, 즉 부동산 소유자는 매우 불리한 입장에 서게 되는 반면, 채권자는 폭리를 취할 가능성이 많다. 따라서 이에 대한 모순을 합리적으로 규율하기 위하여 "가등기담보등에관한법률"을 제정하게 된 것이다.[84] 비전형 담보의 모습을 살펴보면 다음과 같다.

　⑴ 매매형식의 비전형담보

　채무자가 매매의 형식을 통하여 자금을 융통하는 담보제도로써 환매(還買)와 재매매예약(再賣買豫約)이 있다. 환매와 재매매예약을 일반적으로 매도담보(賣渡擔保)라 칭하고 있다.

　⑵ 소비대차 형식의 비전형담보

　소비대차 형식의 비전형 담보도 전형담보와 마찬가지로 금전 소비대차 형식을 통하여 자금을 융통하지만, 채권담보 방법이 제한물권을 통하여 설정하지 않고 다음과 같은 방법을 통하여 행하는 점에서 차이가 있다.

　(가) 양도담보

　"양도담보(讓渡擔保)"란 채권담보 목적으로 목적물의 소유권을 채권자에게 이전하고, 만약 채무자가 변제기에 채무 불이행시 채권자가 그 담보목적으로 이전받은 목적물로부터 우선변제 받거나, 그 목적물에 대한 소유권을 아예 취득할 목적으로 담보하는 제도를 말한다. 양도담보에는 물건에 대한 소유권을 외부적으로만 이전하는 "약한 양도담보"와, 내·외부적으로 모두 이전하는 "강한 양도담보"의 형식이 있다. 양도담보는 채권자와 채무자 간에 채권·채무관계가 존속하는 동안 담보물권으로서 효력을 갖게 된다.

---

84) 가등기담보등에관한법률은 등기·등록과 같은 공시방법이 존재하는 물건이나 재산권을 목적으로 성립하는 비전형 담보에만 적용된다(곽윤직 1999, 508).

(나) 가등기 담보

금전 소비대차를 하면서 담보목적 부동산의 해당구 사항란에 채권자 명의로 그 권리에 대한 이전청구권 가등기를 하고, 만약 권리자의 채무 불이행이 있을 경우에는 채권자가 예약완결권을 행사함으로써 자기 앞으로 해당 권리에 대한 본등기를 하기로 하는 대물변제 또는 매매예약형 담보제도를 말한다.[85] 이 경우 가등기 담보의 목적이 되는 부동산이 경매될 경우에는 그 가등기는 저당권으로 간주되고 있다(가등기담보등에관한법률 제13조).

9) 채 권

중개대상물인 권리는 대부분 부동산에 성립하는 물권을 기준으로 하고 있다. 그러나 타인의 부동산을 이용하는 방법에는 채권적 방법으로도 가능하다. 즉 구관(舊慣)에 의하여 인정되는 전세·임대차 내지 사용대차 등의 방법으로도 타인의 부동산을 용익할 수 있다. 따라서 이러한 채권계약에 대해서도 일정한 경우에는 중개업자의 알선이 가능함은 물론이다. 부동산에 성립하는 채권의 모습을 살펴보면 다음과 같다.

가) 사용대차

"사용대차(使用貸借)"란 당사자 일방이 목적물을 상대방에게 무상으로 제공하고, 상대방이 이를 사용·수익한 후 그 물건 자체를 반환할 것을 약정하는 채권계약을 말한다(민법 제609조). 소비대차(消費貸借)는 금전이나 대체물(代替物)에 대한 소유권을 이전받아 이를 소비한 후, 소비대차의 목적물과 동종(同種)·동질(同質)·동량(同量)의 다른 물건으로 반환하는 것이다(민법 제598조). 그러나 사용대차는 빌려 사용한 물건 그 자체를 반환하여야 하는 점에서 차이가 있다.

---

85) "담보가등기"라 함은 채권담보 목적으로 경료된 가등기를 말한다(가등기담보등에관법률 제2조 제3호). 그런데 담보가등기는 형식상 청구권 보전을 위한 가등기와 같은 모습을 취하고 있다. 따라서 구체적인 경우에 담보가등기 인지 또는 청구권 보전가등기 인지를 실체적으로 파악할 필요가 있다.

한편 임대차는 유상(有償)임에 반하여 사용대차는 무상(無償)이다. 대가는 반드시 금전일 필요는 없으므로, 차주(借主)가 금전 이외의 것으로 일정한 급부를 제공할 경우에도 사용대차는 성립할 수 없다.[86] 그러나 차주가 대가관계가 아닌 단순한 부담을 지는 것에 불과한 경우, 즉 목적물에 발생하는 공과세금을 부담하는 정도의 것은 무방하다고 한다.

사용대차는 낙성·무상·편무·불요식 계약이다. "편무계약(片務契約)"이란 대주(貸主)가 차주(借主)로 하여금 물건을 사용·수익할 수 있도록 목적물을 인도할 의무가 있음에 반하여, 차주는 이에 대한 대가관계(對價關係)가 없는 것을 말한다. 이러한 측면에서 보면 사용대차는 불완전 쌍무계약이라 할 수 있다. 사용대차는 물건에 대해서만 성립할 수 있고 물건 아닌 것, 예컨대 권리 등에 대해서는 성립할 수 없다.[87] 물건이면 동산·부동산, 대체물·비대체물은 물론 물건의 일부라도 무방하다.

나) 임대차

"임대차(賃貸借)"란 당사자 일방이 상대방에게 목적물을 사용·수익하게 할 것을 약정하고, 상대방은 목적물을 사용·수익하는 대가로 차임을 지급키로 하는 채권계약을 말한다(민법 제618조).[88]

타인의 부동산을 이용하는 법률관계는 채권관계로 성립되는 임대차와, 물권관계로 성립하는 전세권이 있다. 그런데 물권관계인 전세권은 설정자에게 많은 부담을 주게 되므로, 일반적으로는 채권관계인 임대차의 형식이 많이 이용되고 있다. 임대차는 낙성·쌍무·유상·불요식 계약에 해당한다. 임대차의 목적물은 물건에 한정되며 사용·수익으로 소멸하지 않는 것이어야 한다.

다) 전 세

"전세(傳貰)"란 전세이용자가 전세설정자에게 보증금을 지급하고, 설정자는

---

86) 사용대차 조건으로 차주가 대주의 다른 부동산을 관리해 주는 것도 유상성이 있는 것으로 보고 있다(곽윤직 1999, 289).
87) 물건이 아닌 권리에 대하여 성립하는 사용대차는 사용대차와 유사한 무명계약이 된다.
88) 동산의 임대차 가운데 리스(Lease)계약은 비교적 장기간에 걸친 임대차를 의미하고, 렌트(Rent)는 단기간, 즉 시·일·주단위의 짧은 기간 동안만 대차하는 임대차를 말한다.

보증금의 이율로 차임을 대신한 후, 기간이 만료될 경우 보증금을 전세이용자에게 그대로 반환키로 하는 용익채권을 말한다. 이러한 전세는 물권인 전세권과 구별된다. 전세권과 전세는 보증금의 지급이라는 측면에서는 동일하나, 전세권은 전세권 설정등기를 한 것으로 물권임에 반하여, 전세는 전세권 설정등기를 하지 못한 채권에 불과한 것이다. 그리고 임대차는 차임을 지급하지만, 전세는 보증금에 대한 이자로 차임을 대신하는 특수한 임대차를 말한다(곽윤직 1999, 345). 이러한 채권적 전세는 주택임대차보호법 또는 상가건물임대차보호법에 의하여 임대차로 간주되고 있다.[89] 그러나 전세는 임대차보다는 전세권과 유사한 실체를 갖추고 있다.

　라) 가등기

　"가등기"란 등기대상 권리에 속하는 소유권·지상권·지역권·전세권·저당권·권리질권·임차권·환매권에 대한 각 권리의 설정·이전·변경·소멸의 청구권을 보전하기 위하여 행하는 등기를 말한다. 가등기에 대한 청구권은 시기부 또는 정지조건부 기타 장래에 있어서 확정될 것인 때에도 할 수 있다(부동산등기법 제2조 및 제3조).

　마) 도 급

　"도급(都給)"이란 당사자 일방이 어떤 일을 완성할 것을 약정하고 상대방이 그 일의 결과에 대하여 보수를 지급할 것을 약정함으로써 성립하는 낙성·쌍무·유상·불요식의 계약을 말한다(민법 제664조). 도급의 대상이 되는 "일"은 노무에 의하여 완성되는 결과물로써 건축·선박의 건조·가구의 제작 또는 수선 등 유형적인 것뿐만 아니라, 원고의 출간·운송·치료·사건의 처리·음악 연주 등 무형의 일도 포함된다. 그리고 일의 "완성"은 당사자가 약정한 일의 결과가 온전하게 발생한 경우를 말한다. 따라서 일의 결과가 온전하지 않을 경우에는 수급인의 채무 불이행이 되어 보수의 일부도 청구할 수 없다(곽윤직 1984,

---

89) 임대차는 원칙상 용익의 대가로 차임을 지급하는 것이다(민법 제618조). 그러나 거래계에서는 대부분 차임에 더하여 보증금을 지급하는 형태를 취하고 있다. 이러한 형태는 임대차의 변형으로 볼 수 있다.

405). 수급인은 일을 완성하기 위하여 자유롭게 보조자 및 하수급인을 이용할수 있다. 이를 일명 "하도급" 또는 "하청(下請)"이라고 한다.[90] 건설공사에 관한 도급에는 민법에 앞서 건설산업기본법이 적용된다.

나. 소 결

지금까지 중개대상물인 각 부동산에 성립하는 물권 및 채권의 내용에 대하여 일별(一瞥)해 보았다. 그런데 이러한 권리의 득실변경 모습은 구체적으로 보존·설정·이전·변경·처분의 제한·소멸로 나타나게 된다. 여기서 중개대상인 각 권리의 득실변경 모습 중 알선의 여지가 있다고 볼 수 있는 것에 대하여 정리해 보면 다음과 같다.

첫째, 부동산 소유권이 중개대상 권리가 됨은 의문이 없다. 다만, 소유권의 변동모습 중 설정은 소유권과 관계없다. 그리고 소유권의 보존·변경·처분의 제한·소멸과정에는 중개가 개입할 필요가 없다. 따라서 소유권에서 중개가 개입할 수 있는 경우는 "이전"에 한정된다.

둘째, 지상권도 중개대상 권리가 된다. 다만 지상권의 "설정·이전·변경"에 대해서만 알선이 가능하고, 기타 권리변동에는 개입할 수 없다. 그리고 특수지상권인 법정지상권 및 관습법상 법정지상권은 일정한 요건이 존재할 경우, 당연히 법률 또는 관습에 의하여 성립하는 권리이므로 설정은 있을 수 없다. 따라서 지상권의 "이전 및 변경"에만 중개가 개입할 수 있을 뿐이다.

한편 지상권과 유사한 물권인 분묘기지권은 분묘에 대한 수호 및 봉사를 전제로 인정되는 권리이므로, 그 특수성으로 거래의 객체가 될 수 없어 중개대상 권리도 될 수 없다. 다만, 분묘기지권이 토지 소유자의 승낙으로 취득하는 경우

---

90) 수급인이 하수급인을, 하수급인이 또 다시 하수급인을 둔 경우, 도급인은 원칙상 수급인에게만 책임을 진다. 그리고 수급인도 하수급인에게만 책임이 있고, 그의 하수급인에게는 책임이 없다. 그런데 근로기준법에는 근로자의 임금 채권을 보장하기 위하여 수급인의 귀책사유로 하수급인이 근로자의 임금을 지급하지 못한 경우에는 수급인은 하수급인과 연대책임을 지는 것으로 하고, 이에 해당하는 경우를 열거하고 있다(근로기준법 제43조 및 동법시행령 제19조).

에는 그 성립과정, 즉 분묘를 설치하는 시점인 분묘기지권 설정에는 중개가 개입할 수 있는 여지가 있다.

셋째, 지역권도 중개대상이 된다. 다만, 이에 대한 "설정 및 변경"에 대해서만 가능할 뿐, 이전에는 중개행위가 개입될 여지가 없다. 즉 지역권은 요역지의 소유권·지상권·전세권·임차권에 수반하여 이전될 뿐, 지역권만 분리하여 처분할 수 없기 때문이다.

넷째, 전세권도 중개대상 권리에 해당한다. 다만, 전세권에 대한 "설정·이전·변경"에 한해 중개가 가능하고, 전세권의 소멸이나 처분의 제한에는 개입할 여지가 없다.

다섯째 유치권도 중개대상이 된다. 즉 유치권의 "이전"에는 중개가 성립할 수 있다. 유치권은 법정 담보물권이므로 일정한 요건이 발생할 경우에는 법률상 당연히 취득하는 권리이므로 설정은 존재하지 않는다. 그러나 일단 발생한 유치권이라면 유치권자가 그 권리를 제3자에게 양도할 수 있으므로, 이 경우에는 중개가 개입할 수 있다. 판례도 유치권은 재산권이므로 피담보 채권과 목적물의 점유를 함께 이전할 경우에는 중개대상 권리가 된다고 판시하고 있다(서울행정법원 2001구860).

여섯째, 저당권도 중개대상이 된다. 즉 "설정·이전·변경"에 중개가 개입할 수 있다. 근저당권도 동일하다. 그러나 법정저당권은 일정한 요건 하에 당연히 성립되는 권리이므로 설정은 존재하지 않는다. 그러나 성립된 법정저당권에 대한 "이전 및 변경"에는 중개가 관여할 수 있다.

일곱째, 저당권부 권리질권도 "설정·이전·변경"과정에 중개가 개입될 수 있다.

여덟째, 비전형 담보권, 즉 재매매 예약, 환매, 양도담보, 담보가등기의 경우에도 각 권리에 대한 "설정·이전·변경"에는 중개가 개입할 수 있다.

아홉째, 채권적 모습으로 부동산을 이용하거나 담보하는 임대차·사용대차·채권적전세권·청구권가등기·도급도 그 권리의 "설정·이전·변경"에 중개가 개입될 수 있다.

위에서 살펴본 부동산에 성립하는 물권 및 채권에 대한 각 권리의 득실변경 모습 중에서 중개가 개입할 수 있는 범위에 대하여 구체적으로 정리해 보면 아래 표와 같다.

〈표 1-2〉 부동산 권리의 득실변경에 대한 중개활동 범위

권리의 종류		권리의 득실변경 행위와 중개여부						비 고
		보 존	설 정	이 전	변 경	처 분 제 한	소 멸	
소 유 권		×	-	○	×	×	×	
지상권	일반지상권	-	○	○	○	×	×	
	법정지상권	-	×	○	○	×	×	
	관습법 상 법정지상권	-	×	○	○	×	×	
	분묘기지권	-	○	×	×	×	×	승낙으로 취득하는 경우에 한하여 성립가능
지 역 권		-	○	×	○	×	×	
전 세 권		-	○	○	○	×	×	
유 치 권		-	×	○	×	×	×	
저당권부 권리질권		-	○	○	○	×	×	
저당권	일반저당권	-	○	○	○	×	×	
	법정저당권	-	×	○	○	×	×	
	근저당권	-	○	○	○	×	×	
비전형 담보권	재매매예약	-	○	○	○	×	×	
	환매예약	-	○	○	○	×	×	
	양도담보권	-	○	○	○	×	×	
	담보가등기	-	○	○	○	×	×	
채 권	임 대 차	-	○	○	○	×	×	
	사용대차	-	○	○	○	×	×	
	전 세	-	○	○	○	×	×	
	보전가등기	-	○	○	○	×	×	
	공사도급	-	○	○	○	×	×	

○: 중개 가능, ×: 중개 불가능, -: 해당없음

5. 권리 이전에 대한 중개활동 범위

앞에서는 중개대상물인 부동산 권리의 득실변경 모습과 이에 대한 중개 가능 여부에 대하여 살펴보았다. 그런데 일반적으로 중개가 가능한 "설정·이전·변경" 중, "이전·변경"에 대해서는 또 다시 검토할 문제가 있다. 즉 "설정"은 용익 또는 담보목적으로 거래계약을 체결하는 것이므로 각 권리에 대하여 한번으로 족하다. 따라서 다시 중개가 개입할 필요가 없다. 그러나 "이전·변경"의 경우에는 보존 내지 설정된 권리에 대한 주체 내지 객체에 대한 물권변동이 계속될 수 있기 때문이다. 다만, "변경"은 거래계약을 체결한 당사자의 주체에는 변화가 없고 단지 계약의 내용, 즉 존속기간·이율·보증금 내지 차임 등에 대한 변화에 불과하다.

당사자 간에 물권변동이 발생하기 위해서는 일정한 계약이 존재하게 된다. 그런데 우리 공부법에는 이에 대한 구체적인 언급은 없고, 단지 중개 개념을 설명하면서 "중개라 함은 제3조의 규정에 의한 중개대상물에 대하여 거래 당사자 간의 매매·교환·임대차 기타 권리의 득실·변경에 관한 행위를 알선하는 것을 말한다."라고만 규정하고 있을 뿐이다(법 제2조 제1호). 동 조에 따르면 부동산 물권변동의 원인행위는 "매매·교환·임대차 기타 권리의 득실변경에 관한 행위"에 속하는 것임을 간접적으로 규정하고 있다. 그렇다면 물권변동의 원인행위가 되는 채권행위, 즉 중개행위의 구체적인 모습으로써 각종 부동산 권리에 대한 "매매·교환"이 이에 해당하는 것은 분명한데, "기타 권리의 득실변경"은 무엇을 의미하는가 하는 의문이 있다.

우선 이러한 채권행위를 검토하기 위해서는 민법 제3편 제2장 제2절 내지 제15절에서 규정하고 있는 14종의 전형계약(典型契約)을 검토할 필요가 있다.

첫째, 재산권 이전을 목적으로 하는 계약으로는 증여·매매·교환·화해·종신정기금 계약이 있다. 증여는 무상(無償)으로 재산권을 이전하는 것이며, 매매·교환·화해는 유상(有償)으로 재산권을 이전하는 것이다. 그리고 종신정기금은 유상 또는 무상으로 재산권을 이전하는 계약을 말한다.

둘째, 타인의 재산권을 이용하는 계약으로는 소비대차·사용대차·임대차가 있다. 사용대차는 무상으로, 임대차는 유상으로, 소비대차는 유상 또는 무상으로 각 타인의 재산을 이용하는 계약이다. 그러나 임대차와 사용대차는 중개대상 권리 그 자체라 할 것이므로, 권리변동의 원인행위에 해당하는 것은 아니다.

셋째, 타인의 노무를 이용하기 위한 계약으로는 고용·위임·도급이 있다. 위임은 상호간 신임(信任)에 기초하여 위임인의 사무를 처리하는 경우로써 원칙상 무상이며, 고용은 상대방의 노무 그 자체를 목적으로, 도급은 일의 완성 그 자체를 목적으로 하는 유상계약이다. 그런데 도급도 임대차 및 사용대차와 같이 중개대상 권리 그 자체라 할 것이므로 여기서 논할 대상이 아니다.

넷째, 물건의 보관을 목적으로 성립하는 임치계약이 있다. 임치계약은 유상 또는 무상으로 성립하게 된다.

다섯째, 일정한 단체를 구성할 목적으로 성립하는 조합계약이 있다.

민법이 규정하고 있는 위와 같은 14종의 채권계약 가운데 부동산의 권리에 대한 "이전"과 관련하여 검토할 필요가 있는 원인행위는 결국 "증여·매매·교환"에 한정된다. 따라서 이에 대하여 좀더 구체적으로 살펴보기로 하자.

가. 원인행위의 모습

1) 증 여

"증여(贈與)"란 증여자가 무상으로 재산권을 수여하는 의사를 표시하고 수증자가 이를 승낙함으로써 성립하는 계약을 말한다(민법 제554조). 증여는 원칙상 특수한 신분관계에 있는 자 사이에서 특정 또는 불특정 재산을 무상으로 제공하는 행위이므로, 중개업자가 사실상 관여할 여지가 없다. 그러나 한편으로 보면 증여자가 부동산에 대한 권리를 특정 또는 불특정 다수인 가운데 일정한 자에게 증여할 경우에는 누군가의 알선행위가 필요할 수도 있다.

한편 특수한 증여라 할 수 있는 기부채납(寄附採納)이 있다. "기부(寄附)"란 증여 중에서 특히 공익 또는 공공목적으로 재산을 무상으로 출연(出捐)하는 행위를 말한다(곽윤직 1989, 184).[91] 이러한 기부채납 행위는 일반적으로 채납자의 우월적 지위에 의하여 성립되는 경우가 많아 보통의 증여와 같이 중개가 개입할 여지는 없다. 그러나 만약 기부자의 자유의사에 따라 채납자를 선택할 수 있는 경우라면 채납자를 알선하는 과정이 필요할 것이다.

2) 매 매

"매매(賣買)란" 당사자 간에 재산권과 대금을 상호 교환하는 채권계약을 말한다. 매매는 낙성·유상·쌍무·불요식 계약이다. 부동산 권리에 대한 매매과정에는 원칙상 중개가 성립할 수 있음은 법 제2조 제1호에 의해서도 명백하다.

부동산의 권리 이전에 대한 반대급부는 금전뿐만 아니라 기타 물품 등으로도 가능하다. 다만, 반대급부로 대금(代金)을 지급할 경우에는 금전이 현재 강제 통용력을 가질 필요는 없고, 법화(法貨)가 아닌 수표 내지 국내에서 통용되는 외국 화폐로도 지급할 수 있다. 대금은 보통 금액으로 정하는 것이 일반적이나(보통 금전채무), 통화의 종류를 한정하여 정하거나(金種債務), 특정한 금전으로 정할 수도 있다(특정 금전채무).[92] 매매금액은 일반적으로 특정하게 되나, 특정하지 않고 단순히 "시가에 의한다."라고만 기재하여도 무방하다.

3) 교 환

"교환(交換)"이란 당사자 쌍방이 금전이 아닌 기타 재산권을 서로 대가적으로 이전할 것을 약정함으로써 성립하는 채권계약을 말한다(민법 제596조).[93] 교환은 낙성·쌍무·유상·불요식 계약이다. 부동산 권리에 대한 교환에도 원칙상 중개가 개입될 수 있음은 법 제2조 제1호에 의하여 명백하다. 교환에는 당사

---

91) 기부금품모집규제법 제2조에는 그 명칭 여하에 불구하고 반대급부 없이 취득하는 금품 또는 물품을 기부금품이라 하고, 특정한 사유로 무상 제공하는 경우에는 기부에서 제외하고 있다.

92) 매매대금을 지급하면서 현재 통용되지 않는 화폐(조선시대 엽전 등)로 지급할 경우에는 그 엽전은 대금이 아니고, 교환물(交換物)에 해당한다고 한다(곽윤직 1984, 188).

93) 환금(換金)은 당사자 쌍방이 특정 또는 특수한 화폐를 상호 수수하는 것이므로 교환이 될 수 없고, 일종의 무명계약(無名契約)이라고 한다(곽윤직 1984, 266).

자 일방이 재산권의 등가성(等價性)을 보충하기 위하여 그 차액(差額)을 지급하는 경우가 있다. 이러한 경우에도 교환에 해당함은 물론이다. 다만, 차액으로 지급되는 보충금(補充金)은 매매대금에 관한 규정을 준용하는 것으로 하고 있다(민법 제597조).

나. 중개가 성립하는 원인행위

중개대상물인 부동산에 성립하는 소유권·지상권·지역권·전세권·권리질권·저당권·비전형 담보권 및 채권에 대한 각 권리의 이전에 따른 원인행위의 구체적인 모습이 증여·매매·교환인 것을 살펴보았다. 그런데 이들 채권행위의 모습은 각 중개대상 권리에 대하여 원인행위로써 작용할 경우에도 전부 타당할 수는 없고 원칙상 가능한 것임은 앞서 언급한 바와 같다. 다만, 화해도 유상계약이지만 당사자 간의 다툼을 전제로 성립하는 것이므로 중개가 개입할 여지가 없다. 결국 각 권리의 "이전"에 대한 구체적인 모습으로는 증여·매매·교환에 한정되는 것인 바, 이에 대하여 표로 정리해 보면 다음과 같다.

〈표 1-3〉 중개대상 권리에 대한 이전행위의 모습

권리의 종류		권리 이전의 모습			비 고
		증 여	매 매	교 환	
소 유 권		△	○	○	
지상권	일반지상권	△	○	○	
	법정지상권	△	○	○	
	관습법상 법정지상권	△	○	○	
	분묘기지권	×	×	×	
지 역 권		×	×	×	
전 세 권		△	○	○	
유 치 권		△	○	○	
권리질권		△	○	○	

저당권	일반저당권	△	○	○	
	법정저당권	△	○	○	
	근 저당권	△	○	○	
비전형 담보권	재매매예약	△	○	○	
	환매예약	△	○	○	
	양도담보	△	○	○	
	가등기담보	△	○	○	
채 권	임 대 차	△	○	○	
	사용대차	△	○	○	
	전 세	△	○	○	
	보전가등기	△	○	○	
	도 급	△	○	○	

○: 중개행위 성립, △: 예외적 성립 ×: 해당 없음

제 2 장   부동산 중개업 각론

제 1 절   공인중개사 제도

　1983. 12. 30. 법률 제3676호를 통하여 부동산중개업법이 제정되었다. 동법이 시행되기 전에는 부동산 중개인이 부동산 유통시장을 담당하고 있었으므로 전문성 부족으로 중개 업무를 능동적으로 수행하는 데 한계가 있었다. 따라서 부동산 유통시장을 선진화하고 무자격자에 의한 비전문ㆍ비윤리성을 극복하고자 부동산중개업법이 제정된 것이다. 동법 시행으로 부동산 거래질서 확립과 국민의 재산권을 보호하기 위한 여러 입법적 장치가 마련되었는데, 그 중에서 가장 핵심적인 내용이 바로 부동산 중개 업무를 수행할 공인중개사(Licensed Real Estate Agent)제도를 도입한 것이다. 이하에서는 부동산 유통시장의 주체인 공인중개사 제도 등에 대하여 현행 공부법을 중심으로 살펴보기로 하자.

1. 공인중개사 자격의 특징

가. 부동산 중개업 등록요건
　공인중개사 자격은 부동산 중개 업무에 종사하기 위한 필요요건은 아니다. 그러나 부동산 중개업을 등록하기 위해서는 반드시 필요한 자격증이다. 다만, 중개업 등록에는 공인중개사 자격증 이외에도 부가적인 요건도 필요함은 물론이다.

나. 영구성 자격증
　공인중개사 자격증은 한번 취득하면 취득한 자가 사망할 때까지 효력을 갖는 영구성을 갖고 있다. 따라서 법 제35조에 의하여 자격이 취소되지 않는 한 언제든지 활용할 수 있다.

다. 국가공인 자격증

공인중개사 시험은 원칙상 특별시장·광역시장·도지사가 시행하고 있다. 다만, 필요한 경우에는 국가기관인 건설교통부장관이 직접 시행할 수 있다. 즉 건설교통부장관은 시험수준의 균형유지 등을 위하여 필요하다고 인정할 때에는 직접 시험문제를 출제하거나 시험을 시행할 수 있다(법 제4조 제1항 및 제2항). 동조의 규정 취지에 비추어 보면 공인중개사 자격시험은 국가기관인 건설교통부장관이 시행하는 것으로, 비록 특별시장·광역시장·도지사가 시행할 경우에도 이는 위임사무를 집행하는 것에 불과한 것으로 볼 수 있다(법 제5조 제2항). 따라서 공인중개사는 국가자격이므로 전국 어느 지역에서도 제한 없이 중개업 등록을 할 수 있다.

라. 일신전속 자격증

공인중개사 자격증은 일신전속성 자격증이다. "일신전속(一身專屬)"이란 공인중개사 자격을 취득한 자연인 본인만 사용할 수 있다는 의미이다. 따라서 공인중개사 자격증은 제3자에게 양도하거나 대여할 수 없고, 동시에 이를 양수 또는 대여받아 사용할 수도 없다(법 제7조). 그리고 자격증을 취득한 자가 사망한 경우에는 공인중개사 자격증도 그 운명을 같이 한다. 따라서 등록을 한 공인중개사가 사망한 경우에는 그 등록을 필요적으로 취소하게 된다(법 제38조 제1항 제1호).

2. 시험의 실시

가. 시험 실시기관

1) 원칙적 시행기관

공인중개사 자격시험의 원칙적 시행기관은 특별시장·광역시장·도지사가

된다. 이들 자치단체장이 시험을 시행한 경우에는 공인중개사자격증 발급주체
도 역시 이들 기관이 된다. 따라서 공인중개사 시험에 이의가 있을 경우에는 비
록 시험실시 주관부서가 건설교통부장관이라 하더라도, 특별시장·광역시장·
도지사가 대외적으로 합격 여부에 대한 처분을 한 경우라면 이들 시·도지사가
행정소송 피고 당사자가 되고, 아울러 공인중개사 자격취소 처분청이 된다고
한다(대판 94구12069).

2) 예외적 시행기관

원칙적 시험 시행기관은 특별시장·광역시장·도지사가 되나, 다만 이로 인
하여 공인중개사 시험수준의 균형유지 등의 필요가 있다고 판단될 경우에는 건
설교통부장관이 직접 문제를 출제하고 시험을 시행할 수 있도록 하고 있다. 따
라서 건설교통부장관은 예외적 시험 시행기관이 된다. 이는 중개업자의 공신력
을 높이기 위한 입법목적을 구현하기 위한 제도의 일환으로 볼 수 있다.

나. 시험의 위탁

특별시장·광역시장·도지사 및 건설교통부장관이 직접 시험을 실시하기 곤
란한 경우를 대비하여 공인중개사 시험을 위탁할 수 있도록 하고 있다. 즉 법 제
45조의 규정에 따라 공인중개사 시험시행에 관한 업무를 위탁하고자 할 경우에
는 정부투자기관관리기본법에 따른 정부투자기관·정부출연기관·정부출자기
관 및 공인중개사 협회에 한하여 시험을 위탁할 수 있도록 하고 있다. 다만, 시
험을 위탁한 경우에는 시험시행 기관장이 수탁기관의 명칭·대표자·소재지 및
위탁 업무의 내용 등을 관보에 고시하도록 하고 있다(법 제36조 제2항 및 제3항).

3. 시험응시 자격

가. 원 칙

공인중개사 자격시험에 응시하는 자는 원칙상 성별·연령·학력·국적·경

력 등에 따른 아무 제한을 받지 않는다. 따라서 남녀노소, 학력, 국적, 경력 등에 관계없이 응시할 수 있다. 특히 법 제10조에서 규정하고 있는 중개업등록 결격 사유에 해당하는 자도 공인중개사 시험에 원칙상 응시할 수 있다.

나. 예외적 응시제한

1) 공인중개사 자격취소에 따른 제한

법 제6조에는 "법 제35조 제1항에 의하여 공인중개사의 자격이 취소된 후 3년이 경과되지 아니한 자는 공인중개사가 될 수 없다."고 규정하고 있다.[1] 이에 따라 공인중개사 자격이 취소된 자는 그 취소된 날부터 3년간은 공인중개사 시험에 응시할 수 없다.

2) 공인중개사 시험 부정행위자에 대한 제한

공인중개사 자격시험에 응시한 자가 그 시험에서 부정행위를 한 경우에는 당해 시험을 무효로 하고, 그 시험 시행일로부터 5년간 공인중개사 시험에 응시할 수 있는 자격이 정지된다. 이에 따라 시험실시 기관장은 다른 시험 실시기관장에게 이를 통보함으로써 그 실효성을 확보하고 있다(영 제12조). 이를 통보받은 시험실시 기관장은 5년간 이와 관련된 장부를 비치함으로써 부정행위자의 시험응시를 제한하게 된다.

한편 부정행위자가 이를 무시하고 공인중개사 시험에 응시하여 합격한 경우라도 그 합격은 무효가 된다. 응시제한 기간을 계산할 경우에는 그 초일은 산입한다(형법 제8조, 제85조, 건유 2000. 12. 12).

---

1) 법 제35조 제1항에는 특별시장·광역시장·도지사가 공인중개사 자격을 취소하도록 하고 있다. 그러나 건설교통부장관이 시험실시 기관이 되는 경우에는 건설교통부장관이 취소권 자가 되어야 할 것이므로, 동조의 "시·도지사"를 "시험실시기관의 장"이라 함이 옳고, 자격취소 요건 중 동조 동항 제4호에서 "징역형의 선고"라 하고 있으나, 징역형의 "선고"에는 실형 선고뿐만 아니라, 집행유예 선고도 포함되므로, 해석상 징역형의 실형선고에 한정 된다고 보아야 한다. 따라서 법문도 "징역형의 실형선고"라고 규정하는 것이 타당하다.

4. 공인중개사 시험실시

가. 시험의 실시시기 등

공인중개사 자격시험은 매년 1회 이상 실시한다. 다만, 부득이한 사정으로 시험시행 기관장이 시험을 실시하기 곤란한 경우에는 건설교통부에 둔 공인중개사시험 위원회의 의결을 거쳐 당해 년도의 시험을 실시하지 않을 수 있다. 한편 시험시행 기관장이 공인중개사 시험을 실시하고자 할 경우에는 시험 예정일시·시험방법 등 시험 시행에 관한 개략적인 사항을 정하여 매년 2월 28일까지 관보 및 신문등의자유와기능보장에관한법률에 따른 일반 일간신문을 통하여 공고하여야 한다. 그리고 시험을 시행하고자 할 경우에는 시험일시·시험장소·시험방법·합격자 결정방법·응시수수료 반환 등에 관한 사항을 시험시행일로부터 60일 전까지 관보 및 일간신문에 공고하여야 한다(영 제7조).

나. 시험 응시원서 등

공인중개사 시험에 응시하고자 하는 자는 건설교통부령이 정하는 바에 따른 응시원서와, 시험실시 기관이 속한 지방자치단체 조례가 정하는 바에 따른 응시수수료를 납부하여야 한다. 다만, 건설교통부장관이 직접 시험을 실시하는 경우에는 건설교통부장관이 결정·공고하는 응시수수료를 납부하여야 하고, 공인중개사 시험을 수탁받은 자가 실시할 경우에는 위탁기관의 승인을 얻어 결정·공고하는 응시수수료를 납부하여야 한다(법 제47조 제1항 제1호 및 제2항, 영 제8조 제1항).

한편 응시수수료를 납부한 자가 다음과 같은 사유로 응시의사를 철회할 경우에는, 시험시행 기관장은 아래 기준에 따른 응시수수료를 시험시행 공고에서 정하는 바에 따라 반환하여야 한다(칙 제2조).

① 수수료를 과·오납한 경우에는 그 과·오납한 금액의 전부

② 시험시행 기관의 귀책사유로 시험에 응시하지 못한 경우에는 납입한 수

수료 전부

③ 응시원서 접수기간 내 접수를 취소하는 경우에는 납입한 수수료 전부

④ 응시원서 접수 마감일의 다음날부터 7일 이내에 접수를 취소하는 경우에는 납입한 수수료의 60%

⑤ 응시원서 접수 마감일의 다음날부터 8일 이후 14일 이내에 접수를 취소할 경우에는 납입한 수수료의 50%

다. 시험의 시행방법

공인중개사 시험은 원칙상 제1차 시험과 제2차 시험으로 구분하여 시행한다.[2] 이 경우 제2차 시험은 제1차 시험에 합격한 자를 대상으로 한다. 제1차 시험과 제2차 시험은 구분하여 동시에 실시할 수도 있는데, 이 때에는 제1차 시험에 불합격한 자에 대한 제2차 시험은 무효가 된다.

제1차 및 제2차 시험을 각 구분하여 시행할 경우에는, 제1차 시험은 선택형을 원칙으로 하여 주관식 단답형 또는 기입형을 가미할 수 있고, 제2차 시험은 논문형을 원칙으로 하되 주관식 단답형 또는 기입형을 가미할 수 있다. 다만, 제1차 및 제2차 시험을 구분하여 같은 날 동시에 실시할 경우에는 제1차 및 제2차 시험 모두 선택형을 원칙으로 하여 주관식 단답형 또는 기입형을 가미할 수 있다(영 제5조).

한편 제1차 시험에 합격한 자는 다음 회의 시험에 한하여 제1차 시험은 면제받고 바로 제2차 시험에 응시할 수 있다(영 제5조 제6항). 여기서 "다음 회"란 제1차 시험을 합격한 때로부터 그 기간에 관계없이 연이어 실시되는 차회시험(次回試驗)을 말한다.

---

2) "제1차 시험과 제2차 시험을 구분하여 시행한다."는 의미는 제1차 시험 시행일과 제2차 시험 시행일을 각 달리하여 실시하는 것을 의미한다.

라. 시험과목 및 출제범위

1) 제1차 시험

구 분		시험출제 범위
시험과목	부동산학개론	· 부동산학개론 전반 · 부동산 감정평가론
	민법 및 민사특별법	· 민법(총칙 중 법률행위, 질권을 제외한 물권법, 계약 법 중 총칙·매매·교환·임대차) 3) · 민사특별법 중 부동산 중개에 관련되는 규정

2) 제2차 시험

구 분		시험출제 범위
시험과목	· 공인중개사의업무및부동산거래 신고에관한법령 · 중개실무	
	· 부동산 공시에 관한 법령 · 부동산 관련 세법	부동산등기법, 지적법
	부동산 공법 (단, 부동산 중개와 관련된 규정에 한함)	· 국토의계획및이용에관한법률 · 건축법 · 도시개발법 · 개발제한구역의지정및관리에관한특별 조치법 · 도시및주거환경정비법 · 주택법 · 산림법 · 산지관리법 · 농지법

마. 시험합격자 결정과 면제

제1차 및 제2차 시험은 매 과목 100점을 만점으로 하여, 매 과목 40점 이상, 전 과목 평균 60점 이상 득점한 자를 합격자로 한다.

---

3) 영 제6조에 의한 별표에는 "계약법 중 총칙·매매·교환·임대차"라고 규정하고 있으나, 강학상(講學上) "채권법 중 계약총칙·매매·교환·임대차"라고 하는 것이 타당하다.

한편 시험시행 기관장은 공인중개사의 수급상 필요하다고 인정하거나, 응시생의 형평성 확보 등을 위하여 필요한 경우에는 시험위원회의 의결을 거쳐 최소 선발인원 또는 응시자 대비 최소 선발인원 비율을 정하여 미리 공고할 수 있다. 이 경우 제2차 시험에서 매 과목 40점 이상, 전 과목 평균 60점 이상 득점한 자가 최소 선발인원 내지 최소 선발비율에 미달되는 경우에는, 매 과목 40점 이상인 자 중에서 최소 선발인원 또는 최소 선발비율 범위 내에서 전 과목 총 득점의 고득점자 순으로 합격자를 결정한다. 다만, 이때 동점으로 인하여 선발예정 인원을 초과할 경우에는 이들 동점자를 모두 합격자로 한다(영 제10조).[4]

바. 공인중개사시험 관련기관

1) 공인중개사시험위원회

국민의 재산 중에서 가장 비중이 높은 부동산 유통시장에 관여할 전문 자격사를 선발하는 공인중개사 시험은 국가·사회적으로도 매우 중요한 시험이다. 따라서 본 시험의 원활한 운영과 투명하고 공정한 실시를 보장하기 위하여 건설교통부에 공인중개사시험 위원회를 반드시 두도록 하고 있다. 동 위원회는 심의·의결·상설·필수기관으로 운영되고 있다(영 제4조 제1항).

가) 위원회의 조직 및 운영

공인중개사시험 위원회는 위원장을 포함하여 5인 이상 7인 이내의 위원으로 구성된다. 위원장은 건설교통부 소속 3급 이상 공무원 또는 이에 상당하는 공무원 중에서 건설교통부장관이 지명하는 자가 되고, 위원은 부동산 중개업무 및 관련분야에 학식과 경험이 풍부한 자 또는 시민단체에서 추천한 자 중에서 건설교통부 장관이 임명·위촉한다.[5] 위원장은 시험위원회를 대표하며 업무를 총괄하고 회의를 소집하며 그 의장이 된다.

---

4) 영 제10조 제2항 단서와 제4항 및 제5항은 동일한 내용의 반복으로 볼 수 있으므로 제4항 및 제5항은 삭제하고, 최소선발 비율에 대한 내용만 제2항 단서에 첨가하는 것이 바람직하다.

5) 시민단체는 비영리민간단체지원법 제2조의 규정에 의한 비영리 민간단체를 말한다.

위원회의 회의는 재적위원 과반수 출석으로 개의하고, 출석위원 과반수 찬성으로 의결한다. 출석한 위원에 대해서는 예산의 범위 내에서 수당과 여비를 지급할 수 있다. 다만, 공무원인 위원이 자기의 소관업무와 직접 관련하여 출석하는 경우에는 지급하지 않는다. 시험위원회의 운영과 관련된 필요한 사항은 위원회의 의결을 거쳐 위원장이 정하도록 하고 있다(영 제4조 제2항 내지 제7항).

나) 위원회의 심의·의결사항

① 응시자격에 관한 사항

② 시험방법에 관한 사항

③ 선발예정 인원 결정에 관한 사항

④ 시험문제의 출제 및 채점에 관한 사항

⑤ 시험합격자 결정에 관한 사항

⑥ 기타 시험시행에 관하여 필요한 사항

2) 시험 출제위원

시험 출제위원은 시험시행 기관장이 부동산 중개업무 및 관련 분야에 학식과 경험이 풍부한 자 중에서 시험문제의 출제·선정·검토 및 채점을 담당하게 하기 위하여 임명·위촉한 자를 말한다. 출제위원은 시험시행 기관장이 요구하는 시험문제의 출제·선정·검토·채점상의 유의사항 및 그 준수사항을 성실히 이행할 의무가 있다. 따라서 만약 이를 위반함으로써 시험의 신뢰도를 심히 저해시킨 행위를 한 경우에는 시험시행 기관장은 그 출제위원 명단을 다른 시험시행 기관장과 그 출제위원이 속하고 있는 기관장에게 통보하게 된다. 그리고 통보된 당해 위원은 통보일로부터 5년간 공인중개사시험 출제위원이 될 수 없다(영 제9조). 출제위원은 예산의 범위 내에서 수당과 여비를 지급받을 수 있다(영 제11조).

3) 시험시행 업무종사자

공인중개사 시험의 공정성과 편의를 도모하기 위하여 시험감독 등 시험시행

업무에 종사하는 자를 시험시행 기관장이 임명·위촉할 수 있다. 이들에게도 예산의 범위 내에서 수당과 여비를 지급할 수 있다(영 제11조).

5. 공인중개사 자격증 교부

시험시행 기관장은 공인중개사시험 실시결과 합격자가 결정된 경우에는 이를 공고하여야 한다. 그리고 그 공고한 날로부터 1개월 이내에 공인중개사자격증 교부대장에 합격자를 기재한 후, 칙 제3호 서식의 공인중개사 자격증을 교부하여야 한다(법 제5조 제1항 및 제2항, 칙 제3조 제1항).

제 2 절   중개업 등록제한 등

1. 서   설

중개업자는 개인 중개업자로서 공인중개사 및 중개인 중개업자가 있고, 법인 중개업자로서 상법과 특별법에 의하여 인정되는 중개업자가 있다. 이들 중 중개인 중개업자는 법 부칙 제6조 제1항에 의하여 중개업 등록을 한 것으로 간주되는 자일 뿐, 신규등록을 할 수 있는 것이 아니므로 중개업 등록제한 규정을 적용받지 않는다. 따라서 중개업 등록을 제한하는 법 제10조는 공인중개사 및 법인의 경우에만 한정되는 것으로 볼 수 있다.

한편 법 제10조의 제한규정은 중개업자에 소속된 공인중개사 및 중개보조원에게도 적용되고 있다(법 제10조 제2항). 따라서 이에 저촉되는 자연인은 중개업무에 종사할 수 없다. 여기서 말하는 중개업자란 중개인 중개업자도 포함됨은 물론이다.

중개업 등록과 관련된 엄격한 제한규정을 둔 취지는 부동산 중개업무가 국민의 재산과 관련된 중요한 공익적 성격이 강한 영역이기 때문이다. 따라서 정신적으로 문제가 있거나 미성숙한 경우, 일반 형사사건 또는 공부법 위반으로 처벌받은 전력이 있는 경우 등에는 중개 업무를 수행하지 못하도록 함으로써 국민의 재산권을 보호하려는 것이다. 그런데 아래의 결격사유 중 자연인에 해당하는 공인중개사 또는 중개보조원에게는 제12호를 제외한 모든 규정이 직접 적용되나, 법인 중개업자의 경우에는 제8호·제9호·제11호·제12호만 직접 적용될 뿐, 다른 규정은 그 소속 임원·사원 및 기타 중개 업무에 종사하는 자를 통하여 간접적으로 적용될 수 있을 뿐이다.

2. 중개업등록 및 종사자에 대한 결격사유

가. 미성년자

미성년자는 만 20세가 되지 않은 자를 말한다(민법 제4조). 미성년자제도는 아직 정신적으로 미성숙하여 독자적으로 법률행위를 할 능력이 없는 자를 보호하기 위한 제도이다. 따라서 미성년자가 법률행위를 할 경우에는 원칙상 법정대리인의 동의가 있어야 한다(민법 제4조 및 제5조).

한편 미성년자라도 남자는 만 18세, 여자는 만 16세 이상이면 부모 또는 후견인의 동의를 얻어 혼인할 수 있고, 혼인을 하면 성년자로 인정된다(민법 제807조, 제808조 및 제826조의2). 따라서 만 18세 이상의 남자 또는 만 16세 이상의 여자 중에는 혼인으로 성년자가 된 경우도 있다. 그렇다면 성년자로 인정되는 이들 미성년자는 공부법상 결격자에 해당하지 않느냐 하는 문제가 있다.

공부법에서 중개업등록 등에 대한 결격사유를 규정하고 있는 취지는 국민의 재산권 보호라는 목적을 구현하기 위한 것이고, 성년의제(成年擬制) 규정은 단순히 혼인한 미성년자 본인의 사법적(私法的) 측면을 보호하기 위한 것이므로, 이들이 중개업자가 되거나 중개법인의 임원 기타 중개업무 종사자로서 활동하는 것은 허용되지 않는다고 보아야 한다(건유 2001. 6. 27).

나. 금치산자 및 한정치산자

"금치산자(禁治産者)"란 심신상실(心神喪失) 상태에 있는 자에 대하여 본인·배우자·4촌 이내의 친족·후견인 또는 검사의 청구로 법원에 의하여 금치산자로 선고된 자를 말한다(민법 제12조). "심신상실"이란 의사능력이 없는 상태를 말하며, "심신상실 상태에 있다."는 것은 일시적으로 의사능력을 회복하는 경우가 있더라도 대체로 심신상실 상태가 지속되는 것을 말한다. 이러한 심신상실 상태에 해당하는지 여부는 법원이 판단하게 됨은 물론이다(곽윤직 1989, 174).

"한정치산자(限定治産者)"란 심신이 박약하거나 재산의 낭비로 자기나 가족의 생활을 궁박하게 할 염려가 있는 자에 대하여 본인·배우자·4촌 이내의 친족·후견인 또는 검사의 청구로 법원에 의하여 한정치산자로 선고된 자를 말한다(민법 제9조). 여기서 "심신박약(心神薄弱)"이란 금치산자와 같은 심신상실 상태에 까지는 이르지 않았지만 판단력이 불완전한 상태를 말하며, "재산의 낭비(浪費)"란 전후의 사정을 고려함이 없이 재산을 함부로 소비하는 버릇이 있는 것을 말한다. 다만, 낭비인지 여부는 그 자의 지위·재산상태 등을 고려하여 판단하게 됨은 물론이다. 낭비는 비도덕적인 부분에 소비하는 것뿐만 아니라, 교육·자선·종교 등 선행목적으로 사용하는 경우에도 낭비에 해당된다(곽윤직 1989, 170).

금치산자 또는 한정치산자를 중개업 등록결격 또는 중개업무 종사자로서 결격이 되도록 한 것은, 심신상실 또는 심신박약 상태에 있거나 재산을 함부로 낭비하는 자로 하여금 공익적 성격이 강한 부동산 중개업무를 수행토록 하면 국민의 재산권에 심대한 침해를 가할 우려가 있기 때문이다.

다. 파산선고를 받고 복권되지 아니한 자

"파산선고(破産宣告)"란 채무자가 자기의 재산으로는 채권자들에 대한 채무를 완제할 수 없는 경우, 채권자 또는 채무자의 신청에 의하여 법원의 결정으로 채무자의 전재산(全財産)으로 모든 채권자에게 공평하게 변제할 것을 선고하는 것을 말한다. 법인의 경우에는 파산신청자를 구체적으로 규정하고 있다. 즉 민법에 의하여 설립된 법인 및 주식회사에 대해서는 이사, 합명·합자회사는 무한책임사원, 기타 법인 및 법인 아닌 사단·재단의 경우에는 대표자 또는 관리인과 각 법인의 청산인이 파산신청인이 될 수 있도록 규정하고 있다(파산법 제116조 내지 125조).

파산자는 자기의 채무를 완제할 수 없어 경제적으로 파탄을 가져온 자이므로, 법원의 허가 없이는 자기의 거주지를 떠날 수 없다. 그리고 파산자가 도망하거나 재산을 은닉 또는 손괴할 우려가 있다고 판단될 경우에는 법원이 명령을 통하여 감수(監守)하게 된다. 또한 파산자는 법원의 허가 없이는 타인과 면접하거나 통신할 수 없고, 법원의 필요에 따라 언제든지 구인될 수 있다(파산법 제137조 내지 제140조).

이러한 제한을 받고 있는 자에게 부동산 중개업무를 수행토록 하는 것은 공익적 측면에서 부당하므로 중개업 등록은 물론, 중개업무 종사자로서의 자격도 박탈한 것이다. 다만 파산선고 된 자라도 일정한 사유가 발생한 경우 또는 파산자의 신청에 의하여 법원으로부터 복권결정을 받아 확정된 경우에는 중개업자 또는 중개업무 종사자로서 적법하게 활동할 수 있음은 물론이다.[6]

라. 금고 이상의 실형을 선고받고 그 집행이 종료(종료된 것으로 간주되는 경우 포함)되거나, 집행이 면제된 날로부터 3년이 경과되지 아니한 자

1) 개념 정의

가) 형의 개념

"형(刑) 또는 형벌(刑罰)"이란 범죄행위에 대하여 국가가 과하는 공적제재

---

6) 파산자의 복권사유는 어떤 사유가 발생한 경우 당연히 복권되는 법정복권과, 기타 사유로 파산자의 신청에 따라 법원의 결정으로 복권되는 재판복권이 있다. 법정복권 사유는 면책결정이 확정된 때, 강제화의 인가 결정이 확정된 때, 파산자의 신청에 따라 파산폐지 결정이 확정된 때, 파산자가 파산선고 후에 사기파산의 죄에 관하여 유죄의 확정판결을 받음이 없이 10년을 경과한 때 당연히 복권되는 것이며, 재판복권은 파산자가 채무의 변제 기타 방법으로 파산채권자에 대하여 채무의 전부에 대하여 그 책임을 면한 때 파산법원에 복권을 신청함으로써 복권결정이 확정된 경우를 말한다(파산법 제358조 및 359조).

수단을 말한다(김일수 1997, 25). 형은 일반 국민에게 범죄의 결과로 받게 될 형의 효과를 통하여 범죄를 예방하기 위한 수단과, 범죄로 인하여 유죄판결을 선고받은 자에게 다시 범행을 하지 않도록 과하는 제재를 말한다.[7]

나) 형의 종류

형은 시대와 장소에 따라 다양한 형태와 모습으로 존재하게 된다. 우리 형법상 인정되고 있는 형벌의 종류에는 9가지가 있다. 따라서 우리나라에는 죄형법정주의(罪刑法定主義)에 따라 다음과 같은 9가지 형벌만 부과할 수 있다.

(1) 사 형

"사형(死刑)"이란 일명 "생명형"이라 일컫는 것으로 생명박탈을 통하여 범죄인을 영구히 사회로부터 제거하는 형벌을 말한다. 극형(極刑)이라고도 한다. 사형은 특히 중범죄에 대해서만 한정적으로 적용하고 있다. 공부법에는 사형에 대한 규정이 없다.

(2) 자유형

"자유형(自由刑)"이란 범죄자의 신체를 구속함으로써 자유를 박탈하는 것을 내용으로 하는 형벌을 말한다. 우리 형법상 자유형에는 징역·금고·구류 3가지 유형으로 구분하고 있는데, 이에 대하여 간단히 살펴보면 다음과 같다.

① 징 역 : "징역(懲役)"이란 수형자를 교도소 내에 구치하여 일정한 역(役)에 복무케 하는 신체형을 말한다(형법 제67조). 징역의 종류에는 유기형(有期刑)과 무기형(無期刑) 2종류가 있다. 무기형은 종신형, 즉 수형자가 사망할 때까지 형을 과하는 것이며, 유기형은 1월 이상 15년 이하의 범위 내에서 과하는 것이다. 다만 일정한 경우에는 25년 범위 내에서 형을 중과할 수 있다. 공부법에는 무기징역은 존재하지 않고 유기징역형만 존재한다.

② 금 고 : "금고(禁錮)"란 수형자를 교도소 내에 구치하여 자유만 박탈하는 형벌로써 징역형과 달리 일정한 역(役)을 과하지 않는 방법으로 집행하는 신체형을 말한다. 일명 "명예적 구금형"이라고도 한다. 다만, 수형자의 요구가

---

7) 형벌에 대한 개념과 관련하여 절대설과 상대설이 있으나 본문의 내용은 상대설의 입장이다(김일수 1997, 637).

있으면 일정한 역무를 부과할 수도 있다. 금고도 유기형과 무기형이 있고, 그 구체적인 내용은 징역형과 동일하다(형법 제38조 및 제68조). 공부법에는 금고형이 존재하지 않는다.

③ 구   류 : "구류(拘留)"란 수형자를 교도소에 구금하여 자유를 박탈하는 것으로 징역형 및 금고형과 같은 신체형이지만, 대부분 경미한 범죄에 대하여 과하는 것으로 집행기간은 1일 이상 30일 미만으로 한다(형법 제46조). 공부법에는 구류형이 존재하지 않는다.

(3) 재산형

"재산형(財産刑)"이란 범죄인으로부터 일정한 재산을 빼앗는 것을 내용으로 하는 형벌을 말한다. 돈은 생존을 위한 필수재(必須財)임을 감안하여 과하는 형벌로써, 오늘날 형벌의 주류를 형성하고 있을 만큼 형사정책적 측면에서도 중요한 기능을 하고 있다. 그 종류에는 벌금·과료·몰수가 있다.

① 벌금형 : "벌금형(罰金刑)"이란 범죄인으로부터 일정한 금액의 지급의무를 강제적으로 과하는 형벌로써, 그 하한선은 원칙상 금 5만원 이상으로 하며, 상한선은 각 법조(法條)에서 정하는 바에 따라 정해진다. 다만, 하한선인 5만원도 감경사유가 있을 경우에는 감경할 수 있다(형법 제45조). 공부법에는 제48조 및 제49조에서 벌금형을 규정하고 있다.

② 과료형 : "과료형(科料刑)"이란 벌금과 같이 범죄인에게 일정한 금액의 지급의무를 강제적으로 과하는 형벌로써 비교적 경미한 범죄사건에 부과하는 형벌을 말한다. 비교적 소액의 재산형이라 할 수 있다. 과료는 금 2천원 이상 금 5만원 미만으로 정하고 있다(형법 제47조). 공부법에는 과료형이 없다.

③ 몰수형 : "몰수형(沒收刑)"이란 범죄의 반복을 방지하거나, 범죄로 인하여 생긴 이득을 얻지 못하게 할 목적으로 범행과 관련된 재산을 빼앗는 형벌을 말한다. 몰수형은 원칙상 다른 형벌에 부가하여 처하는 것이기는 하나, 예외적으로 유죄의 재판을 하지 않을 경우에도 몰수의 요건이 있을 경우에는 몰수형만 선고할 수도 있다. 몰수형은 법원의 재량에 따른 임의적 몰수가 원칙이다. 그러나 필요적 몰수형이 선고될 수도 있다(형법 제48조 제1항 및 제49조 단서).

공부법에는 몰수형에 대한 직접적인 규정은 없다. 그러나 몰수형은 범죄로 발생하였거나 취득한 물건, 범죄행위에 제공하였거나 제공하려고 한 물건 및 이러한 것으로부터 생긴 물건에 대하여 성립하는 것이므로, 공부법에서 비록 몰수형에 대한 명문규정이 없다하더라도 중개업자 또는 중개업무 종사자가 동법을 위반함으로써 몰수요건에 해당하면 당연히 적용될 수 있다. 몰수의 대상이 되는 "물건"에는 유체물 기타 권리·이익 등이 포함된다(대판 76도2607).

(4) 명예형

"명예형(名譽刑)"이란 범죄인의 명예감정을 손상·훼손시켜 명예롭게 살 수 있는 권리를 박탈하거나 제한하는 방법의 형벌을 말한다. 일명 자격형이라고도 한다. 명예형에는 자격정지와 자격상실형을 두고 있다.

① 자격상실형 : "자격상실형(資格喪失刑)"이란 사형·무기징역·무기금고의 형이 확정된 경우에 공무원이 되는 자격, 공법상 선거권과 피선거권, 법률로 요건을 정한 공법상 업무에 관한 자격, 법인의 이사·감사·지배인 기타 법인의 업무에 관한 검사역이나 재산관리인이 되는 자격이 자동 상실되도록 함으로써 공공 또는 공익적 업무를 수행할 수 없도록 제한하는 형벌을 말한다(형법 제43조 제1항).

공부법에는 사형·무기징역형·무기금고형이 법정되어 있지 않으므로 자격상실형은 적용되지 않는다.

② 자격정지형 : "자격정지형(資格停止刑)"이란 일정 기간 동안 일정한 자격의 전부 또는 일부를 일시 정지시키는 형벌로써, 형이 선고될 경우 당연히 부가되는 당연정지형과, 선고에 의하여 정지되는 선고정지형이 있다. 당연정지는 유기징역형 또는 유기금고형의 확정판결을 받은 자에게 당해 형의 집행이 종료되거나 면제될 때까지 공무원이 되는 자격, 공법상 선거권과 피선거권, 법률로 정한 공법상 업무에 관한 자격이 일시 정지되는 것을 말한다. 선고정지는 판결에 의하여 1년 이상 15년 이하의 범위 내에서 당연정지형에서 정지되는 내용 및 법원의 판결에 의하여 법인의 이사·감사·지배인 기타 법인의 업무에 관한 검사역이나 재산관리인이 되는 자격의 일부 또는 전부를 정지시키는 것을 말한

다(형법 제43조 및 제44조).

집행기간의 기산은, 당연정지의 경우에는 징역 또는 금고의 집행과 동시에 자격이 당연 정지되고, 그 형이 종료되거나 면제되면 동시에 회복된다. 반면 다른 형과 병과(併科)된 선고정지는 징역 또는 금고에 대한 형의 집행이 종료되거나 면제된 날로부터 기산하게 된다(형법 제44조 제2항).

공부법에는 자격정지형에 대한 직접적인 규정은 없다. 따라서 선고정지형은 해당하지 않는다. 다만, 공부법 위반으로 유기징역에 대한 실형을 선고받은 경우에는 당연정지형 효력이 발생하게 됨은 물론이다.

다) 형의 경중

"형의 경중(輕重)"이란 앞서 논한 형벌 상호간에 무겁고 가벼운 정도를 말한다. 형벌의 경중 문제는 형사소송법의 대원칙인 "불이익변경금지의 원칙"에 대한 핵심 개념이다.

우리 형법상 형벌의 경중에 관한 순서는 원칙상 사형·징역·금고·자격상실·자격정지·벌금·구류·과료·몰수의 순으로 하고 있다(형법 제41조). 여기서 동종(同種)의 형은 장기의 긴 것과 다액의 많은 것이 중한 것이 되고, 장기 또는 다액이 동일하면 단기를 기준으로 형기가 긴 것과 다액인 것으로 판단하게 된다(형법 제56조 제2항).

2) "금고 이상의 실형을 선고받고 그 집행이 종료되거나, 집행이 면제된 날로부터 3년이 경과되지 아니한 자"의 의미

가) "금고 이상의 실형을 선고받고"의 의미

"금고 이상의 실형을 선고받고"란 공부법뿐만 아니라 형법 등 다른 법률에 의하여 사형·무기징역·무기금고 및 유기징역·유기금고에 해당하는 실형을 선고받아 그 형이 확정된 것을 의미한다.

나) "그 집행이 종료되거나, 그 집행이 면제"의 의미

"집행의 종료"란 금고 이상의 실형이 확정된 후 만기 출소한 경우 또는 형기만료 전 가석방된 경우로써 그 가석방 기간을 무사히 경과한 것을 의미한

다.8)

"집행의 면제"란 형의 시효가 완성된 경우,9) 법률의 변경으로 형 집행이 면제된 경우, 외국에서 받은 형의 집행으로 형이 면제된 경우, 특별사면을 받은 경우를 말한다.10)

따라서 "금고 이상의 실형의 선고를 받고 그 집행이 종료(집행이 종료된 것으로 보는 경우 포함)되거나, 그 집행이 면제된 날로부터 3년이 경과되지 아니한 자"의 의미는, 사형·무기징역·무기금고·유기징역·유기금고를 선고받아 형이 확정된 자가 해당 형기를 마친 경우, 형의 선고를 받았으나 형의 시효가 완성된 경우, 수형생활 중 어떤 사정으로 형 집행면제 또는 특별사면으로 잔여형기를 면제받은 자로서, 그 사유가 발생한 날로부터 각 3년이 경과하지 않은 경우를 말한다.

---

8) 무기형을 선고받은 자가 가석방 된 경우에는 10년, 기타의 형을 선고받은 자가 가석방된 경우에는 잔여 형기동안 가석방이 실효 또는 취소됨이 없이 그 기간을 무사히 경과한 경우에는 형의 집행이 종료된다(형법 제76조 제1항).

9) 형의 시효란 형의 선고를 받아 판결이 확정된 후 어떤 사정으로 그 형의 집행을 받음이 없이 법률이 정한 일정한 기간을 경과함으로써 형 집행이 면제되는 것을 의미한다(김일수 1997, 710). 형의 시효가 완성되기 위해서는 재판이 확정된 후 그 집행을 받음이 없이 다음 각 구분에 따른 기간이 경과하여야 한다(형법 제78조). 시효의 개시일은 판결 확정일로부터 개시되고 그 말일의 24시에 종료된다.
   ① 사형은 30년
   ② 무기징역 또는 무기금고는 20년
   ③ 10년 이상의 징역 또는 금고는 15년
   ④ 3년 이상의 징역 또는 금고 및 10년 이상의 자격정지는 10년
   ⑤ 3년 미만의 징역 또는 금고 및 5년 이상의 자격정지는 5년
   ⑥ 5년 미만의 자격정지, 벌금, 몰수, 추징은 3년
   ⑦ 구류 또는 과료는 1년

10) 사면(赦免)이란 국가원수의 특별한 은전으로 형사소추 및 확정된 형벌을 일반적으로 포기케 하는 제도로써, 형이 선고되기 전이면 형사소추권이 즉시 소멸된다. 사면에는 선고된 형의 효력이 소멸되는 일반사면(大赦)과, 확정판결을 받은 수형자에 대해 그 집행을 포기케 하여 잔여 형의 집행을 면제하는 특별사면(特赦)이 있다(김일수 1997, 714). 일반사면은 소급효가 인정되어 형의 선고가 무효 되므로, 중개업자 등 결격사유에 해당할 수 없어 즉시 중개업등록 및 중개업무 종사자의 지위를 회복할 수 있다. 따라서 특별사면인 경우에만 사면일로부터 3년의 경과요건 적용을 받는다.

마. 금고 이상의 형의 집행유예를 받고 그 유예기간 중에 있는 자

1) 개념 정의

가) 집행유예 의의

"집행유예(執行猶豫)"란 유죄가 인정되어 형을 선고하되, 다만 1년 이상 5년 이하의 범위 내에서 정한 기간 동안 그 형의 집행을 유예하면서, 그것이 실효 또는 취소됨이 없이 그 기간을 무사히 경과하면 선고한 형의 효력을 상실케 하는 제도를 말한다(형법 제62조). 형을 집행유예하는 이유는 단기 자유형의 폐해를 제거함으로써 범죄인의 자발적 · 능동적인 사회복귀를 도모하기 위한 형사정책적 목적을 달성하기 위한 것이다(김일수 1997, 692).

나) 집행유예 요건

범죄인이 형의 집행을 유예받기 위해서는 다음 요건에 모두 적합한 경우이어야 한다. 다만, 형을 병과(並科)할 경우에는 그 형의 일부에 대해서도 그 집행을 유예할 수 있다(형법 제62조).

(1) 3년 이하의 징역 또는 금고의 형을 선고할 경우일 것

집행유예를 선고할 수 있는 형은 징역 또는 금고에 한하며, 이들 징역 또는 금고라 하더라도 3년 이하의 유기징역 또는 유기금고형을 선고할 경우에만 가능하다. 따라서 사형 · 무기징역 · 무기금고 · 자격정지 · 벌금 · 구류 · 과료 · 몰수 및 3년을 초과하는 징역 · 금고형을 선고할 경우에는 집행유예 대상이 될 수 없다.

(2) 정상에 참작할 만한 사유가 있을 것

"정상(情狀)에 참작할 만한 사유"란 범인의 연령 · 성행(性行) · 지능 · 환경, 피해자에 대한 관계, 범행의 동기 · 수단 및 결과, 범행 후의 정황 등을 종합적으로 참작하여 판단할 때, 형을 집행하지 않고 그 선고만으로도 충분히 범죄인이 장래 재범하지 않을 것으로 사료되는 경우를 말한다. 정상참작 사유가 있다고 판단하는 시점은 판결 선고시를 기준으로 한다.

(3) 금고 이상의 형을 선고받아 집행을 종료하거나 면제된 후 5년이 경과하였을 것

"금고 이상의 형"은 사형·무기징역·무기금고·유기징역·유기금고형을 말하며, "선고"란 이러한 형에 대한 실형(實刑)뿐만 아니라 집행유예 선고를 포함한다(대판 68도26). 따라서 위와 같은 형을 선고받고 만기출소하거나, 가석방 기간을 무사히 도과한 경우, 특별사면에 의하여 형집행이 면제된 경우 및 집행유예 기간이 지난날부터 각 5년이 경과한 경우를 말한다.

2) "금고 이상의 형의 집행유예를 받고 그 유예기간 중에 있는 자"의 의미

"금고 이상의 형의 집행유예를 받고 그 유예기간 중에 있는 자"란 3년 이하의 금고 또는 징역형을 선고받은 자로서 정상에 참작할 만한 사유로 인하여 1년 이상 5년 이하의 범위 내에서 그 선고받은 형의 집행유예 기간이 아직 경과하지 않은 자를 말한다.[11]

바. 공인중개사 자격이 취소된 후 3년이 경과되지 아니한 자

부정한 방법으로 공인중개사 자격을 취득한 경우, 공인중개사인 중개업자가 제3자로 하여금 자기의 이름을 사용하여 중개 업무를 할 수 있도록 허용한 경우, 공인중개사 자격증을 양도 또는 대여한 경우, 자격정지 처분을 받은 공인중개사가 그 정지기간 중에 중개 업무를 수행한 경우, 공부법 위반으로 징역형을 선고받은 경우 중 어느 하나에 해당할 경우에는 공인중개사 자격이 취소된다(법 제35조 제1항). 이러한 사유로 특별시장·광역시장·도지사로부터 공인중개사 자격이 취소된 자는 그 날로부터 3년이 경과되기 전에는 중개업 등록 및 중개업무 종사자로서 활동할 수 없다.

---

11) 구 부동산중개업법 제7조 제6호에서는 금고 이상 형의 선고유예기간 중에 있는 자도 중개업무 종사자로서 결격에 해당하는 것으로 하였으나, 현행 공부법에는 이를 집행유예로 완화하였다.

사. 공인중개사 자격정지 기간 중에 있는 자

공인중개사가 2 이상의 중개사무소에 소속된 경우, 인장등록 및 등록인장을 사용하지 않은 경우, 중개대상물에 대한 성실·정확한 설명과 그 근거자료 제시 및 이에 대한 서명·날인의무를 위반한 경우, 거래계약서에 거래금액 등 거래내용을 거짓으로 기재하거나 서로 다른 거래계약서를 이중으로 작성한 경우 및 거래계약서에 서명·날인하지 않은 경우, 법 제33조의 금지행위를 한 경우에는 특별시장·광역시장·도지사가 6개월 범위 내에서 공인중개사 자격을 일시 정지할 수 있다(법 제36조 제1항). 이러한 사유로 공인중개사 자격이 일시 정지된 자는 그 정지기간 중에는 중개업 등록 및 소속 공인중개사로서 중개업에 종사하는 것이 금지된다.

아. 중개사무소 개설등록이 취소된 후 3년(단, 법 제40조 제3항에 의하여 등록이 취소된 경우에는 그 폐업기간을 공제한 기간을 말한다)이 경과되지 아니한 자[12]

등록관청이 중개사무소 개설등록을 취소하게 되는 사유는 법 제38조 제1항의 기속취소 사유와, 제2항의 재량취소 사유에 해당하는 경우이다. 이러한 사유로 중개사무소 개설등록이 취소된 공인중개사는 그 등록이 취소된 날로부터 3년이 경과하지 않으면 다시 중개업 등록을 할 수 없다. 다만, 법 제40조 제3항에 의하여 폐업 전의 위반행위로 등록이 취소된 경우에는 3년에서 폐업기간(폐업신고한 날부터 재등록한 날까지의 기간)을 공제한 기간에 한해 등록결격이 된다.

한편 금치산자, 한정치산자, 파산자, 금고 이상 형의 집행유예 선고를 받은 자, 임원 또는 사원이 법 제10조 제1항 제1호 내지 제11호에 해당하는 경우 및 중개사무소 개설 등록기준에 부적합하여 중개업 등록이 취소된 경우에는 이러한 사유가 해소되는 즉시 중개업 등록을 할 수 있고, 금고 이상의 실형집행 종료자 및 면제자·공인중개사 자격이 취소된 자·공부법 위반으로 벌금형을 선

---

12) 공부법상 각종 권리를 제한하는 기간을 계산할 경우에는 그 초일은 산입된다(형법 제8조, 제85조, 건유 2000. 12. 12).

고받은 자로서, 각 처분이 종료된 날로부터 3년이 경과된 후에는 본 호의 적용을 받지 않는다.

자. 폐업신고를 한 자가 업무정지 처분기간 중에 있는 경우

법 제39조에 따라 업무정지 처분을 받은 자가 법 제21조에 의한 폐업신고를 하고 다시 중개업 등록을 신청할 경우에는, 기존 처분받은 업무정지 기간이 경과하지 않은 경우라면 중개업 등록이 허용되지 않는다. 이는 폐업이라는 편법을 이용하여 행정처분의 실효성을 잠탈할 우려가 있기 때문이다. 다만, 중개업자가 폐업신고를 한 경우에도 기존 처분받은 업무정지 기간은 계속 진행하는 것으로 본다.

차. 업무정지 처분을 받을 당시 중개법인에 소속된 임원 또는 사원으로서, 동 법인이 업무정지 기간 중에 있는 공인중개사

중개법인이 법 제39조에 위반함으로써 업무정지 처분을 받은 경우에는, 그 처분을 받을 당시 그 법인에서 임원 또는 사원으로 소속하고 있던 공인중개사는 동 법인의 업무정지 기간 중에는 중개업 등록을 할 수 없고, 다른 중개업자의 소속 공인중개사로도 활동할 수 없다.

카. 공부법 위반으로 벌금형을 선고받고 3년이 경과되지 아니한 자

벌금형은 공부법 제48조 및 제49조에서 정한 사유가 발생한 경우에 금 2,000만원 이하 또는 금 1,000만원 이하의 벌금에 처해질 수 있는데, 중개업자가 벌금형을 선고받은 경우에는 등록관청이 중개업등록을 필요적으로 취소하게 된다(법 제38조 제1항 제3호). 이러한 경우에는 그 재판이 확정된 날로부터 3년간은 중개업 등록은 물론, 다른 중개업자의 소속 공인중개사로도 활동하지 못한다. 여기서 "벌금형의 선고"란 벌금형을 선고받아 확정된 경우를 의미한다. 벌금형에는 집행유예가 인정되지 않는다. 따라서 선고는 벌금에 대한 실형의 선고를 의미한다.[13)]

타. 위의 1) 내지 11)에서 규정한 결격사유가 있는 임원 또는 사원이 존
　재하는 중개법인

중개업을 영위할 목적으로 설립된 법인의 임원 또는 사원 중에서 위에서 열거한 각종 결격사유에 해당하는 자가 있을 경우에는, 당해 법인은 중개업자로서 결격사유에 해당하므로 중개업 등록을 할 수 없다. 다만, 위와 같은 결격사유에 해당하는 임원 또는 사원이 그 결격요건에서 벗어나거나, 결격사유 있는 임원 또는 사원을 결격 없는 자로 개임한 경우에는 즉시 중개업 등록을 신청할 수 있다.

제 3 절　중개사무소

중개업을 영위하기 위해서는 우선 중개업 등록을 하여야 한다. 그런데 중개업 등록을 위한 전제로써 유형(有形)의 사무소를 확보하도록 요구하고 있다. 이러한 필요성은 중개사무소 내부에 등록증 등 법정게시물의 게시 등 형식적 요건의 구비를 통하여 의뢰인으로 하여금 적법한 중개업소인지 여부를 일견 파악할 수 있도록 하고, 이를 통하여 부동산 거래질서 확립과 국민의 재산권을 보호하기 위한 것이다.

1. 중개사무소 설치

가. 1인 1사무소 원칙

중개사무소는 중개업 등록을 한 시·군·구의 관할구역 내에 설치하여야 하

---

13) 벌금형에는 집행유예가 인정되지 않으므로, 실형만 인정된다(형법 제59조 제1항, 제62조 본문). 한편 벌금형에 대해서도 선고유예는 할 수 있다. 그러나 선고유예는 형을 "선고"한 것이 아니므로 이에 해당할 수 없다. 따라서 벌금형에 대한 선고유예를 받은 것을 이유로는 법 제38조 제1항 제3호에 의한 중개업등록 취소 사유로 삼을 수 없다.

며, 2개 이상의 사무소를 두지 못하도록 제한하고 있다(법 제13조 제1항). 사무소는 여러 개의 부속 사무실로 구성할 수 있다. 그러나 별동(別棟)에 사무실이 분산되어 있는 경우 또는 같은 동(棟)이라도 연속된 층이 아닌 경우 등 중개사무소의 연속성이 단절되는 경우에는 1사무소 원칙에 위배될 수 있다. 중개사무소 면적에는 아무 제한이 없다.

한편 중개업자는 중개사무소 이외의 장소에서 중개활동에 이용할 목적으로 천막 기타 이동이 용이한 시설물 등을 설치하여 임시 중개사무소로 활용하는 것을 금지하고 있다(법 제13조 제2항). 동 규정을 둔 취지는 파라솔·천막 기타 시설물 등을 통하여 중개사무소와 무관한 지역에서 분양권에 대한 전매를 알선하는 등 불법·탈법적인 중개행위를 하는 것을 방지함으로써 부동산 거래질서를 확립하기 위한 것이다.

나. 1인 1사무소 원칙의 예외

1) 합동사무소

중개업자는 중개업무의 효율적 수행과 중개사무소의 공동활용 등을 위하여 합동사무소를 설치할 수 있다(법 제13조 제6항). 합동사무소를 운영할 경우에는 동일한 사무소에서 여러 명의 중개업자가 비품·경비·인력·정보 등을 효율적으로 활용함으로써 업무를 능률적으로 수행할 수 있다. 다만, 각 중개업자는 독립된 지위에서 중개 업무를 수행하여야 하며 자신이 행한 중개 업무에 대해서는 각자 책임을 진다. 그리고 사용인에 대한 책임 및 등록증 등 게시와 업무보증의무 등에 대해서도 각자 비치하거나 구비할 의무가 있다.

한편 상호(商號) 또한 원칙상 별개의 것을 사용하여야 하므로 "합동"이라는 명칭을 사용할 필요는 없다. 다만, 현행법상 합동사무소의 상호에 대한 특별한 제한이 없으므로 공동으로 사무소를 활용하는 중개업자들이 동일한 상호를 사용하여도 무방하고, 상호에 특별히 합동이라는 명칭을 이용하는 것도 상관없다.[14]

중개업자는 종별과 무관하게 사무소를 공동으로 사용할 수 있다(건유 2000.

8. 18). 그러나 법인 중개업자는 반드시 법인의 종류에 따른 상호를 사용해야 하므로(상법 제19조), 중개인 또는 공인중개사인 중개업자와 중개법인이 합동으로 사무소를 사용할 경우에는, 상호는 각자 다르게 사용할 수밖에 없을 것이다.

가) 합동사무소 요건

합동사무소도 다른 중개사무소와 동일하게 건축물대장에 기재된 건축물로써 사무소로 활용할 수 있으면 된다. 따라서 사무실로 사용하기에 적합한 건물이어야 할 필요는 없다(영 제13조 제1호 나목, 제2호 마목).

나) 구성 중개업자의 요건

동일한 사무소를 합동사무소로 활용하고자 할 경우에는 각 중개업자가 동 사무소에 대한 사용권한이 있어야 한다. 만약 기존의 중개업자가 활용하고 있는 중개사무소를 합동사무소로 활용하고자 할 경우에는 그 중개업자로부터 승낙을 얻어야 하며, 동 서면을 중개업 등록 또는 이전신고서에 첨부하여야 한다(영 제16조). 공동으로 중개사무소를 이용하는 중개업자는 등록에 필요한 일반적 요건 및 서면을 각 중개업자별로 구비하여야 한다.

휴업중인 중개사무소는 폐업하기 전에는 제3자가 동 사무소를 전용(全用)할 목적으로는 중개업 등록을 신청할 수 없다. 따라서 합동사무소로 활용할 목적으로만 등록 또는 이전신고를 할 수 있다(건유 2000. 1. 5).

2) 법인의 분사무소

중개법인의 분사무소는 법인의 대형화를 유도하고 중개업의 선진화를 촉진하기 위한 취지에서 인정되고 있다. 이에 따라 중개법인은 주된 사무소가 소재하는 시(구가 설치되지 않은 시를 말한다. 이하 같다)·군·구(자치구 및 비 자치구를 포함한다. 이하 같다)를 제외한 다른 시·군·구에 각 1개소의 분사무소를 설

---

14) 현행법상 중개업소 상호에 "공인중개사 사무소" 또는 "부동산 중개"라는 명칭만 들어가면 되므로 "합동"이라는 명칭, 예컨대 "한국 합동공인중개사 사무소" 또는 "한국 합동부동산중개 사무소" 등으로 사용해도 무방하다. 동일 상호를 사용하더라도 법적으로는 중개업자별로 각자 독립된 상호를 쓰는 것으로 간주된다.

치 · 운영할 수 있도록 허용하고 있다(영 제15조 제1항).

한편 특별법에 의하여 중개 업무를 수행할 수 있는 지역농업협동조합 · 지역산림조합 · 신탁회사의 경우에는 각 해당 준거법에 따라 분사무소를 설치하여야 하고, 만약 그 법률에 특별한 규정이 없을 경우에는 공부법이 정하는 바에 따라 분사무소를 설치할 수 있다.

2. 중개사무소 이전

중개업자가 중개 업무를 수행하던 중 어떤 사정으로 중개사무소를 다른 장소로 옮겨 영업을 계속하는 것을 "중개사무소 이전"이라고 한다. 중개사무소 이전에는 등록관청 관할구역 내에서 이전하는 경우와, 등록관청 관할구역 밖으로 이전하는 경우가 있다.

중개업자는 자유롭게 사무소를 이전할 수 있다. 따라서 업무정지기간 중에도 중개사무소를 이전할 수 있다. 다만, 이전할 경우에도 중개 업무는 수행할 수 없다(건유 2001. 7. 13).

가. 이전신고 기관

등록관청 관할구역 내에서 중개사무소를 이전한 경우에는 그 등록관청에, 등록관청 관할구역 밖으로 이전한 경우에는 이전한 중개사무소를 관할하는 시장 · 군수 · 구청장에게 신고하여야 한다(법 제20조 제1항). 법인이 분사무소를 이전한 경우에는 주된 사무소 소재지 관할 등록관청에 신고하여야 한다(칙 제11조 제1항).

나. 이전신고 의무자 및 신고기한

중개사무소를 이전한 경우에는 중개업자가 신고하여야 한다(법 제20조 제1항). 따라서 중개사무소를 공동으로 활용하는 합동사무소가 일괄 이전되는 경우에도 각 중개업자별로 이전신고를 하여야 하며, 대표자가 일괄 신고할 수는 없다.

다. 이전에 필요한 서면

중개사무소를 이전한 경우에는 다음과 같은 서면을 제출하여야 한다(칙 제11조 제1항).

① 중개사무소 이전신고서(칙 별지 제12호 서식)

② 중개사무소 등록증(분사무소의 경우에는 분사무소설치 신고필증)

③ 건축물대장에 기재된 건물에 중개사무소를 확보하였음을 증명하는 서면(소유권·전세권·임대차·사용대차 등의 방법으로 사용권을 확보하였음을 증명하는 것을 말한다)

라. 신고절차

1) 등록관청 관할구역 내에서 이전하는 경우

등록관청 관할구역 내에서 사무소를 이전하는 경우에는 새로운 사무소로 이전한 날로부터 10일내 등록관청에 중개사무소 이전신고를 하면 된다. 동 신고를 받은 등록관청은 신고서와 첨부서면을 통하여 적법요건을 심사한 후 이상이 없을 경우에는 즉시 중개사무소 등록증 내지 분사무소설치 신고필증을 재교부하여야 한다.[15] 다만, 등록관청은 제출된 기존 등록증 또는 신고필증에 그 변경된 사무소 소재지를 기재하는 방법으로 새로운 등록증 등의 교부에 갈음할 수 있다(칙 제11조 제2항).

2) 등록관청 관할구역 밖으로 이전하는 경우

중개업자가 등록관청 관할구역 밖으로 사무소를 이전한 경우에는, 이전 후 중개사무소 소재지를 관할하는 시장·군수·구청장에게 신고하여야 한다. 신고

---

15) 법문에는 즉시 교부하여야 한다는 명문규정은 없다. 그러나 등록관청은 건축물대장 등 제출서면을 통하여 이전에 따른 적법요건을 확인할 수 있으므로, 즉시 등록증을 교부하는 것으로 해석하는 것이 타당하다.

를 받은 시장·군수·구청장은 기존 등록관청에 중개업자와 관련된 서면을 송부하여 줄 것을 요청하여야 한다. 동 요구를 받은 등록관청은 중개사무소등록대장, 중개사무소개설등록 신청서류, 최근 1년간 중개업자가 받은 행정처분(행정처분 절차가 진행 중인 경우에는 그 관련서면)과 관련된 서면을 지체 없이 이전한 중개사무소 소재지 관할 시장·군수·구청장에게 송부하여야 한다(법 제20조 제2항, 칙 제11조 제4항).

3) 중개법인의 분사무소 이전

법인의 분사무소는 주된 사무소 소재지 관할 등록관청 또는 분사무소가 존재하는 시·군·구의 관할구역 내로는 이전할 수 없다(영 제15조 제1항). 따라서 분사무소 이전은 당해 분사무소가 소재하는 시·군·구 안에서 이전하는 경우와, 동일 중개법인의 분사무소가 설치되어 있지 않은 다른 시·군·구 관할구역으로의 이전만 허용된다.

분사무소 이전신고는 주된 사무소 소재지 관할 시장·군수·구청장에게 하여야 한다. 분사무소 이전신고를 받은 본점 소재지 관할 시장·군수·구청장은 그 이전요건에 적합한 경우에는 즉시 분사무소 신고필증을 재교부하고, 지체 없이 이전 전 또는 이전 후 분사무소 소재지 관할 시장·군수·구청장에게 분사무소의 이전사실을 통보하여야 한다(법 제20조 제1항, 칙 제11조 제3항).

마. 사무소 이전과 중개업무 수행

중개업자가 중개 사무소를 이전한 경우에는 이전 후 10일 내 등록관청 또는 이전한 중개사무소 소재지 관할 시장·군수·구청장에게 신고하도록 하고 있다. 그런데 이전신고서에는 중개업등록증 또는 분사무소 신고필증을 첨부·제출하게 되므로, 등록기관의 사정에 따라 즉시 등록증 내지 신고필증이 교부될 수 없을 수 있고, 한편으로는 이전 후 10일 내에만 신고하면 족하므로 등록증에 기재된 등록관청 및 중개사무소 소재지가 일시 다를 수도 있다. 이러한 사정이 있음에도 중개 업무를 정상적으로 수행할 수 있는가?

중개업자가 중개 사무소를 이전한 경우에도 중개업자의 지위는 계속 유지된다. 이러한 논지는 동일한 등록관청 관할구역 내에서 중개사무소를 이전하는 중개업자의 지위에 아무 변동이 없음에서도 명백하다. 다만, 중개업자의 지위를 객관적으로 입증할 수 있는 등록증 또는 신고필증 등에 표시된 사무소 소재지 또는 등록관청의 불일치로 의뢰인의 입장에서는 무등록 중개업자와 구별하기 곤란할 수도 있다. 따라서 중개 업무는 일시적으로 할 수 없는 것으로 보는 것이 타당하다.

3. 중개사무소 휴업

중개업자가 중개 업무를 수행하던 중 개인적 사정에 따라 일시적으로 중개 업무를 계속할 수 없게 될 경우를 상정하여 휴업제도를 두고 있다(법 제21조). "휴업(休業)"이란 중개업자의 자의(自意)에 의하여 일시적으로 중개 업무를 중지하는 것으로, 중개 업무에 필요한 각종 물적 설비에 해당하는 간판·집기·비품 등은 그대로 유지하면서 중개 업무만 일시 중지하는 것을 말한다. 휴업은 중개업자의 개인적 사정에 의한 자의에 따른 것이므로, 공부법 위반으로 6개월 범위 내에서 등록관청이 명하는 업무정지와는 구별된다.

법 제21조 제1항에서는 등록한 중개업자가 업무를 개시하지 않을 경우에도 휴업으로 간주하고 있다. 휴업중인 중개업자는 개인적 사정이 해소되면 언제든지 등록관청에 신고하고 중개업을 계속할 수 있다.

가. 휴업신고 대상

중개업자는 3개월을 초과하여 휴업하고자 할 경우에는 등록관청에 휴업신고를 하여야 한다(사전신고제). 따라서 3개월 이하의 기간 동안 중개 업무를 중지할 경우에는 신고할 필요가 없다. 다만, 휴업은 원칙상 6개월을 초과할 수 없다(법 제21조 제1항 및 제2항).

한편 중개업자가 다음과 같은 사유로 휴업할 경우에는 최대 기한인 6개월의 휴업기간의 제한을 받지 아니하고 그 해당사유가 해소될 때까지 계속 휴업할 수 있다(영 제18조 제3항). 다만, 아래와 같은 사유가 해소된 경우에는 즉시 재개업 신고를 함으로써 업무를 개시하여야 한다.

① 질병으로 인한 요양

② 징집으로 인한 입영

③ 취학

④ 그 밖의 ① 내지 ③에 준하는 부득이한 사정이 있는 경우

나. 휴업신고 절차

휴업하고자 하는 중개업자는 사전에 칙 제12조에서 규정하고 있는 별지 제13호 서식의 "부동산중개업 휴업신고서"를 작성하여 중개사무소 등록증(법인의 분사무소는 분사무소신고필증)을 첨부하여 등록관청에 제출하여야 한다.

법인 중개업자가 휴업신고를 할 경우에는 분사무소도 전부 휴업하는 것으로 보아야 하므로, 동 신고서에는 중개사무소 등록증 외에도 법인에 속한 모든 분사무소의 신고필증도 함께 제출하여야 할 것이다.

다. 휴업기간 변경신고

휴업신고를 한 중개업자가 휴업기간을 변경하고자 할 경우에도 미리 칙 제12조에서 규정하고 있는 "부동산중개업 휴업기간 변경신고서"를 등록관청에 제출하여야 한다. 다만, 전자문서에 의한 방법으로도 가능하다. 휴업기간에 대한 변경은 기존 휴업기간을 포함하여 원칙상 6개월을 초과할 수 없다(법 제21조 제1항 후단 및 제2항 본문, 영 제18조 제1항).

라. 휴업중인 중개사무소의 활용과 중개업자 지위

중개업자는 휴업 중에도 중개사무소는 그대로 유지하고 있어야 한다. 다만, 중개사무소를 중개 업무에 전용(專用)하여야 하는 것은 아니므로, 휴업 중에도 다른 용도로 활용할 수 있다(건유 2000. 10. 28).

다만, 휴업중인 중개업자와 그 소속 공인중개사 및 중개보조원은 다른 중개업자의 소속 공인중개사 및 법인의 임원·사원 또는 중개보조원으로 참가하여 계속 중개 업무에 종사하는 것은 금지된다(법 제12조 제2항).

4. 재개업

"재개업(再開業)"이란 휴업신고를 한 중개업자가 중개업을 계속하는 것을 말한다. 재개업은 원칙상 휴업기간 내 하여야 하고, 휴업기간이 경과한 후에 하는 재개업 신고는 위법이다. 재개업을 하고자 하는 중개업자는 칙 제12조에서 규정하고 있는 별지 제13호 서식의 "부동산중개업 재개신고서"를 등록관청에 제출하여야 한다. 다만, 전자문서로 신고하는 경우에는 그러하지 아니하다. 재개업에 대한 신고가 있을 경우에는 등록관청은 보관하고 있던 중개사무소 등록증 또는 법인의 분사무소 신고필증을 중개업자에게 즉시 반환하여야 한다(영 제18조 제1항 및 제2항).

한편 법인 중개업자가 재개업 할 경우에는 분사무소에 대한 재개업은 일괄 동시에 할 필요는 없고, 필요한 분사무소에 한해 재개업 할 수 있다. 다만, 주된 사무소에 대한 재개업 없이 분사무소만 재개업 하는 것은 인정되지 않는다고 보아야 한다.

5. 중개사무소 폐업

"폐업(廢業)"이란 중개업자가 중개 업무를 수행하던 중 개인적 사정으로 더 이상 중개 업무를 수행할 수 없게 된 경우, 등록관청에 신고하고 중개업자로서의 지위를 벗어나는 것을 말한다. 따라서 중개업자인 공인중개사가 사망하거나, 법인 중개업자가 해산한 경우에는 폐업신고 대상이 아니고, 등록관청에 의한 중개업등록 기속취소 사유에 해당할 뿐이다(법 제38조 제1항 제1호).

가. 폐업신고

중개업자가 중개업을 그만 두고자 할 경우에는 사전에 등록관청에 폐업신고를 하여야 한다(사전신고제). 폐업은 중개업자가 특정 또는 불특정 기간 동안 중개업에 종사하지 않을 의사로써 중개업자의 지위에서 완전히 벗어나는 것이므로, 일시적으로 중개업을 중지하는 것에 불과한 휴업과는 구별된다.

폐업을 하고자 하는 중개업자는 칙 제12조에서 규정하고 있는 별지 제13호 서식의 "부동산중개업 폐업신고서"에 중개사무소 등록증을 첨부하여 등록관청에 제출하여야 한다. 법인이 분사무소를 폐쇄하고자 할 경우에도 그 분사무소에 대하여 폐업신고를 하여야 한다(영 제18조 제1항 단서).

나. 폐업의 제한

중개업자는 폐업할 자유가 있다. 따라서 휴업중인 경우는 물론, 업무정지 처분을 받은 경우에도 등록관청에 신고하고 폐업할 수 있다.

한편 폐업하게 되면 중개업자는 그 지위에서 벗어나게 되므로 더 이상 공부법 적용대상이 될 수 없으므로, 이를 악용할 우려가 있다. 따라서 폐업신고를 수리하는 행정기관은 폐업하고자 하는 중개업자의 사정 등을 미리 살펴, 만약 공부법 위반에 따른 행정처분을 회피할 목적으로 신고한 것으로 판단될 경우에는 이를 수리하지 못하고, 행정처분이 확정된 후에 폐업신고를 수리하게 된다(건유 2000. 12. 29).

다. 폐업의 효과

중개업자는 폐업함으로써 중개업자의 지위를 벗어나게 된다. 그런데 중개업자가 공부법을 회피할 목적으로 폐업신고를 악용할 우려가 있으므로, 이를 방지하기 위하여 폐업신고 후 다시 중개업 등록을 할 경우에는 폐업신고 전에 행한 공부법 위반행위에 대해서도 그 지위를 계속 승계하는 것으로 하고 있다(법 제40조 제1항).

1) 행정처분 승계

법 제39조 제1항 각 호에 위반하여 등록관청으로부터 업무정지 처분을 받은 경우 및 법 제51조 제1항 내지 제3항에 의하여 과태료 처분을 받은 중개업자가, 폐업신고를 하고 다시 중개업 등록을 신청하는 경우에도 기존의 업무정지 및 과태료 처분효과는 그 처분일로부터 1년간 승계되는 것으로 하고 있다(법 제40조 제2항).

2) 위반행위 승계

재등록 중개업자가 폐업신고 전에 법 제38조 제1항 및 제2항에 의한 중개업 등록 취소사유, 법 제39조 제1항의 업무정지 사유에 해당하는 위반행위를 한 경우에는, 이에 대해서도 행정처분을 할 수 있다. 다만, 행정처분을 할 경우에는 중개업자의 폐업기간 또는 그 폐업사유 등을 고려하여 수위를 결정하여야 한다. 그러나 폐업신고를 한 날로부터 아래와 같은 기간이 경과한 경우에는 그 위반행위에 대하여 더 이상 책임을 묻지 않는다(법 제40조 제3항).

① 폐업 신고한 날로부터 다시 중개업 등록을 신청한 날까지의 기간("폐업기간"이라 한다. 이하 같다)이 3년을 초과한 경우

② 폐업 신고 전의 위반행위가 업무정지 사유에 해당하는 경우로써 폐업기간이 1년을 초과한 경우

제 4 절 부동산 중개업 등록

부동산 중개업을 영위하고자 하는 자는[16] 중개사무소(법인은 주된 사무소를 말한다. 이하 같다)를 두고자 하는 지역을 관할하는 시장·군수·구청장에게 중

---

[16] 부동산 중개업을 영위하고자 할 경우에는 일정한 요건을 갖추어 등록관청으로부터 수리 되어야 한다. 따라서 가상의 공간 즉 사이버상의 중개업도 등록관청에 등록한 자가 아니 면 영위할 수 없다(건유 2001. 6. 25).

개사무소 개설등록을 신청하여야 한다(법 제9조 제1항).[17]

중개사무소 개설등록은 공인중개사 또는 중개업을 영위할 목적으로 설립된 일정한 요건을 갖춘 법인이 아니면 등록할 수 없다. 다만, 공인중개사라도 중개업자의 소속 임원·사원·기타 소속 공인중개사로 활동하는 자는 그 지위에서 탈퇴하지 않으면 등록을 신청할 수 없다(법 제9조 제2항, 법 제12조 제2항). 중개업을 등록제로 규정한 것은 중개 업무를 적절히 규율함으로 불법 내지 탈법적인 중개행위를 방지하고, 무등록 중개업자로부터 국민의 재산권을 보호하기 위한 것이다.

1. 중개업 등록의 법적성질

가. 혼합적 행정행위

부동산 중개업 등록을 신청하기 위해서는 공인중개사 자격을 취득하고, 법 제34조 제1항에 의한 실무교육을 받은 자로서, 법 제10조에서 규정하고 있는 결격사유에 해당하지 않아야 한다. 따라서 행정법상 대인적 행정행위로써의 성격을 갖고 있다.[18]

한편 대인적 요건을 구비한 경우에도 건축법상 준공검사 등에 따라 작성된 건축물 대장이 있는 건물을 확보하였음을 소명하는 서류를 제출토록 요구하고 있다(영 제13조 제1호 나목 및 제2호 마목). 따라서 중개업 등록은 대인적 요건과 대물적 요건을 동시에 요하는 혼합적 행정행위로써의 성질을 갖고 있다.

---

17) 구(區)에는 자치권 있는 자치구와 자치권이 없는 비자치구가 있는데, 이들 구청장은 모두 등록관청이 된다. 따라서 구가 있는 시의 시장은 등록관청이 아니다. 비자치구가 있는 시는 수도권에 고양시·부천시·성남시·수원시·안양시가 있고, 지방에는 청주시·전주시·포항시·마산시가 있다.

18) 중개업 등록은 대인적 행정행위이므로 중개업자가 사망(법인의 경우에는 해산)하거나, 법 제10조에 의한 결격사유가 발생한 경우에는 당연히 등록이 취소되는 것으로 하고 있다. 즉 일신전속적(一身專屬的) 성질을 갖고 있다.

나. 중개행위의 적법요건

부동산 중개업은 국민의 재산 중에서도 가장 중요한 부동산 유통에 관여하는 직업이므로 이를 적절히 규율할 필요가 있다. 따라서 공인중개사 또는 중개업을 영위할 목적으로 설립된 법인이라도, 법 제9조 제1항에서 규정하고 있는 바에 따라 관할관청에 등록하지 않으면 무등록 중개업자로서 처벌받게 된다. 결국 중개업 등록은 부동산 중개업을 하기 위한 적법요건이라 할 수 있다.

다. 기속 행정행위

부동산 중개업을 영위하고자 하는 공인중개사 또는 중개법인이 등록관청에 중개업 등록을 신청할 경우에는 관할 등록관청은 대인적 요건과 대물적 요건을 검토한 후 이에 적합한 경우에는 반드시 중개업 등록을 수리하여야 한다. 따라서 중개업 등록은 등록관청의 기속 행정행위에 속한다.

2. 중개업 등록유형

가. 신규등록

"신규등록"이란 부동산 중개업을 영위하기 위하여 관할 행정기관에 중개업 등록을 최초로 신청하는 경우를 말한다. 기존 중개업자가 그 종별을 달리하여 등록을 신청할 경우에도 신규등록에 해당한다.[19] 휴업기간 중에 있는 중개업자가 폐업신고를 하고 다시 중개업 등록을 신청하는 경우에도 역시 신규등록이 된다.

한편 법 부칙 제6조 제1항에 따라 중개업 등록을 한 것으로 보는 중개인 중개업자가 공인중개사 자격증을 취득하여, 기존 등록관청 관할 구역 내에서 공인중개사인 중개업자로서 중개업을 계속하고자 할 경우에는, 기존의 중개업 등록증과 공인중개사 자격증을 첨부하여 "등록증 재교부"를 신청할 수 있다고 규

---

19) "종별을 달리하는 경우"란 중개인 중개업자가 공인중개사인 중개업자로 변경하는 경우 및 법인 중개업자가 상법상 다른 종류의 법인으로 변경되는 경우 등을 말한다.

정하고 있으나, 이러한 경우에도 역시 신규등록에 해당한다(칙 제5조 제4항).[20]

나. 변경등록

"변경등록"이란 주체인 중개업자와 무관하게 중개사무소의 명칭·위치 등 객체의 변경에 따른 등록을 말한다. 중개업자는 기존 등록증의 기재사항이 변경된 경우에는 그 변경사항을 증명하는 서류를 첨부·제출함으로써 등록증을 재교부받을 수 있다.

3. 중개업등록 신청자

신규등록을 신청할 수 있는 자는 공인중개사와 일정한 법인에 한정된다. 즉 중개업자가 되고자 하는 공인중개사 및 중개업만 영위할 목적으로 설립된 법인이 신청할 수 있다. 다만, 공인중개사라도 등록한 중개법인 소속 임원·사원·분사무소 책임자이거나 기타 중개업자의 소속 공인중개사로 활동하는 자는 그 지위에서 벗어나지 않으면 중개업 등록을 신청할 수 없다.

한편 법인이 분사무소를 설치하는 것은 중개업 등록에 해당하지는 않고, 단지 분사무소 설치 신고대상에 해당할 뿐이다. 분사무소를 설치하고자 할 경우 이에 대한 설치신고 의무자는 당해 중개법인이다(법 제13조 제3항). 중개업 등록 또는 분사무소 설치신고에 따른 변경신청 의무자도 역시 중개업자가 된다.

4. 중개업 등록기관

부동산 중개업 등록을 담당하는 행정기관은 당해 중개사무소를 관할하는 시

---

20) 동 규정은 중개인의 편의를 위하여 둔 특칙이다. 다만, 중개인이 등록증 재교부를 신청하지 않고 기존 사무소의 폐업신고와 동시에 신규등록 신청을 할 수도 있다. 한편 칙 제5조 제4항에는 "법 제7638호 부칙 제6조 제2항"이라고 규정하고 있으나, "제2항"은 "제1항"으로 수정되어야 한다.

장(구가 없는 시를 말한다)·군수·구청장(자치구·비자치구 포함한다)이다(법 제9조 제1항). 법인 중개업자는 주된 사무소, 즉 본점 소재지를 관할하는 시장·군수·구청장이 등록기관이 된다.

5. 중개업 등록요건

중개업 등록을 신청하는 자는 아래와 같은 요건에 적합하여야 한다. 다만, 특별법에 의하여 중개업을 영위할 수 있는 법인인 경우에는 아래의 요건을 적용하지 아니한다(법 제9조, 영 제13조 및 칙 제4조 제1항).

가. 자연인이 등록을 신청하는 경우
① 공인중개사일 것
② 중개법인의 임원·사원 및 분사무소 책임자 또는 중개업자 소속 공인중개사로 등록된 자가 아닐 것
③ 등록신청일 현재 법 제34조 제1항에 의하여 실무교육을 받은 날 또는 중개업을 폐업한 날로부터 1년이 경과하지 않았을 것
④ 건축물 대장이 존재하는 건물에 중개 사무소를 확보할 것.[21] 단 소유권·전세권·임차권 등기가 된 건물등기부 등본 내지 임대차·전세·사용대차 계약서를 통하여 그 사용권을 확보하였음을 소명하여야 한다.
⑤ 공부법 제10조에 의한 결격사유에 해당하지 않을 것

건축법상 중개사무소로 사용하기 적합한 건물이란 "건축법 시행령 제3조의4 '별표1 용도별 건축물의 종류' 제4호의 제2종 근린생활시설에 해당하는 건물과,

---

[21] 건설교통부는 건축물 대장이 존재하는 건물이라도 다른 법률에 의하여 중개사무소 개설 등록에 따른 제한이 있을 경우에는 이것도 반영하여야 한다는 해석을 하고 있다. 따라서 적법한 중개사무소가 되기 위해서는 건축물대장뿐만 아니라 그 건물의 용도가 제2종 근린생활시설로 지정되어 있어야 한다. 한편 공동주택을 다른 용도로 사용하고자 할 경우에는 시장·군수·구청장의 허가를 받아야 한다. 따라서 공동주택을 중개사무소로 활용하기 위해서는 허가를 받아야 할 것이다(주택법 제42조 제2항 제1호).

제10호의 업무시설 중 일반 업무시설에 해당하는 경우가 이에 해당한다."(건유 2001. 7. 28).

건물의 일부가 무허가 건물인 경우 또는 주차장을 불법 용도변경하여 사무실로 개조한 경우에는 등록관청에서 구체적으로 판단하여 중개사무소로의 활용 가능 여부를 판단하여야 한다(건유 2001. 1. 29).

건물을 확보한 것을 증명하는 방법으로는 건물 소유자·전세권자·등기된 임차인임을 입증하는 건물등기부 등본, 채권적 전세계약서 또는 임대차계약서, 무상으로 건물을 사용하기로 정한 경우에는 사용대차계약서 또는 사용승낙서 기타 적법한 용익권자로부터 건물을 확보하였음을 증명하는 건물등기부 등본·전대차계약서·사용대차계약서·사용승낙서 등으로 입증할 수 있다(건유 2001. 8. 23).

신축으로 사용 승인된 건물이 등기되지 않은 경우라도 임대인이 실제 소유자임을 입증할 수 있는 서류, 즉 건축허가필증·분양계약서 사본 등의 서면을 첨부한 경우에는 건물을 확보하였음을 증명하는 서류로 인정된다(건유 2001. 1. 15).

나. 법인이 중개업등록을 신청하는 경우

1) 중개법인이 신청하는 경우

가) 상법상 회사로서 자본금이 금 5,000만원 이상일 것

상법상 회사는 합명회사·합자회사·주식회사·유한회사로 구분된다. 이러한 회사가 부동산 중개업을 영위할 목적으로 설립된 경우에는 그 회사의 종류에 불구하고 최소 자본금이 금 5,000만원 이상이 되어야 한다.

나) 법 제14조에 규정된 업무만 영위할 목적으로 설립된 법인일 것

중개법인은 중개업만 영위할 목적으로 설립되어야 한다. 따라서 중개법인으로 등록하기 위해서는 사전에 법인설립 등기가 되어 있어야 하고, 동 법인은 정관을 통하여 부동산 중개업만 영위할 목적으로 설립된 것임을 소명하여야 한다. 다만, 다음과 같은 업무는 겸할 수 있다(법 제14조 제1항 및 제2항, 영 제17조).

① 상업용 건축물 및 주택의 임대관리 등 부동산 관리대행

② 부동산의 이용·개발 및 거래에 관한 상담

③ 중개업자를 대상으로 한 중개업의 경영기법 및 경영정보 제공

④ 일정한 주택 및 상가의 분양대행

⑤ 도배·이사업체 소개 등 주거이전에 부수되는 용역의 알선

⑥ 민사집행법에 의한 경매 및 국세징수법 그 밖의 법령에 의한 공매대상 부동산에 대한 권리분석 및 취득알선과 매수 또는 입찰신청 대리행위

다) 대표자가 공인중개사이며, 대표자를 포함한 임원 또는 사원(무한책임사원을 말한다)의 과반수가 공인중개사일 것[22]

임원은 이사·감사·무한책임 사원을 말한다. 무한책임 사원은 대표권을 가진 합명·합자회사의 기관을 말한다. 이들은 회사 기관의 지위에 있으므로 그 구성원의 과반수 이상은 공인중개사로 구성하여야 하고, 특히 대표자는 반드시 공인중개사로 선임하여야 한다.

한편 법인의 임원은 이사회의 승인을 얻어 다른 법인의 이사가 될 수 있고, 감사는 이사회 동의와 무관하게 자유롭게 겸업할 수 있다(상법 제397조 제1항). 다만, 상법의 특별법인 공부법에서는 중개법인의 임원은 중개업자가 되거나, 다른 중개업자의 임원·사원·소속 공인중개사 및 중개보조원의 지위를 겸할 수 없도록 제한하고 있다(법 제12조 제2항).

라) 임원·사원 및 분사무소 책임자가 법 제34조 제1항에서 규정하고 있는

---

22) 상법상 법인의 임원과 관련된 내용은 다음과 같다.
   ① 주식회사 이사는 3인 이상으로 한다. 다만, 자본금이 5억원 미만인 경우에는 1인 또는 2인으로 할 수 있다. 이사의 임기는 3년을 초과할 수 없다. 다만, 정관으로 그 임기 중 최종의 결산기에 관한 정기 주주총회 종결시까지 연장할 수 있다(상법 제383조). 주식회사는 이사회 또는 주주총회에서 대표이사 또는 공동 대표이사를 반드시 선임해야 하며(상법 제389조 제1항), 주주총회에서 감사를 선임한다(상법 제409조). 감사의 임기는 취임 후 3년 내의 최종 결산기에 관한 정기총회 종결시까지로 한다(상법 제410조).
   ② 유한회사에는 1인 이상의 이사를 두어야 하고, 수 인의 이사가 있을 경우에는 사원총회에서 대표이사 또는 공동 대표이사를 반드시 정해야 한다(상법 제561조, 제562조). 다만, 감사는 임의기관으로 두지 않을 수 있다(상법 제568조).
   ③ 합명회사에는 2인 이상의 무한책임 사원을 두어야 하고, 정관 또는 총사원의 동의로 대표사원 또는 공동대표 사원을 둘 수 있다(상법 제178조, 제207조, 208조).
   ④ 합자회사는 무한책임 사원과 유한책임사원 각 1명 이상으로 구성되나, 유한책임 사원은 임원이 아니다. 정관에 특별한 규정이 없으면 무한책임 사원이 모두 업무집행권을 갖게 된다(상법 제268조 및 제273조).

실무교육을 받았을 것

중개법인의 임원 또는 사원 중에는 공인중개사가 아닌 자도 있다. 그러나 임원·사원으로 참여하는 자는 공인중개사 여부를 불문하고 모두 실무교육을 받아야 한다. 다만, 참여하는 임원 또는 사원이 실무교육을 받은 후 1년이 경과하지 않았거나, 공인중개사 중개업자로서 중개업을 폐업한 후 1년이 경과하지 않았을 경우에는 동 교육을 받지 않아도 된다.

마) 건축물 대장에 기재된 건물에 중개사무소를 확보할 것

이에 대한 사항은 공인중개사가 중개업 등록을 신청하는 경우와 그 내용이 동일하므로 위 전술한 내용을 참고하기 바란다.

2) 특수법인이 신청하는 경우

"특수법인"이란 당해 법인의 고유 목적사업을 수행하기 위하여 상법이 아닌 특별법에 의하여 설립된 회사를 말한다. 특수법인 중에는 목적사업을 수행함에 있어 부득이 부동산과 관련된 업무를 수행할 수밖에 없는 경우도 많다. 따라서 국민의 편의를 위하여 이러한 법인에 대해서도 관련 법률에서 규정하는 바에 따라 부동산 중개 업무를 수행할 수 있도록 하고 있다.

특수법인에는 농업협동조합법에 의한 지역농업협동조합, 산림조합법에 의한 지역산림조합, 신탁업법에 의한 신탁회사가 있다. 그런데 이들 법인 중 지역농업협동조합과 지역산림조합의 경우에는 부동산 중개업을 수행하기 위하여 별도의 등록을 할 필요가 없으나, 신탁회사가 중개 업무를 수행하기 위해서는 공부법 제9조 제1항에 의하여 등록관청에 등록하여야 한다. 다만, 신탁회사가 등록을 신청할 때에는 공부법시행령 제13조 제2호의 규정은 적용하지 아니하고, 아래 요건을 기준으로 등록여부를 판단하게 된다(건유 2000. 9. 6).

① 중개 업무를 담당하는 신탁회사의 임원 및 분사무소 책임자는 공인중개사가 아니어도 무방하다.

② 중개에 따른 손해배상 책임을 보장하기 위한 업무보증은 본사는 금 1억원 이상, 분사무소는 각 사무소 마다 금 5,000만원 이상의 보증을 설정하여야

한다.23)

③ 신탁회사가 중개업을 영위하기 위하여 분사무소를 설치할 경우에도 본점을 제외한 시·군·구별로 1개소씩 설치할 수 있다.

6. 신규등록에 따른 업무절차

가. 중개사무소 개설등록신청서 및 첨부서면 제출

중개업 등록을 신청하는 자는 칙 별지 제5호 서식의 "부동산중개사무소 개설등록 신청서"를 작성하여, 아래에서 정한 중개업자별 첨부서면과 함께 중개사무소를 두고자 하는 지역을 관할하는 시장(구가 설치되지 않은 시)·군수·구청장(자치구 및 비자치구 포함)에게 제출하여야 한다(칙 제4조 제1항).

한편 공인중개사 또는 법인 중개업자가 등록관청 관할구역 내에서 종별을 달리하여 중개업을 하고자 할 경우에도 신규등록 절차를 밟아야 한다. 다만, 종전에 제출한 서면 중 변동사항이 없는 것은 제출하지 않아도 무방하나, 중개사무소 등록증은 반납하여야 한다(칙 제4조 제3항).

① 공인중개사 자격증 사본

② 법인등기부 등본(중개법인에 한함). 단, 전자정부구현을위한행정업무등의전자화촉진에관한법률 제21조 제1항에 의한 행정정보의 공동이용을 통하여 이를 확인할 수 있는 경우에는 그 확인으로 이에 갈음할 수 있다.

③ 법 제34조 제1항에 의한 실무교육 수료증 사본

④ 반명함판 사진 1매

⑤ 건축물 대장에 기재된 건물에 중개사무소를 확보하였음을 확인할 수 있는 건물등기부 등본 또는 그 사용권을 증명하는 서면

---

23) 영 제24조 제3항에는 지역농업협동조합이 부동산 중개업을 영위하고자 할 경우에는 금 1,000만원 이상의 보증을 설정하고 등록관청에 신고하면 족한 것으로 하고 있다. 그러나 지역산림조합에 대해서는 이러한 규정이 없으므로 부득이 신탁회사와 동일하게 해석할 수밖에 없다.

⑥ 외국인 또는 외국법인의 경우에는 다음과 같은 서면

㉮ 법 제10조에서 정한 중개업등록 결격사유에 해당하지 않는다는 것을 증명하는 외국정부 및 그 밖의 권한있는 기관이 발행한 서류 또는 공증인이 공증한 신청인의 진술서로써 재외공관공증법에 따라 그 국가에 주재하는 대한민국 공관의 영사관이 확인하는 서류

㉯ 상법 제641조에 따른 영업소 등기를 증명하는 서류

나. 등록관청의 심사

등록관청은 공인중개사 및 중개법인이 제출한 등록신청서 및 그 첨부서면을 통하여 중개업 등록의 적합 여부를 형식적으로 심사한다.

다. 개설등록 또는 반려처분

등록관청이 신청서와 그 첨부서면을 검토한 결과 법적요건에 부합할 경우에는 법인 중개업자 및 공인중개사인 중개업자별로 구분하여, 칙 별지 제7호 서식의 "부동산 중개사무소 등록대장"에 등록하여야 한다(칙 제5조 제2항). 다만, 등록요건에 부적합한 경우에는 제출된 관련서면을 신청인에게 반려한다.

라. 중개사무소 개설등록 통지

등록관청이 중개업 등록신청을 수리한 경우에는 접수일로부터 7일 이내에 그 사실을 신청인에게 서면으로 통지하여야 한다(칙 제4조 제2항). 등록신청에 따른 수리결과 통지는 중개업자의 지위를 취득하는 효력발생 요건이 된다.

마. 업무보증 설정 및 신고

등록수리 통지를 받은 중개업자는 중개 업무를 개시하기 전에 법정 보증을 설정하여, 칙 별지 제25호 서식인 "업무보증 설정신고서"를 작성하여 설정한 보증보험증서 · 공제증서 · 공탁증서 사본을 첨부하여 등록관청에 신고하여야 한다. 다만, 보증보험회사 · 공제사업자 · 공탁기관이 그 보증한 사실을 직접 등

록관청에 통보한 경우에는 신고하지 않아도 된다(영 제24조 제2항, 칙 제18조).

바. 인장등록

중개업 등록이 수리된 중개업자는 업무를 개시하기 전까지 중개 업무에 사용할 인장을 관할관청에 등록하여야 한다(법 제16조 제1항). 등록할 인장은 공인중개사인 중개업자는 인감증명법에 따라 신고한 인장이어야 하고, 법인 중개업자는 상업등기처리규칙에 따라 신고한 법인의 인장이어야 한다. 다만, 법인의 분사무소는 상업등기처리규칙 제5조 제4항에 따라 법인의 대표자가 보증하는 인장으로 등록할 수 있다. 그리고 중개업자가 그 소속 공인중개사(법인의 임원·사원 중 공인중개사인 자 포함)를 고용한 경우에는 이들의 인장도 함께 등록하여야 한다. 중개업자 및 업무를 개시하기 전에 채용한 소속 공인중개사는 업무를 개시하기 전에 등록하여야 할 것이지만, 업무개시 후 채용하는 소속 공인중개사의 경우에는 채용 즉시 등록하여야 할 것이다. 인장등록 방법은 인감증명법 또는 상업등기처리규칙에 따라 발급된 인감증명서 제출로 갈음하게 된다.

한편 등록한 인장이 변경된 경우에는 그 변경된 날로부터 7일내 등록관청에 인장 변경등록을 신청하여야 한다. 중개업자의 인장등록 의무는 중개업자에게 있고, 그 소속 공인중개사의 인장등록의무는 중개업자 및 그 소속 공인중개사가 공동으로 부담하게 된다(칙 제9조 제1항 참조).

사. 공인중개사협회 통보

등록관청이 중개사무소 등록증을 교부한 경우에는 칙 별지 제8호 서식의 "중개사무소 등록통지서"를 작성하여 다음달 10일까지 공인중개사 협회에 통보하여야 한다(칙 제6조).[24]

---

24) 등록관청이 공인중개사 협회에 익월 10일까지 통보할 사항에는 중개업 등록에 관한 사항뿐만 아니라 행정처분 및 각종 신고 등에 관한 사항도 포함된다(칙 제6조).

아. 법정게시물 게시

중개업자는 중개업을 개시하기 전에 법정게시물을 중개사무소 안의 보기 쉬운 곳에 게시하여야 한다. 게시물은 중개사무소 등록증(법인의 분사무소는 분사무소 설치신고필증), 중개수수료·실비의 요율 및 한도액 표, 중개업자 및 소속 공인중개사 자격증, 보증설정을 증명하는 서면을 말한다(법 제17조 및 칙 제10조).

7. 등록신청 수수료

부동산 중개업 등록 등에 따른 행정서비스를 신청할 경우에는 아래에서 정하는 바에 따라 각 지방자치단체 조례가 정하는 수수료를 납부하여야 한다. 다만, 공인중개사 자격증 재교부 업무를 수탁받은 자에게는 위탁자로부터 승인받은 수수료를 납부하여야 한다(법 제47조 제1항 제2호 내지 제6호 및 제2항).[25]

① 공인중개사 자격증을 재교부 신청하는 경우

② 중개사무소 개설등록을 신청하는 경우. 단, "개설등록"은 신규등록에 한정된다.

③ 중개사무소 등록증을 재교부 신청하는 경우. 재교부 신청사유는 등록증을 잃어버리거나, 멸실·훼손 등으로 사용하기 곤란한 모든 사정을 의미한다.

④ 법인 중개업자가 분사무소 설치신고를 하는 경우

⑤ 법인 중개업자가 분사무소 신고필증을 재교부 신청하는 경우

8. 무등록 중개업 등

가. 무등록 중개업의 개념

"무등록 중개업"이란 공부법 제9조 제1항에 따른 등록을 하지 않고 부동산

---

25) 법인의 분사무소에 대한 설치 등에 따른 행정수수료는 본점 소재지 관할 등록관청의 지방자치단체 조례가 정하는 수수료를 납부하여야 한다.

중개업을 영위하는 것을 말한다. 무등록 중개업에 해당하기 위해서는 부동산 중개 업무를 업(業)으로 행할 목적으로 하는 행위 내지 상태가 지속될 것이 필요하다. 따라서 우연한 기회에 부동산 중개 업무를 행한 경우라면 업으로 한 것이 아니므로 무등록 중개업자로서 처벌받지 않는다. 대법원도 같은 취지에서 중개업 요건으로써 "중개를 업으로 한다." 함은 계속·반복하여 영업으로 알선·중개하는 것을 의미하는 것으로, 업무의 반복성·계속성·영업성 없이 우연한 기회에 타인간의 거래행위를 중개한 것에 불과한 경우에는 중개업에 해당하지 않는다고 판시하고 있다(대판 91도1274).

한편 금전 소비대차에 부수하여 그 대여금 채권을 담보하기 위한 목적으로 행하는 부동산 담보설정에 따른 권리의 득실변경에 관한 행위의 알선, 즉 부동산에 대한 저당권 또는 근저당권 설정에 따른 융자금 대출 알선도 부동산 중개 업무에 해당한다. 따라서 중개업자 아닌 자가 수수료를 받고 이를 업으로 행한 경우라면 공부법 위반으로 처벌받게 된다(대판 95노8216, 2000도837).

나. 무등록 중개업의 유형

1) 중개업 등록을 하지 않고 중개업을 하는 경우

무등록 중개업의 일반적 형태로, 처음부터 중개업 등록을 하지 않고 부동산 중개업을 영위하는 것으로, 무등록 중개업의 전형적인 모습이다. 한편 대표권 없는 소속 공인중개사 및 중개보조원이 거래계약서 또는 중개대상물확인설명서를 주체적으로 작성하거나 설명할 경우에도, 무등록 중개업에 해당할 수 있다고 해석하고 있다(건유 2001. 2. 9. 토관 58370-189).

2) 폐업한 사무소를 통하여 중개업을 하는 경우

폐업한 중개사무소에 기존 구비되어 있는 각종 설비를 이용하여 계속 중개행위를 하는 경우가 이에 해당한다. 이러한 형태의 무등록 중개행위는 폐업신고를 한 당사자보다는 제3자에 의한 경우가 많다.

3) 중개업 등록취소 처분을 받은 자가 계속 중개업을 하는 경우

등록관청이 공부법 제38조 제1항 및 제2항에 의한 사유로 중개업 등록을 취소하였음에도 불구하고, 그 취소받은 자가 계속 동일 사무소에서 중개업을 영위하는 경우가 이에 해당한다. 다만, 업무정지 처분을 받은 경우이거나, 휴업신고 중에 중개 업무를 수행하는 것은 동 유형에 해당하지 않는다.

제 5 절   인장등록

부동산 중개 업무는 국민의 재산과 관련된 중요한 업무이므로 그 책임을 명백히 할 필요가 있다. 따라서 중개업자와 그 소속 임원·사원·분사무소 책임자 및 기타 소속 공인중개사로 하여금 중개 업무를 수행함에 있어 신중을 기하도록 인장등록 제도를 두고 있다. 따라서 중개업자 및 그 소속 공인중개사는 등록관청에 업무상 사용할 인장을 등록하여야 하고, 중개 업무를 수행할 경우에는 반드시 동 인장을 사용할 의무가 있다(법 제16조 제2항).

1. 인장 신규등록

중개사무소 개설등록을 한 중개업자는 업무를 개시하기 전에 중개행위에 사용할 인장을 등록하여야 한다. 이를 "인장 신규등록"이라 한다. 법인 중개업자가 공인중개사인 임원·사원·분사무소 책임자를 선임하거나, 중개업자가 그 소속 공인중개사를 채용한 경우에도 즉시 해당 공인중개사의 인장을 등록관청에 신규등록하여야 한다. 소속 공인중개사에 대한 인장등록 의무는 중개업자 및 그 소속 공인중개사가 공동으로 부담하게 된다(법 제16조 제1항).

2. 인장 변경등록

중개업자가 중개 업무를 수행하던 중 등록한 인장을 분실·멸실하거나 기타 사유로 변경한 경우에는, 그 변경한 날로부터 7일내 등록관청에 변경한 인장을 등록하여야 한다(칙 제16조 단서, 영 제9조 제2항). 중개업자의 임원·사원·분사무소 책임자 및 기타 소속 공인중개사의 등록 인장이 변경된 경우에도 같다. 이들의 인장이 변경된 경우에는 신규등록과 같이 중개업자 및 그 소속 공인중개사가 공동으로 변경 등록할 의무가 있다.

3. 등록인장 요건

중개 업무에 사용할 등록 인장은 법정요건에 적합한 것이어야 한다. 즉 공인중개사 및 중개인 중개업자의 경우에는 인감증명법에 의하여 신고한 인장이어야 하고, 법인 중개업자는 상업등기처리규칙에 의하여 신고한 법인의 인장이어야 한다.[26) 다만, 법인의 분사무소에서 사용할 인장은 법인의 업무상 편의를 위하여 상업등기처리규칙 제5조 제4항에서 규정하고 있는 바에 따라 법인의 대표자가 보증하는 인장으로 등록할 수 있다(영 제9조 제3항). 이를 통칭 "사용인감 등록"이라고 한다.

4. 인장등록 방법

등록관청에 인장을 등록하는 방법으로는 인감증명법 및 상업등기처리규칙에 의하여 발급받은 인감증명서를 제출하는 방법으로 갈음하도록 하고 있다(칙

---

26) 중개인 중개업자의 경우에는 인장 신규등록은 해당되지 않고 변경등록 의무만 있다. 그러나 중개인 중개업자가 그 소속 공인중개사를 채용한 경우에는 이들의 인장에 대해서는 신규등록 및 변경등록 할 의무가 있음은 다른 중개업자의 경우와 동일하다.

제9조 제4항). 일반적으로 "인장(印章)"이라 함은 인감도장 그 자체를 말하기는 하나, 인장등록을 위하여 별도로 사용인감계를 제출하는 방법으로는 할 수 없다고 한다(건유 2000. 8. 19). 다만, 중개법인의 분사무소인 경우에는 법인대표가 보증하는 "사용인감계(使用印鑑屆)"를 제출하는 방법으로 인장등록 할 수 있음은 앞서 설명한 바와 같다.

제 6 절 중개업자별 업무범위

1. 업무지역에 따른 한계

공인중개사인 중개업자와 법인 중개업자는 중개업무를 수행하는 데 일정한 지역적 한계가 없다. 따라서 이들은 등록관청 소재지 내에 있는 부동산은 물론, 전국 어느 지역에 소재하고 있는 부동산이라도 제한 없이 중개할 수 있다.[27]

다만, 법 부칙 제6조 제1항에 의하여 중개업자로 간주되는 중개인 중개업자는 당해 사무소가 소재하고 있는 특별시·광역시·도의 관할구역 내 소재하는 부동산에 한하여 중개할 수 있다. 그러나 중개인도 법 제24조에서 규정하고 있는 부동산거래정보망에 가입하고 이를 통하여 중개할 경우에는, 당해 정보망에 공개된 다른 특별시·광역시·도에 소재하고 있는 부동산에 대해서도 중개할 수 있는 예외가 인정되고 있다(법 부칙 제6조 제6호 후단).

2. 중개대상물에 따른 한계

현행법상 중개업자별 취급할 수 있는 중개대상물의 범위에 대해서는 아무 제한이 없다. 따라서 공인중개사 및 중개인 중개업자뿐만 아니라 법인 중개업

---

27) 우리나라 영토는 북한에도 미친다(헌법 제3조). 따라서 공인중개사 및 중개법인은 북한에 소재하고 있는 부동산에 대해서도 당연히 중개할 수 있다.

자 모두 동일한 중개대상물을 취급할 수 있다. 다만, 법 부칙 제6조 제1항에 의하여 중개업자로 간주되는 중개인 중개업자의 경우에는 민사집행법에 의한 경매 및 국세징수법 그 밖의 법령에 의한 공매대상 부동산의 권리분석 및 취득알선과 매수신청 또는 입찰신청 대리업무는 할 수 없도록 제한하고 있다(법 부칙 제6조 제2항).

한편 구 부동산중개업법 제9조 제2항에서는 중개업자별로 취급할 수 있는 중개대상물의 종류를 정할 수 있는 근거 규정이 있었다. 그러나 현행 공부법에는 이와 관련된 규정이 삭제되었는데, 국민의 재산권 보호 내지 부동산 거래질서 확립과 중개업자에 대한 전문직업인으로서의 사회적 지위를 보장하기 위해서는, 중개업자의 종별뿐만 아니라 중개업자의 지식·실무경력 등에 따라 그 취급할 수 있는 중개대상물의 범위 내지 한계를 구분하는 것이 바람직 할 것이다.

3. 겸업에 따른 한계

중개업자는 중개사무소를 중개 업무에만 전용(專用)하여야 하는 것은 아니며, 다른 업무를 위해서도 사무소의 일부를 활용할 수 있다. 우리 헌법 제15조에서 규정하고 있는 "직업선택의 자유"에는 겸업의 자유도 보장되는 것이므로, 공부법상 특별한 규정이 없는 점에 비추어 보면 이설이 있을 수 없다. 다만, 중개법인의 경우에는 중개업만을 영위할 목적으로 설립되어야 하므로 겸업이 금지된다고 볼 수 있다(영 제13조 제2항 나목). 그러나 중개법인의 경우에도 중개업무와 밀접한 관련 있는 업무는 수행할 수 있도록 허용할 필요가 있으므로, 법 제14조 제1항에서는 중개법인이 겸업할 수 있는 업무에 대하여 구체적으로 열거하고 있다.

가. 법인 중개업자의 겸업가능 업무

법인 중개업자는 다음과 같은 업무를 중개업과 겸할 수 있다. 따라서 겸업이

가능한 것으로 규정된 업무에 대해서는 중개업의 부수업무로써 정관의 목적사
업에 포함시킬 수 있다(건유 2000. 12. 21).

1) 상업용 건축물 및 주택의 임대관리 등 부동산 관리대행

2) 부동산의 이용·개발 및 거래에 관한 상담

"부동산의 이용·개발 및 거래에 관한 상담"은 일명 "부동산컨설팅(Consult-
ing)"에 속하는 것으로 누구나 할 수 있는 자유업역에 해당한다. 따라서 중개업
자가 아닌 자도 동 업무를 수행할 수 있으나, 이에 더하여 부동산에 대한 매
매·교환·임대차 등에 대한 알선 업무는 수행할 수 없음은 물론이다(건유
2001. 3. 16).

3) 중개업자를 대상으로 한 중개업의 경영기법 및 경영정보 제공

"중개업의 경영기법 및 경영정보 제공"이란 부동산 중개업에 필요한 다양한
기술·정보 등을 그 소속 회원들에게 제공하는 것을 말한다. 이를 일명 "프렌차
이즈(Franchise)"라 한다. 그런데 중개법인이 겸업할 수 있는 이러한 프렌차이
즈 업무도 일반인을 대상으로 할 수 있는 것은 아니고, 중개업 등록을 한 중개
업자를 대상으로 하는 것이어야 한다.

4) 대통령령이 정하는 다음과 같은 주택 및 상가의 분양대행[28]

가) 주택법 제16조에 의한 사업계획 승인대상이 아닌 주택

연간 단독주택은 20호, 공동주택은 20세대 이상을 건축하는 경우 및 연간
10,000m^2 이상의 대지조성 사업을 시행하고자 하는 자는 시·도지사(국가·대
한주택공사·한국토지공사가 이들 사업을 추진하는 경우 및 330만m^2 이상의 택지개발

---

28) 건설회사에서 분양하는 단지 내 상가 등을 계약금만 지불한 상태에서 전체를 일괄 매입
하여 일반인에게 다시 분양 내지 판매하는 행위는 분양대행 업무가 아니고, 부동산매매업
에 해당하므로 중개업자는 이를 취급할 수 없다(건유 2000. 12. 22).

촉진법에 의한 택지개발사업, 도시개발법에 의한 도시개발 사업을 추진하는 지역 중 건설교통부장관이 지정·고시하는 지역 안에서 주택건설 사업을 시행하는 경우, 수도권 및 광역시 지역의 긴급한 주택난 해소가 필요하거나 지역 균형개발 또는 광역적 조정이 필요하여 건설교통부장관이 지정·고시하는 지역 안에서 주택건설 사업을 시행하는 경우에는 건설교통부장관)의 승인을 받아야 한다. 따라서 이에 해당하지 않는 경우, 즉 연간 19호 이하의 단독주택 및 19세대 이하의 공동주택을 건축하는 건축주가 건축한 주택인 경우에는 법인 중개업자가 자유롭게 분양대행 할 수 있다(주택법 제16조 제1항, 동법시행령 제15조 제1호 및 제4호).

나) 주택법 제16조에 의한 사업계획 승인대상 주택으로서 입주자 모집결과 신청자의 수가 공급하는 주택의 수에 미달하게 된 경우, 그 미달된 주택부분

다) 건축물의분양에관한법률 제5조의 분양신고 대상이 아닌 상가

건축물의분양에관한법률에 의하여 분양 대상이 되는 건물은 상가에 한정되지는 않고 건축법 제18조에 의하여 사용승인을 받기 전에 분양하는 건축물로서 아래와 같은 건물을 말한다(건축물의분양에관한법률 제3조 제1항 및 동법시행령 제2조).[29) 따라서 아래 요건에 해당하지 않는 건축물은 중개법인의 업무에 속한다.

① 건축물의 바닥면적 합계가 3,000m² 이상인 것

② 일반 업무시설 중 오피스텔로써 20실 이상인 것

③ 주택 이외의 시설과 주택을 동일한 건축물로써 건축하는 경우, 주택 이외의 용도에 쓰이는 바닥면적 합계가 3,000m² 이상인 것

④ 바닥면적 합계가 3,000m² 이상으로써 임대 후 분양전환을 목적으로 임대하는 것. 단 분양전환 시 임차인에게 우선순위를 부여하는 것도 포함된다.

라) 건축물의분양에관한법률 제5조에 의한 분양신고 대상인 상가로써 분양결과 신청자의 수가 공급하는 상가의 수에 미달하는 경우, 그 미달된 상가부분

---

29) 건축물의분양에관한법률에서 "분양"이란 건축물의 전부 또는 일부를 2명 이상의 자에게 판매하는 것을 말한다(법 제2조 제2호). 다만, 동법은 주택법에 의한 주택 및 복리시설, 산업집적활성화및공장설립에관한법률에 의한 아파트형 공장, 관광진흥법에 의한 관광숙박시설, 노인복지법에 의한 노인복지시설의 경우에는 적용되지 않는다(법 제3조 제2항).

마) 중개의뢰인의 의뢰에 따른 도배·이사업체 소개 등 주거이전에 부수되는 용역의 알선

5) 경매 또는 공매대상 부동산에 대한 권리분석 및 취득알선과 이에 대한 매수신청 및 입찰신청 대리행위

법인 중개업자는 민사집행법에 의한 경매 및 국세징수법 그 밖의 법령에 의한 공매대상 부동산에 대한 권리분석 및 취득알선과 이에 대한 매수신청 및 입찰대리 업무를 할 수 있다. 다만, 동 업무 중 민사집행법에 의한 경매대상 부동산에 대한 권리분석 및 취득알선 업무를 수행하기 위해서는 대법원 규칙이 정하는 바에 따른 일정한 요건을 갖추어야 한다(법 제14조 제3항).

나. 개인 중개업자의 법인업무 겸업가능 여부

위에서 살펴 본 법인 중개업자가 겸업할 수 있는 업무를 공인중개사 내지 법 부칙 제6조 제1항에 의하여 중개업자로 간주되는 중개인 중개업자도 겸업할 수 있는가 하는 문제가 있다.

법 제14조 제1항에서는 "법인 중개업자는 … 중개업과 … 제2항에서 규정된 업무 외에 다른 업무를 함께 할 수 없다."라고만 명시하고 있을 뿐이다. 그런데 중개법인이 겸업할 수 있는 위 업무는 법문의 해석상 중개법인의 고유 업무라고 해석할 근거가 없다. 따라서 원칙상 모든 중개업자가 겸할 수 있는 것으로 보는 것이 타당하다. 다만, 중개인 중개업자는 법 부칙 제6조 제2항에 의하여 "경매 또는 공매대상 부동산에 대한 권리분석 및 취득알선과 이에 대한 매수신청 및 입찰 대리업무"는 할 수 없도록 제한하고 있으므로 동 업무는 제외된다.[30]

---

30) 구 부동산중개업법 제9조의2에서도 이와 같은 내용의 규정이 있었는데, 건설교통부는 중개법인이 겸업할 수 있는 각 업무에 대하여 중개인 및 공인중개사인 중개업자도 겸할 수 있는 것으로 해석하고 있었다(건유 2001. 3. 8).

다. 특수법인의 중개법인 겸업업무 가능여부

특수법인은 법인설립 근거가 되는 당해 법률에서 특별한 규정을 두고 있지 않는 한, 중개법인이 겸업할 수 있는 것으로 규정하고 있는 법 제14조 제1항 및 제2항의 업무는 수행할 수 없는 것으로 보아야 한다.

제 7 절 중개업자의 사용인

1. 사용인의 개념

"사용인"이란 중개업자가 중개 업무를 원활하게 수행하기 위하여 사용하는 자연인을 말한다. 이러한 사용인에는 법인의 기관에 해당하는 이사·감사·무한책임사원 및 유한책임 사원과, 단순한 직원에 불과한 분사무소 책임자·소속 공인중개사, 중개보조원이 있다.

중개업자는 중개업무의 효율성·능률성·광역성을 추구하기 위하여 중개업무를 보조할 직원을 채용하는 것이 필수적이다. 그런데 이러한 중개업자의 사용인도 실질적으로는 국민의 재산권에 직접 관여하고 있으므로, 중개업자와 동일하게 법 제10조 제1항을 통하여 일정한 제한을 두고 있다(법 제10조 제2항). 따라서 중개업자는 결격사유 없는 자를 고용하여야 하고, 만약 고용한 후에도 법정 결격사유에 해당하는 사정이 발생한 경우에는 즉시 해고하여야 한다. 중개업자가 고용할 수 있는 사용인의 수에는 제한이 없다.

2. 사용인에 대한 신고

중개업자가 중개 업무에 필요한 사용인을 채용하거나 해고한 경우에는 등록관청에 신고하여야 한다. 고용 및 해고에 대한 신고는 칙 별지 제11호 서식의 "소속 공인중개사 또는 중개보조원의 고용·해고신고서"에 의하며, 고용 또는 해고한 날부터 10일 이내에 등록관청에 신고할 의무가 있다(칙 제8조).

3. 사용인의 업무범위

　사용인은 중개업자가 아니므로 중개활동 중 본질적인 행위는 할 수 없다. 따라서 중개대상물에 대한 확인·설명, 중개대상물확인설명서 및 거래계약서 작성 등의 행위는 할 수 없고, 단순한 현장안내·물건접수 등 중개업자의 업무를 단순 보조하는 행위만 할 수 있을 뿐이다(건유 2001.2.9, 토관 58370-189).

　중개업무 중에는 본질적인 것인지, 보조적인 것인지 분명하지 않은 경우도 많다. 그러나 중개대상물에 대한 설명과 동 설명서 작성 및 거래계약서 작성은 본질적인 것으로 보고 있다. 따라서 사용인이 이러한 업무를 수행한 경우에는 무등록 중개업자로 처벌받게 되며, 일정한 경우에는 해당 중개업자도 공인중개사 자격증 또는 등록증을 대여한 것으로 간주될 수 있다(건유 1998.1.10, 토관 58370-10). 그러나 사용인이 본질적인 업무에 관여한 경우라도 중개업자의 구체적인 지시와 통제하에 수행한 것이라면 무방하다고 보아야 한다.

　한편 법인의 대표자 또는 분사무소 책임자는 중개업자는 아니지만 중개업자의 업무를 대리할 수 있는 지위에 있으므로, 자연인에 해당하는 중개업자와 동일한 업무를 수행할 권한이 있다. 다만, 이들 대표자가 직접 거래를 알선한 경우에는 중개업자에 대한 서명·날인과 더불어 이들 대표자의 서명·날인도 함께 하여야 할 것이다. 사용인의 구체적인 업무한계를 살펴보면 다음과 같다.

가. 법인의 이사·감사·무한책임사원 및 분사무소 책임자의 업무범위

　중개법인 중 주식회사는 대표이사·이사·감사를 두고, 유한회사는 대표이사·이사를 두되 필요한 경우에는 감사를 둘 수 있다. 합명회사 및 합자회사에는 무한책임 사원을 두고 있다. 중개법인의 대표자는 공인중개사이어야 하고, 대표자를 포함한 임원의 과반수는 공인중개사이어야 한다. 그런데 법인 중개업자는 "법인 그 자체"가 중개업자이므로 이들 임원 및 사원은 단순한 기관에 불과하다. 따라서 이들 중 공인중개사인 자는 소속 공인중개사에 준하는 자격이 있고, 공인중개사가 아닌 자는 중개보조원에 준하는 업무상 한계가 있다.

나. 소속 공인중개사의 업무범위

소속 공인중개사는 중개보조원과 달리 "중개업무"도 수행할 수 있는 것으로 규정하고 있다(법 제2조 제5호). 그러나 법문상 "중개업무"라 규정하고 있다하더라도 중개업무의 본질에 속하는 것은 할 수 없는 것으로 보아야 하므로, 원칙상 중개보조원의 경우와 다를 바 없다. 그러나 소속 공인중개사는 소정의 자격을 갖추고 있다는 점에서 다음과 같은 특칙을 두고 있다.

즉 소속 공인중개사의 알선으로 거래계약이 체결된 경우에는 중개대상물건 확인설명서 및 거래계약서에 중개업자(법인 중개업자의 경우에는 대표자, 분사무소의 경우에는 분사무소 책임자)와 함께 서명·날인하도록 하고 있다(법 제25조 제4항, 제26조 제2항). 소속 공인중개사에는 법인의 임원·사원·분사무소 책임자도 포함하는 것임은 앞서 설명한 바와 같다(법 제2조 제5호).

다. 중개보조원의 업무범위

중개보조원은 공인중개사 자격이 없는 자를 말한다. 따라서 법인의 임원·사원이라도 공인중개사가 아닌 자는 모두 중개보조원에 해당한다. 중개보조원도 위 소속 공인중개사의 업무범위와 원칙상 동일하다고 볼 수 있다. 따라서 중개대상물에 대한 자료수집, 단순한 중개업무 상담, 중개사무소 운영과 관련된 사무·공부발급·물건접수, 물건에 대한 현장방문 및 안내 등의 행위만 할 수 있을 뿐이다. 다만, 중개보조원은 공인중개사가 아니므로 중개대상물확인설명서 및 거래계약서에 중개업자와 함께 서명·날인할 의무가 없다.

한편 중개업자 및 그 소속 공인중개사로 하여금 중개대상물확인설명서 및 거래계약서에 서명·날인하도록 한 취지는 중개 업무에 관여한 자를 명백히 함으로써 부동산 거래질서를 확립하고 궁극적으로는 의뢰인을 보호하기 위한 것이다. 따라서 중개보조원에게도 소속 공인중개사에게 요구되는 위와 같은 의무

를 부여하는 것이 바람직하다.[31]

4. 이중소속 금지

"이중소속"이란 공인중개사인 중개업자 및 중개인 중개업자와, 중개업자의 임원·사원·분사무소 책임자 및 기타 소속 공인중개사·중개보조원이, 다른 중개업자의 임원·사원·분사무소 책임자 및 그 소속 공인중개사·중개보조원이 되는 것을 말한다. 이와 관련하여 공부법 제12조 제2항에는 "중개업자·소속 공인중개사·중개보조원 및 중개업자인 법인의 사원·임원은 다른 중개업자의 소속 공인중개사·중개보조원 또는 중개업자인 법인의 사원·임원이 될 수 없다."고 규정하고 있다.

한편 주식회사와 유한회사의 이사는 이사회 승인, 합명회사와 합자회사의 무한책임 사원은 다른 사원의 동의 없이는 다른 중개법인의 이사 또는 무한책임 사원이 될 수 없다(상법 제397조, 제567조, 제198조, 제269조). 만약 이를 위반하여 임의로 이중소속 될 경우에는 상법 제385조 제2항의 "법령에 위반한 중대한 사유"에 해당하여 해임사유가 된다. 그리고 이러한 겸업금지 의무를 위반하여 재산상 이득을 취하거나 제3자로 하여금 취득하게 한 경우에는 상법 제622조의 특별배임죄에 해당하여 10년 이하의 징역 또는 3,000만원 이하의 벌금형에 처해질 수 있다. 그러나 공부법은 상법에 앞서 적용되는 것이므로 중개법인의 임원 또는 사원은 이들 상법규정에 관계없이 공부법에 의하여 당연히 이중소속이 금지된다.

업무정지 처분을 받은 중개업자 및 그 소속 임원·사원·분사무소 책임자·기타 소속 공인중개사 및 중개보조원이, 다른 중개업자의 임원 등으로 참가할

---

31) 중개업자 입장에서도 추후 거래계약과 관련하여 중개사고가 발생할 경우, 중개보조원의 과실에 따른 구상권 행사의 실효성을 확보하기 위하여 법문과 무관하게 중개보조원으로 하여금 중개대상물확인설명서 및 거래계약서의 적당한 여백에 서명·날인토록 하는 것이 바람직할 것이다.

경우에도 이중소속에 해당하게 된다.

5. 사용인의 행위에 대한 효과

중개업자 사용인이 중개업무 수행 중 행한 행위는 중개업자의 행위로 간주
되고 있다(법 제15조 제2항). 따라서 1차적으로는 임원·사원·분사무소 책임자
및 소속 공인중개사·중개보조원이 공부법에 위반하는 행위를 한 경우에는 중
개업자가 모든 책임을 부담하게 된다. 이러한 중개업자의 책임에는 행정책임·
민사책임·행정벌 책임이 있다. 다만, 사용인에게 행정형벌 책임이 발생한 경우
중개업자에게는 벌금형에 대한 책임만 있는 것으로 하고 있다(법 제50조).
사용인의 행위를 중개업자의 행위로 보는 이유는 중개업무의 공익성과 중개
업자의 전문직업인으로서의 책임을 강조함으로써, 국민의 재산권을 보호하기
위한 것이다. 중개업자와 그 사용인의 책임에 대한 구체적인 내용에 대해서는
후술하기로 하겠다.

제 8 절   중개업자의 권리와 책무

1. 중개업자의 권리

중개업자는 부동산 유통시장의 주체로서 품위를 유지하고 신의와 성실로써
공정하게 중개 업무를 수행할 의무가 있다(법 제29조 제1항). 이에 따라 공부법
에서는 중개업자에게 다양한 의무와 책임을 부과하고 아울러 권리도 부여하고
있는데, 중개업자의 의무에 대해서는 후술하기로 하고 우선 권리에 대하여 살
펴보기로 하자.

가. 부동산 중개업에 대한 전속적 권한

부동산 중개업은 중개업자의 전속적 권한에 속한다. 중개업자는 법 부칙 제6조 제1항에 의하여 중개업자로 간주되는 중개인과, 현행 공부법 제9조 제1항에 의하여 등록관청으로부터 중개업 등록을 한 공인중개사 중개업자 및 법인 중개업자를 의미한다. 따라서 원칙상 이에 속하는 중개업자가 아니면 부동산에 대한 취득·알선을 업(業)으로 할 수 없도록 제한하고 있다.

나. 공인중개사 명칭 사용권

"공인중개사"란 공부법에 의하여 공인중개사 자격을 취득한 자를 의미한다(법 제2조 제2호). 공인중개사는 중개업자가 되기 위한 필수 자격증으로, 부동산 유통과 관련된 전문 지식과 실무능력이 있다는 것을 공인하는 자격증이다. 그런데 이러한 전문자격사의 명칭이 함부로 남용된다면 국민들에게 혼란과 피해를 줄 우려가 있으므로, 공인중개사가 아닌 자는 공인중개사 또는 이와 유사한 명칭을 사용하지 못하도록 제한하고 있다(법 제8조).

여기서 "공인중개사 또는 이와 유사한 명칭"이란 중개보조원 등이 그의 명함 등에 "공인중개사사무소 이갑동"이란 표시를 한 경우, "공인중개업·공인중개인·공인부동산 이갑동 사무소" 등으로 표현한 경우 등을 의미한다. 다만, 명함 등에 "○○공인중개사 대표 이갑동"으로 표현한 경우라면, 이는 공인중개사 또는 이와 유사한 명칭을 사용한 것이 아니고, 부동산 중개업 등록증을 대여받은 것으로 해석하게 된다(건유 2000. 12. 21).

다. 중개수수료 청구권

중개수수료는 중개업자의 알선으로 거래계약이 체결된 경우, 중개의뢰인에게 청구할 수 있는 보수를 의미한다. 중개수수료는 중개 업무를 수행하는 중개업자로 하여금 전문직업인으로서 계속적 활동을 수행할 수 있도록 보장하기 위하여 중개업자에게만 부여한 권리이다. 다만, 청구할 수 있는 중개수수료 범위는 주택(부속토지 포함)인 경우에는 건설교통부령이 정하는 바에 따라 특별시·

광역시·도의 조례가 규정하고 있는 범위 내에서, 기타 중개대상물인 경우에는 건설교통부령이 정하는 한도 내에서만 각 행사할 수 있을 뿐이다(법 제32조 제3항).

1) 중개수수료 청구권 발생요건

중개수수료 청구권은 거래계약이 체결된 경우, 중개계약 및 거래계약을 체결한 당사자에게 청구할 수 있는 권리이다. 다만, 중개업자가 수수료 청구권을 행사하기 위해서는 다음과 같은 요건이 필요하다.

가) 중개계약이 존재할 것

"중개계약"이란 중개의뢰인이 중개업자에게 부동산에 대한 알선을 의뢰하고 이에 대하여 중개업자가 승낙하는 것을 말한다. 이러한 중개계약에는 공개중개계약·전속중개계약·독점중개계약·순가중개계약 기타 여러 형태의 중개계약으로 성립할 수 있다. 중개계약은 낙성·불요식 계약으로 일반적으로는 구두로 성립되고 있다. 다만, 중개 의뢰인이 서면으로 중개계약을 체결할 것을 요청하는 경우에는 일반중개계약서 또는 전속중개계약서로 작성하게 된다.

나) 중개활동이 있을 것

중개수수료 청구권이 발생하기 위해서는 중개계약에 따른 중개업자의 활동이 있어야 한다. "중개활동"이란 중개업자로서 중개계약의 본지에 적합한 활동을 하는 것을 말한다. 다만, 중개활동은 중개업자가 직접 할 필요는 없고, 그 소속 공인중개사 및 중개보조원을 통해서도 가능하다.

다) 중개가 완성할 것

"중개완성"이란 중개업자 알선으로 당사자 간의 거래계약이 원만하게 성립한 상태를 말한다. 거래계약은 당사자 간의 낙성·불요식으로 성립하는 것이므로, 반드시 거래계약서를 작성할 필요는 없다.[32]

판례는 거래계약 체결에 결정적으로 기여한 중개업자라면, 그의 귀책사유

---

32) 중개업자는 거래계약서를 작성하여 서명·날인하고 그 사본을 5년간 보존하여야 한다고 규정하고 있으나(법 제26조 제1항), 이는 중개업자의 의무일 뿐 중개완성과 이에 따른 중개수수료 청구권과는 아무 상관이 없다.

없이 매매계약서 작성에 관여하지 못했다하더라도 중개는 이미 완성된 것이므로, 이에 대하여 당연히 중개수수료 청구권이 있다고 판시하고 있다(서울동부지원 86가단2801). 그리고 쌍방의 제시가격 차이로 중개업자의 중개활동이 일시 중단된 상태에서 직접 의뢰인이 상호 절충함으로써 거래계약을 체결한 경우에도, 중개업자는 수임인의 보수청구권 및 거래상 신의칙에 비추어 중개행위에 상응한 법정 중개수수료·소요비용 기타 의뢰인의 이익정도 등 제반사정을 참작하여 보수를 청구할 권리가 있다고 판시하고 있다(부산지법 87나516).

한편 대법원은 특별한 사정이 없는 한 계약의 해제에 있어서 불리한 시기란 있을 수 없으므로, 중개업자가 중개를 완성하기 전에 중개의뢰인이 의뢰계약을 해제한 경우라면, 중개가 가능하였다고 하더라도 이를 이유로 중개수수료에 상당하는 손해배상청구는 할 수 없다고 판시하고 있다(대판 90다18968).

라) 중개업자의 고의 또는 과실로 거래계약이 무효·취소·해제되지 않았을 것

중개업자의 알선으로 거래계약이 체결된 경우라도 어떠한 사정으로 그 계약이 무효·취소·해제되는 경우가 발생할 수 있다. 이러한 경우에는 원칙상 중개가 미완성된 것으로 보고 중개업자에게 수수료 청구권을 인정하지 않는다.

그러나 중개업자의 고의(故意)·과실(過失) 없이 거래계약이 무효·취소·해제된 경우라면 여전히 중개가 완성된 것으로 보고 중개업자에게 보수청구권을 인정하고 있다(법 제32조 제1항 단서).

마) 거래계약 시 중개업자의 지위에 있을 것

중개계약을 체결할 시점에는 중개업자인 경우라도, 거래계약을 체결할 때 중개업자의 지위를 상실하게 되면 중개수수료 청구권을 인정할 수 없다. 중개수수료 청구권은 중개완성에 대한 보수의 성질과 중개업자에게만 인정된 권리이므로, 보수 청구권의 발생요건인 거래계약을 체결하는 시점에 중개업자 지위를 상실한 자에게까지 이를 인정할 필요가 없고, 만약 이를 인정하게 되면 무등록 중개업자에게 중개수수료 청구권을 인정하는 것이 되어 부당하기 때문이다. 다만 거래계약이 체결된 후에 중개업자의 지위를 상실한 경우라면 중개수수료 청구권이 인정된다고 보아야 한다.

2) 중개수수료 청구시기

중개업자가 중개 의뢰인에게 중개수수료를 청구할 수 있는 시기는 원칙상 "중개가 완성한 때"이다. "중개완성"이란 중개계약 당사자가 중개업자의 알선에 따라 상호 합의를 바탕으로 거래계약서를 작성하는 때를 말한다.

그러나 이와 무관하게 중개 의뢰인과 중개업자 간 특약으로 중개수수료 지급시기를 달리 정하는 것도 가능하다. 즉 중개수수료 청구권이 발생하는 시점을 중개완성 전후의 어느 특정 시점을 기준으로 정할 수도 있다. 그리고 중개수수료 지급방법도 일괄 또는 분할지급 하는 방식으로 약정할 수도 있음은 물론이다.

3) 중개수수료율

중개업자가 중개를 완성한 경우 각 중개의뢰인에게 청구할 수 있는 중개수수료율은 주택(부속토지 포함)과 기타 부동산으로 구분하여 각 규정하고 있는데, 그 구체적인 내용을 살펴보면 다음과 같다.

가) 주택에 대한 중개수수료율

주택(부속토지 포함)인 경우 중개의뢰인 일방으로부터 받을 수 있는 중개수수료율은 매매·교환은 거래금액의 9/1,000, 임대차 등의 경우에는 거래금액의 8/1,000 이내에서, 각 중개업자의 사무소를 관할하는 특별시·광역시·도의 조례가 정하는 요율과 범위 내에서만 청구할 수 있도록 규정하고 있다(칙 제20조 제1항).

나) 주택을 제외한 기타 부동산에 대한 중개수수료율

주택을 제외한 기타 부동산에 대한 거래계약을 체결한 경우에는 중개의뢰인 일방으로부터 받을 수 있는 중개수수료율은 거래금액의 9/1,000 이내에서 의뢰인과 중개업자가 상호 협의하여 정하는 요율에 따라 산정된 금액으로 하고 있다(칙 제20조 제4항).

4) 주택의 중개수수료율 적용기준 지역

주택에 대한 중개수수료는 중개업소가 소재하고 있는 특별시·광역시·도의 조례가 정하는 수수료율을 적용하도록 하고 있다(칙 제20조 제3항). 그런데 중개업자 중 공인중개사 및 법인 중개업자의 업무활동 지역은 전국에 걸치게 되고, 중개인 중개업자도 법 제24조에서 정하고 있는 부동산거래정보망에 가입한 경우에는 동 정보망에 공개된 부동산에 대하여 지역과 무관하게 중개 업무를 수행할 수 있으므로(법 부칙 제6조 제6항), 이러한 사유로 중개사무소가 소재하는 특별시·광역시·도의 행정구역 밖에 있는 중개대상물을 거래할 가능성이 많다. 따라서 중개사무소와 물건 소재지가 다른 경우에는 어느 곳을 관할하는 시·도 조례에 따른 중개수수료율을 적용할 것인가 하는 문제가 있다. 이에 대하여 칙 제20조 제3항에는 중개대상물 소재지와 무관하게 중개사무소가 소재하고 있는 지역을 관할하는 특별시·광역시·도의 조례가 정하는 수수료를 받도록 규정하고 있다.

그런데 위 규정은 1개의 중개업소가 단독으로 중개하는 경우를 상정하여 규정한 것으로 판단된다. 그런데 만약 다수의 중개업자가 공동중개로 거래계약을 체결한 경우에는 어느 시·도 조례를 적용할 것인가? 예컨대 매도의뢰를 받은 중개업소는 A광역시에 있고, 매수의뢰를 받은 중개업소는 B도에 있는 경우이다. 이러한 경우라면 각 의뢰받은 중개업소의 시·도 조례에 따라 각 의뢰인에게 수수료를 청구하면 될 것이다. 그런데 이들 중개업소 외 공동중개에 참여한 또 다른 시·도에 소재하는 제3의 중개업소가 있을 수 있다. 그러나 이러한 경우에도 최초로 중개계약을 체결한 중개업소를 기준으로 판단하면 될 것이다. 즉 위 사례에서 보면 매도의뢰 받은 중개업소는 A광역시 조례에 따라, 매수의뢰 받은 B도의 중개업소는 B도 조례에 따라 각 의뢰인에게 청구하면 되고, 이들 중개업소 사이에 관여하고 있는 기타 제3의 중개업소에 대한 문제는 이들 중개업자의 내부 문제이므로, 공동중개에 관여한 모든 중개업자가 상호 협의하여 수수한 전체 중개수수료를 적의 분배하는 방법으로 처리하면 될 것이다.[33]

---

33) 특별시·광역시·도를 달리하는 중개업자 간에 공동중개를 한 경우, 어느 지역의 조례를 기준으로 수수료를 청구할 것인지에 대한 해석상의 문제를 간명하게 처리하기 위해서는 입법적 보완이 요구된다. 필자의 견해로는 단독중개와 공동중개를 막론하고 부동산 소재

5) 거래금액 판단기준

중개수수료는 중개대상인 부동산 권리에 대한 거래금액을 기준으로 주택 또는 기타 중개대상물에 따라 건설교통부령 또는 각 시·도 조례가 정하는 요율을 곱하여 산정하게 된다. 그런데 여기에는 해석상 문제가 있다. 즉 "거래금액"이 무엇이냐 하는 것이다. 이러한 문제는 중개대상물이 단일한 경우뿐만 아니라 복수인 경우에도 발생한다.

1필 토지를 매매하는 경우에는 어느 정도 간명하게 처리할 수 있다. 그러나 여러 개의 부동산이 중개대상물이 된 경우에는 또 다른 문제가 있다. 즉 2필지 이상의 토지를 매매할 경우 또는 토지와 건물이 일괄 거래될 경우, 이들 부동산의 전체 가액을 거래금액으로 할 것인지, 아니면 부동산별로 산정된 각각의 금액을 거래금액으로 할 것인가 하는 점이다. 이에 대하여 칙 제20조 제5항에는 다음과 같은 거래금액 결정기준을 제시하고 있다.

① 임대차 중 보증금 이외에 차임이 있을 경우에는, 월 단위 차임액에 100을 곱하여 산정한 금액과 보증금을 합산한 금액

② 교환으로 거래계약을 체결할 경우에는 거래금액이 큰 교환물의 가액

③ 동일한 중개대상물에 대하여 당사자 간에 매매를 포함한 둘 이상의 거래가 동시에 체결될 경우에는 목적물에 대한 매매금액[34]

한편 중개수수료 산정기준이 되는 거래금액에 대하여 위와 같은 기준을 제시하고는 있으나 부족한 점이 있다. 즉 거래되는 부동산이 여러 개 존재할 경우 각 부동산 별로 정해진 금액을 거래금액으로 할 것인지, 아니면 일괄 거래되는 부동산 전체가액을 거래금액으로 할 것인지에 대해서는 언급이 없다.

당사자는 상호 필요에 의하여 여러 개의 부동산을 일괄 거래하는 경우가 많다. 이러한 경우에는 일반적으로 각 부동산별로 산정된 거래가액을 산출해 낸

지 특별시·광역시·도의 조례를 적용하는 것이 합리적이라 본다. 왜냐하면 부동산 소재지는 1곳뿐이므로, 관여하는 중개업소가 아무리 많아도 간명하게 해결할 수 있고, 관여하는 중개업자 및 의뢰인의 입장에서도 공평하기 때문이다.

34) 칙 제20조 제5항 제3호의 내용은 매매계약과 동시에 처리되는 저당권설정에 대한 알선 내지 매매와 동시되는 점유개정에 따른 용익권 설정에 대한 알선 등의 경우를 의미한다.

다음, 거래계약서에는 단순히 총액만 기재하고 있다. 따라서 실무적으로 볼 때 수 개의 부동산이 일괄 거래될 경우에는 각 부동산에 대한 거래가액이 중개수수료 산출기준이 되는 거래금액에 해당한다고 보아야 한다.[35] 이러한 논리는 법리적으로도 엄연히 별개의 부동산이 다수 거래되는 것이므로, 수 개의 부동산을 중개한 것으로 해석하더라도 전혀 부당하지 않기 때문이다.

6) 거래금액 판단에 따른 특수한 사례

중개수수료는 대상 부동산 권리에 대한 거래금액을 기준으로 건설교통부령 또는 해당 시·도 조례가 정하는 요율을 곱하여 산정하는 것이므로, 거래금액의 확정은 중요한 의미를 갖고 있다. 거래금액은 일반적으로 거래계약서에 형식상 표시되고 있다. 그러나 계약서에 기재된 거래금액이라 하더라도 일의적으로 중개수수료 산정기준이 되는 거래금액이라 단정하기 곤란한 경우도 많다. 따라서 구체적인 사정에 따라 정확히 확정할 필요가 있다. 거래금액 판단이 문제되는 경우를 살펴보면 다음과 같다.

가) 주상복합 건물인 경우

여기서 말하는 "주상복합 건물"이란 1개의 중개대상물이 주거와 기타 목적으로 복합적으로 활용되는 경우를 말한다. 예컨대 한 개의 부동산 일부가 주상복합으로 이용되는 경우(점포와 주택, 주택과 공장이 같이 있는 건물부분), 1부동산 전부가 주상복합인 경우(1동 건물의 일부 층은 주택으로, 나머지 층은 상가 등으로 구성된 경우)로 구분할 수 있다. 이러한 경우에 주택부분과 상가부분 중 어느 부분을 기준으로 중개수수료율을 적용할 것인가 하는 문제가 있다.

이에 대하여 칙 제20조 제6항에서는 중개대상인 건물부분 중, 주택 부분이 1/2 이상인 경우에는 전체를 주택으로 보고, 주택 부분이 1/2 미만인 경우에는 전체를 주택 이외의 중개대상물로 보아, 각 해당 요율을 곱하여 중개수수료를

---

35) 주택과 그 대지가 일괄 거래될 경우 전체금액에 수수료율을 곱하는 경우와, 각 부동산의 거래금액을 기준으로 각 요율을 곱하여 산출된 금액을 합산하여 비교해 보면, 수수료 총액에 상당한 차이가 발생한다. 따라서 이러한 문제는 입법적으로 명백히 할 필요가 있다.

산정하도록 하고 있다. 그러나 주택인지 아닌지를 판단하는 것도 간단한 문제
는 아니다. 따라서 다음과 같이 해석하는 것이 타당할 것이다. 즉 건축물대장과
무관하게 현재 활용되고 있는 용도와 면적을 기준으로 주택 여부를 판단하고,
만약 이러한 판단으로도 확정하기 곤란할 경우에는 중개업자와 의뢰인이 상호
협의하여 그 적용할 요율을 선택할 수 있도록 하는 것이 타당할 것이다.

나) 교환에 의한 경우

교환인 경우에는 교환되는 부동산의 가액 전부를 합하여 거래금액으로 할
것인가? 아니면 어느 일방의 교환물 가액만으로 거래금액으로 할 것인가 하는
점이다. 그리고 일방 교환물의 거래금액을 기준으로 할 경우에도 교환 대상물
이 상호 등가물(等價物)이 아닌 경우에는 어느 부동산을 기준으로 수수료율을
적용할 것인가 하는 문제도 있다. 이에 대하여 칙 제20조 제5항 제2호에서는 교
환 대상물 중 거래금액이 큰 대상물의 가액을 거래금액으로 하는 것으로 규정
하고 있다. 이러한 규정은 등가교환(等價交換) 내지 비등가교환(非等價交換)인
경우만을 염두에 둔 것으로 판단된다.

한편 동 규정이 입법화되기 전에는 건설교통부는 유권해석을 통하여 교환대
상 부동산 중에서 거래금액이 큰 부동산 가액을 기준으로 중개수수료를 산정하
되, 다만 부동산의 종류가 달라 각 중개수수료율 체계가 다른 경우에는, 수수료
요율이 높은 부동산 가액을 기준으로 산정한다고 해석하고 있었다(건유 2001.
11. 15).

이러한 해석은 일응 타당한 점은 있다. 그러나 교환은 어디까지나 2개 이상
의 부동산이 상호 이전되는 것이므로, 어느 일방의 부동산 가액을 기준으로만
거래금액을 정하는 것은 부당하다. 즉 교환은 1개의 거래계약이 아니고, 실질적
으로 2개 이상의 거래계약이 중첩적으로 존재하는 것이기 때문이다.[36] 그렇다
면 중개수수료 산정기준이 되는 거래금액도 이들 교환 대상물의 각 금액이 되

---

36) 교환에 있어 2개 이상의 거래계약이 성립한다는 것은, 일방 당사자는 한 채의 아파트를
　　제공하고, 타방 당사자는 이에 대하여 3필지의 토지를 제공한 경우라면 4개의 부동산 거
　　래계약이 성립하는 것이기 때문이다.

고, 따라서 이들 금액에 각 교환 대상물에 적용되는 수수료율을 곱하여 산정한 합계액이 중개수수료에 해당한다고 하는 것이 타당하다.

다) 전세금 등이 포함된 경우

거래되는 부동산에 전세 보증금·임대차 보증금·저당권 설정금액 등이 존재할 경우 중개수수료 산정기준이 되는 거래금액은 어떻게 정할 것인가 하는 문제가 있다. 만약 이들 금액을 가감하게 되면 거래금액이 많아지거나 작아지게 된다. 이에 대하여 건설교통부는 금액을 포함하여 거래계약서를 작성할 경우에는 포함된 금액이, 포함시키지 않고 거래계약서를 작성한 경우에는 거래계약서에 기재된 금액이 각 거래금액이 된다고 해석하고 있다(건유 2001. 8. 23).

그러나 이러한 해석은 비논리적일 뿐만 아니라 너무 형식적이다. 즉 소유권 등 이전되는 권리에 내포된 용익권·담보권 기타 압류·가압류 등으로 존재하는 채권·채무는 어디까지나 소유권 등 물권에 존재하는 일시적인 것에 불과하고, 탄력성에 의하여 언제든지 복귀할 수 있는 것이므로, 이러한 것을 거래계약서에 형식상 포함하여 기재하였느냐의 여부를 두고 일의적으로 판단할 것은 아니기 때문이다. 그리고 동 금액의 포함여부는 거래계약서 작성기법에 따라 다양한 모습으로 현출될 수 있는 것에 불과하므로, 거래금액에 포함하여 작성하였느냐에 불문하고 형식상 거래되는 전체 거래금액, 즉 보증금·융자금 기타 채권 및 채무를 무시한 실질적인 외형금액 그 자체를 거래금액으로 보아야 할 것이다.[37]

라) 아파트 분양권 매매의 경우

아파트 분양권을 매매할 경우에는 분양금액이 정해져 있고, 이에 대하여 수분양자가 납입한 금액이 있다. 이러한 경우에 분양금액과 현재 불입한 금액 중 어느 금액을 거래금액으로 볼 것인가 하는 문제가 있다. 그리고 납입금액을 기

---

[37] 보증금·융자금·기타 채권 또는 채무 등은 결국 잔금지급 시 정산으로 처리할 것에 불과하므로, 일반적으로도 이러한 것은 무시하고 거래계약서를 작성하되 다만, 특약으로 잔금 지급시 이러한 것을 정산하는 것으로 기재하고 있다. 한편 이러한 금액을 제외하고 실제 수수할 금액만 기재하였다고 하더라도 당사자간에 수수되는 거래금액을 달리 볼 것은 아니다.

준으로 할 경우에도 거래계약을 체결한 시점과 잔금을 지급하는 시점에 따라 납입 금액이 달라 질 수 있는 데, 이러한 경우에는 어떤 가액을 거래금액으로 할 것인가 하는 문제도 있다. 그리고 분양권에 존재하는 프리미엄(Premium) 내지 마이너스 프리미엄이 형성된 경우, 기존 거래금액에 가감할 수 있는가 하는 문제도 있다. 이에 대하여 건설교통부와 판례는 분양금액과 무관하게 거래계약을 체결하는 현재 분양권 명의자가 계약금 및 중도금 등으로 불입한 금액과, 이에 형성된 프리미엄 가액을 합한 가액이 거래금액이 된다고 해석하고 있다(건유 2001. 7. 21, 대판 2004도62).

이러한 해석도 일응 타당성은 있으나 논리상 문제가 있고 너무 자의적이다. 따라서 중도금 등으로 납입된 금액에 불구하고 분양계약서에 기재된 전체 분양금액과 이에 형성된 프리미엄 가액의 가감을 통하여 산정된 금액이 거래금액이라고 보는 것이 타당할 것이다. 이러한 논리는 실질적으로도 당사자는 분양권 그 자체를 매매하는 것이 아니고 미완공 주택에 대한 소유권을 거래하는 것이기 때문이다.

7) 중개수수료율 적용대상이 아닌 경우

중개업무 과정에는 중개대상 권리와 불가분 연관성을 갖고 있거나, 중개업무와 밀접하게 관련되는 업무도 많다. 따라서 중개업자는 이러한 업무를 중개업무의 부수업무 내지 독립된 업무로써 수행할 수 있다. 그런데 중개업자가 법 적용대상이 아닌 이러한 업무에 대한 용역을 제공한 경우 그 수수료는 어떻게 할 것인가 하는 문제가 있다. 이에 대하여 건설교통부는 아래와 같은 업무는 공부법 적용대상이 아니므로 중개업자가 의뢰인과의 협의를 통하여 자유롭게 보수를 정할 수 있다고 해석하고 있다.

첫째, 경매 및 공매대상 부동산에 대한 권리분석 및 취득알선과 이에 대한 매수신청 또는 입찰대리 업무는 중개업무가 아니므로, 이에 따른 수수료는 당사자 간에 자율적으로 결정할 수 있다고 한다(건유 2001. 2. 24). 그런데 법원 경매대상 부동산의 경우에는, 대법원 규칙인 "공인중개사의매수신청대리인등록

등에관한규칙" 및 이에 따른 대법원 예규를 통하여 일정한 한도의 요율범위 내에서만 수수료 및 실비를 받도록 제한하고 있다.[38) 다만, 법원 경매대상이 아닌 기타 경매 내지 공매대상 부동산에 대해서는 동 규칙 내지 예규의 적용을 받지 않으므로, 여전히 중개업자가 의뢰인과의 합의에 따라 자유롭게 수수료를 받을 수 있다.

둘째, 상가의 매매ㆍ임대차 과정에서 발생하는 일명 "권리금"은 부동산 거래금액과 무관한 것이므로, 이에 대한 알선수수료도 거래 당사자와 협의를 통하여 자유롭게 정할 수 있다(건유 2000. 8. 31).[39)

권리금에 대한 판례의 입장도 같다. 즉 영업용 건물의 임대차에 수반되어 행해지는 권리금 지급은 임대차계약의 내용을 이루는 것이 아니고, 권리금 자체는 단지 영업시설ㆍ비품 등 유형물이나 거래처ㆍ신용ㆍ영업상의 노하우 또는 점포위치에 따른 영업상의 이점 등 무형의 재산가치의 양도 또는 이에 대한 일정기간 동안의 이용대가에 대한 것이므로, 당사자 간에 자율적으로 약정할 수 있다고 판시하고 있다(대판 2000다26326, 2006두156).

셋째, 부동산 컨설팅 및 분양대행 등의 업무는 부동산 중개업무가 아니므로 이에 따른 용역 수수료도 당사자 간에 자율적으로 결정할 수 있다(건유 1998. 4. 17).

---

38) 법원 경매대상 부동산에 대한 권리분석 및 취득알선과 이에 대한 매수신청 또는 입찰대리에 대한 규율을 위하여 공부법 제14조 제3항에 의하여 공인중개사의매수신청대리인등록등에관한규칙(대법원 규칙 제1980호) 및 공인중개사의매수신청대리인등록등에관한예규(대법원 행정예규 제641호)가 있다.

39) 권리금은 일반적으로 상업용 건물 또는 상가점포 등의 영업권 이전에 대한 반대급부로 당사자 간에 수수된다. 권리금은 주로 임차인이 전(前) 임차인에게 지급하나, 경우에 따라서는 임대인, 즉 건물주에게 지급하기도 한다. 권리금은 상당한 기간 동안 영업을 통하여 해당 점포가 주변지역에 많이 알려져 있어, 영업이익이 보장되는 것에 대한 보상의 성격을 가진 것이므로, 임차인 상호간에 수수되는 경우에는 임대인이 추후 이에 대한 보상을 하지 않는 것이 일반적이다. 그리고 권리금은 영업이익의 과다에 따라 수시 증감하기도 한다.

라. 실비 청구권

중개수수료는 중개가 완성된 경우, 즉 중개업자의 알선으로 당사자 간에 거래계약이 체결된 경우에만 행사할 수 있는 권리이므로, 거래가 성립되지 않았다면 한 푼도 청구할 수 없는 문제가 있다. 거래계약을 체결하기 위해서는 중개업자가 상당한 시간과 비용을 지출하는 것은 불가피하다. 그럼에도 불구하고 계약이 체결되지 못했다는 이유로 투입한 비용을 전혀 회수할 수 없게 된다면, 이는 중개업자의 생존을 불가능하게 하는 것이다. 따라서 이러한 문제를 해결하고 중개업자가 중개활동 과정에서 지출한 최소한의 비용을 보전받을 수 있도록 하기 위하여 실비청구권(實費請求權)을 인정하고 있다.

실비는 단순히 중개완성 전에만 발생하는 것이 아니고, 거래계약이 체결된 이후 그 이행과정에서도 발생한다. 즉 중도금 및 잔금을 지급하기 전에 등기부를 확인하거나 물리적 변경여부 등을 확인하기 위한 경우, 기타 권리등기에 필요한 서면을 구비하기 위한 경우 및 계약 당사자의 필요에 의하여 다양한 실비가 발생할 수 있다.

실비의 발생 요건으로는 중개대상물의 상태·입지·권리관계·법령의 규정에 의한 거래 및 이용제한 사항 등의 확인이 필요한 경우, 계약의 이행을 담보하기 위하여 거래당사자가 에스크로우제도를 이용할 경우에 발생하게 된다. 중개업자에게 인정되는 실비청구권의 범위는 원칙상 중개업무와 직접 관련된 활동으로 발생한 것이어야 한다. 다만, 중개업무와 직접 관련되지 않더라도 불가피한 사정으로 발생하였거나, 기타 중개업무와 상당한 관련이 있을 경우에도 인정할 수 있을 것이다.

1) 실비의 범위

중개업자가 중개 의뢰인에게 청구할 수 있는 실비의 범위는 중개대상물에 대한 권리관계 등의 확인 또는 계약금 등의 반환채무 이행 보장에 소요되는 비용으로 하되, 건설교통부령이 정하는 바에 따라 특별시·광역시·도의 조례가 정한 범위 내에서만 청구할 수 있도록 하고 있다.[40]

한편 건설교통부령에는 청구할 수 있는 실비의 범위에 대하여 "중개대상물의 권리관계 등의 확인 또는 계약금 등의 반환채무 이행 보장에 드는 비용"이라고 추상적으로 규정하고 있을 뿐(칙 제20조 제2항), 그 구체적인 내용에 대해서는 특별시·광역시·도의 조례에 위임하고 있다. 그러나 이는 "포괄위임 금지"에 위반되는 것이므로 건설교통부령으로 대강을 정한 후 그 세부사항에 대해서만 시·도 조례에 위임하는 형식을 취하여야 할 것이다. 현재 규정하고 있는 조례의 일반적인 내용을 살펴보면 다음과 같다.

가) 제 증명신청 및 공부열람 대행비용

중개물건 확인에 필요한 각종 공부의 열람 및 증명발급 신청을 대행한 경우에는 1건당 1,000원의 실비를 인정하고 있다. 여기서 "1건"이라 함은 발급받는 공부의 수를 의미한다. 따라서 발급받은 서면이 여러 종류인 경우뿐만 아니라, 동일한 서면이라도 수통을 발급받은 경우에는 그 발급된 수에 따라 각 1,000원의 실비를 청구할 수 있다. 신청 또는 열람대상이 되는 제 증명 및 공부는 국가·지방자치단체·공공기관 기타 사업주체가 비치·관리하는 모든 서면을 의미한다고 보아야 한다.

나) 제 증명발급 및 공부열람 행정수수료 실비

중개대상물 확인에 필요한 제 증명서 발급 및 공부 열람을 신청할 경우에는 해당 기관에 일정한 행정수수료, 즉 인지대·증지대 등을 납부하여야 한다. 따라서 중개업자가 이러한 비용을 지급한 경우에는 당연히 중개의뢰인에게 청구할 수 있다.

다) 여비 등

실비는 위와 같은 것 이외에도 다양하게 존재할 수 있다. 즉 중개현장을 왕래하는 데 필요한 교통비·숙박비를 비롯하여, 중개업무상 불가피하게 발생하

---

40) 원칙상 중개업자는 국가 또는 지방자치단체 등과 관련된 각종 업무를 대행·대리하고 이와 관련된 수수료를 받을 수 없다(행정사법 제2조 제1항 제3호 및 제4호, 제12조 제1항, 법무사법 제2조 및 제74조). 따라서 중개업자에게 인정되고 있는 실비청구권 규정은 행정사법 및 법무사법에 대한 특별규정으로 해석할 수 있다. 이러한 입법취지는 중개업무의 효율성과 의뢰인의 편의성 및 중개업자에 대한 전문가로서의 지위를 인정하기 위한 것이다.

는 통신비・식비・접대비・광고비 등도 소요될 수 있다. 따라서 이러한 필요비
용 중에서 어느 범위까지를 실비로 인정할 것이냐 하는 문제와 함께, 실비로 인
정하더라도 그 지출수준(교통・숙박시설 등의 수준)은 어느 한도까지 인정할 것
인가 하는 문제도 있다.

먼저 실비의 범위에 대하여 살펴보면, 현행 특별시・광역시・도의 조례에는
일반적으로 단순히 "여비 등"이라 하면서 "교통비 및 숙박비"라고만 규정하고
있다. 중개업자에게 중개수수료 청구권과 별도로 실비청구권을 인정하고 있는
취지는, 중개완성과 무관하게 중개업무 수행과정에서 소요되는 다양한 필요적
경비를 보전해 줌으로써 적극적인 중개활동을 보장하기 위한 것이다. 이러한
입장에서 보면 실비의 범위는 가능한 적극적으로 해석하는 것이 타당하다. 따
라서 시・도 조례에서 나타나는 "교통비 및 숙박비"는 단순한 예시규정으로 해
석하여야 한다.

이와 관련하여 현행 공부법 제32조 제2항에서는 "… 중개대상물의 권리관계
등의 확인 또는 … 계약금 등의 반환채무 이행 보장에 소요되는 실비…"라 하
고, 칙 제20조 제2항에서는 "… 중개대상물의 권리관계 등의 확인 또는 계약금
등의 반환채무 이행 보장에 드는 비용…"이라고 규정하고 있다. 이러한 규정에
비추어 보더라도, 위 조례의 규정은 단순한 예시규정인 것이 명백하다. 따라서
시・도 조례가 정하고 있는 "교통비 및 숙박비" 이외에도 중개활동과 불가분의
관계에 있는 광고비・통신비・접대비・식비 기타 부대경비 등도 실비에 포함
되는 것으로 보아야 한다.

다음으로, 위와 같이 다양한 형태의 실비를 인정할 경우에도 그 수준 내지
한계가 문제된다. 그런데 실비의 수준도 일의적으로 정할 수 있는 성질의 것이
아니다. 따라서 사전에 의뢰인과 협의한 바에 따라 인정된다고 보는 것이 타당
하다. 다만, 이에 대한 구체적인 합의가 없었을 경우에는 사회통념에 따라 의뢰
인의 이익에 가장 부합되는 방법으로 산정하는 것으로 보아야 할 것이다.

2) 실비부담자

중개수수료는 중개의뢰인 쌍방이 부담하는 것이 원칙이다. 그러나 실비는 중개완성과 무관하게 발생하는 비용이므로, 원칙상 실비를 발생시킨 의뢰인의 부담으로 하는 것이 합리적이다. 그런데 우리 공부법에는 실비부담자를 이원화하여 중개대상물의 권리관계 등의 확인에 소요된 실비는 "매도·임대 기타 권리를 이전하고자 하는 중개의뢰인"이 부담하도록 하고, 계약금 등의 반환채무 이행 보장에 소요되는 실비는 "매수·임차 기타 권리를 취득하고자 하는 의뢰인"에게 청구할 수 있도록 규정하고 있다(칙 제20조 제2항).

그러나 실비는 그 비용을 발생시킨 의뢰인이 부담하는 것이 합리적이므로, 위와 같이 획일적으로 규정할 사안이 아니다. 즉 단순한 공부발급 등에 따른 비용은 위와 같은 방법으로 간명하게 처리할 수도 있으나, 기타 다양한 형태의 실비에 대해서는 그 필요나 이익이 있는 의뢰인의 부담으로 처리하는 것이 합리적이다. 예컨대 권리를 취득하는 자, 즉 매수인 또는 임차인이라도 이들이 적당한 매물 또는 목적물을 알선해 줄 것을 의뢰한 경우라면 중개완성 여부를 불문하고 그 발생한 실비는 이들의 부담하는 것이 논리적이기 때문이다. 결국 여러 사정을 종합해 볼 때 실비부담자는 "비용을 발생시킨 의뢰인"이 부담하는 것으로 하고, 만약 그 비용을 발생시킨 의뢰인이 분명하지 않을 경우에만 상호 균분하는 것으로 정하여야 할 것이다.

마. 중개대상물에 대한 자료요구권

중개업자는 중개대상물에 대한 확인 및 설명을 위하여 필요한 경우에는 매도 또는 임대의뢰인 등에게 중개대상물의 상태에 관한 자료 제출을 요구할 수 있다(법 제25조 제2항). 여기서 "매도 또는 임대의뢰인 등"이란 매도인·임대인 기타 용익권 및 담보물권에 대한 권리를 이전 또는 설정하는 의뢰인을 말한다. 중개업자에게 이러한 자료제출요구권을 인정한 취지는, 권리를 취득하고자 하는 당사자에게 정확한 정보를 제공할 수 있도록 하기 위한 것이다.

한편 중개업자에게 인정되는 자료제출요구권의 구체적인 내용이 무엇이냐

하는 문제가 있다. 예컨대 법문에는 "중개대상물의 상태에 관한 자료"라고 규정하고 있어 단순히 부동산에 대한 물리적인 상태, 즉 건물의 노후상태·하자 여부 등에 대한 자료를 의미하는 것이 아닌가 하는 의문이 든다. 그러나 자료제출요구권을 인정한 입법취지에서 볼 때 중개업자가 직접 확인할 수 있는 것이라면 이러한 권리를 인정할 필요가 없다. 즉 등기부 또는 각종 공부를 통하여 확인할 수 있는 권리관계 내지 물리적 현황에 대한 것과, 현장을 방문함으로써 외형상 즉시 파악할 수 있는 단순한 물리적 상태에 대한 것은 중개업자가 직접 확인할 의무가 있는 것들이므로(법 제25조 제1항), 이러한 것은 이에 해당할 수 없다. 따라서 "상태에 관한 자료"란 등기부 내지 공부 또는 현장 확인으로도 파악하기 곤란한 내용, 즉 미등기 임대차 내지 전세계약 등 채권적 권리관계 등을 확인하는 데 필요한 각종 서면 등에 한정되는 것으로 보아야 한다. 이러한 것들은 권리를 이전 또는 설정하는 의뢰인의 협력 없이는 파악하기 곤란한 한계가 있기 때문이다.

자료제출요구권에 의하여 제출된 객관적인 자료를 기초로 중개업자는 당해 중개대상물의 물리적·법적 하자 여부를 판단할 수 있고, 이러한 내용을 기초로 권리를 취득하고자 하는 의뢰인에게 성실·정확하게 설명함으로써 공정한 부동산 거래질서 확립과 국민의 재산권 보호에 만전을 기할 수 있다.

그런데 의뢰인이 자료제출요구권에 불응할 경우에는 어떻게 할 것인가 하는 문제가 있다. 공부법에는 이와 관련하여 특별한 대응책을 두지 않고, 단지 중개업자가 그 불응한 사실에 대하여 권리를 취득하고자 하는 의뢰인에게 설명하고, 이를 중개대상물확인설명서에 기재하는 것으로 대처하고 있다(영 제21조 제2항). 그러나 이러한 사실을 그대로 권리를 취득하고자 하는 의뢰인에게 설명할 경우, 대부분의 거래계약은 무위에 그칠 가능성이 많다. 결국 이에 따른 위험부담은 모두 중개업자에게만 전가시키고 있는 셈이다. 이는 부당한 입법 태도가 아닐 수 없다. 따라서 정당한 이유없이 자료제출요구권에 불응함으로써 거래계약이 체결되지 못한 경우에는, 그 자료제출을 거부한 중개의뢰인에게 중개수수료에 상당하는 손해배상금을 부담하는 것으로 한다면, 동 제도의 실효성을 확보할 수 있을 것이다.

2. 중개업자의 의무

중개업자는 부동산 유통시장의 주체로서 부동산 중개업에 대한 전속적 권한, 공인중개사 명칭사용권, 중개수수료 청구권, 중개활동에 따른 실비청구권, 중개대상물에 대한 자료제출요구권이 인정되고 있다. 한편 이에 대한 반면(反面) 내지 부동산 중개업의 건전한 지도·육성과 공정하고 투명한 부동산 거래질서 확립을 위하여 중개업자에게 상당한 의무도 부과되고 있다. 여기에는 중개업자에게 일반적으로 요구되는 의무와, 구체적 사정에 따른 책무가 있다.

가. 중개업자의 일반적 의무

"일반적 의무"란 거래계약을 체결하는 것과 무관하게 중개업자로서 당연히 요구되는 책임과 의무를 말한다. 공부법에는 이와 관련된 의무로써 다음과 같은 것을 규정하고 있다.

1) 품위유지 의무

"품위유지(品位維持)"란 중개업자로서 갖추고 견지해야 할 최소한의 인격이라고 할 수 있다. 중개업자는 부동산 유통에 관한 최고의 전문가로서 국가로부터 공인받아 업무를 수행하고 있다. 따라서 이에 상응하는 전문직업인으로서의 자긍심과 사명감을 갖고 중개 업무에 종사할 의무가 있다(법 제29조 제1항). 이에 대한 필요성은 중개업자에 대한 공신력과 공정한 부동산 거래질서 확립을 통한 국민경제에 이바지하기 위한 것이다(법 제1조).

부동산은 대다수 국민들에게는 전 재산이라 해도 과언이 아니다. 따라서 공정한 거래질서가 확립되지 않는다면 부동산 유통시장의 무질서와 불법적 행태로 인하여 사회적으로 많은 문제가 파생될 수 있다. 따라서 동 의무는 일반적 의무 중에서는 상위개념이라 할 수 있다.

품위유지 의무에는 사회 및 공공성에 따른 업무처리 의무, 양심과 양속(良俗)에 따른 업무처리 의무, 자기개발을 위해 끈임 없이 노력할 의무, 중개업자 상호간의 직업윤리 준수의무, 부동산 선진화를 위해 노력할 의무 등을 내포하고 있다.

2) 신의 · 성실의무

중개업자는 의뢰인의 전 재산이라 할 수 있는 부동산 유통업무에 종사하므로 특히 신의 · 성실의무가 강조되지 않을 수 없다. 중개업자에게 요구되는 "신의의무(信義義務)"란 중개대상물의 권리 및 상태에 대한 정확한 확인 · 설명뿐만 아니라, 현재 형성된 가격의 적합성 및 향후 경기변동에 따른 투자성 여부 등에 대하여 전문가적 식견을 가감 없이 설명하는 것을 말한다.

"성실의무(誠實義務)"란 중개 의뢰인의 요구에 적극 응함으로써 중개 완성을 위해 노력하고, 중개가 완성된 후에도 중개대상물에 대한 인도 및 이에 대한 대금지급 · 권리등기의 완결에 이르기까지 당사자 간의 거래계약이 차질 없이 이행될 수 있도록 노력하여야 할 의무를 말한다.

3) 공정한 업무처리 의무

중개업자는 특히 공정하게 업무를 처리하여야 한다. "공정(公正)한 업무처리"란 중개 의뢰인의 어느 일방에 편향되지 않고, 중립적 입장에서 업무를 수행하는 것을 말한다. 공정성이 요구되는 업무범위는 거래금액에 대한 객관적인 가치 판단뿐만 아니라, 기타 중개업무 수행과정에서 파생되는 부수적인 업무를 포함한다.

중개업자가 공정하지 못하면 의뢰인 중 어느 일방이 손해를 보게 될 가능성이 많다. 따라서 중개업자는 법 제1조 및 제29조 제1항에서 명시하고 있는 공정한 부동산 거래질서 확립을 위한 주체적 지위에 있는 자로서, 어떠한 경우에도 이를 위반하여서는 아니 된다. 공정한 업무처리 의무는 앞서 논한 선언적 의미의 품위유지 및 신의 · 성실의무와 달리 법적의무로써의 성격을 갖고 있다.

4) 비밀준수 의무

중개업자는 중개업무 수행과정에서 의뢰인의 부동산에 대한 각종 법적 권리관계뿐만 아니라, 부동산의 내력(來歷)·상태 등에 대해서도 상당한 정보를 갖고 있다. 특히 어떤 부분에서는 목적 부동산에 대하여 의뢰인보다 더 많은 정보를 갖고 있을 수도 있다. 그리고 이러한 정보 이외에도 의뢰인의 신용·재산상태 기타 신상문제 등에 대해서도 다양한 정보를 취득할 수 있다.

한편 정보 중에는 의뢰인에게 불리한 정보도 상당수 존재할 수 있는데, 만약 중개업자가 특별한 사유 없이 이러한 내용을 공연히 발설할 경우에는 의뢰인에게 상당한 피해를 가할 수도 있다. 이에 따라 법 제29조 제2항에서는 "중개업자 등은 이 법 및 다른 법률에 특별한 규정이 있는 경우를 제외하고는 그 업무상 알게 된 비밀을 누설하여서는 아니 된다. 중개업자 등이 그 업무를 떠난 후에도 또한 같다."고 규정하고 있다.

이러한 비밀유지 의무는 중개업자뿐만 아니라 임원·사원·분사무소 책임자 기타 소속 공인중개사 및 중개보조원에게도 동일하게 부여하고 있다. 이러한 필요성은 이들도 중개업무 수행과정에서 중개업자와 동일한 정보를 지득할 수 있는 구체적 지위에 있기 때문이다. 동 의무는 중개업자 등이 중개업을 떠난 후에도 계속 준수하여야 한다(법 제29조 제2항 단서).

가) 비밀의 개념요소

"비밀(秘密)"이란 일반적으로 외부에 알려질 경우 본인에게 정신적·물질적인 피해를 입게 하는 사실들로써 제한된 범위의 사람들에게만 알려져 있는 것으로, 특별한 이유 없이는 다른 사람에게 알려지지 않아야 할 사실을 말한다. 비밀이 되기 위해서는 다음과 같은 요건이 충족되어야 한다(김일수 1997, 176 내지 178).

첫째, 비밀유지 의사가 있어야 한다. "비밀유지 의사"란 본인이 비밀로 할 것을 원하는 의사를 말한다. 다만, 비밀유지 의사는 본인의 명시적 의사표시뿐만 아니라 묵시적 의사표시에 의해서도 가능하다.

둘째, 비밀은 보호할만한 객관적 가치가 있어야 한다. "객관적 보호가치"란 객관적 입장에서 볼 때 비밀로 할 만한 가치가 있다고 판단되는 사정을 말한다 (통설). 따라서 본인이 비밀이라 생각하더라도 객관적 입장에서 볼 때 가치가 없는 것이면 비밀이 될 수 없다. 그리고 비밀이라도 이미 공개된 사실이면 더 이상 비밀이 될 수 없다.

셋째, 비밀은 어떤 사실에 대한 것이어야 한다. 사실은 진실한 사실에 한정되며, 허위 사실은 비밀에 해당할 수 없다. 다만, 허위 사실인 경우에도 이를 누설하면 명예훼손 또는 모욕죄에 해당할 수 있다.

넷째, 비밀의 필요성이 있어야 한다. 비밀의 필요성은 어떤 사실에 대하여 불특정 다수인에게 누설되지 않고 비밀로써 보호해 줄 만한 가치가 있는 것을 말한다. 비밀에는 공적·사적 비밀을 불문한다. 다만, 사소한 비밀에 불과한 것이라면 이에 해당하지 않는다.

다섯째, 비밀은 타인의 것이어야 한다. 본인의 비밀을 본인이 누설하더라도 이는 범죄 구성요건에 해당할 수 없다. 비밀의 보호주체가 되는 타인에는 자연인 및 법인을 포함한다.

여섯째, 비밀은 중개업무 수행과정에서 취득한 것이어야 한다. 중개업무 수행과정에서 지득한 비밀인 이상, 그 알게 된 계기나 방법은 문제되지 않는다. 따라서 의뢰인의 고지에 의한 것이건, 부지불식간 또는 우연한 기회를 통하여 알게 된 것이든 묻지 않는다.

나) 비밀의 누설

"누설(漏洩)"이란 제3자에게 비밀을 알리는 행위를 의미한다. 비밀 누설을 금지한 이유는 의뢰인의 사생활 평온이 침해되기 때문이다. 누설의 방법은 적극적 방법 외 소극적 방법(부작위에 의한 방법)도 무방하다. 그러나 아래와 같은 사유로 비밀을 누설한 경우라면, 이는 법령에 의한 행위 내지 업무상 정당행위로써 위법성이 조각되므로 처벌되지 않는다(형법 제20조).

첫째, 비밀을 알아도 무방한 제3자에 대한 고지는 누설에 해당하지 않는다. "비밀을 알아도 무방한 제3자"란 당해 사건과 관련된 이해관계 있는 판사·검사·변호사 및 기타 관계 공무원 등을 말한다.

둘째, 비밀을 알아야 할 정당한 이익이 있는 제3자에 대한 고지도 누설이 될수 없다. 즉 중개대상물에 대한 과거의 불행한 역사·내력 기타 사정 등을 누설하면, 권리를 이전·설정하는 의뢰인 입장에서는 불리하지만, 권리를 취득하는당사자 입장에서는 그러하지 않기 때문이다.

다) 비밀준수 의무 위반에 대한 효과

중개업자 등이 법 제29조 제2항에 위반하여 중개업무 수행 중 알게 된 사실을 누설하면 비밀누설에 해당한다. 그런데 우리 형법에는 사생활의 비밀침해와관련하여 비밀침해죄(형법 제316조 제1항)와 업무상 비밀누설죄(형법 제317조)를규정하고 있으나, 중개업자가 업무상 취득한 비밀을 누설한 경우에도 형법상이들 범죄 구성요건에는 해당하지 않고, 일정한 경우 단지 명예훼손 내지 신용훼손에만 해당할 수 있을 뿐이다.41)

공부법에는 이러한 불비를 해결하고 중개업자에게 비밀준수 의무를 강조하기 위하여, 이를 위반할 경우에는 1년 이하의 징역 또는 금 1,000만원 이하의 벌금에 처할 수 있는 특별규정을 두고 있다(법 제49조 제1항 제9호). 다만, 동 의무를 위반한 경우라도 피해자의 명시적 의사에 반하여 처벌할 수 없는 반의사불벌죄로 규정하고 있다(법 제49조 제2항).

5) 교육의무

부동산 중개업무는 사실적 업무와 법률적 업무가 결합된 것이므로 중개업자의 단순한 소개(紹介)만으로는 부족하다. 따라서 수준높은 중개서비스를 제공하기 위해서는 중개업자를 비롯한 중개업무 종사자들의 부단한 자기개발이 요구된다. 특히 중개업자가 전문직업인으로서의 사회적 역할과 중개업무 주체로

---

41) "비밀침해죄"의 행위 객체는 봉함 기타 비밀 장치한 타인의 편지·문서 또는 도화를 개봉하거나, 봉함 기타 비밀 장치한 사람의 편지·문서·도화 또는 전자기록 등 특수매체기록의 내용을 기술적 수단을 통하여 알아 낼 때 성립하는 범죄이며, "업무상 비밀누설죄"는 범죄의 주체가 의사·한의사·치과의사·약제상·약종상·조산사·변호사·공인회계사·공증인·대서업자 또는 그 보조자, 종교의 직에 있는 자와 그러한 직에 있었던 자에한정되고 있으므로, 중개업자는 본 죄를 범할 수 있는 주체가 되지 못한다.

서 공신력을 인정받기 위해서도 교육의 필요성은 불가피하다. 이에 근거하여 공부법 제34조 및 동법시행령 제28조에서는 실무교육과 연수교육에 대한 근거 규정을 두고 있다. 실무교육은 건설교통부장관이 실시하고, 연수교육은 건설교통부장관, 특별시장 · 광역시장 · 도지사 또는 등록관청이 실시하게 된다.

한편 중개업자 등에 대한 교육 중 실무교육에 대해서는 고등교육법에 따라 설립된 대학 또는 전문대학 중 부동산 관련 학과가 개설된 학교, 공인중개사협회 및 정부투자기관관리기본법에 의한 정부투자기관 · 정부출연기관 · 정부출자기관 중에서, 실무교육에 필요한 인력과 시설을 갖추었다고 인정되는 기관 또는 단체를 지정하여 위탁할 수 있도록 하고 있다. 건설교통부장관이 실무교육을 위탁한 경우에는 수탁기관의 명칭 · 대표자 및 소재지와 위탁업무 내용 등을 관보를 통하여 고시하게 된다(영 제36조 제1항 및 제3항).[42)]

가) 실무교육

중개업 등록을 하고자 하는 자(단, 법인의 경우에는 임원 · 사원 전원 및 분사무소 책임자를 말함)는 등록신청일(법인이 분사무소를 설치하는 경우에는 신고일)전에 건설교통부장관이 시행하는 실무교육을 받아야 한다. 이러한 실무교육은 중개업등록 신청일로부터 소급하여 1년 이내에 이수한 것이어야 한다. 다만 중개업자가 폐업한 경우에는 폐업 신고한 날로부터 1년간은 기존 실무교육의 효력이 유지된다(법 제34조 제1항).[43)]

실무교육 실시기관은 건설교통부장관이다. 실무교육의 목적은 중개업자 등에 대하여 전문직업인으로서의 직업윤리 의식을 함양하고 부동산 관련 전문지식을 습득하도록 하기 위한 것이다. 교육시간은 32시간 이상 44시간 범위 내에서 이수하는 것으로 하고 있다(영 제28조 제1항).

---

42) 교육위탁은 실무교육에 대해서만 가능한 것으로 하고, 연수교육에 대해서는 근거규정이 없다. 그러나 연수교육도 실무교육과 같이 위탁규정을 두어야 할 것이다(영 제36조 본문 참조).
43) 중개법인이 폐업한 경우에는 그 소속 임원 · 사원 및 분사무소 책임자도 중개법인 또는 분사무소가 폐업한 날로부터 1년간 기존 받은 실무교육의 효력이 유지되는 것으로 해석하여야 한다.

나) 연수교육

실무교육은 중개업 등록을 하고자 하는 예비 중개업자 또는 법인의 임원 및 분사무소 책임자로 취임하고자 하는 자에 대하여 원칙상 1회에 한해 실시하는 것에 불과하다. 그러나 중개업에 종사하기 위해서는 수시 변경되는 법령 및 제도에 대한 직무 교육이 상시 요청된다. 그리고 실무교육 대상이 아닌 소속 공인중개사 및 중개보조원에 대한 직업윤리 의식 내지 전문지식 습득을 위해서도 지속적인 교육이 필요함은 이설이 있을 수 없다. 따라서 건설교통부장관, 특별시장·광역시장·도지사 및 등록관청은 중개업자 등의 자질과 업무수행 능력을 향상시키기 위하여 연수교육을 실시할 수 있다(법 제34조 제2항). 다만, 이러한 교육을 실시하고자 할 경우에는 교육일시·교육장소·교육내용을 7일 전까지 교육 대상자에게 통지하여야 한다(영 제28조 제2항).

6) 등록증 등의 게시의무

중개업자는 등록증 등 소정의 게시물을 중개사무소에 게시할 의무가 있다. 이의 필요성은 중개업의 건전한 지도·육성과 부동산 거래질서 확립을 통한 국민의 재산권 보호에 있다. 이를 위해서는 객관적으로 중개업소가 법적요건을 구비하고 있는지에 대하여 일반인들로 하여금 쉽게 파악할 수 있도록 할 필요가 있다. 따라서 중개업자로 하여금 중개사무소 내에서 의뢰인 등 이해관계인들이 보기 쉬운 곳에 다음과 같은 게시물을 게시할 의무를 부여하고 있다(법 제17조 및 칙 제10조).

가) 중개사무소 등록증 또는 분사무소 설치신고필증

"중개사무소 등록증"은 법 제9조 제1항에 의하여 중개업을 영위하고자 하는 자가, 중개사무소 소재지 관할 시장·군수·구청장으로부터 법 제11조 제1항에 따라 교부받은 등록증 원본을 말하며, "분사무소 설치신고필증"은 법 제13조 제4항에 의하여 중개법인이 본점 소재지 등록관청으로부터 교부받은 신고필증 원본 그 자체를 말한다.

나) 중개수수료 요율표 및 실비의 요율과 한도액 표

중개수수료 요율표 및 실비의 요율과 한도액 표는 특별시·광역시·도의 조례가 정하고 있는 "주택에 대한 중개수수료 요율표" 및 "실비에 대한 요율표"와, 건설교통부령이 정하고 있는 "주택 이외의 중개수수료 요율표"를 말한다. 따라서 중개업자는 이들 요율표를 모두 게시하여야 한다(법 제32조 제3항). 다만, 주택 이외의 중개대상물에 대해서는 자기가 받고자 하는 상한 중개수수료율을 "주택 이외의 중개수수료 요율표"에 표시하여 게시하여야 한다(칙 제20조 제7항).[44]

다) 공인중개사 자격증

중개업자는 공인중개사 자격증을 게시하여야 한다. 게시할 공인중개사 자격증은 원본을 말한다. 그리고 게시할 대상은 중개업자 자신의 것은 물론, 임원·사원·분사무소 책임자 기타 소속 공인중개사의 것을 모두 포함한다. 중개인 중개업자는 공인중개사가 아니므로 게시할 자격증은 없으나, 그 소속 공인중개사가 있을 경우에는 그 공인중개사의 자격증을 게시하여야 한다.

라) 보증 설정을 증명하는 서면

중개업자는 중개업 등록 후 10일 이내에 법인은 금 1억원 이상, 법인의 분사무소는 각 사무소 마다 금 5천만원 이상, 공인중개사 및 중개인 중개업자는 각 금 5천만원 이상의 업무보증을 설정하고 이를 증명하는 서면을 게시하여야 한다. 이를 일명 "업무보증서"라 한다. 보증방법은 보증보험가입·공제가입·공탁기관에 공탁하는 방법 중에서 어느 하나를 임의로 선택하여 가입할 수 있다.

게시할 대상인 보증 설정을 증명하는 서면은 "보증보험증서·공제증서·공탁금 납입증서"의 원본 그 자체를 말한다. 업무보증과 관련된 내용은 항을 바꾸어 설명하기로 하자.

---

44) 법 제32조 제3항에는 실비는 건설교통부령이 정하는 범위 내에서 시·도 조례로 정하도록 규정하고 있으므로, 칙 제20조 제7항에서 "중개수수료·실비의 요율 및 한도액표"라고 규정하고 있음은 잘못이다.

7) 보증 설정의무

중개 업무는 국민의 재산권과 밀접한 관련을 갖고 있기 때문에 중개업자가 중개 업무를 수행하는 과정에서 고의 또는 과실로 거래 당사자에게 재산상 손해를 가할 우려가 많다. 이러한 경우를 대비하여 공부법에서는 의뢰인의 손해를 담보하기 위한 대책의 일환으로 보증제도를 두고, 업무를 개시하기 전에 반드시 영 제24조에서 규정하고 있는 법정보증을 설정하여 등록관청에 신고하도록 규정하고 있다. 이에 대한 구체적인 내용을 살펴보면 다음과 같다.

가) 보증 설정방법

중개업자가 중개행위를 함에 있어 고의·과실이 있거나 또는 자기의 중개사무소를 다른 사람의 중개행위 장소로 제공함으로써 거래당사자에게 재산상 손해를 발생시킨 경우에는, 그 손해를 배상하기 위하여 아래의 3가지 방법 중 1가지 방법을 선택하여 업무보증을 설정할 수 있다(법 제30조 제3항).

(1) 보증보험 가입

보증보험은 중개업자가 거래 당사자에게 재산상 손해를 발생케 한 경우, 보증한 금액의 범위 내에서 손해보험 회사가 이를 대신하여 배상하기로 정한 약관에 따라 가입한 보험을 말한다.

(2) 공제 가입

"공제(共濟)"란 중개업자들이 조합원이 되어 상호기금을 갹출하고, 만약 중개업무 과정에서 의뢰인에게 손해를 가한 회원인 중개업자가 있을 경우, 그 중개업자를 대신하여 배상하기 위하여 설립된 조합을 말한다. 보증설정 방법으로서 유효한 공제는 공부법 제41조에 의하여 설립된 공인중개사협회가 법 제42조에 의하여 운영하는 공제인 경우에 한정된다.

(3) 공탁 설정

"공탁(供託)"이란 중개업자가 거래 당사자에게 재산상 손해를 발생케 할 경우를 대비하여 일정한 금전 기타 물품을 공탁소에 보관하여 두는 것을 의미한다. 공탁의 종류로는 변제공탁(민법 제487조)·담보공탁(민법 제353조 제3항)·보관공탁(상법 제70조) 등이 있으나, 공부법에서 요구하는 공탁은 담보공탁을 말한다.

한편 중개업자가 공탁소에 공탁물로써 제공할 수 있는 것은 금전에 한하며 (법 제30조 제4항 참조) 물품은 공탁할 수 없다. 그리고 공탁금은 중개업자가 폐업 또는 사망한 경우에도 폐업·사망한 날로부터 3년 이내에는 회수할 수 없도록 제한하고 있다(법 제30조 제4항).[45]

나) 보증 설정금액

중개업자는 거래 당사자에게 재산상 손해를 발생케 한 경우 이를 배상하기 위하여 위에서 규정한 보증보험가입·공제가입·공탁 설정 중 어느 하나를 선택할 수 있으나, 다만 보증 설정금액은 중개업자에 따라 다음에서 정한 금액 이상으로 하여야 한다(영 제24조 제1항).

(1) 법인 중개업자

법인 중개업자는 최소 금 1억원 이상의 금액으로 보증을 설정하여야 한다. 다만, 법인의 분사무소는 각 분사무소마다 최소 금 5천만원 이상을 설정하여야 한다.

한편 농업협동조합법에 의한 지역농업협동조합은 사무소 당 금 1천만원 이상의 보증을 설정하면 족한 것으로 하고 있다(영 제24조 제3항). 그런데 산림조합법에 의한 지역산림조합 및 신탁업법에 의한 신탁회사는 이에 대한 아무런 규정이 없다. 따라서 이들 법인은 중개법인과 동일한 보증책임이 있다고 보아야 한다.[46]

---

45) 중개업자의 자진폐업 및 사망으로 폐업한 경우에도 그 사유가 발생한 날로부터 3년간 동일하게 공탁금을 회수할 수 없도록 하고 있는 것은 보증보험·공제방법에 비하여 부당한 제한이 아닐 수 없다. 즉 중개업자가 사망한 경우에는 부득이하다 하더라도 자진 폐업한 후 재개업 하는 경우에도 3년간 공탁금 회수를 제한하게 되면, 또 다시 보증을 설정해야 하므로 불필요한 부담만 가중시킬 우려가 있다. 이러한 입법태도는 공탁제도를 활용할 수 없는 제도로 전락시키는 요인이 된다.

46) 영 제24조 제3항에는 "등록관청"이라고 규정하고 있으나, 지역농업협동조합은 중개업등록을 하는 것이 아니므로 등록관청이라는 개념이 존재하지 않는다. 따라서 등록관청을 "본점 소재지 관할 시장·군수·구청장"이라고 하는 것이 타당하다.

(2) 중개인 및 공인중개사인 중개업자

중개인 및 공인중개사인 중개업자는 최소 금 5천만원 이상의 금액으로 보증을 설정하여야 한다.

다) 보증설정 및 변경신고

중개사무소 개설등록을 한 중개업자는 중개 업무를 개시하기 전에 위에서 규정한 보증방법 중 1개를 선택하여 중개업자별 기준에 적합한 금액으로 보증을 설정한 후, 이를 증명하는 서면을 등록관청에 신고하여야 한다(법 제30조 제3항, 영 제24조 제2항).

한편 보증에 가입한 중개업자가 그 설정된 보증을 다른 보증으로 변경하고자 할 경우 또는 보증보험 및 공제에 가입한 중개업자가 보증기간이 도래하여 다시 보증을 설정하고자 할 경우에는, 기존 보증기간 내에 다시 보증을 설정한 후 그 증빙서류를 갖추어 등록관청에 타보증(他保證) 내지 재보증(再保證) 신고를 하여야 한다. 다만, 보증설정 사실에 대하여 보증보험회사·공제사업자·공탁기관이 직접 등록관청에 통보한 경우에는 보증설정 및 변경에 따른 신고를 하지 않아도 된다(영 제24조 제2항 단서, 제25조).[47]

8) 인장등록 및 등록인장 사용의무

중개 업무에 종사하는 자는 국민의 재산 중에서 가장 비중이 큰 부동산 거래에 관여하므로, 이들의 고의·과실은 바로 의뢰인의 피해와 직결될 수 있다. 따라서 피해를 최소화 하고 그 발생한 손해에 대한 책임을 명확히 하기 위하여, 중개 업무에 종사하는 자로 하여금 업무에 사용할 인장을 등록하도록 요구하고 있다.

---

47) 공탁으로 보증한 경우 타보증은 할 수 있어도 재보증은 할 필요가 없다. 즉 공탁은 보증공탁이므로 중개업자 지위가 존속되는 동안 공탁의 효력도 계속 유지되고 있기 때문이다. 타보증을 한 경우에는 기존 공탁금은 회수할 수 있다고 보아야 한다(법 제30조 제4항의 반대해석).

가) 인장등록 대상자

중개 업무에 사용할 인장을 등록할 법적의무가 있는 자는 중개업자 및 그 소속 공인중개사에 한정된다(법 제16조 제1항). 소속 공인중개사에는 법인의 임원·사원 및 분사무소 책임자는 물론, 기타 공인중개사 자격증을 소지한 자 모두를 말한다. 다만, 중개업자에 소속된 중개보조원은 이에 해당하지 않는다.[48]

나) 인장등록 방법

(1) 신규등록

등록관청으로부터 중개업 등록을 필한 자는 중개 업무를 개시하기 전에 중개행위에 사용할 인장을 등록하여야 한다. 그리고 중개업자가 그 임원 또는 사원을 개임한 경우 및 그 소속 공인중개사를 새로 고용한 경우에도 등록관청에 이들의 인장을 새로 등록하게 된다. 이를 "인장 신규등록"이라 한다.

(2) 변경등록

"변경등록"이란 중개업자 및 그 소속 공인중개사가 기존 등록된 인장을 분실·훼손·멸실하거나 기타 사정으로 다른 인장을 사용하기 위하여 등록관청에 신고하는 것을 말한다. 중개업자 등은 등록인장을 변경한 경우에는 7일 이내에 변경등록을 하여야 한다(법 제9조 제2항). 그런데 변경등록 하기 전에도 최대 7일간은 변경된 인장으로 중개 업무에 사용할 수 있는가 하는 의문이 있다. 법적 취지에서 볼 때 긍정하는 것이 타당할 것이다.

다) 등록인장 및 인장사용 범위

중개업자 등이 인장을 등록하는 방법은, 법인 중개업자는 상업등기처리규칙에 의하여 등기소가 발행한 "법인 인감증명서"를, 공인중개사 및 중개인 중개업자와 그 소속 공인중개사는 인감증명법에 의하여 시장·군수·구청장 또는 그 권한을 위임받은 읍장·면장·동장·출장소장이 발행하는 "인감증명서"를 제출하는 방법으로 한다. 다만, 법인의 분사무소는 상업등기처리규칙 제5조 제4항에 의하여 법인의 대표자가 보증하는 인감증명, 즉 일명 "사용인감증명서"로

---

48) 인장등록의 입법 취지가 중개행위에 관여한 자의 책임을 명백히 하는 데 있으므로, 중개보조원에 대해서도 인장등록을 요구하는 것이 타당하다.

써 이에 갈음할 수 있다(칙 제9조 제3항).

중개업자 등은 중개행위를 함에 있어 반드시 위와 같은 방법으로 등록한 인
장을 사용하여야 한다(법 제16조 제2항). 여기서 법문은 "중개행위를 함에 있어
서"라고 규정하고 있으므로, 중개계약서 · 거래계약서 · 중개대상물확인설명서 ·
실비에 대한 영수증을 작성하는 경우는 물론 기타 중개업무와 관련된 서면을
작성 · 교부할 경우, 즉 중도금 및 잔금수수 과정에 중개업자가 참여하여 영수
증을 작성하고 입회인으로 날인하는 경우 등에도 동 인장을 사용하여야 할 것
이다.

나. 거래계약과 관련된 의무

의뢰인은 중개계약 내용을 명확히 특정하기 위하여 필요한 경우에는 중개계
약서 작성을 요청할 수 있다. 이러한 요구가 있을 경우에는 중개업자는 이에 응
해야 하는 바, 그 구체적인 내용에 대하여 살펴보면 다음과 같다.

1) 일반중개계약서 작성 · 교부의무

일반중개계약을 체결한 중개 의뢰인이 중개계약서 작성을 요구한 때에는 중
개업자는 다음과 같은 사항을 기재한 일반중개계약서를 작성하고, 이에 중개
의뢰인과 함께 서명 · 날인한 후 1부를 중개 의뢰인에게 교부하여야 한다(법 제
22조).49)

① 중개대상물의 위치 및 규모
② 거래 예정가격
③ 거래 예정가격에 대한 약정 중개수수료
④ 기타 중개업자와 중개 의뢰인이 상호 준수할 사항

한편 일반중개계약과 관련하여 건설교통부장관은 이에 대한 표준이 되는 서

---

49) 법 제22조 본문 등에는 일반중개계약서를 작성하고, 이에 서명 · 날인 및 교부하여야 한다
는 명문규정은 없다. 그러나 중개 의뢰인이 중개계약서 작성을 요청할 수 있음에 비추어
볼 때, 중개업자에게 당연히 이러한 의무가 있다고 보아야 한다.

214 제1편 공인중개사의업무및부동산거래신고에관한법률

식을 정하여 그 사용을 권장할 수 있다. 이에 따라 칙 제14호 서식으로 일반중
개계약서가 비치되어 있다.

2) 전속중개계약서 작성·교부의무

중개 의뢰인은 중개대상물에 대한 중개 권한을 특정 중개업자에게만 부여하
는 계약을 체결할 수 있다. 이를 "전속중개계약"이라 칭한다(법 제23조 제1항).
전속중개계약 체결을 요구받은 중개업자도 위 일반중개계약과 같이 전속중개
계약서를 작성하고, 중개 의뢰인과 함께 서명·날인한 후 1부는 중개 의뢰인에
게 교부하여야 한다. 이와 관련하여 부연해 보면 다음과 같다.

가) 법정계약서 활용 및 보존의무

전속중개계약을 체결하는 중개업자는 건설교통부령이 정하는 전속중개계약
서를 사용해야 한다(법 제23조 제2항 전단). 이에 대한 서식으로는 칙 별지 제15
호 서식의 "전속중개계약서"가 있다. 그리고 중개업자가 전속중개계약서를 작
성한 경우에는 그 작성일로부터 원본을 3년간 보존할 의무가 있다(법 제23조 제
2항, 칙 제14조 제2항).

한편 중개업자가 위와 같은 법정서식을 사용하지 않고 다른 서식을 활용하
여 전속중개계약을 체결한 경우에는 어떻게 되는가 하는 문제가 있다. 이러한
경우에도 전속중개계약의 사법적(私法的) 효력에는 영향이 없고, 단지 중개업
자에게 공부법 위반을 이유로 업무정지에 처할 수 있을 뿐이다(법 제39조 제1항
제3호).

나) 전속중개계약에 대한 공개 및 비공개의무

중개업자가 전속중개계약을 체결한 경우에는 지체 없이 법 제24조 제1항에
의하여 지정된 부동산거래정보망 또는 일간신문에 즉시 아래와 같은 중개대상
물에 대한 정보를 공개하여야 한다. 다만, 중개 의뢰인이 비공개를 요청한 경우
에는 반대로 비공개할 의무가 있다(법 제23조 제3항, 영 제20조 제2항).

① 중개대상물의 종류, 소재지번·지목·면적, 건축물의 용도·구조·면
적·건축년도 등 중개대상물을 특정하기 위하여 필요한 사항

② 벽면 및 도배상태

③ 수도·전기·가스·소방·열공급·승강기 설비, 오·폐수 및 쓰레기 처리시설 등의 상태

④ 도로 및 대중교통 수단과의 연계성, 시장·학교 등과의 접근성, 지형 등 입지조건, 일조·소음·진동 등 환경조건

⑤ 소유권·지상권·지역권·전세권·저당권·임차권 등 중개대상물의 권리관계에 대한 사항으로써, 각 권리자의 인적사항을 제외한 내용

⑥ 공법상 이용제한 및 거래규제에 관한 사항

⑦ 중개대상물의 거래 예정금액 및 공시지가. 단, 임대차의 경우에는 공시지가를 공개하지 않아도 된다.[50)]

3) 중개대상물 확인·설명 등 의무

가) 중개대상물에 대한 확인·조사의무

중개업자는 중개대상물에 대한 정확한 설명의무의 전제로써, 의뢰된 중개대상물이 소재한 장소에 출장하여 부동산의 상태·입지여건·권리관계 등을 조사하고, 아울러 등기부등본·지적공부·건물공부 등에 대한 법적 측면을 분석함으로써 대상물에 대한 사실적·경제적·법적측면을 정확히 확인하고 조사할 의무가 있다.

나) 확인·조사결과에 따른 설명의무

중개계약을 체결한 중개업자는 권리를 취득하고자 하는 의뢰인이 출현한 경우에는, 그와 거래계약을 체결하기 전에 등기부 내지 지적공부 등 관련서면을 제시하면서 중개대상물의 상태·입지 및 권리관계, 법령의 규정에 의한 거래 또는 이용제한사항 등에 대하여 성실·정확하게 설명할 의무가 있다

---

50) 임대차의 경우 공시지가를 공개하지 않을 수 있도록 한 것은, 이는 대차관계이므로 공시지가와 직접 관계가 없다는 뜻이다. 이러한 원리라면 기타 용익물권에도 해당된다. 그러나 용익권을 설정할 경우에도 그 보증금 내지 차임의 적정성을 일응 판단하는 기준으로써 참고가 될 수 있으므로, 임대차라 하여 공시지가를 공개할 실익이 없는 것으로 볼 것은 아니다.

만약 중개업자가 이를 위하여 필요한 경우에는 권리를 이전 또는 설정하고자 하는 의뢰인에게 당해 중개대상물의 상태에 관한 자료를 제출해 줄 것을 요구하여야 한다(법 제25조 제2항). 만약 중개업자의 위와 같은 정당한 요구에 대하여 의뢰인이 불응하거나 소극적 자세를 취할 경우에는, 이러한 사실을 권리를 취득하고자 하는 의뢰인에게 설명하고, 중개대상물 확인·설명서에도 기재하도록 하고 있다(영 제21조 제2항).

이러한 의무를 부여한 취지는 권리를 취득하고자 하는 의뢰인으로 하여금 중개대상물에 대한 정확한 사실적·법적 판단을 할 수 있는 정보를 제공함으로써 오판에 의한 피해가 발생하지 않도록 하기 위한 것이다. 중개업자가 권리를 취득하고자 하는 의뢰인에게 설명할 구체적인 내용은 다음과 같다(법 제25조 제1항, 영 제21조 제1항).[51]

① 중개대상물의 종류, 소재지번·지목·면적, 건물의 구조·용도·면적·건축년도 등 중개대상물에 대한 기본적인 사항

② 소유권·지상권·지역권·전세권·저당권·임차권 등 중개대상물의 권리관계에 관한 사항

③ 거래 예정금액, 중개수수료 및 실비의 금액과 그 산출내역

④ 토지이용계획, 공법상 거래규제 및 이용제한에 관한 사항

⑤ 수도·전기·가스·소방·열공급·승강기 및 배수 등의 시설물의 상태

⑥ 벽면 및 도배의 상태

⑦ 일조·소음·진동 등 환경조건

⑧ 도로 및 대중교통 수단과의 연계성, 시장·학교와의 근접성 등 입지조건

---

51) 전속중개계약 체결에 따라 거래정보망 또는 일간신문에 공개할 사항과, 중개대상물확인설명서에 기재할 사항에 특별한 차이가 없음에도 영 제20조 제2항 및 제21조 제1항에서 불필요한 반복을 하고 있다. 즉 일부 다른 점이라고는 전속중개계약의 경우에는 제5호 및 제7호에서 소유권자 및 기타 권리자의 인적사항을 공개하지 못하도록 하고, 임대차의 경우에는 공시지가를 공개하지 않을 수 있도록 한 점과, 중개대상물확인설명서의 경우에는 제3호 및 제9호에서 중개수수료 및 실비에 대한 내용과, 권리를 취득함에 따라 부담하게 될 조세의 종류와 세율을 기재하도록 하고 있는 점에서만 차이가 있을 뿐이다. 그러나 이러한 것으로 구별할 필요나 이유가 없으므로 문안을 통일하는 것이 바람직하다.

⑨ 중개대상물에 대한 권리를 취득함에 따라 부담하게 될 조세의 종류 및 세율

다) 중개대상물 확인 · 설명서 작성 및 교부의무

중개업자가 권리를 취득하고자 하는 의뢰인에게 중개대상물에 대하여 설명한 결과 거래계약서를 작성할 경우에는, 먼저 칙 제16조에 의한 별지 제20호 서식의 "중개대상물 확인 · 설명서"를 작성하여, 이에 서명 · 날인한 후 거래당사자 쌍방에게 교부하여야 한다. 동 서면을 작성할 경우에는 중개업자(중개법인은 대표자 또는 분사무소 책임자를 말한다)뿐만 아니라 당해 업무를 수행한 소속 공인중개사가 있을 경우에는 이들도 함께 서명 · 날인하여야 한다(법 제25조 제3항 및 제4항). 여기서 "소속 공인중개사"란 법인 또는 분사무소 및 기타 중개업자에 소속된 공인중개사뿐만 아니라, 법인 또는 분사무소의 대표자를 포함하는 의미로 해석된다.

라) 중개대상물 확인 · 설명서 보존의무

중개업자가 중개대상물 확인 · 설명서를 작성하여 거래 당사자에게 교부한 경우에는 작성 · 교부한 날로부터 3년간 그 사본을 보존하여야 한다(영 제21조 제3항).

그런데 법문에는 "사본"이라 규정하고 있으나 현실적으로는 원본이 3부 작성되어 의뢰인에게 각 1부씩 교부되고, 1부는 중개업소에서 보존하게 되므로 "사본"은 "원본"으로 개정함이 옳다. 보존하는 장소에 대해서도 특별한 규정이 없다. 그러나 해석상 중개사무소를 계속 운영할 경우에는 중개업자의 현 중개사무소에, 중개업을 폐업한 경우 및 중개업자가 법인의 임원 내지 소속 공인중개사로 활동할 경우에는 적당한 장소에 보존하는 것으로 하여야 할 것이다.

4) 거래계약서 작성 등 의무

가) 거래계약서 작성 · 교부의무

부동산 권리를 알선한 결과 중개가 완성된 경우에는 중개업자는 거래계약서를 작성하여 당사자 쌍방에게 교부하여야 하는데, 거래계약서에 구체적으로 포

함하여야 할 사항은 다음과 같다(법 제26조 제1항, 영 제22조 제1항).[52]

① 거래 당사자의 인적사항

② 물건의 표시

③ 계약일

④ 거래금액, 계약금액 및 그 지급일자 등 지급에 관한 사항

⑤ 물건의 인도일시

⑥ 권리이전의 내용

⑦ 계약의 조건이나 기한이 있을 경우에는 그 조건 또는 기한

⑧ 중개대상물 확인·설명서 교부일자

⑨ 그 밖의 약정내용

부동산 거래계약은 낙성·불요식 계약이므로 서면으로 작성하지 않아도 그 효력에는 영향이 없다. 그런데 특별히 중개업자에게 서면으로 거래계약서를 작성하도록 요구한 것은, 거래계약 체결로 인하여 사실적·법적 측면에서 복잡한 문제가 야기될 가능성이 많으므로 부동산 유통시장의 주체이자 전문가인 중개업자로 하여금 계약의 내용을 명확히 하도록 하기 위한 정책목적 때문이다.

한편 이러한 의무에 부가하여 중개업자는 거래금액 등 거래내용을 거짓으로 기재하거나, 서로 다른 2 이상의 거래계약서를 작성하지 않을 의무가 있다(법 제26조 제3항). 따라서 당사자의 요청이 있을 경우에도 중개업자는 이에 응할 수 없다.

나) 거래계약서 서명·날인의무

중개업자는 거래계약서를 진정하게 작성한 후 이를 확인하는 의미로 서명·날인하여야 한다(법 제26조 제2항). "서명(署名)"이란 중개업자 자신이 직접 자필로 자기의 이름을 거래계약서에 기재하는 것을 말하며, "날인(捺印)"은 서명 옆에 등록한 인장을 찍는 행위를 말한다. 공동중개를 한 경우에는 중개에 관여

---

52) 거래계약서는 법정서식이 없다. 다만, 건설교통부장관은 중개업자가 작성하는 거래계약서의 표준이 되는 서식(일명 "표준거래계약서")을 정하여 사용을 권장할 수 있으나(영 제22조 제3항), 현재 이에 대한 표준서식은 제정된 바 없다.

한 모든 중개업자가 전부 서명·날인하여야 할 것이다. 그리고 중개업자(분사무소 책임자 포함)외에도 당해 업무를 수행한 소속 공인중개사가 있을 경우에는 이들도 함께 서명·날인하여야 한다.

다) 부동산거래 신고의무

중개업자는 자기가 중개한 토지 및 건축물에 대한 유상의 소유권 이전 거래계약을 체결한 경우에는 그 계약을 체결한 날로부터 30일 내 목적 부동산 소재지 관할 시장·군수·구청장에게 부동산 거래신고를 할 의무가 있다(법 제27조 제2항). 이는 거래 당사자의 편의와 일반 국민들의 절차인식 부족으로 발생할 수 있는 행정상 불이익을 방지하고, 투명한 거래질서 확립을 통하여 부동산 유통시장의 안정을 도모하고 조세정의를 실현하기 위한 것이다. 이에 대해서는 제2편에서 논하기로 하겠다.

라) 거래계약서 보존의무

중개업자는 자기의 중개로 거래계약이 체결된 경우에는 그 거래계약서 사본을 작성일로부터 5년간 보존하여야 한다(법 제26조 제1항, 영 제22조 제2항). 법문에는 "사본"이라 규정하고 있으나 거래 관행상 원본을 3부 작성하여 거래 당사자에게 각 1부씩 교부하고, 1부는 중개업자가 보존하게 된다. 따라서 보존할 거래계약서는 "원본"이라 함이 타당하다. 보존 장소는 중개사무소를 계속 운영할 경우에는 중개업자의 현 사무소에, 중개업을 폐업한 경우 및 법인의 임원·사원 내지 소속 공인중개사로 활동할 경우에는 적당한 장소에 보관하는 것으로 하여야 할 것이다.

5) 실비영수증 등 교부의무

중개업자가 중개 완성을 위하여 지출한 중개대상물의 권리관계 등의 확인 및 계약금 등의 반환채무 이행 보장에 소요된 실비는 영수증 등을 첨부하여 청구하여야 한다(칙 제20조 제2항). 여기서 "영수증 등"이란 중개업자가 직접 발행하는 영수증은 물론, 기타 실비의 지출을 소명할 수 있는 각종 서면을 말한다.

한편 중개수수료 영수증은 별도 작성·교부할 의무가 없는 것으로 하고 있다. 따라서 영수증에 대한 보존의무도 없다. 이러한 이유는 중개대상물확인설명서에 이미 중개수수료에 대한 구체적인 내용을 기재하여 교부하였기 때문이다. 그러나 이와 무관하게 당사자가 영수증 발급을 요청한 경우에는 당연히 작성·교부하여야 할 것이다. 영수증은 자유로운 형식으로 작성할 수 있다. 다만, 영수증이 작성·교부된 경우에는 세무관행에 따라 적의 처리하여야 한다.

6) 업무보증서 내용설명 및 교부의무

중개업자는 중개행위 결과 발생할 의뢰인의 재산상 손해를 담보하기 위하여 보증을 설정하게 된다. 따라서 중개업자는 중개가 완성되어 거래계약서를 작성·교부할 경우에는 손해배상 책임을 보장하는 아래 사항에 대하여 설명하고, 이에 대한 관계증서 사본을 교부하거나 그 전자문서를 당사자에게 교부하여야 한다(법 제30조 제5항).

① 보장금액
② 보증보험회사, 공제사업을 행하는 자, 공탁기관 및 그 소재지
③ 보장기간

다. 거래계약 이행과정상 의무

중개 업무는 거래계약 체결로써 종료된다. 따라서 거래계약이 체결된 이후 진행되는 업무는 원칙상 중개 업무에 해당하지 않는다. 그러나 중개업자는 자기의 알선으로 성립된 거래계약이 원만하게 진행되고 종결될 수 있도록 협력할 조리상 의무가 있으므로 계약 당사자의 정당한 업무상 협조요청에 응해야 함은 물론, 한편으로는 적극적으로 그 이행 과정에 참여할 필요도 있다.[53]

거래계약 이행과정상 의무에는 중도금 및 잔금이 각 수수될 때마다 목적물에 대한 물리적·법적인 변경 내지 제한 여부를 현장답사 및 등기부등본 등을 통하여 확인할 의무, 기타 거래 당사자의 권리이전 및 물건인도에 따른 각종 행

---

53) 거래계약 당사자와 중개업자 간에 "중개업자는 거래이행 과정에는 조력하지 않는다."는 특약을 한 경우라면 이러한 조리상 의무는 소멸된다고 할 것이다.

정절차에 대한 안내·확인 및 협력할 의무가 있다.

1) 중도금 지급에 따른 의무

거래계약 내용 중 중도금을 수수하기로 약정한 경우에는 중개업자는 중도금 지급 당일 등기부등본을 통하여 권리에 대한 하자 여부 및 목적물에 대한 물리적 변동 여부를 확인하여 권리를 취득하고자 하는 의뢰인에게 이를 고지할 의무가 있다.

거래계약을 체결하고 계약금을 수수할 당시에는 특별한 하자가 없었으나, 중도금을 지급할 당시 등기상 권리가 소멸·변경되었거나 처분의 제한을 받고 있는 경우 또는 목적 부동산 자체가 소실·멸실된 경우 등에는, 이러한 내용을 권리를 취득하는 당사자에게 신속하게 통지할 의무가 있다.

2) 잔금 지급에 따른 의무

잔금을 수수할 경우에는 중도금이 수수될 때보다 더 많은 주의가 필요하다. 왜냐하면 등기에 필요한 서면 및 부동산의 점유가 권리를 취득하는 당사자 앞으로 동시이행되지 않으면 복잡한 법률문제가 야기될 수 있기 때문이다.[54]

잔금이 지급되기 위해서는 농지취득자격증명서 또는 토지거래허가필증 등 권리등기에 필요한 각종 서면이 구비되어야 한다. 그리고 융자금에 대한 원리금의 확인과 이에 따른 정산, 임차인의 차임 및 보증금 확인과 이에 따른 정산이 필요하다. 따라서 중개업자는 잔금지급 당일 발급받은 등기부 등본을 통하여 권리의 하자 및 융자금·보증금 등에 대한 확인과 권리등기에 필요한 서면을 구비하고 있는지에 대한 확인뿐만 아니라, 부동산의 물리적 현황의 후발적 변동 여부에 대해서도 철저한 점검이 필요하다.

---

54) 일반적으로는 잔금이 지급되면서 권리등기에 필요한 서면을 수수하게 되나, 경우에 따라서는 권리를 우선 이전 또는 설정받고 추후 잔금을 지급하는 형식을 취할 수도 있다. 이러한 경우에는 반대로 권리를 이전 또는 설정하는 의뢰인의 입장에서 특별한 주의 내지 보호가 있어야 한다.

라. 서면 보존의무

중개업자는 중개업무 과정에서 다양한 서면을 작성하고 취급하게 된다. 그런데 중개업무의 공익적 기능에 비추어 보면 중개업자와 중개의뢰인 사이에서 생성되는 각종 서류들은 중개 의뢰인과 기타 제3자의 이익을 위하여 일정한 기간 동안 보존케 할 필요가 있다. 이에 따라 공부법에서도 중개 의뢰인의 이해와 상당한 관련 있는 서면에 대해서는, 중개업자로 하여금 법정기간 동안 보존하도록 하고 있는 바, 보존의무 있는 서면과 그 보존기간을 살펴보면 다음과 같다.

1) 전속중개계약서 보존의무

전속중개계약서를 작성한 중개업자는 이를 3년간 보존하여야 한다(법 제23조 제2항 및 칙 제14조 제2항). 법문에는 보존할 서면이 원본인지 사본인지, 보존기간의 기산점은 언제부터인지에 대한 규정이 불확실하다. 그러나 거래 관행상 원본이 2부 작성되고 의뢰인과 중개업자가 각 1부씩 보존하게 되므로 보존할 전속중개계약서는 "원본"이 되며, 그 기산점은 작성일을 기준으로 하여야 할 것이다.

한편 일반중개계약서를 작성한 경우에는 보존의무에 대한 규정이 없다. 그러나 일반중개계약서도 전속중개계약서와 달리 취급할 이유가 없으므로, 동 서면도 작성일로부터 원본을 3년간 보존하는 것으로 해석하여야 할 것이다.

2) 중개대상물 확인·설명서 보존의무

중개업자는 중개가 완성되어 거래계약서를 작성할 경우에는 당사자에게 "중개대상물확인·설명서"를 작성·교부하고, 그 사본을 3년간 보존하여야 한다(법 제25조 제3항 및 영 제21조 제3항). 그런데 중개대상물 확인·설명서도 실무상 원본을 3부 작성하여 거래당사자 쌍방에게 각 1부씩 교부하고 1부는 중개업자가 보존하고 있으므로, 보존서면은 "원본"이라 함이 타당하고, 보존기간의 기산점도 작성일을 기준으로 하여야 할 것이다.[55]

3) 거래계약서 보존의무

중개업자는 거래계약을 체결한 경우에는 동 거래계약서 사본을 5년간 보존하여야 한다(법 제26조 제1항 및 영 제22조 제2항). 그런데 실무상 거래계약서는 원본을 3부 작성하여 각 당사자에게 1부씩 교부하고 1부는 중개업자가 보존하고 있으므로, 보존할 거래계약서는 "원본"이라 함이 옳고, 그 보존기간의 기산점은 거래계약서 작성일을 기준으로 하는 것이 타당하다.

마. 부작위 의무

중개업자는 부동산 유통업무 전문가로서 부동산 가격 및 각종 개발정보에 정통한 자들인데, 만약 중개업자가 자신이 알고 있는 이러한 지식이나 정보 등을 악용하게 된다면 부동산 거래질서가 문란해 질 수 있고, 아울러 국민의 재산권에 상당한 위해를 가할 수 있다. 이러한 취지에서 공부법에서는 중개업자와 그 소속 공인중개사 및 중개보조원에게 일정한 부작위 의무를 부여하고 있는데, 이를 일명 "중개업자 등의 금지행위"라 칭하기도 한다(법 제33조).

1) 중개대상물의 매매를 업으로 하는 행위

중개업자는 중개업을 전문으로 하는 부동산 유통시장의 전문가이다. 따라서 중개물건에 대한 정보를 사실상 독점하고 있다고 해도 과언이 아니다. 그런데 중개업자가 이러한 정보를 악용하게 된다면 의뢰인에게 상당한 손해를 가할 수도 있다. 이러한 취지에서 중개업자에게 부동산 매매업을 금지하고 있는 것이다.[56]

---

55) 거래계약서는 5년간 보존할 의무를 부여하면서, 중개대상물확인설명서는 3년간 보존하고 있음은 모순이다. 즉 거래계약서, 중개대상물확인설명서는 불가분의 일체를 이루는 1건의 서류이므로 전체를 일괄하여 보존토록 하는 것이 바람직하다. 따라서 이들 전부에 대하여 보존기간을 3년 또는 5년으로 통일하여야 한다.

56) 중개업자에게 부동산 매매업을 금지하는 취지는 일응 수긍이 된다. 그러나 중개업을 육성하고 부동산의 원활한 거래를 조성하기 위해서는 중개업자에게도 매매업을 허용할 필요가 있다. 이를 통하여 음성적으로 행해지는 순가중개계약에 의한 부작용 및 부동산의 환금성 문제도 극복할 수 있고, 중개업을 기업화 할 수 있는 기반을 조성할 수도 있기 때문

여기서 "매매"란 부동산 권리에 대한 매매를 의미한다. 따라서 소유권에 한
정되지 않는다. 매매를 "업(業)"으로 하였는지 여부는 거래의 규모·횟수 등을
고려하여 사회통념상 판단하게 된다. 다만, 단순히 1회만 매매하였다 하더라도
업으로 행할 의사로 거래한 경우라면 이에 해당할 수 있다. 그러나 중개업자 등
이 매매를 한 경우에도 자신이 거주하거나 사용할 부동산을 거래하는 경우라면
이에 해당하지 않는다. 그리고 매매가 아닌 부동산임대업·분양대행업 등은 본
조에 해당하지 않으므로 자유롭게 할 수 있다.

**2) 공부법 제9조에 의한 중개사무소 개설등록을 하지 아니하고 중개업을 영
위하는 자인 사실을 알면서 그를 통하여 중개를 의뢰받거나, 그에게 자기의 명
의를 이용하게 하는 행위**

공부법은 국민의 재산권을 보호하기 위하여 중개업에 대한 엄격한 제한을
가하고 있다. 이를 통하여 부동산 중개업을 건전하게 지도·육성하고 공정한
거래질서를 확립할 수 있기 때문이다. 그런데 만약 중개업자 및 그 종사자가 무
등록 중개업자 및 그 종사자들과 업무상 협력하게 된다면, 결국 이들의 불법 중
개업무 수행을 용이하게 할 뿐만 아니라, 이로 인하여 거래질서가 문란해질 수
있다. 따라서 이들과의 업무 협력을 금지하고 있는 것이다. 동 규정에 해당하기
위해서는 아래의 1에 해당하여야 한다.

가) 법 제9조에 의한 중개사무소 개설등록을 하지 아니하고 중개업을 영위
하는 자인 사실을 알면서, 이들로부터 중개를 의뢰받아야 한다.

"중개사무소의 개설등록을 하지 아니하고 중개업을 영위하는 자"란 등록관
청으로부터 중개업 등록을 받지 않은 자를 의미하는 것으로, 무등록 중개업소
의 대표자 및 그 종업원을 포함하는 것이다. 따라서 중개업자가 이러한 사실을
알면서 중개 업무를 수행한 경우에는 동조에 위반된다. 그러나 이러한 사실을
모르고 수행한 경우라면 이에 해당하지 않는다. 다만, 추후 이를 알게 된 경우

이다. 따라서 이를 허용하는 것이 국민경제에 도움이 될 것이다.

에는 그 때부터 동 요건에 해당하게 되므로 즉시 협력을 중지해야 한다.

한편 법문에는 "그를 통하여 중개를 의뢰받거나"라고 규정하고 있다. 이는 무등록 중개업자 및 그 종업원이 대외적으로 부동산 중개업에 종사하는 형식을 취함으로써 선의의 일반인들로부터 중개를 의뢰받아, 적법한 중개업소에 다시 의뢰하는 경우를 말한다. 따라서 무등록 중개업자나 그 종업원이 접수하여 재 의뢰하는 물건에 대해서 중개업자가 접수받는 것이 금지된다.

나) 무등록 중개업자 및 그 종업원에게 중개업자가 자기의 명의를 사용할 수 있도록 허용하여야 한다.

"자기의 명의를 사용할 수 있도록 허용"이란 중개업자가 자기의 상호를 무 등록 중개업자 및 그 종업원이 사용할 수 있도록 허용함으로써 적법하게 중개 업무에 종사하는 것처럼 외관을 갖출 수 있도록 용인한 경우를 말한다. 예컨대 무등록 중개업자 및 그 종업원에게 중개사무소를 일시 이용하게 하거나, 명함 등에 중개업소의 상호를 사용할 수 있도록 허용하는 일체의 유형이 이에 해당 할 수 있다.

3) 중개수수료 또는 실비를 초과하여 금품을 받는 행위

중개업자는 거래가 완성된 경우 주택(부속토지 포함)에 대해서는 특별시·광 역시·도의 조례가 정하는 범위 내에서만 중개수수료 및 실비를 받을 수 있고, 기타 부동산에 대한 중개수수료는 건설교통부령이 정하는 한도 내에서만 받을 수 있다. 따라서 이를 회피할 목적으로 사례·증여 기타 명목으로 금품을 수수 하는 것이 금지된다.[57]

그러나 중개업무와 관련 없는 부동산컨설팅, 분양대행, 공·경매부동산에 대 한 권리분석·취득알선 및 그 입찰대리 등의 업무를 수행하고 받는 수수료는 동 규정의 적용을 받지 않는다. 다만, 경매에 대해서는 공인중개사의매수신청대

---

57) 중개업자가 중개수수료와 별도로 부가가치세를 수령하는 것도 초과수수료 징수에 해당한 다고 해석하고 있다(건유 2000. 1. 27). 그러나 이는 잘못된 해석으로 세금계산서를 발행 할 수 있는 사업자인 중개업자는 부가가치세는 별도로 청구할 수 있다고 보아야 한다.

리인등록등에관한규칙 및 그 예규가 정하는 한도를 초과할 수 없는 제한이 있다.

한편 대법원은 공부법 소정의 중개수수료 및 실비의 한도를 초과하여 금품을 수수한 경우, 그 초과 부분은 강행규정 위반으로 무효되는 것으로 보고 초과 지급한 의뢰인이 부당이득을 원인으로 그 반환을 청구할 수 있다는 입장을 취하고 있다(대판 2000다54406).58)

4) 중개대상물의 거래상 중요사항에 관하여 거짓된 언행 기타 방법으로 중개의뢰인의 판단을 그르치게 하는 행위

가) 중개대상물의 거래상 중요사항

"중개대상물의 거래상 중요사항"이란 권리를 취득하고자 하는 의뢰인의 이해와 직접 관련되는 사항으로써 아래와 같은 내용을 말한다.

(1) 중개대상물의 특정에 필요한 사항

중개대상물 특정에 필요한 사항으로는 부동산의 소재·지번·지목·면적, 건축물의 구조·용도·면적·명칭·번호·층수·호수·대지권의 내용과, 이들 부동산에 대하여 이전·설정·변경하고자 하는 권리의 구체적인 내용 등을 말한다.

(2) 중개대상물 가치와 관련된 사항

중개대상물은 사법적 요인과 공법적 요인에 의하여 가치(Value)가 형성되고, 이에 따라 당사자 간에 거래가격(Market value)이 성립된다. 따라서 중개업자는 해당 부동산의 공·사법적 권리, 부동산 가격 및 개발계획 여부 등 부동산의 가치에 영향을 미칠 수 있는 현재 또는 장래의 내용에 대하여 권리를 취득하고자 하는 의뢰인에게 정확하게 설명할 의무가 있다. 설명의 대상은 공지여

---

58) 중개수수료 초과 징수행위를 강행규정 위반으로 보고 이를 무효로 하는 것은 무리가 있다. 한편 대법원은 다른 판례를 통하여 중개수수료 및 실비의 초과분에 대하여 단속규정 위반으로 보아 부당이득 반환을 인정하지 않는다는 입장을 취하고 있다(대판 2000다70972). 따라서 현재 초과 징수한 중개수수료의 법적효과에 대해서는 강행규정 위반으로 보는 것과, 단속규정 위반으로 보는 두 개의 상반된 판례가 존재하는 셈이다. 필자의 견해로는 단속규정에 위반한 것으로 해석하는 것이 타당하다고 본다.

부(公知與否)를 불문한다. 다만, 널리 공지된 내용이라도 중개업자가 이를 알지 못하여 설명하지 못한 경우라면 본 의무에 위반되지 않는다. 중개대상물의 가치에 영향을 줄 수 있는 내용은 일반적으로 다음과 같다.

(가) 사법적 요인

① 권리제한에 관한 사항

중개대상물인 권리에 제한이 될 수 있는 가압류·가처분·가등기·예고등기 및 환매등기 등에 관한 사항은 중개 대상물의 가치를 결정하는 본질적인 내용에 해당한다.

② 담보물권에 관한 사항

중개대상물에 설정된 저당권·근저당권·양도담보권·가등기담보권 등은 중개대상물의 가치에 간접적인 영향을 미치는 요인이다.

③ 용익물권에 관한 사항

중개대상물에 설정된 지상권·지역권·전세권·임차권 등은 부동산에 대한 용익권으로서, 당해 부동산을 직접 용익하고자 하는 의뢰인에게는 매우 중요한 내용이 된다.

④ 특수한 물권에 관한 사항

점유권·유치권·법정지상권·관습법상 법정지상권·법정저당권 등 특수한 물권의 존재 여부는 부동산 가치에 상당한 영향을 미친다.

(나) 공법적 요인

① 거래규제에 관한 사항

토지거래허가구역, 농지법 제8조에 해당하는 농지, 외국인토지법에 의한 토지취득허가 대상 토지 등, 거래규제에 해당하는 공법상 내용은 부동산 가치에 상당한 영향을 미칠 수 있는 중요한 내용이 된다.

② 이용제한에 관한 사항

개발제한구역을 비롯한 각 용도지역·지구·구역 등에 따른 이용제한 사항은 부동산 가치에 매우 중요한 내용에 해당한다.

나) 중개의뢰인의 판단을 그르치게 하는 행위

중개업자는 위에서 살펴본 중개대상물의 거래상 중요사항에 대하여 거짓된 언행 기타 방법으로 설명함으로써 중개 의뢰인의 판단을 그르치게 하는 행위를 할 수 없다. 여기서 "거짓된 언행"이란 중개대상물의 중요사항에 대하여 부진정하게 설명하는 일체의 행위를 말한다. 거짓된 언행은 중개 의뢰인의 판단을 흐리게 하는 행위의 한 유형에 불과하다. 따라서 중개업자가 어떤 수단·방법·형식을 취하더라도 그 결과로 인하여 중개 의뢰인이 오판한 경우라면 이에 해당할 수 있다. 행위는 적극적인 행위뿐만 아니라 소극적인 행위, 즉 부작위도 가능하다. 예컨대 중개 의뢰인이 오판하고 있음을 인식하면서도 이를 묵인한 경우가 이에 해당할 것이다.

5) 양도·알선 등이 금지된 부동산의 분양·임대 등과 관련있는 증서에 대한 매매·교환 등을 중개하거나, 그 매매를 업으로 하는 행위

"부동산의 분양·임대 등과 관련 있는 증서"란 부동산 개발을 원활히 하기 위하여, 개별 법령에 의하여 특정지역에 소재하거나 관련된 자에게, 일반인에 우선하여 일정한 특례를 인정하고 있는 증명서를 말한다. 중개업자는 이러한 증서에 대해서는 거래를 알선하거나 매매를 업으로 하지 못한다.

한편 미 완공된 아파트에 대한 입주권도 이에 해당하는가 하는 문제가 있다. 이에 대하여 건설교통부는 특정 동·호수가 선정되고 분양계약이 체결된 일명 "주택 분양권" 등은 이에 해당하지 않는다고 한다. 그리고 불량주택 재개발사업에서 주택 임차인에게 주어지는 "불량주택 재개발 아파트 입주권" 등도 영세민들이 현실적으로 아파트에 입주하지 못하는 경우가 많으므로, 도시및주거환경정비법상 전매가 금지되는 증서에 해당하지 않는다고 해석하고 있다(건유 2000. 8. 24).

주택공급 질서를 확립하기 위하여 주택법에 의하여 양도 등을 금지하고 있는 부동산의 분양·임대 등과 관련있는 증서에 대하여 살펴보면 다음과 같다.

가) 주택법 제39조에 따른 증서

다음과 같은 증서나 지위에 대해서는 양도·양수(매매·증여 그 밖의 권리변동을 수반하는 일체의 행위를 포함하되, 상속·저당권 설정은 제외한다)하거나 이를 알선하지 못한다(주택법 제39조 및 동법시행령 제43조 제1항).

① 다수의 구성원이 주택을 신축하거나 "리모델링"하기 위하여 주택조합을 결성하여 관할 시장·군수·구청장의 인가를 받은 경우, 그 주택을 공급받을 수 있는 조합원의 지위[59]

② 대한주택공사·주택건설사업 등록업체가 발행한 주택상환사채[60]

③ 주택법에 의하여 가입한 입주자 저축증서

④ 시장·군수·구청장이 발행한 무허가건물확인서, 철거예정증명서 및 건물철거확인서

⑤ 공공사업 시행으로 이주대책에 의하여 주택을 공급받을 수 있는 지위 또는 이주대책 대상자 확인서

나) 주택법 제41조에 의한 증서

투기과열지구 내에서 건설·공급되는 입주자 지위는 일정기간 양도할 수 없다. 여기서 "투기과열지구"란 건설교통부장관·특별시장·광역시장·도지사가 주택가격 안정을 위하여 필요한 일정지역에 대하여 지정한 것을 말한다. 투기

---

[59] 주택조합은 다수의 구성원이 주택을 마련하거나 리모델링하기 위하여 결성하는 것으로 다음과 같은 4종류가 있다. 이러한 조합원의 지위는 그 양도가 금지된다. 다만 직장주택조합원 지위는 그러하지 아니하다.
  ① 지역 주택조합: 동일한 특별시·광역시·시·군(광역시의 군은 제외)에 거주하는 주민이 주택을 마련하기 위하여 설립한 조합을 말한다.
  ② 직장 주택조합: 동일한 직장 근로자가 주택을 마련하기 위하여 설립한 조합을 말한다.
  ③ 임대 주택조합: 주택을 임대하고자 하는 자가 임대주택을 건설 또는 매입하기 위하여 설립한 조합을 말한다.
  ④ 리모델링 주택조합: 공동주택 소유자가 당해 주택을 리모델링하기 위하여 설립한 조합을 말한다.
[60] 주택건설사업 등록업체란 연간 단독주택 20호 이상 또는 공동주택 20세대 이상 건축하거나, 1만m^2 이상의 대지조성 사업을 시행하고자 건설교통부장관에게 등록한 사업주체로서, 국가·지방자치단체·대한주택공사 등 공공기관을 제외한 업체를 말한다(주택법 제9조 제1항).

과열지구 안에서 사업주체가 건설·공급하는 주택의 입주자로 선정된 지위는 건설교통부령이 정하는 기간 동안 전매(매매·증여 기타 권리의 변동을 수반하는 일체의 행위를 포함하되 상속·저당권 설정은 제외한다) 및 이에 대한 알선이 금지된다.

6) 중개의뢰인과 직접 거래하거나, 당사자 쌍방을 대리하는 행위
가) 직접거래 금지

"직접거래"란 중개업자가 중개의뢰인의 반대 당사자로서 직접 거래계약을 체결하는 것을 말한다. 일명 "자기거래"라 한다. 직접거래가 성립하려면 상대방이 중개업자에게 "직접 중개를 의뢰한 자"이어야 한다. 따라서 중개업자라도 자신에게 중개를 의뢰한 바 없는 당사자와 거래한 경우라면 이에 해당하지 않는다. 직접거래를 금지한 이유는 정보력 등에서 우월적 지위에 있는 중개업자로부터 의뢰인을 보호하기 위한 것이다. 중개수수료 수수 여부는 직접거래 성립요건에 아무 영향을 미치지 않는다고 한다(건유 2001. 7. 21). 직접거래의 구체적인 모습은 다음과 같다.

① 직접거래 상대방인 중개의뢰인은 의뢰인 본인뿐만 아니라 그의 대리인 및 복대리인도 포함된다(대판 90도1872).

② 중개업자가 제3자와 공동으로 의뢰인과 거래계약을 체결한 경우에도 직접거래에 해당한다. 이 경우 중개업자에 대한 권리등기 여부는 불문한다(건유 2001. 10. 15).

③ 중개보조원이 그 소유 농지를 소속 중개업소 명의로 광고함으로써 제3자에게 매각한 경우에도, 중개업자 및 그 보조원에 대하여 직접거래가 성립한다(건유 2001. 2. 15).

한편 직접거래에 해당하지 않는 사례로는 다음과 같은 경우를 예시할 수 있다. 즉, 매도자가 신문광고를 통하여 공개적으로 매수자를 구하는 경우, 중개업자가 매수자로서 거래계약을 체결한 경우, 중개업자가 자기의 처자(妻子) 명의로 된 부동산을 의뢰인에게 알선하는 경우, 중개업자가 자기 소유 부동산을 그의 친구 소유 부동산과 교환하는 경우, 중개업자가 다른 중개업자를 통하여 매수하거나 매도한 경우에는 직접거래에 해당하지 않는다(대판 90도2858).

나) 쌍방대리 금지

"쌍방대리"란 중개업자가 중개의뢰인 쌍방으로부터 거래계약 체결을 위임받아 자기 혼자서 임의로 거래계약서를 작성하는 것을 말한다. 중개업자도 의뢰인으로부터 부동산 거래와 관련된 일체의 권한을 위임받을 수는 있다. 그러나 중개업자는 당사자 간의 거래계약이 공정하게 성립되도록 노력할 의무가 있는데(법 제29조 제1항), 쌍방대리를 허용하게 되면 어느 일방 의뢰인이 불이익을 당할 염려가 있다. 따라서 중개업자로 하여금 일방 의뢰인으로부터만 대리권을 수여받을 수 있도록 하고, 쌍방으로부터 수여받을 수 없도록 제한하고 있다.

7) 탈세 등 관계법령을 위반할 목적으로 보존등기 또는 이전등기를 하지 아니한 부동산이나, 관계 법령의 규정에 의하여 전매 등 권리의 변동이 제한된 부동산의 매매를 중개하는 등 부동산 투기를 조장하는 행위

중개업자는 공정한 부동산 거래질서를 확립할 사명이 있다(법 제1조). 따라서 당연한 귀결로써 부동산 투기를 조장하는 행위가 금지된다. 여기서 "부동산 투기 조장행위"란 탈세를 목적으로 보존등기 또는 이전등기를 하지 아니한 부동산 및 관계 법령에 의하여 전매 등 권리의 변동이 제한된 부동산에 대한 매매 등을 부추겨 거래를 알선하는 행위를 말한다. 다만, 이러한 행위는 부동산 투기를 조장하는 행위의 한 예시에 불과하므로, 어떤 행위가 이에 해당할 것인지의 여부는 각 구체적인 사례에 따라 판단하여야 할 것이다.

이와 관련하여 판례는 중개업자가 미등기 전매를 알선한 경우라면, 추후 이로 인하여 의뢰인이 전매차익을 올리지 못한 경우라도 부동산 투기를 조장한 것에 해당한다고 판시하고 있다(대판 90누4464).

바. 감독기관의 감독상 명령준수 의무

건설교통부장관·특별시장·광역시장·도지사·등록관청 및 분사무소 관할 시장·군수·구청장은 중개업을 건전하게 지도·육성하고, 중개 업무를 적절히 규율하기 위하여 수시로 이에 필요한 자료수집 및 확인을 할 수 있어야 한다. 이러한 정책목적을 달성하기 위하여 감독기관은 중개업자(무등록 중개업자 포함) 또는 거래정보사업자에 대하여 그 업무에 관한 사항을 보고하게 하거나, 자료제출 기타 업무상 필요한 명령을 할 수 있고, 소속 공무원으로 하여금 당해 사무소에 출입하여 업무와 관련된 장부 및 서류 등을 조사·검사·질문하게 할 수 있다. 중개업자 및 거래정보사업자는 이러한 감독기관의 정당한 요구에 응할 의무가 있다(법 제37조).

한편 감독기관이라도 그 권한을 남용하게 되면 중개업자의 업무에 상당한 지장을 초래하므로 일정한 사유가 있을 경우에만 감독권을 행사할 수 있도록 제한하고 있다. 즉 중개사무소에 출입하여 검사 등을 행하고자 할 경우에는 그 권한을 나타내는 증표로써 "공무원증" 또는 칙 별지 제26호 서식의 "중개사무소 조사·검사증명서"를 중개업자 등 관계인에게 내 보여야 한다(법 제37조 제2항, 칙 제23조).

감독기관이 중개업소(무등록 중개업소 포함) 및 거래정보사업자의 사무소에 출입할 수 있는 사유는 다음과 같다(법 제37조 제1항).

① 중개사무소 개설 등록기준에 적합한지 여부를 확인하기 위하여 필요한 경우

② 부동산거래정보망 설치·운영자 지정요건에 적합한지 여부를 확인하기 위하여 필요한 경우

③ 부동산 투기 등 거래동향을 파악하기 위하여 필요한 경우

④ 공부법 위반 여부 확인 및 공인중개사 자격정지 및 취소, 업무정지·등록취소 등 행정처분을 위하여 필요한 경우

3. 중개업자의 책임

중개업자는 일반적 의무로써 품위유지의무·신의성실의무·공정한 업무처

리의무·비밀준수의무·교육의무·등록증 등 게시의무·보증설정의무·인장
등록 및 등록인장 사용의무가 있고, 거래계약과 관련하여 일반중개계약서 및
전속중개계약서 작성·교부의무, 중개대상물 확인·설명의무, 거래계약서 작성
등 의무, 실비영수증 등 교부의무, 업무보증서 사본교부 및 그 내용 설명의무가
있다. 그리고 거래계약 이행과정에 협력할 의무, 계약관련 서면보존의무, 부작
위의무, 감독기관의 감독상 명령준수 의무가 있다.

   한편 중개 업무에 종사하는 자가 위에서 열거한 의무를 고의 또는 과실로
위반한 경우 그 책임을 물을 수 있는 상세하고 엄격한 규정을 법 제35조 내지
제40조에서 규정하고 있는데, 동 규정에 따르면 중개업자에게 부과되는 책임에
는 크게 행정책임·행정벌책임·민사책임으로 구분할 수 있다. 그런데 이러한
책임은 상호 아무 영향을 미치지 않으므로, 행정책임이 부과된 후 행정벌책임
또는 민사책임이 없는 것으로 입증된 경우에도, 기존 부과된 행정처분의 효력
에는 아무 영향이 없고, 그 반대의 경우도 마찬가지이다.

가. 행정책임

1) 서 설

   "행정책임"이란 중개업자 및 그 소속 공인중개사 등이 공부법에서 명하고
있는 법적 의무를 이행하지 않을 경우, 동법에 의하여 행정관청에서 과하는 공
적 제재를 말한다. 행정책임의 내용에는 업무정지·등록취소, 공인중개사 자격
정지 및 취소가 있다. 그런데 이러한 행정처분을 위해서는 관할 관청은 반드시
사전에 청문을 실시하여야 하며, 청문기일로부터 10일 전까지 처분대상자에게
이를 통지하여야 한다(행정절차법 제21조 제2항).[61]

   "청문(聽問)"이란 행정청이 어떤 처분을 하기 전에 당사자 및 이해관계인
등의 의견을 직접 듣고 증거를 조사하는 것을 말한다(행정절차법 제2조 제5호).

---

61) 법 제35조 제2항 및 제38조 제3항에서는 공인중개사 자격취소와 중개업 등록취소 처분을
   할 경우에만 청문을 실시하는 것으로 규정하고 있다. 그러나 동조와 무관하게 행정처분을
   할 경우에는 전부 청문을 실시하여야 한다(행정절차법 제1조, 제2조 제2호, 제3조 제1항).

청문절차를 둔 취지는 행정처분의 공정성·투명성·신뢰성을 확보함으로써 처분대상자를 보호하기 위한 것이다(행정절차법 제1조). 따라서 행정절차법에서 규정하고 있는 적법한 청문을 실시하지 아니하고 내린 처분행위는 취소사유가 된다(행정심판위원회 의결 1998. 9. 25, 대판 2000두3337, 대판 99두5870).

2) 행정처분의 종류

가) 업무정지

(1) 업무정지 사유

중개업자가 다음과 같은 의무규정을 위반한 경우에는 6개월의 범위 내에서 업무정지 처분을 받을 수 있다. 정지처분은 등록관청이 행하며, 그 처분 여부는 등록관청의 재량에 속한다.[62] 법인 중개업자인 경우에는 법인의 본점 또는 분사무소 별로 정지처분을 할 수 있다(법 제39조 제1항 본문).

한편 등록관청이 업무정지 처분을 할 경우에는 칙 제25조 "별표 2"에서 규정하고 있는 기준표에 따라 처분하되, 위반행위의 동기·결과·횟수 등을 참작하여 그 기준이 되는 처분기간의 1/2범위 안에서 가감할 수 있도록 하고 있다. 다만, 가중할 경우에도 업무정지 처분의 최장기한인 6개월을 초과할 수 없다(칙 제25조).

① 법 제10조에서 규정하고 있는 결격자를 소속 공인중개사 또는 중개보조원으로 채용한 경우. 단 그 사유가 발생한 날로부터 2개월 내 해임한 경우에는 그러하지 아니하다.

② 법 제16조 규정에 의하여 중개업자 및 그 소속 공인중개사의 인장을 신규등록 또는 변경 등록하지 않거나, 그 등록한 인장을 사용하지 않은 경우

③ 중개 의뢰인과 전속중개계약을 체결할 경우 건설교통부령이 정하는 법정 전속중개계약서를 사용하지 않았거나, 전속중개계약서를 3년간 보존하지 않은 경우

---

62) 등록관청의 처분 여부는 자유재량이라 할 수 없고, 정지사유에 해당할 경우에도 엄격한 기준에 의하여 판단하여야 할 기속재량으로 보아야 한다.

④ 중개업자가 거래정보망에 중개대상물에 관한 정보를 허위로 공개하거나, 거래계약이 체결된 사실을 거래정보사업자에게 통보하지 않은 경우

⑤ 중개대상물에 대하여 성실·정확하게 확인·설명하지 않았거나, 설명의 근거자료를 제시하지 않은 경우

⑥ 중개대상물확인·설명서를 교부하지 아니하거나, 그 서면을 3년간 보존하지 않은 경우

⑦ 중개업자 및 그 소속 공인중개사가 중개대상물확인·설명서에 함께 서명·날인하지 않은 경우

⑧ 중개가 완성된 경우 적법한 거래계약서를 작성·교부하지 아니하거나, 작성된 거래계약서를 5년간 보존하지 아니한 경우63)

⑨ 중개업자가 거래계약서에 서명·날인하지 아니하거나, 중개 업무에 관여한 소속 공인중개사가 함께 서명·날인하지 않은 경우

⑩ 건설교통부장관, 시·도지사, 등록관청의 업무관련 보고·자료제출·조사·검사 요구에 대하여, 이를 거부·기피·방해하거나 그 밖의 명령위반·거짓된 보고 및 자료를 제출한 경우

⑪ 법 제38조 제2항에 의한 임의적 등록취소 사유에 해당하는 경우

⑫ 최근 1년 이내에 공부법에 의하여 2회 이상 업무정지 또는 과태료 처분을 받고 다시 과태료 처분대상에 해당하는 행위를 한 경우

⑬ 그 밖에 공부법령에서 정한 명령이나 처분을 위반한 경우64)

⑭ 중개인 중개업자가 중개사무소 소재지 관할 특별시·광역시·도의 관할 구역 밖에 존재하는 부동산을 중개한 경우. 다만, 부동산거래정보망에 가입한 경우로써, 당해 정보망에 공개된 물건에 대하여 중개한 경우에는 그러하지 아니하다(법 부칙 제6조 제6항 및 제7항).

---

63) 법문에는 "… 적정하게 거래계약서를 작성 …"이라고 규정하고 있으나, 법 제26조 제1항에는 "… 대통령령이 정하는 바에 따라 거래계약서를 작성 …"이라고 규정하고 있다. 따라서 위 법문은 "적법한 거래계약서"라고 칭하는 것이 타당하다.
64) 동 제13호의 규정은 포괄 내지 일반규정으로 명확성 원칙에 위배된다. 따라서 삭제하는 것이 타당하다.

(2) 업무정지처분 효과

중개업자가 등록관청으로부터 위와 같은 사유로 업무정지 처분을 받은 경우, 그 기간 중에는 중개 업무에 한시적으로 종사할 수 없다(법 제10조 제1항 제9호). 따라서 다른 중개업자의 소속 공인중개사, 중개보조원 또는 중개업자인 법인의 임원도 될 수 없다.

한편 법인 중개업자의 경우에는 업무정지 사유를 발생시킨 당해 임원·사원에 대해서도 그 법인의 업무정지 기간 중에는 중개업에 종사할 수 없도록 제한하고 있다(법 제10조 제1항 제10호).[65] 업무정지 처분을 받은 중개업자가 중개업무에 종사할 경우에는 중개업 등록이 필요적으로 취소된다(법 제38조 제1항 제7호).

나) 중개업 등록취소

"중개업 등록취소"란 중개업자가 공부법을 위반하였음을 이유로 등록관청이 중개업 등록을 취소하는 행정처분을 말한다. 등록취소 방법에는 기속취소(羈束取消)와 재량취소(裁量取消)가 있다. "기속취소"란 등록관청에 재량의 여지가 없어 등록취소 사유에 해당하면 당연히 취소하여야 하는 경우이며, "재량취소(裁量取消)"란 등록취소 사유에 해당할 경우에도, 그 정상을 참작하여 등록을 취소하지 않을 수 있는 경우를 말한다. 다만, 이 경우의 재량도 자유재량(自由裁量)이 아닌 기속재량(羈束裁量)을 말한다.

등록이 취소된 중개업자(다만, 중개법인이 해산으로 등록이 취소된 경우에는 그 법인의 대표자를 말한다)는 그 취소처분을 받을 날로부터 7일 이내에 중개사무소 등록증을 등록관청에 반납하여야 한다(법 제38조 제4항, 칙 제24조).

(1) 재량취소 사유

중개업자에게 다음과 같은 사유가 존재할 경우에는 등록관청은 중개업 등록을 취소할 수 있다(법 제38조 제2항).

---

65) 법 제10조 제1항 제10호에는 중개업자의 업무정지 처분기간 중, 중개 업무에 종사할 수 없는 자는 법인의 업무정지 사유를 발생시킨 임원 또는 사원에 한정하고 있다. 그러나 이러한 제한은 모든 중개업자 소속 공인중개사 및 중개보조원에게도 확대하여야 할 것이다.

① 중개업자가 법 제9조 제3항에 의한 중개업 개설등록 기준에 미달하게 된 경우

② 중개업자가 2 이상의 중개사무소를 둔 경우

③ 중개업자가 천막 기타 이동이 용이한 임시 중개시설물을 설치한 경우

④ 법인 중개업자가 법 제14조 제1항 및 제2항에서 허용하고 있는 겸업 가능한 업무 이외의 업무를 수행한 경우

⑤ 중개업자가 6개월을 초과하여 계속 휴업한 경우

⑥ 전속중개계약을 체결한 중개업자가 그 중개대상물에 관한 정보를 일간신문 또는 부동산거래정보망에 공개하지 아니 하거나, 중개의뢰인의 비공개 요청에 위반하여 정보를 공개한 경우

⑦ 중개업자가 거래계약서에 거래금액 등 거래내용을 허위로 기재하거나, 서로 다른 2 이상의 거래계약서를 작성한 경우

⑧ 중개업자가 업무를 개시하기 전에 손해배상 책임을 보장하기 위한 보증보험·공제·공탁에 가입하지 아니한 경우

⑨ 중개업자가 법 제33조에서 규정하고 있는 부작위 의무를 위반한 경우

⑩ 최근 1년 내 공부법에 의하여 3회 이상 업무정지 또는 과태료 처분을 받고 다시 업무정지 또는 과태료 처분에 해당하는 행위를 한 경우

"3회 이상 업무정지 또는 과태료 처분"이란 1회의 업무정지와 2회의 과태료 처분 및 3회의 과태료 처분을 받고, 다시 업무정지 또는 과태료 처분에 해당하는 행위를 한 경우와, 2회의 업무정지에 1회의 과태료 처분을 받은 자가 다시 과태료 처분에 해당하는 행위를 한 경우를 말한다. 2회의 업무정지 처분을 받은 자가 다시 업무정지 처분에 해당하는 행위를 한 경우에는 아래 (나) ⑧항에서 보는 바와 같이 기속취소사유가 되기 때문이다. 4회차에 해당하는 업무정지 또는 과태료 처분은 확정될 필요는 없고, 등록관청이 업무정지 또는 과태료 처분 사유에 해당한다고 판단한 경우이면 이에 해당한다.

(2) 기속취소 사유

등록관청은 중개업자에게 다음과 같은 사유 중 어느 하나에 해당 할 경우에

는 반드시 등록을 취소하여야 한다(법 제38조 제1항).

① 개인 중개업자가 사망하거나, 법인 중개업자 해산한 경우

"사망(死亡)"이란 자연인이 심장의 고동을 영구히 정지하는 상태를 말한다(맥박종지설).66) "해산(解散)"이란 법인이 일정한 사유로 목적 수행을 적극적으로 하지 못하고 청산의 범위 내에서만 활동할 수 있는 사정을 말한다.67) 법인은 청산이 종결된 후에야 완전히 법인격을 상실하므로, 해산사유의 발생만으로는 법인격이 상실되지 않는다. 단지, 대표기관의 구성원이 그 지위를 잃고 청산인(清算人)이 그 지위를 대신할 뿐이다. 그러나 중개법인의 대표자는 공인중개사이어야 하고 임원의 과반수 이상이 공인중개사 자격있는 자들로 구성되어야 하는데, 비자격자가 청산인으로 선임되면 법정요건에 결격될 수 있고, 특히 해산사유가 있는 중개법인이 계속 중개 업무를 수행하게 되면 국민의 재산권 보호에 역행하기 때문이다. 이러한 사정으로 법인격 존속 여부와 무관하게 해산을 중개업등록 취소사유로 한 것이다.

② 거짓 그 밖의 부정한 방법으로 중개사무소 개설등록을 한 경우

"거짓 그 밖의 부정한 방법"이란 중개사무소 등록과 관련하여 부당한 방법으로 등록관청을 기망하는 모든 사유를 말한다. 여기서 "거짓"에 해당하는 경우로는 중개사무소 확보를 증명하는 서면을 위조 또는 변조하는 방법으로 작성하여 제출한 경우를 말하며, "부정한 방법"은 중개사무소 확보를 증명하는 서면은 진정한 것이라도 등록 후 사용하는 사무소 공간은 다른 장소인 경우, 공인중개사 자격증을 대여받아 중개업 등록을 필한 경우 등이 이에 해당한다. 거짓 그 밖의 부정한 방법에 해당하는지 여부는 구체적인 사정에 따라 판단할 수밖에 없다.

---

66) 사망과 관련하여 맥박종지설 외에도 생활 현상이 전부 단절된 단계를 지칭하는 생활현상종지설, 모든 뇌기능의 불가역적 소멸 상태를 의미하는 뇌사설 등이 있는데, 맥박종지설이 다수설이자 대법원의 입장이다(김일수 1996, 25).

67) 법인의 해산사유는 존속기간 만료 기타 정관으로 정한 사유 발생(상법 제227조 제1항), 신설합병 및 흡수합병 되는 경우(상법 제517조 제1항), 파산(상법 제269조), 법원의 해산명령 및 판결(상법 제517조 제1항), 사원총회 결의(상법 제517조), 합명·합자·유한회사에 있어서 사원이 1인으로 된 경우(상법 제227조 제3항)에 해산하게 된다.

③ 중개업자에게 법 제10조에 의한 결격사유가 발생한 경우

중개업자가 금치산자·한정치산자·파산자가 된 경우, 금고 이상의 실형을 선고받은 경우, 금고 이상의 집행유예를 선고받은 경우, 공인중개사 자격이 취소된 경우, 공부법 위반으로 벌금형을 선고받은 경우, 법인 중개업자의 임원 또는 사원이 법 제10조 제1항에서 규정하고 있는 중개업무 종사자 결격사유에 각 해당하는 사유가 발생한 경우에는 중개업 등록이 취소된다. 다만, 중개법인의 경우에는 그 결격된 임원 또는 사원을 2개월 내 결격 없는 자로 개임한 경우에는 그러하지 아니하다.

④ 중개업자가 이중으로 중개사무소 개설등록을 한 경우

⑤ 중개업자가 다른 중개업자의 소속 공인중개사·중개보조원이 되거나, 중개법인의 임원 또는 사원이 된 경우

⑥ 중개업자가 다른 사람에게 자기의 성명 또는 상호를 사용하여 중개 업무를 하게 하거나, 중개사무소 등록증을 양도·대여한 경우

"등록증 양도"란 등록된 중개업소의 운영권을 매도하는 것을 의미하고, "등록증 대여"란 중개업소의 운영권을 일시적으로 유상 또는 무상으로 넘겨 주는 것을 말한다. 양도 또는 대여한 기간은 문제되지 않고 양도 또는 대여한 사실이 있으면 즉시 등록취소 사유가 된다. 양도 또는 대여받은 자는 누구라도 무방하다. 따라서 공인중개사 자격증을 소지한 자는 물론 중개업자인 경우에도 이에 해당한다.

⑦ 중개업자가 업무정지 기간 중에 중개 업무를 하거나, 자격정지 처분을 받은 소속 공인중개사로 하여금 그 정지기간 중에 중개업무를 하도록 허용한 경우

⑧ 최근 1년 이내에 2회의 업무정지 처분을 받은 자가 다시 업무정지 처분에 해당하는 행위를 한 경우[68]

---

68) 법문에는 "2회 이상 … 업무정지처분"이라고 규정하고 있으나 이는 잘못된 표현으로, "2회의 … 업무정지처분"이라고 하여야 한다. 왜냐하면 2회의 업무정지 처분이 있고 다시 업무정지 사유에 해당하는 행위를 한 경우에는 당연히 등록이 취소되기 때문이다. 따라서 2

다) 공인중개사 자격정지

소속 공인중개사에게 아래와 같은 사유가 발생한 경우에는 자격증을 교부한 특별시장·광역시장·도지사가 6개월의 범위 내에서 공인중개사 자격을 정지할 수 있다. 공인중개사 자격정지는 중개업자인 공인중개사에게는 적용되지 않는다(법 제36조 제1항 본문). 자격정지 처분을 하는 경우에는 칙 제22조 제1항에 의하되, 위반행위의 동기·결과·횟수 등을 참작하여 "칙 별표 1"에서 정하고 있는 기간의 1/2범위 내에서 정지기간을 가중 또는 감경할 수 있다. 다만, 정지기간을 가중할 경우에도 그 기간은 6개월을 초과할 수 없다(칙 제22조).

한편 소속 공인중개사에게 자격정지 사유가 발생한 사실을 안 등록관청은 지체 없이 그 사실을 자격증을 교부한 특별시장·광역시장·도지사에게 통보함으로써 행정처분을 받도록 하여야 한다(법 제36조 제2항).[69]

(1) 자격정지 사유

① 소속 공인중개사가 2 이상의 중개사무소에 소속된 경우

여기서 "소속된 경우"란 2 이상의 중개사무소에 소속 공인중개사로서 등록된 경우뿐만 아니라, 1중개업소에는 소속 공인중개사로 등록하고, 다른 중개사무소에는 사실상 소속만 하고 있는 경우 및 2 이상의 중개업소에 사실상 소속되어 중개 업무에 종사하는 것을 의미한다.

② 소속 공인중개사가 중개행위에 사용할 인장을 등록하지 아니하거나, 미등록 인장을 중개 업무에 사용한 경우

③ 소속 공인중개사가 권리를 취득하고자 하는 의뢰인에게 중개대상물에 대하여 성실·정확하게 설명하지 아니하거나, 설명의 근거자료를 제시하지 아니한 경우

④ 중개대상물확인·설명서를 작성할 경우 중개업자와 함께 서명·날인하

회 이상, 즉 3회·4회의 업무정지 처분은 있을 수 없다.

69) 소속 공인중개사도 중개 업무를 수행할 수 있다(법 제2조 제5호). 이러한 취지에서 법 제36조 제1항 제3호 및 제6호는 중개대상물에 대한 확인·설명, 거래계약서 작성권을 소속 공인중개사에게도 인정하는 문언을 두고 있다. 그러나 이러한 것은 중개업무의 본질에 속하는 것이므로 재고할 필요가 있다.

지 아니한 경우

⑤ 거래계약서를 작성할 경우 중개업자와 함께 서명·날인하지 아니한 경우

⑥ 소속 공인중개사가 거래계약서에 거래금액 등 거래내용을 거짓으로 기재하거나, 서로 다른 2 이상의 거래계약서를 작성한 경우

⑦ 소속 공인중개사가 법 제33조에서 규정하고 있는 부작위 의무를 위반한 경우

(2) 자격정지 처분기관

공인중개사 자격정지 처분은 그 공인중개사 자격증을 교부한 특별시장·광역시장·도지사가 행한다. 다만, 자격증을 교부한 시·도지사와 중개사무소를 관할하는 시·도지사가 다른 경우에는, 중개사무소 관할 시·도지사가 자격정지 처분에 필요한 모든 행위를 필한 후, 자격증을 교부한 시·도지사에게 이를 통보하도록 하고 있다. 이에 따라 자격증을 교부한 시·도지사가 자격정지 처분을 하게 된다. 소속 공인중개사에 대한 자격정지 처분을 행한 시·도지사는 그 처분일로부터 5일 내 건설교통부장관에게 보고하고, 다른 시·도지사에게도 이를 통지하여야 한다(영 제29조).

라) 공인중개사 자격취소

공인중개사 자격취소는 중개업자인 공인중개사뿐만 아니라, 그 소속 공인중개사에게도 과하는 것으로 행정처분으로는 가장 강력한 것이다. 즉 업무정지 처분을 받아도 그 처분기간만 경과하면 정상적인 중개 업무를 수행할 수 있고, 등록이 취소된 경우에도 중개업등록 그 자체만 취소될 뿐이어서 취소된 날로부터 3년이 경과하면 다시 중개업 등록을 할 수 있다(법 제10조 제1항 제8호 내지 제10호).[70]

반면 공인중개사 자격이 취소되면 공인중개사인 중개업자는 중개업자로서 그 요건을 상실하게 되므로 등록도 당연 취소되며(법 제38조 제1항 제3호), 소속 공인중개사는 공인중개사의 지위를 상실하게 된다. 그리고 공인중개사 자격이

---

70) 중개인 중개업자는 중개업 등록이 취소되면 중개인의 지위를 상실 하므로 3년이 경과하더라도 다시 중개업 등록을 할 수 없다.

취소된 자는 3년간 중개 업무에 종사할 수 없고, 공인중개사 자격시험에도 응시할 수 없다(법 제10조 제1항 제6호).[71]

한편 공인중개사 자격이 취소된 자는 그 취소처분이 확정된 날로부터 7일 이내에 자격증을 교부한 특별시장·광역시장·도지사에게 공인중개사 자격증을 반납하여야 한다(법 제35조 제3항, 칙 제21조).

(1) 자격취소 사유

공인중개사에게 다음과 같은 사유가 발생한 경우에는 그 자격을 필요적으로 취소하게 된다(법 제35조 제1항).

① 부정한 방법으로 공인중개사 자격을 취득한 경우

"부정한 방법"이란 대리시험을 통하여 자격을 취득하거나, 기타 일명 "커닝"으로 간주될 수 있는 모든 수단 내지 방법을 말한다.

② 다른 사람에게 자기의 성명을 사용하여 중개업무를 하게 하거나, 공인중개사 자격증을 양도·대여한 경우

③ 자격정지 처분을 받은 공인중개사가 그 정지기간 중에 다른 중개업자의 소속 공인중개사·중개보조원·법인의 임원 또는 사원이 된 경우

④ 공부법 위반으로 징역형을 선고받은 경우

법문에는 징역형의 "선고"라 하고 있는 바, 선고(宣告)에는 실형뿐만 아니라 집행유예 선고도 포함된다. 그리고 "선고받은 경우"란 형이 선고된 후 재판이 확정된 경우를 말한다. 따라서 재판이 확정되지 않은 경우에는 공인중개사 자격을 취소하지 못한다.

(2) 공인중개사 자격 취소권자 등

공인중개사 자격 취소권자는 공인중개사 자격정지 처분기관과 같이, 자격증을 교부한 해당 특별시장·광역시장·도지사가 된다. 다만, 자격증을 교부한

---

71) 공인중개사 자격이 취소된 자는 법 제10조 제1항 제6호에 의한 결격자이므로 중개보조원으로도 활동할 수 없다. 그리고 3년간 공인중개사 자격을 취득할 수 없으므로, 당연히 동기간에는 공인중개사 시험에도 응시할 수 없다. 따라서 시험에 합격한 경우에도 무효가 된다(법 제6조).

시·도지사와 중개사무소를 관할하는 시·도지사가 다른 경우에는 중개사무소를 관할하는 시·도지사가 공인중개사 자격취소에 필요한 적법절차를 행하고, 이를 자격증을 교부한 시·도지사에게 통보한다. 이에 따라 자격증을 교부한 시·도지사가 공인중개사 자격을 취소하게 된다(영 제29조 제1항 및 제2항).[72]

한편 공인중개사 자격을 취소하고자 하는 특별시장·광역시장·도지사는 자격정지 처분과 달리 사전에 청문을 실시하여야 하며(법 제35조 제2항), 청문결과 취소사유에 해당할 경우에는 즉시 자격을 취소한 후 5일 내 건설교통부장관에게 보고하고, 다른 특별시장·광역시장·도지사에게도 이를 통지하여야 한다(영 제29조 제3항).

나. 행정벌 책임

"벌(罰)"이란 사회규범에 대한 침해행위가 발생했을 때 사후적으로 국가가 사회 일반인의 법익보호와 범죄인의 사회복귀를 도모하기 위하여 법률의 규정에 의하여 부가하는 공적 제재를 의미한다(김일수 1996, 633). 이러한 벌에는 형법 위반에 대한 제재를 의미하는 "형사형벌(刑事刑罰)"과, 형법 이외의 기타 법규 특히 행정법규에 위반되는 행위에 대하여 과하는 "행정형벌(行政刑罰)"이 있다. 그리고 행정형벌에는 다시 행정질서벌인 과태료와 협의의 행정형벌로 구분할 수 있다.

1) 과태료

"과태료(過怠料)"란 질서의 유지, 행정상 의무이행 강제 기타 징계의 수단으로 과하는 금전벌(金錢罰)로써 일명 "행정질서벌"이라고 한다. 과태료는 형벌인 벌금 및 과료와는 구별된다. 따라서 형법총칙을 적용받지 않고, 그 재판도 비송사건절차법이 정하는 바에 따르고 있다(비송사건절차법 제247조 내지 제251조).

---

72) 건설교통부장관이 공인중개사 자격을 부여한 경우에는 자격 취소권자에 대한 규정이 없다. 따라서 공인중개사 자격 취소권자를 "시험실시 기관장"으로 규정함이 옳다.

부동산 중개업무에 종사하는 자는 국민의 재산권 보호라는 막중한 임무를 부여받고 있으므로 특히 그 주의를 촉구하는 측면에서 과태료 규정을 두고 있는데, 이에 대하여 살펴보면 다음과 같다(법 제51조 제1항 내지 제3항).

가) 과태료 종류

(1) 금 100만원 이하 과태료

① 중개업자가 중개사무소 등록증(법인의 분사무소는 분사무소 설치신고필증), 중개수수료 및 실비의 요율과 한도액 표, 중개업자 및 소속 공인중개사의 공인중개사 자격증, 보증설정을 증명하는 서류를 중개사무소 안의 보기 쉬운 곳에 게시하지 아니한 경우

② 중개업자가 그 중개사무소 명칭에 "공인중개사 사무소" 또는 "부동산 중개"라는 명칭을 사용하지 아니한 경우

③ 중개업자가 중개사무소를 이전한 경우, 그 이전한 날부터 10일 내 등록관청 또는 이전 후 사무소 소재지를 관할하는 시장·군수·구청장에게 신고하지 아니한 경우

④ 중개업자가 3개월 이상 휴업하거나 휴업기간을 변경하는 경우 및 휴업한 중개업을 재개하거나 폐업할 경우, 각 이에 대한 신고를 하지 아니한 경우

⑤ 중개완성 시 거래 당사자에게 손해가 발생할 경우 배상하게 될 손해배상책임에 대한 보장금액, 보증보험회사·공제사업자·공탁기관 및 그 소재지, 보장기간에 대하여 설명하지 아니하거나, 이에 대한 관계증서 사본 또는 그 전자문서를 교부하지 아니한 경우

⑥ 공인중개사 자격취소 처분을 받은 자가 그 처분일로부터 7일 내 자격증을 교부한 특별시장·광역시장·도지사에게 공인중개사 자격증을 반납하지 아니한 경우

⑦ 중개사무소 개설등록이 취소된 자가 그 처분일로부터 7일 내 등록관청에 중개사무소 등록증을 반납하지 아니한 경우

⑧ 중개인 중개업자가 "공인중개사 사무소"라는 명칭을 사용한 경우(법 부칙 제6조 제5항).

(2) 금 500만원 이하 과태료

① 건설교통부장관으로부터 부동산 거래정보사업자로 지정받은 자가 지정받은 날로부터 3개월 이내에 운영규정을 정하여 건설교통부장관에게 승인을 받지 아니하거나 변경승인을 받지 않은 경우 및 운영규정을 위반하여 부동산거래정보망을 운영한 경우

② 거래계약 당사자가 중개업자로 하여금 부동산 거래신고를 하지 못하게 하거나, 거짓된 내용으로 신고하도록 요구한 경우

③ 거래정보사업자가 건설교통부장관, 특별시장·광역시장·도지사, 등록관청 및 분사무소 소재지 시장·군수·구청장의 업무상 보고, 자료의 제출, 조사 및 검사에 대하여 거부·방해·기피하거나 그 밖의 명령 불이행, 거짓된 보고 및 자료를 제출한 경우

④ 공인중개사협회가 매년도 공제사업 운용실적을 일간신문·협회보 등을 통하여 공제계약자에게 공시하지 아니한 경우

⑤ 건설교통부장관으로부터 공제사업과 관련하여 시정명령을 받은 공인중개사협회가 그 명령을 이행하지 아니한 경우

⑥ 공인중개사협회·지부·지회가 건설교통부장관의 업무와 관련된 보고, 자료제출, 조사 또는 검사요구에 대하여 거부·방해·기피하거나 그 밖의 명령을 이행하지 아니한 경우 및 거짓된 보고나 자료를 제출한 경우

(3) 취득세 3배 이하의 과태료[73]

① 토지 또는 건축물에 대한 유상의 소유권 이전 거래계약을 체결한 자가 시장·군수·구청장에게 부동산 거래신고를 하지 아니하거나, 계약체결일로부터 30일이 경과한 후에 신고하는 경우

② 토지 또는 건축물에 대한 유상의 소유권 이전 거래계약을 체결한 자가 부동산 거래계약 내용과 다르게 신고한 경우

---

73) 당해 토지 또는 건축물의 취득세가 비과세·면제·감경되는 경우에는, 비과세·면제·감경되지 아니하는 금액을 기준으로 부과한다(법 제51조 제3항).

나) 과태료 부과·징수권자

(1) 건설교통부장관

부동산거래정보망 운영자, 공인중개사협회·지부·지회에 대한 과태료는 건설교통부장관이 부과·징수한다.

(2) 특별시장·광역시장·도지사

금 100만원 이하 과태료 처분대상 요건 중에서, 공인중개사 자격을 취소 당한 자가 그 취소된 날부터 7일 이내에 자격증을 교부한 특별시장·광역시장·도지사에게 자격증을 반납하지 아니하는 경우, 자격증을 교부한 특별시장·광역시장·도지사가 부과·징수한다.

(3) 등록관청

건설교통부장관, 특별시장·광역시장·도지사의 과태료 부과대상이 아닌 것은 전부 등록관청인 시장·군수·구청장이 부과·징수한다.

다) 과태료 부과절차

(1) 의견진술 기회 부여

과태료 부과기관이 과태료에 처할 사유가 있다고 판단한 경우에는 위반행위를 조사·확인한 후 10일 이상의 기간을 정하여 과태료 처분 대상자에게 구술 또는 서면(전자서면에 의한 경우 포함)에 의한 의견진술 기회를 주어야 한다. 다만, 지정된 기일까지 의견 진술이 없으면 특별한 이의가 없는 것으로 본다(영 제38조 제2항).

(2) 과태료 부과 및 통지

과태료 부과권자는 위와 같은 의견진술 기회를 제공한 후, 위반사실·과태료 금액·이의방법·이의기간 등을 명시하여 과태료를 납부할 것을 처분 대상자에게 서면으로 통지하여야 한다. 과태료 부과기준은 영 부칙 제38조 제3항에 의한 별표 2와 같다.

부과기관이 과태료 금액을 결정할 경우에는 당해 위반행위의 동기·결과·횟수 등을 고려하여 별표 2의 과태료 부과기준 금액의 1/2(단, 부동산 거래신고 의무 위반에 대해서는 1/5) 범위 안에서 가중 또는 감경할 수 있다. 다만, 가중할

경우에도 각 과태료의 상한 금액은 초과할 수 없다(영 제38조 제3항 및 제4항).[74]

라) 과태료 징수

과태료 부과권자는 국고금관리법시행규칙을 준용하여 과태료 납입고지서에 과태료 처분에 대한 이의방법 및 이의기간 등을 함께 기재하여 통지하여야 한다(칙 제29조). 다만, 과태료 부과처분을 받은 자가 이의기간 내 이의도 제기하지 아니하고, 과태료도 납부하지 않을 경우에는 국세 체납처분 또는 지방세 체납처분의 예에 의하여 이를 징수한다(법 제51조 제7항).

마) 과태료 부과처분에 대한 불복

과태료 부과처분을 받은 자가 이에 불복할 경우에는 과태료 고지서를 수령한 날부터 30일 내 부과권자에게 이의를 제기할 수 있다. 이의를 접수한 과태료 부과기관은 지체 없이 관할법원에 그 사실을 통보하여야 한다. 통보를 받은 관할법원은 비송사건절차법에 따라 과태료 재판을 하게 된다. 그리고 동 재판이 확정될 때 까지는 과태료를 징수할 수 없다(법 제51조 제5항 및 제6항).

2) 행정형벌

"행정형벌"이란 위에서 논한 과태료를 제외한 행정벌을 말한다. 행정형벌은 일반적으로 형법총칙이 적용된다(형법 제8조). 따라서 행정형벌의 종류도 사형·징역·금고·자격상실·자격정지·벌금·구류·과료·몰수의 9종으로 구분된다(형법 제41조). 다만, 공부법을 위반한 자에게는 동법 제38조에 의하여 형법이 인정하고 있는 9종류의 형벌 중에서 형식적으로 징역형과 벌금형만 부과할 수 있다.

한편 행정형벌을 부과함에는 사용자 등에 대한 특칙이 있다. 즉 행정형벌은 행위자를 벌하는 것이 원칙이므로 중개업자 및 그 소속 공인중개사 등이 각 공부법을 위반한 경우에도 "자기책임 원리"에 따라 행위자에게만 행정형벌을 부과하게 된다. 그러나 이러한 원칙을 고수하게 되면 동법의 목적 실현에 미흡한

---

74) 중개업자가 공부법을 위반한 사례가 여러 개 존재할 경우에는 각 위반행위에 따라 과태료를 부과할 수 있다(건유 1999. 12. 17).

점이 있다. 따라서 중개업자의 소속 임원·사원 및 기타 소속 공인중개사·중개보조원이 공부법 위반으로 행정형벌을 받을 경우에는 그 중개업자에게도 법 제48조 및 제49조에서 각 규정하고 있는 벌금형에 처할 수 있도록 특별규정을 두고 있다(법 제50조). 중개업무 종사자의 유책대상과 그에 대한 행정형벌의 내용을 살펴보면 다음과 같다.[75]

가) 1년 이하 징역형 또는 금 1,000만원 이하의 벌금형

① 공인중개사가 다른 사람에게 자기의 성명을 사용하여 중개 업무를 하게 하거나, 공인중개사 자격증을 양도·대여한 자 및 이를 양수·대여받은 자

② 공인중개사가 아닌 자가 공인중개사 또는 이와 유사한 명칭을 사용한 경우

③ 이중으로 중개업 등록을 하거나, 2 이상의 중개사무소에 소속된 경우

④ 중개업자가 2 이상의 중개사무소를 설치한 경우

⑤ 중개업자가 천막 그 밖에 이동이 용이한 임시 중개시설물을 설치한 경우

⑥ 중개업자가 아닌 자가 "공인중개사 사무소" 또는 "부동산 중개" 그 밖에 이와 유사한 명칭을 사용한 경우

⑦ 중개업자가 다른 사람에게 자기의 성명 또는 상호를 이용하여 중개 업무를 하게 하거나, 중개사무소 등록증을 다른 사람에게 양도·대여한 경우 및 중개업자의 성명·상호를 차용하여 중개 업무를 하거나, 중개사무소 등록증을 양수·대여받아 사용하는 경우

⑧ 부동산 거래정보사업자가 중개업자로부터 의뢰받은 중개대상물에 대한 정보를 사실과 다르게 공개하거나 차별적으로 공개한 경우

⑨ 중개업자와 그 소속 공인중개사 및 중개보조원이 업무상 알게 된 비밀을 누설한 경우[76]

---

75) 중개업무 종사자에는 중개업자·소속 공인중개사·중개보조원·중개법인의 임원 및 사원을 의미한다. 한편 법인 중개업자가 동 규정을 직접 위반한 경우에도 벌금형만 선고할 수 있을 뿐이다(법인의 범죄 주체성 및 수형능력 부정설 입장―통설, 대판 83도1375, 김일수 1996, 135-139).

76) 비밀누설이 있는 경우에도 피해자가 처벌을 원하지 않는 경우에는 처벌하지 못하도록 하고 있다(법 제49조 제2항). 따라서 기소전이면 불기소 처분을, 기소한 후에는 공소기각을 하게 된다(형소법 제327조 제4항). 이를 일명 "반의사불벌죄"라 한다.

⑩ 중개업자와 그 소속 공인중개사 및 중개보조원이 중개대상물에 대한 매매를 업으로 한 경우, 중개사무소 개설등록을 하지 아니하고 중개업을 영위하는 자인 사실을 알면서 그를 통하여 중개를 의뢰받거나 그에게 자기 명의를 이용하게 한 경우, 법정 중개수수료 및 실비를 초과하여 금품을 받거나 기타 명목으로 사례·증여받은 경우, 중개대상물에 대한 거래상 중요사항에 대하여 거짓된 언행 그 밖의 방법으로 중개 의뢰인의 판단을 그르치게 하는 행위를 한 경우

나) 3년 이하 징역형 또는 금 2,000만원 이하의 벌금형

① 법 제9조에 의한 중개사무소 개설등록을 하지 아니하고 중개업을 한 자

② 거짓 그 밖의 부정한 방법으로 중개사무소 개설등록을 한 자

③ 중개업자와 그 소속 공인중개사 및 중개보조원이 관계 법령에서 양도·알선을 금지하고 있는 부동산의 분양·임대 등과 관련있는 증서 등을 중개하거나 그 매매를 업으로 한 경우, 중개의뢰인과 직접거래하거나 거래 당사자 쌍방을 대리하는 경우, 탈세 등 관계법령을 위반할 목적으로 보존등기 또는 이전등기를 하지 아니한 부동산이나, 법령의 규정에 의하여 전매 등 권리변동이 제한된 부동산의 매매를 중개하는 등 투기를 조장하는 행위를 한 경우

다. 민사책임

"민사책임(民事責任)"이란 중개업무 종사자가 업무를 수행하는 과정에서 의뢰인에게 가한 재산상 또는 정신적 손해에 대하여 배상할 의무를 말한다. 중개업무는 국민의 재산에 직접 관여하는 것이므로 중개업자 및 그 종사자에 의한 피해가 발생할 개연성이 많다. 따라서 이러한 사태에 대비하기 위하여 공부법 제30조에서는 중개업자의 손해배상 책임에 대한 특별규정을 두고 있다.

한편 중개의뢰인의 손해를 실질적으로 담보하기 위하여, 소속 공인중개사 및 중개보조원의 업무상 행위는 이들을 고용한 중개업자의 행위로 보고(법 제15조 제2항), 중개업자가 중개를 완성한 경우에는 반드시 거래계약서 및 중개대상물확인설명서를 작성·교부토록 하고(법 제25조 제3항 및 제4항, 제26조 제1항 및 제2항), 중개 의뢰인의 손해를 담보하기 위하여 보증보험·공제·공탁제도를

두고 있다(법 제30조 제3항).

그러나 민사책임을 보장하기 위한 위와 같은 공부법상 특별규정들도 새로운 것은 없고, 단지 중개업자에 대한 보증보험·공제·공탁제도에 대한 규정만 의미가 있을 뿐이다. 그런데 이러한 제도들도 중개의뢰인의 보호에는 미흡한 점이 많다. 즉 공인중개사 및 중개인 중개업자는 금 5,000만원 이상, 법인 중개업자는 금 1억원 이상이면 각 법정요건에 부합되기 때문에, 일반적으로는 최소 한도액인 금 5,000만원 또는 금 1억원으로 설정하고 있는 실정이다(영 제24조 제1항). 따라서 중개업자에게 동 한도액을 넘는 손해배상 책임이 발생한 경우에는 실질적으로 담보할 수 없는 문제가 있다.

우선 중개업자에 대한 손해배상 책임문제를 논하기 위해서는 민법 제5장에서 규정하고 있는 불법행위 규정을 살펴 볼 필요가 있다(민법 제750조 내지 제766조). "불법행위(不法行爲)"란 법률의 근본 목적에 어긋나고 법률질서를 깨뜨리는 행위로써 법률이 그 본질상 이를 허용할 수 없는 것으로 평가하고 있는 행위를 의미한다(곽윤직 1984, 601). 이러한 불법행위에 대한 개념 규정으로는 민법 제750조가 있다. 동조에는 "고의 또는 과실로 인한 위법행위로 타인에게 손해를 가한 자는 그 손해를 배상할 책임이 있다."고 규정하고 있다.

그런데 불법행위 성립요건은 민법 개념의 추상성·일반성으로 인하여 각 사안에 따라 구체적으로 판단할 수밖에 없다. 그리고 불법행위 유형에 대해서는 죄형법정주의와 같이 그 구성요건을 규정할 수도 없다. 사적관계(私的關係)에서 발생하는 복잡·다양한 사례를 전부 열거한다는 것은 불가능하기 때문이다.

1) 민사책임의 특징

행정형벌 책임은 행위자의 위법행위에 대한 응보(應報) 및 장래에 있어서의 해악의 발생을 방지할 목적으로 행위자에 대한 책임을 묻는 것이다. 따라서 원칙상 행위자의 주관적 사정을 중시하여 고의범(故意犯)만 처벌하고, 과실범(過失犯)은 예외적인 경우에만 처벌하게 된다.

그러나 민사책임은 가해자에 의하여 발생한 피해자의 재산상 또는 정신적 손해를 전보(塡補)하는 것이 목적이므로, 가해자의 고의 또는 과실 여부는 원칙상 문제되지 않는다. 따라서 가해자의 사소한 부주의로 발생한 경우라도 손해배상 책임을 인정하고 있다. 행정형벌 책임은 손해의 발생을 요하지 않는다. 그러나 민사책임은 "손해가 없으면 배상도 없다"는 원칙이 준수되고 있다.

"과실책임(過失責任)"이란 과실로 타인에게 손해를 준 경우에만 가해자가 책임을 지는 것으로 하는 입법주의를 말한다. 이러한 입법주의를 일명 과실책임주의(過失責任主義)라 한다. 과실에는 고의를 포함하고 있다. 우리 민법을 비롯한 모든 근대 민법은 모두 이 원칙에 입각하고 있다(곽윤직 1984, 608).[77]

2) 일반 불법행위

"일반 불법행위"란 민법 제750조에 의하여 성립하는 불법행위를 말한다. 일반 불법행위가 성립하기 위해서는 일정한 요건이 필요하다. 마찬가지로 중개업무에 종사하는 자가 그 업무수행 중 발생한 가해행위에 의하여 의뢰인에게 손해배상 책임이 발생하기 위해서도 아래와 같은 요건이 필요하다.

가) 중개업무 종사자의 고의·과실이 있을 것

먼저 의뢰인에 대한 손해배상 책임이 발생하기 위해서는 중개업무 종사자에게 고의 또는 과실이 있어야 한다. "고의(故意)"란 중개의뢰인에게 손해를 가할 의사를 가지고 중개행위를 하는 것을 의미한다. 즉 공부법 제33조 제4호에서 규정하고 있는 "중개대상물의 거래상 중요사항에 관하여 거짓된 언행 그 밖의 방법으로 중개 의뢰인의 판단을 그르치게 하는 행위"임을 인식하면서 중개한 경우가 이에 해당한다. 고의는 일반적으로 어떤 행위의 귀결로써 당연히 어떤 결과가 발생할 것을 인식하면서 행동하는 것을 의미하나(意思主義), 그러한 의사가 없다하더라도 일정한 결과가 발생할 것이라는 인식 하에 그것을 인용하고 행한 경우에도 인정된다(觀念主義). 또한 일정한 결과가 발생할지도 모른다는 것을 인식하면서도 감히 이를 행할 경우에도 고의성이 인정되고 있다. 이를 일

---

77) 고의 또는 과실을 합하여 귀책사유(歸責事由)라 칭하기도 한다.

명 "미필적 고의(未必的 故意)"라 칭한다.

"과실(過失)"이란 일정한 결과가 발생할 것임을 알고 있어야 함에도 불구하고 부주의로 알지 못하고 어떤 행위를 한 경우를 말한다. 과실에는 그 주의한 상태에 따라 추상적 과실과 구체적 과실로, 부주의(不注意) 정도에 따라 경과실과 중과실로 구분된다. "추상적 과실(抽象的 過失)"이란 보통인 · 표준인 · 평균인에게 요구되는 통상의 주의로써 법문에서 보통 "선량한 관리자의 주의"라고 표현되는 경우이며, "구체적 과실(具體的 過失)"이란 개개인의 평상시 주의를 지칭하는 것으로 법문에 "자기의 재산과 동일한 주의, 자기의 재산에 관한 행위와 동일한 주의, 고유재산에 대하는 것과 동일한 주의" 등으로 표현되고 있다.78) "경과실(輕過失)"은 다소의 주의의무를 결한 경우이며, "중과실(重過失)"은 현저하게 주의의무를 결한 경우를 말한다(곽윤직 1984, 630 내지 631).

민사책임이 발생하는 일반 불법행위 성립요건으로서의 과실은 이들 4가지 유형 중 추상적 과실 및 경과실을 의미한다. 따라서 민사책임은 원칙상 "추상적 경과실"이 적용된다. 그런데 추상적 경과실의 기준이 되는 "보통인 · 표준인 · 평균인"이란 그때그때의 구체적 사안에 따라 판단되는 상대적 개념이다. 따라서 중개업자로서의 과실 여부를 판단함에 있어서도 보통 · 표준 · 평균적 수준에 있는 중개업자일 경우를 상정하여 판단하게 됨은 물론이다(대판 66다1938).

한편 중개업자의 과실 여부를 판단할 경우, 공부법상 요구되는 각종 주의의무, 예컨대 법 제25조에서 규정하고 있는 중개대상물 확인과 성실 · 정확한 설명 및 이에 대한 설명서 작성 · 교부의무, 법 제26조 제1항에서 규정하고 있는 사항이 포함된 거래계약서 작성 · 교부의무를 각 위반한 경우, 이를 이유로 중개업자에게 과실이 있는 것으로 볼 수 있는가 하는 점이다. 이러한 경우에도 과실이 있는 것으로 추정하는 것이 타당하다고 본다.

나) 중개업무 종사자에게 책임능력이 있을 것

"책임능력(責任能力)"이란 자기의 행위로 발생할 결과가 위법한 것으로써

---

78) 민법 제374조 및 제681조, 민법 제695조, 제922조, 제1022조 참조.

법률상 비난받는 것임을 인식하는 정신능력을 의미한다. 민법 제750조에는 이에 대한 명문규정이 없으나 불법행위 성립요건으로써 고의·과실을 따지기 위해서는 당연히 행위자에게 책임능력이 있을 것을 전제로 한다. 이에 대하여 민법 제753조에서는 "미성년자가 타인에게 손해를 가한 경우에 그 행위의 책임을 변식할 지능이 없는 때에는 배상의 책임이 없다."하고, 민법 제754조에서는 "심신상실 중에 타인에게 손해를 가한 자는 배상의 책임이 없다."고 규정하고 있음에서도 책임능력이 불법행위 성립요건임을 알 수 있다.

한편 공부법상 미성년자·한정치산자·금치산자는 중개업무에 종사할 수 없으므로 원칙상 이러한 자에 의해서는 배상책임이 발생할 여지가 없다. 그러나 만약 중개업자가 고의·과실로 이러한 자를 중개보조원 등으로 채용한 경우라면 그 책임의 전부를 부담하여야 한다(민법 제755조 및 제756조). 다만, 무능력자가 심신상실(心神喪失) 상태에서 중개행위를 한 경우에는 불법행위가 성립하지 않으므로, 비록 이들의 행위로 중개의뢰인에게 손해가 발생한 경우라도 중개업자에게 그 책임을 물을 수 없다. 그러나 심신상실 상태가 중개업무 종사자 본인의 고의·과실로 발생한 경우라면 그러하지 아니하다(민법 제754조).[79)

다) 중개업무 종사자의 행위가 위법할 것

"위법(違法)"이란 법 내지 법질서에 위반하는 행위를 말한다. 그런데 위반의 대상이 된 법은 형식적 의미의 법을 말하며(형식적 위법론), 형식적 의미의 법을 객관적으로 침해하였다고 판단될 경우에만 위법성을 인정하게 된다(객관적 위법설).[80)

---

79) 심신상실(心神喪失)은 판단능력이 없는 상태를 말하므로 미성년·성년·한정치산·금치산자를 불문하고 "불법행위 당시 심신상실 상태"에 있으면 족하다. 따라서 한정치산자 또는 금치산자라도 불법행위 당시에는 심신상실 상태에 있지 않았다면 당연히 불법행위 책임을 지게 된다. 반대로 정상적인 성인이라도 불법행위시 심신상실 상태에 있었다면 책임능력이 없는 것이 되어 손해배상 책임도 발생하지 않는다(곽윤직 1984, 646).
80) 위법성이 인정되기 위해서는 형식적인 법에 위반되어야 한다는 형식적 위법설, 실질적으로 따져서 위법성을 논해야 한다는 실질적 위법설이 있다. 그리고 형식적 위법이든 실질적 위법이든 위법하다고 하기 위해서는 행위자의 주관을 기준으로 평가하는 주관적 위법론과, 객관적으로 보아 위법한 경우라면 위법이라는 객관적 위법론이 있다(곽윤직 1984, 650 내지 652).

따라서 중개업에 종사하는 자가 중개활동 과정에서 중개 의뢰인에게 손해배상 책임이 발생하기 위해서는 공부법에 형식적으로 위반한 행위가 있어야 하고, 이러한 행위가 중개의뢰인에게 객관적으로 위법한 행위라는 결과가 성립될 경우이어야 한다.

한편 위법성은 형식적인 실정법규에 직접 위반되지 않는 경우에도 사회질서, 즉 선량한 풍속 기타 사회질서에 위반하는 경우, 작위의무가 있음에도 부작위한 경우 및 권리남용에 해당할 경우에도 성립하게 된다. 다만, 위와 같은 위법성 요건에 해당할 경우에도 중개업무 종사자에게 정당방위(민법 제760조 제1항), 긴급피난(민법 제761조 제2항), 자력구제, 피해자의 승낙, 정당행위에 해당하는 사유가 있을 경우에는 위법성이 조각되므로 손해배상 책임이 발생하지 않을 수 있다. 그러나 이러한 가치판단도 위법성조각 사유에 의한 침해이익과, 중개업자의 침해행위를 상호 비교·형량하여 판단하게 된다(통설).

라) 중개업무 종사자의 행위에 의하여 손해가 발생할 것

불법행위가 성립하기 위해서는 중개업무 종사자의 행위로 손해가 발생하여야 한다. 따라서 중개업자의 불법행위가 있었다하더라도 손해가 발생하지 않았다면 손해배상 책임도 없다. 그리고 손해가 발생하였다는 사실은 중개의뢰인이 입증하여야 하고, 이를 증명하지 못하면 중개업자에게 그 책임을 물을 수 없다.[81]

한편 손해는 재산상 손해와 정신적 손해로 구분된다. "재산상 손해"는 중개업에 종사하는 자가 중개업무를 수행하는 과정에서 중개의뢰인의 재산에 대한 적극 또는 소극적 침해를 가한 경우이며, "정신적 손해"는 중개활동 과정에서 중개의뢰인에게 정신적 고통을 가한 것으로 일명 "위자료(慰藉料)"라 칭하기도 한다.

그런데 민법 제750조에서 규정하고 있는 손해는 재산상 손해뿐만 아니라 정

---

81) 대법원은 "손해에 대한 배상액의 확정이 법원의 직권조사 사항이 아닌 만큼, 손해의 발생이 추정되는 경우라도 그 액에 대한 증거가 없어 이를 인정할 수 없다면 동 손해에 대한 배상청구는 인용할 수 없을 것"이라고 판시하고 있다(대판 4292민상961).

신적 손해를 포함하고 있는 것이므로(곽윤직 1984, 667, 대판 4291민상169), 만약 중개업무에 종사하는 자가 그 업무수행 중 의뢰인에게 손해를 가한 경우라면 재산상 손해뿐만 아니라 정신적 손해에 대해서도 역시 배상할 책임이 있다. 다만 이러한 손해발생에 대한 입증책임은 원고, 즉 중개의뢰인에게 있다고 한다(대판 4294민상1259). 그리고 손해배상 책임에 대한 입증정도는 중개업무 종사자의 가해행위와, 그 발생한 손해와의 사이에 상당한 인과관계가 있어야 함은 물론이다(상당인과관계설).[82]

3) 특수 불법행위

불법행위가 성립하기 위해서는 위에서 논한 일반 불법행위 성립요건으로는 부족하고, 이에 더하여 특수한 요건이 필요한 경우도 있다. 즉 위에서 살펴본 일반 불법행위 성립요건인 중개업무 종사자의 고의·과실, 책임능력, 행위의 위법성, 손해의 발생과 인과관계라는 요건에 더하여 추가적인 요건이 결합되어야만 성립하는 불법행위가 있다. 이러한 불법행위를 일명 "특수 불법행위"라고 한다. 특수 불법행위는 일반 불법행위 성립요건으로는 대처할 수 없는 특수한 문제를 해결하기 위하여 불법행위 성립요건 범위를 확장시켜 놓은 것이라 할 수 있다. 이에 따라 특수한 사정이 존재할 경우에는 행위자뿐만 아니라 이들과 특수한 신분관계 있는 자들에게도 행위자와 동일한 책임을 물을 수 있다.

우리 민법에는 특수불법 행위와 관련하여 책임 무능력자의 감독자 책임(민법 제755조), 사용자 책임(민법 제756조), 공작물 등의 점유자 및 소유자의 책임(민법 제758조), 동물 점유자의 책임(민법 제759조), 공동 불법행위자의 책임(민법 제760조), 도급인의 책임(민법 제757조)을 규정함으로써 6종류의 특수 불법행위 유형을 규정하고 있다. 이러한 특수 불법행위 유형 가운데 부동산 중개업과 직접 관련있는 것은 사용자 및 공동 불법행위자의 책임과 관련된 규정이다.

중개업자가 미성년자 또는 책임 무능력자를 중개보조원 또는 소속 공인중개

---

82) 민법 제763조 및 제393조.

사로 고용한 경우에는 민법 제755조의 책임 무능력자의 감독자 책임규정을 적용할 수도 있다. 그러나 이들 미성년자 및 책임 무능력자도 중개업자의 사용인에 속하므로 사용자 책임을 규정한 민법 제756조를 적용하면 족하고, 굳이 책임 무능력자의 감독자 책임규정을 적용할 필요는 없다.

한편 특수 불법행위에는 민법에서 규정하고 있는 위와 같은 6종류 이외에도 국가공무원법 · 지방공무원법 · 독점규제및공정거래에관한법률 · 실화책임에관한법률 등에도 많이 산재해 있다. 다만, 이하에서는 공부법과 관련하여 검토할 필요가 있는 민법상 사용자 책임과 공동 불법행위자의 책임에 대해서만 논하기로 하자.

가) 사용자의 손해배상 책임

타인을 사용하여 어느 사무에 종사하게 한 자는 피용자(被傭者)가 그 업무수행 중 제3자에게 가한 손해를 배상할 책임이 있다. 그리고 사용자에 가름하여 피용자의 사무를 감독하는 자도 사용자와 동일한 책임이 있다(민법 제756조 제1항 본문 및 제2항). 이를 일명 "사용자 책임"이라고 한다.

중개업자는 소속 공인중개사 · 중개보조원을 고용하며, 법인 중개업자는 이들 피용자 외에도 대표자를 포함한 임원 또는 사원을 두게 된다. 그런데 이러한 중개업자의 임원 · 사원 · 소속 공인중개사 · 중개보조원이 중개업무 수행 중 의뢰인에게 손해를 가한 경우라면 원칙상 일반 불법행위가 성립하므로, 중개 업무를 수행한 피용자가 그 손해를 배상하면 된다. 그러나 이렇게 할 경우에는 중개 의뢰인의 손해전보(損害塡補)에 부족함이 많다. 따라서 민법은 특별규정을 통하여 사용자인 중개업자에게도 그 손해배상 책임을 부담하도록 규정하고 있다. 그리고 사용자에 가름하여 그 사무를 감독하는 자가 있을 경우에는 그 자에게도 사용자와 동일한 책임을 부담토록 함으로써 의뢰인의 손해를 배상하기 위한 장치를 두텁게 하고 있다.

"사용자에 가름하여 그 사무를 감독하는 자"에는 일반적으로 법인 중개업자의 임원 · 사원 및 기타 중개업자로부터 피용자의 중개업무에 대한 감독권을 부여받고 있는 자가 이에 해당한다.[83]

(1) 사용자의 책임범위

중개업자 또는 이에 가름하여 그 사무를 감독하는 자가 피용자의 행위에 대하여 책임을 부담하게 될 경우란 피용자, 즉 소속 공인중개사 또는 중개보조원 등이 중개업무 중 의뢰인에게 손해를 가한 경우이어야 한다. 민법 제756조 제1항에는 "피용자가 그 사무집행에 관하여 제3자에게 가한 손해"라고 규정하고 있음에서도 분명하다. 그런데 대법원은 민법 제756조의 "사무집행에 관하여"라는 개념을 상당히 폭넓게 해석함으로써 사용자의 책임을 가능한 인정하는 방향으로 판시하고 있다는 점이다(곽윤직 1984, 677). 따라서 중개 업무에 종사하는 직원이 의뢰인에게 손해를 가한 경우라면, 중개업자 및 중개업자에 가름하여 이들을 감독하는 지위에 있는 자들은 대부분 그 책임을 피할 수 없게 될 것이다.

(2) 사용자 책임 발생요건

사용자인 중개업자에게 중한 책임을 부담시키는 것은 타인을 고용함으로써 중개업자의 활동범위가 확대되므로, 이에 대한 반면 효과로써 당연히 책임범위도 확대하는 것이 옳다고 보는 "보상책임 원리"에 있다(통설). 다만, 이에 따라 사용자인 중개업자에게 그 책임을 인정하기 위해서는 다음과 같은 요건이 필요하다.

첫째, 중개 업무에 종사시킬 목적으로 타인을 사용하여야 한다.

중개업자에게 사용자 책임이 발생하기 위해서는 불법행위를 한 피용자와의 관계에서 우선 "고용·피용관계"가 성립하고 있어야 한다. 그런데 사용관계는 통상 고용형태를 취하고 있으나, 위임·조합 기타 어떤 형태로도 가능하며 보수유무, 고용기간의 장단은 문제되지 않는다(대판 4292민상977). 그리고 실질적으로 고용관계에 있으면 족하고, 추후 고용관계가 법률상 무효되더라도 무방하다. 즉 고용계약이 무효·취소된 경우 또는 고용계약 없었던 경우라도 중개업

---

83) 법인의 임원 기타 중개업자의 사용인이 정관 또는 내부규정에 따라 업무를 분장한 경우, 그 임원 등은 담당 분야에 소속된 직원들을 감시·감독할 지위에 있으므로 사용자에 가름하는 지위에 있다.

자로부터 사실상 지휘·감독을 받아 피용자로서 활동한 경우라면 고용관계가 성립된다고 한다(대판 78다2245). 선임·감독은 묵시적으로도 가능하며, 객관적으로 성립하면 족한 것으로 보고 있다(대판 4293민상745).

둘째, 피용자가 중개업무 수행 중 손해를 가한 경우이어야 한다.

법문상 "피용자가 그 사무집행에 관하여"라고 규정하고 있는 바, 여기서 "사무집행에 관하여"라는 개념이 무엇이냐 하는 문제가 있다. 이에 대하여 판례는 객관적으로 보아 외형상 사무범위 내라고 인정되는 경우가 이에 해당하는 것으로 보고 있다(外形理論). 따라서 외형상 중개 업무에 해당하는 것 또는 이와 상당한 연관이 있는 경우라면, 피용자가 그 지위를 남용하여 자기의 이익을 꾀할 목적으로 행한 경우라도 사무의 집행에 해당한다. 사무집행에 해당할 경우에는 피용자의 행위가 사용자, 즉 중개업자의 명령이나 금지요구를 위반한 경우에도 역시 이에 해당한다. "사무의 집행"에 대한 판례의 입장을 살펴보면 다음과 같다.

> 피용자의 제3자에 대한 행위가 객관적으로 보아 그 피용자의 본래의 사무 또는 그와 관련된 것이라고 일반적으로 보여지는 사무를 행함을 의미한다(대판 71다598).
>
> 구체적인 사무가 사용자의 직무의 집행행위 자체에는 속하지 아니한다 할지라도 그 사무집행 행위를 외형적으로 관찰할 때, 사용자의 사무집행 행위와 유사하여 그 범위 내에 속하는 것으로 보여지는 경우도 포함한다고 하는 것이 상당하다(대판 64다1102).

셋째, 피용자가 제3자에게 손해를 가한 경우이어야 한다.

피용자가 손해를 가한 "제3자"는 일반적으로는 중개의뢰인이 이에 해당할 것이다. 그러나 학설·판례는 중개업자와 직접 손해를 가한 피용자를 제외한 모든 자가 이에 해당하는 것으로 해석하고 있다(대판 65다825). 따라서 중개의뢰인뿐만 아니라 기타 일반인 및 중개업자의 다른 피용자도 제3자에 해당할 수 있으므로, 중개업자의 임원·사원·소속 공인중개사·중개보조원이 다른 피용자의 행위로 손해를 입은 경우에도 사용자 책임이 발생하게 된다(대판 64다1232).

넷째, 중개업자가 면책사유를 입증하지 못하여야 한다.

중개업자가 위와 같은 요건에 해당할 경우에도 피용자의 선임·감독에 대한 다음과 같은 면책사유가 존재할 경우에는 사용자 책임을 물을 수 없다. 즉 사용자인 중개업자가 "피용자의 선임 및 그 사무 감독에 상당한 주의를 한 경우 및 상당한 주의를 하여도 손해가 있을 경우"임을 입증한 경우가 이에 해당한다(민법 제756조 제1항 단서). 그러나 판례는 이러한 면책주장을 거의 인정하지 않고 있기 때문에 사실상 무과실 책임과 같이 취급되고 있다(대판 68다578).[84]

(3) 손해배상 책임의 성질과 실현

중개업자가 피용자의 행위로 의뢰인에게 부담하게 되는 책임은 무과실 책임과 유사한 것임은 앞서 살펴 본 바와 같다. 그런데 중개업자의 피용자, 즉 법인의 임원·사원·소속 공인중개사·중개보조원 등이 불법행위를 한 경우에, 피해를 입은 의뢰인은 어떻게 손해배상 청구를 할 것인가 하는 점이다.

민법 제756조에 의한 사용자 및 대리 감독자의 책임이 발생하는 경우에도, 직접 불법행위를 한 피용자의 책임이 면제되는 것은 아니다. 결국 피해자에 대한 책임의 부담자가 2중으로 존재하는 셈이다. 따라서 피해자는 사용자 또는 대리 감독자에게 손해배상을 청구하든, 직접 가해행위를 한 피용자에게 청구하든, 이들 모두를 상대로 동시 또는 이시에 청구하던 자유롭게 선택할 수 있다. 즉 사용자 또는 대리 감독자의 책임과 피용자의 책임은 상호 별개의 독립된 채무로 간주되고 있다. 이를 일명 "부진정 연대채무관계(不眞正 連帶債務關契)"라 한다(이설없음, 대판 4292민상772).

한편 피해자인 의뢰인이 어느 일방으로부터 손해를 전부 배상받은 경우에는

---

84) "무과실 책임(無過失 責任)"이란 가해자에게 아무 과실이 없는 경우에도 그 가해로 인하여 손해가 발생한 경우라면 그것만으로도 손해배상 책임을 인정하는 입법주의를 말한다. 우리나라는 제조물·공작물 등 특수한 사례의 경우에만 이를 인정하고 있는데, 동 제도는 피해자를 위하여 손해 분담자를 확대시켜 위험을 분산시키고자 하는 것이다(곽윤직 1984, 609 내지 617).

더 이상 손해배상 청구를 할 수 없음은 당연하다. 다만, 직접 가해행위를 한 피용자가 손해를 전부 배상한 경우라면 내부적으로도 종결되지만, 사용자인 중개업자 및 그 대리 감독자가 가해자인 피용자를 대신하여 손해의 전부 또는 일부를 배상한 경우라면, 사용자는 대리 감독자 및 직접 가해행위를 한 피용자에게, 대리 감독자는 직접 가해행위를 한 피용자에게 각 구상권을 행사함으로써 피해를 보전할 수 있다(민법 제756조 제3항).

⑷ 사용자 책임과 공부법의 관계

앞서 살펴본 사용자 책임을 규정한 민법 제756조와 공부법 제15조 제2항, 제30조 제1항 및 제2항의 사이에는 어떤 관계가 있는지에 대하여 살펴보자.

먼저, 민법 제756조의 사용자 책임규정은 민법 제750조의 일반 불법행위 책임에 대하여는 특별규정이다. 그런데 민법상 사용자 책임에 대한 규정이 있음에도 공부법에 다시 특별규정을 두고 있는 까닭은 무엇인가? 이는 민법상 사용자 책임규정을 적용할 때에는 사용자 책임을 인정하기 위한 특별한 요건이 필요하고, 만약 이러한 요건에 해당하지 않을 경우에는 중개업자에게 민법에 의한 사용자 책임을 물을 수 없다. 따라서 공부법 제15조 제2항에서는 "소속 공인중개사 및 중개보조원의 업무상 행위는 그를 고용한 중개업자의 행위로 본다."고 규정하고,[85] 제30조 제2항에는 "중개업자는 자기의 중개사무소를 다른 사람의 중개행위의 장소로 제공함으로써 거래 당사자에게 재산상의 손해를 발생하게 한 때에는 그 손해를 배상할 책임이 있다."고 명시하고 있다. 여기서 어떤 행위가 중개행위에 해당하는지는 객관적으로 보아 사회통념상 거래의 알선·중개를 위한 행위라고 인정되는지 여부에 따라 판단하게 된다(대판 2005다65562).

이러한 규정을 둔 취지는 중개업자로 하여금 그의 피용자의 행위에 대한 변명의 기회를 봉쇄하고, 객관적으로 중개업자 소속 피용자라고 볼 만한 외관을 갖춘 경우에는 사용자 책임을 면할 수 없도록 한 것이다. 따라서 공부법상 동 규정들은 민법 제756조의 특별규정으로써 사용자 책임을 더욱 강화 내지 확대

---

85) 법문에는 "소속 공인중개사 또는 중개보조원"이라고 규정하고 있으나, "소속 공인중개사 및 중개보조원"으로 수정하여야 한다.

시킨 것으로 볼 수 있다.

다음, 민법 제750조에 일반 불법행위에 대한 규정이 있음에도 공부법 제30조 제1항에서 "중개업자는 중개행위를 함에 있어서 고의 또는 과실로 인하여 거래 당사자에게 재산상 손해를 가한 때에는 그 손해를 배상할 책임이 있다."고 규정하고 있다. 동 규정의 입법 취지는 민법 제750조의 경우와 동일하다. 그런데 공부법에 의한 손해배상 책임 발생요건에 해당하기 위해서는 행위의 주체가 "중개업자"이어야 하고,[86] 위법행위를 하게 된 동기도 "중개행위"에서 발생한 손해이어야 하며, 손해의 범위는 "재산상 손해"에 한정되고 있다.

한편 민법 제750조에는 단순히 "손해"라고만 규정하고 있으므로, 해석상 재산상 손해뿐만 아니라 정신적 손해도 포함되는 것으로 보고 있다. 그런데 공부법 제30조 제1항에는 "재산상 손해"에 대해서만 배상책임이 있는 것으로 규정하고 있어, 민법 제750조의 특별규정으로 해석할 수도 있다. 그러나 중개업자에게 단순히 재산상 손해만 배상하는 것으로 충분하다고 해석할 근거가 없으므로, 동 규정에 불구하고 정신적 손해에 대해서도 당연히 배상책임이 있는 것으로 보는 것이 타당하다. 그렇다면 공부법 제30조 제1항은 민법 제750조의 반복에 불과한 것이므로 삭제하여도 무방하며, 만약 동 조문을 그대로 존치할 경우라면 "재산상 손해"는 단순히 "손해"로 개정하여야 할 것이다.

나) 공동 불법행위자의 손해배상 책임

"공동 불법행위(共同 不法行爲)"란 수 인이 공동으로 타인에게 불법행위를 가하는 것을 의미한다. 민법 제760조에는 "수 인이 공동의 불법행위로 타인에게 손해를 가한 때에는 연대하여 그 손해를 배상할 책임이 있다."고 규정하면서, 한편으로는 수 인의 행위 중 어느 자의 행위가 그 손해를 가한 것인지 알 수 없을 때에는 연대하여 배상할 것과, 불법행위를 교사·방조한 자도 공동 불법행위 책임을 부담하는 것으로 하고 있다.

---

86) 중개업자가 아닌 소속 공인중개사·중개보조원·법인의 임원 및 사원이 중개업무 수행 중 발생시킨 손해도 법 제15조 제2항에 의하여 중개업자가 직접 발생시킨 것으로 간주되므로, 결국 이들의 행위도 중개업자의 행위가 된다.

중개 업무는 공동작업을 필요로 하는 경우가 많다. 즉 중개업자간, 동일 중개업자 소속 직원 상호간 협력을 통하여 의뢰인이 요구하는 중개대상물을 수집하고 가격을 조정하면서 중개를 완성시킨다. 이러한 업무의 특성상 공동 불법행위가 성립될 가능성이 많다.

(1) 공동 불법행위 유형

① 공동 불법행위로 타인에게 손해를 가하는 경우

공동 불법행위를 하는 모습은 여러 명의 중개업자, 중개업자와 그 소속 공인중개사, 중개업자와 다른 중개업자 소속 공인중개사 등과의 관계에서 공동으로 불법행위를 할 것을 결의하고 중개의뢰인에게 손해를 가하는 경우로써, 공동 불법행위의 일반적인 모습이다. 공동 불법행위에 참가하는 중개업자 등의 합의는 명시적일 필요는 없고 묵시적으로도 가능하다.

② 수 인의 행위 중 누구의 행위에 의하여 손해가 발생한 것인지 알 수 없는 경우

공동으로 중개업무를 수행한 경우라도 어느 일방의 고의 또는 과실이 명백한 경우에는 그 손해를 발생시킨 자가 부담하면 될 것이다. 그러나 일정한 손해가 발생하였음에도 이에 대한 책임이 어느 중개업자에 의하여 발생한 것인지 알 수 없는 경우가 있다. 그런데 원칙적인 모습의 공동불법 행위는 중개업자 등이 상호 합의에 따라 공동으로 불법행위를 한 경우임에 반하여, 이러한 경우에는 공동중개 과정에서 의뢰인에게 발생한 손해가 어느 중개업자의 행위에 의한 것인지 명확하지 않은 경우를 말한다.

③ 불법행위를 교사·방조한 경우

"교사(敎唆)"란 타인으로 하여금 범죄를 결의하고 실행케 하는 것으로 적극적·사전적 행위를 말하며, "방조(幇助)"란 불법행위를 하는 것을 가능케 하거나 용이하게 하는 행위 및 불법행위가 확대되도록 하는 소극적·사후적 행위를 말한다.[87] 교사는 적극적인 방법을 수단으로 삼지만, 방조는 주로 소극적인 모

---

87) 대법원은 법률상 정범의 범행을 방지할 의무가 있는 자가 그 범행을 알면서도 이를 방지하지 않아 그 범행을 용이하게 한 때에도 부작위에 의한 방조가 성립된다고 한다(대판 85도1906).

습을 띠고 있다. 이러한 형태는 주로 우월적 지위에 있는 중개업자에 의하여 발생하게 된다.

그런데 공동중개를 수행하던 중 타방 중개업자가 중개 의뢰인에게 불법행위를 하는 것을 알면서도 단순히 옆에서 보고 있거나 또는 이러한 사정을 사후 인식한 후에도 그 손해의 확대를 방지하지 않고 묵인한 경우에도 방조가 될 것인가 하는 의문이 있다. 그러나 공부법 제정 목적과 민법 제760조 제3항의 취지에 비추어 볼 때 방조가 성립된다고 보는 것이 타당하다.

(2) 공동 불법행위자의 책임

중개업자 및 그 종업원이 중개업무 중 타인에게 불법행위로 손해를 발생시킨 경우에 상호 어떤 책임이 있는가 하는 점이다. 이에 대하여 민법은 제760조에서 "연대(連帶)하여 손해를 배상할 의무가 있다."고 명시하고 있다. 그런데 민법이 말하는 "연대"는 부진정 연대채무를 의미하는 것으로 해석하고 있다(곽윤직 1984, 697). 그리고 판례도 "제760조의 법문에 '연대하여'라고 되어 있는 문구에 구애됨이 없이 공동 불법행위자 상호간에 부진정 연대채무가 성립된다."고 판시하고 있다(대판 69다962). 따라서 중개업자 등으로부터 공동 불법행위에 의하여 손해를 입은 중개의뢰인은 중개업무에 관여한 중개업자 및 그 종업원 등 전원을 상대로 각 손해배상을 청구할 수 있다. 다만, 중개의뢰인의 요구에 응하여 손해를 배상한 중개업자 등은 공동 불법행위 책임을 지는 다른 중개업자 등에게 본래 그가 부담하였어야 할 책임의 비율에 따라 구상할 수 있다. 이때 책임부담 비율은 원칙상 평등한 것으로 보고 있다(대판 67다2034).

(3) 공동 불법행위 책임과 공부법의 관계

공부법에는 중개업자 또는 중개업무 종사자에 대한 공동 불법행위 책임에 대한 명문규정이 없다. 다만, 법 제30조 제2항에서 "중개업자는 자기의 중개사무소를 다른 사람의 중개행위의 장소로 제공함으로써 거래 당사자에게 재산상의 손해를 발생하게 한 때에는 그 손해를 배상할 책임이 있다."고 규정함으로써 간접적으로 공동 불법행위에 대한 책임을 규정하고 있다. 그런데 본 규정은 다음과 같은 의미를 담고 있다. 즉 중개업자가 자기의 중개사무소를 다른 사람에게 일시 또는 장기간 대여함으로써 이 기간 동안 발생한 중개 의뢰인의 재산상 손해에 대해서는, 민법 제760조의 공동 불법행위를 논하기 전에 먼저 동 규정에 의하여 전부 책임을 져야 한다는 의미로 규정한 것이다. 말하자면 민법의 특별 규정인 셈이다. 그러나 중개업자와 법인의 임원·소속 공인중개사·중개보조원 기타의 자가 공동으로 법 제30조 제2항을 위반한 경우라면, 중개업자는 법 제30 조 제2항의 책임을 지고, 법인의 임원 등은 민법 제760조의 규정에 따라 공동 불법행위 책임을 지게 된다.

한편 중개업자가 중개사무소를 다른 사람의 중개행위 장소로 제공한 경우가 아닌 기타 방법으로 공동 불법행위를 한 경우에는 법 제30조 제2항은 적용될 수 없으므로, 위에서 논한 민법상 공동 불법행위가 성립될 것이다.

제 9 절 공인중개사협회

1. 협회설립 자유

중개업자인 공인중개사(법 부칙 제6조 제2항에 의한 중개인 중개업자 포함)는 그 자질향상 및 품위유지, 중개업에 관한 제도의 개선 및 운용에 관한 업무를 효율적으로 수행하기 위하여 공인중개사협회를 설립할 수 있다(법 제41조 제1 항). 협회의 설립 여부는 공인중개사들의 자유에 속하는 사항이므로, 협회를 두 지 않을 수도 있다. 현재 공인중개사협회는 "한국공인중개사협회"와 "대한공인 중개사협회"가 있다.[88]

---

88) 한국공인중개사협회(2005. 12. 31. 이전에는 "전국부동산중개업협회"라 칭했다)는 중개인 중개업자와 공인중개사 및 법인 중개업자로 구성되어 있고, 대한공인중개사협회는 1999. 11. 27. 전국부동산중개업협회에서 분리되어 중개인 중개업자를 제외한 공인중개사 및 법 인 중개업자들로 구성되어 있다. 이들 협회는 비영리 사단법인으로서 설립인가주의·설 립임의주의·가입자유주의의 특징을 갖고 있다.

2. 협회설립 목적

공인중개사협회는 회원인 중개업자의 자질 향상과, 품위유지를 도모하며, 중개 업무를 효율적으로 수행하기 위한 중개업에 관한 제도의 개선 및 운용에 관한 업무를 수행하기 위하여 설립된다. 협회는 이러한 목적을 달성하기 위하여 다음과 같은 업무를 수행할 수 있다(영 제31조).

① 회원의 품위유지를 위한 업무

② 부동산 중개제도 연구·개선에 관한 업무

③ 회원의 자질향상을 위한 지도·교육·연수에 관한 업무

④ 회원의 윤리헌장 제정 및 그 실천에 관한 업무

⑤ 부동산 정보제공에 관한 업무

⑥ 법 제42조 규정에 의한 공제사업. 단, 공제사업은 비영리사업으로써 회원 상호간 부조를 목적으로 한다.

⑦ 기타 협회 설립목적 달성을 위하여 필요한 업무

3. 협회의 성격

공인중개사협회는 법인으로 한다(법 제41조 제2항). 따라서 정관에서 정한 주된 사무소 소재지에서 설립등기를 함으로써 법인격을 부여 받는다. 협회는 법인 중 중개업자에 의하여 설립되는 사법인(私法人)·사단법인으로서 비영리 법인이다. 따라서 민법 제3장의 사단법인의 규정을 적용받게 된다(법 제43조).

4. 협회설립 절차

가. 발기인 총회

공인중개사협회를 설립하고자 할 경우에는 중개업자 300인 이상이 발기인이

되어 협회결성을 결의하여야 한다(법 제41조 제3항).[89]

나. 정관 작성

"정관(定款)"이란 공인중개사협회의 조직·운영·활동 등에 대하여 규정하고 있는 근본규칙을 말한다. 발기인 총회가 성립된 후 향후 조직될 협회의 조직·운영·인사·재정 등에 대한 내부규정을 기초하는 것을 정관작성이라고 한다. 정관은 300인 이상의 발기인이 작성하고 각 발기인이 이에 서명·날인하여야 한다(법 제41조 제3항, 영 제30조 제1항).

다. 창립총회

발기인 총회를 통하여 작성된 정관을 의결하기 위하여 창립총회를 개최한다. 창립총회가 성립되려면 서울특별시에서 중개업자 100인 이상, 광역시 및 도에서 중개업자 각 20인 이상 참석하고, 총 600인 이상의 중개업자가 출석하여야 한다(영 제30조 제1항 및 제2항).

라. 정관 동의

발기인이 작성한 정관에 대하여 성원(成員)된 창립총회에서 출석한 중개업자 과반수 이상의 동의를 받아야 한다(영 제30조 제1항).

마. 건설교통부장관의 설립인가

공인중개사협회 설립과 관련한 발기인 총회·정관작성·창립총회·총회의 정관동의에 대한 적법한 절차를 거친 후 건설교통부장관으로부터 협회설립 인가를 받아야 한다(법 제41조 제3항, 영 제30조 제1항).[90] 협회설립 인가신청서에

---

89) 법문에는 "회원"이라고 규정하고 있으나, 협회가 설립되기 전이므로 회원이라 할 수 없다. 따라서 "중개업자"라 하는 것이 타당하다.
90) 인가(認可)란 당사자의 법률행위를 보충하여 그 법적 효력을 완성시켜 주는 행위로서, 인가의 대상은 법률행위에 한정된다.

는 "건설교통부장관소관비영리법인의설립및감독에관한규칙" 제3조에서 규정하고 있는 서류를 첨부하여야 한다(칙 제26조).

바. 법인설립 등기

건설교통부장관으로부터 공인중개사협회 설립인가를 받은 경우에는 인가받은 날로부터 3주 내 정관에서 정한 주된 사무소 소재지 관할 등기소에 설립등기를 하여야 한다(민법 제4조 제1항). 설립등기가 된 경우 공인중개사협회는 비로소 민법상 사단법인이 되며, 적법한 업무를 개시할 수 있다(민법 제33조 및 제34조).

5. 협회의 기관

가. 총   회

"총회(總會)"란 협회원 전원으로 구성된 최고 의사결정기관으로 필수기관이다(칙 제30조 제1항). 총회는 협회의 운영 및 활동과 관련된 모든 권한을 행사하게 된다.

나. 대의원 총회

협회의 운영 및 활동을 효율적으로 수행하기 위하여 필요한 경우에는 회원 중 대의원을 선임하여 이들로 구성된 대의원 총회를 통하여 총회를 대신할 수 있다. 대의원 총회는 정관이 정하는 바에 따라 총회의 권한 중 위임받은 사항을 대행하게 된다.

6. 협회 사무소

협회의 주된 사무소는 서울특별시에 둔다. 그리고 정관이 정하는 바에 따라 특별시·광역시·도에는 지부(支部)를, 시·군·구에는 지회(支會)를 둘 수 있

다(법 제41조 제4항).[91]

7. 협회의 공제사업

공인중개사협회는 영 제31조 제6호에 따라 회원간의 상호부조를 목적으로 공제사업을 할 수 있다. 공제사업은 중개업자가 중개업무 수행 중 의뢰인에게 가한 손해를 배상하기 위한 것으로, 협회가 공제사업을 하기 위해서는 공제규정을 정하여 건설교통부장관의 승인을 얻어야 한다. 공제규정을 변경하고자 할 경우에도 역시 그러하다. 협회는 공제사업에 대한 회계를 다른 회계와 구분하여 관리하여야 하며, 책임 준비금을 다른 용도로 사용하고자 할 경우에는 건설교통부장관으로부터 승인을 얻어야 한다. 그리고 매년도 공제사업 운용실적을 일간신문 또는 협회보를 통하여 공제계약자에게 공시하여야 한다(법 제42조 제1호 내지 제5호).

한편 건설교통부장관은 공인중개사협회가 공부법 및 공제규정을 준수하지 아니함으로써 공제사업의 건전성을 해할 우려가 있다고 인정되는 경우에는 이에 대한 시정을 명할 수 있고, 필요한 경우에는 금융감독기구의설치등에관한법률에 의한 금융감독원에 공제사업에 대한 검사를 요청할 수 있다(법 제42조 제6항 및 제7항, 영 제33조 내지 제35조).

가. 공제사업 범위

① 중개업자가 고의 · 과실로 거래 당사자에게 재산상 손해를 발생시킨 경우 및 자기의 사무소를 다른 사람의 중개행위 장소로 제공함으로써 발생한 손해배상 책임을 보장하기 위한 공제기금 조성 및 공제금의 지급에 관한 사업

② 기타 공제사업의 부대업무로써 공제규정이 정하는 사업

---

91) 동일한 협회의 주된 사무소, 지부 및 지회는 각 특정지역에 1개소에 한정된다고 해석함이 옳다. 그리고 협회의 주된 사무소가 서울에 있어야 할 필요는 없으므로 삭제하는 것이 타당하다.

나. 공제규정에 정할 사항

(1) 공제계약의 내용

협회의 공제책임, 공제금, 공제료, 공제기간, 공제금의 청구와 지급절차, 구상 및 대위권, 공제계약의 실효 그 밖에 공제계약에 관하여 필요한 사항. 다만, 공제료는 공제사고 발생률, 보증보험료 등을 종합적으로 고려하여 결정한 금액으로 한다.

(2) 회계기준

공제사업은 손해배상 기금과 복지기금으로 구분하여 각 기금별로 목적 및 회계원칙에 부합되는 세부기준을 정하여야 한다.

(3) 책임준비금 적립비율

공제사고 발생률, 공제금 지급액 등을 종합적으로 고려하여, 공제료 수입액의 1/10 이상을 적립하여야 한다.

다. 공제사업 운용실적 공시

공인중개사협회는 매 회계연도 종료 후 2월 이내에 아래와 같은 공제사업 운용실적을 일간신문 또는 협회보에 공시하고, 협회의 인터넷 홈페이지에 공시하여야 한다(영 제35조).

① 결산서인 요약 대차대조표, 손익계산서, 감사보고서
② 공제료 수입액, 공제금 지급액, 책임준비금 적립액
③ 그 밖의 공제사업 운용과 관련된 참고사항

8. 협회에 대한 지도 및 감독

공인중개사협회·지부·지회에 대한 지도·감독권은 건설교통부장관에게 있다. 따라서 건설교통부장관은 감독상 필요한 경우에는 그 업무에 관한 사항을 보고하게 하거나, 자료제출 요구 기타 필요한 명령을 할 수 있으며, 소속 공무원으로 하여금 이들 사무소에 출입하여 관련 장부·서류 등을 조사·검사하거나 질문하게 할 수 있다(법 제42조 제6항, 법 제44조 제1항).

다만, 건설교통부장관 소속 공무원이 협회·지부 및 지회사무소에 출입하여 검사 등을 하고자 할 경우에는 그 권한을 나타내는 "공무원증" 또는 "공인중개사협회 조사·검사증명서"를 지니고 이를 관계인에게 내보여야 한다(법 제44조 제2항, 칙 제27조).

9. 협회의 보고의무

가. 총회 의결사항 보고의무

공인중개사협회가 총회를 개최한 경우에는 그 의결내용을 지체 없이 건설교통부장관에게 보고하여야 한다(영 제32조 제1항). 대의원 총회가 조직되어 총회의 권한사항을 대행할 경우에는 대의원 총회의 의결사항을 건설교통부장관에게 보고하여야 한다(건유 2001. 1. 5).

나. 지부 및 지회 설치신고 의무

협회가 지부를 설치한 경우에는 당해 지부 소재지를 관할하는 특별시장·광역시장·도지사에게, 지회를 설치한 경우에는 당해 지회 소재지 관할 시장·군수·구청장에게 각 신고하여야 한다(영 제32조 제2항).

제10절 보 칙

법 제6장에는 업무위탁에 관한 사항, 중개업 등록 등과 관련하여 행정기관이 징수할 수 있는 수수료 규정 및 부동산 거래질서 확립을 위한 무등록 중개업자 등에 대한 신고포상금 제도를 규정하고 있다.

1. 업무위탁

건설교통부장관, 특별시장·광역시장·도지사 및 등록관청인 시장·군수·구청장은 다음과 같은 업무 중 그 일부를 위탁할 수 있다(법 제45조, 영 제36조). 다만 업무를 위탁한 경우에는 수탁기관의 명칭·대표자 및 소재지와 위탁 업무의 내용 등을 관보에 고시하여야 한다(영 제36조 제3항).

가. 실무교육 위탁

건설교통부장관이 법 제34조 제1항에 의한 실무교육을 위탁하고자 할 경우에는 아래와 같은 기관 또는 단체 중에서 교육에 필요한 인력 및 시설을 갖추었다고 인정되는 기관 또는 단체를 지정하여 위탁하여야 한다(영 제36조 제1항).

① 고등교육법에 따라 설립된 대학 또는 전문대학 중 부동산 관련학과가 개설된 학교

② 공인중개사협회

③ 정부투자기관관리기본법에 따른 정부투자기관, 정부출연기관, 정부출자기관

나. 공인중개사 시험위탁

공인중개사 시험 실시기관장은 법 제4조에 따른 시험시행에 관한 업무를 위탁하고자 할 경우에는 다음 기관에 한하여 위탁할 수 있다(영 36조 제2항).

① 공인중개사협회

② 정부투자기관관리기본법에 따른 정부투자기관, 정부출연기관, 정부출자기관

2. 행정 수수료

건설교통부장관을 비롯한 각 행정기관은 공부법 시행과 관련하여 중개업자에게 다양한 행정 서비스를 제공하고 있다. 그런데 이러한 서비스 중 특히 다음과 같은 업무를 제공받는 중개업자 등은 당해 지방자치단체 조례가 정하고 있는 수수료를 납부하여야 한다. 다만 건설교통부장관이 직접 공인중개사 시험을 실시하는 경우에는 건설교통부장관이 결정·고시하는 수수료를, 공인중개사 자격시험 및 자격증 재교부 업무가 위탁된 경우에는 수탁자가 위탁자의 승인을 얻어 결정·공고한 수수료를 각 납부하여야 한다(법 제47조).

① 공인중개사 자격시험에 응시하는 자

② 공인중개사 자격증을 재교부 신청하는 자

③ 중개사무소 개설등록을 신청하는 자

④ 중개사무소 등록증을 재교부 신청하는 자

⑤ 중개법인이 분사무소 설치신고를 하는 경우

⑥ 중개법인이 분사무소 설치신고필증을 재교부 신청하는 경우

3. 신고 포상금

부동산 중개업의 무질서를 바로잡고 무자격자에 의한 중개업무 수행을 방지함으로써 중개업을 건전하게 지도·육성하고 투명한 부동산 거래질서를 확립함으로써 국민경제에 이바지하기 위하여 공부법 시행과 함께 무등록 중개업자에 대한 신고 포상금 제도를 도입하였다(법 제46조).

가. 포상금 지급대상

① 중개사무소 개설등록을 하지 아니하고 중개업을 한 자

② 거짓 그 밖의 부정한 방법으로 중개사무소 개설등록을 한 자

③ 중개사무소 등록증 또는 공인중개사 자격증을 다른 사람에게 양도·대여
하거나, 다른 사람으로부터 양수·대여받은 자

나. 포상금 지급요건

등록관청이나 수사기관에서 위법행위를 조사하기 전에 이들 기관에 포상금
지급대상이 되는 사유를 신고하거나 고발한 경우로써, 그 사건에 대하여 검사
가 공소제기 또는 기소유예 처분을 한 경우에 한한다. 다만, 포상금은 그 신고
자가 칙 제28조 제1항에 의한 별지 제28호의 "포상금 지급신청서"를 등록관청
에 제출한 경우에만 지급하게 된다(영 제37조 제2항, 칙 제28조 제1항).

다. 포상금액 및 지급방법

포상금은 신고 1건당 50만원으로 한다(영 제37조 제1항). 등록관청이 포상금
지급신청서를 접수한 경우에는 수사기관에 그 처분 내용을 조회한 후 지급 여
부를 결정하고, 그 결정한 날로부터 1개월 이내에 포상금을 지급하여야 한다.
하나의 사건에 2인 이상이 공동으로 신고·고발한 경우에는 포상금은 균분하여
지급한다. 다만, 공동 신고자가 미리 그 배분방법에 대하여 합의하여 신청한 경
우에는 이에 따라 지급한다. 그러나 동일 사건에 대하여 2건 이상 신고 또는 고
발된 경우에는 최초로 신고 또는 고발한 자에게만 포상금을 지급한다(영 제28조
제2호 내지 제4호). 포상금에 소요되는 비용 중 국고에서 보조할 수 있는 비율은
50%로 한다(영 제37조 제3항).

제 2 편 부동산 중개실무

제1장 총 론

제1절 개 관

부동산 중개업자는 중개대상물에 대한 거래 당사자 간의 매매·교환·임대차 기타 권리의 득실변경에 관한 알선을 주업무로 하고 있다. 이와 관련된 기본적인 내용 및 중개업자로서 준수해야 할 법적권리 및 책무 등에 대해서는 이미 제1편을 통하여 살펴보았다.

본 편에서는 부동산 중개업자(이하 "중개업자"라 한다)가 중개시장에서 구체적으로 어떻게 업무를 수행할 것인가 하는 문제에 대하여 세부적인 사항을 논해 보고자 하는 바, 우선 차례를 일별(一瞥)해 보면 총론 부분에서는 부동산 중개실무의 특징과 중개시장의 발전단계, 시장상황에 따른 경영방법, 의뢰고객의 유형과 설득방법 및 중개물건 관리방법에 대하여 살펴보고, 각론 부분에서는 중개업자가 중개의뢰 받는 것으로부터 거래계약 완결에 이르는 일련의 절차를 중심으로 설명하고자 한다. 즉 중개물건 수집, 중개계약, 중개대상물에 대한 확인·설명 및 이에 따른 설명서 작성, 중개대상물 중 권리가 제한되는 것과 중개대상물이 될 수 없는 것을 살펴본다. 그리고 중개업무 수행과정에서 가장 빈번하게 접하게 되는 주택임대차보호법 및 상가건물임대차보호법의 주요내용을 살펴보고, 마지막으로 거래계약 체결과 그 이행 및 완료에 따른 권리등기에 필요한 제반절차와 각종 구비서류에 대하여 논하고자 한다.

부동산 조세문제도 중개업무 수행과정에서 필수적으로 검토해야 할 것이지만, 이에 대한 해설은 "부동산투자론"에서 논하기로 하고 본서에서는 생략하고자 한다.

1. 부동산 중개실무의 특징

가. 의 의

"부동산 중개실무"란 광의로는 중개업자가 부동산 중개 업무를 수행하는 과정에서 부동산 알선과 관련하여 행하는 모든 활동이라고 정의할 수 있다. 협의로는 공인중개사의업무및부동산거래신고에관한법률 제2조 제1호에서 규정하고 있는, 중개대상물에 대한 거래 당사자 간의 매매·교환·임대차 기타 권리의 득실·변경에 관한 행위를 알선하는 것을 의미한다.

부동산 중개실무(이하 "중개실무"라 칭한다)는 공부법 제2조 제1호에서 규정한 범위 내에서만 활동하는 것으로, 원칙상 당사자의 중개의뢰로부터 거래계약이 체결되는 시점까지의 활동에 한정된다. 그러나 중개업자로서는 당사자로부터 중개 의뢰를 받기 전에도 업무상 필요한 시장조사·물건분석, 중개대상물과 의뢰인을 탐색하는 작업이 필요하고, 거래계약서를 작성한 후에도 그 이행이 완료될 때까지 신의칙상 직·간접적으로 관여할 부분이 많다. 실무적으로도 중개업자의 활동범위는 후자, 즉 광의에 의하고 있으므로 본 편에서도 이에 따라 서술하기로 한다.

나. 부동산 중개실무의 특징

중개 업무는 부동산을 사고파는 당사자 사이에 단순히 개입하는 소극적 행위가 아니다. 부동산 거래관계에는 부동산 자체의 물적 하자뿐만 아니라 법적 하자도 확인해야 하고, 현재의 가치에 대한 비교형량뿐만 아니라 장래의 가치도 고려해야 하는 매우 복잡하고 기술적이며 상당한 경험이 요구되는 분야라할 수 있다. 이러한 측면에서 중개 업무는 다음과 같은 특징을 내포하고 있다.

첫째, 부동산 관련 법률지식이 필요하다. 부동산을 둘러싼 공법 및 사법은 셀 수 없이 많다. 감히 어떻게 이 많은 법령들을 파악하고 숙지할 수 있을지 의문이 들 정도이다. 그리고 이러한 공·사법도 각 단행법에 산재해 있어 법적 파악을 더욱 곤란하게 하며, 특히 부동산 공법 규정들은 정책적 성질로 인하여 정부정책에 따라 끊임없는 개폐를 반복하게 된다. 중개업무는 부동산 관련 공·사법에 대한 충분한 이해가 선행되지 않고는 업무수행 자체가 불가능하다. 부동산 관련 법률지식은 중개업자로서 구비해야 할 필수불가결의 요건이므로, 중개업자는 부단한 노력을 통하여 관련 법률지식을 습득하는 데 소홀함이 없어야 한다.[1]

둘째, 부동산 시장에 대한 정보와 경험이 필요하다. 부동산 거래가격에 대한 정보가 없으면 부동산 알선업무를 수행한다는 것은 사실상 불가능하다. 그런데 이러한 정보 등은 단숨에 파악할 수 있는 것이 아니다. 물론 각종 메스컴 또는 정보제공 업체에서 부동산 가격정보를 제공하고 있긴 하나, 이는 어디까지나 형식적으로 가공된 것에 불과하여 참고자료로 활용될 수 있을 뿐이다. 따라서 다년간의 중개실무 경험을 통하여 부동산에 대한 거래가격 정보 및 이에 대한 가치파악 경험이 없다면 원만한 업무수행 자체가 불가능할 수밖에 없다.

셋째, 부동산 관련 제 사업의 기본 업무적 성격을 갖고 있다. 부동산과 관련된 사업은 수없이 많다. 즉 건축업·분양업·부동산컨설팅업·부동산개발업·부동산매매업 등이 이에 해당한다. 이러한 제 사업들은 부동산 유통시장의 흐름을 일관하여 파악할 수 있는 냉철한 경험과 판단을 필요로 한다. 그런데 부동산과 관련된 다양한 지식과 경험은 중개 업무에 다년간 종사하지 않으면 결코 습득할 수 없다. 따라서 중개업은 부동산과 관련된 각종 사업을 수행하는 데 필요한 기본업무로써의 성격을 갖고 있다.

넷째, 공익성과 윤리성이 필요한 업무이다. 공익성과 윤리성은 모든 업무에 요구되는 최소한의 것이기는 하나, 중개 업무에서 특히 강조되는 것은 국민의 재산과 직결되는 업무의 성격에서 기인한다. 즉 중개업자가 공정한 거래질서를 무시하고 탈법과 불법을 조장함으로써 일방 의뢰인의 입장을 강변하게 되면 공

---

1) 학자에 따라서는 부동산 관련 개별 공법의 종류가 80여 개로부터 120여 개로 주장되고 있다. 저자가 조사한 바로는 100여 개에 이르는 것으로 파악되고 있다. 다만, 부동산과 관련된 사법 및 조세법을 포함시키면 그 수는 무려 130여 개에 달한다.

익성이 유지될 수 없고, 또 중개업자가 품위를 유지하지 않고 부당하게 과다한 중개수수료 및 실비를 수령하거나, 신의·성실의무에 위반하여 거래상 중요사항에 관하여 거짓된 언행 기타의 방법으로 의뢰인의 판단을 그르치게 하는 행위를 할 경우에는 국민의 재산권에 심각한 문제가 야기될 수 있기 때문이다. 특히 거래과정에서 당사자 간에 수수되는 거액의 거래금액을 중개업자가 수령·보관하는 사정을 악용하게 될 경우, 의뢰인에게 막대한 손해를 입힐 수도 있다. 이러한 사정 등으로 보면 다른 전문직업인보다 중개업자에게 더 고도의 윤리성과 공익성이 강조될 수밖에 없다.

2. 중개시장 발전단계

중개업은 후진국에서는 성장할 수 없고, 반드시 자본주의가 고도로 발달한 나라, 즉 선진국에서만 성장할 수 있는 특징을 갖고 있다. 후진국에서는 자본과 인구의 이동이 정적(靜的)이므로 부동산 유통시장이 형성되기 어렵다. 반면 선진국에서는 자본과 인구의 빈번한 이동으로 부동산 유통시장이 지속적으로 형성될 수 있다. 이러한 특징으로 중개시장은 일반적으로 다음과 같은 발전과정을 거치게 된다.

가. 재래시장 단계

"재래시장(在來市場)"이란 부동산이 소극적으로 이동되는 원시적 형태의 시장을 말한다. 재래시장에서는 부동산 유통과정에서 중개행위가 개입될 가능성이 희박하고, 단순한 소개(紹介) 정도로 족한 거래시장만 존재할 뿐이다. 우리나라는 1960년대 초반까지 이러한 형태의 시장이 존재했다고 볼 수 있다. 이 시기의 부동산 거래는 단순한 일차적인 목적, 예컨대 이주·대물변제 등 특수한 사정이 있을 경우에만 발생할 뿐이다. 따라서 중개업무에 종사하는 자도, 보통 지역 사정에 밝은 일부 노년층이 소일삼아 행하게 된다.

이 단계의 시장에서는 국가적으로 부동산과 관련된 정책이 전무하고, 사회적으로도 부동산 관련 투자·개발의식이 형성되지 않아 중개업이 직업화 될 수 없는 구조적 한계를 갖고 있다.

나. 소극시장 단계

"소극시장(消極市場)"이란 재래시장 단계에서 진보한 새로운 형태의 시장으로 부동산에 대한 투자개발이 시작되고, 이에 따라 부동산 거래도 빈번해 지면서 사회적 인식에 변화가 일어나는 단계의 시장을 말한다. 재래시장 단계는 경제개발이 시작되기 이전의 모습인 반면, 소극시장은 본격적인 경제개발이 시작되면서 이에 필요한 각종 사회기반 시설을 확충하기 위하여 일정 규모의 토지에 대한 수용 및 보상이 행해지고, 이로 인한 자금이 다시 부동산에 재투자되면서 점차 중개업이 직업화되는 단계의 시장이라고 할 수 있다.

우리나라는 1962년부터 제1차 경제개발이 시작되면서 중개업에 대한 인식과 그 정비의 필요성이 대두되었다. 다만, 이 단계의 시장에서도 단순한 소개로 족한 경우가 많아 중개업자들은 대부분 비전문가로 구성된다. 그리고 부동산에 대한 정책태도 또한 여전히 방임적 수준에 머물러 있어, 부동산과 관련된 개발계획 및 조세제도 등은 여전히 조악(粗惡)한 상태에 머무는 경향이 일반적이다.

다. 신시장 단계

"신시장(新市場)"이란 중개업무가 거래 당사자 간의 단순한 알선의 범위를 넘어서 의뢰인들의 다양한 부동산 관련 욕구를 만족시켜 줄 필요성이 요청되는 시장을 말한다. 소극시장 단계에서는 부동산에 대한 단순한 알선만으로도 충분하며, 관련 공·사법제도가 제대로 정비되지 않아 부동산 관련 전문지식이나 부가서비스를 특별히 제공할 필요가 없다. 그러나 신시장 단계에서는 부동산과 관련된 제 법규가 복잡 다양하기 때문에 중개업자의 단순한 취득·알선만으로는 부족하게 된다. 이에 따라 중개업소는 대형화되고, 중개업무는 더욱 조직화·전문화될 수밖에 없다.

오늘날 대부분의 선진제국은 신시장 단계에 있으며, 우리나라 또한 IMF가 도래한 1997. 11. 이후부터는 신시장 단계에 진입한 것으로 볼 수 있다.

1) 신시장의 특징

신시장에서는 부동산 관련 공·사법규에 대한 정비가 매우 복잡하고 정치 (精緻)해지며, 재래시장 및 소극시장에서와 같은 불법·탈법을 통한 수익을 기대하기 어려운 환경이 된다. 그리고 일반인들의 의식이 높아지면서, 부동산에 대한 간접투자 상품이나 다양한 금융상품들이 나타나기 시작한다. 이러한 일반적 현상으로 우리나라에도 이미 부동산 투자신탁(Real Estate Investment Trusts), 주택저당채권(Mortgage Backed Securities), 에스크로우(Escrow) 등 다양한 제도들이 출현하고 있다. 신시장 단계에서는 부동산과 관련된 제 사업이 새로운 지식산업으로 부상하게 된다.

2) 신시장과 중개업자의 역할

신시장에서는 부동산에 대한 각종 제도가 정비되고, 일반인들의 부동산에 대한 욕구도 다양해지기 때문에 중개업도 이에 부응할 필요가 있다. 따라서 중개업소는 조직화·전문화되어야 하고, 중개업자는 전문지식과 풍부한 경험을 갖추어야 하므로 부단한 자기개발이 필요하다. 신시장에서 중개업무를 성공적으로 수행하기 위해서는 다음과 같은 기반이 필요하다.

가) 중개업무와 관련된 토탈서비스 제공(One-stop service)

신시장 단계에서 활동하는 중개업자는 단순한 중개서비스만으로는 부족하고, 중개와 직·간접으로 관련된 모든 서비스를 일괄 제공할 수 있는 체계와 역량을 갖추어야 한다. 즉 입지분석·투자분석·법률분석뿐만 아니라 부동산에 대한 시공·개발·관리, 이사업체 소개, 권리이전 등에 따른 등기 및 세금문제에 이르기까지 전부 동시에 처리할 수 있어야 하고, 이에 대응할 수 있는 역량을 갖추어야 한다. 이러한 체계를 구축하지 않으면 경쟁력을 갖출 수 없고 의뢰인의 요구에도 부응할 수 없다.

우리 공부법에도 이와 관련된 초보적 수준의 입법이 반영되어 있음을 볼 수 있다. 즉 부동산 관리대행, 부동산 이용·개발·거래에 대한 상담, 주택 및 상가의 분양대행, 경·공매 부동산에 대한 권리분석·취득알선 및 이에 대한 입찰대리, 도배 및 이사업체 소개 등 주거이전에 따른 용역알선 업무에 대하여 중개업자가 겸할 수 있도록 하는 근거 규정을 두고 있는 점이다(법 제14조, 영 제17조).

나) 부동산 거래정보망 구축과 상용화

신시장에서는 부동산 거래정보망을 통한 중개시장의 On-line 시스템이 일반화 될 것이므로, 전통적인 Off-line 중개시장은 위축될 수밖에 없다. 이에 따라 중개업자는 부동산 거래정보망을 적극 활용하지 않을 수 없다. 그리고 중개 의뢰인들도 중개업소를 직접 방문하기보다는 거래정보망을 통하여 자신의 물건을 접수하거나 탐색하는 형태로 급변할 것이다. 따라서 중개업도 On-line 시대에 부합하는 영업전략으로 대처할 필요가 있다.

다) 중개업무의 전문화 및 분업화

신시장에서는 중개 의뢰인들이 부동산과 관련된 다양한 서비스를 요청하게 된다. 따라서 중개업자는 이에 대한 충분한 서비스를 제공할 수 있는 전문성을 갖추고 있어야 한다. 그런데 다양한 부동산 시장을 1인의 중개업자가 전부 취급한다는 것은 사실상 불가능할 것이므로, 특정 부동산만 담당하는 형태로 중개업소가 특화되거나, 대형화를 통하여 분업화·전문화 될 수밖에 없다.

제 2 절 부동산 중개업 경영

1. 의   의

"중개업 경영"이란 중개업자가 중개업을 효율적으로 운영하기 위하여 행하는 제반활동을 말한다. 즉 중개업자가 거래계약을 체결하기 위하여 행하는 제반 경영활동과, 이에 필요한 인적·물적 설비를 구비하고 운용하는 모든 행위를 총칭한다고 할 수 있다.

이미 신시장에 진입한 우리나라 중개 시장의 환경은 결코 간단하지 않다. 안으로는 같은 동업자 간의 치열한 경쟁이 본격화되어, 이에 대응하기 위한 끊임없는 자기개발이 요구되고, 밖으로는 중개 의뢰인의 다양한 욕구와 급변하는 거래시장 환경에 적응해야 하는 어려움이 있다. 이러한 사회적 환경 속에서 중개업을 성공적으로 견인하기 위해서는 중개업 경영에 대한 중요성이 세삼 강조되지 않을 수 없다.

2. 중개업 경영의 문제점

"경영(經營)"이란 사업목적을 달성하기 위하여 사업주체가 취하는 수단·방법·절차 및 이에 대한 철학을 말한다. 모든 영역이 그러하지만 특히 중개업은 중개업자의 성공을 향한 확고한 철학이 전제되어야 한다. 중개업은 다른 업종과 달리 특수한 문제점이 많다. 물론 어떤 사업이라도 고유한 특징과 그에 따른 문제점이 있겠지만 중개업에는 다른 직역(職域)에서는 찾아볼 수 없는 난제가 많음을 볼 수 있다. 따라서 중개업에 대한 성공을 담보하기 위해서는 아래와 같은 문제점을 어떻게 극복할 것인가에 대한 진지한 고민이 있어야 할 것이다.

가. 인적구성의 곤란

중개업을 성공하기 위해서는 먼저 전문성을 갖춘 인력을 구비하여야 하고 이에 대한 조직화가 필요하다. 그러나 중개업자가 중개업무를 보조할 소속 공인중개사 또는 중개보조원을 채용하려 해도 이에 부합하는 인력을 구하기 매우 어렵다. 이러한 문제는 신시장 단계에서는 더욱 심화될 것이다. 중개업이 한 단계 도약하기 위해서는 인적구성의 난제(難題)를 해결하지 않고는 결코 극복될 수 없다.

중개업은 특별한 기계나 설비는 필요하지 않다. 대부분의 사업들은 자금을 투입하여 성능이 우수한 장비를 도입함으로써 즉시 경쟁력을 갖출 수 있으나, 중개업은 인적설비 즉 중개업무 종사자의 역량에만 전적으로 의존할 수밖에 없는 특징이 있다. 따라서 유능한 인적 구성 여부는 중개업 성패를 좌우하는 열쇠가 된다.

나. 지식과 경험

신시장 단계에서는 중개의뢰인의 요구가 복잡·다양화 할 수밖에 없다. 특히 의뢰인의 지적수준 향상으로 권리의식이 고취되면서 더 많은 부가서비스를 요구하게 된다. 중개업자가 이러한 의뢰인의 요구에 부응하고 그 기대를 충족하기 위해서는 부동산과 관련된 제 법규에 대한 전문지식과 풍부한 경험을 구비하고 있어야 함은 다언을 요하지 않는다.

한편 부동산 시장에는 중개시장만 존재하는 것이 아니고 부동산에 대한 개발·분양·건축·관리 등 복잡 다양한 관련시장이 존재하고 있다. 형식적으로 보면 중개업자는 중개시장에만 관여하는 것으로 생각할 수 있으나, 실질적으로는 업무 특성상 부동산 개발·분양·건축·관리 등에도 참여하지 않을 수 없다. 그런데 이러한 제시장의 형태나 모습도 고정된 것이 아니어서 경기상황이나 지역여건 등에 따라서 매우 추상적인 모습을 보이기도 한다. 따라서 효율적인 경영을 위해서는 전문지식뿐만 아니라 다양한 경륜이 요청될 수밖에 없다. 즉 중개업무는 지식과 경험의 어느 일면만으로는 부족하고 어디까지나 양자의 조화로운 습득이 전제되어야 한다.

다. 수요 및 공급원의 비밀성

중개업은 밀행성(密行性)을 갖고 있다. 즉 권리를 취득하거나 이전하고자 하는 주체 및 중개대상물인 객체에 대하여 상당한 비밀이 요구되는 경우가 그것이다. 이러한 현상은 중개의뢰인의 개인적 사정 또는 사회적 분위기에 의하여 발생한다.

공부법에서도 중개업무 종사자에 대한 비밀유지 의무를 부여하고(법 제29조

제2항), 전속중개계약을 체결한 경우에도 의뢰인의 요청이 있으면 관련 정보를 부동산 거래정보망 등에 공개하지 못하도록 제한하고 있다(법 제23조 제3항 단서). 그러나 중개업무는 의뢰인의 요청과 무관하게 그 업무의 특성상 비밀을 유지할 수밖에 없는 경우가 많다. 이러한 비밀성을 어떻게 극복할 것인가 하는 문제는 바로 중개업 성공과 직결될 수 있다.

라. 수입의 불확실성

중개업은 일정한 수입이 보장되지 않고 이를 전혀 예측할 수도 없다는 점에서 다른 전문 직업인과 구별된다. 특히 수입의 불확실성은 중개업자로 하여금 적극적인 경영을 할 수 없게 하는 요인이 되며, 이는 중개업의 영세성·비조직성을 극복하는 데 최대의 장애물이 되고 있다. 중개업자는 이 문제를 어떻게 극복할 것인가에 대하여 진지한 고민이 필요하다. 그러나 이러한 문제는 중개업자 개인의 노력만으로는 극복할 수 없는 제도적·환경적 요인에 기인하는 경우가 대부분이므로 중개업을 정책적으로 육성하고 뒷받침할 수 있는 제도가 선행되지 않고는 결코 해결하기 어려울 것이다.

3. 중개업의 인적설비

중개업을 영위하기 위해서는 필수적으로 일정한 설비가 필요하다. 여기에는 인적설비와 물적설비로 구분할 수 있다. 물적설비는 제조업체와 같은 특수한 기계·기구가 필요한 것은 아니며, 단지 중개업무를 효율적으로 수행하는 데 필요한 일반적인 것들로도 충분하다. 즉 전화·컴퓨터·책상·의자·복사기·쇼파·간판·명함·차량·중개물건대장·지적도·지도책 등을 말한다. 따라서 이에 대해서는 특별히 설명할 것은 없다.

"인적설비(人的設備)"란 중개업을 경영하기 위하여 필요한 인력을 말한다. 이는 물적설비에 대하는 의미로, 여기에는 중개업자의 임원, 사원, 소속 공인중개사, 중개보조원이 포함된다. 인적설비는 중개업의 성공을 좌우하는 핵심요소가 되므로, 중개업자가 인적설비를 갖출 때에는 아래와 같은 자를 채용하여야 할 것이다.

가. 결격사유가 없는 자

중개업자가 임원, 사원, 기타 소속 공인중개사 및 중개보조원을 채용할 경우에는 공부법 제10조에서 규정하고 있는 결격사유가 없는 자를 채용하여야 한다. 이를 위해서는 채용 전에 신원조회 등을 통하여 결격 여부를 확인하여야 하고, 법적 결격사유가 있을 경우에는 아무리 유능하고 필요한 자라도 채용하지 말아야 한다.

그런데 동법 취지를 감안할 때 법적 결격사유가 없는 경우라도 이에 준하는 경우가 있다. 예컨대 한정치산자 또는 금치산자로 선고된 자는 아닐지라도, 사실상 이러한 상태에 준하는 자 기타 건전한 의식이 현저하게 결여된 것으로 판단되는 자 등을 말한다. 이러한 자를 채용하게 되면 능률적인 중개업무 수행이 어려울 뿐만 아니라, 경우에 따라서는 중개업자가 민사·형사·행정책임을 부담하게 되고 의뢰인의 이익을 침해할 가능성이 있다. 따라서 이러한 사실상 결격사유 있는 자도 채용하지 않아야 할 것이다.

나. 중개업에 소명의식이 있는 자

"소명의식(召命意識)"이란 중개업을 천직(天職)으로 알고 사명감을 갖고 종사하는 것을 말한다. 우리나라처럼 척박한 부동산 환경 속에서 중개업으로 성공하기 위해서는 중개업자 자신도 이러한 의식으로 무장되어야 할 것이지만, 중개 업무에 종사하는 직원들도 예외가 될 수 없다. 소명의식은 거창한 것처럼 여겨질 수도 있으나 어떤 분야에서나 요구되는 최소한의 요건에 불과하다. 소명의식이 없다면 열과 성의를 갖고 업무에 임할 수 없을 뿐만 아니라 중개업무가 흥미로울 수 없기 때문이다.

다. 지리와 정보에 능한 자

중개업무는 임장활동(臨場活動)에 상당한 시간을 할애해야 하는 업무의 특성상, 중개업소가 영업의 범위로 정한 지역의 지리(地理)에 정통하지 않으면 원만한 업무수행이 어렵다. 또 영업구역 내 소재하고 있는 각 부동산의 시세 및 개발계획·상권변화·교통흐름·교육문화시설 등에 대한 정보에도 정통하지 않으면 중개대상물에 대한 가치판단이 어려워, 능률적인 업무수행 및 수준높은 중개서비스 제공이 사실상 불가능하다. 따라서 중개업무에 종사할 자를 채용할 경우에는 가능한 업무지역의 지리와 정보에 능한 자를 선택하여야 한다.

라. 도덕성과 합리성을 갖춘 자

"도덕성(道德性)"이란 사회생활에서 인간으로서 갖추어야 할 지극히 보편적이고 당연한 됨됨이를 말한다. "합리성"은 보편적 사회규범에 대한 균형있는 감각이라고 할 수 있다. 중개업무는 이해를 달리하는 양 당사자 간의 거래가 원만하게 성립되고 완결될 수 있도록 알선하는 행위이므로, 중개업무 종사자의 도덕성과 합리성은 아무리 강조해도 지나침이 없다. 따라서 중개업무에 종사하는 자는 대인관계를 원만히 유지할 수 있는 성격과, 이에 부합하는 사고·인상·태도·언행이 구비되어야 한다.

우리 공부법에는 중개업자에게 품위유지의무, 신의성실의무, 공정의무를 요구하고 있는데(법 제29조 제1항), 이러한 의무는 중개업자뿐만 아니라 중개업무에 종사하는 모든 구성원들에게도 당연히 요청되는 것들이다. 도덕성은 인간으로서 당연히 겸비할 것이지만, 국민의 재산권에 깊이 관여하는 중개업무 담당자에게는 특히 강조되지 않을 수 없는 덕목이 된다.

4. 부동산 경기에 따른 경영방법

부동산 경기(景氣) 흐름도 일반시장 경기와 상관관계를 갖고 있다. 일반시장이 침체기에 있으면 그 영향으로 부동산 시장도 침체되고, 일반시장이 호황기가 되면 부동산 경기도 역시 활기를 띠게 된다. 그러나 일반시장 경기와 부동산 시장 경기가 반드시 순행하는 것은 아니며, 경우에 따라서는 역행할 수도 있다. 특히 부동산 경기흐름은 장기간에 걸쳐 진행되는 반면, 일반 경기는 그 변화가 매우 심하다. 부동산 경기도 일반 경기와 마찬가지로 매우 단기간에 순환이 끝나거나, 경기가 미치는 범위와 대상이 일부지역 또는 특정 대상물에 한정되는 경우도 있다. 일반 시장에서는 시장상황에 대응할 수 있는 적절한 정책수단이 많이 있으나, 부동산 시장에서는 그렇지 못한 점에서도 차이가 있다.

부동산 경영의 호불호(好不好)는 일반적으로 부동산 시장상황에 따른 가변적인 것이므로, 일반 경기와 다른 양상을 보이고 있는 부동산 시장에서 중개업을 안정적으로 경영한다는 것이 얼마나 어려운 것인가는 미루어 짐작할 수 있다. 부동산 경기변동 상태를 파악하고 이에 대응하는 것이 결코 쉽지 않음은 다년간 중개실무에 종사한 자들이면 공감하는 내용이다. 그리고 부동산 경기는 담당지역·물건 등에 따라 국지적 또는 순차적으로 발생할 수 있는 상대적인 것이므로, 중개업자가 어떤 지역·물건·고객층을 대상으로 영업하고 있는가에 따라 그 상황은 달라질 수밖에 없다. 이하에서는 일반적인 부동산 경기순환 주기의 특징과 이에 따른 부동산 경영방법에 대하여 간단히 살펴보기로 하자.

가. 회복시장

"회복시장(Opening market)"이란 부동산 경기가 침체기의 저점을 벗어나 점차 회복되기 시작하여 본격적인 상승을 하기 전까지의 단계에 있는 시장을 말한다. 회복시장은 매우 완만한 상승세를 보이는 특징이 있다. 따라서 노련한 중개업자가 아니면 초기단계에서는 경기가 회복되고 있는지 여부를 판단하기 어렵다. 일반인들은 여전히 부동산 경기가 침체된 것으로 여기게 된다. 이러한 영향으로 회복시장 초기단계에서는 여전히 거래되는 부동산이 미미하고 거래가격에도 특별한 변화가 나타나지 않는다. 다만, 중간단계에서야 어느 정도 분위기가 반전되고 있음을 느낄 수 있다.

회복시장 단계에서는 일반적으로 급매로 나온 물건들이 조금씩 거래되면서 급매 물건이 더 이상 누적되지는 않는다. 그리고 급매 물건들의 호가에도 약간의 상승기미가 나타나고, 경매·공매시장에서도 낙찰률이 높아지며, 매수에 관심을 보이는 고객이 조금씩 늘어나게 된다. 회복시장 단계에서는 투자성 있는 부동산 또는 시장가치보다 훨씬 저 평가된 물건이 많기 때문에 선택의 폭도 넓고, 권리를 이전 또는 설정하고자 하는 의뢰인을 설득하기 용이한 특징이 있다. 따라서 권리를 취득하려는 의뢰인이 존재할 경우에는 거래계약을 쉽게 체결할 수 있다.

회복시장에서는 장기적인 안목에서 투자할 경우 투자수익을 극대화 할 수 있다. 따라서 정확한 물건분석을 통하여 권리를 취득하고자 하는 의뢰인에게 과감하게 권하는 영업 전략이 필요하다. 중개업 성공 여부는 회복시장에서 업무를 얼마나 신중하고 과감하게 추진하느냐에 달려 있다고 해도 과언이 아니다.

나. 상향시장

"상향시장(Advancing market)"은 회복시장 단계를 벗어나 본격적으로 부동산 가격이 상승하는 시장을 말한다. 상향시장은 급격하게 상승하는 특징이 있다. 이 단계에서는 급매물이나 객관적으로 투자성이 확실하다고 판단되는 물건은 이미 사라진 뒤이므로 특별히 매력적인 물건은 없다. 그러나 본격적인 상승을 전제로 분석할 경우에는 투자성이 충분한 물건은 많이 있다.

상향시장 초기단계에서는 시장에 노출된 부동산이 많기 때문에 여전히 선택의 폭이 넓고, 거래계약 당사자 간에도 어느 정도 힘의 균형이 유지되므로 편하게 계약을 체결할 수 있다. 그러나 본격적인 상승단계로 접어드는 상향시장의 중반기에 들어가면 힘의 균형은 완전히 무너지고, 권리를 이전 또는 설정하고자 하는 당사자의 의사에 좌우되는 일명 "매도자 시장"이 고착화 된다. 매도자 시장에서는 부동산의 가치에 비해 터무니없는 가격이 제시되고 형성되는 것이 일반적이다. 그럼에도 불구하고 매수자들의 주문은 멈추지 않는다. 이러한 시장이 도래하면 중개업자는 상향시장 8부 능선을 지난 것으로 판단하고, 매수의뢰

인에게는 자재하도록 조언하고, 반면 매도의뢰인에게는 적극적으로 매도에 나
설 것을 주문해야 한다.

상향시장이 멈추면 곧 후퇴시장이 온다. 상향시장은 계절로 보면 여름에 해
당하며, 8부 능선을 지난 상향시장은 한여름에 해당한다. 따라서 중개업자는 여
름의 끝에서 가을과 겨울을 준비하는 영업전략을 수립할 필요가 있다. 본격적
인 상승단계로 접어든 상태임에도 불구하고 이를 간과하고 무모하게 매수의뢰
인에게 거래계약 체결을 종용하거나, 권리를 이전 또는 설정하는 의뢰인에게
소극적인 자세를 주문하게 되면, 결국 의뢰인들로부터 신뢰를 잃게 될 것이므
로 중개업을 지속하기 어렵게 된다.

다. 후퇴시장

"후퇴시장(Closing market)"이란 상승시장의 정점에서부터 침체시장에 진입
하는 사이에서 형성되는 시장을 말한다. 이 단계의 시장은 약보합세를 일정기
간 유지한 후 급격히 하락하는 특징이 있다. 회복시장과 상승시장을 거치면서
시장에 매물로 나온 부동산이 거의 소진되고 나면, 거래의사가 없는 부동산까
지도 중개업소 또는 실수요자들의 강권에 의하여 거래가 이루어진다. 이러한
과정을 거치면서 부동산은 가치(Value)에 비해 훨씬 높은 가격(Maket value)이
형성되므로 수요자는 점차 구매력을 상실하게 된다. 이에 더하여 정부에서도
부동산 가격을 적정 수준으로 하향 안정시키기 위해 다양한 정책들을 전방위로
도입·시행하게 되므로, 더 이상 가격이 상승 내지 보합을 유지하기 어렵게 된
다.

후퇴시장의 초기단계에서는 여전히 부동산 가격이 상승 내지 강보합세를 유
지하고 있는 것으로 착각할 수 있다. 즉 부동산 가격과 관련된 제 경비인 토지
구입비·건축공사비·인건비·자재비 등이 폭등한 영향으로 신규 공급되는 부
동산 가격이 계속 상승하거나 일정한 수순을 유지할 수밖에 없기 때문이다. 이
로 인하여 일정한 기간 동안 가격 착시현상(錯視現狀)이 발생하게 된다. 그러나
후퇴시장 중반기를 넘어가면 부동산 거래는 거의 실종되면서 시장이 급냉(急

冷)하게 된다. 이러한 현상은 권리를 이전하는 매도자 입장에서는 고가에 매입한 부동산을 싼 가격으로 매도하기 어렵고, 매수자는 조금 더 기다리면 훨씬 저렴한 가격으로 구입할 수 있을 것으로 판단하여 서로 계약을 유보하기 때문이다. 이러한 현상이 장기화되면서 수요자는 차츰 부동산에 대한 투자 매력을 상실하게 되고, 결국 부동산 시장은 서서히 권리를 취득하는 자, 즉 매수자에게 주도권이 넘어가게 된다. 그럼에도 불구하고 매수자들은 더욱 소극적인 자세를 취하게 되므로, 급기야 거래 실종현상이 나타나고 부동산은 다시 경매 또는 공매시장으로 유입되는 현상이 나타나게 된다.

라. 침체시장

"침체시장(Declining market)"이란 후퇴시장이 끝나고 본격적인 불황기로 접어든 후 회복시장으로 진입하기까지의 시장을 말한다. 침체시장은 완만한 하락세가 그 특징이다. 하향시장으로부터 나타나기 시작한 부동산 경기침체 및 가격하락 현상이 고착화되는 시기라 할 수 있다. 침체시장은 전체 부동산 경기순환 주기의 약 50%를 차지하는 것으로 볼 수 있다. 이러한 분위기가 상당기간 지속되면서 부동산에 관심을 갖고 있던 실수요자들도 부동산에 대한 투자매력을 완전히 상실하게 되고, 급기야 보유자금을 다른 곳에 투자하게 됨으로써 결국 시중에는 부동산에 투자할 자금여력도 없어지게 된다.

거래시장을 통한 부동산 처분이 어려워지면서 부동산은 비정상적인 시장이라 할 수 있는 경매 또는 공매시장으로 대거 유입된다. 이러한 현상은 거래시장을 더욱 침체의 늪으로 몰고 간다. 즉 거래시장에서 구입할 수 있는 실수요자들조차 경매 또는 공매시장을 통하여 구입하게 되므로, 중개시장은 사실상 그 기능을 상실하게 된다. 이로 인하여 침체기 중반기 이후부터는 급매 물건도 다수 출현하게 된다. 그럼에도 불구하고 중개시장에서는 거래가 거의 성립되지 않는다. 그리고 경매·공매시장에서도 낙찰률이 매우 낮게 형성된다.

한편 이러한 침체상태가 계속되면서 부담을 느낀 정부는 다시 부동산 경기를 회복하기 위하여 다방면의 대책을 수립하여 발표하게 된다. 그러나 한번 침체기를 맞은 부동산 시장은 좀처럼 매기(買氣)가 일어나지 않는다. 따라서 침체기에는 거래계약 체결에 경영목표를 두지 말고 시장가치가 좋은 급매 물건을 중심으로 자료를 수집하는 등 회복기를 대비한 영업 준비기간으로 삼는 지혜가 필요하다.

마. 안정시장

"안정시장(Stable market)"이란 수요공급의 적절한 균형으로 부동산 경기상태가 안정되어 있는 시장을 말한다. 위에서 설명한 회복·상승·하락·침체시장은 안정시장의 단계를 벗어나 수요 및 공급의 균형이 무너진 시장으로 볼 수 있다. 즉 침체기와 회복기에는 일명 "매수자 시장"이 형성되고, 상승기와 하락기에는 공급자인 매도자가 주도하는 일명 "매도자 시장"으로 변하게 된다.[2]

부동산 시장은 수요공급만으로 판단하기는 곤란하다. 부동산 경기흐름을 주도하는 요인에는 경제적·정책적 요인 이외에도 심리적 요인도 많이 작용하기 때문이다. 따라서 일반 재화와 달리 공급이 많다하여 가격이 하락하지도 않고, 수요가 많다하여 반드시 가격이 상승하지도 않는다. 이러한 특징으로 일반 경기와 다른 독특한 부동산 경기로 나타나게 되는 것이다.

안정시장은 매우 바람직한 시장이다. 안정시장에서는 수요공급이 균형을 이루게 되므로 각 부동산이 시장가치에 부합하는 가격으로 적절한 시간 내에 거래될 수 있다. 이로 인하여 중개업자도 중개업을 안정적으로 영위할 수 있다. 즉 매도자는 더 이상 가격상승이 없을 것으로 판단하고, 매수자도 구입을 늦출 필요가 없다고 판단하게 된다면 거래계약은 성사된 것이나 다름없기 때문이다. 그리고 적정 수의 매도자와 매수자가 시장에 존재하므로 경영도 안정적으로 운영할 수 있다. 그러나 안정시장은 지극히 이상적인 시장으로 실무적으로 보면

---

2) 상승기와 하락기가 "매도자 시장"이긴 하지만 상황은 전혀 다르다. 즉 상승기에는 매수자가 매도자의 호가를 따라가는 적극성을 보이지만, 하락기에는 매도자의 호가에 소극적으로 반응한다는 점이다. 이러한 현상은 회복기로 접어들 때까지 계속된다. 따라서 하향시장은 매도자의 호가만 존재하는 시장이라고 할 수 있다. 한편 대부분의 부동산학자들은 일반 경제론 입장에서 회복시장과 상승시장을 "매도자 시장"이라 하고, 하락기와 침체기를 "매수자 시장"이라고 한다. 그러나 이는 부동산 시장에 대한 오해에서 비롯된 잘못된 인식이다.

거의 존재하지 않고, 단지 특정한 지점에서 일정 기간 동안 보합세를 유지하면서 형성되는 불완전한 안정시장만 존재할 뿐이다.

한편 안정시장이라는 개념도 상대적인 것이므로 현재의 안정시장이 부동산 경기변동 주기의 어느 단계에서 유지되고 있는 것인지 확인할 필요가 있다. 즉 정상적인 안정시장은 회복시장과 상향시장의 접점 및 하향시장과 침체시장의 접점지대(接點地帶)라 할 수 있다. 그러나 예외적으로 상향시장의 정점 또는 하향시장의 최저점 등에서도 일정 기간 안정시장이 형성될 수 있기 때문이다. 따라서 안정시장이 무너질 경우에 경기변동 주기에 따른 특정 시장형태로 변화될 것이므로, 중개업자는 현재의 안정시장이 전체 부동산 경기변동 주기의 어느 지점에서 유지되고 있는 것인지를 파악할 수 있는 안목과, 이후 도래할 시장상황을 직관할 수 있는 능력을 갖추고 있어야 한다.

제 3 절   고객 및 물건관리

1. 의뢰고객 유형

사람은 각기 다른 개성을 갖고 있다. 학력·지식·철학·교양 등에 따라 다양한 의식과 행동이 수반된다. 이에 따라 학자들은 일반적으로 아래와 같은 유형으로 의뢰인을 분류하고 있다. 그러나 의뢰인의 유형이 이에 한정될 수는 없다. 중개업자는 이처럼 다양한 유형별 고객의 특징을 간파하고 이에 대처할 수 있는 능력을 갖추지 않으면 중개업무를 주체적으로 리드(Leader)할 수 없을 것이다. 의뢰고객의 유형별 특징에 대하여 살펴보면 다음과 같다.

가. 우유부단형

"우유부단형(優柔不斷型)"은 자신이나 중개업자의 판단에 대하여 결정하지 못하고 우왕좌왕하는 의뢰인을 말한다. 즉 매도의뢰인은 팔 것인지 여부, 매도

하더라도 얼마에 팔 것인지 등에 대한 결심을 하지 못하고, 매수의뢰인은 어디에서, 무엇을, 어떤 규모로 구입할 것인지 등에 대한 결정을 하지 못한 채 막연히 유보하는 의뢰인을 말한다.

이런 유형의 고객은 시간적 여유를 두고 접근하는 것이 바람직하다. 매도의뢰인이라면 시장상황을 충분히 파악할 수 있도록 함으로써 매도 여부와 거래가격을 결정토록 하고, 매수의뢰인의 경우에는 구입하고자 하는 부동산에 대한 각종 조건들을 정립할 수 있도록 하여야 한다. 특히 주의할 점은 매도의뢰인에게는 소수의 매수의뢰인만 접촉시키고, 매수의뢰인에게도 그 조건에 부합하는 최소한의 물건만 알선하여야 한다는 점이다. 그렇지 않으면 의뢰인의 우유부단한 성격을 다잡을 수 없어 거래계약을 체결하기 어렵다.

나. 가격의식형

"가격의식형(價格意識型)"은 부동산의 가치를 논하기에 앞서 무턱대고 가격부터 조정하려는 습성을 가진 의뢰인을 말한다. 즉 시장가격과 무관하게 중개업자 또는 상대방이 제시하는 거래가격을 습관적으로 조정하려는 경우가 이에 해당한다.

가격의식형 의뢰인에게 알선할 경우에는 기술적인 접근이 필요하다. 즉 매도의뢰인에게는 최저가격을 제시하면서 이보다 더 높은 가격으로 매도해 주겠다고 설명하고, 매수의뢰인에게는 매도인이 요구하는 금액보다 더 높은 가격을 제시하면서 거래계약이 체결될 경우 희망하는 가격으로 절충해 주겠다는 형식으로 설명하는 것이 효과적이다. 그렇지 않고 바로 거래금액을 정직하게 노출하게 되면 그 금액을 다시 조정하려고 무리한 방법을 동원할 가능성이 많아 결국 거래계약이 무위에 그칠 우려가 있기 때문이다.

현재 거래실무에서 보면 이런 유형의 고객이 대부분임을 알 수 있다. 이러한 현상은 일면 중개업자의 불신에서 관행화된 측면도 있고, 타면으로는 중개업자의 불필요한 기교로 자초한 측면도 있다.

다. 자기과장형

"자기과장형(自己誇張型)"은 현재 자신의 사회적 지위·경제상태·부동산에 대한 식견 등에 대하여 과대 포장하고 있는 의뢰인을 말한다. 일명 자기현시형 (自己顯示型)이라고도 한다. 자기과장형 의뢰인은 자신의 애로사항을 감추기 위하여 이런 행동을 취하는 경우가 많다. 즉 매도의뢰인이 사정이 다급함에도 불구하고 의도적으로 숨기면서 적정가격으로 중개해 줄 것을 요청한다든지, 매수의뢰인의 경우 준비된 자금을 숨기고 능력을 초과하는 고액의 부동산을 알선해 줄 것을 요구하는 경우가 이에 해당한다.

이러한 의뢰인을 대할 경우에는 그의 애로사항이나 결점을 빨리 파악하고 이에 적절히 대처할 수 있어야 한다. 다만, 파악된 애로사항에 대해서는 가능한 지적하지 말고 자연스럽게 대응해야 하고, 부득이 노출할 필요가 있을 경우에도 의뢰인의 입장을 충분히 배려하는 자세가 필요하다.

라. 다변사교형

"다변사교형(多辯社交型)"은 부동산에 대한 이야기뿐만 아니라 다양한 사회문제에 대해서도 화제(話題) 삼기를 좋아하는 의뢰인을 말한다. 다변사교형 의뢰인과 접촉할 경우에는 가급적 이해관계가 다를 수 있는 정치·종교적인 화제는 배제하고, 부동산과 관련된 경기·정책·제도 등에 대해서만 대화하여야 한다. 그리고 다양한 이야기를 나누는 과정에서도 중개업자의 부족함이 나타나지 않도록 주의할 필요가 있다.

이러한 의뢰인은 상당한 기간 동안 친밀한 관계를 유지해야 하는 애로가 있다. 그러나 충분한 시간을 할애함으로써 어느 정도 친분을 쌓은 후 틈틈이 거래계약과 관련한 협의를 해 나가는 과정에서 교류한 시간에 비례한 신뢰가 쌓이게 되면 거래계약을 쉽게 체결할 수 있다. 따라서 가능하다면 이러한 의뢰인과의 교류도 적극적으로 할 필요가 있다.

마. 만사긍정형

"만사긍정형(萬事肯定型)"은 부동산에 대한 제 문제에 대하여 대부분 긍정적인 태도를 취하는 의뢰인을 말한다. 의뢰인이 특별한 의미 없이 단순히 습관적으로 긍정하는 것임에도 이를 간과하고 대화를 계속 진행하는 것은 무의미하다. 따라서 중개업자는 대화하는 과정에서 의뢰인의 태도와 언행에 주목하여 긍정이 어떤 의미를 갖는 것인지 수시 체크할 필요가 있다. 만약 습관적이라고 판단되면 자연스럽게 대화를 마무리 하여야 하고, 관심이 있다고 판단될 경우에만 구체적인 질문과 대화를 통하여 의뢰인의 의중(意中)을 파악하는 것이 바람직하다.

바. 침묵방어형

"침묵방어형(沈默防禦型)"은 중개업자의 설명에 대하여 긍정·부정의 표시나 의문도 제기하지 않고 단순히 듣고만 있는 의뢰인을 말한다. 이러한 의뢰인은 부동산과 관련하여 과거 좋지 않은 경험이 있거나, 지식이나 경험이 부족한 경우가 대부분이다. 따라서 무리하게 대화를 진행시키지 말고 가벼운 화제를 통하여 상호 격의(隔意)를 해소하거나, 중개업자에 대한 신뢰를 회복한 후 천천히 필요한 대화를 진행하는 것이 바람직하다.

사. 자기과잉형

"자기과잉형(自己過剩型)"은 자신의 지식·역량·사회적 지위·경험 등에 대한 상당한 소신을 바탕으로 부동산 분야에서도 일가견이 있는 것으로 판단하고 있는 의뢰인을 말한다. 이러한 의뢰인은 행동·음성·태도 등에서 자신감이 충만하고 자존심도 강한 특징이 있다. 따라서 자기과잉형 의뢰인을 접촉할 경우에는 설득하기보다는 중개대상물에 대한 핵심적 사항만 설명하고, 이를 입증할 수 있는 충분한 자료를 제공함으로써 스스로 판단하고 결정할 수 있도록 조언하는 것이 바람직하다.

아. 취미형

"취미형(趣味型)"은 거래계약을 체결할 의사나 능력도 없으면서 놀기 삼아 중개업소를 방문하는 의뢰인을 말한다.[3] 이런 유형의 의뢰인은 그 지역에 거주하는 특별한 직업이 없는 자가 대부분이다. 따라서 소일삼아 수시로 중개업소를 방문하여, 자신이 궁금한 질문을 하거나 무턱대고 특정 부동산에 대한 안내를 요구하는 경우가 많다. 이러한 유형의 고객을 적절히 통제하지 못할 경우에는 업무상 상당한 지장을 받을 수 있다. 다만, 취미형 의뢰인도 잘 활용하면 그 주변의 잠재고객을 확보할 수도 있고, 업무상 정보원(情報員) 역할도 할 수 있으므로 적절히 활용할 필요가 있다.

자. 사기형

"사기형(詐欺型)"이란 중개의뢰 의사가 없음에도 중개를 의뢰할 것처럼 속여 이익을 취하거나, 사술(詐術)을 통하여 부정한 방법으로 거래계약을 체결하는 의뢰인을 말한다. 사기형 의뢰인은 드물기는 하지만 적절히 대응하지 못할 경우 치명상을 입을 수도 있다. 사기형 의뢰인에는 중개의뢰형과 거래계약형이 있다.

"중개의뢰형"은 권리를 취득하는 의뢰인이 중개대상물을 답사한 후 수일 내 거래계약을 체결할 것임을 밝히거나 또는 특정 부동산을 자신의 부동산으로 소개하고 매도·임대를 의뢰하면서, 거래계약이 체결되면 상당한 중개수수료를 지급할 것을 약속하는 등의 방법으로 중개업자의 환심(歡心)을 산 후, 당장 필요한 급전 기타 이익을 사취하는 의뢰인을 말한다. 이러한 의뢰인은 중개업자로부터 일정한 목적을 달성한 후에는 일체의 소식을 두절하는 형태를 취하고 있다. "거래계약형"은 타인의 부동산을 자기의 부동산인 것처럼 속여 실제 거래계약을 체결하거나 또는 자기의 부동산을 다수 당사자와 거래계약을 체결하

---

3) 취미형을 "놀림형"이라 표현하는 경우도 있다(이태교 외 1997, 278). "놀림형"이라 칭함은 "중개업자를 놀린다." 또는 "중개업자를 갖고 논다."는 의미로 표현한 것으로 보인다. 그러나 이러한 표현보다는 "취미형"이라 하는 것이 옳을 것이다.

는 방법으로 사취(詐取)하는 의뢰인을 말한다.

사기형 의뢰인은 중개업소를 수시 방문하여 자신의 신용이나 능력을 은연 중 드러내면서 중개업자에게 환심을 사기 위해 노력하는 경우가 많다. 따라서 중개업자는 의뢰인의 호의는 최대한 받아들이되, 일정한 한계를 벗어나는 호의 나 요구에 대해서는 정중히 사양하거나 단호하게 거절할 수 있는 냉정함을 유 지할 수 있어야 한다.

2. 고객설득

부동산 경영도 일반 서비스업과 같이 영업에 의존하는 바 크다. 영업은 여러 가지 방법으로 수행되지만 출발점은 어디까지나 고객과의 만남에서부터 시작 되며, 만남에는 대화가 필수불가결의 요소가 됨은 물론이다. 중개업자가 고객과 의 만남을 통하여 어떻게 대상 부동산의 가치 및 투자성 여부에 대하여 설득할 것인가 하는 문제는 간단한 것이 아니다. 즉 중개업자가 고객을 설득하기 위해 서는 단순히 격의없는 대화를 하는 것만으로는 부족하고, 부동산에 대한 전문 지식과 목적 부동산에 대한 상당한 정보를 바탕으로 할 수밖에 없다.

중개업자가 고객을 설득하기 위해서는 단순히 부동산 관련 각종 개발계획이 나 투자가치를 설명하는 것만으로는 부족하고, 필연적으로 부동산 관련 사법 및 공법 등에 대한 설명도 필요하게 된다. 이러한 법리에 바탕을 둔 논리가 전 개될 수 없다면 거래계약 체결도 장담할 수 없다. 따라서 중개업자는 부동산에 대한 법적·경제적·기술적·경험적 지식의 융합을 통하여 의뢰인을 설득할 수 있는 실력을 겸비할 수 있도록 노력해야 한다.

가. 대화의 중요성

대화는 인간이 의사를 소통하는 요체가 된다. 대화의 수단에는 언어 이외에 도 문자·행동 등이 동원될 수 있다. 그러나 가장 간단하고 일반적인 의사소통 도구는 언어이며, 언어를 수단으로 결과를 도출할 수 있는 방법이 바로 대화인

것이다. 대화를 통하여 화자(話者)의 인격·지식·교양 등이 모두 드러난다고
해도 과언이 아니다. 부동산 중개활동에는 영업을 전제로 한다. 그리고 영업활
동 가운데 핵심이 되는 것은 바로 대화에 있다. 결국 대화의 방법 여하에 따라
중개업 성공 여부가 결정될 수 있다는 것이다.

나. 대화의 5원칙

대화는 잡담과 다르다. 잡담(雜談) 내지 담소(談笑)는 일반적인 시사·교
양·정치·문화 등 상호 직접 이해관계가 없는 주제에 대하여 격의없는 대화를
나누는 것이다. 그러나 영업을 목적으로 하는 대화는 잡담과 달리 궁극적인 목
적을 위하여 상호 관심사를 적극적으로 개진(開陳)함으로써 상대방을 설득시키
는 것이다. 물론 본격적인 대화에 들어가기 전에 일반적으로 가벼운 이야기를
나누기도 하지만 이러한 것도 단순한 잡담과는 구별된다.

대화는 의뢰인과 직접 만나서 행하는 경우도 있으나, 전화 또는 인터넷 등
통신매체를 통해서도 가능하다. 그러나 어떤 방법을 취하더라도 중개업자가 대
화를 통하여 그 실효를 거두기 위해서는 아래에서 설시하는 내용을 염두에 두
고 진행할 필요가 있다. 그리고 대화는 언제나 중개업자가 주도하여야 한다.

1) 목표 의식

영업을 위한 수단으로 행하는 대화는 분명한 목표가 있어야 한다. 대화를 시
작하는 순간부터 목표도 분명한 경우가 일반적이지만, 경우에 따라서는 대화를
전개하는 과정에서 정해질 수도 있다. 즉 중개 의뢰인이 처음부터 분명한 목표
를 제시한 경우에는 특별한 사정이 없다면 이에 따를 수밖에 없을 것이다. 그러
나 의뢰인이 분명한 목표 없이 대화를 진행할 경우, 예컨대 부동산 소유자가 자
신이 보유한 물건에 대한 권리를 이전할 것인지 여부에 대하여 단순한 상담을
하는 경우 및 권리를 취득하고자 하는 의뢰인이 어떤 부동산에 투자할 것인가
에 대한 복안이 없는 경우가 이에 해당한다. 이러한 경우에는 의뢰인의 생각이
나 입장을 충분히 파악한 후, 중개업자가 전문적인 견해를 피력해 줌으로써 대

화의 목표를 분명하게 정립할 필요가 있다. 목적 없이 대화를 전개하거나 행동까지 나아가는 것은 무의미하기 때문이다. 중개 업무는 의뢰인과 목적있는 대화를 시작하는 것에서부터 출발한다.

2) 상대방 의식

대화는 상대방이 있을 때만 가능하다. 그리고 진지한 대화를 위해서는 상대방에 대한 존경과 신뢰가 전제되어야 한다. 일방적으로 자기의 주장만 관철하려고 한다든지, 상대방의 의견을 무시하고서는 더 이상 생산적인 대화는 불가능하기 때문이다. 따라서 중개업자는 대화를 주도하는 입장에서도 항상 의뢰인의 사정을 고려하고 존중하는 자세를 견지해야 한다. 설혹 의뢰인이 부동산 시장의 흐름을 전혀 인식하지 못하고 있는 경우라도 이에 대한 배려가 필요하고, 현재 또는 장래 전개될 부동산 시장상황 및 대상 부동산의 가치 등에 대해서도 차분하게 설득할 수 있어야 한다.

의뢰인들은 다양한 지적·경제적·문화적 수준을 갖고 있다. 따라서 이들의 수준에 맞는 대화가 이루어질 수 있도록 노력하여야 한다. 즉 부동산에 대한 지식이 없는 의뢰인에게는 가능한 쉬운 용어를 사용하고, 경제적 수준이 낮은 의뢰인에게는 그들의 눈높이에서 바라보는 자세가 필요하다. 그리고 상당한 수준의 식견과 경제력을 갖춘 의뢰인이라면, 이들의 수준에서 행동하고 판단할 수 있어야 한다. 이러한 적응력이 없다면 대화를 통한 결실은 기대하기 어렵다.

3) 시간 의식

대화는 시간개념이 필요하다. 대화의 요소로써 "시간"이란 대화를 하는 현 상황을 의미하는데, 부동산 경기상태를 기준으로 판단한다면 회복·상향·후퇴·침체·안정기의 어느 시기에 있는가를 의식하는 것을 말한다. 즉 "매도자 시장"인 상향·후퇴시장에서, "매수자 시장"인 침체·회복시장에서, 균형시장인 안정시장에서 각 의뢰인의 입장에 부합하는 대화를 전개하는 태도를 말한다. 다만, 이러한 시간개념은 일반적·국지적 상황에 따라 다를 수 있는 상대적인 것임은 물론이다.

시간을 의식하지 않는 대화로는 의뢰인을 설득할 수 없다. 중개업자는 부동산 시장에서 주체적 입장에 있을 뿐만 아니라 경기상황에 대해서도 상당한 전문가적 견해를 갖고 있다. 따라서 각 시장상황에 적합한 대화가 진행될 수 있도록 노력하여야 하며, 만약 의뢰인이 현재 부동산 시장상황을 잘 이해하지 못하고 있는 경우에도 이에 대한 충분한 설득을 통하여 생산적인 대화가 가능하도록 노력하여야 한다.

4) 장소 의식

중개업무는 중개의뢰 접수, 권리 및 물건분석, 현장확인 및 안내, 거래계약 체결 등의 절차를 거치게 되므로, 이러한 각 과정을 통하여 의뢰인과 많은 대화를 하게 된다. 그런데 이러한 과정에서 대화의 효과를 극대화하기 위해서는 중개업자가 장소에 대한 인식도 갖고 있어야 한다. 여기서 "장소"란 공간적 개념을 의미함은 물론이다.

중개업자가 중개사무소에서 대화할 경우에는 목적 부동산에 대한 일반적인 물리적 현황 및 권리관계 이상 유무 등에 대한 설명과, 이와 관련된 서면을 제시하는 것으로 충분하고, 부동산 소재지에서 대화할 경우에는 권리관계보다는 대상물의 물리적 현황에 대한 구체적인 확인과 이에 대한 기술적·환경적·경제적인 문제와 관련된 대화를 전개하는 것이 바람직하다.

5) 위치 의식

위치는 일반적으로 물리적 장소와 같은 개념으로 이해하고 있다. 그러나 여기서 말하는 "위치"는 거래계약이 체결되는 일련의 진행과정 중 도달된 어떤 관념상의 지점을 말한다. 중개가 완성되기 위해서는 중개계약으로부터 출발한 일련의 과정이 결국 당사자 간의 거래계약 체결이라는 종점에 도달하게 되는데, 위치의식은 이러한 일련의 과정 중 현재 어느 지점에 있는가를 의식하면서 그에 적합한 소재를 대화의 화제(話題)로 삼는 것을 말한다. 예컨대 중개의뢰인과 정식 중개계약이 체결되지도 않은 상태에서 무턱대고 중개수수료를 화제로 삼는다든지, 주택이 매도될 가능성이 없음에도 새로 구입할 주택에 대하여 깊이 의논한다든지 하는 것은 위치의 개념이 없는 대화법이다.

의뢰인과 대화할 때에는 항상 위치인식을 통하여 그에 부합하는 화제로 대화할 수 있도록 노력하여야 한다. 그렇지 못하면 업무처리가 미숙하다는 인상을 주게 되고, 결국 원만한 거래계약 체결도 기대할 수 없다. 그리고 의뢰인이 위치 개념이 없을 경우에는 자연스럽게 이에 적합한 대화가 진행될 수 있도록 유도할 필요가 있다. 정확한 위치를 인식하고 그에 부합하는 대화를 전개하는 것은 노련한 중개업자의 덕목이라 할 수 있다.

3. 중개의뢰인 및 대상물 관리

중개는 중개의뢰로부터 시작된다. 중개의뢰는 권리를 이전 또는 설정하고자 하는 경우뿐만 아니라 취득하고자 하는 경우를 포함한다. 중개업을 지속적으로 영위하기 위해서는 의뢰인은 물론 객체인 대상물에 대한 관리도 중요하다. 중개의뢰인 및 중개대상물을 얼마나 정확하고 효과적으로 관리하느냐의 여부에 따라 중개업의 성패가 좌우된다고 할 수 있다. 이하에서는 중개대상물 및 의뢰인을 관리하는 목적과 중개의뢰대장에 대하여 살펴보자.

가. 관리목적

중개의뢰 주체는 권리를 이전 또는 설정하는 당사자 및 권리를 취득하는 당사자를 포함하는 개념이다. 그리고 객체는 중개대상물이 되는 부동산을 뜻한다. 권리를 이전 또는 설정하고자 하는 당사자는 일방 중개의뢰 주체와 객체인 중개대상물이 분명하다. 그러나 권리를 취득하고자 하는 중개의뢰인의 경우에는 주체는 분명하지만 대상물인 객체는 특정되지 못하는 경우가 대부분이다.

권리를 이전·설정하고자 하는 의뢰인에 대해서는 우선 처분하고자 하는 중개대상물과 이에 대한 형식적 권리 및 실체적 권리관계를 확인하여야 한다. 의뢰내용 및 이에 대한 의사가 확인되지 않고는 정상적인 중개활동을 수행할 필요가 없기 때문이다. 그리고 권리를 취득하고자 하는 의뢰인의 경우에는 그 취득하고자 하는 부동산을 특정하고, 이에 따른 자금사정·희망지역·구입규모 및 시기 등에 대한 실체파악이 전제되어야 할 것이다.

한편 중개업자는 의뢰인과 중개대상물을 지속적으로 관리할 필요가 있다. 즉 중개대상물에 대한 물리적 현황 내지 권리관계에 변경은 없는지 수시로 체크함으로써, 부동산이 시장가치와 괴리가 있을 경우에는 이를 조정하여야 하고, 중개의뢰 여부가 불확실한 경우에는 관리대상에서 과감하게 제외시켜야 한다.

중개의뢰인 및 중개 물건은 진열장에 전시된 일반 상품과 동일하다. 유통기한이 지났거나 변질된 상품은 과감히 폐기시켜야 하는 것처럼, 거래계약 체결이 어렵다고 판단되는 의뢰인 및 중개대상물 역시 과감하게 포기할 수 있는 용기가 필요하다. 이와 같은 태도는 중개업무를 효율적으로 수행하기 위해서는 부득이한 것이다.

나. 중개의뢰인 및 물건관리대장

중개를 의뢰받은 경우라도 공부 및 등기부 확인·현장답사·현장안내·거래계약 체결에 이르는 상당한 기간이 필요하다. 물론 접수와 동시에 거래계약이 체결되는 경우도 있지만, 일반적으로는 몇 주 또는 몇 달이 소요되며 경우에 따라서는 몇 년이 걸리기도 한다.

한편 중개업자는 다양한 의뢰인과 접촉하면서 중개를 의뢰받는다. 이처럼 수시 접수되고 변동되는 자료들은 체계적으로 관리하지 않으면 그 정보가치가 상실되거나 필요한 경우 즉시 활용할 수 없다. 이런 애로를 보완하기 위하여 물적 설비로써 중개물건관리대장과 의뢰인관리대장을 일반적으로 비치하게 된다.

"물건 관리대장"에는 권리를 이전·설정하고자 하는 중개 의뢰인의 인적사항과 이들이 제시한 물건에 대한 물리적 현황을 기록·유지하는 것이며, "의뢰인 관리대장"은 권리를 취득하고자 하는 의뢰인의 인적사항 및 이들이 구입 또는 설정하고자 하는 부동산에 대한 구체적인 내용을 기재하게 된다.

  이러한 관리대장의 편제방법이나 형식은 각 중개업소의 편의에 따라 사용하면 될 것이다. 다만, 어떤 형식으로 관리하든 부동산의 물리적 현황 및 권리관계에 대한 것은 반드시 지적공부 및 등기부등본을 기초로 작성하여야 하고, 의뢰인의 설명에 의존하는 것은 자제되어야 한다. 그리고 현장답사를 통하여 확인된 사항과 공부 또는 등기부의 내용이 상이할 경우에는 그 내용에 대해서도 정확히 기록해 둘 필요가 있다. 이러한 방법으로 평소 작성·유지된 관리대장은 필요한 경우 즉시 활용할 수 있을 것이므로 유용한 물적설비로써 기능할 수 있다.

제 2 장 부동산 중개실무 각론

제 1 절 중개의뢰 접수

"중개의뢰 접수"란 중개업자가 중개대상물인 부동산 및 이와 관련된 주체에 대한 내용을 파악하기 위하여 의뢰인으로부터 자료를 제공받는 행위를 말한다. 중개의뢰 접수는 중개업무의 출발점이자 중개업 성공을 좌우하는 단초가 된다고 해도 과언이 아니다. 즉 중개의뢰 접수를 어떻게 기술적·효과적으로 수행하느냐의 여부에 따라 중개업의 성패가 좌우될 수 있기 때문이다. 중개의뢰 접수방법으로는 다음과 같은 것을 예시할 수 있다.

1. 직접수집 방법

직접수집 방법은 중개업무에 종사하는 자가 직접 중개대상물 또는 권리를 취득하려는 자를 탐색하는 것으로 가장 일반적인 방법이다. 직접수집 방법은 적극적인 수단을 취하므로 다양한 물건을 단기간에 수집할 수 있으며, 학맥·인맥 등을 통하지 않고도 중개업자의 순수한 노력만으로도 가능하다. 직접수집 방법으로는 다음과 같은 것을 활용할 수 있다.

가. 호별방문

"호별방문(戶別訪問)"이란 중개업자가 자기의 업무구역 내 있는 주택·상가 등을 방문함으로써 중개의뢰인 내지 물건을 직접 파악하는 것을 말한다. 이러한 방법은 시간과 인력이 많이 소요되는 흠은 있으나, 업무지역 내 소재한 부동산 가격을 신속히 파악할 수 있고, 잠재고객을 즉시 발견할 수 있는 장점이 있다. 그러나 호별방문을 할 때에는 물건 또는 의뢰인을 즉시 수집한다는 생각보다는 잠재고객을 확보한다는 측면에서 접근하는 것이 바람직하다. 따라서 시간적 여유를 갖고 방문하되 고객과의 상담에 충분히 응할 수 있는 지식과 역량을 갖추고 있어야 한다.

나. 안내우편

안내우편(Direct mail)은 특정 부동산 소유자 기타 권리자에게 중개업소 홍보 및 중개의뢰 안내장을 우편으로 발송하는 것을 말한다. 이를 통상 "DM"이라고 한다. 이러한 방법은 특정 또는 불특정 다수인에게 일시에 중개업소를 홍보할 수 있는 장점은 있으나, 소요 경비와 노력에 비해 그 효과가 미미하다는 단점이 있다.

"DM"은 우체국 집배원을 통할 필요는 없고 중개업자가 직접 배달해도 무방하다. 그러나 "DM" 수령자가 원거리에 존재할 경우에는 부득이 우편을 이용할 수밖에 없을 것이다. 안내우편으로 실효를 거두기 위해서는 "DM"을 지속적·주기적으로 실시하여야 한다.

다. 텔레마케팅

"텔레마케팅(Tele-marketing)"은 전화 등 통신매체를 통하여 특정 또는 불특정 다수인에게 부동산의 이전 또는 취득을 안내하는 것을 말한다. 이러한 영업방식은 불특정 고객과 직접 통화함으로써 의뢰고객을 바로 확보할 수 있고 고객반응도 즉시 확인할 수 있는 장점이 있다. 텔레마케팅은 서면방식의 "DM"보다는 효과적일 수 있으나, 자칫 부정적 이미지를 심어줄 수 있고 중개시장을 불법 내지 탈법화 할 수 있는 요인이 되기도 한다.

최근 기획부동산 등 일부 중개업소에서 무차별적인 텔레마케팅 영업을 구사함으로써 중개업에 대한 부정적 인식과 부동산 유통시장이 문란해진다는 지적을 받고 있다. 따라서 무분별한 텔레마케팅은 자제되어야 하고, 부득이 활용할 경우에도 엄선된 고객에 한하여 적용할 필요가 있다.

라. 일반광고

"일반광고"는 불특정 다수인을 상대로 신문·잡지·방송·현수막·전단지 등을 이용하여 중개업소를 홍보하거나 매물을 광고하는 방법을 말한다. 이러한 방법은 광고와 동시에 고객들로부터 즉시 반응을 확인할 수 있고, 부동산 경기 상황을 쉽게 파악할 수 있다는 점에서 일반적으로 많이 이용하고 있다.

1990년대 이후 대다수 중개업소가 이러한 방법으로 물건 광고를 하면서부터 생활정보지 또는 일간신문 등에는 부동산 매물광고가 넘쳐나고 있다. 이러한 광고는 1990년대 중반까지는 상당한 효과가 있었다. 그러나 중개업소간 경쟁이 치열해지고 이들 매체를 통한 광고가 폭증하면서부터 광고비용에 비해 그 실효성이 점차 떨어지는 경향을 볼 수 있다. 일반광고를 이용할 경우에는 경쟁관계에 있는 다른 중개업소에 비해 더 자극적인 문안을 개발해야 하고, 지속적으로 광고비를 투입해야 하므로 상당한 노력과 비용이 소요되는 단점이 있다.

마. 리스팅 농장

"리스팅 농장(Listing 農場)"이란 중개업자가 중개대상물 및 의뢰인을 항시 공급받을 수 있도록 평소 관리되고 있는 업무지역을 말한다. 여기서 말하는 리스팅은 거래계약을 지칭하는 의미로 사용되고 있다. 거래계약이 성립되기 위해서는 권리를 이전·설정하는 자와 권리를 취득하는 자 쌍방이 존재해야 하므로, 중개업자가 일방 의뢰인을 확보한 경우에도 타방 의뢰인을 확보하지 못한다면 거래계약이 체결될 수 없다. 따라서 리스팅 농장이 있다면 이러한 문제는 쉽게 해결할 수 있을 것이다.

리스팅 농장은 일정한 지역을 한계로 관리되는 것이 일반적이나, 지역과 무관하게 특정 물건 및 고객을 대상으로 관리될 수도 있고, 지역과 특정 물건을 결합하는 방식으로도 정해질 수 있다. 리스팅 농장은 단기간에 개척할 수 있는 것은 아니다. 만약 다른 중개업소가 업무지역을 선점하고 있을 경우에는 농장을 개척하기란 더욱 어려울 것이다. 그리고 중개업자가 일정한 지역을 개척하여 관리할 경우에도 그 농장을 유지하기 위해서는 상당한 노력이 필요하다. 다만, 개척된 농장에 대한 지속적인 관리만으로도 중개대상물 및 의뢰인을 수시 공급받을 수 있으므로 중개업을 안정적으로 영위할 수 있다.

2. 간접수집 방법

"간접수집"이란 중개업자가 제3자의 도움이나 협력을 통하여 중개 의뢰인 또는 중개대상물을 발견하고 수집하는 것을 말한다. 중개업자가 직접수집 방법으로 중개를 의뢰받는 것은 한계가 있다. 따라서 주변 인간관계를 통한 간접수집 방법에도 관심을 가질 필요가 있다. 간접수집 방법에는 일반적으로 다음과 같은 방법이 예시되고 있다.

가. 인맥관리

인간은 인맥(人脈) 속에 살아간다고 해도 과언이 아니다. 인맥은 가족관계로부터 학연·지연 등으로 끝없이 확장될 수 있기 때문이다. 인맥은 중개의뢰인 또는 대상물을 항시 제공하는 공급원이 될 수 있다. 인맥은 자연스럽고 지속적인 교류를 할 수 있게 하며, 그 구성원을 통하여 또 다른 인맥을 형성할 수도 있다. 그리고 인맥의 유력자(有力者)를 이용함으로써 중개업자 자신의 존재를 널리 알릴 수도 있고, 이를 통하여 잠재고객도 확보할 수 있다. 다만, 중개업자가 인맥관리를 통하여 실효를 거두기 위해서는 중개업무와 관련된 전문성과 신뢰성을 구성원들에게 각인시켜야 할 것이므로 상당한 세월이 요구되는 단점이 있다.

나. 동업자 이용

물건 및 고객을 중개업자가 전부 해결할 수는 없다. 따라서 같은 동업자인 인근지역 또는 특정지역에 소재하는 중개업소를 통하여 상호 필요한 물건과 고객을 교류할 수밖에 없다. 우리 공부법에도 이러한 동업자 상호간의 협력을 예상하고 이를 활성화하기 위하여 합동사무소(법 제13조 제6항), 부동산거래정보망(법 제24조 제1항)에 대한 명문규정을 두고 있으며, 실무적으로도 공동중개를 통한 동업자 상호간의 교류가 활발히 진행되고 있다.

동업자를 통한 중개활동은 가장 비용 발생이 적고 효율적으로 업무를 수행할 수 있는 장점이 있다. 그러나 동업자 상호간의 신뢰를 악용하는 사례도 빈번하게 발생하고 있어 상호협력을 기피하는 경향도 많다.

제 2 절 중개계약

1. 중개계약의 성질

"중개계약(仲介契約)"이란 중개 의뢰인이 중개업자에게 권리를 이전하거나 취득하기 위하여 부동산 권리에 대한 알선을 의뢰하고, 이에 대하여 중개업자가 승낙함으로써 성립하는 계약을 말한다. 중개계약은 민사·유상·쌍무·불요식·낙성·전형계약성을 갖고 있다. 이에 대하여 상론해 보면 다음과 같다.

가. 민사계약

부동산 중개행위는 일반적으로 민사행위로 보는 것이 판례의 입장이다(서울고판 94구12069). 학설도 고용·혼인중개와 같이 민사행위라는 것이 통설이다. 다만, 부동산 중개업도 중개행위인 점에서 상사행위와 공통성이 있으므로 상법의 중개규정 중 제96조 제1항의 "당사자 간에 계약이 성립된 때에는 중개인은 지체 없이 각 당사자의 성명 또는 상호, 계약 년월일과 그 요령을 기재한 서면을 작성하여 기명날인 또는 서명한 후 각 당사자에게 교부하여야 한다."는 규정 및 동법 제100조 제1항의 "중개인은 제96조의 절차를 종료하지 아니하면 보수를 청구하지 못한다."는 규정을 유추적용할 수 있다는 입장과, 중개업자는 상인적 방법으로 상행위를 하는 "의제상인"의 지위에 있고 그 행위 또한 상행위 범주에 속하는 것이므로, 상법 총칙과 일부 상행위 규정을 적용할 수 있다는 입장을 취하는 학설도 있다(소성규 1998, 87).

나. 유상계약

"유상계약(有償契約)"이란 무상계약에 대하는 말로, 중개업자가 중개의뢰인
으로부터 중개를 의뢰받은 경우, 상인의 지위에서 당연히 보수를 청구할 수 있
는 계약적 성질을 말한다. 중개행위는 상법상 "기본적 상행위"에 해당하므로,
중개업자는 상인의 지위에 있다(상법 제46조 제11호). 따라서 중개업자는 그 영
업범위 내에서 보수를 청구할 권리가 있다(상법 제61조).

공부법에는 상법과 별도로 특별규정을 통하여 "중개업자는 중개업무에 관하
여 중개의뢰인으로부터 소정의 수수료를 받는다. 다만, 중개업자의 고의 또는
과실로 인하여 중개의뢰인 간의 거래행위가 무효·취소 또는 해제된 경우에는
그러하지 아니하다."고 규정함으로써 중개계약이 유상계약임을 명백히 하고 있
다(법 제32조 제1항).

그런데 만약 중개업자와 중개의뢰인이 상호 특약으로 중개수수료를 수수하
지 않기로 약정한 경우에는 어떻게 되는가 하는 의문이 있다. 그러나 중개업자
가 중개의뢰인에게 수수료를 청구하지 않겠다는 특약을 한 경우에도, 이는 당
연히 청구할 수 있는 수수료를 특별한 사정에 의하여 포기한 것에 불과한 것이
므로, 계약의 유상성은 그대로 유효하다고 보아야 한다.

다. 쌍무계약

"쌍무계약(雙務契約)"이란 계약 당사자가 서로 대가적 의미를 갖는 채무를
상호 부담하는 형태의 계약을 말한다.[1] 중개계약은 중개를 의뢰받은 중개업자
가 거래계약을 체결하기 위한 역무(役務)를 제공할 채무를 부담하며, 중개의뢰
인은 중개업자가 노력한 결과 거래계약이 체결된 경우 이에 대하여 수수료 및

---

1) "대가적 의미"는 상호 채무의 내용인 급부가 객관적·경제적으로 동일한 가치를 가져야
한다는 뜻은 아니며, 단지 서로간의 급부가 교환적 원인관계에 있음을 의미한다(곽윤직
1984, 43).

실비를 지급할 채무를 부담하는 것이므로 쌍무계약이 된다. 쌍무계약성은 수수료를 지급하지 않기로 약정한 경우에도 상실되는 것은 아니므로, 여전히 대가적 의미를 가진 채무를 부담하는 것으로 된다.

한편 판례는 중개계약이 쌍무계약이라는 점에는 동의하면서도 아래에서 보는 바와 같이 "편무계약에 가까운 특수한 쌍무계약" 또는 "조건부 쌍무계약"이라는 입장을 취하고 있다.

부동산 중개계약은 비록 유상계약이지만 계약의 체결에 의하여 급부와 반대급부에 대하여 강제적인 이행청구권이 발생하지 않는다는 점에서 순수한 쌍무계약이라고는 할 수 없다. 그러나 거래가 성립할 때에는 의뢰인은 보수를 지급할 의무가 있으며, 중개업자도 중개행위를 완성할 신의칙상 의무가 있는 점에서 쌍무계약이라고 할 수 있다. 그러므로 부동산 중개계약은 편무계약에 가까운 특수한 쌍무계약 내지 조건부 쌍무계약이라고 할 수 있다(서울고판 94구12069).

라. 불요식·낙성계약

"불요식계약(不要式契約)"이란 계약의 체결이나 성립에 특별한 형식이나 방식이 필요 없는 계약을 말한다. 중개계약은 특별한 법정요건이 필요한 것은 아니다. 따라서 구두·서면·녹음 등 어떤 형식으로도 체결할 수 있다. 실무상으로는 중개계약의 대부분이 구두방식으로 체결되고 있다. 그런데 공부법에는 중개계약의 내용을 명확히 하기 위하여 의뢰인이 중개계약서를 작성할 것을 요청한 경우, 중개업자는 서면으로 작성할 의무가 있다고 규정하고 있다(법 제22조). 그리고 이에 더하여 전속중개계약을 체결하는 경우에는 건설교통부령이 정하는 "전속중개계약서"라는 법정서식을 이용하여 체결하도록 규정하고 있다(법 제23조 제2항 전단).

그렇다면 위와 같은 특별규정으로 볼 때 전속중개계약 내지 일반중개계약을 요식계약으로 볼 수 있는가 하는 점이다. 중개계약은 중개의뢰인과 중개업자 상호간에 권리의무의 근거가 되는 것이므로, 이를 명백히 하기 위하여 서면으로 작성하는 것이 바람직하나, 현재 실무상으로는 대부분 구두방식으로 체결되고 있다. 이로 인하여 항상 분쟁의 여지가 있을 것임은 미루어 짐작할 수 있다. 이러한 문제를 해결하기 위하여 의뢰인에게 중개계약서 작성청구권을 인정하고, 이에 따라 중개업자는 일반중개계약서 또는 전속중개계약서를 작성하도록 하고 있다. 그러나 이는 단지 중개의뢰인과 중개업자를 보호하기 위한 조치일 뿐, 중개계약을 요식화(要式化) 하고 있는 것은 아니다.

"낙성계약(諾成契約)"이란 계약 당사자의 단순한 합의만으로도 유효하게 성립하는 계약을 말한다.2) 중개계약은 의뢰인의 중개계약 체결에 대한 청약(請約)과, 이에 대한 중개업자의 승낙(承諾)만으로 성립된다. 따라서 중개계약서를 작성하는 것은 이미 성립한 계약의 효력을 명백히 하기 위한 후속조치에 불과한 것이다.

마. 전형계약

"전형계약(典型契約)"이란 법률에 명문규정으로 계약의 형식이 명시되어 있는 것을 말한다. 이를 일명 "유명계약(有名契約)"이라고 한다. 우리 민법 채권편 제2장에는 14종의 계약유형을 규정하고 있다. 이러한 계약을 민법에서 규정하고 있다는 의미로 "전형계약"이라고 한다.

민법규정에서 보면 중개계약은 전형계약이 아니다. 그런데 민법의 특별규정이라 할 수 있는 공부법 제22조 및 제23조에는 "일반중개계약"과 "전속중개계약"을 명문으로 규정하고 있다. 따라서 공부법을 기준으로 보면 이들 중개계약도 전형계약이 됨은 분명하다. 이에 대하여 일부 학자들은 전형 여부를 단순히 민법에 국한시켜 구분함으로써 중개계약을 비전형 또는 무명계약이라고 한다. 그러나 전형 여부는 민법에 국한된 개념이 아니므로 중개계약을 비전형계약이라 함은 잘못이다.

---

2) 낙성계약에 대하는 의미로 "요물계약(要物契約)"이 있다. 요물계약은 낙성 외에도 당사자 일방으로부터 물건의 인도 기타 일정한 급부를 하여야만 성립하는 계약을 말하는데, 우리 민법상 14종의 전형계약 중 현상광고가 이에 해당한다.

2. 중개계약의 종류

우리 공부법에는 중개계약과 관련하여 법 제22조 및 법 제23조에서 "일반중개계약" 및 "전속중개계약"에 대한 명문규정을 두고 있다. 그러나 중개계약에는 이들 계약 이외에도 독점중개계약, 순가중개계약, 기타 중개계약 등으로 구분할 수 있다. 따라서 이하에서도 공부법과 무관하게 이를 기준으로 각 중개계약의 내용을 상론해 보기로 하자.[3]

가. 공개중개계약(Open listing)

1) 개 념

"공개중개계약(公開仲介契約)"이란 중개의뢰인이 다수의 중개업자에게 부동산 권리에 대한 알선을 의뢰하고, 이들 중개업자 중 가장 먼저 거래계약을 체결한 중개업자에게만 수수료를 지급하기로 하는 중개계약을 말한다. 공개중개계약은 우리나라에서 가장 관행적이고 일반적으로 행해지는 계약형태라 할 수 있다. 이러한 점에 착안하여 대다수 학자들은 공개중개계약을 "일반중개계약"으로 표현하고 있다.

공부법 제22조에서도 "일반중개계약"이라는 표제 하에 이에 대한 내용을 담고 있는데, 동 규정에서 표현하고 있는 일반중개계약도 이러한 공개중개계약을 지칭하는 것으로 볼 수 있다. 즉 칙 별지 제14호 서식인 "일반중개계약서" 제2조 제1항에는 "의뢰인은 이 계약에 불구하고 … 다른 중개업자에게도 의뢰할 수 있다."고 규정하고 있음에서도 공개중개계약임을 알 수 있다.

그런데 "일반중개계약"이란 일반적으로 행해지고 있는 형태의 계약이라는 의미에서 사용되고 있는 듯하다. 그러나 "일반"이란 의미는 상대적 개념이므로

---

3) 공부법 제22조 및 제23조에서 "중개계약"이란 용어를 사용하고 있으나 좀 더 정확한 의미 전달을 위해 "중개의뢰계약"이라고 규정함이 옳다. 단순히 중개계약이라고 표현할 경우에는, 중개 완성시 체결되는 "거래계약"과 혼동될 수 있기 때문이다.

정확한 표현이 될 수 없다. 영어적 의미에서도 "Open"이라 표현하고 있는 바와 같이, 공개적으로 다수의 중개업자에게 중개를 의뢰한 것이라는 의미로써 "공개중개계약"이라고 하는 것이 정확한 표현일 것이다. 따라서 이하 이 책에서는 일반중개계약이라는 용어 대신 공개중개계약이라는 용어로 사용하기로 하겠다.

2) 공개중개계약의 특징
가) 분쟁발생 가능성

공개중개계약은 중개의뢰인이 다수의 특정 또는 불특정 중개업자에게 공개적으로 부동산에 대한 알선을 의뢰함에 따라, 이들 중개업자가 활동하는 과정에서 상호 연관될 가능성이 많다. 예컨대 A 중개업자가 매도의뢰인 D로부터 아파트를 매도 의뢰받아 매수의뢰인 C에게 동 아파트에 대한 중개물건확인·설명 및 현장안내까지 하였고, 그 후 같은 D로부터 동 아파트에 대한 매도 의뢰를 받은 중개업자 B 역시 같은 C에게 동 아파트에 대한 중개 서비스를 제공하였는데, 매수의뢰인 C가 특별한 사유없이 중개업자 A·B 어느 일방을 통하여 거래계약을 체결하거나, A·B를 모두 배제하고 직접 매도의뢰인 D와 거래계약을 체결한 경우에는 A·B·C·D 상호간에 중개완성 여부를 둘러싸고 분쟁이 발생할 가능성이 많다.

이와 같은 점에 비추어 보면 공개중개계약은 법적 분쟁에 노출되어 있는 계약형태라 해도 과언이 아니다. 이러한 특성상 실무적으로도 분쟁이 빈번하게 발생하고 있음은 물론이다. 다만, 대부분의 논쟁은 당사자 간의 다툼으로 끝나는 것이 보통이며, 소송으로 비화되는 경우는 드물다. 그러나 향후 중개업자의 권리의식이 향상되면 이러한 문제는 언제든지 법정다툼으로 확대될 가능성이 많다.

나) 책임중개 불가능

공개중개계약은 의뢰인이 다수의 특정 또는 불특정 중개업자에게 중개를 의뢰한 경우이므로, 이들 중개업자 중 가장 먼저 거래계약을 체결한 중개업자만 중개수수료를 청구할 수 있다. 따라서 기타 중개업자는 아무리 많은 비용과 노력을 투입한 경우라도 이에 따른 아무런 보상도 받을 수 없다. 이러한 법률관계는 중개업자로 하여금 의뢰인의 요구에 응하여 최선을 다할 수 없게 한다. 그 결과 관여하는 중개업자는 다수일지라도 책임을 갖고 업무를 수행하는 자가 없을 수 있다. 결국 중개의뢰인의 기대와는 달리 거래계약이 매우 늦어지거나, 중개업자들로부터 아무 도움도 받지 못하는 결과가 초래되기도 한다.

다) 거래가격의 불합리

공개중개계약은 다수의 중개업자 중 먼저 거래계약을 체결하는 자가 중개수수료를 전부 갖게 되므로, 중개업자 입장에서는 신의·성실·공정한 거래계약을 체결하기 위해 노력하기 보다는 거래계약 체결 그 자체에 제1목표를 두게 된다. 이러한 현상은 중개업자가 해당 부동산에 대한 가격을 합리적으로 조정하거나 조언할 여유가 없기 때문이다. 이는 경쟁관계에 있는 다른 중개업자의 개입과, 의뢰인의 사정 변화에 대응하기 위한 현상인데, 졸속으로 거래계약이 체결됨으로써 결국 의뢰인 중 어느 일방이 불리해 질 수밖에 없다. 특히 부동산 가격이 급변하는 경우 내지 어느 일방 의뢰인에게 급한 사정이 존재할 경우에는 이러한 현상이 더욱 심화될 가능성이 많다.[4]

라) 후진적 형태의 계약

공개중개계약은 중개업자가 아무리 노력하고 많은 비용을 투자한 경우라도, 거래계약을 성사시키지 못하면 그 동안 발생한 모든 비용은 고스란히 중개업자가 감수할 수밖에 없다. 그리고 중개업자의 노력으로 현출된 의뢰인 상호간에 중개업자를 배제하고 거래계약을 체결한 경우에도, 이를 확인하고 효과적으로 대처할 수 있는 적절한 수단이 없다는 측면에서도 가장 후진적이고 원시적 형태의 중개계약이라고 할 수 있다.

반면 중개 의뢰인의 경우에도 평소 중개업자의 소극적·불성실한 중개행위로 인하여 신속한 거래계약을 체결할 수 없고, 부동산 경기가 회복 내지 상승기에 있을 경우에는 중개업자들이 급격한 가격상승을 부추기게 되고, 반면 하락

---

4) 일부 학자들은 단순히 "거래계약이 정상가격 보다 낮게 형성될 가능성이 있다."고 논하고 있으나, 그 반대 현상이 생길 수도 있다.

기 내지 침체기에는 급격한 가격하락을 재촉하는 요인이 되기도 한다. 이러한 현상으로 부동산 가치에 부합하는 적정한 가격(Value)으로 계약을 체결할 수 없는 것이 보통이다.

공개중개계약은 형식적으로 보면 신속한 중개를 통하여 의뢰인의 이익을 보호할 수 있고, 중개업자들의 건전한 경쟁을 유도할 수 있을 것으로 판단되지만, 오히려 그 역효과만 노정(露呈)되고 있는 것이 사실이다. 이러한 점에서 보면 공개중개계약은 중개업자와 중개의뢰인 쌍방은 물론, 국가·사회적으로도 가장 모순적이고 불리하며 불합리한 계약이라고 할 수 있다. 중개실무상 대부분 이러한 중개계약으로 체결되고 있는 점에서 보면, 이를 극복할 수 있는 방안을 모색하지 않는다면 중개업의 건전한 발전과 부동산 시장의 안정은 요원할 수밖에 없을 것이다.

나. 전속중개계약(Exclusive agency listing)

1) 개 념

"전속중개계약(專屬仲介契約)"이란 중개의뢰인이 특정한 1인의 중개업자에게 거래계약 체결권을 원칙상 전적으로 부여하는 중개계약을 말한다. 이러한 중개계약을 미국에서는 독점대리권 중개계약(獨占代理權 仲介契約), 일본에서는 전임중개계약(專任仲介契約)으로 표현하고 있다. 국내에서는 전임적 중개계약(專任的 仲介契約), 독점대리권 중개위임제(獨占代理權 仲介委任制), 독점대리권 중개계약(獨占代理權 仲介契約)이라 칭하기도 한다(소성규 1998, 55-56).

2) 전속중개계약의 특징

가) 1인의 중개업자에게 전속권 부여

전속중개계약은 특정된 1인의 중개업자에게 거래계약 체결권을 전속적으로 부여하는 데 그 특징이 있다. 공부법에서는 제23조 제1항에서 이에 대한 명문규정을 두고 있다. 즉 전속중개를 의뢰받은 중개업자는 동 권한에 의하여, 중개의뢰인이 전속기간 내 다른 중개업자를 통하여 거래계약을 체결한 경우뿐만 아니라, 중개업자의 소개로 알게 된 상대방과 직접 거래계약을 체결한 경우에도 약정 중개수수료에 해당하는 금액을 위약금으로 청구할 수 있는 것으로 하고 있다.

다만, 중개의뢰인이 직접 발견한 제3자를 통하여 거래계약을 체결한 경우에는 중개수수료의 50% 범위 내에서 상당하다고 인정되는 범위 내에서 실비를 청구할 수 있도록 하고 있다(칙 별지 제15호 서식, 제2조 제1항).

나) 책임중개 가능

전속중개계약은 일정한 기간 동안 특정된 1인의 중개업자가 거래계약 체결권을 전적으로 행사할 수 있으므로 중개업자는 동 기간 내 중개를 완성시키기 위하여 다양한 방법으로 노력하게 된다. 전속권이 부여된 기간 중에 거래계약이 체결된 경우에는 원칙상 중개수수료 청구권을 행사할 수 있으나, 약정된 의뢰기간이 경과한 후에는 전속권을 상실하게 되므로 원칙상 공개중개계약으로 전환된다. 이러한 법적 효력에 의하여 중개업자는 가능한 모든 방법을 동원하여 거래계약을 체결하려고 할 것이다. 따라서 중개업자의 이러한 적극적인 활동은 결국 책임중개를 실현하게 되는 요인이 된다.

다) 공동중개 활성화

전속중개계약을 체결한 중개업자는 전속권이 있는 동안 거래계약을 체결하기 위하여 다른 중개업자에게 협력을 요청하게 된다. 다른 중개업자들도 전속권을 가진 중개업자를 통하지 않으면 의뢰인과 직접 거래계약을 체결하기 곤란할 것이므로 부득이 공동중개에 동참할 수밖에 없다. 이러한 현상은 전속중개계약을 체결한 의뢰인의 입장에서는 다른 중개업자를 통하여 거래계약을 체결할 경우, 전속권이 있는 중개업자에게도 중개수수료에 상당하는 위약금을 지급해야 할 것이므로 2중의 부담을 감수할 수밖에 없어, 결국 다른 중개업자의 개입을 거부할 가능성이 많기 때문이다. 따라서 전속권을 가진 중개업자와 제3의 중개업자 간에 공동중개가 활성화 될 가능성이 많다.

라) 중개의뢰인의 거래계약 체결권 보장

전속중개계약은 중개업자에게 원칙상 거래계약 체결에 대한 전속권을 부여하고 있으나, 의뢰인의 거래계약 체결권 자체를 박탈하는 것은 아니다. 따라서 전속권을 가진 중개업자의 노력과 무관한 제3자와 거래계약을 체결할 수 있는 권리는 중개의뢰인이 여전히 보유하고 있다. 다만, 이러한 경우에도 전속권을 가진 중개업자에게 약정 중개수수료의 50% 범위 내에서 상당하다고 인정되는 실비는 지급하도록 하고 있다(칙 별지 제15호 서식 제2조 제1항).

전속중개계약의 특징으로 볼 때 중개의뢰인이 직접 발견한 상대방인지 여부는 소극적으로 해석하여야 할 것이다. 즉 중개의뢰인의 친척·친구·이웃 등 객관적으로 인간관계가 입증되는 경우가 아니면 중개업자의 중개활동 결과 출현한 당사자로 간주하여야 한다. 그리고 전속기간이 경과한 후라도 중개업자의 알선으로 서로 접촉한 바 있는 의뢰인의 경우에는, 추후 상호 거래계약을 체결할 경우에도 중개업자에게 약정 중개수수료에 해당하는 위약금을 지급하도록 하는 것이 바람직할 것이다.

다. 독점중개계약(Exclusive right to sell listing)

1) 개 념

"독점중개계약(獨占仲介契約)"이란 일정한 기간 동안 특정된 1인의 중개업자에게 거래계약 체결에 대한 독점권을 부여하는 중개계약을 말한다. 독점중개계약을 전매적중개계약(專賣的仲介契約), 독점매도권 중개위임제(獨占賣渡權 仲介委任制), 독점매도권 중개계약(獨占賣渡權 仲介契約)이라고 표현하기도 한다(소성규 1998, 55-56).

2) 독점중개계약의 특징

가) 특정된 1인의 중개업자에 대한 독점권 부여

전속중개계약의 경우에도 1인의 중개업자에게 독점권과 유사한 전속권이 부여되지만 일정한 한계가 있음은 앞서 살펴본 바와 같다. 그런데 독점중개계약은 전속중개계약과 같은 거래계약 체결과 관련된 어떠한 예외도 인정되지 않는다. 즉 중개의뢰인이 직접 자기의 가족·친척·친구 등과 거래계약을 체결하는 경우뿐만 아니라 중개 의뢰를 철회한 경우에도 당연히 중개업자에게 위약금을 지급하여야 하는 특징이 있다. 이러한 점에서 보면 독점중개계약은 중개업자에게 가장 유리한 형태의 중개계약이라 할 수 있다.

나) 중개업의 기업화 요소

부동산 중개업이 기업화되지 못하고 영세한 상태에 머물 수밖에 없음은 제도적 환경에 기인하는 바 크다. 중개업은 사회구조가 복잡·다양화 될수록 그 필요성이 증대될 수밖에 없다. 독점중개계약은 중개계약을 통하여 1인의 중개업자에게 거래계약 체결에 대한 독점권을 부여하는 것이므로 누가, 어디서, 어떤 경로를 통하여 거래계약이 체결될 경우에도 예외 없이 중개수수료 내지 위약금을 지급하는 것으로 하고 있다. 이러한 점에서 보면 중개업자로 하여금 전속중개계약보다 더 적극적인 중개활동을 가능케 하고, 중개업자에게 확실한 수입을 보장해 주는 역할을 한다. 따라서 중개업을 기업화 할 수 있는 계약의 형태로 볼 수 있다. 중개업의 현대화 내지 선진화는 필연적인 것이므로, 중개업을 기업화하기 위해서는 안정된 수입원(收入源)을 제도적으로 보장해 줄 필요가 있다. 독점중개계약은 이를 담보할 수 있는 제도로 평가할 수 있다.

한편 의뢰인의 입장에서는 무능한 중개업자에게 독점권을 인정하게 되면 거래계약 체결과정에 많은 애로가 있을 수 있다. 즉 독점권을 부여받은 중개업자가 중개계약을 체결한 이후에도 이에 상응한 노력을 하지 않고 있다가, 제3자의 노력 또는 우연히 거래계약이 체결된 경우에도 권리를 주장할 수 있기 때문이다. 이러한 사정으로 의뢰인들도 유능하고 신뢰할 만한 중개업자와 독점중개계약을 체결하게 될 것이므로 중개업계가 정비될 수밖에 없다. 이러한 현상은 유능한 소수의 중개업자만 생존할 수 있고, 기타 중개업자들은 이들 중개업자에게 흡수되거나 도태될 수밖에 없는 상황이 될 것이다.

다) 책임 중개제도 정착

독점권을 부여받은 중개업자는 원칙상 중개수수료 등 일정한 수입을 담보할 수 있으므로 적극적인 중개활동이 가능하다. 즉 독점중개계약을 체결한 중개업자는 자신의 노력에 상응하는 수입을 확실히 보장받을 수 있는 법적 권한을 부여받고 있기 때문에 책임감을 갖고 중개에 임할 수 있다. 이를 통하여 책임 중개제도를 정착시킬 수 있다.

라) 공동 중개제도 정착

독점중개계약을 체결한 중개업자는 중개수수료 수입을 확실히 보장받고 있으므로 활동에 전혀 부담을 받지 않는다. 즉 중개의뢰인 및 중개대상물을 공개하더라도 전혀 불이익이 없고, 오히려 적극적으로 공개하면 할수록 더 유리하게 된다. 따라서 인근 중개업소는 물론 거래정보망, 일간신문 기타 광고매체 등을 통하여 다양한 홍보를 할 수 있다. 그리고 독점권을 가진 중개업소에서 제공하는 정보는 신뢰할 수 있을 뿐만 아니라, 이들 중개업소를 통하지 않으면 거래계약을 체결하는 것이 불가능하므로 공동중개는 필연적으로 정착될 수밖에 없다.

마) 합리적 거래가격 형성

독점중개계약은 미국 등 선진국에서는 이미 일반화된 형태로 운영되고 있다.[5] 독점중개계약은 중개활동에 소요된 비용과 중개수수료를 확실히 보장해 줌으로써 중개업자로 하여금 안심하고 중개활동에 전념할 수 있도록 한다.

한편 독점권을 가진 중개업자 입장에서도 거래계약을 성사시키기 위하여 무리한 방법을 동원하거나 급하게 서두를 필요가 없다. 따라서 부동산 경기변화를 반영한 합리적인 가격으로 거래금액이 형성될 수 있도록 시장을 주도할 수 있으므로 적정하고 공정한 거래계약을 체결할 수 있다. 독점중개계약은 부동산시장을 안정시킬 수 있고, 국민경제에 이바지할 수 있는 선진화된 제도라 할 수 있다.

라. 순가중개계약(Net listing)

1) 개 념

"순가중개계약(純價仲介契約)"이란 의뢰인이 제시한 일정한 거래가격을 초

---

5) 미국부동산중개업협회(NAR)는 독점중개계약을 전 회원들에게 적극 권장하고 있으며, 실제 중개계약의 대부분이 독점중개계약으로 이루어지고 있다고 한다(소성규 1997. 60).

과하는 금액의 전부 또는 일부를 중개수수료 및 실비로 충당하여도 무방하다는 조건으로 체결하는 중개계약을 말한다. 이러한 중개계약은 실무계에서 음성적으로 많이 행해지고 있다.[6)]

일반적으로 순가중개계약은 소유권 매도인에 대해서만 성립하는 것으로 이해하고 있다(소성규 1998, 57). 그러나 담보물권·용익물권·임차권 등에도 성립할 수 있고, 이들 권리에 대한 매도인뿐만 아니라 매수인과의 관계에서도 성립될 수 있다.

한편 순가중개계약은 중개업자와 어느 일방 중개의뢰인 사이에서만 성립하는 것이 일반적이나, 양 당사자와 동시에 성립할 수도 있다. 예컨대 중개업자가 매도인 A 및 매수인 B와 순가중개계약을 체결한 경우, 매도인 A가 요구하는 가액은 금 5,000만원이고, 매수인 B가 희망하는 금액이 금 5,200만원인 경우, 중개업자가 금 5,100만원에 거래계약을 체결하게 되면, 양 당사자로부터 순가중개계약에 따라 각 금 100만원씩 지급받을 수 있기 때문이다.

2) 순가중개계약의 유효성

순가중개계약에 대하여 우리 공부법상 금지한다는 직접적인 명문규정은 없다. 그러나 중개업자는 건설교통부령 또는 특별시·광역시·도의 조례로 정한 수수료 및 실비의 범위를 초과하여 금품을 받거나, 그 외 사례·증여·기타 어떠한 명목으로라도 금품을 받지 못하도록 금지하고 있는 법 제33조 제3호에 비추어 보면, 간접적으로는 순가중개계약을 금지하고 있는 것으로 해석할 수 있다. 그러나 동 규정은 중개업자로 하여금 법정 중개수수료 및 실비를 초과하여 금품을 수령할 수 없음을 주의적으로 명시한 것일 뿐, 순가중개계약을 금지하고 있는 것으로 해석할 수는 없다.

한편 법정 중개수수료 및 실비의 한도 내에서 체결하는 순가중개계약도 금지되는가 하는 의문이 든다. 이에 대하여 살펴보면 우리 공부법에는 건설교통

---

6) 순가중개계약을 중개 실무상 통칭 "대두리"라고 표현하고 있다. "대두리"의 사전적 의미(辭典的 意味)는 "일이 큼직하게 벌어진 판"이라고 해석하고 있다.

부령 또는 조례가 정한 수수료 및 실비의 한도를 초과하는 경우만 금지하고, 중개수수료 규정은 구체적으로 주택에 대한 매매·교환은 거래가액의 0.9% 이내, 임대차 등의 경우에는 각 거래가액의 0.8% 내에서 중개사무소 소재지 관할 특별시·광역시·도의 조례가 정하는 범위 내에서, 주택 이외의 중개대상물인 경우에는 거래금액의 0.9% 이내에서 중개업자와 중개 의뢰인이 상호 협의하여 결정할 수 있다고 규정하고 있다(칙 제20조 제1항 내지 제4항). 따라서 동 법문을 문리대로 해석하면 법정한도 범위 내에서는 중개업자와 의뢰인 간에 얼마든지 자유롭게 약정할 수 있다는 뜻이 된다. 그렇다면 법정 중개수수료 범위 내에서 체결하는 순가중개계약은 당연히 적법한 것이 된다.[7] 이러한 형태의 순가중개계약을 인정하더라도 공부법의 이념 내지 국민의 재산권에 아무 침해가 없기 때문이다.

3) 순가중개계약의 특징
가) 중개의뢰인의 재산권 침해

순가중개계약을 체결하면 통상 중개의뢰인 중 일방이 일정한 금액을 초과하는 가액을 전부 중개수수료로 지급하게 된다. 따라서 형식적으로 보면 순가중개계약을 체결한 일방 의뢰인만 손해를 보는 것으로 인식할 수 있다. 그러나 의뢰인이 제시한 금액보다 훨씬 다액의 거래계약서를 작성하고 그 초과금액 전부를 중개수수료로 취득하는 행위는 타방 당사자에게도 손해를 가하는 것임은 부인하기 어렵다. 이러한 측면에서 보면 순가중개계약에 의하여 거래계약이 체결될 경우에는 의뢰인 쌍방 모두 손해를 본 것으로 볼 수 있다.[8]

---

7) 예컨대 매도의뢰인과 중개계약을 체결하면서 거래가액이 금 1억원 이하인 경우에는 중개수수료율을 0.3%로 하되, 다만 금 1억원을 넘을 경우에는 그 초과금액에서 최우선적으로 0.6%의 중개수수료를 추가 인정하는 형식 등으로 체결할 수 있다.

8) 순가중개계약으로 양 당사자가 반드시 손해를 보았다고 단정할 수 없는 경우도 있다. 예컨대 시장가치가 금 10억원인 토지 소유자가 개인적 사정으로 금 8억원에 급히 매도할 것을 순가중개계약을 통하여 의뢰한 경우, 중개업자가 평소 친분 있는 자에게 금 9억원에 매수케 하고 중개수수료로 금 1억원을 수수한 경우라도, 실질적으로 보면 매수인은 금 1억원의 이익을 본 것이며 단지 매도인만 손해를 본 것이다. 그러나 매도인도 형식적으로는 금 2억

나) 부동산 거래질서 문란

중개업자는 부동산 거래질서를 확립할 구체적인 지위와 책임이 있다. 그리고 적법행위를 준수함으로써 전문직업인으로서의 품위를 유지하고 신의·성실로써 공정한 중개행위를 할 의무도 있다(법 제29조 제1항). 그런데 순가중개계약을 허용하게 되면 일반적으로 중개업자가 부당한 폭리를 취할 가능성이 많고, 이로 인하여 부동산 거래질서가 문란해질 수 있음은 부인하기 어렵다.

다) 중개업자에 대한 부정적 인식

순가중개계약에 따라 거래계약이 체결된 경우에도 당사자 중 일방은 이를 알지 못하는 경우가 대부분이다. 그런데 추후 이를 알게 된 경우에는 그 사정 여하를 불문하고 중개업자를 비난할 가능성이 많다. 그리고 순가중개를 의뢰한 당사자도 자신의 다급한 사정이 해소된 후에는 역시 비난할 수 있다. 이러한 현상이 빈번하게 되면 중개업자에 대한 부정적 인식이 확산될 수 있고, 모든 중개업자가 사회적 지탄의 대상이 될 수 있다.9)

라) 신속한 거래계약 체결

순가중개계약이 체결되는 경우란 일반적으로 권리를 취득 또는 이전하고자하는 의뢰인이 거래계약을 체결하기 위하여 백방으로 노력하였으나 실효가 없을 경우, 마지막 수단으로 취하게 되는 경우가 대부분이다. 우리 중개시장의 한계, 즉 공개중개계약·전속중개계약의 체결만으로는 신속한 책임중개를 도모할 수 없는 한계가 있기 때문이다. 이러한 현실을 극복하기 위하여 의뢰인은 중개업자와 진지한 협의를 한 후 자발적으로 순가중개계약을 요청하는 경우가 대부분이다.

원을 손해본 것이지만, 부동산 처분으로 급전을 융통함으로써 더 큰 손해를 방지하였다든지 또는 이로 인하여 더 큰 수익을 창출한 경우라면 양 당사자가 모두 이익을 본 것일 뿐, 누가 손해를 입었다고 단정할 수는 없다.
9) 순가중개계약에 의하여 거래계약이 체결된 경우라 하여 반드시 당사자로부터 비난만 받는 것은 아니다. 순가중개계약이 체결되는 경우란 일반적으로 급히 처분하여야 하거나 또는 취득해야 할 특수한 사정이 있는 경우가 대부분이므로, 이러한 당사자의 사정에 적극 응함으로써 거래계약을 신속하게 체결한 경우 및 순가중개계약에 따른 중개수수료가 통념상 과다하지 않을 경우에는 의뢰인으로부터 인사를 받을 수도 있기 때문이다.

순가중개계약이 체결된 경우에는 중개업자가 모든 업무를 전폐하고 중개활동에 전념함으로써 거래계약을 체결하기 위하여 최선을 다하게 된다. 다만, 시장가격에 비해 매도의뢰인이 제시한 가격이 낮을수록, 매수의뢰인의 매입 가격이 높을수록 신속한 처리가 가능할 것임은 물론이다.[10]

3. 현행법상 인정되는 중개계약

중개계약은 위에서 살펴본 바와 같이 공개중개계약, 전속중개계약, 독점중개계약, 순가중개계약으로 구분할 수 있다. 그런데 이러한 중개계약은 일반적으로 행해지는 계약의 유형을 예시한 것에 불과하다. 따라서 이들 4종류와 전혀 다른 형태의 중개계약도 성립할 수 있고, 이들 계약을 혼합한 형식으로도 체결할 수 있음은 물론이다.

그런데 우리 공부법에는 법 제22조 및 법 제23조 제1항에서 일반중개계약에 대한 규정과 전속중개계약에 대한 규정만 두고 있을 뿐, 다른 중개계약에 대해서는 특별한 규정을 두고 있지 않다.

한편 법 제22조에서는 "일반중개계약"이라는 표제 하에 담고 있는 것은 어떤 중개계약을 규정한 것으로 볼 것인가 하는 문제가 있다. 필자의 견해로는 공개 중개계약을 규정한 것으로 해석하는 것이 타당하다는 입장은 이미 기술한 바와 같다. 즉 법 제22조 및 칙 제13조에 의한 별지 제14호 서식에서 규정하고 있는 일반중개계약의 내용을 살펴보면 제2조 제1항에서 "의뢰인은 이 계약에 불구하고 중개대상물의 거래에 관한 중개를 다른 중개업자에게도 의뢰할 수 있다."고 규정하고 있음과, 다른 중개계약으로 볼 만한 특별한 내용이 없다는 점

---

10) 순가중개계약은 보통 전속중개계약을 체결하거나, 매도위임을 받는 형식으로 독점중개계약과 유사한 형태로 체결되고 있다. 그런데 순가중개계약이 체결된 경우에도 중개업자가 최대한 신속하게 거래계약을 체결하지 못하면 의뢰인이 다른 중개업자를 통하여 거래계약을 체결하거나, 중개의뢰인이 직접 발견한 제3자와 거래계약을 체결할 가능성이 많으므로, 중개업자의 수고가 무위에 그칠 가능성이 많다. 따라서 중개업자는 최대한 신속하게 거래계약을 체결할 수밖에 없기 때문에, 특수한 경우가 아니면 중개수수료도 일반 상식 수준에 머무는 경우가 대부분이다.

이다. 그렇다면 형식적으로 우리 공부법은 전속중개계약과 공개중개계약만 인정하고 있는 것으로 볼 수 있다.

그러나 중개계약에도 "계약자유의 원칙"이 그대로 타당하므로 공개중개계약, 전속중개계약 이외의 독점중개계약, 순가중개계약 기타 다른 형태의 중개계약도 체결할 수 있음은 물론이다. 이렇게 본다면 전속중개계약 및 공개중개계약에 대한 명문규정도 특별한 의미가 없는 것으로 볼 수 있다. 실무적으로도 공개중개계약과 순가중개계약이 결합된 형식, 독점중개계약과 순가중개계약의 결합 형식, 전속중개계약과 순가중개계약이 결합한 방식 등으로 체결되고 있다. 다만, 중개업자가 어떤 형태의 중개계약을 체결하더라도 중개수수료 및 실비에 대한 약정은 건설교통부령 내지 당해 중개사무소를 관할하는 특별시·광역시·도의 조례가 정하는 한도 내에서만 유효한 것임은 물론이다.

4. 중개계약의 성립과 서면화

"계약자유의 원칙"의 한 내포인 "방식의 자유"에 따라 중개계약은 구두로도 가능하다. 이는 중개계약의 법적 성질이 낙성계약인 점에서도 분명하다. 실무상으로도 중개계약은 대부분 구두로 체결되고 있다. 그러나 이러한 구두방식(口頭方式)은 향후 중개계약의 성립 및 그 효력의 진위 여부를 둘러싸고 분쟁이 야기될 가능성이 많다. 이러한 점을 고려하여 우리 공부법에는 서면화에 대한 근거규정을 두고 있다. 즉 "중개 의뢰인은 중개의뢰 내용을 명확하게 하기 위하여 필요한 경우 ··· 중개계약서의 작성을 요청할 수 있다."는 일반중개계약에 대한 규정과(법 제22조 본문), 아울러 전속중개계약에 대한 규정도 두고 있다(법 제23조 제1항). 이에 따라 칙 제13조 및 제14조에서는 별지 제14호 및 제15호 서식으로 중개계약 서식을 규정하고 있다.

이러한 중개계약서는 표준서식으로 "법정서식"이다. "법정서식"이란 중개계약을 체결할 경우 반드시 동 서면을 사용하도록 강제하는 것을 말한다. 따라서 공개중개계약 및 전속중개계약에 대하여 계약서를 작성할 경우에는 반드시 동 서식을 사용하여야 하고, 만약 중개업자가 이와 다른 서식을 사용할 경우에는 업무정지 처분을 받을 수 있다(법 제39조 제1항 제3호 및 제13호).[11]

한편 중개계약서는 중개의뢰인의 요구가 있을 경우에만 작성할 수 있는 것으로 규정하고 있다(법 제22조 본문). 그러나 중개계약서는 어디까지나 "중개의뢰 내용을 명확히 할 필요가 있을 경우"에 작성하는 것이므로, 이의 필요성은 중개업자에게도 있다. 따라서 법문과 관계없이 중개의뢰인이 추후 중개계약을 체결한 사실을 부인하거나, 체결한 사실은 인정하더라도 약정 중개수수료 등의 내용을 부인할 경우에 대비하여 중개업자도 중개계약서 작성을 요청할 수 있다. 그렇다면 법문과 무관하게 중개계약을 체결하는 의뢰인과 중개업자가 모두 중개계약서 작성요구권이 있다고 보아야 한다. 이의 필요성은 공개중개계약이 구두로 체결되는 것을 기회로 의뢰인이 중개업자를 배제하고 거래계약을 직접 체결할 경우에 발생할 수 있는 실무계의 애로를 해소하기 위해서도 반드시 필요한 것이다.

그런데 중개계약 성립 시점에 대한 논의가 있다. 제1설은 중개의뢰인의 의뢰가 있고 중개업자가 이에 대하여 중개할 의사를 밝힌 때 성립된다는 견해, 제2설은 중개의뢰 받은 중개업자가 현장을 방문하고 관련 공부를 열람하는 등 중개를 위한 업무에 착수한 경우 성립한다는 견해, 제3설은 관련 공부를 열람하고 현장을 답사하는 것만으로는 부족하고 타방 의뢰인과 거래와 관련된 교섭을 시작한 경우 비로소 성립된다는 견해가 있다. 중개계약은 낙성계약이므로 제1설이 타당함은 물론이다.

가. 중개계약서 기능

1) 중개계약 성립 및 내용명시

구두로 중개계약을 체결한 경우에는 계약성립 자체가 불분명하다. 그러나

---

11) 일반중개계약서에는 전속중개계약서와 같은 사용의무 규정(법 제23조 제2항)이 없다. 그러나 칙 제13조에서 "… 일반중개계약서는 별지 제14호 서식에 따른다."고 규정하고 있음에 비추어 볼 때, 중개업자는 이에 응할 의무가 있음을 간접적으로 규정하고 있다.

서면으로 중개계약을 체결할 경우에는 당사자 간에 성립된 계약 자체가 분명하게 된다. 그리고 계약의 내용도 서면에 기재되므로 중개계약의 성립 여부뿐만 아니라 그 구체적인 내용도 확인할 수 있다. 물론 중개계약서를 작성한 경우라도 추상적인 용어를 사용하거나, 의미 전달이 불분명한 언어를 사용한 경우라면 그 내용의 명확성이 담보되지 못할 수도 있다. 그러나 이는 부차적인 문제일 뿐 계약성립 그 자체는 부정할 수 없다.

2) 분쟁방지

중개계약서에는 일반적으로 중개의뢰인과 중개업자 사이에 발생하는 권리 및 의무 등에 대한 내용을 담고 있다. 그러므로 중개업자와 의뢰인 사이에 계약의 내용을 둘러싼 분쟁이 발생할 경우, 동 계약서가 이를 해결하는 보루역할을 하게 될 것이다. 따라서 서면으로 중개계약을 체결한 경우에는 특별한 사정이 없다면 구두계약을 체결한 경우보다 분쟁발생 가능성이 훨씬 적을 것임은 미루어 짐작할 수 있다.

3) 부동산 거래질서 투명화

중개계약을 서면으로 작성한 경우에는 2부를 작성하여 중개업자와 중개의뢰인이 각 1부씩 보관하게 된다. 동 계약서에는 의뢰인이 제시한 희망 거래가격, 중개완성시 지급할 중개수수료 및 실비 등에 대한 내용을 구체적으로 기재하게 된다.

한편 의뢰인은 자기가 소지하고 있는 중개계약서를 공개적으로 노출시킬 수 있으므로 중개업자 입장에서는 공부법 기타 관련 법률에 위반되는 내용을 담기 어렵다. 이는 중개업자로 하여금 의뢰인으로부터 부당한 중개수수료를 청구할 수 없도록 함과 동시에, 중개업자 입장에서도 거래계약이 체결될 경우 약정된 중개수수료를 확실히 보장받을 수 있는 증거서면이 된다. 따라서 서면화된 중개계약서는 부동산 거래질서를 투명하게 하는 기능을 하게 된다.

나. 중개계약서 작성

공부법에는 중개계약을 서면으로 작성할 경우로써 전속중개계약 및 공개중개계약에 대해서만 규정하고 있다. 그런데 독점중개계약, 순가중개계약 등을 체결할 경우에는 어떤 중개계약서를 사용할 것인가에 대해서는 명문규정이 없다.12) 따라서 아래에서도 전속 또는 공개중개계약서 작성과 관련된 내용에 대해서만 살펴보기로 하자.

1) 전속중개계약서 작성

중개의뢰인으로부터 전속중개를 의뢰받은 중개업자는 반드시 법정서식인 "전속중개계약서"로 작성할 의무가 있다. 동 서식은 공부법시행규칙 제14조에서 "별지 제15호" 서식으로 규정하고 있다. 동 서식의 내용을 살펴보면 "전속중개계약서"라는 서식의 명칭과 함께 다음과 같은 내용을 담고 있다.

① 중개업자의 의무사항

② 중개의뢰인의 의무사항

③ 전속중개계약의 유효기간

④ 법정범위 내에서 합의된 중개수수료 금액

⑤ 중개업자의 손해배상책임에 대한 내용

⑥ 특약에 관한 사항

⑦ 계약내용을 인정하는 문언

⑧ 계약서 작성일자

⑨ 중개 의뢰인의 성명·주민등록번호·주소·연락처 및 중개업자의 성명·상호·주민등록번호·중개업 등록번호·사무소 소재지·연락처

⑩ 권리이전 중개대상물인 경우에는 그 소유자 및 등기 명의자의 인적사항, 중개대상물의 표시, 권리관계, 거래규제 및 공법상 제한사항, 중개의뢰

---

12) 독점중개계약, 순가중개계약, 기타 중개계약을 서면으로 작성할 경우에는 계약자유의 원칙에 의하여 중개업자와 의뢰인이 적절한 형식과 내용으로 작성할 수 있다. 다만, 중개수수료 및 실비에 대한 약정은 법정 한도를 넘을 수 없다.

금액 등

⑪ 권리취득 중개 대상물인 경우에는 취득하고자 하는 희망물건의 종류, 취득 희망금액, 희망지역, 기타 조건

⑫ 거래계약 체결시 지급할 중개수수료에 대한 내용

중개업자는 위와 같은 내용을 기재한 법정 전속중개계약서 2부를 작성하여 중개의뢰인과 함께 서명·날인한 후 1부는 의뢰인에게 교부하고, 1부는 3년간 보존하게 된다(칙 제14조 제2항).[13)]

2) 공개중개계약서 작성

중개의뢰인이 중개업자에게 공개중개계약을 서면으로 작성할 것을 요청한 경우에 대하여 전속중개계약과 같은 작성의무 규정을 두고 있지는 않다. 그러나 공부법 제22조에는 "중개의뢰인은 …… 중개계약서 작성을 요청할 수 있다."고 규정하고 있을 뿐만 아니라, 칙 제13조에서는 별지 제14호로 "일반중개계약서"를 법정하고 있다.

동 서식의 내용을 보면 "일반중개계약서"라는 서식의 명칭과 함께 상세한 규정을 두고 있는데, 대부분의 내용은 앞서 살펴본 전속중개계약서의 내용과 동일하고, 단지 중개업자와 중개 의뢰인의 의무사항 중에서 전속중개계약의 본질적 내용이라 할 수 있는 중개업자의 정보공개 의무, 업무처리상황 통지의무 등에 대한 내용과, 중개 의뢰인이 전속기간내 직접 거래한 경우 부담하게 될 위약금 등에 대한 내용만 차이가 있을 뿐이다. 공개중개계약을 체결할 경우에는 반드시 동 서식을 사용하여야 함은 전속중개계약의 경우와 동일하다.

---

13) 전속중개계약서는 "법정서식"이므로 중개업자가 이를 임의로 제조하여 사용하거나 본문의 내용을 가감할 수 없다. 만약 이를 위반한 경우에는 업무정지 처분을 받을 수 있다(법 제39조 제1항 제3호). 그런데 공개중개계약서도 법정서식으로 규정하고 있으나 동 서식의 사용 및 보존 등에 대해서는 특별한 규정이 없다. 그러나 공개중개계약서도 엄연히 법정 서식인 점에 비추어 보면, 전속중개계약서와 같은 효력을 갖는 것으로 보아야 할 것이다. 기타 중개계약서를 작성한 경우에도 이와 같이 해석하는 것이 타당하다.

3) 기타 중개계약서 작성

일반중개계약서 제2항에는 중개 의뢰인이 다른 중개업자에게도 자유롭게 중개를 의뢰할 수 있다는 규정과 함께, 제6항에는 "이 계약에서 정하지 아니한 사항에 대하여는 중개업자와 중개 의뢰인이 합의하여 별도로 정할 수 있다."고 규정하고 있다. 그렇다면 동 계약서의 본문 내용은 당사자가 임의로 변경할 수 없고, 본문에서 규정하고 있지 않은 사항에 대해서만 추가할 수 있다는 뜻이므로, 동 서식은 공개중개계약을 체결할 경우에만 사용할 수 있을 뿐이다.

결국 독점중개계약·순가중개계약 기타 중개계약을 체결할 경우에는, 그 체결하고자 하는 중개계약의 종류에 따라 당사자가 임의로 작성할 수밖에 없다. 그러나 어떤 형식의 중개계약서를 작성할 경우에도 그 계약내용에는 법 제22조에서 명시하고 있는 중개대상물의 위치 및 규모, 거래 예정가격, 약정 중개수수료, 그 밖에 중개업자와 중개의뢰인이 준수할 사항은 반드시 포함하여 작성하여야 할 것이다.[14]

제 3 절 중개대상물 확인

1. 의의 및 목적

중개업자가 중개계약을 체결한 경우에는 우선 중개의뢰인 및 중개대상물에 대한 확인작업이 필요하다. "확인(確認)"이란 중개의뢰인 및 중개대상물에 대한 법적·물리적·경제적 측면을 조사하고 판단하는 제반활동을 말한다. 이러한 확인을 얼마나 정확하게 수행하느냐 하는 문제는 중개업자의 역량에 달려

---

14) 일반중개계약서의 제6항, 즉 "이 계약에서 정하지 아니한 사항에 대하여는 중개업자와 중개의뢰인이 합의하여 별도로 정할 수 있다."는 규정을 삭제 하든가, 동항을 "중개업자와 중개의뢰인의 협의에 따라 본 계약서와 달리 약정할 수 있다."는 문언으로 변경한다면, 일반중개계약서를 독점중개계약서·순가중개계약서 기타 중개계약서 등으로도 활용할 수 있을 것이다.

있다. 중개대상물에 대한 확인작업 없이 거래계약을 체결할 경우에는 중개업자의 공신력과 공정한 거래질서 확립이 불가능하고, 국민의 재산권에 심각한 위해를 가할 수 있다. 따라서 공부법은 중개업자에게 중개대상물에 대한 확인의무를 부여하고 있다(법 제25조 제1항 본문).

가. 중개대상물에 대한 기초자료 수집

중개계약을 통하여 중개업자는 의뢰인으로부터 중개대상물에 대한 기본적인 사항과 이를 입증할 수 있는 관련서면을 확인할 수 있다. 그러나 의뢰인이 일방적으로 제시하는 서면이나 설명에만 의존할 수는 없다. 따라서 중개업자가 직접 관련 등기부 및 공부를 확인하고, 현장을 방문함으로써 중개대상물에 대한 자료를 취합하고 확인하여야 함은 불문가지이다. 중개대상물에 대한 확인작업은 중개물건에 대한 객관적인 자료를 수집하기 위한 필수과정인 셈이다.

나. 의뢰인의 진정성 확인

권리를 이전 또는 설정하고자 하는 의뢰인의 진정성 여부에 대한 확인은 1차적으로는 등기부등본 및 각종 공부를 통하여 할 수 있다. 즉 소유권·용익물권·담보물권·등기된 임차권에 대한 권리자 여부는 우선 등기부등본·토지대장·건축물대장 등을 통하여 일응 확인할 수 있다.

한편 등기부 및 공부는 공신력이 없으므로 이를 통하여 권리관계를 속단할 수는 없다. 따라서 반드시 현장을 방문하여 현재 그 부동산을 점유하고 있는 자의 인적사항과 실권리자(實權利者)가 누구인지 등에 대한 탐문조사도 병행함으로써 의뢰인의 진정성 여부를 판단하여야 한다.

다. 물건 분석의 출발점

중개대상물에 대한 분석은 법적·물리적·경제적 측면에서 행할 필요가 있다. 법적 측면은 권리의 진정성 및 그 권리에 존재하는 제한물권과 처분제한 권리의 존재를 확인하기 위한 것이며, 물리적 측면은 부동산의 물리적 하자 여부 및 그 활용성 등에 대한 판단을 위한 것이고, 경제적 측면은 현재 가치와 시세에 상응하는지 및 향후 투자성 여부를 판단하기 위한 것이다. 그런데 "권리분석"이라 칭하는 법적 측면은 관련서면만으로도 가능하다. 그러나 "투자분석"이라 할 수 있는 물리적·경제적 측면은 임장활동이 전제되지 않고는 절대 불가능한 측면이 있다. 결국 중개대상물에 대한 확인작업은 물건 분석의 출발점이 되는 것이다.

라. 설득자료 수집

권리를 이전 또는 설정하는 의뢰인은 가능한 많은 거래금액을 요구할 것이며, 권리를 취득하는 의뢰인은 반대로 최소의 비용을 지불하려고 한다. 중개업자는 이러한 양 당사자의 이해관계를 적절히 조절할 수 있어야 하는데, 이해관계의 조절은 단순한 설득만으로는 할 수 없는 것이므로 법적·물리적·경제적인 자료를 활용하지 않을 수 없다. 중개대상물에 대한 확인은 의뢰인 쌍방을 설득하기 위한 자료, 즉 합의점을 도출하기 위한 "판매소구점(Selling point)"을 찾기 위한 활동이라고 할 수 있다.

판매소구점을 제대로 파악하기 위해서는 공·사법과 관련된 지식 및 부동산에 대한 물리적·경제적·정책적인 정보는 물론, 당사자의 심리적 측면도 분석할 필요가 있다. 판매소구점은 이러한 제 측면을 섬세하게 확인·검토함으로써 발견할 수 있고, 이를 적절히 활용함으로써 의뢰인을 용이하게 설득할 수 있기 때문이다.

마. 중개업무의 효율성 제고

중개업자가 중개대상물에 대한 확인작업을 완벽하게 행하지 않고 의뢰인에게 거래계약 체결을 종용할 수 없다. 중개업자는 소유자 등 권리자보다 더 많은 정보와 자료를 파악하고 있어야 한다. 이러한 정보는 일반적으로 등기부·공부 및 임장활동을 통하여 취득할 수 있다. 중개업자가 중개물건에 관한 정보를 충분히 파악하지 못한 경우에는 효율적인 업무수행이 불가능할 것임은 자명하다.

따라서 다양한 방법을 통하여 대상물에 대한 자료를 파악하고 있어야 한다.

바. 중개업자의 책임한계

중개대상물에 대한 확인은 중개업자의 책임한계와 관련된다. 즉 중개대상물에 대한 상태·입지·권리관계·거래 및 이용제한사항 등에 대한 법정 확인사항인 법 제25조 제1항 및 영 제21조 제1항에서 규정하고 있는 내용을 정확히 확인하고 설명한 경우라면, 특별한 사정이 없으면 중개업자에게 과실이 없는 것으로 인정될 수 있다. 따라서 대상물에 대한 정확한 확인은 중개업자의 책임한계를 규정한 것으로 볼 수 있다.

2. 중개대상물 확인방법

중개업자가 중개대상물에 대한 법적·물리적·경제적 측면을 확인하기 위해서는 다양한 방법을 동원할 수 있다. 법적 측면은 일반적으로 등기부 등본 및 각종 공부를 통하여 확인하는 방법을 취하게 되고, 물리적 또는 경제적 측면은 임장조사, 즉 현장조사를 통하여 파악하는 방법이 활용되고 있다. 공부 내지 현장방문을 통하여 확인하는 방법에 대하여 살펴보면 다음과 같다.

가. 등기부등본을 통한 확인방법

등기부는 사법부인 법원에서 부동산에 대한 각종 권리관계에 대한 사항을 공시하기 위하여 비치하는 공부로써 토지·건물·입목·공장재단·광업재단에 대하여 각 비치하고 있다. 등기부는 현재 그 효력 여부에 따라 일반등기부와 폐쇄등기부로 구분할 수 있다.

일반등기부는 현재 효력있는 등기사항을 기재하고 있는 등기부를 말하며, 폐쇄등기부(閉鎖登記簿)는 현재 효력이 상실된 등기사항이 기재된 등기부를 말한다. 폐쇄등기부는 종래 사용하던 장부식등기부(帳簿式登記簿)와, 보관철식등기부(保管綴式登記簿)가 전부 이에 해당한다.[15] 폐쇄등기부는 현재 등기부에 기재된 권리관계를 소급하여 파악할 필요가 있을 경우에만 일반적으로 활용하고 있다.

부동산에 대한 각종 권리관계를 확인하기 위해서는 등기부 및 폐쇄등기부를 열람하거나 등본을 발급받아 조사하여야 한다. 등기부를 통하여 중점적으로 확인할 사항에는 권리관계와 그 순위를 정하고 있는 갑구 및 을구에 있다. 따라서 등기부의 갑구 및 을구에 대한 정확한 판독능력은 중개업자에게 필수적으로 요구되는 것이라 할 수 있다.

1) 토지등기부

토지등기부는 토지에 대한 권리관계를 명확히 하기 위하여 창설된 것으로, 물적편성주의(物的編成主義)에 따라 지적법에 의하여 지적공부에 등록된 1필지를 기준으로 작성하게 된다. 이에 따라 1필 토지마다 1용지를 사용하고 있다(부동산등기법 제15조 제1항). 여기서 "1용지"란 표제부·갑구·을구의 3부분으로 구성된 1조(組)의 서식을 의미한다(부동산등기법 제16조 제1항).

한편 전산화된 토지등기부는 표제부·갑구·을구의 용지로 각 별지로 구분하지는 않고, 동일한 지면에 연속적으로 구분하여 표시하고 있다. 다만, 을구에 기재할 사항이 없을 경우에는 을구 부분은 두지 않을 수도 있다.

가) 표제부

토지등기부의 표제부에는 등기번호·표시번호·표시란으로 구분되어 있다. 등기번호란에는 토지의 지번을 기재한다. 표시번호란은 표시란에 등기한 순위를 기재하며, 표시란에는 토지의 표시와 그 변경에 관한 사항을 기재하고 있다(부동산등기법 제16조 제3항). "토지의 표시"란 토지의 소재지번·지목·면적과 그 변경사항을 말한다.[16]

---

15) 장부식등기부를 일명 "부책식등기부"라 하고, 보관철식등기부를 "카드식등기부"라 칭하기도 한다(이근부 2001, 55).

16) 면적을 표시하는 방법에는 척관법(尺貫法)에 의한 평(坪)·합(合)·작(勺)·재(在)의 단위를 쓰는 경우와, 평방미터(m^2)를 사용하는 것으로 구분할 수 있다. 척관법상 1평은 3.3058m^2를 말하며, 1합은 1평의 1/10, 1작은 1평의 1/100, 1재는 그 나머지를 의미한다.

한편 전산화된 토지등기부의 표제부 좌측 상단에는 토지의 소재지번을 기재하고, 우측 상단에는 토지의 고유번호를 기재하고 있다. 표제부에는 표시번호·접수·소재지번·지목·면적·등기원인 및 기타 사항란으로 각 구분되어 있다. 즉 보관철식등기부의 사항란을 "접수·소재지번·지목·면적·등기원인 및 기타 사항란"으로 구체적으로 구분해 두고 있다. 여기서 표시번호란에는 사항란에 등기한 순위를 기재하며, 접수란은 등기신청서가 관할 등기소에 접수된 날을 기재하고, 소재지번은 등기대상 토지의 소재지번을, 지목은 토지의 법정지목을, 면적은 토지의 면적과 계량단위를, 등기원인 및 기타 사항란에는 토지에 표시등기를 하게 된 원인과 근거법률 및 기타 부가적인 사항을 표시하게 된다.

나) 갑 구

갑구(甲區)는 순위번호와 사항란으로 구분되어 있다(부동산등기법 제16조 제1항). 순위번호란에는 사항란에 등기한 순위를 기재하고, 사항란에는 소유권에 관한 사항을 기재하고 있다(부동산등기법 제16조 제4항). 소유권에 관한 등기사항으로는 보존·이전·변경·처분의 제한·소멸에 대한 등기, 즉 소유권에 대한 보존·이전·변경·경정·말소·멸실등기, 소유권에 대한 예고등기, 소유권에 대한 청구권보전 및 담보가등기, 소유권에 대한 압류·가압류·가처분등기, 공유물 불분할 및 소유권에 대한 환매특약 등에 대한 기재와 각 권리자의 인적 사항을 기재하고 있다.

한편 전산화된 등기부의 갑구에는 순위번호·등기목적·접수·등기원인·권리자 및 기타 사항란으로 각 구분하고 있는데, 보관철식등기부의 사항란을 등기목적·접수·등기원인·권리자 및 기타 사항란으로 세분하고 있다. 순위번호란에는 사항란에 등기한 순위를 기재하며, 등기목적란에는 소유권 등기를 하게 된 목적을 기재한다. 접수란에는 관할등기소에 등기신청서를 접수한 일자와 그 접수번호를, 등기원인란에는 등기를 하게 된 원인사유와 그 연월일을 기재

현재 우리나라는 계량에관한법률에 의하여 넓이를 표시하는 법정 계량단위를 m^2로 규정하고 있는데, 만약 이와 다른 계량단위를 사용하게 되면 금 100만원 이하의 과태료 처분을 받을 수 있다(계량에관한법률 제4조 및 제33조 제1항).

한다. 그리고 권리자 및 기타 사항란에는 등기권리자의 성명·주민등록번호·주소·지분권 등에 관한 사항을 각 기재하게 된다.

다) 을 구

을구(乙區)에도 갑구와 동일하게 순위번호와 사항란으로 구분된다. 순위번호에는 사항란에 등기한 순위를 기재한다. 사항란에는 소유권 이외의 권리관계를 기재하게 되는데(부동산등기법 제16조 제5항), 구체적으로는 용익물권인 지상권·지역권·전세권, 담보물권인 저당권·저당권부 권리질권, 채권인 임차권에 대한 각 설정·이전·변경·처분의 제한 및 소멸에 관한 사항을 기재하고 있다.

을구에 등기되는 처분의 제한에는 각 제한물건에 대한 압류·가압류·가처분을 말하며, 소멸에 관한 사항은 각 제한물권에 대한 환매·예고·가등기 등이 포함된다. 을구에 등기할 사항이 없을 경우에는 을구를 두지 않을 수도 있다(부동산등기법 제16조 제1항 후단).

한편 전산화된 등기부의 을구도 갑구와 같이 순위번호·등기목적·접수·등기원인·권리자 및 기타 사항란으로 각 구분하고 있다. 각 사항란에 구체적으로 기재할 사항은 위 갑구에서 설명한 것과 동일하다. 전산등기부의 경우에도 을구에 기재할 사항이 없을 경우에는 을구를 두지 않을 수 있음은 보관철식 등기부와 동일하다.

2) 건물등기부

건물등기부도 토지등기부와 같이 물적편성주의 및 1부동산 1용지주의를 원칙으로 하고 있다. 건물은 토지와 달리 인공적 구조물로써 수 인이 구분하여 소유하고 있는 경우가 많다. 이로 인하여 구분건물인 경우에는 "1부동산 1용지주의"에 대한 예외로써 "다부동산 1용지주의"를 취하고 있다. 이하에서는 1부동산 1등기주의를 취하고 있는 일반 건물등기부와, 다부동산 1용지주의를 취하고 있는 집합 건물등기부로 구분하여 살펴보기로 하자.

가) 일반 건물등기부

일반 건물등기부는 1동(棟) 건물에 대하여 1용지를 사용하는 1부동산 1용지 주의를 취하고 있다(부동산등기법 제15조 제1항). 물론 수 개의 건물을 하나의 등기용지에 등기할 경우에는 "1부동산"에 해당하지 않는다고 볼 수 있으나, 주된 건물에 부속된 별동(別棟)의 건물이 주된 건물의 효용에 제공되는 경우라면 하나의 건물로 간주하는 것이 합리적일 것이다. 다만, 건물은 소유자의 의사에 따라 수 개의 건물을 하나의 건물로 또는 하나의 건물을 수 개의 건물로 구분할 수 있는 재량이 인정되고 있다.

일반 건물등기부도 토지등기부와 동일하게 표제부·갑구·을구의 3장의 용지로 구분되고 있는 것과, 이들 3장의 용지가 1조(組)가 되는 것 및 을구에 기재할 사항이 없을 경우에는 이를 일시적으로 두지 않을 수 있는 것, 그 기재할 내용 등에 대한 것은 토지등기부와 같다. 다만, 표제부 표시란에는 건물의 표시와 그 변경에 관한 사항을 기재하고 있다. 즉 건물의 소재지번, 건물의 구조·용도·면적, 건물의 명칭·번호·층수·호수 및 그 변경에 관한 사항을 기재하게 된다(부동산등기법 제16조 제3항).

한편 전산화된 건물등기부도 전산화된 토지등기부와 같이 표제부·갑구·을구로 구분하여 연속된 지면상에 표시하고 있으며, 을구에 기재할 사항이 없을 경우에는 일시적으로 표시하지 않을 수 있다.

전산화된 등기부의 좌측 상단에는 건물의 소재지번을 기재하고, 우측 상단에는 건물의 고유번호를 기재하게 된다. 표제부에는 표시번호·접수·소재지번 및 건물번호·건물내역·등기원인 및 기타 사항란으로 각 구분하고 있다. 즉 보관철식등기부의 사항란을 "접수·소재지번 및 건물번호·건물내역·등기원인 및 기타 사항"으로 각 구분하고 있다. 표시번호란에는 사항란에 등기한 순위를 기재하며, 접수란에는 관할등기소에 등기를 신청한 접수일자를 기재하고, 소재지번 및 건물번호란에는 건물의 소재지번과 건물의 번호가 있을 경우에는 이를 기재하며, 건물내역란에는 건물의 구조·층수·용도 및 각 층별 건물의 용도·면적을 기재한다. 등기원인 및 기타 사항란에는 표시등기를 하게 된 원인과 근거법률 등을 기재하게 된다.

갑구 및 을구는 순위번호·등기목적·접수·등기원인·권리자 및 기타 사항란으로 각 구분하고 있다. 즉 보관철식등기부의 사항란을 "등기목적·접수·등기원인·권리자 및 기타 사항"란으로 각 구분하고 있는데, 순위번호란에는 사항란에 등기한 순서를 기재하며, 등기목적란에는 등기를 신청하게 된 목적을 기재하고, 접수란에는 관할등기소에 등기신청서를 접수한 연월일과 접수번호를 기재하게 된다. 등기원인란에는 등기를 신청하게 된 원인사유 및 그 연월일을 기재하며, 권리자 및 기타 사항란에는 권리자의 성명·주민등록번호·주소·지분 기타 권리를 특정함에 필요한 사항을 기재하게 된다.

나) 구분건물등기부

"구분건물(區分建物)"이란 물리적으로는 1동의 건물이지만 구분된 각 부분이 구조상 또는 이용상 독립성이 인정되는 경우, 이를 각 독립된 건물로써 권리의 객체가 될 수 있도록 구획한 건물을 말한다(집합건물의소유및관리에관한법률 제1조). 건물을 구분하는 방법으로는 수평 또는 수직으로 구분하는 경우와, 수평과 수직을 병합적으로 구분하는 경우가 있다.

구분건물은 각 구분건물이 점유하고 있는 토지를 특정하기 곤란하므로 대지권(垈地權)이라는 개념을 통하여 이를 해결하고 있다. 대지권은 각 구분건물 소유자가 대지에 대하여 일정한 지분을 갖고 있는 것에 불과하나, 이러한 지분을 통하여 전체 대지를 정당한 목적 범위 내에서 적법하게 사용할 수 있는 권리를 갖게 된다. 이를 일명 "대지사용권"이라 칭하기도 한다.[17]

한편 구분건물은 각 구분건물에 부합된 대지에 대한 분리처분을 금하는 "처분의 일체성 원칙"에 따라, 구분건물을 처분하게 되면 대지권에 대한 처분의 등

---

17) 대지사용권은 일반적으로 구분건물 소유자가 대지권에 소유권도 갖고 있는 "소유대지권"이 보통이다. 그러나 경우에 따라서는 구분건물 소유자가 대지에 대하여 용익물권으로 이용하고 있는 경우도 있다. 즉 지상권·전세권·임차권을 통하여 대지권을 이용하는 경우이다. 이러한 "용익대지권"인 집합건물에 대하여 거래계약을 체결할 경우에는 소유대지권에 상당한 금액만큼 감액하여야 한다. 다만, 조만간 재건축될 가능성이 있을 경우에는 거래계약 체결 여부를 신중하게 검토해야 할 것이다.

기가 없더라도 당연히 대지권이 수반되는 것으로 하고 있다. 그러나 예외적으로 구분건물 소유자들이 규약으로 구분건물과 대지사용권을 분리 처분할 수 있도록 정한 경우에는 이 원칙이 적용되지 않고, 구분건물 소유자의 편의에 따라 분리하여 처분할 수도 있다(집합건물의소유및관리에관한법률 제20조 제1항 및 제2항).

"1부동산 1등기용지 주의"를 구분건물에도 그대로 적용할 경우에는 각 구분건물이 갖는 대지권에 대한 권리관계와 관련하여 복잡한 법률문제가 발생할 수 있다. 따라서 이를 간명하게 처리하기 위하여 창안된 법기술이 바로 "다부동산 1등기용지주의"인 것이다. 이러한 제도를 통하여 구분건물 상호간의 법률관계를 간명하게 처리할 수 있다. 즉 구분건물에 대해서는 1동 건물에 속하는 전부에 대하여 1등기용지를 사용함으로써 1부동산 1등기용지주의를 실현하는 방법이다(부동산등기법 제15조 제1항 후단). 여기서 말하는 "1등기용지"란 1동에 속한 전체 구분건물에 대하여 하나의 표제부를 두고, 이에 더하여 구분한 각 건물마다 개설된 그 건물에 관한 표제부·갑구·을구를 전부 합철한 것을 의미한다(부동산등기법시행규칙 제6조 제3항 후단, 곽윤직 1993, 121~122). 따라서 구분건물에 대한 1등기용지는 실질적으로는 1동 건물의 표제부 및 각 구분건물에 대한 표제부·갑구·을구의 네부분으로 구성되어 있는 셈이다.

1동 건물의 표제부와 각 구분건물의 표제부에는 1동 건물 및 각 구분건물이 소재하고 있는 대지의 소재지번·지목·면적·대지사용권을 표시하고 있다. 특이한 점은 구분건물등기부에는 건물에 대한 내용뿐만 아니라 대지권인 토지에 관한 사항도 함께 기재하고 있다는 점이다. 이것 역시 "다부동산 1등기용지주의"에 다름 아니다. 이하에서는 구분건물등기부의 각 기재 부분에 대하여 살펴보기로 하자.

⑴ 1동 건물의 표제부

1동 건물의 표제부에는 등기번호·표시번호·표시란이 있다. 그런데 일반건물등기부와 달리 건물의 명칭을 기재하는 난이 있고, 표시번호와 표시란을 두 개로 구분하여 좌측 표시란은 "1동 건물의 표시란"으로, 우측 표시란은 "대지권의 목적인 토지의 표시란"으로 활용하고 있다. 표시번호란에는 표시란에 등기한 순위를 기재하며, "1동 건물의 표시란"에는 1동 건물이 소재한 토지의 소재지번·건물의 구조·층수·건물의 명칭18)·각층의 건물면적·도면편철장 번호 및 등기 년월일 등을 기재하게 된다. "대지권의 목적인 토지의 표시란"에는 1동 건물의 대지권이 소재하는 목적 토지의 소재지번·지목·면적 및 이에 대한 등기 년월일을 기재하고 있다.

한편 전산화된 등기부에는 1동 건물의 표제부, 전유부분 건물의 표제부·갑구·을구의 4장의 지면으로 구성하지는 않고, 연속된 지면을 통하여 이들 4부분을 단순히 구분하고 있을 뿐이다. 이에 의하면 등기부 좌측 상단에는 집합건물이 소재한 토지의 소재지번 및 구분건물의 층수·호수를 표시하고, 우측 상단에는 건물의 고유번호를 표시한다. 표제부는 1동 건물의 표시란과 대지권의 목적인 토지의 표시란으로 구분되어 있다. "1동 건물의 표시란"에는 표시번호, 접수, 소재지번·건물명칭 및 번호, 건물내역, 등기원인 및 기타 사항란으로 구분되어 있고, "대지권의 목적인 토지의 표시란"에는 표시번호, 소재지번, 지목, 면적, 등기원인 및 기타 사항란으로 각 구분되어 있다. 즉 보관철식 구분건물 등기부의 표제부 좌측 표시란과 우측 표시란을, "1동 건물의 표시란"과 "대지권의 목적인 토지의 표시란"으로 동일 지면에서 상하로 구분하고 있다.

"1동 건물의 표시란"의 표시번호란에는 표시란에 등기한 순위를 기재하고, 접수란에는 관할등기소에 등기신청서를 접수한 연월일을 기재하며, 소재지번·건물명칭 및 번호란에는 1동 건물의 소재지번과 건물의 명칭 및 번호가 있을 경우에 이를 기재하며, 건물내역란에는 건물의 구조·전체층수·공동주택의 유형·각 층별 건물의 종류와 세대수 및 건축면적을 기재하며, 등기원인 및 기타 사항란에는 도면편철장의 표시 및 기타 사항들을 기재하고 있다.

"대지권의 목적인 토지의 표시란"의 표시번호란에는 표시란에 등기한 순위

---

18) 건물의 명칭에는 건물의 종류·번호·층수·호수가 있다. 건물의 종류는 주택의 경우에는 아파트·연립주택·다세대 주택을 의미하며, 건물의 번호는 제1동·제2동 또는 A동·B동 등 1동 건물을 특정하는 고유명칭을 말한다.

를 기재하고, 소재지번란에는 1동 건물의 대지권의 목적인 토지의 소재지번을 기재한다. 지목란에는 대지권의 목적인 토지의 법정지목을, 면적란에는 대지권의 목적인 토지의 전체 면적을 각 기재하고, 등기원인 및 기타 사항란에는 토지가 대지권의 목적이 된 연월일과 그 원인사유 등을 기재하게 된다.

(2) 각 구분건물의 표제부

각 구분건물의 표제부도 1동 건물의 표제부와 대동소이하다. 다만, 건물의 명칭란이 없고, 좌측 표시란에는 "전유부분의 건물의 표시"란을 두고, 우측 표시란에는 "대지권의 표시"를 하고 있다.

"전유부분의 건물의 표시란"에는 구분 건물의 구조, 해당 층·호수, 전용면적·공유면적 등을 기재하고, "대지권의 표시"란에는 구분건물에 대한 대지권의 종류·면적·취득일자 및 제한에 관한 사항을 기재하게 된다. 대지권에 대한 제한과 관련하여 특히 주의할 것은 대지권의 목적인 토지에 저당권·압류·가압류·가처분과 같은 특별한 등기가 존재할 수 있다는 점이다. 이러한 경우에는 통상 표시란에 "토지만에 관하여 별도등기 있음"이라는 문언이 기재되고 있다. 만약 이러한 기재가 있을 경우에는 반드시 대지권의 목적인 토지등기부를 통하여 별도등기된 내용이 무엇인지 파악한 후 거래계약을 체결하여야 한다.

한편 전산화된 구분건물등기부의 표제부는 "전유부분의 건물의 표시"란과 "대지권의 표시"란을 동일지면에서 상하로 구분하고 있다. "전유부분의 건물의 표시란"에는 표시번호·접수·건물번호·건물내역·등기원인 및 기타 사항란으로 각 구분하고 있다. 즉 보관철식등기부의 좌측 표시란을 "접수·건물번호·건물내역·등기원인 및 기타 사항"란으로 세분하고 있다. 표시번호란에는 표시란에 등기한 순위를 기재하고, 접수란에는 관할 등기소에 등기신청서를 접수한 날을 기재하며, 건물번호란에는 구분 건물의 층수 및 호수를 기재하고, 건물내역란에는 구분건물의 구조 및 전용면적을 기재한다. 등기원인 및 기타 사항란에는 구분건물에 대한 도면편철장 등을 기재하게 된다.

"대지권의 표시"란은 표시번호·대지권 종류·대지권 비율·등기원인 및 기타 사항란으로 구분하고 있다. 즉 보관철식등기부의 우측 표시란을 "대지권 종류 · 대지권 비율 · 등기원인 및 기타 사항"란으로 구분하고 있다. 표시번호란 에는 표시란에 등기한 순위를 기재하며, 대지권 종류란에는 구분건물이 법정대 지에 대하여 행사하는 권리의 종류를 표시하고, 대지권 비율은 구분건물이 대 지권의 목적인 토지에 대하여 갖는 지분율을 표시하게 된다. 그리고 등기원인 및 기타 사항란에는 대지권의 등기를 하게 된 원인사유와 그 연월일, 기타 대지 권에 대한 각종 제한사항 등을 기재하게 된다.

(3) 구분건물의 갑구 및 을구

구분건물에 대한 갑구 및 을구의 모습, 그 기재할 사항과 내용은 일반 건물 등기부의 갑구 및 을구에서 설명한 것과 동일하다. 따라서 그 내용을 참고하기 바란다.

3) 입목등기부

입목등기부는 1필 토지의 전부 또는 일부에 생립(生立)하고 있는 수목(樹木) 의 집단에 대하여 입목 소유자의 신청에 의하여 비치하게 되는 등기부를 말한 다. "입목(立木)"이란 토지에 부착된 수목의 집단으로서 그 소유자가 입목에관 한법률에 의하여 보존등기를 한 것을 말한다.

"입목"은 토지의 정착물 중 대표격인 건물과 함께 독립된 부동산으로 간주 되고 있다. 수목의 집단이 존재하는 토지는 통상 임야인 경우가 많을 것이지만, 지목과 상관없이 수목의 집단이 생립하고 있을 경우에는 수종(樹種) 및 수령 (樹齡)은 문제되지 않는다(입목에관한법률 제1조, 제2조 및 동법시행령 제1조).

입목등록원부 내지 입목등기부가 없는 경우라면 토지에 부착된 수목은 명인 방법에 의하여 공시되지 않는 한, 당연히 토지의 부합물 내지 종물로써 수반될 것이므로 토지의 소유권과 그 운명을 같이 하게 된다. 그러나 입목등기부가 존 재할 경우에는 토지와 독립된 "입목"이라는 별개의 부동산이 존재하는 것이므 로, 토지 소유권과는 별도의 이전등기가 필요하게 된다.

중개업자는 지상에 생립하는 다수의 수목이 존재할 경우에는 입목등기부가 존재하는지 여부를 반드시 확인할 필요가 있다. 입목등기부가 개설된 경우에는 등기부의 입목 소유자와 토지 소유자가 일치하는지 여부를 확인하여야 하고, 그 결과에 따라 거래계약 체결방법도 달라야 할 것이다. 입목등기부도 표제부·갑구·을구로 구분되며, 각 용지별로 확인할 수 있는 사항은 다음과 같다.

가) 표제부

표제부에는 등기번호란·표시번호란·표시란을 두고, 등기번호란에는 각 입목에 대하여 등기부에 처음으로 등기한 순서를 기재한다.[19] 표시번호란에는 표시란에 등기한 순위를 기재하며, 표시란에는 입목에 대한 표시 즉, 수종·수량·수령을 기재한다. 그리고 수목이 1필 토지의 일부에 부착하고 있는 경우에는 각 부분의 위치·면적 등에 대한 사항과 그 변경에 관한 사항을 기재하게 된다(입목에관한법률 제14조 제1항 내지 제3항).

나) 갑 구

입목등기부 갑구에도 순위번호와 사항란으로 구분된다. 순위번호란에는 사항란에 등기한 순위를 기재하며, 사항란에는 입목의 소유권에 관한 사항을 기재하게 된다(입목에관한법률 제14조 제1항 및 제4항).

입목은 토지와 구분되는 별개의 부동산이므로 입목등기 신청은 토지 소유자뿐만 아니라 지상권자 및 토지 소유자 또는 지상권자에 의하여 수목의 소유자로 증명된 자, 판결에 의하여 수목의 소유자로 확정된 자도 신청할 수 있다. 따라서 토지 소유자와 입목 소유자가 서로 다른 경우도 있을 수 있다(입목에관한법률 제16조 제1항).

다) 을 구

입목등기부의 을구에도 순위번호란과 사항란이 있다. 순위번호란에는 사항란에 등기한 순위를 기재하며, 사항란에는 저당권에 관한 사항을 기재하게 된다(입목에관한법률 제14조 제1항, 제5항 및 제6항). 토지 및 건물등기부의 을구 사항란에는 용익권 및 담보물권에 관한 사항을 모두 등기할 수 있다. 그러나 입목

---

19) 토지 및 건물등기부의 표제부상 등기번호란에는 각 토지 또는 건물이 소재한 대지의 지번을 기재하고 있다(부동산등기법 제16조 제2항).

등기부의 을구 사항란에는 저당권에 관한 사항만 기재할 수 있을 뿐, 다른 제한 물권은 등기할 수 없다. 입목등기제도는 임업진흥을 촉진하기 위하여 입목 소유자에게 산림경영에 필요한 자금의 융통을 용이하도록 해주기 위한 정책적 고려에 기이한 것이기 때문이다.

입목에 저당권을 설정하지 않은 경우에는 일시 을구를 두지 않을 수 있음은 다른 등기부의 경우와 동일하다(입목에관한법률 제23조, 부동산등기법 제16조 제1항 후단).

4) 공장재단등기부

"공장(工場)"이란 영업을 위하여 물품의 제조·가공·인쇄·촬영·방송·전기·가스공급 목적에 사용하고 있는 장소를 말한다(공장저당법 제2조). 공장은 토지와 건물 및 제품생산에 필요한 기계·기구 기타 공용물을 갖추고 있다. 그런데 공장에 속한 토지 및 건물은 별개의 독립된 부동산이므로 소유자가 이들 토지 및 건물만 분리하여 처분하거나 담보로 제공할 수도 있다. 그리고 공장에 속한 각종 기계·기구 등도 양도담보 설정 등의 방법으로 신용을 수수할 수 있음은 물론이다. 그러나 이러한 방법을 취할 경우에는 담보가치 상실로 충분한 신용을 기대할 수 없다.

한편 기업재산인 토지, 건물, 각종 기계·기구 등을 분리하지 않고 이들 재산을 하나의 유기체로 하여 일괄 담보로 제공할 경우에는 자산가치가 훨씬 높게 평가될 수도 있다. 공장재단은 이러한 문제를 해결하고 모든 기업으로 하여금 생산자금을 용이하게 융통할 수 있도록 함으로써 기업의 건전한 유지와 지속적인 발전을 도모하기 위하여 도입한 제도이다.

동법에 의하면 하나 또는 다수의 공장에 속한 토지·건물, 기타 기계·기구 등을 합하여 하나의 공장재단(工場財團)을 구성할 수 있고, 이렇게 구성된 공장재단은 1개의 독립된 부동산으로 간주되며, 이를 소유권 및 저당권의 목적물이 될 수 있도록 하고 있다(공장저당법 제3조, 제39조 제3항). 이에 따라 비치한 것이 바로 공장재단등기부이다. 공장재단등기부도 표제부·갑구·을구로 구분되어 있고, 1개의 공장재단마다 1등기용지를 사용하고 있다. 각 용지별로 확인할 수 있는 사항은 다음과 같다(공장저당법 제36조 및 제37조).

가) 표제부

공장재단등기부의 표제부에는 표시번호와 표시란을 두고 있다.[20) 표시번호란에는 표시란에 등기한 순위를 기재하며, 표시란에는 공장재단의 표시, 즉 공장의 명칭·위치, 주된 영업소, 영업의 종류, 공장재단목록 등에 관한 사항 및 그 변경에 관한 사항을 기재하고 있다.

공장재단에 속할 수 있는 구성물은 공장에 속하는 토지와 공작물, 기계·기구·전주·전선·배치제관·궤도(軌道)·기타 부속물, 지상권·전세권, 임대인의 동의있는 경우로써 그 물건에 대한 임차권, 공업 소유권에 속하는 것의 전부 또는 일부로써 구성할 수 있는데, 공장재단 목록은 각 공장마다 구분하여 작성하게 된다(공장저당법 제15조 및 제39조).

하나의 공장재단은 1부동산으로 간주된다. 따라서 공장재단에 대하여 거래계약을 체결할 경우에는 공장재단등기부의 표시란 또는 공장재단 목록에 기재된 각 재단 구성물의 내용을 기준으로 그 물건의 존재 및 하자 여부를 확인하고 이를 일괄 거래하여야 한다. 다만, 실무적으로는 공장재단으로 거래되는 경우는 매우 드물고, 대부분 기계·기구 등을 제외한 공장용 토지 및 건물만 거래되고 있으므로 중개대상물로서의 실익은 없다.

나) 갑 구

공장재단등기부의 갑구에도 순위번호와 사항란이 있다. 순위번호란에는 사항란에 등기한 순위를 기재하고, 사항란에는 소유권에 관한 사항을 기재한다. 갑구 사항란에 기재된 소유자는 공장재단에 속한 토지·건물, 기타 기계·기구 등에 대해서도 당연히 소유자로 추정되므로 공장재단에 속한 각 토지 및 건물 등기부를 별도로 확인할 필요는 없다.

토지 및 건물이 공장재단에 편입되어 공장재단등기부가 개설된 경우, 즉 공

---

20) 공장재단등기부에는 토지·건물·입목등기부의 표제부와 달리 등기번호란이 없다(공장저당법 제37조 제1항).

장재단에 대한 보존등기가 있을 경우에는 등기관은 당해 토지 및 건물의 갑구 사항란에 "토지 및 건물이 공장재단에 속하였다는 취지, 신청서 접수 연월일, 접수번호"를 직권으로 기재하게 된다. 따라서 이러한 취지의 등기가 있는 토지 및 건물은 공장재단과 분리하여 양도하거나 소유권 이외의 권리의 목적이 되지 못하며, 공장재단의 처분에 따라 수반되도록 하고 있다(공장저당법 제18조 및 제19조).

즉 "공장재단을 위한 소유권 보존등기 신청이 있다는 취지의 등기" 및 "공장재단에 속하였다는 취지의 등기"가 있는 토지와 건물은 독립된 거래의 객체가 될 수 없으므로, 개별적인 소유권 양도는 물론 소유권 이외의 권리인 지상권·지역권·전세권의 목적물이 될 수 없다.[21]

다) 을   구

공장재단등기부 을구에도 순위번호와 사항란이 있다. 순위번호란에는 사항란에 등기한 순위를 기재하고, 사항란에는 저당권에 관한 사항을 기재한다(공장저당법 제37조 제4항 및 제5항). 사항란에 저당권만 설정할 수 있도록 한 이유는 기업운영에 필요한 자금 융통을 용이하게 할 목적으로 공장재단이 창안되었기 때문이다(공장저당법 제1조).

한편 구성된 공장재단이 필요없다고 판단될 경우에는 공장재단등기부도 그 효력을 상실하도록 하였다. 즉 공장재단에 대한 보존등기가 완료된 후 10개월 내에 그 재단을 목적으로 하는 저당권 설정등기가 경료되지 않을 경우, 설정된 저당권이 말소된 후 다시 10개월 내 새로운 저당권을 설정하지 않을 경우 및 소유자가 공장재단에 대한 말소등기를 신청할 경우에는 공장재단에 대한 보존등기는 그 효력이 상실하게 되므로, 이에 따라 공장재단등기부도 폐쇄하는 것으로 하고 있다(공장저당법 제13조, 제28조, 제61조 및 제63조).

---

21) 공장재단에 대한 보존등기 신청이 있을 경우에는 등기관은 직권으로 재단에 속하게 된 각 부동산에 대하여 해당구 사항란에 "공장재단에 대하여 소유권 보존등기 신청이 있다는 취지, 신청서 접수 년월일, 접수번호"를 기재하게 된다. 이러한 취지의 등기가 있은 후에는 양도·압류·가압류·가처분을 하지 못한다. 그러나 만약 공장재단에 대한 보존등기가 경료된 후에 압류·가압류·가처분 등기가 있을 경우에는, 공장재단에 대한 저당권 설정등기가 있을 경우에 그 효력을 상실하게 된다. 따라서 이해관계인은 법원에 이들 명령에 대한 취소를 청구할 수 있다(공장저당법 제18조 내지 제22조).

5) 광업재단등기부

"광업재단(鑛業財團)"이란 광업권과 이에 기하여 광물을 채굴·취득하기 위한 제 설비 및 이에 부속하는 설비들로 구성되는 일단의 기업재산으로서 광업재단저당법에 의하여 보존등기를 한 것을 말한다(광업재단저당법 제2조, 제5조).

광업재단은 광업권, 광업에 속한 토지·건물, 지상권 기타 토지의 사용권, 임대인의 동의있는 경우에는 그 물건에 대한 임차권, 기계·기구·차량·선박 기타 부속물에 속하는 것의 전부 또는 일부로써 구성할 수 있다.

광업재단을 구성하는 취지는 공장재단을 구성하는 취지와 동일하다. 따라서 광업재단에 속한 토지·건물은 광업재단과 분리하여 거래의 객체로 할 수 없고, 광업재단에 속한 토지·건물 및 이에 부속되거나 제공된 기업재산에 대하여 일괄 거래할 수 있을 뿐이다(광업재단저당법 제5조, 공장저당법 제14조 제1항).

광업재단에 대하여 거래계약을 체결할 경우에는 광업재단등기부의 표시란과 광업재단 목록에 기재된 내용을 기준으로 재단구성물의 존재 및 그 일치 내지 하자 여부를 확인하여야 할 것이다. 광업재단등기부도 1등기용지를 표제부·갑구·을구로 구분하고 있는데, 이를 통하여 확인할 수 있는 구체적인 사항은 다음과 같다.

가) 표제부

광업재단등기부의 표제부도 공장재단등기부와 같이 표시번호, 표시란으로 구분된다. 표시번호란에는 표시란에 등기한 순위를 기재하며, 표시란에는 광업재단의 표시와 그 변경에 관한 사항을 기재한다. "광업재단의 표시에 관한 사항"이란 광업재단의 명칭·위치·주된 영업소·영업의 종류 및 광업재단 목록에 관한 사항을 말한다. 광업재단 목록에는 광업권, 광업에 속한 토지·건물, 지상권 기타 토지의 사용권, 임대인의 동의있는 물건에 대한 임차권, 기계·기구·차량·선박 기타 부속물에 속하는 것을 기재하고 있다(광업재단저당법 제4조 및 제5조, 공장저당법 제37조 제2항 및 제38조).

한편 수 개의 광구로써 광업재단을 구성하는 경우에는 광업재단 목록은 각 광구마다 구분하여 작성하게 된다(광업재단저당법 제5조, 공장저당법 제39조 제3항).

나) 갑 구

광업재단등기부의 갑구에도 순위번호란과 사항란이 있다. 갑구와 관련된 내용은 공장재단등기부의 갑구에서 설명한 내용과 동일하므로 반복하지 않는다 (광업재단저당법 제5조 및 공장저당법 제37조 제1항 및 제3항).

다) 을 구

광업재단등기부의 을구에도 순위번호란과 사항란이 있다. 을구와 관련된 내용도 공장재단등기부의 을구에서 설명한 것과 동일하므로 이를 참고하기 바란다(광업재단저당법 제5조, 공장저당법 제37조 제4항 및 제5항).

나. 각종 공부를 통한 확인방법

"공부(公簿)"란 행정기관에서 법령의 규정에 따라 구비하고 비치하는 장부를 말한다. 부동산 관련 공부에는 토지·건물·입목별로 구분되어 있는데, 토지 관련 공부에는 지적도·임야도·토지대장·임야대장·수치지적부·공유지연명부 등이 있고, 건물관련 공부에는 건축물대장·공작물관리대장·가설건축물대장·무허가건축물대장이 있다. 건축물대장은 일반건축물대장과 집합건축물대장으로 구분된다. 부동산으로 간주되는 입목에는 입목등록원부가 비치되어 있다. 그러나 공장재단 및 광업재단에는 이들 재단을 위한 특별한 공부는 비치되어 있지 않다.

등기부를 통하여 확인할 수 있는 것은 각 부동산에 대한 권리관계와 그 권리에 대한 제한사항임은 이미 설명한 바와 같다. 물론 각 등기부의 표제부 표시란에는 해당 부동산의 물리적 현황에 대한 사항도 기재되어 있기는 하지만, 이들 등기사항들은 단순히 목적 부동산을 특정하는 기능만 있을 뿐이다.[22] 따라서 부동산 표시에 관한 사항은 어디까지나 다음에서 설명할 각 공부에 기재된 내용을 기준으로 하게 된다. 중개업자는 이들 공부를 통하여 확인할 수 있는 내

---

22) 표제부 표시란에 기재된 부동산 표시에 관한 사항을 강학상 "사실등기(事實登記)"라 하고, 갑구 및 을구 사항란에 기재된 권리관계에 관한 사항을 "권리등기(權利登記)"라 칭하기도 한다(곽윤직 1993, 71).

용을 정확히 인식하고, 실무적으로 이를 적절히 활용할 수 있어야 할 것이다.

1) 지적공부

"지적공부"란 지적도·임야도·토지대장·임야대장·공유지연명부·대지권등록부·경계점좌표등록부 및 이들 각 공부에 등록할 사항을 전산정보처리조직에 의하여 자기디스크·자기테이프 기타 이와 유사한 매체에 기록·저장·관리하고 있는 집합물을 말한다(지적법 제2조 제1호).

그런데 경계점좌표등록부는 기술적 측면에서 일반적으로 지적공부로 활용하기 어렵다. 따라서 지적도·임야도·토지대장·임야대장·공유지연명부·대지권등록부를 통하여 토지의 물리적 현황을 확인하게 된다.

지적도·임야도, 토지대장·임야대장은 모두 토지를 대상으로 하는 것임에도 도면과 대장이 각 이원화되어 있음을 볼 수 있다. 이는 다음과 같은 역사적 배경 때문이다. 즉 1910. 8. 29. 한일합병을 계기로 일제는 우리나라 전역에 걸쳐 1912. 8. 제령 제2호를 통하여 "토지조사령"을 발표하면서 임야를 제외한 모든 토지를 조사하게 되고, 이에 따라 사정 및 재결을 하게 된다. 사정(査定)은 당해 토지에 대하여 소유권을 원시취득하게 하는 법적 효력을 갖는 절대적인 것이었다. 다만, 사정에 이의가 있을 경우에는 고등토지조사위원회의 재결(裁決)로써 소유권을 확정하였다.23) 동 사업은 1917. 12.에 완결되었고, 이를 통하여 지적도와 토지대장이 작성된다.

토지조사사업에서 제외된 임야는 1918년 "조선임야조사령"을 통하여 전국의 임야를 전수 조사하게 되는데, 이를 통하여 토지조사사업과 같은 사정 및 재결 과정을 거치게 된다. 동 사업도 1935년 완결됨에 따라 임야도와 임야대장이 작성되었다(곽윤직 1993, 53-54). 이러한 역사적 배경으로 우리나라의 지적공부는 지적도와 이에 기초한 토지대장, 임야도와 이에 의한 임야대장으로 이원화된 것이다. 따라서 원칙상 거래관계에서 토지가 임야인 경우에는 임야도 및 임

---

23) 고등토지조사위원회의 재결 효력은 사정일에 소급하였다.

야대장을 통하여, 기타 지목의 토지는 지적도 및 토지대장을 통하여 물리적 현황을 확인하게 된다.[24]

가) 지적도·임야도

지적도(地籍圖) 및 임야도(林野圖)에는 토지의 방향·도로조건·토지의 모양을 2차원적 모습으로 형상화시켜 놓고 있다. 이들 도면에는 토지의 소재·지번·지목·경계 및 도면의 색인도, 도곽선과 그 수치, 좌표에 의하여 계산된 경계점 간의 거리(단, 경계점좌표등록부를 비치하는 지역에 한함), 삼각점 및 지적측량 기준점의 위치, 건축물 및 구조물의 위치 등에 관한 사항을 기재하고 있다(지적법 제16조 및 동법시행규칙 제10조 제1항).[25]

〈표 2-1〉 지목 부호표

지 목	부 호	지 목	부 호
전	전	철도용지	철
답	답	제 방	제
과수원	과	하 천	천
목장용지	목	구 거	구
임 야	임	유 지	유
광천지	광	양어장	양
염 전	염	수도용지	수
대	대	공 원	공
공장용지	장	체육용지	체
학교용지	학	유원지	원
주차장	차	종교용지	종
주유소용지	주	사적지	사
창고용지	창	묘 지	묘
도 로	도	잡종지	잡

---

24) 임야도 및 임야대장이라 하여 반드시 지목이 "임야"만 등록되는 것이 아니고 28개 지목이 전부 포함될 수 있다. 마찬가지로 지적도 및 토지대장에도 임야가 등록될 수 있다. 토지대장에 등록된 임야를 일명 "토림(土林)"이라 칭하기도 한다. 임야도 또는 임야대장에 등록되는 지번에는 그 본번 앞에 "산(山)"자가 첨언되는 특징이 있다.

지적도에 지목을 표시할 경우에는 정식 명칭을 기재하지는 않고 부호(符號)를 사용하고 있다. "부호"는 지적도 또는 임야도에 지목을 표시하기 위하여 창안된 것으로, 28개 지목에 대한 각 부호는 〈표 2-1〉과 같다(지적법시행규칙 제5조).

한편 지적도는 1/500, 1/600, 1/1,000, 1/1,200, 1/2,400, 1/3,000, 1/6,000 축적을 사용하고, 임야도는 1/3,000, 1/6,000 축적을 사용하고 있다(지적법시행규칙 제10조 제5항).

나) 토지대장 · 임야대장

지적도와 임야도에 근거하여 토지대장과 임야대장이 작성된다. 지적도 및 임야도는 토지를 2차원의 모습으로 형상화 시켜 놓은 것일 뿐 해당 토지에 대한 면적 · 소유자 등에 대한 구체적인 내용은 확인할 수 없다. 따라서 이에 대한 보완서면으로 구비하고 있는 것이 토지대장과 임야대장이다.

이들 대장을 통하여 확인할 수 있는 사항은 토지의 소재 · 지번 · 지목 · 면적 · 토지의 고유번호 · 도면번호 · 필지별 대장의 장번호 · 축적 · 토지의 이동사유 · 토지등급 또는 기준수확량 등급과 그 설정 및 수정 연월일 · 개별 공시지가와 그 기준일 · 농도지역 등에 관한 사항과, 토지 소유자의 성명 또는 명칭, 주소, 주민등록번호(국가 · 지방자치단체 · 법인 · 비법인사단 및 재단 · 외국인은 등록번호)와, 소유자가 변경된 경우에는 그 변경된 날과 그 원인 등에 관한 사항이다(지적법 제9조 제1항 및 동법시행규칙 제9조 제1항).

한편 이들 대장을 작성 · 비치하는 목적은 어디까지나 토지의 물리적 현황을 명시하는 데 있으므로, 소유자에 관한 사항은 원칙상 특별한 의미가 없다. 즉 이들 대장에 비록 소유자로 기재된 경우라도 이는 원칙상 형식적인 것에 불과한 것이다.[26] 따라서 토지에 대한 소유권자 여부에 대한 판단을 할 경우에는

---

25) 지적도 및 임야도에는 형식적인 면적은 표시되어 있지 않다. 그러나 이들 도면에는 실질적인 면적이 표시되어 있다. 즉 이들 도면은 토지대장 및 임야대장의 기초서면으로서, 축척에 의하여 실질적인 면적이 도면에 표시되어 있다.

26) 토지대장이나 임야대장에 기재된 소유자에 관한 사항은 등기부의 갑구 사항란에 대해서는 부차적인 것에 불과하다. 다만, 등기권리가 부진정한 경우 또는 이들 대장의 소유자가

어디까지나 토지등기부의 갑구 사항란을 기준으로 하여야 한다. 그러나 토지가 보존등기되지 않은 경우라면 원칙상 이들 대장상 소유명의자가 보존등기할 권한이 있으므로, 이들 대장에 등록되어 있는 명의자가 소유권자로 추정되는 것임은 물론이다.

다) 공유지연명부

"공유지연명부"란 토지 또는 임야에 대하여 2인 이상의 소유자가 존재할 경우, 각 공유자가 당해 토지에 대하여 가지고 있는 지분 및 그에 따른 면적을 명백히 하기 위하여 비치하는 공부를 말한다. 공유지연명부를 통하여 다음과 같은 사항을 확인할 수 있다. 즉 토지의 소재·지번, 공유자별 지분, 공유자의 성명 또는 명칭·주소·주민등록번호(국가·지방자치단체·법인·비법인사단 또는 재단·외국인은 등록번호) 및 토지의 고유번호, 필지별 공유지연명부의 장번호, 토지 소유자가 변경된 경우 그 변경된 일자와 그 원인 등을 확인할 수 있다(지적법 제9조 제2항 및 동법시행규칙 제9조 제2항).

한편 공유지연명부도 토지대장과 동일한 법적 의미를 갖는 것이므로 당해 토지의 물리적 현황을 제외한 소유권에 관한 사항, 즉 소유자의 인적사항·소유자별 지분권과 이에 대한 변경 등에 관한 사항은 어디까지나 형식적인 것에 불과하므로, 토지등기부 갑구 사항란이 그 기준이 된다. 다만, 보존등기가 되기 전에는 공유지연명부에 등록된 소유자의 인적사항 및 그 지분권도 예외적으로 특별한 의미를 갖게 됨은 토지대장 및 임야대장에서 설명한 것과 같다.

라) 대지권등록부

"대지권등록부"는 토지대장 또는 임야대장에 등록된 토지가 부동산등기법에 의하여 집합건물의 대지권으로 등기된 경우에 비치되는 공부를 말한다. 여기에는 토지의 소재·지번, 대지권의 비율, 소유자의 성명 또는 명칭·주소·주민등록번호(국가·지방자치단체·법인·비법인사단 및 재단·외국인은 등록번호) 및 토지의 고유번호, 전유부분 건물의 표시, 건물명칭, 집합 건물별 대지권등록

사정(查定)을 받은 자인 경우라면 등기상 권리에 우선하는 효력을 갖게 된다.

부의 장번호, 토지 소유자가 변경된 경우에는 그 변경된 날과 원인 및 소유권 지분을 확인할 수 있다(지적법 제9조 제3항 및 동법시행규칙 제9조 제3항).

대지권등록부를 비치하는 이유는 대장 소관청이 토지대장·임야대장 및 이들 대장에 부속된 공유지연명부로는 당해 토지의 소유권에 대한 변동과정과 그 내역을 관리하는 데 불편하여 창안된 공부로써 1995년부터 비치하고 있다. 집합건물에 대하여 소유권에 변동이 있을 경우에는 소관청이 직권으로 대지권등록부에 그 변경 사항을 기재하고 있는데, 대지권등록부에 기재된 토지의 물리적 현황은 토지등기부의 표제부에 우선한다는 것과, 소유자에 관한 사항은 토지등기부의 갑구 사항란을 기준으로 판단하게 되는 것은 토지대장 또는 임야대장에서 논한 바와 같다.

2) 건물공부

"건물공부"란 지상에 소재하는 각종 건축물에 대한 물리적 현황과 그 변동사항을 명확히 하기 위하여 행정기관이 직권으로 작성하여 비치·관리하는 공부를 말한다. 건물관련 공부에는 건축법에 의하여 적법한 허가 또는 신고를 통하여 건축되는 경우에 비치되는 건축물대장·공작물관리대장·가설건축물대장과, 불법으로 축조한 건축물에 대하여 비치되는 위반건축물관리대장이 있다.

가) 건축물대장

건축물대장은 시장·군수·구청장이 건축물의 소유·이용 상태를 확인하거나 건축정책의 기초 자료로 활용하기 위하여 다음과 같은 사유가 있을 경우에 작성·비치하게 된다(건축법 제29조 제1항).

① 허가 또는 신고한 건축물에 대한 공사가 완료되어 사용승인서를 교부한 경우

② 허가 또는 신고대상이 아닌 건축물로써 완공 후 건축물대장에 기재해 줄 것을 요청하는 경우

③ 집합건물의소유및관리에관한법률 제56조 및 제57조에 의하여 집합건물을 신축하거나 집합건물로 변경됨으로써 집합건축물대장 등록신청이 있거나,

집합건축물대장으로 변경등록 신청이 있을 경우

④ 건축법 시행일인 1992. 6. 1. 이전에 관계법령 등의 규정에 따라 적법하게 건축되고 유지·관리된 건축물 소유자가, 당해 건축물에 대한 건축물대장 및 기타 이와 유사한 공부를 통하여 현행 건축법상 건축물대장으로 이기해 줄 것을 신청하는 경우

위와 같은 사유로 작성·비치된 건축물대장에는 건물의 소재·지번, 대지면적, 대지의 용도지역·지구·구역의 내용 및 건축물의 물리적 현황인 건축면적·연면적, 건폐율·용적률·구조·용도·층수·높이 등에 관한 사항과 소유자에 대한 사항을 기재하고 있다.

한편 건축물대장에 기재된 내용 중 물리적 현황과 관련된 사항은 건물등기부에 우선한다. 그러나 소유자와 관련된 사항은 건물등기부의 갑구 사항란을 기준으로 하게 되므로, 건축물대장에 기재된 소유자의 인적 사항은 형식적인 것에 지나지 않는다. 다만, 보존등기가 되지 않은 경우에는 건축물대장에 기재된 명의자가 소유권자로 추정되는 것임은 지적공부의 경우와 동일하다.

나) 공작물관리대장

공작물은 건축물이 아닌 것을 말한다. 공작물은 건축물과 동시에 축조되는 것이 일반적이나, 건축물과 분리하여 축조될 수도 있다. 공작물을 축조할 경우에는 건축법 제72조 및 동법시행령 제118조의 규정에 따라 시장·군수·구청장에게 신고한 후 축조하여야 한다. 공작물관리대장은 이러한 신고를 통하여 적법하게 축조된 공작물에 대하여 작성·비치되는 공부를 말한다. 동 대장에는 신고일, 사용승인일, 대지의 소재지번, 대지의 지역·지구·구역, 공작물의 종류·구조·길이·높이·면적 등에 관한 사항과 소유자에 관한 인적사항을 기재하고 있다.

한편 공작물은 독립된 부동산으로 취급받지 못하므로 등기부가 개설될 수 없다. 따라서 일반적으로는 본 대장을 통하여 공작물에 대한 물리적 현황과 소유자의 인적사항을 확인할 수밖에 없을 것이다. 만약 공작물관리대장에 등재된 소유자와 토지 소유자가 부합하지 않을 경우에는 거래계약 체결시 신중을 기해

야 할 것임은 물론이다.

다) 가설건축물관리대장

가설건축물은 특별한 목적으로 일시 사용하기 위하여 설치한 건축물을 말한다. 가설건축물도 허가 또는 신고를 통하여 적법하게 건축된 경우에는 시장·군수·구청장이 가설건축물관리대장을 작성·비치하게 된다(건축법 제15조, 동법시행령 제15조). 동 대장에는 가설건축물의 소재지번, 면적, 대지의 지역·지구·구역, 건축면적·연면적, 가설 건축물의 존치기간, 연장기간, 가설건축물의 용도·구조·층수, 소유자에 관한 사항 등을 기재하고 있다.

가설건축물도 일시사용 목적성·등기대상으로서의 부적합성 등으로 등기부가 개설되지 않을 경우가 많을 것이다. 따라서 동 대장에 기재된 소유자와 실제 점유자 및 토지 소유자와의 상호관계를 확인한 후 이에 따라 처리하여야 할 것이다.

라) 위반건축물관리대장

"위반건축물관리대장"이란 허가 또는 신고대상 건축물에 대하여 적법한 행정절차를 거치지 않고 축조한 건축물에 대하여 시장·군수·구청장이 직권으로 조사하여 작성·비치하는 공부를 말한다(건축법 제69조 및 동법시행령 제115조).

위반건축물관리대장에는 대지에 대한 일반적인 현황 및 위반내용, 즉 무허가, 무단 용도변경, 위법시공의 내용 기타 위반일·적발일·구체적인 위반내용, 행정조치 사항 등에 관한 내용을 기록하고 있다.

건축법 등 관계법률에 위반하여 건축된 건물은 완공된 경우라도 준공검사를 필할 수 없으므로 건축물대장이 개설되지 않는다. 따라서 위반건축물관리대장을 통하여 물리적 현황과 소유자의 인적사항을 판단할 수밖에 없다. 그러나 준공검사가 완료된 후 축조된 위반건축물이 존재할 경우에는 건축물대장을 통하여 판단할 수 있다. 다만, 건축물대장과 별도로 위반건축물관리대장이 존재할 경우에는 건축물대장과 위반건축물관리대장을 병합적으로 확인·대조하면 될 것이다.

한편 위반건축물 소유자는 토지 소유자와 동일한 경우가 대부분일 것이나, 제3자가 이에 대하여 소유권·점유권·유치권을 주장할 수도 있다. 이러한 사정이 있을 경우에는 특별한 주의가 필요함은 물론이다.

3) 토지이용계획확인서

"토지이용계획확인서"란 토지관할 시장·군수·구청장이 당해 토지가 어떤 용도지역·지구·구역으로 지정되어 있는가를 확인해 주는 서면을 말한다. 이에 대한 규정은 국토의계획및이용에관한법률 제132조 및 동법시행규칙 제33조에 명시되어 있다.

토지규제와 관련된 공법은 무려 100여 가지가 넘고 그 내용 또한 복잡·다양하므로 토지의 활용가치 및 그 투자성 여부를 판단하는 것이 결코 간단한 문제가 아니다. 이러한 문제를 해결함으로써 이해관계인들에게 토지이용에 대한 예측 가능성을 제공하고, 객관적이고 투명한 토지행정을 구현하기 위하여 창안된 것이 바로 동 확인서이다.

토지이용계획확인서에는 건설교통부장관 및 특별시장·광역시장·도지사가 관계 행정기관장과 사전협의를 통하여, 국토의계획및이용에관한법률 제30조에 따른 도시관리계획으로 결정·고시한 사항이나, 다른 법률에 의하여 결정·고시한 지역·지구·구역 등에 관한 사항이 포함되어 있다.[27] 따라서 목적 토지에 대한 공법상 규제내용은 원칙상 토지이용계획확인서를 통하여 1차적으로 확인할 수 있다.

가) 토지이용계획확인서 발급

토지이용계획확인서를 발급하는 기관은 거래 대상인 토지를 관할하는 시장·군수·구청장이다. 우리나라의 모든 토지는 사실상 토지이용계획이 수립되어 있다. 따라서 어떤 토지라도 동 확인서면이 발급된다. 다만, 토지의 용도지

---

27) 토지이용계획확인서 발급 내용의 정확성을 담보하기 위하여 토지이용과 관련된 지역·지구·구역 등을 새로 지정하거나 변경한 경우에는, 당해 기관장은 관할 시장·군수·구청장에게 그 내용을 통보하도록 하고 있다(국토의계획및이용에관한법률 제132조 제3항).

역·지구·구역 등에 대한 표시가 축척 1/500 내지 1/1,500(단, 녹지지역안의 임야, 관리지역, 농림지역, 자연환경보전지역은 축척 1/3,000 내지 1/6,000로 할 수 있다) 지형도면에 명시되어, 해당 토지가 어느 지역·지구·구역에 속하는 것인지 불확실한 경우가 있을 수 있다. 따라서 이러한 경우에만 관할 시장·군수·구청장이 동 확인서 발급을 거부할 수 있는 예외가 인정되고 있다(국토의계획및이용에관한법률 제132조 및 동법시행령 제27조 제1항, 동법시행규칙 제33조 제2항). 그러나 이러한 사정이 있을 경우에도 동 기관에서는 해당 토지가 어느 용도지역 등에 속하는 것인지 신속히 확인한 후 토지이용계획확인서를 발급하여야 할 것이다.

나) 토지이용계획확인서 내용

국토의계획및이용에관한법률시행규칙 제33조 제2항에는 토지이용계획확인서를 법정서식인 제21호 서식(전산 발급시는 제22호 서식)으로 규정하고 있다. 이들 서식을 통하여 확인할 수 있는 내용을 살펴보면 다음과 같다.

(1) 국토의계획및이용에관한법률 제36조 내지 제55조 규정에 의하여 건설교통부장관 및 특별시장·광역시장·도지사가 지정 또는 결정한 다음과 같은 용도지역·지구·구역에 해당하는지 여부

(가) 도시관리계획으로 결정된 다음과 같은 용도지역

① 주거지역 : 전용주거지역(제1종·제2종), 일반주거지역(제1종·제2종·제3종),[28) 준주거지역

② 상업지역 : 근린·유통·일반·중심상업지역

③ 공업지역 : 전용·일반·준공업지역

④ 녹지지역 : 보전·생산·자연녹지

(나) 도시관리계획으로 결정된 다음과 같은 용도지구

① 경관지구(자연·수변·시가지)

② 미관지구(중심지·역사문화·일반)

---

28) 일반주거지역 중 제1종은 4층 이하, 제2종은 7층 또는 15층 이하, 제3종은 층수 제한 없이 각 용적률 한도 내에서 건축할 수 있다.

③ 고도지구(최저 · 최고)

④ 방화지구

⑤ 방재지구

⑥ 보존지구(문화자원 · 중요시설물 · 생태계)

⑦ 시설보호지구(학교 · 공용 · 항만 · 공항)

⑧ 취락지구(자연 · 집단)

⑨ 개발진흥지구(주거 · 산업 · 유통 · 관광휴양 · 복합)

⑩ 특정용도제한지구

⑪ 아파트지구

⑫ 위락지구

⑬ 리모델링지구

⑭ 기타 지구

(다) 도시관리계획으로 결정된 다음과 같은 용도구역

① 개발제한구역(Green belt)

② 시가화조정구역

③ 수산자원보호구역

(라) 도시관리계획으로 결정된 도시계획시설

① 도로

② 도시공원[29]

③ 기타 시설

(마) 도시관리계획으로 결정된 지구단위계획구역(제1종 및 제2종) 및 이에 대한 구체적인 제한 내용으로써 건폐률 · 용적률 · 층수 등

(바) 기타 도시관리계획의 내용

① 개발밀도관리구역

---

[29] 도시지역 내 소재하는 공원은 도시공원법에 의하여 "도시공원"이라 하며, 도시공원에는 어린이공원 · 근린공원 · 도시자연공원 · 묘지공원 · 체육공원으로 구분되고 있다(도시공원법 제2조 제1호 및 제3조).

② 기반시설부담구역

③ 개발행위허가 제한지역

④ 도시개발구역

⑤ 재개발구역

⑥ 토지거래허가구역

⑦ 기타 도시계획 입안사항

⑵ 각종 토지규제 관련 공법에 따른 지역·지구·구역 등에 관한 다음과 같은 사항. 다만, 아래에서 열거되지 않은 내용이라도 당해 토지의 이용 및 제한과 관련된 사항이 있을 경우에는 토지이용계획확인서의 "기타 사항란"을 통하여 확인할 수 있다.

① 군사시설의 설치·유지에 필요한 토지에 해당하는지 여부 : 군사시설보호구역·해군기지구역·군용항공기지구역(비행안전구역, 기지보호구역)

② 농지인 경우 농지법상 농업진흥지역(농업진흥구역·농업보호구역)에 해당하는지 여부

③ 임야의 경우 산지관리법상 보전산지(임업용산지·공익용산지)와 준보전산지에 해당하는지 여부

④ 비도시지역에 소재하는 공원지역인 경우에는 자연공원법상 공원구역 또는 공원보호구역에 해당하는지 여부30)

⑤ 수도법에 의한 상수원보호구역, 수질보전특별대책지역·수변구역에 해당하는지 여부

⑥ 하천에 속한 토지인 경우에는 하천구역, 하천예정지, 연안구역, 댐건설 예정지역에 해당하는지 여부

⑦ 유형 문화재가 존재하는 토지인 경우에는 문화재 또는 문화재보호구역에 해당하는지 여부

---

30) 자연공원법상 자연공원에는 국립공원·도립공원·군립공원으로 구분된다. 그리고 이들 자연공원에는 공원구역(자연보존지구·자연환경지구·자연취락지구·밀집취락지구·집단시설지구)과 공원보호구역으로 구분하고 있다(자연공원법 제2조, 제18조, 제25조).

⑧ 전원(電源)개발과 관련된 토지인 경우에는 전원개발사업구역(발전소·변전소) 또는 그 예정구역에 해당하는지 여부

⑨ 개발사업과 관련된 토지인 경우에는 택지개발예정지구, 산업단지(국가·지방·논공단지)에 해당하는지 여부

다) 토지이용계획확인서 효력

관할 시장·군수·구청장이 발급하는 토지이용계획확인서는 거래대상 토지에 대한 각종 이용제한 및 거래규제에 관한 내용을 망라하고 있다. 따라서 원칙적으로는 동 서면을 확인하는 것으로도 충분하다.

한편 토지에 대한 소유 및 이용을 제한하고 있는 공법은 100여 가지가 넘는 반면, 동 확인서를 통하여 공시되는 관련 법규는 불과 10여 개에 지나지 않는다. 따라서 동 확인서는 토지규제와 관련된 대표적인 법률을 중심으로 편제되어 있음을 알 수 있다. 이로 인하여 기타 특별한 규제에 대해서는 확인할 수 없다. 이러한 한계에 대하여 동 확인서는 그 이면을 통하여 "이 확인서는 부동산에 관한 주요 제한사항을 기재하였으나, 이 기재사항이 모든 법령의 제한사항을 망라한 것이 아님을 유의하시기 바랍니다."라는 경고문을 두고 있음에서도 알 수 있다. 즉 동 확인서는 토지의 거래 및 이용에 따른 각종 규제사항을 확인할 수 있는 원칙적인 서면에 불과하다는 것이다. 따라서 중개업자는 부족한 부분이나 의심스러운 내용이 있을 경우에는 관련기관을 통하여 적극적으로 확인하는 자세가 필요하다.

그런데 관할 시장·군수·구청장이 토지이용계획확인서 내용을 고의 또는 과실로 사실과 다르게 발급한 경우, 권리를 취득한 자가 손해를 입은 경우 어떻게 할 것인가 하는 문제가 있다. 이러한 경우에는 관할 시장·군수·구청장에게 불법행위가 성립한다고 볼 수 있다. 다만, 이들 행정기관에 대한 책임은 민사·행정책임에 대한 것일 뿐, 발급된 바에 따른 용도지역으로 변경해 줄 것을 요구하는 등의 청구는 인정되지 않는다 할 것이다.[31]

---

31) 부동산을 취득하고자 하는 당사자가 행정기관을 방문하여 토지이용계획확인서를 통하여 당해 토지에 대한 활용 가능성을 구두로 문의한 결과 긍정적인 답변을 받아 권리를 취득

다. 임장활동을 통한 확인방법

"임장활동(臨場活動)"이란 거래대상 부동산이 소재하는 현장을 방문하여 등기부와 각종 공부와의 부합 여부 및 미공시 권리 등에 대하여 파악하는 활동을 말한다. 부동산은 위치의 고정성·개별성으로 임장활동을 하지 않고는 물리적·경제적 특성을 파악할 수 없는 한계가 있다. 그리고 해당 부동산에 대한 이용 가능성 및 투자성 여부에 대한 판단도 개별적으로는 할 수 없고, 주변 부동산을 통하여 판단할 수밖에 없다. 임장활동의 가치는 미공시 권리인 경우 그 빛을 더욱 발하게 된다. 임장활동을 통하여 확인할 수 있는 구체적인 내용에 대하여 살펴보면 다음과 같다.

1) 권리자의 진정성 확인

지금까지 부동산에 대한 권리관계는 등기부를 통한 형식적인 측면에서만 판단하였다. 그러나 권리관계에 대한 확인이라도 등기부만으로는 부족하다. 주지하다시피 우리 부동산 등기제도는 공신력이 인정되지 않으므로, 결국 이러한 문제를 보완하기 위해서는 대상 부동산 소재지를 답사하여 조사하는 임장활동이 불가피함을 알 수 있다.

권리를 이전 또는 설정하고자 하는 의뢰인의 진정성에 대한 확인은 일반적으로는 현재 권리자에 한정되고 있지만, 실질적으로는 과거 권리자이었던 자 전원에 대한 탐문도 필요함은 물론이다.[32]

가) 등기 권리자인 경우

각종 등기부의 갑구 또는 을구 사항란을 통하여 확인되는 권리자가 그의 권리를 이전 또는 설정하고자 의뢰할 경우에는 임장활동을 통하여 다시 한번 더

하였는데, 추후 이러한 목적으로 인·허가를 신청하였을 때에는 당초 입장을 번복하는 경우가 있다. 이러한 경우에도 행정기관에 과실이 있는 것이므로 그 책임을 물을 수 있을 것이다.

32) 우리 등기제도가 공신력이 인정되지 않으므로 현재 권리자가 선의 취득한 경우라도 과거 권리자가 허위 등기신청 등으로 권리를 취득한 경우라면 추후 권리를 상실할 가능성이 있다. 따라서 전주(前主)에 대한 탐문도 반드시 필요하다. 그러나 현실적인 한계로 탐문조사는 대부분 현재 권리자에 대한 확인에 그치고 있는 실정이다.

확인할 필요가 있다. 즉 소유자·지상권자·지역권자·전세권자인 경우에는 사실상 목적 부동산을 점유·사용·수익하고 있는지 여부를 확인하여야 한다. 만약 점유자·유치권자·미등기 임차인 등 제3자가 존재할 경우에는 이들에 대한 권리관계 확인과 더불어 본권 소유자의 인적사항을 확인함으로써 등기 권리자의 진정성을 확인할 수 있다. 이해관계인이 존재하지 않을 경우에는 탐문조사를 통하여 진정성을 확인하여야 한다.

나) 미등기 권리자 등인 경우

등기부 및 각종 공부를 통하여 확인할 수 없는 사항은 무수히 많다. 따라서 임장활동의 필요성은 부동산 거래실무의 전 과정을 통하여 강조되지 않을 수 없다. 이하에서는 각 부동산에 존재하는 등기대상이 아닌 권리의 존재 여부와 그 확인방법에 대하여 살펴보기로 하자.

(1) 건물에 대한 확인

건물에 존재하는 미등기 권리자의 대표격은 임차권과 유치권이다. 그리고 예외적으로 불법 점유자가 존재할 수 있다. 불법 점유자가 존재할 경우에는 거래계약 체결시 또는 잔금지급시 동시이행 관계로 처리하면 될 것이다.

건물에 대한 유치권 존재 여부는 임장활동을 통해서도 파악할 수 없는 경우가 대부분이다. 유치권은 건물을 신축·증축·개축·재축·대수선하는 과정에서 약정한 공사비를 완제하지 못한 경우에 주로 발생하게 된다. 이를 일명 "건설유치권"이라 칭하기도 한다. 유치권이 존재할 경우에는 잔금 지급시 이와 동시에 처리하여야 한다. 임차권은 등기할 수 있음에도 대부분 미등기 상태로 존재하고 있다. 임차인이 존재할 경우에도 잔금 지급시 동시처리하여야 한다. 주택 및 상가건물에 대한 임차권의 경우에는 특별법으로 규율하고 있는 바, 이에 대해서는 후술하기로 하겠다.

미등기 권리자가 존재할 경우에는 이들을 통하여 권리를 이전 또는 설정하는 의뢰인의 진정성 여부를 탐문할 수 있다. 따라서 가능하면 관련 서면, 즉 공사계약서 또는 임대차계약서 등의 제출을 요구하고, 이들 서면을 통하여 등기권리자의 진정성을 검토할 필요가 있다.

(2) 토지 및 기타 지상물에 대한 확인

토지에 대한 실체적 권리관계 확인도 건물과 같이 임장활동을 통하여 권리자가 직접 점유·사용·수익하고 있는지 여부에 대한 확인으로 판단할 수 있다. 만약 권리자가 직접 점유하고 있지 않을 경우에는 직접 점유자를 통하여 확인할 수 있을 것이다. 토지에도 건물과 비슷한 사유로 유치권이 발생한다. 즉 토지에 대한 토목공사 기타 기반공사를 한 시공업자가 관련 공사비 등을 이유로 토지에 대한 유치권을 주장하는 경우이다. 이러한 것도 임장활동을 하지 않고는 결코 확인할 수 없는 것이다. 그런데 농지 및 임야의 경우에는 이러한 일반적인 것 이외에도 아래와 같은 문제가 발생할 수 있으므로 특별한 주의가 필요하다.

첫째, 농지는 경작물의 존재 여부와 그 식재된 농작물의 권리관계를 확인하여야 한다. 일반적으로는 농지의 소유자가 농지를 사용·수익하고 있으므로 식재된 경작물도 농지 소유자의 것이 보통이다. 그러나 만약 농지에 제3자가 농작물을 경작하고 있는 경우라면 사정은 달라진다. 즉 농작물은 농지에 대하여 아무 권원없는 자가 경작·재배한 경우뿐만 아니라, 농지 소유자 또는 점유자를 배제하고 식재한 경우라도 그 농작물의 소유권은 여전히 경작자에게 인정되기 때문이다. 다만, 이러한 법리는 일반적으로 농작물이 모·입도(立稻)·약초·양파·마늘·고추 등 1년생 농작물에 한정되는 것으로 해석하고 있다(대판 68도906).

한편 과목(果木)은 농지의 부합물로써 농지의 일부로 보고, 특별히 농지에서 과목만 따로 분리하여 처분한다는 등 특약을 한 바 없다면, 농지의 소유권과 함께 일괄 이전되는 것으로 보고 있다(대판 71다2313). 그러나 과목이 부합물로써 이전된다고 하더라도 당해 년도에 수확할 수 있는 열매는 그 과목을 식재한 자에게 속한다고 보아야 한다. 다만, 미분리과실(未分離果實)에 대해서는 특별한 공시방법이 인정된다. 즉 논·밭 주위에 새끼줄을 둘러치고 소유자의 성명을 묵서한 목찰(木札)을 세우거나, 인삼밭의 경우에는 인삼포(人蔘圃)를 지나는 자가 볼 수 있는 곳에 인삼 소유자의 성명을 표시하는 방법으로 당해 농작물에 대한 소유권을 공시할 수 있다(대판 71다2573).

　따라서 임장활동시에는 농지에 식재된 1년생 또는 다년생 농작물의 존재 여부와 명인방법으로 공시되고 있는 권리가 없는지 여부도 확인할 필요가 있다. 만약 이러한 사정이 있을 경우에는 이들 경작자와 농작물에 대한 보상 및 농지의 인도 등에 대하여 사전에 협의할 필요가 있고, 이들을 통하여 농지를 이전 또는 설정하고자 하는 의뢰인의 진정성 여부도 확인할 수 있을 것이다.

　둘째, 분묘 및 수목에 대한 권리관계를 확인하여야 한다. 분묘(墳墓)는 관습법상 지상권과 유사한 물권으로 보호되고 있으므로 특별한 주의가 필요하다. 분묘는 대부분 임야에 존재하지만 농지 등에도 설치되어 있다. 분묘가 권리를 이전하는 자의 소유에 속한 경우에는 상호 적의(適意) 처리할 수 있으나, 만약 제3자의 소유에 속한 경우라면 분묘기지권 성립 여부와 이장(移葬) 가능성 등에 대해서도 판단하여야 할 것이다. 분묘에 대한 내용은 후술하기로 하겠다.

　임야에 생립(生立)하고 있는 수목(樹木)의 집단에 대해서는 입목등록원부 또는 입목등기부를 통하여 그 권리관계를 확인할 수 있음은 앞서 논한 바와 같다. 그런데 수목의 경우에는 그 소유자가 입목등기를 하지 않고 간단한 명인방법으로도 공시할 수 있다.

　"명인방법(明認方法)"이란 입목이 누구에게 속하였는지에 대하여 제3자가 명백하게 인식할 수 있는 방법으로 공시하는 모든 수단을 말한다. 명인방법에는 제한이 없으므로 불특정 제3자에게 수목이 누구의 소유에 속하고 있음이 공시되면 충분하다. 따라서 경계선을 따라 적당한 거리를 두고 수피(樹皮)를 깎아서 그 곳에 소유자의 성명을 묵서(墨書)한 경우라든지, 임야의 여러 곳에 "입산금지 소유자 ○○○"라는 푯말을 송판에 써서 붙이는 방법도 가능하다고 한다(대판 66다2382). 다만, 수목은 농작물과 달리 타인이 정당한 권원 없이 식재한 경우라면 소유권을 인정하지 않는다(민법 제256조, 대판 68다1995).

　임지(林地)와 수목 소유자가 동일한 경우에는 특별한 사정이 없으면 임야에 생립한 수목은 임지의 부합물로써 당연히 수반된 것으로 볼 수 있으나, 명인방법으로 공시되고 있는 수목 및 분묘 소유자가 토지 소유자와 각 다른 경우에는 이들과 수목 및 분묘에 대한 처리방법을 협의하여야 할 것이며, 이러한 과정에서 등기권리자의 진정성 여부도 일응 확인할 수 있을 것이다.

2) 채권적 전세권자 또는 미등기 임차인 확인

채권적 전세권자 또는 미등기 임차인이 존재할 경우에는 이들의 권리내용을 확인하여야 하고, 아울러 이들을 통하여 등기 권리자의 진정성 여부를 확인할 수 있다. 다만, 채권적 전세권자 또는 미등기 임차인이 자기의 권리를 다시 이전하고자 의뢰할 경우에는 이들이 소지한 전세계약서 또는 임대차계약서를 통하여 본권자인 소유자 등으로부터 이들의 권리관계를 확인할 수 있음은 물론이다.

한편 채권적 전세권자 또는 미등기 임차인이 자기의 권리를 양도 또는 전대할 경우에는 채권적 전세권설정자 및 임대인의 동의가 필요하다. 여기서 "양도(讓渡)"라 함은 채권적 전세권자 또는 임차인이 자기의 권리를 제3자에게 전부 이전함으로써 자신은 그 지위에서 벗어나는 것을 말하며, "전대(轉貸)"란 채권적 전세권자 또는 임차인이 설정자에 대한 자신의 지위는 그대로 유지하면서 권리의 전부 또는 일부를 제3자에게 다시 설정하는 것을 말한다.

채권적 전세권설정자 또는 임대인이 채권적 전세권자 또는 임차인에게 권리를 이전 또는 전대하는 데 동의하지 않았음에도 그 권리가 양도 또는 전대된 경우에는 채권적 전세권설정자 및 임대인에게 대항할 수 없으므로, 양수인은 적법한 권리를 취득하지 못하고 목적 부동산으로부터 퇴거당하게 된다(민법 제629조). 따라서 채권적 전세권자 및 임차인으로부터 권리양도 또는 전대에 대한 중개의뢰가 있을 경우에는 반드시 채권적 전세권설정자 또는 임대인의 동의 여부를 확인하여야 할 것이다. 이에 대한 확인은 당초 작성된 전세계약서 또는 임대차계약서를 통하여 확인할 수도 있으나, 결국 채권적 전세권설정자 또는 임대인을 통하여 직접 확인할 수밖에 없다. 그러나 건물의 소부분을 제3자에게 전대할 경우에는 이러한 동의는 불필요하므로 채권적 전세권자 및 임차인의 진정성만 확인하면 될 것이다(민법 제632조).

임차권은 채권임에도 특히 등기할 수 있도록 허용하고, 등기가 된 경우에는 제3자에게 대항할 수 있는 권리를 부여하고 있다(민법 제621조 및 부동산등기법 제2조 제7호). 이에 따라 임차인이 임차권 등기를 한 경우라면 등기부 을구 사항란에 공시되므로 미공시 권리는 아니다.[33] 그러나 임대차 등은 대부분 등기하지 않고 단순한 채권관계로 존재하는 경우가 대부분이어서, 제3자 입장에서는 임차권의 존재 여부 및 그 내용을 확인할 수 없는 경우가 대부분이다.

한편 임차권을 등기하지 않은 임차인은 제3자에게 대항할 수 없으므로 만약 채권적 전세권설정자 내지 임대인이 제3자에게 그 부동산을 양도한 경우에는 새로운 소유자에게 대항할 수 없어, 기존 임차인은 목적물을 매수인에게 인도할 수밖에 없다. 그런데 이와 같은 원칙에 의하면 임차인은 매우 불리하므로 그 지위를 강화할 필요가 있다. 이러한 목적에서 국민의 주거 또는 경제활동과 밀접한 관련 있는 주택 및 상가건물에 대한 임차권의 경우에는 등기가 없더라도 일정한 요건을 갖춘 경우에는 대항력을 취득하는 특별규정을 두고 있다. 따라서 주택 및 상가건물에 대하여 거래계약을 체결할 경우에는 미등기 임차인 또는 채권적 전세권자의 존재 여부와 그 권리내용을 구체적으로 파악하고, 한편으로는 이들을 통하여 목적물에 대한 소유자 등 권리자의 진정성 여부에 대하여 확인할 필요가 있다. 이하에서는 미등기 임대차의 대표적 사례에 속하는 주택 및 상가건물의 임대차와 채권적 전세에 적용되는 주택임대차보호법 및 상가건물임대차보호법에 대하여 항을 바꾸어 살펴보기로 하자.

가) 주택 임대차에 대한 확인

(1) 주택임대차보호법 적용범위

민법의 임대차에 따르면 미등기 임차인 내지 채권적 전세권자(이하 "임차인"이라 함)가 존재하는 주택이 매매된 경우, 전소유자와 임대차 계약을 통하여 주택을 점유·사용하고 있던 임차인은 새로운 소유자에게 대항할 수 없으므로 주

---

33) 임차권이 등기된 경우라도 주택 및 상가건물인 경우에는 동일 임차인이 등기권리와 미등기권리를 동시에 겸할 수도 있으므로, 중개업자는 등기사항과 무관하게 실체적 권리관계 내용을 파악할 필요가 있다.

택을 매수인에게 인도하여야 한다. 이러한 민법의 법리가 그대로 적용될 경우 국민의 주거생활이 매우 불안정할 것임은 다언을 요하지 않는다. 따라서 민법 제621조에 대한 특별규정으로 "주택임대차보호법"을 제정하여 임차인의 지위를 강화하고 있다.[34]

동법에서 규정하고 있는 "주거용 건물"이란 주거용으로 건축된 건물은 물론, 비주거용 건물인 경우라도 사실상 주거용으로 사용하는 경우를 포함하다. 그리고 임차주택의 일부를 비주거용으로 이용하는 경우뿐만 아니라 무허가 건물을 임차하여 주거용으로 사용할 경우에도 주택에 포함되는 것으로 하고 있다.

한편 동법의 보호를 받을 수 있는 주체는 대한민국 국민·외국인·무국적자를 불문한다. 다만, 자연인에 한정되며, 법인·비법인사단 및 재단은 보호대상이 되지 못한다(대판 96다7236). 그리고 임차인이 자연인인 경우라도 일시 사용을 위한 것이 명백한 경우에도 역시 동법의 보호를 받을 수 없다(주택임대차보호법 제11조).

(2) 주택 임차인의 지위

주택 임차인(이하 "임차인"이라 함)은 단순한 임차권을 가지고 있음에 불과하지만 특별한 지위를 보장받고 있다. 다만, 이하에서는 대항력, 임대차기간 보장력, 임차권등기명령 신청권에 대해서만 살펴보기로 하자.

(가) 대항력

① 의 의

"대항력"이라 함은 권리자가 자기의 권리를 상대방뿐만 아니라 제3자에게도 주장할 수 있는 법적인 힘을 말한다. 원칙상 대항력은 물권에만 존재하며 채권에는 인정되지 않는다. 따라서 임차권은 채권이므로 대항력이 없다. 이러한 원리에 따르면 국민의 주거생활에 큰 애로가 있을 수 있으므로, 일정한 요건을 갖춘 임차권에 대해서는 채권임에도 불구하고 물권에 준하는 대항력을 인정하게

---

34) 주택임대차보호법은 1981. 3. 5. 법률 제3379호로 제정과 동시에 시행된 법률이다.

된 것이다(주택임대차보호법 제3조).

임차인이 대항력을 취득하는 방법으로는 임차권 등기를 통하여 확보하는 것이 원칙이다. 그러나 주택임대차보호법에는 임차인의 편의와 비용 절감을 위하여 임차권 등기를 하지 않고도 대항력을 취득할 수 있는 특별한 요건을 규정하고 있다. 즉 대항력과 관련하여 주택임대차보호법 제3조 제1항은 "임차인이 주택의 인도와 주민등록을 마친 때에는 제3자에 대하여 효력이 생긴다"고 규정하고 있다. 그런데 이러한 "대항력"은 해석상 상대적대항력과 절대적대항력으로 구분할 수 있다.

"상대적대항력"이란 주택임대차보호법 제3조 제1항이 정하는 임대차계약 + 주택의 인도 + 주민등록 전입신고를 한 경우 그 다음날부터 발생하는 원칙적 대항력을 말한다. 상대적대항력을 일반적대항력 또는 형식적대항력이라고 할 수 있다. 상대적대항력은 원칙상 등기한 물권에 발생하는 일반적 효력에 지나지 않는다. 동일한 주택에 여러 임차인이 존재할 경우, 모든 임차인이 이러한 요건을 구비한 경우라면 각 그 순위에 따른 효력을 갖게 된다. 다만, 경매개시결정 기입등기 전에 대항력을 구비한 소액보증금 임차인의 경우에는 대항력 취득 순위에 따른 우선변제권 외에도 민사집행법에 의한 경매 또는 국세징수법에 의한 공매시 일정 금액에 대하여 최우선변제권으로 보호되는 특별한 권리도 인정되고 있다.

"절대적대항력"이란 상대적대항력을 구비한 임차인 중에서 말소기준이 되는 최선순위 저당권·압류·가압류·강제경매개시결정등기에 앞서 대항력을 갖추고 있는 임차인의 대항력을 말한다. 절대적대항력을 갖춘 임차인이 소액보증금 임차인인 경우에는 최우선변제권으로도 보호된다. 그리고 상대적대항력을 구비한 임차인과 달리 경매실행으로 주택이 처분되는 경우에도 보증금을 전액 변제받지 않는 한 임차권이 소멸되지 않는 특별한 효력을 인정받고 있다(주택임대차보호법 제3조의5 단서).

② 대항력 요건 및 발생시기

임차인이 물권에 준하는 대항력을 취득하기 위해서는 일정한 요건이 필요하다. 즉 "적법한 임대차계약 체결 + 주택의 인도 + 주민등록 전입신고"의 3요건이 구비되어야 하는데, 이러한 요건은 대항력의 존속 요건이기도 하다. 그런데 임대차 계약은 반드시 서면으로 체결해야 하는 것은 아니므로 정당한 당사자간에 체결된 경우라면 구두에 의한 계약도 가능하다. 따라서 주민등록 전입신고와 주택의 인도만 있고, 임대차 계약서가 없는 대항력 있는 임차인도 존재할수 있다.

임차인이 주민등록 전입신고 및 주택의 인도요건을 모두 구비한 경우라면 그 익일부터 대항력을 취득하게 된다(주택임대차보호법 제3조 제1항). 여기서 "익일"이라 함은 다음날 오전 0시를 말한다. 따라서 임차인이 대항력을 취득한 날과 같은 일자에 제3의 등기 권리자가 존재할 경우에도, 임차인의 권리가 이들보다 선순위가 된다.

③ 대항력의 효과

㉮ 임대차계약 유지권 : 대항력을 취득한 임차인은 임차주택이 제3자에게 이전된 경우에도 전 소유자와 체결한 임대차 계약의 효력이 그대로 유지된다. 따라서 임차인은 전임대인과 맺은 임대차 계약에 따라 잔여기간 동안 임차주택에 거주할 수 있음은 물론, 임대차 기간이 만료된 경우에는 전임대인에게 지급한 보증금에 대하여 새로운 임대인에게 그 반환을 청구할 수 있다. 다만, 임차인이 새로운 임대인과 임대차 계약의 존속을 원하지 않을 경우에는, 임차인은 계약 유지권을 포기하고, 일정한 기간 내 전임대인에게 임대차 보증금을 반환해 줄 것을 청구할 수 있는 것으로 하고 있다(대판 2001다64615). 그러나 임차인의 계약 유지권은 경매 또는 공매를 원인으로 소유권이 이전되는 경우에는 인정되지 않는다. 다만, 절대적대항력을 갖춘 임차인은 그 보증금을 전액 변제받을 때까지 임대차 계약을 유지할 수 있다(주택임대차보호법 제3조의5).

㉯ 최우선변제권 : 경매개시결정 기입등기가 되기 전에 대항력을 갖춘 임차인이 소액보증금을 지급한 경우에는 임차주택이 경매 또는 공매로 처분되는 경우에도 그 대지가액을 포함한 주택가액의 1/2범위 내에서 지역별로 규정된 바에 따른 최우선변제권으로 보호받을 수 있다.[35) 최우선 변제되는 대항력은 절

대적대항력은 물론 상대적대항력도 포함된다.

㉰ 우선변제권 : "우선변제권"이란 임차인이 대항력과 이에 더하여 임대차 계약서상에 확정일자를 부여받은 경우, 민사집행법에 의한 경매 또는 국세징수법에 의한 공매시 임차주택과 그 대지의 환가대금에서 후순위 권리자 기타 채권자보다 그 순위에 따라 우선변제받을 수 있는 권리를 말한다(주택임대차보호법 제3조의2 제2항). 우선변제권은 대항력의 직접적 효력은 아니나, 대항력을 전제로 인정되는 권리이다. 즉 대항력을 구비하지 못한 임차인은 임대차 계약서에 확정일자를 구비하였다하더라도 우선변제권이 인정되지 않는다. 따라서 우선변제권을 인정받기 위해서는 대항력과 확정일자가 그 전제요건이 된다.[36]

(나) 임차기간 보장

대항력을 구비한 임차인은 전임대인과 맺은 임대차 계약에 따른 잔여기간이 남아 있을 경우에는, 소유자가 변경된 경우에도 잔여기간 동안 계속 거주할 수 있는 권리가 있다. 그리고 전임대인과 2년 미만의 기간을 약정한 경우에도 2년

---

35) 소액보증금 임차인의 최우선 변제금액 범위는 말소기준이 되는 권리등기의 일자에 따라 아래와 같이 달라진다.
① 말소기준 권리가 1987. 11. 30. 이전에 등기된 경우, 서울특별시·광역시는 보증금 300만원 이하인 경우 300만원 이하, 기타 지역인 경우에는 보증금 200만원 이하인 경우 200만원 이하
② 말소기준 권리가 1990. 2. 18. 이전에 등기된 경우, 서울특별시·광역시는 보증금 500만원 이하인 경우 500만원 이하, 기타 지역인 경우에는 보증금 400만원 이하인 경우 400만원 이하
③ 말소기준 권리가 1995. 10. 18. 이전에 등기된 경우, 서울특별시·광역시는 보증금 2,000만원 이하인 경우 700만원 이하, 기타 지역인 경우에는 보증금 1,500만원 이하인 경우 500만원 이하
④ 말소기준 권리가 2001. 9. 14. 이전에 등기된 경우, 서울특별시·광역시는 보증금 3,000만원 이하인 경우 1,200만원 이하, 기타 지역인 경우에는 보증금 2,000만원 이하인 경우 800만원 이하
⑤ 말소기준 권리가 2001. 9. 15. 이후에 등기된 경우, 서울특별시·인천광역시를 포함한 과밀억제권역인 경우에는 보증금 4,000만원 이하인 경우 1,600만원 이하, 광역시(군지역 제외)의 경우에는 보증금 3,500만원 이하인 경우 1,400만원 이하, 기타 지역인 경우에는 보증금 3,000만원 이하인 경우 1,200만원 이하
36) 주택임대차 계약서의 확정일자가 법적 효력을 갖기 위해서는 공증인·법원서기·변호사법에 의한 법무법인 및 공증인가 합동법률사무소·읍장·면장·동장·출장소장이 주택임대차계약서 원본에 부여한 것이어야 한다(민법 부칙 제3조 제4항, 대법원 유권해석 - 사법정책 1401-132, 1997. 6. 11).

간 거주할 수 있다(주택임대차보호법 제4조 제1항). 따라서 주택의 소유권을 양수한 자는 기존 임차인에 대하여 퇴거를 요구할 수 없고, 그 잔여기간을 보장할 의무가 있다.

다만, 당해 주택이 경매를 원인으로 소유권 이전되는 경우에는 임차권도 소멸하므로 임차인은 새로운 소유자, 즉 경락인에게 잔여 임차기간을 주장하지 못한다. 그러나 절대적대항력을 구비한 임차인의 경우에는 자기의 보증금을 전액 변제받을 때까지 계속 거주할 수 있는 권리가 있다(주택임대차보호법 제3조의 5).

(다) 임차권등기명령 신청권

대항력을 구비하고 있던 임차인이 임대차 기간이 만료되었음에도 불구하고 임대인으로부터 보증금을 반환받지 못한 경우에는 임차주택 소재지를 관할하는 지방법원·지방법원 지원 또는 시·군법원에 임차권 등기명령을 신청할 수 있다(주택임대차보호법 제3조의3 제1항).

이러한 권리를 인정한 취지는 임차기간이 만료된 임차인의 주거이전에 따른 불편을 해소하고, 대항력 요건을 상실하더라도 기존 취득하고 있는 대항력 및 우선 변제권을 계속 유지할 수 있도록 하기 위한 정책적 고려 때문이다. 이에 따라 관할 법원으로부터 임차권 등기명령에 따라 임차권 등기를 경료한 임차인은 당해 주택으로부터 퇴거하더라도 대항력과 우선 변제권을 계속 유지하게 된다.

임차권 등기명령 신청은 임차인이 단독으로 하게 되는데, 동 신청서에는 신청의 취지 및 이유, 임차주택의 표시(단, 주택의 일부를 임차한 경우에는 그 부분을 표시한 도면을 첨부한다), 임차인이 대항력을 취득하였거나 우선 변제권을 취득한 사실 및 대법원규칙이 정하는 사항을 기재하도록 하고 있다(주택임대차보호법 제3조의3 제2항). 임차권 등기명령 신청이 정당한 경우에는 법원은 이를 인용하고, 관할 등기소에 임차권 등기를 촉탁하게 된다.

한편 임차권 등기로 특정된 당해 주택부분에 추후 제3의 임차인이 입주하여 대항력과 우선변제권 및 최우선 변제요건을 갖춘 경우에도, 대항력과 우선 변제권만 인정될 뿐 최우선변제권은 인정되지 않는다. 이러한 입법태도는 임차권 등기명령에 의한 등기가 경료된 것을 알고 있는 제3자에 대해서까지 최우선변 제권으로 보호할 필요가 없고, 만약 이를 인정하게 되면 기존의 소액보증금 임 차인 기타 제3자의 권리가 침해될 수 있기 때문이다.

나) 상가 임대차에 대한 확인

⑴ 서 설

중소기업청이 2002년 조사한 소상공인 실태조사에 따르면 전체 사업자의 약 60%에 해당하는 175만명이 임차 상가에서 영업하고 있는 것으로 파악되었다고 한다. 그런데 이러한 상가건물 임차인(이하 "임차인"이라 한다)들이 당해 상가에 투자한 임차보증금 및 시설비 등은 자기의 전 재산에 다름 아니다. 그럼에도 상 가건물 소유자가 변경될 경우 새로운 소유자에게 대항할 수 없어, 그간 투자한 시설비 및 이에 따른 권리금을 전혀 보장받지 못하는 문제가 있었다. 이러한 제 문제를 해결하고 국민의 경제활동을 보장하기 위하여 민법의 임대차에 대한 특 별법으로 상가건물임대차보호법이 제정되었다.

상가건물임대차보호법은 2001. 12. 29. 법률 제6542호로 제정되고, 2002. 11. 1.부터 시행되었다. 그런데 동법은 모든 상가 임차인을 보호하지는 않고 지역에 따라 정해진 일정한 환산임차보증금 이하에 해당하는 경우에만 적용되고 있 다.37) 즉 상가가 서울특별시에 있을 경우에는 2억 4천만원 이하, 수도권정비계 획법상 과밀억제권역에 있을 경우에는 1억 9천만원 이하, 광역시(단, 광역시의 군지역 및 인천광역시는 제외)는 1억 5천만원 이하, 기타 지역에 소재하는 상가인 경우에는 1억 4천만원 이하인 경우에만 동법의 보호를 받을 수 있다.

한편 상가건물임대차보호법의 적용대상이 되는 상가인 경우에도 박람회 장·임시사무소 등 일시 사용목적으로 임차한 것이 명백한 경우에는 동법의 보

---

37) "환산임차보증금"이란 보증금에 현재 지급하는 월세를 보증금으로 환산한 금액(월세액 × 100)을 합한 가액을 말한다. 월세액에 100을 곱하는 것은 월세액을 보증금으로 환산할 때 년 12%(1개월에 1%)의 전환율이 적용되어 12개월 ÷ 0.12 = 100이 되기 때문이다. 따라서 보증금 5천만원에 월세 60만원인 임차인의 환산임차보증금은 5,000만원 + (60만원 × 100) = 1억 1천만원이 된다.

호를 받을 수 없다(상가건물임대차보호법 제16조).

(2) 상가 임차인의 지위

상가 임차인이 임대인에게 지급한 환산임차보증금이 위에서 설시한 지역에 따른 금액 이하에 해당할 경우에는 민법에 의한 임대차와 달리 상가건물임대차보호법이 정하는 바에 따른 특별한 보호를 받게 된다. 즉 주택 임차인의 경우와 유사한 대항력, 임대차기간 보장력, 임차권등기명령 신청권 등으로 보호받고 있다. 이하에서는 이를 중심으로 상론해 보기로 하자.

(가) 대항력

① 의 의

대항력의 의미 및 그 구체적인 내용은 주택임대차보호법에서 설명한 것과 동일하다. 따라서 그 내용을 참고하기 바란다.

② 대항력의 요건 및 발생시기

상가 임차인이 대항력을 구비하기 위해서는 상가건물에 대한 적법한 임대차 계약 체결 + 건물의 인도 + 사업자등록의 3가지 요건이 필요하다(상가건물임대차보호법 제3조 제1항). 상가건물에 대한 임대차 계약이 적법하기 위해서는 등기명의자 또는 그 정당한 대리인과 체결한 것이어야 한다. 다만, 임대차 계약은 불요식계약이므로 이들과 체결한 이상, 서면에 의할 필요는 없고 구두로 체결해도 무방하다. 그러나 확정일자 요건을 구비하기 위해서는 부득이 서면방식으로 체결하여야 할 것이다.

건물의 인도는 직접인도(直接引渡)뿐만 아니라, 간이한 방법으로 인도받는 것도 유효하다.[38] 사업자 등록은 주택임대차보호법에서 요구하는 자연인의 주민등록과 대응하는 공시방법으로 요구되고 있다. 이는 악의의 임차인이 출현하는 것을 방지하기 위하여 입법기술상 도입한 것으로, 부가가치세법 제5조, 소득세법 제168조, 법인세법 제111조에 의하여 신청한 것을 말한다. 이러한 3가지

---

38) 간이한 인도방법 중 자주 점유자가 타주 점유자로 변경되는 점유개정(占有改定), 목적물 반환청구권 양도에 의한 방법은 가능하나, 타주 점유자가 자주점유로 변경되는 간이인도(簡易引渡)는 이에 해당할 수 없다.

요건을 구비한 경우에는 그 다음날부터 대항력이 발생한다. 여기서 "그 다음날"이라 함은 익일 0시를 의미한다.

"상가건물"은 사업자등록 대상이 되는 건물이어야 하는데(상가건물임대차보호법 제2조 제1항), 여기서 "사업자등록 대상이 되는 건물"이란 영업 또는 사업목적으로 임차한 상가건물로써 임차인이 사업자등록을 한 것을 말한다. 그런데 사업자등록 대상이 될 수 있는 상가건물은 형식상 존재하는 것이 아니며, 단지 임차인이 상가건물을 임차하여 실질적으로 상업 또는 사업목적으로 이용하는 경우라면 사업자등록 대상인 건물이 될 수 있다. 따라서 일반적인 형태의 상가건물은 물론 오피스텔·공장·창고 기타 건물인 경우에도 임차인이 사업자등록을 필하였다면 동법 적용을 받는 상가건물이 된다.

그러나 동창회사무소·친목회사무소·종친회사무소 등은 사업 또는 상업목적으로 사무소를 임차한 것이 아니므로 사업자등록을 받을 수 없다. 따라서 이러한 단체가 그 고유목적으로 활용하기 위하여 상가건물을 임차한 경우라면, 사업자등록 대상이 아니므로 동법의 보호를 받을 수 없게 된다.

③ 대항력의 효과

대항력을 구비한 상가건물 임차인은 특별한 지위를 갖게 된다. 즉 소유 주체의 변동과 관계없이 일정한 기간동안 당해 상가에서 기존의 임대차 계약을 유지할 수 있는 권한, 경매 또는 공매로 상가가 처분되는 경우에도 새로운 소유자에게 대항하거나, 최우선변제권 및 우선변제권으로 보호받을 수 있는 권리를 취득하게 된다. 이에 대하여 부연해 보면 다음과 같다.

㉮ 임대차계약 유지권 : 상가건물임대차보호법 적용대상이 되는 임차인의 임차기간은 최소한 1년간은 보장된다. 그리고 임차인은 계약갱신청구권을 통하여 최초 임차일로부터 특별한 사정이 없으면 5년간 임차기간을 보장받을 수 있다(상가건물임대차보호법 제9조, 제10조 제2항). 상가 임차인에게 이러한 계약갱신청구권을 인정한 이유는 당해 상가를 임차하여 투입한 각종 시설비 및 전임차인(前賃借人) 등에게 지급한 권리금을 회수할 수 있는 시간적 여유를 주기 위해서이다. 다만, 임차인에게 인정되는 이와 같은 임차기간 보장 및 갱신청구권도

상가건물이 경매로 처분될 경우에는 인정되지 않고, 단지 최우선변제권 및 우선변제권만 인정될 뿐이다. 그러나 절대적대항력을 취득한 임차인은 보증금을 전액 변제받을 때까지 임차권을 주장할 수 있다(상가건물임대차보호법 제8조).

한편 임차인과 임차건물에 다음과 같은 사유가 발생할 경우에는 위와 같은 계약갱신청구권은 인정되지 않는다(상가건물임대차보호법 제10조 제1항).

ⓐ 임차인이 3기의 차임액에 달하도록 차임을 연체한 사실이 있는 경우[39]

ⓑ 임차인이 거짓 그 밖의 부정한 방법으로 임차한 경우

ⓒ 쌍방 합의하에 임대인이 임차인에게 상당한 보상을 제공한 경우

ⓓ 임차인이 임대인의 동의 없이 목적 건물의 전부 또는 일부를 전대한 경우[40]

ⓔ 임차인이 임차건물의 전부 또는 일부를 고의·중대한 과실로 파손한 경우

ⓕ 임차건물의 전부 또는 일부가 멸실되어 임대차 목적을 달성하지 못할 경우

ⓖ 임대인이 목적 건물의 전부 또는 대부분을 철거하거나 재건축을 위한 점유회복이 필요한 경우

ⓗ 임차인이 임차인의 의무를 현저히 위반한 경우

ⓘ 기타 임대차 계약을 존속하기 어려운 중대한 사유가 있는 경우

㉯ 최우선변제권 : 임차인이 당해 건물에 대한 경매개시결정 기입등기가 경료되기 전에 대항력을 구비한 경우로써 그 환산보증금이 지역별로 규정된 금액 이하에 해당하는 경우에는, 상가건물이 경매 또는 공매로 처분되는 경우에도 선순위 담보권자 기타 권리자에 앞서 최우선적으로 일정한 금액을 변제받을 수

---

39) "3기의 차임액"이라 함은 정기적으로 지급하기로 정한 차임이 연속 3회에 걸쳐 전혀 지급되지 않은 경우뿐만 아니라, 일부금씩 미지급된 차임의 누적액이 3회의 지급액에 달하는 경우를 포함한다.

40) 민법 제632조에는 건물 임차인은 건물의 일부분(법문에는 "건물의 소부분"이라 함)을 임대인의 동의와 무관하게 전대할 수 있도록 허용하고 있음에도, 상가건물 임차인에게는 이를 허용하지 않는 것은 모순이다. 즉 상가 임차인을 보호하기 위한 목적에서 입법된 상가건물임대차보호법이 오히려 상가 임차인에게 불리한 규정을 두고 있음은 부당하므로, 동 항의 내용 중 상가 일부를 타인에게 전대한 경우에도 임차인에게 계약갱신청구권을 인정하는 것이 민법과 부합된다.

있는 권리가 인정된다. 즉 서울특별시는 환산보증금이 4,500만원 이하인 경우 1,350만원 범위 내, 수도권정비계획법에 의한 수도권 중 과밀억제권역은 환산보증금이 3,900만원 이하인 경우 1,170만원 범위 내, 광역시(군지역과 인천광역시는 제외)는 환산보증금이 3,000만원 이하인 경우 900만원 범위 내, 기타 지역인 경우에는 환산보증금이 2,500만원 이하인 경우에 750만원 범위 내에서, 당해 상가의 경락가액 1/3 범위 내에서 최우선 변제받을 권리가 있다(상가건물임대차보호법 제14조, 동법시행령 제6조 및 제7조). 다만, 이러한 최우선변제권도 동법 시행일인 2002. 11. 1. 이전에 물권을 취득한 자에 대해서는 효력이 없다(상가건물임대차보호법 부칙 제2항).[41]

　㉓ 우선변제권 : 상가건물 임차인이 동법의 보호대상 요건과 대항력 및 관할 세무서장으로부터 확정일자를 갖추고 있을 경우에는 상가건물이 민사집행법에 의한 경매 또는 국세징수법에 의한 공매로 소유자가 변경된 경우에도 당해 상가건물의 환가대금(건물가액뿐만 아니라 그 대지가액도 포함한다)에서 후순위 권리자 기타 채권자보다 우선변제 받을 권리가 있다(상가건물임대차보호법 제5조 제2항).[42]

　다만, 임차인의 이러한 우선 변제권도 최우선 변제권과 동일하게 동법 시행일인 2002. 11. 1. 이전에 물권을 취득한 자에 대해서는 효력이 없다(상가건물임대차보호법 부칙 제2항).

　(나) 임차기간 보장

　민법은 임대차 기간과 관련하여 장기 20년 제한규정을 두고 있다. 그러나 석조・석회조・연와조 또는 이와 유사한 견고한 건물이나 공작물의 소유 및 식

---

41) "동법 시행일인 2002. 11. 1. 이전에 이미 물권을 취득한 자에게는 효력이 없다."는 의미는 동법 시행일 이전에 저당권 등 물권을 취득한 자의 채권액에 대해서만 효력이 없다는 의미로, 이들의 채권액을 공제한 잔액에 대해서는 당연히 상가건물 임차인에게 최우선변제권 또는 우선변제권이 인정된다.

42) 주택 임대차에 대한 확정일자는 공증인・법원서기・변호사법에 의한 법무법인 및 공증인가 합동법률사무소・읍장・면장・동장・출장소장 중 신청인의 의사에 따라 어느 기관으로부터도 자유롭게 부여받을 수 있으나, 상가 건물은 반드시 당해 상가 건물이 소재하는 지역을 관할하는 세무서장으로부터 받아야 하는 점에서 차이가 있다.

목·채염을 목적으로 하는 토지임대차 계약을 체결한 경우에는 이러한 제한규정이 적용되지 않는다(민법 제651조 제1항). 즉 장기 20년 제한규정을 적용받지 않는 것은 일정한 목적을 달성하기 위한 "토지 임대차"에 한정되며, 기타 목적으로 임대차 계약을 체결할 경우에는 1회 20년 범위 내에서만 체결할 수 있고, 필요한 경우에는 재계약을 통하여 그 기간을 연장할 수 있도록 하고 있다.

한편 민법에는 임대차와 관련하여 최단기 제한규정을 두고 있지 않으므로 원칙상 당사자는 계약자유의 원칙에 따라 자유롭게 임대차 기간을 약정할 수 있다. 그런데 민법의 이러한 원칙을 그대로 적용할 경우 상가건물 임차인의 지위는 매우 불안하다. 즉 임대차 기간이 극히 단기간으로 체결될 수 있고, 이에 따라 정해진 기간이 만료된 경우에는 상가 건물을 원상으로 회복하여 임대인에게 인도하여야 한다. 이러한 점은 임차인의 입장에서는 매우 부당하고 불리한 것임은 다언을 요하지 않는다. 따라서 이러한 모순을 해결하고 임차인이 안정된 영업을 할 수 있도록 최소 1년간은 임대차 기간을 보장하고 있다(상가건물임대차보호법 제9조).

그러나 이러한 기간보장도 상가건물의 소유권이 경매로 변경되는 경우에는 인정되지 않는다. 다만, 이 때에도 절대적대항력을 갖고 있는 임차인은 그 보증금을 전액 변제받을 때까지 계속 사용할 수 있음은 주택 임대차의 경우와 동일하다(상가건물임대차보호법 제8조).

(다) 임차권등기명령 신청권

대항력 또는 우선변제권을 구비한 임차인이, 임대차 기간이 만료되었음에도 불구하고 임대인으로부터 보증금을 반환받지 못한 경우에는 당해 상가건물이 소재하는 지방법원, 지방법원지원, 시·군법원에 임차권등기명령을 신청할 수 있다. 임차권등기명령서에는 다음과 같은 사항을 기재하여야 한다(상가건물임대차보호법 제6조 제1항).

① 임차권 등기를 신청하는 취지 및 그 사유
② 임차 목적인 상가건물의 소재지 및 그 내용(상가건물의 일부분을 임차한 경우에는 이를 특정하기 위한 도면을 첨부하여야 한다)[43]

③ 임차인이 대항력 또는 우선변제권을 취득한 사실

④ 기타 대법원규칙이 정하는 사항

임차인이 위와 같은 내용을 기재한 임차권등기명령신청서를 제출한 경우, 법원은 그 이유가 있다고 판단한 경우에는 관할 등기소에 임차권 등기를 촉탁하게 된다. 이러한 절차에 의하여 임차권 등기가 경료된 경우에는 상가건물 임차인이 대항력 요건을 상실하더라도 기존 취득하고 있든 대항력과 우선변제권은 그대로 유지된다.

한편 임차권등기명령에 의한 임차권 등기가 경료된 후, 당해 상가(상가건물의 일부분에 임차권 등기가 경료된 경우에는 당해 부분)를 임차한 임차인이 소액보증금 임차인에 해당하고 대항력을 구비한 경우라도, 이에 대하여는 최우선변제권은 인정되지 않는다. 다만, 대항력과 확정일자를 구비한 경우에는 그 순위에 따라 우선변제권은 인정된다(상가건물임대차보호법 제6조 제5항 및 제6항).

3) 물리적 현황 일치여부 확인

임장활동을 통하여 확인할 것에는 권리주체의 진정성뿐만 아니라 지적공부와 부동산의 물리적 현황의 부합 여부도 포함된다. 권리관계는 어디까지나 법적인 문제이므로 임장활동을 하지 않아도 등기부 또는 공부를 통하여 일응 확인할 수 있다. 그러나 물리적 현황에 대한 확인은 임장활동을 하지 않고는 결코 파악할 수 없는 사실문제라는 점이다. 임장활동을 통하여 확인할 수 있는 기술적인 내용에 대하여 살펴보면 다음과 같다.

가) 토지에 대한 확인

(1) 지적도 또는 임야도와 일치 여부

지적도 또는 임야도에는 토지의 소재·지번·지목·경계·토지의 방향·도로상태·토지의 형상을 담고 있다. 이러한 도면을 통하여 임장활동을 할 경우에는 다음과 같은 점에 유의할 필요가 있다.

---

43) 상가건물임대차보호법 제6조 제2항 제2호에는 단순히 "임대차의 목적인 건물"이라고 규정하고 있으나 동항의 의미는 위 본문과 같이 해석함이 타당하다.

첫째, 토지의 소재·지번·지목을 통하여 목적 토지를 특정함으로써 지적도 및 임야도와 동일한 토지인지 여부를 확인하여야 한다. 목적물이 정확하게 특정되지 않는다면 더 이상의 확인작업은 무의미하기 때문이다. 토지는 비슷한 형상이나 조건을 갖추고 있는 것이 많아 노련한 중개업자라도 목적물을 특정하기 곤란한 경우가 많다. 이러한 사례는 토지의 경계가 자연상태로 획정되어 있었는데, 소유자가 임의로 경계를 훼손하거나 사실상 합필한 경우 또는 인근 필지가 변형된 경우에 주로 나타난다. 그리고 자연적 또는 인위적인 경계표시가 없는 임야의 경우에는 더욱 그러하다. 따라서 중개업자는 토지 소유자의 주장에만 의존하지 말고 적극적으로 도면과 현황을 대조할 필요가 있다. 지적도 또는 임야도를 통하여 토지를 특정할 경우에는 도면에 나타나는 도로·구거·하천 등 지형지물과 주변 토지에 대한 지목 등을 대조함으로써 가능하다. 그러나 임야의 경우에는 그리 간단하지 않다. 만약 이러한 주의를 기울였음에도 불구하고 토지를 특정하기 곤란할 경우에는 측량을 통하여 확정하여야 할 것이다.

둘째, 도로·구거·하천 등 도면상에 나타난 지형지물에 대한 대조와 도로의 상태를 확인해야 한다. 지형지물이 도면상에 표시되어 있음에도 없어진 경우가 있을 수 있고, 없던 지형지물이 생겨났을 수도 있기 때문이다. 그리고 도면상에 나타난 도로가 사실상 존재하는지 여부 및 그 활용 가능성에 대해서도 확인할 필요가 있다. 지적도에 표시되는 도로는 일반적으로 공도(公道)가 대부분일 것이나 사도(私道)가 표시되어 있을 수도 있다. 그리고 도로가 개설된 경우에도 사실상 폐도(廢道)된 경우도 있고, 도면에는 없더라도 현황도로 내지 관습상 도로가 존재할 수도 있다. 도면에 표시된 도로가 사실상 폐도상태에 있을 경우에는 이를 복구할 수 있는지, 복구가 가능한 경우에도 이에 따른 비용 및 이해관계인 존재 여부도 확인하여야 할 것이다. 현황도로 내지 관습상 도로가 존재할 경우에는 이를 계속 사용할 수 있는지 여부와 이에 따른 비용부담 문제도 확인할 필요가 있다. 도로는 토지에 대한 생명줄과 같으므로 이에 대한 확인은 아무리 강조해도 지나침이 없다.

셋째, 토지의 방향 및 형상을 대조하여 인접 토지와의 경계가 명확히 설정되어 있는지 확인하여야 한다. 토지의 경계는 행정관청이 인위적으로 설정하여 도면화 한 것이기는 하나, 기점을 잘못 선택하는 등 기술적 착오가 명백한 경우가 아니면 지적도의 경계선은 확정된 것으로 간주되고 있다(대판 98다15446). 따라서 지적도 또는 임야도의 경계를 기준으로 토지의 현황경계를 정확히 대조할 필요가 있다. 그 결과 토지의 경계가 도상경계와 상이하거나 문제가 있을 경우에는 경계측량을 하여야 할 것임은 물론이다.

한편 목적 토지의 경계가 인접지와 상충될 경우에는 다음과 같이 판단하면 된다. 즉 현황경계가 인접 토지를 단순히 침범하고 있을 경우에는 불리할 것은 없다. 그러나 그 침범한 토지 위에 건축물 등이 존재할 경우에는 이로 인한 문제가 없는지 검토하여야 한다. 반대로 인접 토지가 법정경계를 침범하고 있을 경우에는, 인접 토지 소유자의 점유 취득시효로 소유권을 상실할 가능성은 없는지, 그렇지는 않더라도 점유회복을 위하여 많은 비용과 노력이 소요될 가능성은 없는지 판단할 필요가 있다.

넷째, 법정지목과 상이점을 확인하여야 한다. "지목"이란 토지의 주된 사용용도에 따라 지적공부에 등록된 것을 말한다(지적법 제2조 제7호). 지목은 사용용도를 기준으로 국가가 부여하는 것이므로 지적법시행령 제16조에서 정한 사유가 없으면 변경될 수 없다. 만약 토지 소유자가 임의로 지목을 변경하게 되면 농지법 등 각 개별 법률에 따라 행정처분을 받을 수 있고, 일정한 경우에는 해당 토지에 대한 권리등기도 불가능할 수 있다. 따라서 중개업자는 임장활동을 통하여 해당 토지의 법정지목이 변경된 경우에는 이에 대한 복구 가능성 및 그 적법성 여부를 판단하여야 한다.

한편 지목변경이 엄격하게 제한되어 있다고는 하나, 경우에 따라서는 소유자의 의사를 존중하는 경우도 있다. 예컨대 농지의 지목에 해당하는 "전·답·과수원"은 지목 상호간 자유롭게 변경할 수 있고,44) 농지 또는 임야 등이 적법하게 전용되어 대지·공장용지·주차장용지·주유소용지·창고용지·종교용

---

44) 농지 지목은 자유롭게 변경할 수는 있으나, 지표로부터 50cm를 초과하는 성토 및 절토가 금지되는 등 일정한 제한이 있다(농지법시행규칙 제3조의2 별표1 참조).

지·잡종지 등으로 건축물을 건축할 수 있는 지목으로 변경된 경우에는, 이들 지목은 특별한 사정이 없으면 상호 그 변경이 허용되고 있다.

(2) 토지대장 또는 임야대장의 부합여부

토지대장 또는 임야대장에도 지적도와 같이 토지의 소재지번·지목이 등록되어 있다. 그리고 이에 더하여 소유자에 관한 사항·토지면적·토지등급·공시지가 등이 표시되어 있다. 그러나 이들 대장을 통하여 확인할 수 있는 가장 핵심적인 것은 토지면적에 대한 것이며, 부차적으로는 소유자에 관한 사항이다.

토지대장 및 임야대장에 등록되는 토지면적은 1필지를 단위로 하여 m^2로 표시되어 있다(계량에관한법률 제4조, 동법시행령 제3조 제1항에 의한 별표 2).[45] 토지면적에 대한 기초자료는 어디까지나 지적도 또는 임야도인 것은 사실이나, 이들 도면에는 면적이 표시되어 있지 않으므로 이를 확인하기 위해서는 1차적으로 대장을 열람할 수밖에 없다. 토지면적은 면적측량을 통하여 정확히 확정할 수는 있으나, 실무상 일반적으로 측량은 실시하지 않고 공부상 면적을 기준으로 거래하고 있을 뿐이다. 그러나 중개업자는 임장조사를 통하여 토지대장 또는 임야대장에 등록된 면적이 현황면적과 부합하는지 여부를 반드시 확인할 필요가 있다. 즉 목측(目測)에 의할 때 대장상 면적과 상당한 차이가 있을 것으로 판단될 경우에는 실측을 통하여 면적을 정확히 확정하여야 한다.

나) 건축물 등에 대한 확인

건축물에 대한 물리적 현황에 대해서는 건물에 대한 기초공부(基礎公簿)인 건축물대장·공작물관리대장·가설건축물대장·위반건축물관리대장을 통하여 확인하게 된다. 이러한 건물 관련 공부를 통하여 현장을 확인할 경우에는 아래와 같은 점에 특히 유의해야 한다.

첫째, 건축물대장 등에 등록된 내용과 물리적 현황과의 부합 여부를 확인해야 한다. 즉 건물의 명칭·번호·층수·호수, 용도·구조, 건축면적·연면적이 건축물대장 등과 일치하는지, 만약 상이한 경우에는 건축법 등에 위반되는 정

---

45) 면적 단위인 m^2를 평(坪)으로 환산할 경우에는 m^2에 0.3025를 곱하고, 평을 m^2로 환산할 경우에는 평수에 3.3058을 곱하면 된다.

도와 이에 대한 치유 가능성을 확인하여야 한다.

둘째, 건축물 도면과의 부합 여부를 확인해야 한다. 각 건축물에는 건축물대장 외에도 건물도면을 작성·비치하고 있다. 따라서 건물도면을 통하여 현재의 구조와 부합하는지 여부를 확인할 필요가 있다. 그 결과 도면과 현재 상태가 서로 부합하지 않을 경우에는 적법 여부와 이에 따른 구조상 안전에 문제가 없는지 등에 대해서도 확인하고 판단해야 할 것이다.

셋째, 건물의 용도변경 여부를 확인해야 한다. "건물의 용도"란 건물이 제공하는 주된 활용목적을 말하는 것으로 건물의 구조·이용목적·형태에 따라 분류되는 것을 말한다(건축법 제2조 제1항 제2호의2). 건물의 용도는 6개 시설군과 21개 세부시설군으로 구분되고, 그 구체적인 내용은 건축법시행령 제3조의4에서 "별표 1"을 통하여 구분하고 있다(건축법 제2조 제2항, 제14조 제3항). 건축물은 당초 건축목적에 따라 그 용도가 부여된 것이므로 소유자라 하여 함부로 이를 변경할 수 없고, 변경할 경우에도 각 용도에 적합하여야 하며, 관할 시장·군수·구청장에게 사전에 신고하여야 한다(건축법 제14조 제1항 및 제2항). 다만, 일정한 경우에는 신고 없이 변경할 수 있는 예외가 있다. 이에 대해서는 제1편에서 논하였으므로 참고하기 바란다. 그리고 건물을 임의로 용도 변경한 경우에는 적법하게 보완할 수 있는 요건을 갖추고 있는지 여부도 확인하여야 할 것이다.

넷째, 건물의 멸실 여부를 확인해야 한다. 해당 토지가 사실상 나대지 상태로 존재할 경우에도 건축물대장 및 건물등기부가 존재할 수도 있다. 임장활동시 사실상 나대지인 경우에는 일반적으로 건축물대장 또는 건물등기부는 확인하지 않는 관행이 있다. 그러나 만약 정리되지 않은 대장이나 등기부가 존재할 경우에는 추후 토지 소유자가 소유권을 정상적으로 행사하지 못하거나, 많은 애로를 겪을 수도 있다. 따라서 거래되는 토지가 사실상 나대지인 경우에도 건축물대장 또는 건물등기부 존재 여부를 확인할 필요가 있다. 특히 상당부분 멸실된 건물이 존재할 경우에는 더욱 그러하다. 만약 건축물대장이나 건물등기부가 존재할 경우에는 이에 대한 멸실신고와 멸실등기를 필한 후 거래계약을 체결하여야 할 것이다.

다) 입목 등에 대한 확인

입목에관한법률에 의한 입목, 공장저당법에 의한 공장재단, 광업재단저당법에 의한 광업재단에 대해서도 임장활동을 통한 철저한 확인이 필요하다. 공장재단 및 광업재단인 경우에는 재단목록을 통하여 각 재단에 속한 토지·건물·기계·기구 등에 대한 전수조사를 통하여 구성물의 일치 여부와 그 하자 등에 대하여 확인할 수 있을 것이다. 따라서 이하에서는 공장재단 및 광업재단에 대해서는 생략하고, 입목에 대해서만 논하기로 하자.

(1) 입목등록원부

"입목등록원부"란 입목 소유자의 신청에 의하여 입목 소재지 관할 특별시장·광역시장·시장·군수가 비치하는 공부를 말한다(입목에관한법률 제9조). 입목등록 신청이 있을 경우에는 관할 시장·군수는 현장을 방문하여 신청내용이 정확한지 여부를 확인한 후 30일 내 입목등록확인서를 발급하고, 그 조사결과를 바탕으로 입목등록원부를 작성·비치하게 된다.[46]

(2) 입목에 대한 확인

입목은 실무상 접하기는 어렵다. 그러나 최근 들어 입목에 대한 권리의식이 향상되면서 입목등록이 지속적으로 증가하고 있는 점에서 관심을 가질 필요가 있다. 입목에 대한 물리적 확인은 입목등록원부 등본에 기재된 내용으로 확인할 수 있다. 입목등록원부에는 토지의 소재지번, 토지 소유자의 인적사항, 입목의 생립부분의 위치·명칭 또는 번호, 면적, 수종, 수령·수고(樹高)·수관(樹冠) 등의 규격, 수량(m³) 또는 본수(本數), 조사연도, 입목 소유자의 인적사항, 처리일자 등이 기재되어 있다. 이러한 내용 중 임장조사를 통하여 확인할 필요

---

46) 입목등록신청서에는 신청인의 인적사항, 토지 소유자의 인적사항, 입목 소유자의 인적사항, 토지의 소재지번, 면적, 신청내용, 생립 부분의 토지면적과 명칭 또는 번호, 입목의 수종·수령·수량(m³)·조사연도, 수목의 취득사유 등을 기재하게 된다. 그리고 첨부서면으로는 수목 소유임을 증명하는 서면, 수목이 1필 토지의 일부에 부착된 경우에는 그 부분의 면적, 위치·명칭·번호가 표시된 도면을 첨부하게 된다(산림청 고시 입목등록신청서식 및 입목에관한법률 제15조 제1호). 입목등록원부에 대하여 이해관계 있는 자는 이에 대한 열람 및 등·초본 교부를 신청할 수 있다

가 있는 사항은 토지의 소재지번, 입목의 생립부분의 위치, 면적, 수종, 수령·수고(樹高)·수관(樹冠) 등의 규격, 수량(m³) 또는 본수(本數), 조사년도가 될 것이다.

한편 시장·군수가 입목등록원부를 작성한 경우에는 해당 입목이 소재한 토지의 토지대장 또는 임야대장의 사유란에 "입목등록 사실과 입목 소유자의 성명 및 그 등록일자"를 기재하게 된다(입목에관한법률시행령 제6조). 따라서 중개업자는 토지대장 또는 임야대장을 조사하는 과정에서 이러한 기재사항이 존재하는지 여부를 확인함으로써 입목등록부 또는 입목등기부 존재 여부를 일응 파악할 수 있을 것이다. 그러나 이러한 기재가 없을 경우에도 입목의 존재 여부가 의심스러울 때에는 입목등록부 및 입목등기부에 대한 열람 내지 등본발급 신청을 통하여 이들 공부의 비치 여부를 확인하는 것이 바람직하다.

4) 기타 사항 등 확인

임장활동은 권리를 이전·설정하는 주체의 진정성 및 공부에 기재된 각 내용과 물리적 현황의 부합 여부를 확인하는 데 그 목적이 있음은 앞서 살펴본 바와 같다. 그런데 등기부 및 공부를 통하여 확인할 수 있는 사항은, 단지 이들 서면에서 공시하고 있는 내용에 한정될 수밖에 없다.

등기부 및 공부를 통하여 공시할 수 있는 내용에는 일정한 한계가 있음은 부득이하다. 따라서 실체적 권리관계나 기술적 측면은 임장활동을 통하지 않고는 확인할 수 없는 것들이다. 임장활동의 필요성과 가치는 여기에서 또 한번 그 빛을 발하게 되는 바, 이하에서는 임장활동을 통해서만 확인할 수 있는 특별한 문제에 대하여 몇 가지만 살펴보기로 하자.

가) 토지의 지형·지반·지질상태

지형(地形)은 토지의 높고 낮음을 말하고, 지반(地盤)은 토지의 지표(地表) 및 지하(地下)의 구성물의 단단함 정도를 말한다. 지질(地質)은 토지를 구성하고 있는 토양의 성질을 말한다. 지형·지반·지질의 상태는 공부를 통해서는 어디에서도 확인할 수 없다. 아무리 도로 및 토지상태 등에 문제가 없을 경우에도 지형 등의 상태가 불완전하다면 토지를 효율적으로 활용하기 어렵다. 실무적으로도 지형 등에 대한 확인은 매우 중요한 비중을 차지하고 있다. 다만, 지형·지반·지질의 상태가 어떠하여야 하는가는 토지의 취득 목적에 따라 달라질 수밖에 없는 것이므로, 각 구체적인 사례에 따라 그 적합 여부를 판단하여야 할 것이다.

나) 부동산의 가치

"가치(價値)"란 부동산이 내포하고 있는 활용성 및 경제성 내지 투자성 여부를 말한다. 투자성의 기준이 되는 가치는 현재가치뿐만 아니라 미래가치도 포함되는 것임은 물론이다. 다만, 가치는 어디까지나 객관적 가치를 의미하며, 이해관계인의 주관적 가치는 고려할 대상이 아니다. 부동산의 가치 여부는 일반적으로 공시지가·건물의 공시가격 및 기준시가·감정평가액 등을 통하여 일응 예단할 수는 있으나, 이러한 것들은 매우 형식적·현실 중심적인 것에 불과하여 변화무쌍한 부동산 가치를 재대로 반영할 수 없고, 미래가치는 전혀 반영하지 못하는 한계가 있다.

한편 가치여부는 현재의 물리적 상태에서 판단하는 것이 일반적이나, 경우에 따라서는 부동산의 결함을 보완한 상태에서도 판단할 수 있다. 예컨대 위에서 살펴본 지형·지반·지질상태에 문제가 있을 경우에도, 이를 보완할 경우 발생할 수 있는 예상 부가가치를 말한다. 그리고 의뢰인에 따라서는 활용가치만 추구할 수도 있으므로, 투자가치는 다소 부족하더라도 활용성이 특별하다면 충분하다 할 수 있다. 부동산 가치는 개별 부동산에 한정된 문제는 아니다. 즉 주변 부동산의 환경변화 등에 따른 가변적인 것이므로, 임장조사를 통하여 이러한 점을 면밀히 검토할 필요가 있다.

다) 부동산의 주변환경

부동산은 고정성으로 주변 환경의 변화에 따른 직접적인 영향을 받을 수밖에 없다. 이러한 환경에는 자연적인 것일 수도 있고, 인문적인 것일 수도 있다. 자연환경은 주변 환경의 수려함 정도 내지 자연재해의 위험요소 존재 여부 등이 될 것이다. 그러나 임장활동이 요구되는 환경적 요인의 대부분은 인문적 환경에 대한 것이다. 인문적 요인에 따른 환경변화는 정치·경제·사회·문화적 양상에 따라 크게 달라질 수 있다. 다만, 어떤 환경조건이 적합한 것인지 여부는 구입목적에 따라 구체적으로 판단할 수밖에 없을 것이다.

부동산에 대한 자연적·인문적 환경과 그 변화에 대한 예측은 임장활동을 통하지 않고는 판단할 수 없다. 물론 이러한 판단은 상당한 경험칙에 근거할 수밖에 없는 것이므로 노련한 중개업자가 아니면 쉽게 파악할 수 없을 것이다.

제 4 절   권리제한 중개대상물

1. 사법상 거래가 제한되는 부동산

부동산에 대한 거래계약도 원칙상 "계약자유의 원칙"에 따라 당사자의 자유의사에 일임하고 있다. 그러나 부동산은 사유재산인 동시에 일면 공공재(公共財)로서의 성격도 갖고 있으므로 공익상 필요에 따라 일정한 제한을 가할 필요도 있다(헌법 제37조 제2항). 이러한 측면에서 각 개별 법률에서는 부동산 거래에 따른 다양한 제한규정을 두고 있는 바, 중개업자는 이러한 제도들을 숙지함으로써 중개 업무를 수행함에 있어 불필요한 수고를 하지 않아야 한다.

가. 외국인 등에 대한 토지취득 제한

"외국인"이란 대한민국 국민이 아닌 자를 말한다. 외국인은 대한민국 국민만이 누릴 수 있는 권리는 원칙상 향유할 수 없다. 이에 따라 대한민국 국민이 외국인으로 된 경우에는 기존 보유하고 있던 재산을 국적 상실한 날로부터 3년 내 대한민국 국민에게 양도하여야 한다(국적법 제18조 제2항). 그런데 이러한 국적법 제한규정에 대하여 외국인토지법에서는 다소 완화하여 일정한 요건을 갖춘 경우에는 외국인도 대한민국 내 소재하는 토지를 취득·소유할 수 있도록 허용하고 있다. 동법에 따르면 외국인·외국법인·외국정부 또는 일정한 국제기구(이하 "외국인 등"이라 한다)에 대해서는 신고제를 통하여 원칙상 자유롭게 토지를 취득할 수 있도록 허용하고, 다만 특별한 지역에 한해서만 허가제를 통하여 제한하고 있다. 외국인토지법에서 정의하고 있는 외국인, 외국법인, 외국정부 및 국제기구란 다음 요건에 해당하는 경우를 말한다.

첫째, "외국인"이란 대한민국 국적을 보유하지 않은 자연인을 말한다.

둘째, "외국법인"이란 외국의 법령에 의하여 설립된 법인·단체, 사원 또는 구성원의 반수 이상이 외국인에 해당하는 법인·단체, 업무를 집행하는 사원이나 이사 등 임원의 반수 이상이 외국인에 해당하는 법인·단체, 외국인 또는 외국법인이나 단체가 자본금의 반액 이상을 투자하였거나 의결권의 반수 이상을 갖고 있는 법인·단체를 말한다(외국인토지법 제2조).

셋째, "국제기구"란 다음과 같은 조직을 말한다(외국인토지법시행령 제2조).

〈표 2-2〉

구 분	국 제 기 구 명
국제연합 및 그 산하기구	국제연합(UN) 아시아·태평양경제사회이사회(ESCAP) 유엔개발계획(UNDP) 유엔인구기금(UNFPA) 유엔공업개발기구(UNIDO) 유엔대학(UNU) 유엔봉사단(UNV) 세계식량이사회(WFC) 유엔식량농업기구(FAO) FAO/WHO공동식품규격위원회(CAC) 국제민간항공기구(ICAO) 국제농업개발기금(IFAD) 국제노동기구(ILO) 국제해사기구(IMO) 국제전기통신연합(ITU) 유엔교육과학문화기구(UNESCO) 만국우편연합(UPU) 세계보건기구(WHO)

	세계지적재산권기구(WIPO)
	세계기상기구(WMO)
	국제원자력기구(IAEA)
정부간 기구	아시아법률자문위원회(AALCC)
	아시아농촌재건기구(AARRO)
	아시아·태평양개발센터(APDC)
	아시아생산성기구(APO)
	아시아·태평양지역식물보호위원회(APPPC)
	아시아·태평양우정연구소(APPTC)
	아시아·태평양우편연합(APPU)
	아시아·태평양전기통신협의체(APT)
	남극해양생물자원보존위원회(CCAMLR)
	아·태지역농촌종합개발센터(CIRDAP)
	동부지역공공행정기구(EROPA)
	국제교육국(IBE)
	국제도량형국(IBWM)
	국제문화재보존복구연구센터(ICCROM)
	국제민방위기구(ICDO)
	국제수로기구(IHO)
	국제해사위성기구(INMARSAT)
	국제전기통신위성기구(INTELSAT)
	정부간해양학위원회(IOC)
	국제수역사무국(IOE)
	국제법정계량기구(IOLM)
	국제이민기구(IOM)
	국제포플라위원회(IPC)
	인도·태평양수산위원회(IPFC)
	국제포경위원회(IWC)
	동남아교육장관기구(SEAMEO)
	사법통일국제연구소(UNIDROIT)
	세계관광기구(WTO)
	관세협력이사회(WCO)
	경제협력개발기구(OECD)
준정부간 기구	아시아최고회계검사기구(ASOSAI)
	국제군인체육이사회(CISM)
	국제항만협회(IAPH)
	국제기록보존기구(ICA)

국제군인의약협회(ICMM)
국제형사경찰기구(ICPO-INTERPOL)
국제전기기술위원회(IEC)
국제최고회계검사기관기구(INTOSAI)
국제표준화기구(ISO)
국제자연보존연맹(IUCN)
국제지방자치단체연합(IULA)
국제상설항해협회(PIANC)

1) 외국인 등의 토지취득신고제도

가) 토지취득 신고

외국인 등이 대한민국 내 소재하는 토지를 취득한 경우에는 신고할 의무가 있다. 즉 취득원인이 계약인 경우에는 계약 체결일로부터 60일 내, 계약 이외의 원인인 상속·경매·공익사업을위한토지등의취득및보상에관한법률 기타 관계 법률에 의한 환매권 행사 및 확정판결에 의하여 토지를 취득한 경우에는 당해 토지를 취득한 날로부터 6개월 내, 토지관할 시장·군수·구청장에게 토지취득 신고를 하여야 한다.

나) 토지계속 보유신고

국내 토지를 소유하고 있던 대한민국 국민이었던 자가 외국인 또는 외국법 인으로 변경된 경우, 그 소유하고 있던 토지를 계속 보유하고자 할 경우에는 외 국인 등으로 변경된 날로부터 6개월 내, 토지관할 시장·군수·구청장에게 토 지를 계속 보유할 것임을 신고하여야 한다.

2) 외국인 등의 토지취득허가

외국인 등이 대한민국 내 소재하는 토지를 취득한 경우에는 신고하면 된다. 그러나 이들로 하여금 자유롭게 토지를 취득케 하는 것이 부적당한 토지에 대 해서는 사전에 허가제를 통하여 규제하고 있다. 이에 따라 외국인 등이 아래와 같은 지역에 소재하는 토지를 취득하고자 할 때에는 거래계약을 체결하기 전에 먼저 관할 시장·군수·구청장으로부터 그 토지취득에 대한 허가를 받아야 한다(외국인토지법 제4조 제2항 및 동법시행령 제5조).[47]

① 군사시설보호법 제2조 제2호에 의한 군사시설보호구역

② 해군기지법 제3조에 의한 해군기지구역

③ 군용항공기지법 제2조 제9호에 의한 기지보호구역

④ 군사목적상 필요한 섬 지역으로서 건설교통부장관이 국방부장관 등 관계 중앙행정기관장과 협의하여 고시하는 지역

⑤ 문화재보호법 제2조 제2항에 의한 지정 문화재와 이를 위한 보호물 또는 보호구역

⑥ 자연환경보전법 제2조 제12호에 의한 생태계보전지역

나. 사립학교법인 소유 부동산 처분제한

"사립학교"란 학교법인, 공공단체 이외의 법인, 기타 사인이 설치한 초·중등교육법 제2조(유치원, 초등학교·공민학교, 중학교·고등공민학교, 고등학교·고등기술학교, 특수학교, 각종학교) 및 고등교육법 제2조에 규정된 학교(대학, 산업대학, 교육대학, 전문대학, 방송대학·통신대학 및 방송통신대학, 기술대학, 각종학교)를 말한다(사립학교법 제2조 제1항).

"학교법인"이란 사립학교만을 설치·경영할 목적으로 사립학교법에 의하여 설립된 법인을 말한다. 학교법인이 아니면 초등학교, 중학교, 고등학교, 대학·산업대학·전문대학·기술대학 및 이들 대학에 준하는 학교를 설립할 수 없도록 제한하고 있다(사립학교법 제3조).

사립학교 법인에 대해서는 학교의 존속유지 및 학생들의 학습권을 보장하기 위하여 그 기본재산을 임의로 처분할 수 없도록 제한하고 있다. 다만, 부득이한 사정으로 기본재산을 처분할 경우에는 허가 또는 신고제를 통하여 이를 제한하

---

47) 토지취득허가지역에 소재하는 토지를 소유하고 있든 대한민국 국민이 외국인으로 된 경우에는 토지계속 보유신고로 족하며, 토지취득허가를 받을 필요는 없다고 보는 것이 타당하다.

고 있다.

1) 허가대상 부동산

가) 사립학교법인 소유 부동산

사립학교법인은 그가 소유한 기본재산을 처분하고자 할 경우, 즉 기본재산을 매도·증여·교환·용도변경·담보제공 및 기본재산에 대하여 부담을 지우거나 또는 기본재산에 부가된 권리를 포기하고자 할 경우에는 관할관청으로부터 허가를 받아야 한다(사립학교법 제28조 제1항). 이에 대하여 판례는 다음과 같은 입장을 밝히고 있다.

사립학교법 제28조에서 학교법인이 그 기본재산에 대한 처분행위를 하고자 할 때에는 감독청의 허가를 받아야 한다고 규정한 것은, 사립학교의 설치·경영을 위하여 설립된 학교법인이 그 기본재산을 부당하게 감소시키는 것을 방지함으로써 사립학교의 건전한 발달을 도모하고자 하는데 그 목적이 있는 것이므로, 위 조항이 평등에 관한 헌법이나 헌법정신에 위배되는 것이라 할 수 없다(대판 83다549).

학교법인의 기본재산 중에서 교육에 직접 사용되는 교지(校地), 교사(校捨: 강당 포함), 체육장(실내체육장 포함), 실습 및 연구시설, 기타 교육에 직접 사용되는 시설·설비·교재·교구에 대해서도 매도 또는 담보에 제공할 수 없도록 하고 있다(사립학교법 제28조 제2항 및 동법시행령 제12조). 이에 대한 판례를 보면 다음과 같다.

사립학교법 제28조 제2항은 사립학교의 존립 및 목적수행에 필수적인 교육시설을 보전함으로써 사립학교의 건전한 발달을 도모하는데 그 목적이 있으므로, 강행규정인 위 규정을 위반하였을 경우에 위반한 자 스스로가 무효를 주장하는 것이 신의칙에 위배되는 권리의 행사라는 이유로 이를 배척한다면, 위와 같은 입법취지를 완전히 몰각시키는 결과가 되므로 특별한 사정이 없는 한 그러한 주장이 신의칙에 위반된다고 볼 수 없으며, 위 규정들이 헌법에 위배된다고 볼 수도 없다(대판 2000다12761, 12778).

나) 사립학교 경영자의 출연재산

사립학교법인의 기본재산 처분제한 규정은 사립학교 경영자에게도 준용되고 있다. 여기서 "사립학교 경영자"란 초·중등교육법, 고등교육법 및 사립학교법에 의하여 사립학교를 설치·경영하는 법인 또는 사인으로서 학교법인과 공공단체를 제외한 자를 말한다(사립학교법 제2조 제3항). 사립학교 경영자가 출연한 재산에 대한 처분행위에 대해서도 판례는 다음과 같이 판시하고 있다.

> 사립학교 경영자가 사립학교의 교지 또는 교사로 사용하기 위하여 출연·편입시킨 토지나 건물이 등기부상 학교 경영자 개인의 명의로 있는 경우에도, 그 토지나 건물에 관하여 경료된 담보목적의 가등기나 근저당권 설정등기는 같은 법 제51조에 의하여 준용되는 같은 법 제28조 제2항, 같은 법 시행령 제12조에 위반되어 무효이다(대판 99다70860).

2) 신고대상 부동산

학교법인이 그 기본재산을 처분하고자 할 경우에는 원칙상 허가를 받아야 하나, 예외적으로 기본재산에 대한 것이라도 학교 운영상 필요한 경미한 사항인 경우에는 관할청에 사전에 신고하고 처분할 수 있도록 허용하고 있다. 다만, 허가를 받지 아니할 목적으로 학교법인의 기본재산을 분할하거나, 사립학교법령에 위반되는 행위를 한 경우에는 허가대상이 된다. 학교법인이 부동산을 처분할 경우 관할관청에 신고하여야 할 사유는 다음과 같다(사립학교법 제28조 제1항 단서 및 동법시행령 제11조 제5항).

① 대학설립·운영규정 제7조 제1항의 규정에 의한 수익용 기본재산을 확보한 대학 또는 산업대학을 경영하는 학교법인이, 수익 증대를 목적으로 다른 수익용 기본재산으로 대체취득하기 위하여 수익용 기본재산을 매도 또는 교환하는 경우

② 공익사업을위한토지등의취득및손실보상에관한법률에 의한 협의 또는 수

용으로 기본재산을 처분하고 받은 손실 보상금을 당해 기본재산의 용도와 동일
하게 사용하는 경우

③ 위 ①,②에 해당하지 아니하는 경우로써 기본재산의 매도·증여·교환·
용도변경 또는 담보가액이 5천만원 미만인 경우(단, 대학 또는 산업대학을 경영하
는 학교법인의 경우에는 3억원 미만)

④ 수익용 기본재산에 전세권을 설정하는 경우

⑤ 위 규정에 해당하지 아니하는 경우로서 의무의 부담 또는 권리의 포기가
액이 5천만원 미만인 경우(단, 대학 또는 산업대학을 경영하는 학교법인의 경우에는
3억원 미만)

다. 전통사찰 소유 부동산 처분제한

1) 의 의

"전통사찰"이란 불상 등 불교 신앙의 대상으로써의 형상을 봉안하고 승려가
수행하며 신도를 교화하기 위하여 건립·축조된 건물(경내지48)·동산·부동산
포함)로써 문화체육부장관으로부터 역사적 의의와 문화적 가치를 가진 사찰로
지정·고시되고, 당해 사찰의 주지(住持)에게 통지되어 주지로부터 전통사찰로
등록받은 것을 말한다(전통사찰보존법 제2조 제1호 및 제3조). 이러한 절차에 따
라 등록된 전통사찰이 그 소유 부동산을 처분하고자 할 경우에는 사전에 문화

---

48) 경내지(境內地)란 불교의 의식, 승려의 수행·생활 및 신도의 교화를 위하여 필요한 사찰
에 속하는 토지로서 아래와 같은 토지를 말한다(전통사찰보존법 제2조 제3호 및 동법시
행령 제3조 제1호).
① 경내 건조물(건물·입목·죽·기타 지상물 포함)이 정착되어 있는 토지와 이에 연결
되어 있는 부속토지
② 참배로(參拜路)로 사용되는 토지
③ 불교의 의식행사(儀式行事)를 위하여 사용되는 토지[불공·수도(修道)를 위한 토지
포함]
④ 정원·산림·경작지 및 초지와 사찰의 존엄 또는 풍치의 보존을 위하여 사용되는 사
찰소유 토지
⑤ 역사 또는 기록 등에 의하여 당해 사찰과 밀접한 연고가 있다고 인정되는 토지로써 당
해 사찰의 관리에 속하는 토지
⑥ 경내 건조물과 ① 내지 ⑤호에 규정된 토지의 재해방지를 위하여 사용되는 토지

체육부장관의 허가를 받아야 한다. 이러한 규제를 둔 취지는 전통사찰이 갖는 민족 문화유산으로써의 성격과 역사적 의의를 온전히 보존함으로써 민족문화 향상에 이바지하기 위한 것이다(전통사찰보존법 제1조).

2) 부동산 처분허가

전통사찰인 경우에는 그 경내지 안에 있는 사찰 또는 사찰소속 대표단체 소유 부동산을 양도·대여·담보로 제공하고자 할 경우에는 주지가 사찰소속 대표단체장의 승인서를 첨부하여 문화체육부장관의 허가를 받아야 한다(전통사찰보존법 제6조 본문 및 제2호, 동법시행령 제7조 제2항). 여기서 "사찰소유 부동산"이란 사찰에 속하는 대지·전·답·임야 및 건조물을 말한다(전통사찰보존법 제2조 제3호 및 제5호). 판례는 전통사찰에 속한 부동산 처분행위에 대하여 다음과 같이 판시하고 있다.

> 전통사찰보존법 제6조의 규정은 강행법규로서 이에 위반한 양도계약은 무효이고 사찰재산의 양도에 필요한 위와 같은 허가는 반드시 그 양도 전에 미리 받아야 하는 것은 아니고, 양도 후에라도 허가를 받으면 그 양도계약의 효력은 소급하여 유효한 것으로 된다고 할 것이지만, 양도계약이 처음부터 허가를 배제·잠탈하는 내용의 것이거나 또는 양도계약 후 당사자 쌍방이 허가받지 않기로 하는 의사표시를 명백히 한 때에는 그 양도계약은 그로써 확정적으로 무효가 되어 더 이상 관할청의 허가를 받아 유효한 것으로 될 여지가 없다(대판 99다26979).

라. 향교소유 부동산 처분제한

1) 의 의

"향교재산(鄕校財産)"이라 함은 향교의 유지·운영을 위하여 조성된 동산·부동산·기타 재산을 말한다(향교재산법 제2조). 향교재산은 특별시·광역시·도별로 설립된 향교재단법인이 관리한다. 향교재단은 특별시·광역시·도 내에 소재하는 각 문묘의 유지, 교육 기타 교화사업의 경영 및 유교의 진흥과 문화발전에 기할 목적으로 설립한 것이다(향교재산법 제5조).

2) 향교소유 부동산 처분에 대한 허가

향교재산에 속하는 부동산은 향교의 목적을 추구하고 유지하는 데 필수적인 것이므로, 그 재산을 보호하기 위한 일정한 장치가 필요하다. 이에 따라 향교재단이 그 소유한 재산을 처분하거나 담보로 제공하고자 할 경우에는, 사전에 관할 특별시장·광역시장·도지사로부터 허가를 받아야 한다(향교재산법 제3조 제1항, 제4조, 제11조 제1항 제1호).

마. 농지에 대한 취득제한

1) 농지의 개념

"농지"라 함은 다음 각 요건 중 1에 해당하는 토지를 말한다(농지법 제2조 제1항, 동법시행령 제2조 제3항 및 동법시행규칙 제2조).

첫째, 전·답·과수원 기타 법적지목 여하에 불구하고 실제 토지현상이 농작물의 경작 또는 다년성 식물 재배지로 이용되는 토지[49]

둘째, 위 토지의 개량시설(改良施設)인 유지(溜地)·양(揚)·배수시설·수로·농로·제방 기타 농지의 보전이나 이용에 필요한 시설로써 토양의 침식이나 재해로 인한 농작물의 피해를 방지하기 위하여 설치한 계단·흙막기·방풍림 기타 이에 준하는 시설의 부지

셋째, 위 토지에 설치한 고정식 온실·버섯재배사·비닐하우스와 그 부속시설, 농막·간이퇴비장 시설의 부지

한편 위와 같은 요건에 해당하는 경우에도 다음과 같은 토지는 농지에 해당하지 않는다(농지법 제2조 제1호 가목 단서, 동법시행령 제2조 제2항). 즉 지적법상 전·답·과수원이 아닌 토지로서 농작물의 경작 또는 다년성 식물 재배지로 계속하여 이용되는 기간이 3년 미만인 토지, 지적법상 임야인 경우로써 형질을 변

---

49) "다년성 식물"이라 함은 다음과 같은 것을 말한다(농지법시행령 제2조 제1항).
　① 목초·종묘·인삼·약초·잔디·조림용 묘목
　② 과수·뽕나무·유실수 기타 생육기간이 2년 이상인 식용 또는 약용으로 이용되는 식물
　③ 판매목적으로 식재한 조경 또는 관상용 수목과 그 묘목

경하지 아니하고 과수·뽕나무·유실수 기타 생육기간이 2년 이상인 식용 또는 약용으로 이용되는 식물 및 판매 목적용 조경 또는 관상수와 그 묘목을 재배하고 있는 토지, 초지법에 의하여 조성된 초지

2) 농지의 취득제한

가) 농지취득자격증명제도

(1) 원 칙

농지는 자기의 농업경영에 이용하거나 이용할 자가 아니면 소유할 수 없다 (농지법 제6조 제1항). 이러한 농지에 대한 제한규정은 헌법상 경자유전(耕者有田)의 이념에 따른 것이다(헌법 제121조 제1항). 농지는 아무나 자유롭게 취득할 수 없고, 현재 농업을 영위할 목적이 있을 경우에만 취득할 수 있다. 이에 따라 농지를 취득하고자 하는 자가 농업을 영위할 의사와 요건을 구비하고 있는지 등에 대하여 심사하는 법적 장치로써 마련된 것이 바로 농지취득자격증명제도이다. 이에 의하면 농지를 취득하고자 하는 자는 농지 소재지 관할 시장·구청장·읍장·면장으로부터 농지취득자격 요건을 갖추었다는 취지의 "농지취득자격증명서"를 발급받지 않으면 농지에 대한 소유권을 취득할 수 없도록 제한하고 있다.[50)]

(2) 농지취득자격증명서 없이 농지를 취득할 수 있는 경우

농업경영 목적이 없는 자는 원칙상 농지를 취득할 수 없다. 그러나 농지라 하여 반드시 농업경영에만 제공될 수는 없으므로 경우에 따라서는 영농과 무관하게 농지를 취득할 필요가 있을 수도 있다. 이를 감안하여 농지법에서는 농업경영과 무관하게 농지를 취득할 수 있는 예외적인 규정을 두고 있다.

---

50) 농지취득자격증명서를 발급할 수 있는 시장은 "구(區)를 두지 않은 시장"을 말한다. 그러나 시장은 관할 행정기관내 동(洞)지역에 소재하는 농지에 대해서만 동 증명서를 발급할 권한이 있다. 구청장은 자치구 및 비자치구청장을 포함한다. 일부 시에서는 내부 조례를 통하여 동장에게 농지취득자격증명서 발급업무를 위임함으로써 동장명의로 동 증명서가 발급되고 있다. 그러나 이는 농지법을 위반한 무효인 행정행위이므로 시정되어야 할 것이다.

농지를 취득하는 자 및 그 농지의 취득목적이 아래와 같은 경우에는 농지취득자격증명서를 발급받지 않아도 농지를 취득할 수 있다(농지법 제8조 제1항 단서, 동법시행령 제7조).

(가) 국가·지방자치단체가 농지를 취득하는 경우

(나) 상속(상속인에 대한 유증 포함)에 의하여 농지를 취득하는 경우

(다) 농지의 저당권자로서 아래에 해당하는 자가 저당권 실행을 위한 경매기일을 2회 이상 진행하여도 경락인이 없을 경우, 3회 이상 진행되는 경매에 응하여 그 담보농지를 취득하는 경우

① 농업협동조합법에 의한 지역농업협동조합, 지역축산업협동조합, 품목별·업종별협동조합 및 그 중앙회

② 수산업협동조합법에 의한 지구별·업종별 수산업협동조합, 수산물가공수산업협동조합 및 그 중앙회

③ 산림조합법에 의한 지역산림조합, 품목별·업종별 산림조합 및 그 중앙회

④ 한국농촌공사

⑤ 은행법에 의하여 설립된 금융기관

⑥ 상호저축은행법에 의한 상호저축은행

⑦ 신용협동조합법에 의한 신용협동조합

⑧ 새마을금고법에 의한 새마을금고

⑨ 농수산물유통공사법에 의한 농수산물유통공사

⑩ 금융기관부실자산등의효율적처리및한국자산관리공사의설립에관한법률에 의하여 설립된 한국자산관리공사

⑪ 자산유동화에관한법률 제3조의 규정에 의한 유동화전문회사

⑫ 농업협동조합의구조개선에관한법률에 의하여 설립된 농업협동조합자산관리회사

(라) 위 (다)의 ① 내지 ⑩에 해당하는 자가 경매절차를 통하여 취득한 담보농지를 자산유동화에관한법률 제3조의 규정에 의한 유동화전문회사가 다시 취

득하는 경우

(마) 주무부처장관 또는 지방자치단체장이 농림부장관과 협의한 결과 전용이 완료된 아래 지역에 소재하는 농지를 취득하는 경우

① 국토의계획및이용에관한법률에 의한 도시지역 안에 있는 주거·상업·공업지역 내의 농지

② 도시계획시설 부지로 지정·결정한 지역과 그 시설 예정지안에 있는 농지

③ 국토의계획및이용에관한법률에 의한 도시지역 안에 있는 녹지지역 및 개발제한구역에 소재한 농지에 대하여 동법 제56조에 의하여 개발행위허가를 받거나, 개발제한구역의지정및관리에관한특별조치법 제11조 제1항 각 호 외의 부분단서 규정에 의하여 토지형질변경 허가를 받은 농지

(바) 아래와 같은 사유로 농지를 취득하는 경우

① 한국농촌공사및농지관리기금법에 의하여 한국농촌공사가 농지를 취득하는 경우

② 농어촌정비법 제16조, 제43조, 제56조, 제67조, 제85조에 의하여 농지를 취득하는 경우

③ 공유수면관리법에 의하여 매립농지를 취득하는 경우

④ 토지수용에 의하여 농지를 취득하는 경우

⑤ 공익사업을위한토지등의취득및보상에관한법률에 의하여 농지를 취득하는 경우

⑥ 기타 농지법시행령이 정하는 토지 등의 개발사업과 관련된 사업시행자 등이 농지를 취득하는 경우[51]

(사) 농업법인간의 합병으로 농지를 취득하는 경우

(아) 공유 농지를 분할하는 경우

(자) 다음과 같은 사유로 농지를 취득하는 경우(농지법시행령 제7조)

---

51) 사업시행자가 농지취득자격증명서를 발급받지 않고 취득할 수 있는 농지의 범위에 대하여 시행령에는 구체적으로 규정하고 있지 않다.

① 점유 취득시효로 농지를 취득하는 경우52)

② 징발재산정리에관한특별조치법 제20조, 공익사업을위한토지등의취득및
 보상에관한법률 제91조에 의한 환매권자가 환매권에 의하여 농지를 취
 득하는 경우

③ 국가보위에관한특별조치법제5조제4항에의한동원대상지역내의토지의수
 용·사용에관한특별조치령에의하여수용·사용된토지의정리에관한특별
 조치법 제2조 및 제3조의 규정에 의한 환매권자 등이 환매권 등에 의하
 여 농지를 취득하는 경우

④ 농지법 제16조에 의한 농지이용증진사업시행계획을 위하여 농지를 취득
 하는 경우

나) 농지를 취득할 수 있는 자의 범위

농지는 자기의 농업경영에 이용하거나 이용할 자가 아니면 소유할 수 없다
(농지법 제6조 제1항). 이에 따라 농지를 취득하기 위해서는 원칙상 농업인·농
업법인이거나, 농업인이 되고자 하는 자이어야 한다.

(1) 농업인

"농업인"이란 자연인으로서 농지취득자격증명서를 신청하는 현재 농업인
요건을 구비하고 있는 자를 말한다. 농업인의 지위에 있는 자는 농업경영을 위
하여 필요한 경우에는 농지를 추가로 취득할 수 있다. 다만, 농업인에 해당하기
위해서는 아래 요건 중 하나에 해당하여야 한다(농지법시행령 제3조).

① 1,000m² 이상의 농지에서 농작물이나 다년성 식물을 경작·재배하는 자

② 1년 중 90일 이상을 농업에 종사하는 자

③ 농지에 330m² 이상의 고정식온실·버섯재배사·비닐하우스 기타 농림부

---

52) 농지법시행령 제7조 제1호에는 단순히 "시효의 완성으로…"라고 규정하고 있는데, 농지취
 득자격증명서를 발급받지 않고 농지를 취득할 수 있는 것은 점유 취득시효에 한정된다.
 즉 점유를 원인으로 시효취득하는 경우에는 20년간 평온·공연하게 점유하였음을 이유로
 당해 농지에 대한 소유권 이전등기가 필요하기 때문이다. 그런데 등기부 취득시효의 경우
 는 이미 농지취득자격증명서를 발급받아 소유권 이전등기가 완료되어 있고, 이에 의하여
 당해 농지를 10년간 소유의사로 평온·공연·선의·무과실로 점유함으로써 소유권을 적
 법하게 취득하였으므로, 동 증명서를 발급받을 필요가 없기 때문이다.

령이 정하는 농업생산에 필요한 시설을 설치하여 농작물 또는 다년성 식물을 경작·재배하는 자[53]

④ 대가축 2두, 중가축 10두, 소가축 100두, 가금(家禽) 1,000수(數), 꿀벌 10군(群) 이상을 사육하는 자

⑤ 1년 중 120일 이상을 축산업에 종사하는 자

⑥ 농업경영을 통한 농산물의 연간 판매액이 100만원 이상인 자

한편 위와 같은 요건에 부합하여 농업인에 해당할 경우에도 농지취득자격증명을 제한 없이 발급받을 수 있는 것은 아니다. 즉 농업인이라도 농지취득자격증명서를 신청하는 현재, 새로 취득하고자 하는 농지를 통하여 농업경영을 할 목적이 없다면, 동 증명서는 발급되지 않는다.

(2) 농업법인

"농업법인"이란 기업적으로 농업을 경영하거나, 농산물의 유통·가공·판매 또는 농업인의 농작업을 대행할 목적으로 설립된 영리법인체를 말한다(농업·농촌기본법 제16조). 농업법인에는 영농조합법인과 농업회사법인으로 구분된다(농지법 제2조 제3호).

(가) 영농조합법인

"영농조합법인"은 5인 이상의 농업인이 조합원으로 참가하여 설립한 법인으로서, 협업적 농업경영을 통하여 생산성을 높이고 농산물의 출하·가공·수출 등을 공동으로 수행하기 위하여 설립한 영리법인을 말한다(농업·농촌기본법 제15조 제1항).

(나) 농업회사법인

"농업회사법인"은 농업·농촌기본법 제16조에 의하여 설립된 법인으로서

---

53) 현재 농지법 시행규칙에는 농업인 요건으로 규정하고 있는 "기타 농업생산에 필요한 시설"에 대한 구체적인 규정이 없다. 따라서 농업생산에 필요한 시설은 "고정식 온실·버섯재배사·비닐하우스"에 한정되어 있다. 그러나 비록 규칙에 이와 관련된 세부사항이 명시되어 있지 않더라도 "고정식 온실·버섯재배사·비닐하우스"는 농업생산에 필요한 시설에 대한 예시적인 것에 불과한 것이므로, 이와 유사한 것도 농업생산에 필요한 시설로 보아야 할 것이다.

아래와 같은 3가지 요건을 모두 구비한 영리법인을 말한다. 농업회사법인에 대해서는 농지법에 특별한 규정이 없으므로 상법이 적용된다. 따라서 농업회사법인도 주식회사 · 유한회사 · 합명회사 · 합자회사로 구분할 수 있다(상법 제170조).

① 농업회사법인을 대표하는 자가 농업인일 것

② 농업회사법인의 업무집행권을 갖는 자의 1/2 이상이 농업인일 것

다만, 위와 같은 요건에 부합하는 농업법인이라도 농지취득자격증명서를 제한 없이 발급받을 수 있는 것이 아님은 농업인의 경우와 같다. 즉 농업법인이라 하더라도 농지취득자격증명을 신청하는 현재 새로 취득하고자 하는 당해 농지를 통하여 농업경영을 할 목적이 없다면, 동 증명서가 발급되지 않는다.

(3) 농업인이 되고자 하는 자

"농업인이 되고자 하는 자"는 농지취득자격증명서를 신청하는 현재 농업인 요건을 구비하지 못한 자연인으로서, 농지를 취득하여 농업을 영위하고자 하는 자를 말한다.[54]

농업인이 되고자 하는 자로부터 농지취득자격증명서 발급을 신청받은 관할 시장 · 구청장 · 읍장 · 면장은, 그 취득하고자 하는 농지가 농업경영 목적으로 취득하는 것인지(영농목적), 농업경영을 할 의지는 있는지(영농의지), 농업경영을 할 여건은 되는지(영농거리 및 직업여부와 직업종류), 경작예정 농작물의 종류와 농지와의 적합성 기타 구입하고자 하는 농업기계의 타당성 등에 대하여 형식적인 심사를 한 후, 그 타당성이 인정되면 동 증명서를 발급하게 된다.

농업인이 되고자 하는 자에게 농지취득자격증명서를 발급하는 경우에는 현재 농업인인 경우보다 더 엄격한 심사를 하는 것이 보통이다. 그러나 최근 들어 행정기관에서는 동 증명서가 농지취득에 따른 단순한 행정절차에 지나지 않는

---

54) 법인격을 구비한 영농조합법인 또는 농업회사법인은 자연인과 달리 농지취득자격증명서를 신청하기 전에 먼저 법인등기를 필함으로써 농업법인으로서 실체를 갖추고 있으므로 농업인에 해당한다고 볼 수 있다. 따라서 "농업인이 되고자 하는 자"에는 이러한 농업법인은 포함되지 않는다.

것으로 인식하는 경향으로, 농지취득을 규제하는 제도로써는 그 기능을 상실하고 있다.

(4) 특수한 지위 또는 목적이 있는 자

농지는 농업경영 목적이 있는 농업인·농업법인 또는 농업인이 되고자 하는 자가 취득할 수 있다. 그러나 예외적으로 농업경영과 무관하게 농지를 취득할 수 있는 자가 있는데, 그 구체적인 내용을 살펴보면 다음과 같다(농지법 제6조 제2항). 다만, 아래 요건에 해당하는 자 중에는 농지취득자격증명서와 무관하게 농지를 취득할 수 있는 자도 있다. 이에 대해서는 전술한 내용을 참고하기 바란다.

(가) 국가, 지방자치단체

(나) 초·중등교육법 및 고등교육법에 의한 학교, 농림부령으로 정하는 공공단체·농업연구기관·농업생산자단체·종묘 기타 농업기자재를 생산하는 자가, 그 고유 목적사업을 수행하기 위하여 필요로 하는 시험·연구·실습지 또는 종묘 생산용지로 사용하기 위하여 소관 중앙행정기관장의 추천(농림부장관이 소관 중앙행정기관장인 경우에는 제외)을 통하여 농림부장관으로부터 농지취득인정서를 발급받은 경우[55]

(다) 주말·체험영농 목적으로 1,000m^2 미만의 농지를 취득하는 경우[56]

(라) 상속(상속인에게 한 유증 포함)으로 농지를 취득하는 경우

(마) 농지법 제12조 제1항의 규정에 의하여 금융기관이 담보농지를 취득하는 경우

(바) 농지법 제36조 제1항에 의하여 농지전용허가를 받거나 다른 법률의 규정에 의하여 농지전용허가가 의제되는 인가·허가·승인을 받은 농지를 취득하는 경우

---

55) 농지법시행규칙 제4조에 의한 [별표1] 참조.
56) 주말·체험영농은 농업인이 아닌 자연인이 주말 등을 이용하여 취미·여가활동으로 농작물을 경작하거나 다년성 식물을 재배하는 것을 말한다. 주말·체험영농 목적으로 농지를 구입할 경우에는 취득하는 자 및 그와 주민등록을 같이하는 세대원 전원이 소유하고 있는 농지를 합하여 1,000㎡ 미만인 경우에만 허용된다.

(사) 농지법 제37조 또는 제45조에 의한 농지전용신고를 필한 농지를 취득하는 경우

(아) 농지법 제36조 제2항에 의한 농지전용협의를 완료한 농지를 취득하는 경우

(자) 한국농촌공사및농지관리기금법 제24조 제2항에 의한 농지개발사업지구안에 소재하는 농지로서 한국농촌공사가 개발하여 매도하는 아래와 같은 농지를 취득하는 경우(농지법시행령 제5조)

① 도·농간 교류촉진을 위한 농원부지로서 세대원 전부가 소유하는 총면적 1,500m² 미만의 농지를 취득하는 경우

② 농어촌 관광휴양지에 포함된 농지로서 세대원 전부가 소유하는 총면적 1,500m² 미만의 농지를 취득하는 경우

(차) 농어촌정비법 제83조 제4항의 규정에 의하여 한계농지 등의 정비사업자가 동 농지를 정비하여 준공한 후 분양하는 1,500m² 미만의 농지를 취득하는 경우

(카) 다음과 같은 사유로 농지를 취득하는 경우

① 한국농촌공사및농지관리기금법에 의하여 한국농촌공사가 농지를 취득하는 경우

② 농어촌정비법 제16조, 제43조, 제56조, 제67조, 제85조 규정에 의하여 농지를 취득하는 경우

③ 공유수면매립법에 의하여 매립농지를 취득하는 경우

④ 공익사업을위한토지등의취득및보상에관한법률에 의하여 농지를 취득하는 경우

⑤ 기타 대통령령이 정하는 토지 등의 개발사업을 시행하는 자가 사업상 필요한 농지를 취득하는 경우[57]

---

57) 이에 대한 구체적인 내용은 농지법시행령에 규정되어 있지 않다.

다) 농지취득자격증명서 효력

농지를 취득하려는 자는 농지 소재지 관할 시장·구청장·읍장·면장으로부터 농지취득자격증명서를 발급받아 소유권 이전등기를 신청할 때 제출하여야 한다. 그런데 만약 매수자가 동 증명서를 발급받지 못한 경우 계약당사자 간에 체결한 농지매매 계약의 효력은 어떻게 되는가? 이에 대하여 대법원은 "농지취득자격증명을 발급받지 못한 경우에는 소유권 이전이라는 물권변동 효과는 발생하지 않으나, 농지매매계약 그 자체의 효력에는 영향이 없다"고 판시하고 있다(대판 64다563 전원합의체). 즉 대법원은 농지취득자격증명서는 농지에 대한 소유권 이전등기 신청시 특히 필요한 첨부서면의 일종에 불과한 것이므로, 이를 발급받지 못한 경우에도 당사자 간에 체결한 농지매매계약의 효력은 그대로 유효하다는 입장을 취하고 있다.

그런데 당사자 간에 농지에 대한 매매계약을 체결하고 잔금까지 완납한 경우라도 시장·구청장·읍장·면장으로부터 농지취득자격증명서를 발급받지 못한 경우에는 소유권 이전등기를 할 수 없기 때문에, 등기주의 내지 형식주의를 취하고 있는 우리 법제상으로는 농지의 소유권에 물권변동이 발생하지 않는다. 그렇다면 농지취득자격증명서는 등기신청시 필요한 단순한 첨부서면이라 할 수 없고, 농지의 소유권 이전에 따른 하나의 특수한 효력발생 요건이라 할 수 있다.

한편 헌법은 제121조 제1항에서 "경자유전의 원칙"을 천명하고, 농지법 제8조에서는 농지를 취득할 수 있는 적격자를 심사하기 위한 절차로써 농지취득자격증명제도를 통하여, 동 서면을 첨부하지 않은 경우에는 농지에 대한 소유권 이전등기를 할 수 없도록 제한하고 있다는 점에 비추어 보면, 농지취득자격증명서는 농지의 소유권 매매계약에 대한 효력발생 요건이라고 봄이 타당하다(부동산등기법 제40조 제1항 제4호, 법 제55조 제8호).

등기주의를 취하고 있는 우리 법제 하에서 만약 농지취득자격증명서를 발급받지 못한 당사자 간의 매매계약을 언제까지라도 유효라고 한다면 당사자 간의 법률관계가 불안정한 상태에서 계속 유지될 뿐이며, 더 나아가 미등기 상태에서도 실질적으로는 당사자 간에 물권변동이 발생한 것과 동일한 효과가 인정될 가능성이 있으므로 제3자를 해할 우려도 있다. 대법원도 전원합의체 판결 이전에는 이와 같은 입장을 취함으로써 농지취득자격증명서를 발급받지 못한 농지에 대한 소유권 매매는 그 효력이 없다고 판시한 바 있었고, 이에 동의하는 학자도 있다(대판 4294민상1603, 곽윤직 1984. 26).

3) 농지에 대한 권리제한

농지는 우리 헌법 제121조 제1항이 천명하는 경자유전원칙(耕者有田原則)에 따라 농업인, 농업법인, 농업인이 되고자 하는 자 기타 특수한 목적이 있는 자에 대해서만 취득할 수 있도록 제한하고 있음을 보았다. 한편 이러한 헌법과 농지법 이념에 부합되기 위해서는 농지에 대한 소유권 및 기타 권리에 대한 한계도 필요함은 다언을 요하지 않는다. 이러한 취지에서 규정하고 있는 농지법의 규정을 살펴보면 다음과 같다.

가) 농지에 대한 소유 한계

영농목적으로 농지를 소유하는 경우에는 농지상한에 아무 제한이 없다. 다만, 특수한 사정으로 농지를 소유하게 된 경우에는 그 목적을 달성하는 데 필요한 최소범위 내에서만 소유를 허용하고 있다. 이에 따라 농지법이 규정하고 있는 목적 또는 원인별 농지의 소유 한계를 살펴보면 다음과 같다(농지법 제6조 제2항 제8호 및 제7조).

① 농업을 영위하지 않는 자가 상속으로 농지를 취득한 경우에는 10,000m^2 이하

② 8년 이상 농업경영을 한 자가 이농(離農)한 경우에는 이농 당시 소유하던 농지 중 10,000m^2 이하[58]

③ 주말·체험영농 목적으로 농지를 취득하는 경우에는 세대원 전부에 대하

---

58) "이농"이란 개인적 사정에 의하여 농업에 종사하지 않는 것을 말한다. 따라서 당해 농지 소재지에 거주하더라도 농업에 종사하지 않으면 이농에 해당한다. 반대로 당해 농지 소재지로부터 먼 곳으로 이사하더라도 계속 농업을 영위하면 이농에 해당하지 않는다.

여 1,000m^2 미만

④ 한국농촌공사및농지관리기금법 제24조 제2항에 의하여 한국농촌공사가 개발하여 매도하는 농지인 경우에는 다음 각 호의 구분에 따른 면적

㉮ 도·농간 교류촉진을 위한 농원부지인 경우에는 세대원 전부가 소유하는 1,500m^2 미만

㉯ 농어촌 관광휴양지에 포함된 농지인 경우에는 세대원 전부가 소유하는 1,500m^2 미만

⑤ 농어촌정비법 제83조 제4항의 규정에 의하여 한계농지 등의 정비사업자가 동 농지를 정비하여 비농업인에게 분양하는 농지인 경우에는 세대원 전부가 소유하는 1,500m^2 미만

나) 농지에 대한 권리설정 제한

(1) 전세권설정 금지

경자유전원칙(耕者有田原則)에 의하여 농지는 농업인이 소유하고 경작할 수 있도록 하여야 한다. 이를 위하여 농지에 대한 소작(小作)이 금지된다. 다만, 농업생산성 제고(提高)를 위한 경우 및 농지의 합리적 이용 기타 불가피한 사정이 있을 경우에는 법률이 정하는 바에 따라 임대차 또는 위탁경영을 허용하고 있다(헌법 제121조).

한편 우리 민법상 인정되는 용익물권(用益物權)인 지상권·지역권·전세권 중 농지에 그 설정이 금지되는 것은 전세권에 한정되어 있다(민법 제303조 제2항). 따라서 전세권 이외의 용익물권인 지상권과 지역권은 제한 없이 설정할 수 있다. 그러나 지상권은 농작물의 경작을 목적으로는 설정할 수 없고,[59] 지역권은 용수(用水)·통행을 위하여 타인의 토지를 이용하는 권리이므로, 농지가 승역지(承役地)라[60] 하더라도 농업경영에 특별한 불편이나 제한을 줄 염려가 없

---

59) 지상권은 건물·기타 공작물·수목(樹木)을 소유하기 위하여 타인의 토지를 이용하는 권리이다(민법 제279조). 그런데 농지에도 저당권에 부수하여 일명 담보목적으로 지상권이 설정되고 있다(이를 일명 "담보지상권"이라고 한다). 이는 농지법 이념을 일탈한 것이므로 차제에 금지시켜야 한다.

60) "승역지"란 지역권설정 대상이 되는 토지, 즉 편익을 주는 토지를 말한다. 이에 반하여 승

기 때문이다.

그러나 전세권은 전세권자가 농지를 점유하면서 농지를 그 용도에 따라 사용·수익할 수 있는 배타적 권리를 갖게 된다. 이로 인하여 헌법과 농지법을 회피함으로써 탈법적으로 농지를 소유하게 될 가능성이 있고, 결국 농지 소유자가 소작농으로 전락할 우려가 있기 때문에 이를 금지하고 있는 것이다.

(2) 임대차 및 사용대차 금지

농지는 자경이 원칙이므로 소유자가 직접 농업경영에 이용하여야 한다(농지법 제6조 제1항).61) 그러나 자경할 수 없는 부득이한 사정도 있을 수 있으므로, 농지법에서는 농지를 임대차 또는 사용대차 할 수 있는 다음과 같은 예외를 인정하고 있다(농지법 제22조).

① 국가·지방자치단체가 소유하고 있는 농지

② 상속(상속인에게 한 유증 포함)으로 소유하고 있는 농지

③ 8년 이상 농업경영을 하던 자가 이농으로 소유하고 있는 농지

④ 농지법 제12조 제1항에 의한 담보농지를 취득한 금융기관 등이 소유하고 있는 농지

⑤ 농지법 제36조 제1항에 의한 농지전용허가를 받거나, 다른 법률에 의하여 전용허가가 의제되는 인가·허가·승인을 받은 농지

⑥ 농지법 제37조 또는 제45에 의한 농지전용신고를 한 농지

⑦ 농지법 제36조 제2항에 의한 농지전용 협의를 완료한 농지

⑧ 한국농촌공사및농지관리기금법 제24조 제2항에 의한 농지의 개발사업지구 안에 소재하는 농지로서 한국농촌공사가 개발하여 매도하는 다음과 같은 농지

역지로부터 편익을 받는 토지, 즉 지역권설정 목적을 달성하는 토지를 요역지(要役地)라 한다.

61) "자경(自耕)"이란 농업인이 그 소유 농지에서 농작물의 경작 또는 다년성 식물의 재배에 상시 종사하거나, 농작업의 1/2 이상을 자기의 노동력에 의하여 경작·재배하는 것과, 농업법인이 그 소유 농지에서 농작물을 경작하거나 다년성 식물을 재배하는 것을 말한다(농지법 제2조 제5호). "농업경영"이란 농업인 또는 농업법인이 자기의 계산과 책임으로 농업을 영위하는 것을 말한다(농지법 제2조 제4호).

㉮ 도·농간 교류촉진을 위한 농원부지로서 세대원 전부가 소유한 1,500m² 미만의 농지

㉯ 농어촌 관광휴양지에 포함된 농지로서 세대원 전부가 소유한 1,500m² 미만의 농지

⑨ 농어촌정비법 제83조 제4항의 규정에 의한 한계농지 등의 정비사업자가 분양하는 1,500m² 미만의 농지

⑩ 다음 각 호의 규정에 의하여 취득한 농지

㉮ 한국농촌공사및농지관리기금법에 의하여 한국농촌공사가 취득한 농지

㉯ 농어촌정비법 제16조, 제43조, 제56조, 제67조, 제85조에 의하여 취득한 농지

㉰ 공유수면매립법에 의하여 취득한 매립농지

㉱ 토지수용에 의하여 취득한 농지

㉲ 공익사업을위한토지등의취득및보상에관한법률에 의하여 취득한 농지

㉳ 기타 대통령령이 정하는 토지 등의 개발사업과 관련된 사업시행자 등이 취득한 농지[62]

⑪ 농지법 제16조에 의한 농지이용증진사업시행계획에 의하여 임대차 또는 사용대차를 위한 농지이용증진사업시행구역 내 소재하는 농지

⑫ 다음과 같은 부득이한 사유로 일시적으로 농업경영에 종사하지 못하게 된 자가 소유하고 있는 농지(농지법시행령 제25조)

㉮ 질병·징집·취학·선거에 의하여 공직에 취임한 자가 소유한 농지

㉯ 부상으로 3월 이상 치료가 필요한 자가 소유한 농지

㉰ 행형법 및 사회보호법에 의하여 교도소·구치소·보호감호소에 수감 중인 자가 소유한 농지

㉱ 3월 이상 국외여행을 하는 자가 소유한 농지

㉲ 청산중인 농업법인이 소유한 농지

---

62) 농지법시행령에는 이에 대한 명문규정이 없다.

⑬ 60세 이상 고령으로 더 이상 농업경영에 종사하지 못하게 된 자가 자신이 거주하는 시(특별시·광역시 포함)·군 또는 이와 연접한 시(특별시·광역시 포함)·군에 소재하는 농지로써, 자기의 농업경영에 이용한 기간이 5년을 초과하는 농지

⑭ 농업인 또는 농업법인이 주말·체험영농을 하고자 하는 자에게 제공하는 농지

⑮ 농업인 또는 농업법인이 주말·체험영농을 하고자 하는 자에게 임대하는 것을 업(業)으로 하는 자에게 제공하는 농지

⑯ 농업을 경영하는 개인이 그 소유한 농지를 한국농촌공사에 임대 또는 사용대하는 경우[63]

⑰ 비농업인이 상속받은 농지이거나, 이농 당시 소유하고 있던 농지를 한국농촌공사에 임대 또는 사용대하는 경우. 단, 상속으로 소유하게 된 농지를 임대 또는 사용대할 수 있는 한도는 $20,000m^2$ 이하로 한다.

다) 농지의 처분강제

농지는 농업인·농업법인 및 일정한 사유로 농지법이 인정하는 자 이외에는 소유할 수 없다. 그런데 이러한 자들이 농지를 취득하는 경우에도 원칙상 농지 취득자격증명제도를 통하여 적격자에게만 농지를 취득할 수 있도록 허용하면서 원칙상 자경을 요구하고 있다. 다만, 특별한 사유가 있을 경우에는 예외적으로 임대 또는 사용대할 수 있음은 앞서 살펴본 바와 같다.

한편 경자유전(耕者有田)의 대원칙은 준수되어야 하므로 자경하지 않거나 농지를 계속 보유케 함이 부당하다고 인정될 경우에는, 당해 농지의 처분을 강제하는 제도를 통하여 이를 구현하고 있다. 이에 따르면 농지 소유자에 대하여 다음과 같은 사유가 발생한 경우에는 1년 이내에 당해 농지에 대한 처분의무를 부과하고, 만약 처분하지 않으면 동 기간이 경과한 후 시장·군수·구청장이 6개월 내 당해 농지를 처분할 것을 명하게 된다.[64] 다만, 처분명령이 있은 후라

---

63) 한국농촌공사에 농지를 임대하기 위해서는 농업진흥지역에 소재하는 농지는 $1,000m^2$ 이상이어야 하고, 비농업진흥지역에 소재하는 농지는 $1,500m^2$ 이상이어야 한다.

도 농지 소유자가 자경하거나, 한국농촌공사에 농지의 처분을 매도 위탁한 경우에는 그 처분의무를 3년간 유예하고 있다. 그리고 농지 소유자가 처분명령에 불응하거나, 유예사유를 위반한 경우에는 토지가격의 20%에 상당하는 이행강제금을 매년 1회씩 부과·징수하게 된다. 농지의 처분사유는 다음과 같다(농지법 제10조 내지 제11조의2, 제65조).

① 소유하는 농지를 자기의 농업경영에 이용하지 아니하거나, 이용하지 않게 되었다고 인정되는 경우. 다만 아래와 같은 사정으로 농업을 영위하지 못할 경우에는 그러하지 아니하다.

㉮ 농지법 제22조에 의하여 소유 농지를 임대·사용대하는 경우

㉯ 농지법 제28조에 의하여 임대인의 지위를 승계한 양수인이 그 임대 잔여 기간 동안 계속하여 임대하는 경우

㉰ 자연재해 등으로 영농이 불가능하여 휴경하는 경우

㉱ 농지개량 또는 영농준비를 위하여 휴경하는 경우

㉲ 병역법에 의한 징집·소집으로 휴경하는 경우

㉳ 질병·취학으로 휴경하는 경우

㉴ 선거에 의한 공직취임으로 휴경하는 경우

㉵ 부상으로 3월 이상 치료가 필요하여 휴경하는 경우

㉶ 행형법 및 사회보호법에 의하여 교도소·구치소·보호감호소에 수감됨으로써 휴경하는 경우

㉷ 3월 이상 국외여행으로 휴경하는 경우

㉸ 농업법인의 청산으로 휴경하는 경우

㉹ 농산물의 생산조정 또는 출하조절을 위하여 휴경하는 경우

② 농업법인 중 농업회사법인의 구성요건인 농지법 제2조 제3호의 요건에 부적합하게 된 후 3월이 경과한 경우

③ 농지법 제6조 제2항에 의하여 자기의 농업경영에 이용하지 않아도 예외

---

64) 농지에 대한 처분명령권은 농지 소재지 시장·군수·구청장이 행사하며, 읍장·면장은 동 권한이 없다(농지법 제11조).

적으로 농지를 취득할 수 있는 자가, 그 취득한 농지를 당해 목적사업에 이용하지 않을 경우

④ 주말·체험영농 목적으로 농지를 취득한 자가 자연재해·농지개량·질병 등, 위 ①항 단서에서 규정하고 있는 정당한 사유에 해당하지 않음에도 그 농지를 주말·체험영농 목적으로 이용하지 않을 경우

⑤ 농지법 제36조 제1항에 의한 농지전용허가 또는 다른 법률에 의하여 농지전용허가가 의제되는 인가·허가·승인을 받거나, 농지법 제37조 및 제45조에 의한 농지전용신고를 한 자가 당해 농지를 취득한 날로부터 2년내 그 목적사업에 착수하지 아니한 경우

⑥ 농지법 제7조의 규정에 의한 소유상한을 초과하는 농지인 경우

⑦ 사위 기타 부정한 방법으로 농지취득자격증명서를 발급받아 농지를 취득한 경우

⑧ 위 ①항 단서에서 규정하고 있는 사유 및 농지법 제9조에 의한 위탁경영 사유에 해당하지 않음에도, 정당한 사유 없이 농업경영계획서에 따른 이행을 하지 않은 경우[65]

---

65) 농지법 제9조에 의하여 농지를 위탁경영할 수 있는 정당한 사유는 다음과 같다.
   ① 병역법에 의하여 징집·소집된 경우
   ② 3월 이상 국외여행중인 경우
   ③ 농업법인이 청산중인 경우
   ④ 다음과 같은 사유가 있는 경우(농지법시행령 제11조 제1항)
      ⓐ 질병·취학·선거에 의한 공직에 취임한 경우
      ⓑ 부상으로 3월 이상의 치료가 필요한 경우
      ⓒ 행형법·사회보호법에 의하여 교도소·구치소·보호감호소에 수용중인 경우
   ⑤ 농지법 제16조에 의한 농지이용증진사업시행계획에 의하여 동 사업시행구역 내 소재하는 위탁경영을 위한 농지인 경우
   ⑥ 농업인이 자기의 노동력이 부족하여 농작업의 일부를 위탁하는 경우

바. 토지거래허가구역 내 토지거래 제한

1) 토지거래허가구역

가) 의 의

"토지거래허가구역"이란 국토의 이용 및 관리에 관한 계획의 원활한 수립과 집행 및 합리적인 토지이용 등을 위하여 토지의 투기적인 거래가 성행하거나 지가가 급격히 상승하는 지역 및 그러한 우려가 있는 지역에 대하여, 5년 이내의 기간을 정하여 중앙도시계획위원회의 심의를 거쳐 건설교통부장관이 지정하는 구역을 말한다. 토지거래허가구역은 법문상 "토지거래계약에 관한 허가구역"이라고 칭하고 있다(국토의계획및이용에관한법률 제117조, 이하 '국토법'이라 한다 및 동법시행령 제116조). 토지거래허가구역에 소재하는 토지에 대해서는 당사자 간의 자유로운 거래를 제한하고 있다. 즉 시장·군수·구청장이 토지를 거래하는 당사자의 주체성 및 대상 토지의 객체성을 종합 심사한 후 거래행위가 타당하다고 인정될 경우에만 토지거래를 허가하는 제도로써, 사인 간의 부동산 거래에서 가장 강력한 규제기능을 하는 제도라 할 수 있다.

나) 토지거래허가구역

(1) 지정요건

토지거래허가제도는 사권행사에 중대한 제한을 가하는 제도이므로 법정요건에 해당하지 않으면 지정할 수 없다. 토지거래허가구역으로 지정하기 위한 요건은 다음과 같다(국토법 제116조 제1항). 다만, 아래와 같은 요건에 해당하는 지역인 경우에도, 그 지정범위는 토지거래허가제도의 목적을 달성하는 데 필요한 최소한도에 그쳐야 할 것이다.

① 광역도시계획·도시기본계획·도시관리계획 등 토지이용계획이 새로 수립되거나 변경되는 지역

② 법령의 제정·개정·폐지 및 이에 대한 고시·공고로 인하여 토지이용에 대한 행위제한이 완화되거나 해제되는 지역

③ 법령에 의한 개발사업이 진행중이거나 예정되어 있는 지역과 그 인근 지역

④ 기타 건설교통부장관이 투기우려가 있다고 인정하는 지역 및 관계 행정기관장이 투기가 성행할 우려가 있다고 인정하여 건설교통부장관에게 요청하는 지역

(2) 허가대상 권리

토지거래허가구역에 소재하는 토지에 대한 거래계약 중 허가대상이 되는 것은 소유권 및 지상권에 한정된다. 즉 이들 권리에 대하여 유상으로 이전 또는 설정하고자 하는 계약 및 예약을 체결하고자 하는 경우와, 허가받은 내용을 변경하고자 할 경우에만 허가대상이 된다(국토법 제118조 제1항).

토지거래허가를 신청하는 경우에는 당사자의 성명 및 주소(법인의 경우에는 법인의 명칭 및 소재지와 대표자의 성명·주소), 토지의 소재지번·지목·면적·이용현황·권리설정 현황, 토지의 정착물인 건축물·공작물·입목 등에 관한 사항, 이전 또는 설정하고자 하는 권리의 종류, 계약예정금액, 토지의 이용에 관한 사항, 토지취득에 필요한 자금조달계획을 기재하도록 하고 있다.

한편 법문에는 "… 소유권·지상권을 대가를 받고 이전 또는 설정하는 …"이라고 규정하고 있다. 그런데 이에 대한 정확한 의미는 토지에 대한 소유권 이전과, 지상권의 설정 및 이전을 의미한다. 대가(對價), 즉 유상성에는 금전수수뿐만 아니라 물물교환, 현물출자, 대물변제, 채무인수, 채무면제, 무체재산권 및 영업권의 양도 등 금전으로 환산할 수 있는 것이면 모두 포함된다. 허가대상 권리에 대하여 구체적으로 살펴보면 다음과 같다(토지거래업무처리규정 제2조, 이하 '규정'이라 한다).

① 개인기업을 법인으로 전환함에 따라 개인기업에 속한 토지를 법인에 현물출자하는 경우

② 가등기담보등에관한법률에 따라 가등기담보를 목적으로 하는 매매예약 및 채권담보를 목적으로 하는 대물변제 예약을 체결하는 경우

③ 매매예약 불이행에 따른 처분금지가처분 결정과 소유권 이전등기 청구소송이 진행중인 현재의 토지 소유권자가 그 토지를 제3자에게 매도하는 경우

④ 토지거래허가구역으로 지정된 이후에 발생한 원인으로 집행력 있는 판결

을 받아 소유권 이전등기를 신청하는 경우.[66]

⑤ 환지방식으로 시행되는 도시개발구역(종전 토지구획정리사업법에 의한 "토지구획정리사업지구" 포함한다. 이하 같다)안의 체비지(替費地)를 공매로 취득한 자가, 당해 토지를 환지처분이 완료되기 전에 미등기 상태로 다시 거래하는 경우

⑥ 법령에 따른 공공사업으로 인한 보상으로 소유권·지상권을 취득한 자가 다시 그 권리를 이전하는 경우. 다만, 이전하는 권리의 등기 여부는 불문한다.

⑦ 국토법 제121조 제4호 내지 제9호에 의하여 토지거래허가를 받지 않고 토지를 공급받은 자가, 그 권리를 다시 이전하는 경우. 다만, 이전하는 권리의 등기 여부는 불문한다.

⑧ 국적법 제12조 제1항에 의한 이중국적자가 토지를 거래하는 경우[67]

⑨ 부담부증여 등 사실상 대가가 수반되는 경우

(3) 토지거래허가의 법적성질

행정법상 "허가"는 신청인의 출원(出願), 즉 신청에 의하여 일반적·상대적 금지를 해제함으로써 적법하게 일정한 사실행위 또는 법률행위를 할 수 있도록 국민의 자연적 자유를 회복시켜주는 기속재량행위(羈束裁量行爲)를 말한다(통설, 임정수 외 1992, 350).

그런데 토지거래허가제도에서 말하는 "허가"란 행정법상 "허가"와 동일한 의미를 갖는 것인가? 이에 대하여 대법원은 토지거래허가에 있어서의 "허가"는 행정법상 의미의 허가는 아니며, "인가"에 해당한다고 판시하고 있다.[68] 즉 토지거래허가구역에 소재하는 토지에 대하여 토지거래허가신청이 있을 경우, 그 적법 요건에 부합할 경우에는 관할 관청은 허가필증을 교부하여야 한다는 의미로 해석하고 있다.

---

66) 이 경우에는 매수자(등기권리자)가 단독으로 토지거래허가를 신청할 수 있다.
67) 이중국적자는 외국인토지법에 의하여 토지취득신고 또는 토지취득허가 대상이 된다.
68) "인가(認可)"란 거래 당사자의 법률행위를 보충하여 그 법률상 효력을 완성시켜 주는 행정기관의 행위를 말한다. 인가는 허가처럼 행정기관의 재량행위가 인정되지 않고, 그 요건에 부합되면 당연히 수리하여야 하는 기속행위라는 점에서 허가와 구별된다.

한편 토지거래허가대상이 되는 권리에는 소유권뿐만 아니라 지상권도 포함되나 국토법과 그 하위 법규에는 소유권에 대한 허가절차 규정만 있을 뿐, 지상권에 대해서는 아무 규정이 없다. 이는 지상권의 설정 및 이전에 대해서는 규정할 필요가 없는 것으로 판단한 때문으로 보인다. 토지거래허가대상 권리에 지상권을 포함시킨 취지는 지상권을 통하여 소유권과 유사한 법률효과를 취하는 것을 방지하기 위한 것이나, 이러한 문제는 다른 용익권을 통해서도 가능하다는 측면에서 보면, 굳이 지상권을 허가대상으로 삼을 필요는 없다고 본다. 이하에서도 법문에 따라 지상권은 제외하고 소유권을 중심으로 토지거래허가제도를 설명하기로 하겠다.

2) 토지거래허가 면제

토지거래허가구역에 소재하는 토지인 경우에도 토지거래허가제도의 기본목적에 위배되지 않는 경우라면, 굳이 토지거래를 규제할 필요가 없다. 그리고 정책적 목적이나 공익목적으로 토지가 거래되는 경우에도 달리 취급할 필요가 있다. 이에 따라 국토법에서는 토지거래허가구역으로 지정된 지역에 소재하는 토지라도 자유롭게 거래할 수 있는 예외적인 사유를 열거하고 있는데, 그 구체적인 내용을 살펴보면 다음과 같다.

가) 일정면적 이하의 토지

(1) 토지거래허가를 받지 않아도 되는 기준면적

토지거래허가구역 내 소재하는 토지에 대한 유상의 소유권 이전이라 하더라도 허가구역의 지정목적을 훼손할 염려가 없는 소규모의 토지거래에 대해서는 국민의 편의를 위해 자유롭게 거래할 수 있도록 허용할 필요가 있다. 이에 따라 국토법 제118조 제2항 및 동법시행령 제118조에는 경제 및 지가의 동향과 거래단위 면적 등을 종합적으로 고려하여 토지거래허가를 받지 않을 수 있는 면적을 아래와 같이 규정하고 있다. 다만, 건설교통부장관은 허가구역을 지정할 당시 그 지역의 거래실태 등에 비추어 타당하지 않다고 인정할 경우에는 아래 기준면적의 3배 범위 내에서 이를 따로 정하여 공고할 수 있도록 하고 있다.

첫째, 도지지역 내 소재하는 토지는 각 "용도지역"을 기준으로 다음 면적 이하인 경우에는 토지거래허가를 받지 않아도 된다.

① 용도지역이 미지정된 토지: $90m^2$ 이하

② 녹지지역: $100m^2$ 이하

③ 주거지역: $180m^2$ 이하

④ 상업지역: $200m^2$ 이하

⑤ 공업지역: $660m^2$ 이하

둘째, 도시지역 외 소재하는 토지는 "지목"을 기준으로 다음과 같은 면적 이하에 해당할 경우에는 토지거래허가를 받지 않아도 된다.

① 농지와 임야 이외의 지목인 토지: $250m^2$ 이하

② 농지인 경우: $500m^2$ 이하[69]

③ 임야인 경우: $1,000m^2$ 이하

(2) 판단기준

토지거래허가를 받지 않아도 되는 최소기준 면적에 해당하는지 여부는 아래에서 정하고 있는 산정방법에 따라 판단하게 된다(규정 제3조).

첫째, 도시지역 내 토지인 경우에는 용도지역을 기준으로 하고, 용도지역이 허가구역 지정 후 변경된 경우에는 허가구역지정 당시 공고내용에 특별한 규정이 없는 한 현재 변경된 용도지역을 기준으로 한다.

둘째, 도시지역 밖의 토지에 대해서는 지목을 기준으로 판단한다. 만약 공부상 지목과 현실지목이 다른 경우에는 현실지목을 기준으로 하며, 현실지목은 불법사항이 없는 정당한 이용현황을 기준으로 한다.

셋째, 1필 토지가 2개 이상의 용도지역으로 구분되거나, 2개 이상의 지목으로 되어 있는 경우에는 가장 면적이 큰 용도지역 또는 지목을 기준으로 허가대상 여부를 판단한다. 다만, 작은 면적이 속한 부분의 용도지역 또는 지목이 허가대상이 되는 경우에는 1필 토지의 각 부분 전부를 허가대상으로 한다.[70]

---

69) 농지에 해당하는 지목은 일반적으로 "전·답·과수원"에 한정되고 있다.

70) 규정 제3조 제1항 제3호에는 "… 작은 면적이라도 그 면적이 허가대상인 경우에는 1필지

넷째, 도시개발사업 중 환지방식에 의하여 사업이 시행중인 토지를 거래하는 경우(종전의 토지구획정리사업법에 의한 토지구획정리사업 포함), 환지 예정지가 지정된 경우에는 당해 토지의 환지 예정지를 기준으로 허가대상 여부를 판단하며, 환지 예정지가 지정되지 않은 경우에는 원래 토지면적을 기준으로 허가대상 여부를 판단한다.

다섯째, 집합건물의소유및관리에관한법률에 의한 집합건물의 법정대지가 허가구역 지정 당시 허가대상이 되는 경우에는, 구분건물의 각 대지권이 허가대상 기준면적 이하인 경우에도 분할 후 최초 거래시에는 토지거래허가를 받아야 한다.

(3) 기준면적 이하인 경우라도 허가대상이 되는 경우

토지거래허가를 받지 않아도 되는 최소 기준면적 이하의 토지인 경우에도 다음과 같은 사유에 해당하면 토지거래허가를 받아야 한다(국토법 제118조 제2항 내지 제4항).

첫째, 일단의 토지이용을 위하여 토지거래 계약을 체결한 후 1년 내 다시 같은 사람과 일단의 나머지 토지의 전부 또는 일부에 대하여 거래계약을 체결할 경우에는, 이들 토지를 모두 합한 면적이 토지거래허가대상이 되는 경우에는 허가를 받아야 한다. 여기서 "일단(一團)의 토지"란 동일인의 소유로서 서로 인접하여 하나의 용도에 이용될 수 있는 토지를 말하며, 이에 해당하는지 여부는 구체적으로 다음 기준에 의하여 판단한다(규정 제4조).

① 여러 필지의 토지 소유자가 각각의 필지를, 각각 다른 사람과 거래하는 경우에는 각각의 필지별로 허가대상 여부를 판단한다.

② 공유지(共有地)에 대한 거래시에는 지분을 기준으로 허가대상 여부를 판단한다. 다만, 공유자 2인 이상이 그 토지 지분을 동일인과 거래하는 경우에는 각 거래지분 면적을 합산하여 허가대상 여부를 판단한다.

③ 부부·가족 등 세대 구성원이 토지를 취득하는 경우에는 동일인이 일단

전체를 허가대상으로 한다."고 규정하고 있는 바, 동 규정의 의미는 분명하지 않으나 입법 취지로 보아 위 본문과 같이 해석함이 타당하다.

의 토지를 거래하는 경우와 같이 취급한다. 이 경우 세대가 분리되어 있더라도 독립하여 생계를 유지하지 못할 경우라면 현실적으로 생계를 같이하는 세대주와 동일세대로 보아 합산하여 판단한다.

둘째, 토지거래허가구역을 지정할 당시 허가대상이 되는 토지를, 허가구역 지정 후 허가받지 않아도 되는 최소 기준면적 이하로 분할한 경우에는, 각 분할된 토지에 대한 최초 거래시에는 토지거래허가를 받아야 한다.[71]

여기서 "분할된 토지"라 함은 허가구역으로 지정된 후 허가를 받지 않아도 되는 면적 이하로 현물분할되거나, 공유지분이 형성된 각각의 토지(예컨대 상속 등으로 지분권이 형성된 경우)를 말한다. 다만, 2인 이상이 공동으로 토지를 취득하면서 지분을 특정하지 않은 경우에는 동일한 지분을 취득한 것으로 본다. 그리고 "분할 후 최초 거래"라 함은 분할한 각 토지를 각각 다른 사람과 처음으로 거래하는 경우를 말한다. 다만, 허가를 받지 않아도 되는 기준면적 이하로 분할된 토지가 증여될 경우에는 허가를 받지 않아도 된다. 그러나 수증자가 당해 토지를 최초 거래할 경우 및 증여 후 남는 토지가 허가대상 면적에 해당하지 않는 경우에도, 이들 토지를 최초 거래할 경우에는 역시 토지거래허가를 받아야 한다(규정 제5조).

나) 공익적 필요에 의하여 거래되는 토지

(1) 협의 등 일정한 절차를 거친 토지

계약 당사자의 일방 또는 쌍방이 국가·지방자치단체 기타 공공기관인 경우에는 이들 기관장이 토지관할 시장·군수·구청장과 토지취득에 관한 협의를 할 수 있고, 이에 따른 협의가 성립된 경우 및 이러한 협의를 한 것으로 간주되는 경우에는 토지거래허가를 받지 않아도 된다. 이에 해당하는 사유는 다음과

---

71) 토지의 분할로 토지거래허가를 받지 않아도 되는 기준면적 이하로 변경된 경우, 각 토지에 대하여 최초 거래시에는 토지거래허가를 받도록 요구한 취지는 이러한 편법을 이용하여 동 제도의 규제를 회피하지 못하도록 하기 위함이다. 그러나 토지 소유자의 의사와 무관하게 토지가 분할되는 경우까지 이를 강제하기는 곤란하다. 따라서 토지의 분할 사유가 도시계획사업시행 등 공공목적으로 인한 경우에는 허가를 받지 않아도 된다(국토법시행령 제118조 제4항).

같다(국토법 제121조 제1항 및 동법시행령 제121조).

① 정부투자기관관리기본법에 의한 정부투자기관

② 산림조합법에 의한 산림조합 및 그 중앙회

③ 농업협동조합법에 의한 농업·축산업협동조합 및 그 중앙회

④ 수산업협동조합법에 의한 수산업협동조합 및 그 중앙회

⑤ 중소기업진흥및제품구매촉진에관한법률에 의한 중소기업진흥공단

⑥ 한국은행법에 의한 한국은행

⑦ 지방공기업법에 의한 지방공사와 지방공단

⑧ 공무원연금법에 의한 공무원연금관리공단

⑨ 부산교통공단법에 의한 부산교통공단

⑩ 한국콘테이너부두공단법에 의한 한국콘테이너부두공단

⑪ 사립학교교직원연금법에 의한 사립학교교원연금관리공단

⑫ 금융기관의부실자산등의효율적처리및한국자산관리공사의설립에관한법률에 의한 한국자산관리공사

⑬ 국유재산법 제12조에 의한 국유재산관리계획에 따라 국유재산을 취득 또는 처분하는 경우, 국토법 제119조의 허가기준에 적합하게 취득·처분하고, 이를 관할 시장·군수·구청장에게 통보한 경우

(2) 아래와 같은 사유로 토지를 취득하는 경우(국토법 제121조 제2항 및 동법시행령 제121조)

① 공익사업을위한토지등의취득및보상에관한법률에 의하여 토지를 협의로 취득하거나 수용·사용하는 경우

② 공익사업을위한토지등의취득및보상에관한법률 제91조에 의한 환매권 행사로 토지를 취득하는 경우

③ 민사집행법에 의한 경매로 토지를 취득하는 경우

④ 국유재산법 제21조의 국유재산관리계획에 의하여 국유재산인 토지를 입찰로 취득하는 경우

⑤ 도시및주거환경정비법상 관리처분계획에 의하여 분양하는 토지 및 보류

지를 취득하는 경우

⑥ 도시개발법에 의해 조성된 토지, 환지예정지·환지 및 체비지를 취득하는 경우

⑦ 주택건설촉진법에 의하여 공급하는 주택의 대지지분 및 그 조성 대지를 취득하는 경우

⑧ 택지개발촉진법의 의하여 공급하는 택지를 취득하는 경우

⑨ 산업입지및개발에관한법률에 의하여 조성된 토지를 사업시행자로부터 관리기관 또는 기업체가 인수받거나 취득하는 경우

⑩ 산업입지및개발에관한법률에 의하여 조성된 토지를 사업시행자로부터 인수·취득한 관리기관 및 분양을 위탁받은 관리공단으로부터 기업체가 분양받는 경우

⑪ 농어촌정비법에 의한 환지계획에 따른 환지 및 교환·분합으로 토지를 취득하는 경우

⑫ 농어촌정비법에 의한 농어촌정비사업시행자로부터 농지를 취득하는 경우

⑬ 상법·파산법·화의법·회사정리법에 의하여 법원의 허가를 받아 토지를 취득하는 경우

⑭ 국세·지방세 체납처분 또는 강제집행절차를 통하여 토지를 취득하는 경우

⑮ 국가·지방자치단체가 법령에 의하여 비상재해시 응급조치를 위하여 필요한 토지를 취득하는 경우

⑯ 한국농촌공사 및 농지관리기금법에 의하여 한국농촌공사가 매매·교환·분합하는 농지를 취득하는 경우

⑰ 외국인·외국정부·국제기구가 외국인토지법에 의한 토지취득신고 또는 토지취득허가를 받아 토지를 취득하는 경우

⑱ 한국자산관리공사가 토지를 취득하거나, 동 공사가 매도하는 토지를 취득하는 경우[72]

⑲ 한국자산관리공사에 매각이 의뢰되어 3회 이상 공매가 유찰된 토지를 취

득하는 경우

⑳ 법령에 따라 조세·부담금 등을 물납하는 토지를 취득하는 경우

다) 상속 등 대가가 없는 경우

라) 집행력있는 판결에 의한 명의신탁 해지를 원인으로 소유권을 이전하는 경우

마) 점유 시효취득을 원인으로 소유권을 이전하는 경우[73]

바) 매매예약 가등기를 한 자의 본 계약 성립으로 간주되는 예약완결 의사 표시일이 허가구역으로 지정되기 이전에 성립된 경우로써, 토지거래허가구역으로 지정된 날 이후에 본등기를 신청하는 경우

3) 토지거래허가 기준

가) 매수자의 토지거래허가 요건

토지거래허가구역 내 소재하는 토지의 소유권 이전에 대한 허가를 받기 위해서는 법정요건에 적합하여야 한다. 이러한 요건에는 매수자에 해당하는 요건과 매도자에 해당하는 요건이 있다. 매도자에 대한 요건은 추후 논하기로 하고, 우선 매수자에 한정하여 논하기로 하자.

매수자가 토지거래허가를 받기 위해서는 소극요건에 해당하지 않아야 하고, 아울러 적극적 요건에도 부합하여야 한다. 소극적 요건은 토지거래허가를 받을 수 없는 사유를 말하며, 적극적 요건은 토지거래허가를 받기 위한 필요조건을 말한다(국토법 제119조 및 동법시행령 제119조).

---

72) 이 경우는 금융기관이 보유하고 있는 부실자산에 대하여 한국자산관리공사가 정리를 위탁받거나, 인수를 요청받은 토지 및 금융기관이 부실징후 기업으로부터 자구계획지원 요청이 있는 경우, 한국자산관리공사가 이들 부실기업으로부터 제시된 자구계획대상 자산인 토지를 공매로 취득하는 것이어야 한다(금융기관의부실자산등의효율적처리및한국자산관리공사의설립에관한법률 제4조 및 제5조).

73) 점유취득을 원인으로 소유권 이전등기를 신청하는 경우에는 판결에 의하지 않아도 무방하다. 즉 소유명의자와 점유취득자가 합의한 경우에도 토지거래허가를 받지 않아도 된다. 그러나 규정 제2조 제2항 제3호에는 판결로 점유취득이 확정된 경우만을 상정하고 있다. 따라서 이는 잘못된 규정이다.

(1) 소극적 요건

(가) 토지이용 목적이 다음 각 호의 1에 해당하지 않아야 한다.

① 도시계획 그 밖의 토지의이용및관리에관한계획에 부적합한 경우 : "토지의이용및관리에관한계획"이라 함은 관계 법령에서 정한 절차에 따라 수립되어 일정 지역의 토지이용을 촉진하거나 규제하고 있는 계획을 말하며, 명칭 여하에 불구하고 그 실질적 내용에 따라 판단한다. 그리고 토지의이용및관리에관한계획에 "부적합한 경우"란 토지의 이용목적이 각종 토지의이용및관리에관한계획상 지정된 용도지역 등 행위허가기준이나 이용촉진 또는 이를 규제하는 내용에 어긋나는 경우를 말하며, 구체적으로는 다음과 같은 기준에 의하여 판단하게 된다(규정 제12조).

㉮ 무허가 건물이 있는 토지를 취득하는 경우에는 그 토지의 이용상황을 적법한 상태로 전환할 수 있고, 토지이용 목적이 토지의이용및관리에관한계획에 적합할 경우에만 이를 허가할 수 있다.

㉯ 토지의 이용목적이 토지의이용및관리에관한계획에 적합한 경우에는 토지거래허가 신청 전에 개발행위허가·토지전용허가 등 관계법령에 의한 허가 등이 전제될 필요는 없다. 다만, 농지·임야의 경우에는 농지법 또는 산지관리법 등 관계법령에 의한 전용허가를 받거나, 전용신고를 필한 후가 아니면 그 토지의 이용목적이 토지의이용및관리에관한계획에 부적합한 것으로 본다.

㉰ 도시계획시설로 결정·고시된 학교용지를 취득하고자 할 경우에는 당초 결정·고시된 학교와 그 교육과정이 다른 학교를 설립할 목적으로 당해 학교시설 용지를 취득하기 위해서는 도시관리계획 변경이 선행되어야 하며, 동 계획이 변경되지 않은 상태에서 교육과정이 다른 학교를 설립하기 위하여 학교용지를 취득하고자 할 때에는 토지의이용및관리에관한계획에 부적합한 것으로 본다.

② 생태계 보전 및 주민의 건전한 생활환경 보호에 중대한 위해를 초래할 우려가 있는 경우 : "생태계 보전 및 주민의 건전한 생활환경 보호에 중대한 위

해를 초래할 우려가 있는 경우"라 함은 주변지역의 면적·인구 및 자연상태, 토지의 용도, 자연환경에 대한 영향의 정도 등을 충분히 고려하여 합리적으로 판단할 때 다음 각호에 해당하는 경우를 말한다(규정 제13조).

   ⑦ 토지의 이용목적·면적으로 보아 주변의 자연환경을 훼손하거나 장래 훼손할 우려가 있는 경우

   ⑭ 주변지역의 토지이용현황, 주위환경, 도로·교통현황 및 지세 등 제반 여건상 적정하고 합리적인 토지이용을 도모하는 데 현저한 지장이 있는 경우

(나) 거래하는 면적이 그 토지의 이용목적으로 보아 아래 기준에 부적합하지 않아야 한다. 다만, 그 면적을 산정함에 있어서 관계 법령에 의하여 사업계획승인 등을 받은 경우에는 승인된 면적을 적정면적으로 볼 수 있으며, 1필 토지 중 일부만 사업부지로 편입되고 잔여지가 있을 경우에는 그 잔여지 부분만으로는 종래의 목적대로 이용하기 곤란하고, 이를 구분하여 거래하는 것이 관행상 곤란할 경우에는 1필지 전체면적을 적정면적으로 본다(규정 제14조).

① 구입하는 농지가 농지법 제7조에서 규정한 소유상한 면적을 초과하는 경우 : 농지법 제7조 제1항 및 제2항에는 상속에 의하여 농지를 취득하는 경우 및 8년 이상 자경한 농업인이 이농하는 경우에는 각 10,000m^2 이하의 농지만 소유할 수 있다는 규정과, 제3항에는 주말·체험영농 목적으로 농지를 취득하는 경우에는 세대원 전원이 소유하고 있는 농지와, 새로 취득하는 농지를 합하여 1,000m^2 미만에 대해서만 소유할 수 있다고 규정하고 있다. 그런데 상속으로 농지를 취득하는 경우 및 이농하는 경우에는 토지거래허가대상이 아니므로, 결국 주말·체험영농 목적으로 농지를 취득하는 경우에만 동 규정이 적용될 수 있다. 그러나 주말·체험영농 목적으로 농지를 취득할 경우에는 토지거래허가를 받을 수 없기 때문에 현행법상 동 규정은 아무 의미가 없다(규정 제8조 제3항).

② 농지가 농지법시행령 제10조 제2항 제5호에서 규정하는 면적 미만에 해당하는 경우 : 비농업인이 농업을 영위할 목적으로 농지를 취득할 경우에는 원칙상 1,000m^2 이상의 농지를 취득하여야 한다. 따라서 이에 해당하지 않으면 토

지거래허가를 받을 수 없다. 다만, 농지에 330m^2 이상의 고정식온실 · 버섯재배사 · 비닐하우스가 설치되어 있거나, 이를 설치하고자 할 경우에는 그러하지 아니하다.[74]

③ 공장 건축물의 부속토지로서 지방세법시행규칙 별표4에 규정된 공장입지 기준면적을 초과하는 경우 : 공장입지 기준면적은 공장 건축물 연면적 × 100 / 업종별 기준 공장면적률로 산정한다. 업종별 기준 공장면적률은 산업집적활성화및공장설립에관한법률 제8조에 의하여 산업자원부장관이 고시하는 "업종별 기준 공장면적률"에 의하며, 공장의 입지여건 및 종업원 수에 따라 추가 인정되는 면적을 더하여 산출하게 된다.

④ 공장 이외의 건축물 및 공작물의 부속토지는 관계 법령에 의하여 허가 · 승인 · 등록 등을 하였거나, 이를 얻을 수 있다고 판단되는 범위를 초과하는 토지인 경우

⑤ 기타 시행하고자 하는 사업에 적합하다고 판단되는 면적을 초과하는 토지를 취득하고자 하는 경우

(다) 농업 또는 임업을 영위할 목적으로 공동으로 토지를 취득하는 경우가 아니어야 한다. 다만, 관계 법률에 의하여 단체를 구성하는 등 실질적으로 공동 이용할 수 있는 경우 및 허가구역으로 지정되기 이전에 이미 공유지분이 형성된 토지의 일부지분을 취득하는 자가, 다른 지분권자로부터 잔여 토지를 임차하는 등의 방법으로 해당 토지를 전부 직접 이용할 경우에는 그러하지 아니하다(규정 제8조 제9호).

---

74) 330m^2 이상의 고정식온실 · 버섯재배사 · 비닐하우스를 설치하여 농작물 · 다년성 식물을 경작 또는 재배하는 자를 농업인으로 인정하고 있다(농지법시행령 제3조 제2호). 한편 농업경영을 위하여 신규로 농지를 취득하는 자가 농지취득자격증명서를 발급받기 위해서는 고정식온실 · 버섯재배사 · 비닐하우스가 설치되어 있거나 설치하기 위하여, 330m^2 이상의 농지를 취득하면 가능한 것으로 규정하고 있다(농지법시행령 제10조 제2항 제5호 가목). 이러한 법문에 의하면 농업인 요건과 신규 농업인 요건에 서로 해석상 문제가 있다. 필자의 견해로는 농업인 정의에 따라 330m^2 이상의 고정식 온실 · 버섯재배사 · 비닐하우스를 설치하여 농작물 또는 다년성 식물을 경작 · 재배하는 자에게 농지취득자격증명서를 발급하는 것이 타당하다고 본다. 그렇다면 토지거래허가 요건도 이에 부합하여야 할 것이다.

(2) 적극적 요건

소유권을 취득하고자 하는 매수인의 소극적 요건에 대해서는 앞서 살펴보았다. 그런데 토지거래허가를 받기 위해서는 위와 같은 소극요건 해당하지 않아야 함은 물론, 다시 아래와 같은 적극적 요건에도 부합하여야 한다. 각 취득목적에 따른 적극적 요건을 살펴보면 다음과 같다(국토법 제119조 제1호).

(가) 자기의 주거용 주택용지로 이용하고자 할 경우

자기의 주거용으로 사용하기 위하여 토지를 취득하고자 할 경우에는 토지거래허가를 받을 수 있다. 다만, 실수요자가 아닌 것이 분명한 경우에는 그러하지 아니하다. 여기서 "주거용 토지"는 자기와 가족의 생활근거인 건축물로써 건축법령에 의한 주택을 소유하기 위하여 필요한 토지를 말한다. 따라서 지상에 주택이 있는 경우뿐만 아니라 나대지 및 전용(轉用)을 통하여 주택용으로 사용하기 위한 기타 토지를 포함한다. 매수자가 자기의 주거용 택지로 이용하고자 토지를 구입하는 경우에는 다음 각 호에서 규정하는 바에 적합하여야 한다(규정 제6조).

① 허가구역이 속한 시(특별시·광역시 포함. 이하 같음)·군과 그와 연접한 시·군에 거주하는 무주택 세대주로서, 자기와 가족의 주거용 주택용지에 이용할 목적으로 취득하는 경우일 것

② 허가구역이 속한 시·군과 그와 연접한 시·군에 거주하는 자로서 이미 주택을 소유하고 있는 경우에는, 자기의 주거용으로 추가 취득하여야 할 사유를 구체적·객관적으로 소명한 경우로써, 기존 주택에 대한 처리(매매·임대 등)계획서를 제출한 경우일 것

③ 허가구역이 속한 시·군과 그와 연접한 시·군에 거주하지 아니하는 무주택 세대주인 경우 및 기존 주택 소유자는 당해 지역에 거주하여야 할 사유 및 자기의 주거용으로 추가 취득하여야 할 사유를 구체적·객관적으로 소명한 경우일 것

(나) 허가구역을 포함한 지역주민을 위한 복지시설 또는 편익시설로써 관할 시장·군수·구청장이 확인한 시설을 설치하고자 하는 경우

"허가구역을 포함한 지역주민을 위한 복지시설 또는 편익시설"이라 함은 건축법령 등에서 규정하고 있는 근린생활시설·의료시설·교육연구 및 복지시설·운동시설·문화 및 집회시설과 그 밖에 이와 유사한 시설을 말한다. 이러한 목적으로 토지를 취득하는 경우에는 관계 법률에 의하여 당해 시설을 설치하기 위한 토지이용·개발행위가 가능하고 토지이용계획상 적합한 것으로 인정되어야 한다. 다만, 개발행위허가 등의 선행 여부는 불문한다. 이러한 요건에 해당하는지 여부는 아래와 같은 예시를 기준으로 판단하게 된다(규정 제7조).

① 근린생활시설을 설치하고자 토지를 취득하는 경우에는 근린생활시설이 허가구역을 포함한 지역의 주민을 위한 복지시설 또는 편익시설로써 관할 시장·군수·구청장이 확인한 경우일 것. 다만, 이러한 목적으로 토지를 취득하는 경우에는 매수자의 거주지는 불문한다.

② 종중이 종원(宗員)의 친목이나 종중의 조직을 유지하기 위하여 건축물을 소유하거나 신축할 목적으로 토지를 취득하고자 하는 경우로써, 관할 시장·군수·구청장이 당해 건축물 등을 근린생활시설로 확인한 경우일 것

③ 종교단체가 포교 등 단체 본래 목적에 사용하기 위한 시설로써 소유나 설치를 위하여 취득하는 경우로써, 관할 시장·군수·구청장이 복지시설 또는 편익시설로 확인한 경우일 것

(다) 허가구역에 거주하는 농업인·임업인·어업인이 당해 허가구역 안에서 농업·축산업·임업·어업을 영위하기 위하여 필요한 토지를 구입하는 경우로써 아래와 같은 요건에 해당하는 경우

"농업·축산업·임업·어업을 영위하기 위하여 필요한 것"이라 함은 직접 농업·축산업·임업·어업에 이용되고 있는 토지와, 축사·우마사·퇴비사·잠실·싸이로·창고·관리용 건축물·담배건조실·양어장과 그 부대시설·임시 가설건축물 그 밖에 이와 유사한 시설을 설치하기 위하여 구입하는 토지로써, 관계 법령 및 토지이용계획 등에 따라 위 시설물의 설치가 가능한 토지를 말한다(국토법시행령 제119조 제1항 및 규정 제8조). 그리고 농업인은 농업용, 어업인은 어업용, 임업인은 임업용 토지를 각 구입하는 경우이어야 한다. 여기서

"농업인"이란 허가신청일 현재 1회 이상의 수확기를 포함하여 6개월 이상 자경한 자를 말한다(규정 제8조 제10호, 제11호).

① 농어촌발전특별조치법 제2조 제2호에 의한 농업인·어업인 또는 임업및산촌진흥촉진에관한법률 제2조 제2호에 의한 임업인으로서 그가 거주하는 특별시·광역시(광역시의 군 제외)·시·군(광역시의 군 포함)에 소재하는 토지를 취득하는 경우일 것

② 농업인·어업인·임업인이 그가 거주하는 주소지로부터 20km 이내에 소재하는 토지를 취득하고자 하는 경우일 것. 여기서 "20km 이내"라 함은 그 지역의 영농여건과 지역관행으로 보아 통작(通作)이 가능한 거리를 말한다. 다만, 주소지로부터의 거리는 60km 범위 내에서 건설교통부령으로 따로 정할 수 있다.[75]

(라) 농업인·어업인·임업인이 아닌 자로서 농업·축산업·어업·임업을 영위하기 위하여 토지를 취득하는 경우에는 아래와 같은 요건에 해당하는 경우(국토법시행규칙 제23조)

① 농업을 영위하기 위하여 토지를 취득하고자 할 경우에는 다음과 같은 요건에 해당하는 자로서 농지법 제8조에 의한 농지취득자격증명을 발급받았거나, 그 발급요건에 적합한 자일 것[76]

㉮ 세대주를 포함한 세대원(세대주와 동일한 세대별 주민등록표상에 등재되어 있지 아니한 세대주의 배우자와 미혼인 직계비속을 포함하되, 세대주 또는 세대원 중 취학·질병요양·근무지 이전·사업상 형편 등 불가피한 사유로 당해 지역에 거주하지 아니하는 자를 제외한다. 이하 같다) 전원이 당해 토지가 소재하는 특별시·광역시(군 지역 제외, 이하 같다)·시·군(광역시 군 포함, 이하 같다)에 6개월 이상 주민등록이 되어 있고 실제 거주하는 자일 것

㉯ 당해 토지가 소재하는 특별시·광역시·시·군에 사무소가 있는 농지법

---

75) 건설교통부령인 국토의계획및이용에관한법률시행규칙에는 이에 대한 특별 규정이 없다. 따라서 시행령 규정인 20km가 그대로 적용되고 있다.

76) 주말·체험영농 목적이나 휴경을 위하여 농지를 취득하는 것은 "농업의 영위"에 해당하지 않으므로 토지거래허가를 받을 수 없다(규정 제8조 제3항).

제2조 제3호 규정에 의한 농업법인으로서 영농조합법인과 농업회사법인
일 것

② 축산업·수산업·임업을 영위하기 위하여 토지를 취득하고자 하는 경우
에는 다음과 같은 요건에 적합한 자일 것

㉮ 농어촌발전특별조치법 제2조 제2호에 의한 농업인·어업인 또는 임업및
산촌진흥촉진에관한법률 제2조 제2호에 의한 임업인으로서 그가 거주하
는 특별시·광역시·시·군 및 이와 연접한 특별시·광역시·시·군에
소재하는 토지를 취득하고자 하는 경우

㉯ 농업인·어업인·임업인이 아닌 자가 축산업·수산업·임업을 영위하기
위하여 토지를 취득하고자 할 경우에는 세대주를 포함한 세대원 전원이
당해 토지가 소재하는 특별시·광역시·시·군이나, 그와 연접한 특별
시·광역시·시·군에 6개월 이상 주민등록이 되어 있고 실제 거주하는
자로서 자영할 수 있을 것[77]

㉰ 당해 토지가 소재하는 특별시·광역시·시·군이나, 이와 연접한 특별
시·광역시·시·군에 사무소가 있는 농지법 제2조 제3호의 농업법인으
로서 영농조합법인과 농업회사법인일 것

(마) 공익사업을위한토지등의취득및보상에관한법률 그 밖의 법률에 의하여
토지를 수용 또는 사용할 수 있는 사업을 시행하는 자가 그 사업을 시행하기
위하여 필요한 토지를 취득하는 경우

(바) 허가구역을 포함한 지역의 건전한 발전을 위하여 필요하고 관계 법률의
규정에 의하여 지정된 지역·지구·구역 등의 지정목적에 적합하다고 인정되
는 사업을 시행하는 자 또는 시행하고자 하는 자가 그 사업에 이용하고자 토지

---

77) 농업·축산업·임업·어업을 영위하기 위하여 토지거래허가를 신청할 경우에는 주민등록
전입 확인 외에도 다음과 같은 방법으로 실제 거주 여부를 확인하게 된다(규정 제8조 제8
호).
① 자기 주거용 주택의 매매계약서
② 전세권 등 주택사용권의 등기 여부
③ 주택임대차보호법에 의하여 확정일자를 부여받은 임대차계약서
④ 그 밖에 실제 거주여부를 확인할 수 있는 증명서

를 취득하는 경우

① "관계 법률의 규정에 의하여 지정된 지역·지구·구역 등의 지정목적에 적합하다고 인정되는 사업"이라 함은 다음 각 호의 1에 해당하는 경우를 말한다(규정 제9조 제1항).

㉮ 대지조성·주택건설·산업용지조성·공장건설을 위하여 토지를 취득하는 경우에는 관계법령에 의하여 그 사업의 시행이나 입지 등에 대하여 관계 행정기관장이 허가·승인·지정·확인·추천 등을 하거나, 시행하고자 하는 사업이 그 지역의 건전한 발전을 위하여 필요하고, 관계 법령이나 토지이용계획상 적절하다고 인정되는 경우

㉯ 위 ㉮에서 규정된 사업 이외의 목적으로 토지를 취득하는 경우에는 관계법령에 의하여 그 사업시행에 관한 일정한 자격을 가진 자가 매입하는 경우 또는 사업의 시행이나 입지 등에 관하여 관계 행정기관장이 허가·승인·지정·확인·추천 등을 하거나, 시행하고자 하는 사업이 그 지역의 건전한 발전을 위하여 필요하고 관계 법령이나 토지이용계획상 적절하다고 인정하는 경우

㉰ 허가구역을 포함한 지역의 건전한 발전을 위하여 필요하고 당해 허가구역의 토지이용상 적절하다고 인정되는 사업을 시행하거나 시행하고자 하는 자가 그 사업에 이용하기 위하여 토지를 취득하는 경우. 단, 이 경우에는 사업 시행자의 거주지는 불문한다. 그리고 당해 지역에 택지개발사업, 산업단지개발사업 등의 시행자가 따로 있을 경우에는 그 사업과 관계있는 행정기관장과 사업 시행자의 의견을 들어 허가 여부를 결정하여야 한다.

② 위와 같은 요건에 부합하는 경우라도 도로, 상하수도 등 기반시설이 정비되지 않은 지역에서 토지거래허가를 받기 위해서는 다음과 같은 요건에도 부합하여야 한다. 다만, 사업계획승인·개발행위허가 등은 선행하지 않아도 되나, 농지·임야의 경우에는 관계법령에 따른 전용허가 또는 신고를 필한 후가 아니면 토지거래허가를 받을 수 없다(규정 제9조 제2항 제3호 단서).

㉑ 공동주택이나 다중이용시설로써 관계법령 등에 의하여 도로·상하수도 등 기반시설이 필요한 시설물 또는 건축물의 설치를 목적으로 토지를 취득하고자 할 경우에는, 해당 시설물 또는 건축물을 설치하고자 하는 자가 건축과 병행하여 그 기반시설을 설치하고, 이를 기부채납하는 경우에만 토지이용 목적에 적합한 것으로 본다.

㉴ 도시관리계획상 유원지 시설로 결정·고시된 지역에서 사업을 시행할 수 있는 자가 관계 행정기관의 유원지조성계획 그 밖의 도시계획시설에 부합되게 유원지 시설을 설치하기 위하여 그 사업부지를 취득하고자 할 경우에는 그 토지이용 목적에 적합한 것으로 본다.

③ 묘지이장 또는 묘지설치를 목적으로 임야를 취득하는 경우에는 산림법 및 장사등에관한법률 등에서 허용하는 범위 안에서 그 토지이용 목적에 적합한 것으로 볼 수 있다. 이 경우에는 토지 취득자의 거주지는 묻지 않는다(규정 제9조 제3항).

(사) 허가구역 지정 당시 당해구역 안에서 사업을 시행하는 자가 그 사업에 이용하고자 할 경우 및 그 자의 사업과 밀접한 관련있는 사업을 시행하는 자가 그 사업에 이용하고자 토지를 취득하는 경우

여기서 "당해 구역"이라 함은 허가구역이 속한 시(특별시·광역시 포함)·군과 이와 연접한 시·군을 말하며, "사업과 밀접한 관련있는 사업"이란 원료의 제공, 제품의 사용·판매시설, 연구시설 및 그 부대시설 등의 사업을 말한다(규정 제10조).

(아) 허가구역에 거주하고 있는 자의 일상생활 및 통상적인 경제활동에 필요한 용도에 이용하고자 토지를 취득하는 경우

"허가구역에 거주하고 있는 자"란 협의 또는 수용당시 그 토지가 소재한 시·군에 거주하고 있는 자를 말한다(규정 제11조 제1항). 그리고 "허가구역에 거주하는 자의 일상생활 및 통상적인 경제활동에 필요한 용도에 이용하고자 하는 경우"란 구체적으로 다음과 같은 경우를 말한다.[78]

① 공익사업을위한토지등의취득및보상에관한법률 기타 법령에 의하여 토지

를 공공사업용으로 협의양도하거나 수용된 자가, 그 협의양도 또는 수용된 날로부터 1년 내에 당해 허가구역 안에서 양도 또는 수용된 토지에 대체되는 토지를 취득하고자 하는 경우로써, 새로 취득하는 토지의 공시지가 가액이, 양도 또는 수용된 토지의 공시지가와 같거나 그 이하인 경우. 다만, 여기서 "당해 허가구역"이란 협의양도 또는 수용된 토지가 소재하는 특별시·광역시·시·군 및 이와 연접한 시·군지역을 말한다(규정 제11조 제2항).

② 관계 법령에 의하여 개발·이용행위가 제한 또는 금지된 아래와 같은 토지를 현상보존 목적으로 취득하는 경우

"현상보존"이란 취득 당시 토지의 현상대로 계속하여 보존·유지하는 것을 말하며, 개발행위·물건의 적치 및 보관·토석·오물투기를 목적으로 이용하고자 하는 경우에는 제외된다. 농지와 임야는 현상보존 목적이라도 이는 농업 또는 임업목적으로 이용하는 경우이어야 한다(국토법시행규칙 제24조 및 규정 제11조 제3항, 제4항).

㉮ 취득하는 토지가 관계 법령에 의하여 건축물이나 공작물의 설치가 금지되거나, 형질변경이 금지·제한되는 토지인 경우

㉯ 도로·하천 등 도시계획시설에 편입되어 있는 토지로서 그 사용·수익이 제한되어 있는 토지인 경우[79]

나) 매도자의 토지거래허가 요건

토지거래허가 여부는 당초에는 매수인을 기준으로만 판단하였다. 그러나 매수자에 대한 규제만으로는 토지투기를 방지하는 데 한계가 있으므로, 매도자에 대해서도 일정한 요건을 부가하게 되었다. 매수자는 위에서 살펴본 바와 같이 그 취득 목적에 따른 요건이 엄격하다. 그러나 매도자에게는 허가받은 바에 따른 이용목적과 최소한의 보유기간 요건만 규정하고 있을 뿐이다. 매도자가 토

---

78) 종중이 영림목적으로 임야를 취득하는 것은 토지이용 목적에 부적합한 것으로 본다(규정 제11조 제6항).

79) 공공시설로 편입된 토지라 하더라도 도시개발구역·정비구역·택지개발예정지구 등 관계 법령에 의한 공공개발사업 예정지구 내 위치하고, 당해 사업의 개발계획이 확정·고시된 토지는 사용·수익이 제한된 토지로 보지 않는다(규정 제11조 제5항).

지거래허가를 받기 위해서는 다음과 같은 요건에 적합하여야 한다.

첫째, 당초 취득한 목적에 따른 이용행위가 있을 것

매도자는 토지거래허가를 받을 당시 제출한 토지이용 목적에 따른 적법한 이용행위가 있어야 한다. 즉 농업경영 목적으로 토지를 취득한 경우에는 농업, 임업목적으로 토지를 취득한 경우에는 임업, 개발목적으로 토지를 취득한 경우에는 각 그 취득목적에 부합하는 개발 및 이용행위가 있어야 한다. 다만, 아래와 같은 사유가 있을 경우에는 그러하지 아니하다(국토법 제124조 제1항, 동법시행령 제124조 제1항).

① 토지를 취득한 후 관계 법령에 의하여 용도지역 등 토지의이용및관리에 관한계획이 변경됨으로써 관계 법령에 의한 행위제한으로 그 취득한 목적대로 토지를 이용할 수 없는 경우

② 토지이용을 위하여 관계 법령에 의하여 인·허가 등을 신청하였으나, 국가 또는 지방자치단체가 건설교통부령이 정하는 사유로 일정한 기간 동안 인·허가 등을 제한하고 있는 토지인 경우

③ 국토법 제119조에 의한 허가기준에 적합하게 당초의 이용목적을 변경한 경우로써 시장·군수·구청장의 승인을 받은 경우

④ 해외이주법 제6조에 의하여 해외로 이주하는 경우

⑤ 병역법 제18조에 의하여 입영하는 경우

⑥ 자연재해대책법에 의한 재해로 인하여 허가받은 목적대로 토지를 이용하는 것이 불가능한 경우

⑦ 공익사업시행 등으로 토지거래허가를 받은 자의 귀책사유 없이 그 허가받은 목적대로 토지를 이용하는 것이 불가능한 경우

둘째, 토지를 취득한 날로부터 아래와 같은 기간 동안 허가받은 목적에 따른 이용기간이 경과하였을 것. 다만, 아래에서 정한 기간 동안 이용한 경우라도 당해 토지를 이전하여야 할 불가피한 사유를 구체적·객관적으로 소명하여야 한다. 그러나 이러한 보유기간에 따른 제한도 도시계획변경·공공개발사업시행 등으로 토지이용 목적이나 계획을 이행할 수 없음이 객관적으로 명백한 경우에

는 그러하지 아니하다(국토법시행령 제124조 제2항).

① 농업을 영위할 목적으로 토지를 취득한 경우에는 그 취득한 날로부터 2년

② 공익사업을위한토지등의취득및보상에관한법률 그 밖의 법령에 의하여 토지를 공공사업용으로 협의양도하거나 수용된 자가, 그 협의양도 또는 수용된 날부터 1년 이내에 당해 허가구역 안에서 이들 토지에 대체되는 토지를 취득한 경우에는 그 취득일로부터 2년

③ 자기의 주거용 주택용지로 이용하고자 토지를 취득한 경우에는 취득일로부터 3년

④ 축산업·임업·어업을 영위할 목적으로 취득한 경우에는 취득일로부터 3년. 단 토지를 취득한 후 생산물이 없었던 경우에는 5년

⑤ 공익사업을위한토지등의취득및보상에관한법률 그 밖의 법률에 의하여 토지를 수용 또는 사용할 수 있는 사업을 시행하는 자가, 그 사업을 위하여 토지를 취득한 경우 및 허가구역을 포함한 지역의 건전한 발전을 위하여 필요하고 관계 법률의 규정에 의하여 지정된 지역·지구·구역 등의 지정목적에 적합하다고 인정되는 사업을 시행하는 자 또는 시행하고자 하는 자가 그 사업에 이용하고자 토지를 취득한 경우에는 그 취득일로부터 4년. 단, 취득한 토지에 대한 개발에 착수한 후 분양하는 경우에는 그러하지 아니하다.

⑥ 허가구역을 포함한 지역주민을 위한 복지시설 또는 편익시설로 이용하고자 토지를 취득한 경우에는 취득일로부터 4년

⑦ 관계법령에 의하여 개발·이용행위가 제한 또는 금지된 토지를 현상보존 목적으로 취득한 경우에는 취득일로부터 5년

⑧ 그 밖의 목적으로 토지를 취득한 경우에는 취득한 날로부터 5년

셋째, 매도인이 토지거래허가 받은 목적과 다르게 이용하거나, 그 이용에 착수하지 아니하고 방치한 경우가 아닐 것(규정 제14조의2 제7항 전단)

넷째, 매도인이 토지를 이용할 목적없이 단순히 전매차익을 목적으로 토지를 취득한 경우이거나, 사위 기타 부정한 방법으로 허가받은 경우가 아닐 것(규정 제14조의2 제7항 후단)

4) 토지이용목적 변경제한

가) 원　칙

토지거래허가를 받은 자는 당초 허가받은 목적대로 그 토지를 이용할 의무가 있다.[80] 이용착수는 허가받은 날로부터 2년 내 하여야 한다(국토법시행규칙 제21조 제2항). 여기서 "2년 내"란 토지 소유자가 2년의 범위 내에서 착수일을 임의로 정하거나 2년 내 착수하면 된다는 뜻은 아니며, 불가피한 사유로 착수일을 연기하게 될 경우에 허용되는 최대기한을 말한다. 다만, 착수의 최대기한인 2년에는 당해 토지를 이용하기 위하여 관계 법령에 의하여 신청한 허가·인가·승인·심의 등에 소요되는 기간은 제외한다(국토법시행규칙 제21조 제2항, 규정 제14조의2 제1항 내지 제4항).

토지이용의무는 원칙상 토지를 취득한 날로부터 발생하므로, 토지의 개발·이용계획 착수일은 가급적 취득일에 근접하여 정하여야 한다. 다만, 불가피한 사정으로 착수일을 취득일에 근접하여 정하지 못할 경우에는, 그 사유를 개발·이용계획에 구체적으로 명시함으로써 당해 사유가 소멸되는 즉시 착수할 수 있도록 정할 수 있다.

나) 토지이용목적 변경 및 요건

토지거래허가를 받아 취득한 토지는 당초 취득목적에 따라 이용하여야 한다. 다만, 다음과 같은 사유가 있을 경우에는 시장·군수·구청장으로부터 토지이용목적 변경허가를 받아 그 변경된 목적으로 토지를 이용할 수 있다(국토법 제124조 제1항 및 동법시행령 제124조 제1항). 그러나 농지나 임야를 농업 또는 임업경영 이외의 목적으로 이용하기 위해서는 관계 법률에 의한 전용신고 및 허가가 선행되어야 한다(규정 제15조 제1항 단서).

---

80) 토지거래허가를 받아 취득한 토지는 허가 신청자가 직접 이용하여야 한다. 다만, 아래와 같은 경우에는 임대 등의 목적으로 토지를 취득할 수 있다(규정 제9조 제4항).
　　① 임대주택법에 의하여 임대사업자가 임대사업을 위하여 주택을 취득하는 등 개별법령에 근거가 있는 경우
　　② 허가구역지정 이전부터 관계법령 및 도시계획 그 밖의 토지이용에관한계획에 적합하게 이미 개발하여 지상물을 이용하고 있는 경우

① 토지를 취득한 후 관계 법령에 의하여 용도지역 등 토지의이용및관리에 관한계획이 변경됨으로써 관계 법령에 의한 행위제한으로 그 이용 목적대로 사용할 수 없게 된 경우

② 토지의 이용 등을 위하여 관계 법령에 의한 인·허가 등을 신청하였으나 국가·지방자치단체가 건설교통부령이 정하는 사유로 일정한 기간 동안 인·허가를 제한하고 있는 경우[81]

③ 기존 이용목적에 대하여 관할 시장·군수·구청장으로부터 이용목적변경허가를 받은 경우

위와 같은 요건에 의하여 토지이용목적변경허가를 신청하는 경우에도 토지의 개발·이용계획 착수일은 당초 취득한 날로부터 2년을 초과할 수 없다. 다만, 이용목적 위반으로 과태료를 납부한 자가 그 변경을 신청하는 경우에는 과태료 납부일로부터 2년 내 착수일을 정하면 된다. 이용목적변경허가 없이는 당초 목적과 다른 용도로 개발·전용하기 위한 인·허가는 불가능하다. 그리고 이용목적을 변경하려면 권리이전을 위한 최소 보유기간이 경과하거나, 토지이용착수가 선행되어야 한다. 다만, 불가피한 사유를 구체적·객관적으로 소명한 경우에는 그러하지 아니하다(규정 제15조 제2항 내지 제4항).

5) 토지거래허가 효력

가) 토지거래계약에 대한 확정효력

토지거래허가를 받지 않고 사전에 체결한 당사자 간의 소유권·지상권에 대한 거래계약은 무효가 된다(국토법 제118조 제6항). 이러한 "무효" 의미에 대하여 대법원은 "유동적 무효"라는 개념을 통하여 처음부터 당사자가 토지거래허가를 잠탈·회피할 목적으로 거래계약을 체결한 경우가 아니라면, 비록 토지거래허가를 받기 전에 체결한 당사자 간의 계약이라도 일단 유동적 무효인 것으

---

81) 토지를 이용하기 위하여 관계 법령에 의하여 인·허가를 신청하였으나 건축법 제12조에 의한 건축제한 및 건축자재 수급조절 등 행정지도에 의하여 착공 또는 시공이 제한되는 경우를 말한다.

로 보고, 추후 관할 관청으로부터 이에 대한 허가 또는 불허가 결정이 확정될
경우, 비로소 거래계약이 유효 또는 무효인 것으로 확정된다고 한다.

(1) 확정유효 효력

토지거래허가를 받기 전에 거래계약을 체결함으로써 유동적 무효상태에 있
던 소유권 이전예약 및 계약은 관할 시장·군수·구청장으로부터 이에 대한 허
가를 받음으로써 소급하여 확정적으로 유효가 된다. 그런데 이러한 확정유효의
법률효과는 관할 시장 등의 적극적 허가처분에 따라 허가필증이 교부될 때 발
생하는 것이나, 경우에 따라서는 허가기관의 부작위로 발생하는 경우도 있다.
즉 당사자가 관할 시장·군수·구청장에게 토지거래허가를 신청하였으나 업무
처리 기간인 접수일로부터 15일 내 허가 또는 불허가 처분통지서를 교부하지
않은 경우에는 그 다음날에 허가처분이 있는 것으로 간주되고 있다(국토법 제
118조 제4항 및 제5항). 동 규정의 입법취지는 행정기관의 고의적인 업무처리지
연 등으로 토지거래허가제도가 남용되는 것을 방지하기 위한 것이다.

한편 처리기한인 "접수일로부터 15일 내"란 15일 내에 당사자에게 허가서
또는 불허가처분통지서가 도달하여야 한다는 의미이다. 다만, 기간계산시 법정
공휴일은 제외되며, 초일은 산입된다(민원사무처리에관한법률시행령 제3조).

(2) 확정무효 효력

(가) 확정무효 사유

① 토지거래허가신청에 대하여 관할 시장·군수·구청장이 반려처분 등의
방법으로 거부의사를 명백히 함으로써 토지거래허가를 받을 수 없음이 확정된
경우

② 당사자 간의 합의로 토지거래허가를 받지 않기로 합의한 경우 : "당사자
간 … 합의한 경우"란 계약 당사자 일방이 토지거래허가신청에 대한 협력거부
의사를 명백히 표시한 경우, 타방 당사자도 이에 응하여 쌍방이 토지거래허가
를 신청하지 않기로 합의한 경우가 이에 해당한다. 그런데 당사자 간에 합의가
성립되지 않은 경우에는 어느 일방이 타방을 상대로 소로써 토지거래허가신청
절차에 협력해 줄 것을 청구할 수 있음은 물론이다. 그리고 이러한 토지거래허

가신청 협력의무에 대한 이행청구권도 채권자대위권에 의하여 보전될 수 있다 (대판 1995.9.5).

③ 부정한 방법으로 토지거래허가를 받은 경우 : "부정한 방법"이란 추상적 개념이므로 일의적으로 단정할 수는 없다. 그러나 판례의 사례를 보면 갑→을 →병→정으로 소유권이 미등기 전매된 경우, 상호간 중간생략 등기에 대한 합의가 있었다하더라도 각 매매계약은 확정무효이므로, 정은 병과 을을 대위하여 갑에 대하여 토지거래허가신청절차에 협력할 것을 청구할 수 없다고 한다. 따라서 "정"과 "갑"이 공동으로 토지거래허가를 받아 "갑"으로부터 "정" 명의로 소유권이 이전된 경우에도, 이는 적법한 토지거래허가 없이 경료된 등기 내지 부정한 방법으로 토지거래허가를 받은 경우에 해당하므로 무효가 된다는 입장을 취하고 있다(대판 1996.6. 28).

④ 토지 거래계약이 정지조건부인 경우 그 정지조건이 토지거래허가를 받기 전에 이미 불성취로 확정된 경우(대판 1998.3.27)

(나) 확정무효에 따른 효과

확정무효가 되면 당사자 간에 체결된 토지거래계약은 아무 법률효과도 발생하지 않는다. 따라서 당사자는 무효로 확정된 법률행위를 원상으로 회복시켜야 한다. 이에 따라 매수인은 매도인에게 지급한 계약금 등에 대하여 그 반환을 청구할 수 있고, 매도인도 이에 응해야 한다. 판례도 매매계약이 무효로 확정된 경우에는, 특약이 없는 한 매수인은 매도인을 상대로 부당이득을 원인으로 기지급한 대금의 반환을 청구할 수 있다고 한다(대판 1996.11.22).

나) 검인부여 효력

계약을 원인으로 소유권 이전등기를 신청하기 위해서는 거래계약서에 부동산 소재지 관할 시장·군수·구청장으로부터 검인을 받아야 한다(부동산등기특별조치법 제3조 제1항). 그러나 토지거래허가를 받은 경우에는 이러한 검인을 다시 받을 필요가 없다(국토법 제126조 제2항). 동 규정을 둔 취지는 토지거래허가 관청인 시장·군수·구청장이 이미 당해 토지에 대하여 일단의 심사를 하였기 때문에 이미 검인제도의 목적을 달성하였기 때문이다.

한편 엄격하게 해석할 경우 검인의제는 허가받은 토지에 대해서만 인정되고, 그 지상에 존재하는 건물에 대해서는 의제가 되지 않는다고 할 수 있다. 그러나 토지와 건물이 일괄 거래되는 경우에는 토지거래허가신청서에 그 지상에 존재하는 건물의 내역도 함께 기재하여 제출하게 되고, 허가기관도 이를 감안하여 심사한 것이므로 건물에 대하여 별도의 검인을 요구하는 것은 불합리한 측면이 있다. 이러한 입장에서 실무상으로도 토지거래허가를 받은 경우에는 그 지상의 건물에 대해서는 별도의 검인을 요구하지는 않는다.[82] 그러나 토지와 건물이 일괄 거래되는 경우가 아니라면 건물에 대하여 별도 검인을 받아야 할 것임은 물론이다.

다) 농지취득자격증명서 효력

농지에 대하여 토지거래허가를 받은 경우에는 농지법 제8조에서 규정하고 있는 농지취득자격증명서를 별도로 발급받지 않아도 된다. 이는 토지거래허가신청서 첨부서면인 토지이용계획서를 대신하여 농업경영계획서가 제출되었고, 이를 통하여 관할 시장·군수·구청장이 허가 여부를 결정하기 전에 농지취득자격 여부에 대해서도 해당 기관 또는 부서를 통하여 심사하였기 때문이다(국토법 제126조 제1항, 규정 제8조 제2항).

사. 주택 및 주택분양권 전매제한

"주택"이란 1세대의 구성원이 장기간 독립된 주거생활을 영위할 수 있는 구조로 된 건축물의 전부 또는 일부 및 그 부속 토지를 말한다. 이들 주택은 단독주택과 공동주택으로 구분된다(주택법 제2조 제1호). "공동주택"이란 건축물의 벽·복도·계단 그 밖의 설비 등의 전부 또는 일부를 공동으로 사용하는 각 세대가, 하나의 건축물 안에서 각각 독립된 주거생활을 영위할 수 있는 구조로 된 주택을 말한다(주택법 제2조 제2호). "국민주택"은 국민주택기금을 지원받아 건설되거나 개량되는 주택으로써 1호 또는 1세대당 주거 전용면적이 $85m^2$ 이하

---

82) 입법정책상 해석으로 적의 처리하는 것은 바람직하지 않다. 따라서 토지거래허가를 받은 지상에 존재하는 건물에 대해서도 검인의제한다는 명문규정을 둘 필요가 있다.

(수도권정비계획법에 의한 수도권과, 도시지역이 아닌 읍·면지역은 1호 또는 1세대당 주거 전용면적이 $100m^2$ 이하)인 주택을 말한다(주택법 제2조 제3호). 한편 단독주택은 순수단독주택·다중주택·다가구주택·공관으로 구분되고, 공동주택은 아파트·연립주택·다세대주택·기숙사로 구분하고 있다(건축법시행령 제3조의 4 별표1, 제1호 및 제2호).

"주택분양권"이란 주택건설사업 주체가 건설·공급하는 주택에 입주할 수 있는 권리·자격·지위 등을 말한다(주택법 제41조의2 제1항 본문). 주택분양권에는 단독주택뿐만 아니라 공동주택도 포함된다. 그러나 주택분양권 중 대표적인 것은 아파트에 대한 것이므로 일반적으로 "주택분양권"이라 함은 "아파트 분양권"을 지칭하는 것으로 이해하고 있다. 공동주택의 대표격이라 할 수 있는 아파트는 1980년대부터 보편적인 주거문화로 자리 잡기 시작한 이후, 1990년대 이후에는 신규로 공급되는 주택의 대부분이 아파트로 공급되고 있다.

주택분양권은 1999. 3. 1.이전에는 사업주체의 동의를 받지 않고는 일정기간 동안은 전매할 수 없었다(구 주택건설촉진법 제38조의3).[83] 부연하면 국민주택은 당해 주택의 입주자로 선정된 날로부터 5년 내에서 대통령령이 정하는 기간 동안, 국민주택 이외의 주택은 사업주체로부터 입주 가능일로 통보받은 날로부터 60일이 경과하기 전에는 양도할 수 없었다. 만약 이를 위반할 경우에는 사업주체가 우선매수권을 행사하게 되고, 전매행위자는 2년 이하의 징역 또는 2천만원 이하의 벌금형에 처하도록 하고 있었다(구 주택건설촉진법 제51조).

한편 1997. 11. 21. IMF가 도래한 이후 건축회사들의 소극적인 경영으로 약 2~3년간 아파트 공급이 중단되다시피 하였다. 그 결과 주택부족 현상이 심화되었는데 정부는 이러한 문제를 해결하기 위하여 주택공급 확대를 최우선 정책목표로 삼게 된다. 이를 해결하기 위한 대책으로 그간 금지하고 있었던 주택분양권 전매를 1999. 3. 1.부터 허용하였다. 이로 인하여 주택시장은 활기를 띠게

---

83) 주택건설촉진법은 1977. 12. 31. 법률 제3075호로 "주택이 없는 국민의 주거생활 안정을 도모하고 모든 국민의 주거수준 향상"을 위하여 법률 제6916호로 제정·시행되다가, 2003. 11. 30.부터 현행 주택법이 시행됨에 따라 폐지되었다.

되었으나, 투기성 자금유입과 이에 편승한 가수요(假需要)가 합쳐지면서 주택공급 질서가 극히 문란하게 되었다. 이러한 상황을 자초한 정부는 다시 주택공급에관한규칙을 개정하여 제14조의2를 통하여, 2003. 6. 7.부터 다시 분양권 전매를 제한하게 된다. 그리고 동 규칙에서 규정하고 있든 분양권 전매제한 규정은 2005. 1. 8.부터 주택법 제41조의2를 통하여 규율하게 되었는데, 동법에 의하여 전매가 제한되는 것은 "주택분양권"뿐만 아니라 "일정한 주택"도 포함된다.

주택분양권은 분양청약을 통하여 사업주체로부터 수분양자로 선정되어 입주 예정인 동(棟)·호수·평형이 특정된 것을 말한다. 따라서 입주할 주택이 특정되지 않은 경우라면 이는 분양권이 될 수 없다. 즉 단순히 주택을 공급받을 수 있는 지위에 불과한 주택조합원의 지위, 대한주택공사 및 등록사업 주체가 발행한 주택상환사채, 주택을 공급받기 위하여 가입한 입주자저축증서 및 주택을 공급받을 수 있는 증서 또는 그 지위에 불과한 시장·군수·구청장이 발행한 무허가건축물확인서·건물철거예정증명서·건물철거확인서·공공사업 시행으로 인한 이주대책대상자 확인서는 주택분양권에 해당하지 않는다. 따라서 이러한 것은 여전히 전매가 금지되고 있다(주택법 제39조 및 동법시행령 제43조 제1항).[84]

1) 전매제한 주택과 분양권

투기과열지구 안에서 건설·공급하는 주택의 분양권, 분양가상한제 적용받는 주택분양권 및 그 주택, 주택공영개발지구에서 공공기관이 분양가격에 대한 제한을 받지 아니하고 건설·공급하는 공동주택 분양권과 그 공동주택은 일정한 기간 동안 전매를 제한하고 있는 바, 그 구체적인 내용을 살펴보면 다음과 같다(주택법 제41조의2 제1항).

---

84) 이러한 권리를 전매한 경우에는 건설교통부장관 또는 사업주체가 양도자 또는 양수자의 지위를 무효로 하고, 이미 체결한 주택공급 계약을 취소할 수 있고, 이에 더하여 양 당사자에게는 3년 이하 징역 또는 3천만원 이하의 벌금에 처할 수 있도록 함으로써 주택공급 질서를 교란케 하는 행위를 엄히 처벌하고 있다(주택법 제39조 및 제96조 제1호).

가) 투기과열지구에서 건설·공급하는 주택분양권

"투기과열지구"란 주택가격 상승률이 물가상승률보다 현저히 높은 지역으로써 주택에 대한 투기우려가 있는 지역, 그 지역의 청약 경쟁률·주택가격·주택보급률 및 주택공급계획 등을 고려하여 건설교통부장관 또는 시·도지사가 주택가격 안정을 위하여 필요하다고 인정하는 지역에 지정하는 것을 말한다(주택법 제41조 및 주택공급에관한규칙 제14조 제1항). 이러한 투기과열지구로 지정·공고된 지역에서 사업주체가 건설·공급하는 주택분양권은 일정한 기간 동안 전매가 제한되고 있다.

나) 분양가상한제 적용받는 주택분양권 및 그 주택

"분양가상한제 적용받는 주택분양권"은 분양가상한제 적용받는 주택을 공급받을 수 있는 지위를 말한다. 분양가상한제 적용받는 주택분양권에 대한 전매를 제한하는 이유는, 이를 허용함으로써 프리미엄이 형성될 경우 주택분양가상한제를 도입한 취지가 몰각될 수 있기 때문이다.

"분양가상한제 적용받는 주택"이란 공공택지[85] 안에서 감정가격 이하로 택지를 공급받은 사업주체가 건설·공급하는 공동주택으로서 주거 전용면적이 85m^2 이하인 주택과, 국가·지방자치단체·대한주택공사 및 지방공사가 건설·공급하는 주거 전용면적 85m^{2}를 초과하는 공동주택을 말한다(주택법 제38조의2 제2항). 분양가에는 택지비·직접공사비·간접공사비·설계비·감리비·부대경비·건설교통부령이 정하는 기타 경비로 구분하여 산정되며, 사업주체가 분양가를 책정할 경우에는 위 항목에 따라 건설교통부령이 정하는 기준에 따라 산정되는 가격 이하로 책정하게 된다(주택법 제38조의2 제1항).

공공택지 안에서 건설·공급하는 주택은 일정 기간 동안 전매가 제한된다.

---

85) 공공택지는 공공사업에 의하여 개발·조성되는 공동주택 건설용지로써 다음과 같은 것을 말한다(주택법 제2조 제3의2호).
① 국민주택을 건설하기 위하여 공급된 대지
② 택지개발촉진법에 의한 택지개발사업으로 공급된 대지
③ 산업입지및개발에관한법률에 의한 산업단지개발사업으로 공급된 대지
④ 국민임대주택건설등에관한특별조치법에 의한 국민임대주택단지 조성사업으로 공급한 대지

특이한 것은 분양가상한제 적용대상 주택인 경우에는 보존등기와 동시에 부기등기로 "이 주택은 최초로 소유권 이전등기가 된 후에는 주택법 제41조의2 제1항에서 정한 기간이 경과하기 전에 대한주택공사(제41조의2 제2항 단서의 규정에 의하여 대한주택공사가 우선 매입한 주택을 공급받는 자를 포함한다) 외의 자에게 소유권을 이전하는 일체의 행위를 할 수 없음"이라고 등기하게 된다는 점이다(주택법 제41조의2 제4항 및 제5항).

다) 주택공영개발지구에서 공공기관이 분양가격에 대한 제한을 받지 아니하고 건설·공급하는 공동주택 분양권과 그 공동주택

"주택공영개발지구"란 투기과열지구에서 조성되는 공공택지 중에서 주택에 대한 투기가 성행할 우려가 있거나, 공공택지 내 주택공급의 공공성을 강화하기 위하여 필요한 경우, 주택정책심의위원회 심의를 거쳐 건설교통부장관이 지정하는 지구를 말한다(주택법 제41조의3 제1항). 동 지구에 있는 공공택지를 공급받을 수 있는 자는 공공기관(국가·지방자치단체·대한주택공사·지방공사)에 한정되며, 동 택지에 대한 주택건설사업도 원칙상 이들 기관이 직접 시행하도록 하고 있다(주택법 제41조의3 제2항). 동 지구에서 시행하는 공동주택 분양권과 그 공동주택은 일정한 기간 동안 전매가 제한되고 있다.

2) 전매제한 기간

전매가 제한되는 주택분양권과 그 주택은 주택시장 안정을 위하여 10년의 범위 안에서 대통령령이 정하는 기간 동안 전매를 제한하고 있는데, 그 구체적인 내용을 살펴보면 다음과 같다(주택법 제41조의2 제1항 및 동법시행령 제45조의2).

가) 투기과열지구에서 건설·공급되는 주택분양권

투기과열지구에서 사업주체가 건설·공급하는 주택분양권은 입주자모집 결과 최초 주택공급계약 체결이 가능한 날로부터 지역별로 아래에서 정한 기간동안 전매가 금지되고 있다.

(1) 수도권 및 충청권 행정구역에 속하는 경우

"수도권"이라 함은 서울특별시·인천광역시·경기도를 말하며, "충청권"은 대전광역시·충청남도·충청북도를 말한다(수도권정비계획법 제2조 제1호 및 동 법시행령 제2조). 이러한 지역에서 건설·공급되는 주택분양권은 5년간 전매가 제한된다. 다만, 당해 주택이 준공되어 수분양자 명의로 소유권 이전등기를 완료한 경우(건축물에 대해서만 소유권 이전등기를 한 경우에는 당해 건축물에 대한 소유권 이전등기를 완료한 때)에는 그러하지 아니하다.

(2) 기타 지역에 속하는 경우

투기과열지구로 지정된 지역이 수도권 및 충청권 이외의 지역인 경우에는 최초로 주택공급계약 체결이 가능한 날로부터 1년 내에는 주택분양권에 대한 전매가 금지된다.

나) 분양가상한제 적용받는 주택 및 그 분양권

분양가상한제 적용받는 주택과 그 분양권은 입주자모집 결과 최초로 주택공급계약 체결이 가능한 날로부터 아래 각 기간이 경과하기 전에는 전매할 수 없다(주택법시행령 제45조의2 제2항).

(1) 주거 전용면적이 $85m^2$ 이하인 주택

① 수도권정비계획법에 의한 과밀억제권역 및 성장관리권역에 소재하는 주택은 10년[86]

---

86) "과밀억제권역"이란 수도권 안에서 인구 및 산업이 과도하게 집중되었거나 집중될 우려가 있어 그 이전이나 정비가 필요한 지역을 말하며, "성장관리권역"이란 수도권의 과밀억제권역으로부터 이전하는 인구 및 산업을 계획적으로 유치하고 산업의 입지와 도시의 발전을 적정하게 관리할 필요가 있는 지역을 말하는 바, 각 해당지역은 다음과 같다(수도권정비계획법 제6조 제1항, 동법시행령 제9조에 의한 별표1).
① 과밀억제권역은 서울특별시, 인천광역시(강화군, 옹진군, 중구 운남동·운북동·운서동·중산동·남북동·덕교동·을왕동·무의동, 서구 대곡동·불노동·마전동·금곡동·오류동·왕길동·당하동·원당동, 연수구 송도매립지, 단 남동유치지역은 제외), 의정부시, 구리시, 남양주시(호평동·평내동·금곡동·일패동·이패동·삼패동·가운동·수석동·지금동·도농동), 하남시, 고양시, 수원시, 성남시, 안양시, 부천시, 광명시, 과천시, 의왕시, 군포시, 시흥시(반월 특수지역 제외)를 말한다.
② 성장관리권역은 동두천시, 안산시, 오산시, 평택시, 파주시, 남양주시(와부읍·진접읍·별내면·퇴계원면·진건읍·오남읍), 용인시(기흥읍·구성읍·풍덕천동·신봉동·

② 기타 지역에 소재하는 주택은 5년

(2) 주거 전용면적이 85㎡ 초과하는 주택

① 수도권정비계획법에 의한 과밀억제권역 및 성장관리권역에 소재하는 주택은 5년

② 기타 지역에 소재하는 주택은 3년

3) 전매금지 해제

가) 해제사유

투기과열지구에서 건설·공급하는 주택분양권 및 분양가상한제 적용받는 주택과 그 분양권이라도 특수한 사정이 있을 경우에는 예외적으로 전매를 허용할 필요가 있다. 따라서 수분양자에게 아래와 같은 사정이 발생한 경우에는 전매가 허용된다. 다만, 전매를 하기 위해서는 사업주체(분양가상한제 적용받는 주택 및 그 분양권인 경우에는 대한주택공사 또는 당해 지방공사)의 동의를 받아야 한다(주택법 제41조의2 제2항 및 동법시행령 제45조의2 제4항).

① 세대원(세대주가 포함된 세대의 구성원을 말한다. 이하 같다)의 근무 또는 생업상 사정이나 질병치료·취학·결혼으로 세대원 전원이 다른 광역시·시·군(광역시의 군 지역은 제외)으로 이전하는 경우. 다만, 수도권으로 이전하는 경우에는 제외한다.

② 상속주택으로 세대원 전원이 이전하는 경우

③ 세대원 전원이 해외로 이주하거나 2년 이상 해외에 체류하고자 하는 경우

죽전동·동천동·고기동·상현동·성복동·남사면·이동면, 원삼면 목신리·죽릉리·학일리·둑성리), 연천군, 포천군, 양주군, 김포시, 화성시, 안성시(가사동·가현동·명륜동·숭인동·봉남동·구포동·동본동·영동·봉산동·성남동·창전동·낙원동·옥천동·현수동·발화동·옥산동·석정동·서이동·인지동·아양동·신흥동·도기동·계동·중리동·사곡동·금석동·당왕동·신모산동·신소형동·신건지동·금산동·연지동·대천동, 대덕면, 미양면, 공도읍, 원곡면, 보개면, 금광면, 서운면, 양성면, 고삼면, 죽산면 두교리·당목리·칠장리, 삼죽면 마전리·미장리·진촌리·기솔리), 인천광역시 강화군, 옹진군, 중구 운남동·운북동·운서동·중산동·남북동·덕교동·을왕동·무의동, 서구 대곡동·불노동·마전동·금곡동·오류동·왕길동·당하도·원당동, 연수구 송도매립지·남동 유치지역을 말한다.

④ 이혼으로 전 배우자에게 이전하는 경우[87]

⑤ 공익사업을위한토지등의취득및보상에관한법률 제78조 규정에 의한 이주 대책 대상자로서 이주 대책용 주택을 공급받기로 결정된 후 투기과열지구로 지정되거나, 분양권 전매가 금지되는 경우로써 시장·군수·구청장이 확인한 경우

⑥ 소유자의 채무불이행으로 분양가상한제 적용받는 주택이 국가·지방자치단체·금융기관에 의하여 경매 또는 공매로 처분되는 경우

나) 전매위반 등에 대한 효과

(1) 대한주택공사 및 지방공사의 우선매수권 발생

분양가상한제 적용대상 주택을 공급받은 자가 생업상의 사정 등 불가피한 사유로 전매하는 경우에는 대한주택공사(사업주체가 지방공사인 경우에는 당해 지방공사)가 당해 주택을 우선매수할 수 있다. 이에 따라 이들 공사는 소유자가 이미 납부한 입주금에 대하여 은행법에 의한 금융기관의 1년 만기 정기예금 평균이자를 합한 가액을 지급하고 그 권리를 취득할 수 있다. 주택공사 등이 동 금액을 지급한 때에는 그 지급한 날에 당해 주택에 대한 소유권을 취득하게 된다.

(2) 기타 사업주체의 우선매수권 발생

투기과열지구에서 건설 공급되는 주택분양권 및 분양가상한제 적용받는 주택분양권을 각 전매금지기간 내 양도하는 경우에는 사업주체가 우선매수권을 행사할 수 있다. 이에 따라 수분양자가 이미 납부한 입주금과 이에 대한 은행법에 의한 금융기관의 1년 만기 정기예금 평균이자를 합한 가액을 지급하면, 그 지급한 날에 사업주체가 당해 주택에 대한 분양권을 취득하게 된다.

(3) 행정형벌 부과

전매금지기간 중에 있는 분양가상한제 적용받는 주택과 그 주택분양권을 사

---

87) 법문에는 "배우자에게 이전하는 경우"라고 규정하고 있으나, 이혼은 호적상 이혼등재가 된 경우이다(법률혼주의). 따라서 이혼등재가 된 후에는 배우자가 될 수 없으므로 "전 배우자"라 함이 타당하다.

업주체 동의 없이 전매한 경우에는 전매한 자와 이를 알선한 자는 각 3년 이하의 징역 또는 3천만원 이하의 벌금형에 처해질 수 있다(주택법 제96조 제1호). 여기서 "전매한 자"는 분양가상한제 적용받는 주택의 수분양자 및 소유권 등기명의자, 투기과열지구로 지정된 후 사업주체가 건설·공급한 주택의 분양권자를 의미하며, 이들로부터 동 주택 및 분양권을 매수한 자는 제외된다. "알선한 자"에는 일반적으로는 중개업자 등 중개업무에 종사하는 자가 이에 해당할 것이나, 기타의 자가 알선한 경우에도 이에 포함됨은 물론이다.

한편 중개업 종사자인 소속 공인중개사·중개보조원·법인의 임원이 동 규정을 위반하여 전매를 알선한 경우에는, 그 행위자를 처벌함과 동시에 중개업자도 동 조에서 정하고 있는 3천만원 이하의 벌금형에 처해질 수 있다(주택법 제100조 제2항).

4) 분양권 양도절차

주택이 완공된 경우에는 사업주체 명의로 보존등기를 한 후 수분양자 명의로 소유권 이전등기를 하게 된다. 그런데 분양권은 주택이 완공되기 전에 존재하는 단순한 채권이므로 분양주택이 완공된 후에는 존재할 수 없다. 전매가 가능한 분양권은 투기과열지구로 지정되기 전에 이미 분양계약이 체결된 경우, 투기과열지구로 지정된 후에 분양된 경우로써 전매 제한기간이 경과한 경우(수도권 및 충청권의 경우에는 수분양자로 지정된 날로부터 5년, 기타 지역인 경우에는 수분양자로 지정된 날로부터 1년) 및 투기과열지구로 지정되지 않은 지역에 소재하는 주택분양권이 이에 해당한다.

주택분양권에 대한 양도계약은 일반적인 부동산 거래형식과는 다른 특이점이 있다. 즉 일반적으로 부동산 권리를 이전하기 위해서는 등기부등본, 기타 공부 등을 통하여 권리 및 물리적 현황을 확인하고 현장도 답사할 수 있다. 그리고 권리를 취득하는 자는 그 권리를 등기부에 공시함으로써 이전된다. 그런데 주택분양권은 수분양자의 권리관계를 확인할 수 있는 공인된 공시장부가 없고 이를 확인하기도 곤란하며, 분양권을 양수받는 자의 권리를 확실히 등록하는 방법 및 그 절차도 명확하지 않다. 따라서 중개업자가 분양권 매매를 알선할 경우에는 권리의 존재 및 권리자 여부를 정확히 확인할 필요가 있다. 일반적으로 분양권에 대한 거래계약 체결과 그 권리에 대한 양도는 다음과 같은 방법을 취하고 있다.

가) 수분양자 등 확인

주택분양권이 중개 의뢰된 경우에는 분양권의 존재 여부 및 분양권자의 권리관계를 확인하여야 한다. 우선 의뢰인이 수분양자인지 여부를 확인하여야 하는데, 일명 "분양계약서"라 칭하는 서면을 소지하고 있는지 확인하면 된다. 동 서면에는 주택건설사업 주체인 시행사와 수분양자 간에 체결된 주택분양과 관련된 구체적인 내용이 포함되어 있다. 즉 주택사업 소재지·대지권의 표시·건물의 명칭·동(棟)·층수·호수(號數)·전용면적·공유면적·부가면적·가격·품질·공사기간·준공일자 및 이에 대한 중도금 및 잔금지급 등에 관한 내용이 규정되어 있다. 따라서 이를 통하여 권리자 및 분양권과 관련된 구체적인 내용을 확인할 수 있다.

한편 이러한 "분양계약서"는 법정된 형식이나 요건이 없으므로, 각 사업주체에 따라 다양한 형식과 내용을 갖추고 있다. 따라서 중개업자는 의뢰인이 분양계약서를 소지하고 있는 경우에도 해당 시행사를 방문하여 수분양자 여부를 확인하여야 하고, 아울러 사업 목적지를 방문하여 정상적으로 사업이 시행되고 있는지, 사업주체 및 시공업체의 전문성 기타 자금능력 등에 대해서도 검토할 필요가 있다.

나) 금융기관의 대출금 및 권리 제한사항 확인

중개업자는 분양권 매매계약을 체결하기 전에 수분양자의 단순한 지위뿐만 아니라 분양권을 담보로 금융기관으로부터 중도금 등에 대한 대출 여부와 그 액수 및 연체상태도 확인하여야 한다. 최근 분양되는 아파트는 집단대출 방식으로 각 세대별로 일반적으로 융자가 행해지고 있기 때문이다. 그리고 분양권에 제3자에 의한 압류·가압류·가처분 등 권리제한 사항 존재 여부도 시행사를 통하여 확인해야 하며, 양도인이 분양계약에 따라 시행사에 지급한 계약금 및 중도금 총액과 이에 대한 연체 여부 등도 확인하여야 할 것이다.

이러한 사실이 확인되면 분양금액에 대하여 그간 양도인이 시행사에 납입한 분양대금과 분양권에 형성된 프리미엄 가격을 합한 금액에서, 대출금·연체금·압류금액 등을 공제한 후 그 잔액을 지급하면 될 것이다. 다만, 거래금액으로 이들 채무를 충당할 수 없을 경우에는 계약체결 여부를 신중하게 판단하여야 할 것임은 물론이다.

다) 분양권 매매계약서 검인

계약을 원인으로 소유권 이전등기를 신청할 경우에는 해당 부동산 소재지 관할 시장·군수·구청장 또는 그 권한을 위임받은 자로부터 검인을 받아야 한다(부동산등기특별조치법 제1조 및 제3조 제1항). 그런데 주택분양권은 등기대상은 아니지만 이들 권리의 양도에 따른 거래세원을 포착하기 위하여 실무상 검인신청 대상이 되는 것으로 하고 있다. 검인신청에 따른 절차는 소유권 이전에 따른 경우와 동일하다.

라) 수분양자 명의변경 신청

거래 당사자 간에 원만한 합의를 통하여 주택분양권에 대한 거래계약이 체결되고 부동산 소재지 관할 시장·군수·구청장으로부터 분양권 매매계약서에 검인을 받은 경우에는 검인받은 분양권 매매계약서, 당초 분양계약서, 매도인의 인감증명서, 인감도장, 신분증 및 매수인의 인감증명서, 인감도장, 신분증 등 사업주체가 요구하는 필요서면을 지참하여 매수자 명의로 수분양자 명의변경을 신청하게 된다. 일반적으로는 중개업자가 거래 당사자 쌍방과 함께 사업주체인 시행사를 방문하여 관련서류를 제출하는 방법으로 처리하고 있다.

당사자 간의 정당한 거래계약에 따라 수분양자 명의가 매수자로 변경된 경우에는, 사업주체는 향후 잔여 분양대금에 대한 납입금고지서, 기타 필요한 통지 및 완공 주택의 인도를 양수인에게 하게 된다.

2. 사적거래가 금지되는 부동산

지금까지 공법 및 사법상 일정한 제한이나 규제를 받는 것에 대하여 설명하였다. 그런데 이러한 규제나 제한을 넘어 아예 사법상(私法上) 거래의 객체가 될 수 없는 것도 있다. 이에 해당하는 것은 대부분 국·공유 부동산이 그 대상이 된다. 국·공유재산은 일반적으로 사물(私物)과 반대되는 개념으로 공물(公物)이라 칭하고 있다. "공물"이란 국가·지방자치단체·공공단체 등 행정주체가 직접 행정목적에 사용하는 개개의 유체물을 말한다(통설).

한편 사인(私人)이 자기의 재산을 공공목적에 제공한 경우라도 그 재산은 공물이 될 수 없다. 따라서 공물은 행정주체가 소유한 부동산이어야 하고, 아울러 행정목적에 제공되는 경우라야 한다. 공물은 다음과 같이 구분되고 있다(국유재산법 제14조, 지방재정법 제72조).

가. 국·공유재산의 종류

1) 행정재산

① 공공용재산

"공공용재산(公共用財産)"은 직접 일반공중의 공용에 제공하거나 사용되는 부동산을 말한다. 여기에는 자연공물과 인공공물로 구분할 수 있다. 자연공물에는 하천·호소(湖沼)·해빈(海濱)·해면·영해 등이 있으며, 인공공물에는 도로·철도·공원·항만·운하·제방·광장 등이 있다.

② 공용재산

"공용재산(公用財産)"은 행정주체가 직접 공용에 사용하거나 사용하기로 정한 물건을 말한다. 즉 관공서의 청사·교도소·소년원·등대·관사·공사(公捨)·병사(兵捨)·요새(要塞)·연병장·학교·철도 등을 말한다.

③ 기업용재산

"기업용재산(企業用財産)"이란 공기업이 사무용·업무용 또는 당해 기업에 종사하는 직원들의 주거용 등으로 사용하거나 사용하기로 결정한 재산을 말한다.

2) 보존재산

"보존재산"이란 법령의 규정 기타 필요에 의하여 국가 또는 지방자치단체가 보존하기로 정한 재산으로써 국보·천년기념물 등이 이에 해당한다.

3) 잡종재산

"잡종재산"은 행정재산 또는 보존재산 이외의 국·공유재산으로, 행정재산 또는 보존재산으로 활용할 필요가 없는 것으로 분류된 행정재산을 말한다.

나. 공물의 성립 및 효과

공물이 성립되면 공물 본래의 목적인 행정목적에 제공되어야 하므로 그 한도 내에서는 사법의 적용이 제한된다. 따라서 공물은 원칙상 사적거래의 객체가 될 수 없다.

자연공물인 하천·호소·해면 등은 이미 자연적 상태 하에서도 공물로서의 성질을 구비하고 있으므로, 그 성립에 행정주체의 의사표시는 필요없다. 그러나 인공공물인 도로·철도·항만·공원·운하·제방·광장 등은 자연공물과 달리 행정주체가 행정목적에 제공하려는 공용개시의 의사표시가 있을 때 성립된다. 의사표시는 공고 또는 고시의 방법으로 한다. 다만, 행정주체가 공용을 개시하기 위해서는 그 부동산에 대한 소유권 등 처분권이 존재하여야 함은 물론이다.

한편 국·공유재산 중 행정재산이나 보존재산은 민법 제245조의 규정에도 불구하고 시효 취득대상이 되지 않는다. 판례도 행정재산은 공용폐지가 되지 않는 한 사법상 거래의 객체가 될 수 없으므로 시효 취득대상이 되지 않는다고 판시하고 있다(대판 83다카181). 다만, 잡종재산은 시효 취득대상이 된다(국유재산법 제5조 제2항, 지방재정법 제74조 제2항).

다. 공물의 소멸 및 효과

공물은 공물로서의 객체성을 상실하게 되면 사물(私物)로 전환되므로 사적 거래 대상이 될 수 있다. 자연공물은 자연 상태 하에서는 공물성을 상실하지 않으므로 원칙상 공물의 소멸은 있을 수 없다. 반면 인공공물은 행정주체의 편의에 따라 공용폐지 의사표시를 할 수 있으므로 공물로서의 지위가 상실될 수 있다. 행정주체의 공물폐지 의사표시는 묵시적으로도 가능하다고 본다(통설). 행정주체에 의한 적법한 공물폐지 의사표시가 있으면 공물성을 상실하게 되므로 사법상 거래의 객체가 된다.

라. 특수한 공물

1) 무주 부동산

주인 없는 부동산은 국가의 소유가 된다(민법 제252조 제2항). 주인 없는 부동산, 즉 "무주 부동산(無主 不動産)"이란 국가·지방자치단체 기타 법인 또는 단체 및 개인의 명의로 등기되어 있지 않거나, 시효취득 등으로 소유권을 취득한 자가 없는 부동산을 말한다. 무주 부동산은 소유자가 상속인 또는 수증자 없이 사망한 경우에 주로 발생하게 된다. 무주 부동산과 관련하여 회자(膾炙)되는 것이 일본인 명의의 부동산에 관한 문제이다. 현재 일제강점기 이후 일본인 또는 일본법인 명의로 등기된 부동산은 원칙상 무주 부동산으로 보고, 이를 전부 국유로 간주하고 있다.[88]

2) 포락지

"포락지(浦落地)"란 지적공부에 등록된 토지가 침식 등으로 하상(河上) 또는

---

[88] 한국자산관리공사(KAMCO)에 의하면 1945. 8. 15. 해방 이후 정당한 소유자를 찾지 못한 채 일본인 또는 일본법인 명의로 등기되어 있는 토지가 2005. 1. 현재 54,532 필지에 면적이 77,178,000m^{2}라 한다. 이 가운데 일본인 명의는 47,130필지에 62,735,000m^2, 일본법인 명의는 7,402 필지에 14,443,000m^{2}라 한다. 일본법인 명의로 되어있는 부동산은 2004. 12. 30. 기준으로 국가명의로 보존등기를 이미 완료했고, 일본인 개인 명의로 된 토지는 친일행위를 한 바 없으면서, 외압에 의해 강제로 창씨개명을 한 한국인 소유 부동산을 제외하고는 2006년까지 전부 국유로 보존등기를 할 예정이라고 한다.

바닷가로 변한 토지를 말한다. 포락지가 되면 원상으로 회복되지 않으면 그 토지는 하천 또는 바닷가 상태가 되므로 포락 순간 국유가 된다. 한편 판례는 포락지가 되는 경우에도 사인이 소유권을 상실하는 경우와 회복할 수 있는 경우가 있다고 하면서 다음과 같이 구분하여 판시하고 있다.[89)]

첫째, 포락지에 대하여 과다한 비용을 투입하지 않고 원상회복할 수 있고, 이에 따른 경제성이 인정되는 경우에는 포락지에 대한 소유권을 회복할 수 있다고 한다(대판 79다2094).

둘째, 포락지에 대한 복구가 사실상 불가능하거나 과다한 비용이 소요되어 경제성이 없을 경우에는 토지 소유자의 포락지에 대한 소유권은 영구적으로 상실된다고 한다(대판 84다카178).

소유권을 회복할 수 있는 첫째 요건에 해당하는 포락지는 여전히 사적거래의 객체가 될 수 있다. 반면 둘째 사유에 해당하는 포락지는 그 소유권을 영구 상실하게 되므로 공공용물로써 국유가 된다.

3) 잡종재산

잡종재산은 행정재산인 공용재산·공공용재산·기업용재산과 보존재산을 제외한 국·공유재산으로서 국가 또는 지방자치단체가 소유하고 있는 재산을 말한다. 국·공유재산 중 행정재산과 보존재산은 사적거래의 대상이 될 수 없다. 그러나 잡종재산은 행정기관이 이를 타인에게 매매 또는 임대할 수 있다. 이와 관련하여 대법원은 국가로부터 잡종재산을 불하받은 자는 그 불하계약(拂下契約)의 유효를 전제로 이에 대한 소유권 이전등기를 청구하는 것이 적법하다고 판시하고 있다(대판 70다25).

---

89) 하천은 국가하천·지방1급 하천·지방2급 하천으로 구분되는데, 포락으로 국유가 되는 경우는 국가 또는 지방1급 하천에 한정되고, 지방2급 하천은 보상을 한 경우에만 국유가 되는 것으로 하고 있다(하천법 제2조 제2항, 제3조).

4) 바닷가

"바닷가"란 만조선(滿潮線)으로부터 지적공부에 등록된 지역까지 형성된 토지부분을 말한다. 바닷가는 자연상태 그대로 공공용에 제공될 수 있는 실체를 갖추고 있는 이른바 자연 공공용물로서 국유재산법에 의한 행정재산에 속한 것이므로 사법상 거래의 객체가 될 수 없어 중개대상물도 될 수 없다(대판 98다 15446).[90)]

5) 간석지

"간석지(干潟地)"란 만조선으로부터 간조선까지의 사이에 있는 토지부분을 말한다. "만조(滿潮)"란 바닷물이 최대한 올라오는 수면을 말하며, "간조(干潮)"란 바닷물이 최저수위가 되는 것을 말한다. 간석지는 이러한 만조선과 간조선 사이에 형성된 지면으로 일명 "개펄지역"이라고 한다. 개펄지역도 공공용물에 해당하므로 사법상 거래의 객체가 될 수 없다.

제 5 절   거래계약

1. 거래계약 체결시도

중개를 의뢰받은 중개업자는 중개대상물에 대한 권리관계 및 현황 등에 대하여 등기부 및 각종 공부뿐만 아니라 임장활동을 통하여 상세하게 파악하고 확인하였다. 지금까지 행한 일련의 중개활동은 결국 거래계약 체결이라는 목적을 달성하기 위한 준비과정에 다름 아니었다. 따라서 이러한 과정이 얼마나 충

---

90) 바닷가는 1999. 2. 8. 공유수면관리법이 개정되기 전까지는 빈지(濱地)라 칭하였다. 그런데 "빈지"는 단순히 물가에 존재하는 토지를 의미하는 것이므로, 바닷가뿐만 아니라 담수면(淡水面)의 물가, 즉 강변(江邊)도 포함되는 의미로써 부적합한 표현이었다. 따라서 바닷가라 칭하게 된 것이다.

실하였느냐에 따라 거래계약 체결 여부가 결정될 수 있다. 이하에서는 거래계약 체결시점에서 중개업자가 행할 필요가 있는 일련의 과정에 대하여 살펴보기로 하자.

가. 중개대상물에 대한 확인 및 설명

중개의뢰인에는 권리를 이전·설정하는 자와 권리를 취득하는 자로 대별된다. 그런데 중개대상물에 대한 설명은 권리를 이전·설정하고자 하는 자에게는 불필요하며, 단지 권리를 취득하고자 하는 자에게만 필요한 활동이다. 따라서 중개업자가 대상물에 대하여 확인·설명을 할 법적 의무도 원칙상 "권리를 취득하고자 하는 의뢰인"에 한정되고 있다(법 제25조 제1항).

중개업자가 거래계약을 체결하기 전에 행할 첫번째 과정이 중개대상물에 대한 설명이다. 이를 통하여 대상물건에 대한 법적·물리적·경제적·정책적 측면에 대한 설명을 함으로써 일명 "판매소구점(Selling point)"을 현출시킬 수 있다. 다만, 중개업자가 법적으로 설명할 의무가 있는 범위는 공법 및 사법에 대한 권리의 내용과 물리적 측면에 한정되고 있는바, 그 구체적인 내용을 살펴보면 다음과 같다(법 제25조 제1항 및 영 제21조 제1항).

1) 대상 물건의 표시에 관한 사항

① 토지: 소재지번·지목(공부상 지목 및 현실지목)·면적(m^2)
② 건축물: 소재지번, 용도, 건물의 명칭·번호·층수·호수, 면적(m^2)·구조·방향·건축년도, 대지권의 종류 및 면적
③ 기타 부동산: 소재지번·종류·물건의 내용

2) 중개대상물의 권리에 관한 사항

가) 등기부 기재사항

소유권 기타 권리에 관한 사항, 즉 소유자의 성명·주민등록번호·주소, 소유권에 대한 예고등기·가등기·압류·가압류 등에 관한 사항, 지상권·지역

권·전세권·임차권·저당권 등 각 제한물권에 관한 내용

나) 실제 권리관계 및 미공시 권리관계에 관한 사항

등기부 갑구 및 을구에 권리자로 등기된 경우라도, 등기 명의자와 다른 진정한 권리자가 따로 존재할 경우에는 이들 권리자의 성명·주민등록번호·주소 등에 관한 사항을 기재하게 된다.[91]

그런데 등기부를 통하여 권리가 공시되지 않거나, 성질상 공시대상이 아닌 경우도 있다. "공시되지 않은 권리"란 등기할 수 있음에도 미등기 상태로 존재하는 것을 말하며, "성질상 공시대상이 아닌 권리"란 등기 목적물이 될 수 없는 공작물·구축물, 등기신청 요건을 갖추지 못한 무허가 건축물 및 고가(高價)의 정원수·정원석 등에 대한 내용과 그 권리관계를 말한다. 이러한 물건과 권리가 존재할 경우에는 이에 대한 구체적인 내용과 권리자의 인적사항을 기재하여야 한다.

3) 거래 예정금액

"거래 예정금액"은 권리이전 의뢰인이 요구하는 부동산의 호가(呼價)를 말한다. 중개업자가 거래 예정가격을 설명함으로써 권리를 취득하고자 하는 의뢰인이 부동산을 취득하는 데 필요한 자금 등에 대하여 판단할 수 있다. 거래 예정금액에 대한 설명과 이에 대한 중개의뢰인과의 의견교환은 거래계약 체결조건 중 가장 큰 비중을 차지하는 것임은 주지의 사실이다.

4) 중개수수료 및 실비의 금액과 그 산출내역

중개업자가 거래계약을 체결하는 각 당사자에게 청구할 중개수수료 및 실비에 대한 사항을 기재하게 된다. 즉 중개수수료 및 실비의 금액과 그 합계금 및

---

91) 칙 제16조에 의한 별지 제20호의 중개대상물확인·설명서에는 "공시되지 아니한 물건의 권리에 관한 사항"이라고 명시하고 있다. 그러나 이는 잘못된 표현으로 "공시되지 아니한 중요시설·물건·권리 및 그 소유자 등에 관한 사항"이라고 하는 것이 타당하다. 실무상으로도 본란이 아니면 이러한 사항을 기재할 부분이 없다.

그 구체적인 산출내역을 기재함으로써 중개업자로 하여금 부당한 금액을 청구하지 못하도록 함과 동시에, 한편으로는 중개업자로 하여금 의뢰인으로부터 약정된 보수를 확실히 청구할 수 있는 근거 서면으로써 기능하게 된다.

5) 토지에 대한 공법상 이용계획·제한 및 거래규제에 관한 사항[92]

중개대상물에 대한 권리관계는 사법적 측면보다 공법적 측면이 더 중요하다. 복잡 다양한 공법에 대한 제한사항은 일반인들이 쉽게 파악하기 어렵고 이를 확인하기도 곤란하다. 부동산을 취득하고도 공법상 제한으로 그 목적한 바대로 이용할 수 없다면 그 손해는 이루 말할 수 없을 것이다. 이러한 문제를 미연에 방지하기 위하여 중개업자로 하여금 공법상 이용제한 사항을 설명하도록 하고 있다. 여기에는 구체적으로 용도지역·지구·구역의 내용, 건폐율 및 용적률의 상한, 도시계획시설, 지구단위계획구역과 그 밖의 도시관리계획의 내용, 토지거래허가구역 여부와 기타 토지의 이용 및 거래규제에 관한 사항이 포함되고 있다.

"거래규제"란 당해 부동산 거래에 가해지는 공법상 제한을 말한다. 현행법상 토지거래허가제, 농지취득자격증명제, 외국인의 토지취득에 대한 허가제는 권리취득에 대한 제한이며, 사립학교 법인의 기본재산 처분에 대한 허가제, 전통사찰의 소유 부동산 처분에 대한 허가제, 향교소유 부동산 처분에 대한 허가제, 주택분양권 및 분양가상한제 적용대상 주택의 전매제한에 관한 사항은 권리이전에 대한 제한규정이다. 토지거래허가제는 원칙상 권리취득에 대한 제한규정이나, 일면 권리양도에 대한 제한이기도 하다.[93]

---

92) 중개대상물확인설명서 제5항에는 "토지이용계획·공법상 이용제한 및 거래규제에 관한 사항(토지)"라고 규정함으로써, 이러한 제한이 토지에만 한정되는 것으로 보고 있다. 그러나 건물도 주택분양권 및 분양가상한제 적용대상이 되는 주택에 대한 전매제한 규정 등이 있으므로 "토지"에 한정하고 있는 것은 부적합하다.

93) 토지거래허가제는 대부분 토지 소유권을 취득하는 자에 대한 규제에 집중되어 있으나, 최근 토지투기 방지라는 행정목적을 달성하기 위하여 권리를 이전하는 소유자의 보유기간 등에 대한 요건도 강화하고 있다. 따라서 토지거래허가제도는 취득과 이전을 동시에 제한하는 제도라 할 수 있다.

중개업자는 중개대상물이 거래규제 대상에 해당할 경우에는 이를 각 이해 당사자에게 설명하여야 할 것이다. 다만, 법적 설명의무가 있는 것은 권리를 취득하고자 하는 의뢰인의 이해와 관련된 사항에 한정되며, 권리를 이전 또는 설정하는 당사자에 대한 것은 해당하지 않는다.

일반적으로는 중개계약을 체결하기 전에 권리의 이전 또는 설정에 따른 제한사항을 확인하게 되나, 만약 이를 간과한 경우라도 거래계약을 체결하기 전에는 반드시 이를 확인하여야 한다. 그 결과 권리를 이전할 수 없는 경우라고 판단될 경우에는 거래계약을 체결하지 않아야 할 것이다.

6) 중개대상물에 대한 물리적·환경적 상태

① 건축물의 내·외부시설의 상태

수도의 파손 여부 및 수량상태(水量狀態), 전기상태, 가스의 종류 및 그 상태, 소화전·비상벨 설치 여부와 그 위치, 열공급 방식·종류 및 작동상태, 승강기 유무 및 상태, 주방·욕실·베란다·지하실에 대한 배수상태

② 건축물의 벽면 및 도색상태

벽면의 균열·누수상태와 그 위치, 도배상태와 그 필요성 여부

③ 환경조건

일조량·소음·진동, 반경 1km 이내에 존재하는 혐오시설의 유무와 그 종류·위치

④ 입지조건

도로의 노폭(m)·접근상태, 버스·지하철 기타 대중 교통시설의 명칭 및 접근에 소요되는 시간, 주차장 유무 및 종류, 초·중·고등학교의 명칭과 접근에 필요한 시간, 판매 및 의료시설인 백화점·할인점·종합의료시설의 명칭과 이들 시설의 접근에 필요한 소요시간

⑤ 경비실 유무와 건물관리에 관한 사항

7) 취득시 부담할 조세의 종류 및 세율

부동산 거래에는 조세부담이 따른다. 조세부담은 권리를 이전하는 의뢰인뿐만 아니라, 권리를 취득하는 자도 부담하게 된다. 권리를 이전하는 자는 일반적으로 양도소득세·소득할주민세와 관련되고, 권리를 취득하는 자는 등록세·지방교육세, 취득세·농어촌특별소비세, 인지세, 공채구입비 등의 부담이 발생한다. 따라서 중개업자는 이에 대한 구체적인 세목과 세율을 설명하여야 할 것이다.

의뢰인이 부담할 조세에 대한 개략적인 설명의 필요성은 권리를 이전하는 의뢰인에게도 동일하게 요구된다. 그러나 법적으로는 권리를 취득하는 의뢰인에 대한 것에 한정되고 있다. 부동산 조세에 관한 사항은 "부동산투자론"에서 설명하기로 하고 본서에서는 생략하기로 한다.

8) 대상 물건의 상태에 관한 자료요구 사항

중개업자는 등기부와 각종 공부 및 임장활동을 통하여 중개대상물에 대한 권리관계·물리적 현황 및 그 사실 여부를 확인할 수 있다. 그러나 특수한 내용은 권리를 이전 또는 설정하고자 하는 의뢰인의 협력 없이는 그 파악이 불가능할 수도 있다. 이러한 사정을 고려하여 중개업자에게 중개대상물의 상태에 관한 자료요구권을 인정하고 있다(법 제25조 제2항).[94] 중개업자는 자료요구권을 통하여 등기부와 각종 공부 및 임장활동만으로는 확인 불가능한 자료들을 확보할 수 있고, 정확한 중개업무 수행 및 공신력을 제고시킬 수 있다.

자료제출요구권을 인정한 입법취지에 비추어 보면, 중개업자가 직접 확인할 수 있는 자료는 동 청구권 대상이 아니라고 보아야 한다. 따라서 중개업자가 즉시 확보할 수 있는 각종 등기부 및 기타 공부는 그 대상이 될 수 없다. 중개업

---

94) 법 제22조 제2항, 영 제21조 제2항, 칙 제16조에 의한 별지 제20호 서식에는 "중개대상물의 상태에 관한 자료"라고 규정하고 있다. 그런데 여기서 "상태"란 당해 부동산에 대하여 외형 또는 형식적으로는 확인할 수 없는 것을 의미한다고 보아야 한다. 따라서 공시방법으로 표시되지 않는 권리 및 자료가 이에 해당할 것이다.

자가 권리이전 중개 의뢰인에게 요구할 수 있는 자료에는 미등기 임대차계약서·건축물설계도면·등기필증·호적등본·주민등록등본 및 초본·주민등록증·위임장 등이 될 것이다.

한편 자료제출 의무자는 권리를 이전 또는 설정하는 당사자에 한정되고 있는 듯하다(법 제25조 제2항). 그러나 권리를 취득하는 의뢰인에게도 필요한 자료가 있을 수 있다. 따라서 중개업자가 자료제출권을 행사할 수 있는 상대방은 의뢰인 쌍방 모두를 포함하는 것으로 보아야 할 것이다. 다만, 권리를 취득하는 의뢰인에게 자료제출요구권을 행사할 필요가 있는 경우란 일반적으로 주민등록등본 및 초본, 주민등록증 등 신분증명서, 위임장 등에 한정될 것이다.[95]

나. 현장안내

권리를 취득하고자 하는 의뢰인에게 특정 부동산을 설명한 결과 그 요구 조건과 어느 정도 부합될 경우에는 중개대상물이 소재하는 현장을 방문하게 된다. 현장을 안내하는 것은 단순한 사실행위에 불과하다. 그러나 안내과정에도 주의해야 할 세심한 부분이 많다. 즉 안내하는 부동산의 종류·특성 및 의뢰인의 입장 등을 고려하여 현장 방문일시·경로 등에 대한 세밀한 계획이 필요하다.

현장안내는 권리를 취득하고자 하는 의뢰인의 욕구를 최대한 자극할 수 있는 기회가 되고, 적극적인 클로우징(Closing)을 시도할 수 있는 기회가 된다. 따라서 판매기법인 일명 "AIDA 원리"를 본격 적용할 수 있는 기회가 된다. "AIDA 원리"란 거래계약 체결에 이르는 일련의 심리과정을 지칭하는 것으로, 목적 부동산에 대한 주목 또는 주의단계(Attention), 주목(注目)한 결과 호감을 갖게 되는 흥미단계(Interest), 흥미(興味)의 과정을 지나 거래계약을 체결해도 괜찮겠다는 생각이 드는 욕구단계(Desire), 마지막으로 거래계약을 체결하게 되

---

95) 권리를 취득하고자 하는 의뢰인에게 자료제출요구권을 행사할 필요성은 토지거래허가구역의 토지를 매수할 자격이 있는지, 농지를 구입할 요건은 되는지, 기타 권리능력 존재 여부를 일응 파악하기 위하여 필요한 경우가 대부분일 것이다.

는 행동단계(Action)를 거치게 된다. 현장안내를 통하여 AIDA 원리의 핵심이 되는 흥미를 최대한 자극할 수 있고, 이를 통하여 거래계약 체결을 유도할 수 있으므로 안내과정에는 다음과 같은 점에 특히 유의할 필요가 있다.

첫째, 목적 부동산에 대한 권리 및 현황관계를 정확히 파악하고 관련 서면을 준비해야 한다. 그리고 이들 서면에 포함된 형식적 내지 실질적 내용을 완전히 파악함으로써 의뢰인의 예상 질문에 충분히 대비하고 있어야 한다.

둘째, 최적의 방문일시를 선택해야 한다. 의뢰인에게 심적으로 혼란스러운 사정이 있거나, 시간이 촉박한 경우에는 안내과정에서 목적 부동산을 충분히 현출시키기 어렵고, 의뢰인도 여유롭게 답사할 수 없으므로 부동산을 제대로 평가하기 어렵다. 따라서 가급적이면 의뢰인에게 여유 있는 일시를 선택하는 것이 바람직하다.

셋째, 기후 등에 따라 적합한 노선(路線)을 선택해야 한다. 일기(日氣)의 변화에 따라 사람의 심리상태에 많은 변화가 있을 것임은 미루어 짐작할 수 있다. 특히 외곽지에 있는 부동산을 안내할 경우에는 일기와 시간에 따라 도로조건 및 교통량 등에 많은 변화가 있을 수 있다. 따라서 우천시(雨天時) · 강풍(强風)이 부는 날 · 일기가 고르지 못한 날 · 교통량이 많은 일시는 가급적 피하고, 맑고 화창한 날 · 봄꽃이 만개한 날 · 단풍이 곱게 물든 날 · 교통이 원활한 일시를 선택하는 것이 바람직하다. 그리고 안내노선은 가능한 넓고 안전한 길을 택하되 단기노선을 선택하는 것이 좋고, 목적 부동산을 가장 잘 현출할 수 있는 도로를 이용해야 한다.

넷째, 대상 부동산의 물리적 현황 및 그 특징에 대한 상세한 설명이 필요하다. 물리적 현황을 확인시킬 때에는 지적도 또는 임야도를 통하여 해당 부동산이 정확함을 확인시키고, 만약 경계가 불확실한 경우 또는 인접지와 상호 침범이 있을 경우에는 그 상태 및 이에 대한 해결방법에 대해서도 충분히 이해시킬 필요가 있다. 물리적 현황은 건축물 · 공작물 · 경작물 · 수목 · 분묘 등에 대한 내용을 포함한다. 일반적으로는 공부상 기재사항을 중심으로 설명하면서 현황과의 상이점 및 이에 대한 해결방법을 제시하면 될 것이다. 그리고 권리를 취득하고자 하는 의뢰인의 요구에 부합하는 특징들은 특별히 숙지하였다가 이에 대한 자세한 설명을 함으로써 판매소구점(Selling point)을 극대화시킬 필요가 있다.

다섯째, 안내하는 부동산을 단장할 필요가 있다. 즉 상가건물 또는 주택 등에 안내할 경우에는 건물 내·외부를 깨끗이 정리·정돈하여야 하며 수선할 곳이 없어야 한다. 외형상 아무 문제가 없음에도 청소 및 관리상태가 불량하다든지, 건물의 내·외부에 존재하는 다소의 균열로 부동산 가치가 폄하되어 거래계약이 체결되지 못하는 경우도 많다. 따라서 가급적이면 부동산을 정비한 후 안내하여야 한다.

여섯째, 안내과정에 제3자가 불필요한 개입을 하지 않도록 조치할 필요가 있다. 중개업자가 대상물에 대하여 충분한 설명을 하고 있음에도 불구하고, 권리를 이전·설정하는 의뢰인 또는 기타 제3자가 불필요하게 개입함으로써 오해가 발생하거나 부동산이 저평가 될 가능성이 있기 때문이다.

일곱째, 최소한의 중개대상물만 안내해야 한다. 의뢰인에게 너무 많은 대상물을 안내하게 되면 부동산이 시장에 넘친다는 인식을 심어줄 우려가 있고, 그렇지 않더라도 각 부동산에 대한 비교형량이 어려워 계약체결을 미루거나 기피할 수도 있다. 따라서 의뢰인의 요구에 가장 적합한 부동산 1~2개 및 이에 대비될 수 있는 비교부동산 1~2개를 안내하는 것으로 충분하다. 그리고 현장답사 결과를 바탕으로 최적의 부동산을 선택하도록 하고, 만약 안내한 부동산 중에서 적합한 물건이 없을 경우에만 일정한 기간이 경과한 후 다시 엄선된 부동산에 안내하는 방식으로 반복하여야 할 것이다. 다만, 이러한 과정도 무한정 반복할 수는 없으므로 일정한 단계에서는 거래계약 체결을 강권할 필요가 있다. 그럼에도 불구하고 이에 응하지 않을 경우에는 과감하게 의뢰인을 포기해야 한다.

다. 거래계약 체결 시도

중개업자는 의뢰된 부동산에 대한 접수와 이에 대한 권리분석·물리적 현황 및 투자분석을 통하여 파악된 정보를 바탕으로, 의뢰인을 대상물이 소재한 곳으로 안내한 결과, 만족한 결과가 도출된 경우에는 지금까지 추진한 중개 업무를 완결하게 된다.

중개업무 완성이라 할 수 있는 거래계약 체결과정은 중개업자의 역량이 총집결되는 때이다. 그간의 활동이 아무리 무난한 경우라도 계약체결 과정이 불공정하거나 신의를 상실하게 되면 원만하게 거래계약을 체결하기 어렵고, 경우에 따라서는 물건과 고객을 모두 잃을 수도 있다. 만약 의뢰인이 안내한 부동산에 상당한 관심을 표명한 경우에는 중개업자는 거래계약을 체결할 수 있는 역량이 있어야 한다. 거래계약 체결을 유도하는 기법으로는 일반적으로 다음과 같은 것이 예시되고 있다.

1) 점진확인법

"점진확인법(漸進確認法)"이란 의뢰인이 요구한 조건과 대상 부동산의 내용 및 특징들을 순차적으로 대비시켜 그 일치점을 확인시킨 후, 해당 부동산이 의뢰인에게 최적의 목적물임을 강조하는 기법을 말한다.

예컨대 의뢰인이 "A지역 내 대지 80평, 건평 60평 정도의 깨끗한 2층 단독주택을 금 2억원에 매수"할 수 있도록 의뢰한 경우라면, 의뢰인의 요구에 따른 위치·면적·거래금액 등에 부합됨을 점진적으로 확인시키면서 거래계약 체결을 종용하는 방법이다. 즉 "의뢰하신 것과 같이 A지역에 있는 대지 78평 건평 63평, 금 1억 9천만원에 구입할 수 있는 2층 주택입니다."라고 설명하면서, 더이상의 것은 찾을 수 없음을 강조하면서 거래계약 체결을 요구하는 방법이다.

2) 계약전제법

"계약전제법(契約前提法)"은 의뢰인이 거래계약을 체결할 것임을 기정 사실화시켜 놓고, 등기·건물수리·자녀전학·이사문제 등에 대하여 자연스럽게 의논하고, 만약 애로가 있을 경우에는 그 해결방법을 제시하면서 거래계약 체결을 유도하는 기법을 말한다.

이러한 방법은 일반적으로 의뢰인이 목적 부동산에 호감을 갖고 있을 경우 지엽적인 문제를 해결하는 방법으로 활용할 수 있다. 중개업자는 권리를 취득하고자 하는 의뢰인이 목적 부동산에 호감을 표시할 경우에는 의뢰인의 애로사항을 해결할 수 있는 대안을 제시할 수 있어야 한다.

3) 세부선결법

"세부선결법(細部先決法)"은 의뢰인에게 판단하기 쉬운 부분부터 결정하도록 유도한 후, 최종적으로 거래계약 체결에 이르도록 하는 기법을 말한다. 이러한 방법은 앞서 살펴본 계약전제법과 반대되는 것으로 볼 수 있다. 예컨대 구입여부를 결정하기에 앞서 구입장소·입주시기·매입금액·자금조달 방법 등을 하나하나 결정한 후, 이들 문제가 순차적으로 해결될 경우 목적 부동산이 의뢰인에게 가장 적합한 것임을 강조하면서 거래계약 체결을 종용하는 기법이다. 세부선결법은 일반적으로 의뢰인이 개인적 사정을 들어 거래계약 체결을 난망해 할 경우에 적절히 활용할 수 있는 기법이다.

4) 장단비교법

"장단비교법(長短比較法)"은 현장 방문을 통하여 확인된 여러 부동산을 중심으로 각 부동산의 장단점을 열거해 두고, 이들 부동산 중에서 의뢰인의 요구에 가장 부합하는 것을 선택하여 거래계약을 체결하도록 유도하는 기법을 말한다. 이러한 기법은 의뢰인이 어느 부동산을 구입할 것인지 판단하지 못할 경우에 취할 수 있는 방법이다. 장단비교법을 사용할 경우에는 가급적 합리적·객관적인 근거자료를 제시하면서 의뢰인을 설득할 필요가 있다.

5) 결과강조법

"결과강조법(結果强調法)"은 대상 부동산을 둘러싼 과거 및 현재의 상황, 즉 그간의 부동산 경기변화·도시계획 변화·지가상승 등의 상황에 따른 현재의 결과를 강조하면서, 지금 행동하지 않으면 향후에는 구입이 불가능하게 된다든지, 더 많은 비용을 지불해야 할 것임을 강조하면서 거래계약 체결을 종용하는 기법이다.

중개실무상 이러한 결과강조법이 많이 활용되고 있다. 그러나 중개업자가 사실에 근거하지 않고 과장하거나, 비논리적인 설명을 할 경우에는 오히려 계약 체결에 악영향을 미칠 수도 있다. 결과강조법을 활용할 경우에는 무리한 강조로 인하여 추후 원망이나 법적 문제가 발생하지 않도록 주의해야 한다.

6) 만족강조법

"만족강조법(滿足强調法)"이란 해당 부동산에 대한 미래의 변화를 예측하면서 장래 만족할 것임을 강조하면서 거래계약 체결을 유도하는 기법을 말한다.

결과강조법은 과거사례를 기준으로 함에 비해, 만족강조법은 장래 도래할 변화에 대한 예측을 통하여 판단하는 점에서 차이가 있다. 만족강조법을 활용할 경우에는 부동산을 구입하는 의뢰인의 구체적인 목적에 따른 요건들을 충분히 검토하여야 한다. 만족강조법에서도 불필요한 강조는 자제하여야 한다.[96]

2. 거래계약서 작성 등

가. 법적성질

거래계약서 작성은 중개완성 그 자체라 해도 과언이 아니다. 중개업자는 거래계약을 체결하기 위하여 중개 의뢰로부터 시작된 일련의 과정과정마다 심혈을 기울여 왔다. 그런데 거래계약서 작성과정에도 다양하고 복잡한 법률문제가 내포되어 있음은 주지의 사실이다.

거래계약은 원칙상 불요식 계약이므로 당사자 간의 낙성(諾成)만으로도 가

---

96) 거래계약을 체결하기 위하여 너무 무리한 강조를 하게 되면 추후 결과적으로 예측이 빗나간 경우에는 큰 원망이나 법적부담을 감수할 수도 있다. 예컨대 "공단조성이 되지 않으면 책임지겠다", "언제까지 어느 정도 오르지 않으면 책임지겠다", "언제까지 얼마 이상으로 팔아 주겠다" 등과 같은 강조를 통하여 거래계약을 체결하는 경우가 이에 해당한다.

능하다. 그러나 공부법에는 중개업자가 거래계약을 체결할 경우에는 반드시 법정내용을 포함한 거래계약서를 작성하고, 이에 서명·날인하도록 요구하고 있다(법 제26조 제2항). 즉 당사자 간에 거래계약을 체결하는 경우와 달리, 중개업자가 거래계약을 체결할 경우에는 낙성만으로는 부족하고 서면방식으로 체결하도록 요구하고 있는 점이다.

부연하면 거래당사자 쌍방이 중개업자와 무관하게 거래계약을 체결할 경우에는 당연히 민법의 적용으로 불요식·낙성계약이 된다. 그러나 중개업자 알선으로 거래계약이 체결될 경우에는 공부법 제26조 제2항 및 영 제22조 제1항에 의하여 반드시 일정한 필요적 기재사항이 포함된 서면으로 작성하도록 요구하고 있는 점이다. 그런데 이는 요식계약을 요구하는 것이 아닌가 하는 의문이 든다. 그러나 이는 중개업자의 전문직업인으로서의 책임과, 이를 통한 계약의 명확성을 담보하기 위한 제도적 목적을 달성하기 위한 것에 불과한 것으로 보아야 한다. 따라서 거래계약의 성질은 여전히 불요식 계약에 해당한다.

한편 중개업자의 관여로 체결된 거래계약이 서면으로 작성되지 않은 경우이거나, 서면으로 작성된 경우에도 법정내용이 포함되지 않은 경우라면, 그 계약의 효력은 어떻게 되는가? 공부법은 이와 관련하여 동법 위반을 이유로 중개업자에게 업무정지에 처할 수 있는 규정을 두고 있을 뿐이다(법 제39조 제1항 제8호). 동 규정 및 기타 입법 목적으로 볼 때 이는 단순한 금지규정으로 해석하는 것이 타당하다. 따라서 그 거래계약의 사법상 효력도 완전 유효한 것이 된다.[97]

나. 거래계약서 기재사항

거래계약서는 의뢰인 상호간의 합의를 바탕으로 대상물에 대한 계약의 내용 및 조건 등에 대하여 서면으로 명백히 표시함으로써 상호 원만한 계약이행을 담보하는 기능을 한다. 거래계약서는 특별한 법정서식이 없으므로 적당한 서면을 통하여 작성해도 무방하다. 그러나 중개업자가 거래계약서를 작성할 경우에

---

97) 강행규정에는 법규를 위반한 경우 무효가 되는 효력규정과, 무효는 되지 않고 그 위반에 따른 벌칙만 가해지는 금지규정이 있다.

는 당사자의 인적사항,[98) 거래대상 부동산의 표시, 계약일, 거래금액·계약금액 및 그 지급일자 등 지급에 관한 사항, 물건의 인도일시, 권리이전 내용, 계약의 조건이나 기한이 있을 경우에는 그 조건 또는 기한, 중개대상물확인설명서 교부일자 그 밖의 약정내용을 기재하도록 하고 있다(영 제22조 제1항). 이하에서는 이들 필요적 기재사항을 중심으로 관례적으로 사용되고 있는 거래계약서의 형식순위에 따라 각 사항별 구체적인 내용에 대하여 살펴보기로 하자.

1) 부동산 표시

거래계약서에는 목적 부동산을 특정할 필요가 있다. 목적물이 잘못 특정되거나 불확실한 경우에는 계약의 내용도 무의미할 수 있기 때문이다. 부동산 표시는 각 부동산의 종류 및 개수에 따라 그 표시방법이 다양할 수 있다. 다만, 어떤 형식으로 표시하든 목적 부동산이 객관적으로 명백하도록 기재하여야 한다. 거래대상 권리가 소유권이 아닌 기타 용익권 및 담보물권이라도 부동산을 표시하는 방법은 동일하다. 그리고 수 개의 부동산이 동시 거래될 경우에는 각 부동산을 전부 특정하여야 한다. 즉 토지의 경우 소재·지번·지목·면적, 건물인 경우에는 소재, 지번, 지목, 건물의 구조, 용도, 건물의 명칭·번호·층수·호수, 건축면적 및 연면적, 대지권이 존재할 경우에는 대지권의 종류·면적을 기재하여야 한다. 특히 토지와 그 지상 건물이 동시 거래될 경우에는 반드시 토지와 건물을 함께 기재하여야 한다. 그리고 목적 부동산이 지분으로 거래되는 경우에는 공동소유 형태와 그 지분의 비율도 표시하여야 함은 물론이다. 거래계약서에 목적 부동산을 특정하는 방법에 대하여 예시해 보면 다음과 같다.

① 1필 토지가 목적물인 경우

대구광역시 달서구 송현동 1500-1, 대 500m^2 이상

---

98) 인적사항은 자연인의 경우에는 주소·성명·주민등록번호·연락처, 법인 또는 비법인사단·재단인 경우에는 법인 등의 명칭·본점 내지 주사무소 소재지·등록번호 및 대표자의 성명·주민등록번호·주소·연락처 및 대리인이 있을 경우에는 대리인의 인적사항 등이 이에 해당한다.

② 2필 이상 토지가 목적물인 경우

   1. 대구광역시 달서구 송현동 1500-1, 대 $500m^2$

   2. 대구광역시 달서구 송현동 1500-2, 대 $300m^2$ 이상

③ 1필지에 존재하는 건물만 목적물인 경우

   대구광역시 달서구 송현동 1500-1

   위 지상 철근콘크리트조 슬래브지붕 2층 단독주택

     1층 $90m^2$

     2층 $90m^2$

   부속건물 시멘트블록조 기와지붕 단층창고 $10m^2$ 이상

④ 1필 토지 및 그 지상건물이 목적물인 경우

   1. 대구광역시 달서구 송현동 1500-1, 대 $500m^2$

   2. 위 지상 벽돌조 슬래브지붕 2층 단독주택

     1층 $100m^2$

     2층 $80m^2$ 이상

⑤ 구분건물이 목적물인 경우

   1. 1동 건물의 표시

     대구광역시 달서구 송현동 1500-1

     무지개 아파트 가동

   2. 전유부분 건물의 표시

     건물의 번호 가동 1층 101호

     구 조 철근콘크리트조

     면 적 $85m^2$

     소유권 대지권 $33m^2$ 이상[99)]

---

99) 구분건물인 경우에는 처분의 일체성원칙에 따라 특별한 사정이 없으면 건물에 대한 표시
    만으로도 충분하다. 그러나 당사자 간의 분쟁에 대비하여 대지권에 대한 권리의 종류 및
    지분을 표시하는 것이 바람직하다.

⑥ 1필 토지의 지분이 목적물인 경우

　대구광역시 달서구 송현동 1500-1, 대 500m^2

　위 토지의 홍길동 공유지분 1/2 전부 250m^2 이상

⑦ 1필 토지 일부에 용익권을 설정하는 경우[100]

　대구광역시 달서구 송현동 1500-1, 대 500m^2

　위 토지에 대한 동측 250m^2 이상

⑧ 1동 건물 일부에 용익권을 설정하는 경우[101]

　대구광역시 달서구 송현동 1500-1

　위 지상 철근콘크리트조 슬라브지붕 2층 단독주택 100m^2

　위 건물에 대한 1층 동측 50m^2 이상

2) 권리의 설정·이전 등의 내용[102]

목적 부동산이 특정되면 당해 부동산의 어떤 권리가 거래의 객체가 되는지 기재하여야 한다. 즉 소유권, 지상권·지역권·전세권, 저당권·유치권·권리질권, 임차권, 환매권 등을 특정할 필요가 있다.

소유권을 이전하는 경우에는 거래대상 권리가 소유권임을 특별히 명시하지 않고 목적 부동산만 특정하는 관행이 있으나, 이는 옳은 방법이 아니다. 따라서 다음과 같이 특정하여야 할 것이다. 즉 "대구광역시 달서구 송현동 1500-1, 대 500m^2, 위 토지에 대한 소유권 이상"으로 표시하여야 하고, 지분을 이전할 경우에는 "대구광역시 달서구 송현동 1500-1, 대 500m^2, 위 토지에 대한 1/2(500m^2

---

100) 1필 토지 일부에 대한 거래계약 체결은 임차권과 용익물권에 한하고, 소유권 및 담보물권에는 허용되지 않는다. 따라서 1필 토지가 분할되지 않은 상태에서는 소유권 및 담보물권과 관련된 거래계약은 체결할 수 없다(대판 64다1254). 그러나 부득이 거래계약을 체결할 경우에는 잔금을 지급하기 전에 1필 토지의 일부에 대한 분필절차를 밟아야 할 것이다.

101) 1동 건물 일부에 대한 거래계약도 1필 토지에 대한 것과 동일하다(대판 4293민상859). 따라서 위 100) 주석을 참고하기 바란다.

102) 영 제22조 제1항 제6호에는 "권리이전의 내용"이라고 규정하고 있다. 그러나 권리가 거래되는 모습은 "이전"만 있는 것이 아니고 "설정과 변경"도 포함된다. 따라서 "권리의 설정·이전 등의 내용"이라고 함이 옳다.

중 250m²) 홍길동 공유지분 전부에 대한 소유권 이상" 등으로 이전되는 권리가 "소유권"임을 분명히 하여야 할 것이다. 목적 부동산에 대한 권리의 종류 및 거래되는 권리가 전부 또는 일부인지에 대한 특정의 필요성은 다른 권리의 경우에도 동일하다.

3) 거래금액

거래금액은 매매·임대차계약 체결 등에 따라 당사자간에 합의된 전체 외형금액을 말한다. 예컨대 매매대상인 부동산에 담보대출금 및 용익권이 존재할 경우 그 융자금액과 전세 또는 임대차 보증금액 등을 모두 합한 가액이 거래금액이 된다.

거래금액에 대하여 구체적으로 살펴보면 매매는 매매금액, 임대차는 임대차보증금 및 차임, 전세권은 전세보증금, 교환은 각 교환 대상물과 그 정산금, 저당권은 설정금액, 근저당권은 채권최고액이 각 거래금액이 될 것이다. 다만, 교환에 따른 정산금, 근저당권 설정에 따른 실채무액 등은 특약사항으로 기재하면 될 것이다.

거래금액은 대상 부동산에 대한 당사자 간의 첨예한 협의 결과 도출된 것이므로, 착오기재는 큰 낭패를 가져올 수 있다. 따라서 여러번의 확인을 통하여 오기(誤記)가 없도록 주의해야 한다. 그리고 금액을 기재할 경우에는 통상 한글과 아라비아 숫자를 겸용하고 있는데, 이들 숫자에 불일치가 발생하지 않도록 주의해야 하고, 금액을 표시하는 각 글자의 간격에 틈이 없도록 하여야 한다. 예컨대 "금삼억칠천오백만원(₩375,000,000)" 등으로 기재함으로써 변조될 가능성이 없도록 하여야 한다.

4) 계약금액 및 그 지급일자 등 지급에 관한 사항

거래계약을 체결할 경우에는 원칙상 거래금액을 정하고 이를 지급하기 위하여 계약금, 중도금 및 잔금으로 구분하여 수수하는 것이 일반적이다. 이하에서는 거래금액과 관련된 내용에 대하여 살펴보기로 하자.

가) 계약금 지급

"계약금(契約金)"이란 거래계약 당사자 사이에 체결된 계약내용에 따라 지급되는 금전 기타 유가물을 말한다. 계약금은 주된 계약과 동시에 체결되는 계약금 지급계약에 의하여 수수하는 것이 일반적이나, 주된 계약을 체결한 후 별도 체결된 계약금 지급계약에 따라 지급할 수도 있다(대판 4287민상388).

계약금은 증약금(證約金)·위약계약금(違約契約金)·해약금(解約金)의 성질을 갖고 있다. "증약금"이란 거래계약을 체결하였다는 최소한 증거로써의 성질을 갖고 있는 것을 말하며, "위약 해약금"은 계약내용에 따른 의무 불이행시 위약벌(違約罰) 또는 손해배상 예정으로서의 성질을 갖는 것을 말한다. "해약금"은 계약의 해제권을 보류하는 작용을 갖고 있는 법적성질을 말한다.

우리 민법은 계약금의 법적성질에 대하여 당사자 간에 특별한 약정이 없으면 일단 해약금으로 보고 있다. 따라서 계약금을 지급한 자는 이를 포기하고, 반대로 계약금을 수령한 자는 그 수령한 계약금의 배액을 반환함으로써 계약을 해제할 수 있다. 그리고 특약이 없으면 상호간 이에 따른 별도의 손해배상청구는 할 수 없는 것으로 하고 있다(민법 565조). 다만, 이러한 선택 여부도 당사자 일방이[103] 중도금 또는 잔금을 지급하기 위한 이행행위에 착수하기 전에만 가능하다는 점이다(민법 제565조 제1항).[104]

계약금을 포기하는 자는 해제권을 최고함으로써 족하고 계약금에 대한 포기 의사를 별도 행할 필요는 없다. 반면 계약금 배액을 상환하는 자는 계약해제 의사표시뿐만 아니라 수령한 계약금의 배액에 해당하는 금액도 제공하여야 한다(대판 66다736). 다만, 상대방이 계약금 배액에 대하여 수령을 거부할 경우 및 행방불명으로 계약금 배액을 반환할 수 없는 경우에는 그 금액을 제공함으로써

---

103) 민법 제565조 제1항은 "당사자의 일방이 이행에 착수할 때까지"라고 규정하고 있는데, 여기서 계약해제 불가요건인 이행착수는 상대방의 이행착수뿐만 아니라, 신의칙상 해제하는 당사자 본인의 이행착수도 포함된다고 한다(대판 70다105).
104) "이행 착수"란 중도금을 준비하거나, 중도금 없이 바로 잔금을 지급할 경우 잔금을 준비하여 상대방에게 이전등기에 필요한 서류 등을 요구하는 경우 및 가옥의 인도를 요구하는 것이 이에 해당한다고 해석하고 있다(곽윤직 1984, 200).

계약해제 효력이 발생하고, 공탁할 필요는 없다고 한다(대판 80다2784). 그러나 계약금의 배액에 해당하는 전액을 제공하지 않고 일부만 제공한 경우에는 해제 효력이 발생하지 않는다(대판 72다2243). 한편 당사자 간에 계약금 명목으로 수 회에 걸쳐 금전이 수수된 경우에는 명백한 의사표시가 없는 한 원칙상 최초로 지급된 금액만 계약금으로 보는 것이 타당하다고 해석하고 있다(곽윤직 1984, 199).

계약금은 해제권을 유보하는 효력을 갖고 있으므로 당사자는 필요에 따라 계약금을 가감하여 수수할 수도 있다. 즉 권리를 취득하는 자가 계약을 확실히 이행할 필요가 있을 경우에는 관례보다 훨씬 많은 금액을 지급하고, 사정에 따라 계약을 해제할 필요가 있을 경우에는 최소한의 계약금만 지급하면 될 것이다. 그리고 계약금 교부계약은 거래계약의 종된 계약이므로, 주된 계약이 무효·취소되거나 특약으로 해제권을 행사하지 않기로 정한 사유 이외의 사유로 해제된 경우에는 계약금 계약도 당연히 해제되므로 계약금을 수령한 자는 이를 반환하여야 할 것이다.

계약금이 수수되는 경우에는 수령한 자가 이를 정확히 수령하였음을 확인하고 서명·날인하여야 한다. 영수를 확인하는 서명·날인 부분은 현재 관용되고 있는 거래계약서에 포함되어 있으므로 해당란을 이용하면 될 것이다. 그러나 만약 해당란이 없을 경우에는 계약서의 적당한 여백을 통하여 이러한 문언을 기재하면 된다.

한편 계약금의 액수는 법문상 특별한 규정이 없으므로 거래 당사자 간에 상호 적의 조정할 수 있다. 관례상으로는 거래가의 10% 전후로 정해지고 있으나, 당사자의 편의에 따라 5% 내외 또는 20% 이상 수수되기도 한다. 계약금은 일반적으로 현금 또는 현금과 동시되는 은행보증 자기앞 수표로 지급하고 있다. 그러나 어음 기타 물품 등으로 지급할 수도 있음은 물론이다.

나) 중도금 지급

거래금액과 무관하게 중도금을 지급하기로 약정하는 것이 일반적이다. 중도금 계약도 계약금 계약과 마찬가지로 주된 거래계약의 종된 계약에 불과하므로, 주된 계약이 무효·취소·해제된 경우에는 당연히 그 효력을 상실하게 된다. 중도금은 거래금액에 따라 1회 또는 수회에 걸쳐 수수되기도 하나, 거래금액이 소액인 경우에는 당사자의 합의에 따라 중도금 수수는 생략하고 바로 잔금으로 이행하기도 한다.

중도금도 원칙상 중개업자 입회하에 중개업소에서 수수하는 것이 바람직하나 약정한 은행계좌로 입금하는 형태를 취하기도 한다. 다만, 어떠한 경우라도 중개업자는 거래계약을 체결할 때와 같이, 중도금이 수수되는 해당 일시에 등기부 발급과 임장활동을 통하여, 목적 부동산의 권리관계와 물리적 현황의 이상 여부를 확인한 후 중도금 지급여부를 결정해야 한다.

중도금이 중개업자 입회 하에 지급될 경우에는 중도금 수령자로부터 영수증을 받아 권리를 취득·설정하는 자에게 교부해야 한다. 다만, 영수증을 별도 작성하지 않고 거래계약서 여백에 수령금액·중도금인 취지·지급일자를 기재하고 수령자가 서명·날인하는 방법으로도 가능하다. 이러한 절차는 중도금이 지급될 때마다 반복하여야 한다. 은행계좌로 중도금을 송금한 경우에는 송금 영수증을 거래계약서에 첨부·보관하면 될 것이다. 중도금 수수와 관련하여 당사자 간에 작성·교부된 위와 같은 영수증은 분실 등에 대비하여 중개업자도 그 사본을 거래계약서 원본에 합철하여 보관함으로써 후일에 대비할 필요가 있다.

다) 잔금지급

"잔금"이란 약정한 거래금액에서 계약금 및 중도금으로 기 지급한 금액을 제외한 나머지 형식적 잔액을 말한다. 거래계약서에 기재된 잔금은 당사자가 상호 인수하거나 정산하여야 할 각종 보증금 및 공과세금 등을 공제하고 난 후 지급하게 될 것이므로, 실제 수수되는 금액은 거래계약서에 기재된 금액과 다를 수 있다.

잔금을 지급할 경우에는 권리를 취득하는 자가 목적 부동산을 인도 받거나 이에 필요한 권리를 취득하여야 할 것이므로, 이러한 조건이 충족되지 않으면 이행할 수 없다. 따라서 잔금 지급일은 특별한 사정이 없으면 상호간에 모든 조건이 충족될 것을 전제로 약정된 것에 불과하다. 이에 따라 당사자의 일방 또는 쌍방이 고의·과실, 기타 부득이한 사정으로 계약이행을 지체할 경우에도 상당한 기간동안은 채무불이행이 일어나지 않는다. 만약 당사자 일방이 이러한 상태를 원하지 않을 경우에는 내용증명서 등을 통하여 최고한 후 상대방의 채무불이행을 이유로 계약을 해제할 수 있을 뿐이다.

한편 점유이전 및 등기를 전제로 인정되는 권리인 경우에는 잔금 지급시 점유이전 완료 및 등기에 필요한 서면 교부와 동시이행되어야 하는 문제가 있다. 이에 대해서는 후술하기로 한다.

5) 부동산 인도일

"인도(引渡)"란 부동산의 점유를 이전하는 것을 말한다. 인도는 동산에 대해서는 중요한 법적 의미를 갖고 있으나, 부동산의 경우에는 "등기"라는 공시방법이 있으므로 특별한 의미는 없다. 그러나 거래대상 부동산을 점유·사용·수익할 필요가 있는 경우라면 인도는 중요한 계약조건이 된다.

인도방법에는 현실인도(現實引渡)가 원칙적인 모습이나, 예외적으로 간이인도(簡易引渡), 점유개정(占有改定), 목적물반환청구권양도와 같은 의사표시만으로 간이하게 인도하는 방법도 있다. "현실인도"란 부동산 소재지에서 주택의 대문·현관·방문열쇠를 직접 전달하는 방법으로 부동산의 점유를 이전하는 것으로 가장 일반적인 모습이다. "간이인도"는 용익권 설정을 통하여 부동산을 점유·사용하고 있든 타주점유자가 그 부동산 소유권을 취득함으로써 인도받은 방법이며, "점유개정"은 권리를 이전한 자가 매수자로부터 용익권 설정을 통하여 타주점유자로 계속 점유하는 것으로, 예컨대 주택 소유자가 주택을 매도한 후에도 양수인과 임대차계약을 통하여 임차인으로서 계속 거주하는 형태가 이에 해당한다. "목적물반환청구권양도"는 임대주택을 매수할 경우, 매도인의 임대인으로서의 지위를 매수인이 그대로 승계하는 방법으로 인도받는 것을 말한다(민법 제188조 내지 제190조).

위와 같은 인도방법 중 어떤 형식의 인도라도 목적 부동산에 대한 인도일시는 반드시 기재함으로써 사실상 또는 관념상 부동산 인도일을 명백히 할 필요가 있다. 통상적으로 인도일은 잔금 지급일과 동일하게 약정하고 있으나, 상이하게 정할 수도 있음은 물론이다.

6) 거래 당사자의 인적사항

거래 당사자의 인적사항은 거래계약에 관여한 행위주체를 명확히 함으로써 법률행위의 진정성을 담보하기 위한 것이다. 거래 당사자는 거래계약을 체결하는 당사자 쌍방을 의미한다. 거래 당사자의 인적사항은 자연인은 성명·주민등록번호·주소·연락처를 말하며, 법인 또는 비법인사단·재단은 명칭·등록번호·주된 사무소 소재지 및 대표자의 성명·주민등록번호·주소·연락처가 이에 해당한다.

거래 당사자가 미성년자·한정치산자·금치산자인 경우에는 이들 당사자의 인적사항 외에도 법정대리인의 인적사항도 병기(倂記)하여야 하고, 임의대리인이 출석한 경우에는 임의대리인의 인적사항도 함께 기재하여야 한다.

거래계약서에는 당사자 본인 및 대리인의 인적사항을 정확히 기재하는 것도 중요하지만, 이들 계약 당사자의 진정성에 대한 확인은 더욱 중요하다. 당사자의 인적사항을 아무리 완벽하게 기재한 경우라도 만약 당사자가 부진정한 경우이거나 무권대리인인 경우 및 당사자가 추후 거래계약의 진정성을 부인할 경우에는 유효한 거래계약이 될 수 없기 때문이다.

계약 당사자의 진정성에 대한 철저한 확인은 아무리 강조해도 지나침이 없다.[105] 따라서 중개업자는 의뢰인 중 권리를 이전 또는 설정하는 당사자에 대해서는 중개를 의뢰받는 순간부터 등기완료에 이르기까지 한시도 소홀함이 없어야 한다. 중개업자가 당사자의 인적사항을 확인하는 과정에서 그 진정성 여부를 확인하기 위하여 검토할 필요가 있는 서면에 대하여 살펴보면 다음과 같다.

---

105) 거래계약 당사자의 진정성에 문제가 있을 경우를 대비하여 중개업자는 반드시 주민등록증 등을 통하여 본인 여부를 확인하고, 거래계약서 및 중개대상물확인설명서에 가능한 당사자로 하여금 자서(自書)하도록 하여야 한다. 그리고 필요한 경우에는 무인을 하게 함으로써 추후 법적 분쟁에 대비할 수 있어야 한다.

가) 권리를 이전 또는 설정하는 당사자에 대한 확인

권리를 이전·설정하는 당사자 본인 및 그 대리인의 진정성에 대한 확인은 일반적으로 다음과 같은 서면을 통하여 할 수 있다. 다만, 아래와 같은 서면들도 당사자를 확인하는 데 필요한 1차적인 것에 불과함은 물론이다.

(1) 등기부등본을 통한 확인

등기부 갑구 사항란에는 소유권자에 관한 사항이 기재되어 있다(부동산등기법 제16조 제4항). 따라서 이를 통하여 등기권리자의 형식적 진정성에 대한 1차적 확인이 가능하다. 갑구 사항란에는 소유권이 변경되거나 이전된 경우에도 전 소유자의 인적사항 등에 대해서는 말소등기를 하지 않고 그대로 남겨두고 있다. 이러한 입법취지는 소유권 역사의 일람성(一覽性)을 그대로 유지함으로써 해당 부동산에 대한 소유권 변동과정을 용이하게 파악할 수 있도록 하기 위한 것이다. 이러한 입법기술에 의하여 소유권이 일부 이전되는 경우, 즉 지분권자의 지분이 시간을 달리하여 각 이전되는 경우에도 그 변동과정을 쉽게 확인할 수 있다. 이를 통하여 과거 및 현재 소유권자의 인적사항을 확인할 수 있는데, 현재 소유권자는 갑구 사항란의 최종 순위번호에 기재된 자임은 물론이다. 따라서 특별한 사정이 없으면 이를 통하여 소유권자의 인적사항을 확인하고 특정하게 된다.

한편 소유권 이외의 등기권리는 등기부 을구 사항란을 통하여 확인할 수 있다(부동산등기법 제16조 제5항). 즉 지상권자·지역권자·전세권자·저당권자·등기된 임차권자 등이 자기의 권리를 이전 또는 설정하고자 의뢰할 경우에는 을구 사항란을 통하여 권리자의 형식적 진정성을 1차적으로 확인하면 된다. 등기부를 통하여 권리자의 진정성 여부를 판단할 경우에는 구체적으로 다음과 같은 방법을 활용할 수 있을 것이다.

(가) 당사자가 자연인인 경우

갑구 및 을구 사항란에 기재된 권리자의 인적사항에는 성명·주민등록번호·주소가 기재되어 있다. 성명 또는 주민등록번호는 특별한 사정이 없으면 변경되지 않으므로 권리를 이전 또는 설정하고자 하는 당사자의 주민등록증·

운전면허증·학생증·공무원증 등 신분증명서와 대조함으로써 1차적으로 확인할 수 있다. 그러나 만약 성명 또는 주민등록번호가 등기부에 착오 기재된 경우에는 경정등기를 완료한 후 거래계약을 체결토록 유도하여야 할 것이며, 호적법에 의하여 등재된 성(姓) 또는 명(名)·생년월일이 판결에 의하여 변경된 경우라면, 동 판결서에 의하여 호적 및 주민등록표를 정리하고 이에 따른 변경등기를 완료한 후 거래계약을 체결하여야 할 것이다.

당사자의 성명, 주민등록번호가 일치하는 경우라면 주소가 불일치하는 것은 문제되지 않는다. 따라서 현재 갑구 및 을구 사항란에 기재된 권리자의 주소가 수회 변경된 경우라도 주민등록표등·초본을 통하여 주소가 연결된다면 주소변경등기를 할 필요 없이 바로 거래계약을 체결하여도 무방하다.

이와 같은 점에서 성명과 주민등록번호는 소유자의 인적사항을 확인할 수 있는 가장 핵심적인 것이라 할 수 있다. 그런데 성명이 동일한 자, 즉 동명이인(同名異人)도 있을 수 있으므로 결국 최종적으로 권리자를 확정할 수 있는 것은 주민등록번호가 되는 셈이다. 그러나 현재 우리 등기부에는 소유자를 특정할 수 있는 가장 핵심이 되는 주민등록번호가 등기되어 있지 않고 성명과 주소만 기재된 경우도 많다. 이러한 등기부에 의하여 거래계약을 체결할 경우에는 당사자를 특정함에 있어 더욱 신중을 기해야 할 것임은 물론이다.[106]

(나) 당사자가 법인 또는 비법인사단·재단인 경우

법인 또는 비법인사단·재단인 경우에도 갑구 및 을구 사항란에 법인의 명칭·등록번호·본점 소재지가 기재되고 있다. 따라서 권리를 이전하는 법인 등의 실체는 등기부 등본을 통하여 1차적으로 확인할 수 있는 셈이다. 그런데 법인 등은 법적 존재에 불과할 뿐 자연인과 같은 유기체가 아니므로 자연인과 같은 일반적 형태의 신분증명서가 존재하지 않는다. 따라서 다음과 같은 방법으

---

106) 1970년대부터 약 10여년간 권리자의 인적사항에 주민등록번호를 기재하지 않았었다. 그 영향으로 현재까지 주민등록번호가 기재되지 않은 등기부가 많이 존재하고 있다. 따라서 이러한 경우에는 지적공부·건물공부 및 등기필증 등 여러 관련 서면을 통하여 진정한 권리자인지 여부를 확인하여야 하고, 현장조사를 통한 확인에도 심혈을 기울여야 할 것이다.

로 확인할 필요가 있다.

첫째, 법인의 경우에는 법인등기부등본을 통하여 법인의 명칭·본점소재지·구성 임원의 인적사항·법인등록번호를 확인해야 한다. 법인등기부등본은 자연인의 호적등본에 준하는 기능을 하는 것으로 볼 수 있다. 법인은 자연인과 같이 법인 자신이 법률행위를 할 수 없으므로 그 기관을 통하여 활동하게 된다. 즉 대표이사·대표사원 또는 이들 기관으로부터 위임받은 대리인이 거래계약을 체결하고 이행하게 된다. 따라서 법인에 대한 신분확인은 등기부의 갑구 및 을구 사항란과 법인등기부등본을 대조하고, 법률행위를 하는 기관 또는 그 대리인에 대해서는 법인등기부 등본·위임장·법인인감증명서·사업자등록증·사원증·명함 등의 대조를 통하여 확인할 수 있다. 다만, 법인의 기관으로 활동하는 이들 자연인의 신분사항은 위에서 설명한 "당사자가 자연인인 경우"의 예에 따라 확인하면 될 것이다.

둘째, 비법인사단·재단인 경우에는 이들 기관·단체의 존재 및 그 구성원을 확인할 수 있는 법인등기부가 존재하지 않으므로 법인의 경우보다 더 고도의 주의가 필요하다.107) 이러한 기관·단체는 등기부의 갑구 및 을구 사항란을 통하여 1차적으로 확인할 수밖에 없고, 등기부에 등재된 주체인지 여부에 대한 확인은 정관·의사록 또는 이들 구성원 전원으로부터 권리의 이전·설정에 대한 거래계약을 체결할 수 있는 권한을 부여받았음을 소명하는 서면의 제출을 통하여 확인할 수밖에 없다. 다만, 이들 서면도 자의적으로 작성될 개연성이 많으므로 그 진정성 여부는 속단하지 말고 그 기관·단체의 구성원을 통하여 직접 확인한 후 판단하는 신중함이 필요하다.

(2) 기타 서면에 의한 확인

등기부의 갑구 및 을구 사항란에 기재된 자연인 또는 법인 내지 비법인사단·재단의 인적사항이 특정된 경우라도, 그 진정성을 담보하기 위해서는 각

---

107) 비법인사단 또는 재단은 권리능력이 인정되지 않으므로 권리의 주체가 될 수 없다. 그러나 이러한 사단·재단도 등기할 필요가 있으므로 특별히 그 명의로 등기할 수 있도록 허용하고 있다(부동산등기법 제30조).

구체적인 사례에 따라 다양한 방법을 활용할 필요가 있다. 즉 위에서 설명한 바에 따른 확인만으로는 진정성 여부를 판단하기에는 부족함이 있기 때문이다. 따라서 중개업자는 구체적인 사정과 필요에 따라 다음과 같은 서면들도 적극 활용할 필요가 있다.

(가) 등기필증 또는 등기필통지서

"등기필증(登記畢證)"은 등기를 완료한 후 원인서면 또는 신청서 부본에 신청서 접수 년월일, 접수번호, 순위번호, 등기를 필하였다는 뜻을 기재하고 등기소인을 날인하여 권리자에게 교부된 것을 말한다(부동산등기법 제67조 제1항). "등기필통지서"는 부동산등기법에 따른 일정한 사유로, 등기신청 당사자가 되지 못한 권리자에게 등기소가 어떠한 사정으로 등기를 필하였다는 취지를 송부한 서면을 말한다.[108] 이러한 등기필증 또는 등기필통지서는 등기를 완료하였다는 증명기능, 등기신청시 등기의무자에 대한 본인확인 및 등기신청 의사를 확인하는 기능, 멸실회복 등기신청시 회복할 등기의 내용을 확인하는 증명기능 등의 역할을 하고 있다(이근부 2001. 200).

등기필증 또는 등기필통지서를 소지하고 있다는 것은 권리의 진정성을 어느 정도 담보할 수 있는 것이므로, 당사자의 권리 여부가 의심될 경우에는 이들 서면을 제출받아 등기부와 대조함으로써 일응 권리 여부를 확인할 수 있을 것이다.[109]

---

[108] 등기필통지서가 교부되는 경우는 3가지 사유에 한정되는데, 첫째 승소한 등기의무자가 단독으로 등기를 신청함으로써 등기된 경우 등기권리자에게 송부하는 경우, 둘째 대위채권자가 단독으로 등기를 신청하여 등기한 경우 피대위채무자에게 통지하는 경우, 셋째 미등기 부동산에 대한 소유권 처분제한 등기신청으로 보존등기가 된 경우 부동산 소유자에게 통지하는 경우가 그것이다. 이러한 사유로 송부된 등기필통지서는 등기필증과 같은 효력을 갖는 것이므로, 이를 소지한 자는 일응 권리자로 추정할 수 있는 자료가 된다(부동산등기법 제68조 제1항).

[109] 등기필증을 일명 "권리증" 또는 "등기권리증"이라 칭하기도 한다. 그러나 부동산등기법 문언에 따라 "등기필증"이라고 하여야 한다. 등기필증을 일명 "권리증"이라고 하지만 등기필증은 단순히 등기를 필하였다는 증서에 불과하다. 따라서 만약 등기필증이 교부된 경우라도 등기부에 등기사항이 기재되지 않았다면 물권변동 효력이 발생하지 않는다. 반면 등기필증이 교부되지 않은 경우라도 등기부에 등기가 경료된 이상 권리취득에 아무 문제가 없다. 그리고 등기필증은 분실·멸실·훼손된 경우에도 재교부되지 않는다. 이러

(나) 호적등본 및 제적등본

"호적(戶籍)"이란 자연인에 대한 신분관계를 나타내기 위하여 호주를 기준으로 가별(家別)로 편제한 호적법에 의한 서면을 말한다(호적법 제8조 내지 제10조). "호적등본"이란 호적부를 전부 등사하여 시장·구청장·읍장·면장이 교부하는 서면을 말한다(호적법 제3조, 제5조, 제12조).

한편 "제적(除籍)"은 호주승계·무후(無後) 기타 사유로 호주와 가족이 모두 제적되거나 말소된 경우, 이를 호적부에서 제거하여 별도로 편철·보존하는 서면을 말한다(호적법 제14조 제1항). 그런데 제적에는 이러한 본래 의미 이외에도 신호적 편제·타가입적·사망·실종선고·국적 상실된 경우에는 종전 호적으로부터 제적하게 되는데, 이것도 일명 "제적"이라고 한다(호적법 제21조). "제적등본"은 시장·구청장·읍장·면장이 이러한 제적부를 전부 등사하여 발급하는 서면을 말한다(호적법 제14조 제2항).

호적등본에는 호주를 중심으로 직계존속, 배우자, 직계비속과 그 배우자, 방계친족과 그 배우자, 기타 친족이 아닌 자로서 입적된 자가 기재되며(호적법 제16조), 각 구성원에 대한 본적, 전 호주의 성명 및 호주와의 관계, 호적의 편제 기타 호적 변동사유의 내용과 그 연월일, 호주 및 가족의 성명·본·성별·출생 년월일·주민등록번호, 호주 및 가족이 된 원인과 그 연월일, 호주 및 가족의 친생부모와 양친의 성명, 호주와 가족과의 관계, 타가에서 입적하거나 타가로 떠난 자의 경우에는 그 타가의 본적과 호주의 성명, 호주 또는 가족의 신분에 관한 사항 및 기타 대법원규칙이 정하는 사항을 기재하고 있다(호적법 제15조, 동법시행규칙 제53조). 따라서 호적등본 및 제적등본은 당사자의 진정성을 확인할 수 있는 중요서면으로 기능할 수 있는데, 이를 통하여 확인할 수 있는 구체적인 사항은 다음과 같다.

첫째, 행위능력 여부를 확인할 수 있다. 미성년자·금치산자 또는 한정치산

한 경우에는 관할 등기소, 등기신청을 대리하는 변호사·법무사가 등기필증 대용서면으로 작성하는 "본인 확인서면"이나, 공증인의 공증을 통하여 등기필증에 갈음하게 된다(부동산등기법 제49조).

자는 행위능력이 제한되므로 이들과 거래계약을 체결할 경우에는 거래계약이 무효·취소·철회될 수 있다(민법 제3조 내지 제17조). 따라서 미성년자로 의심될 경우 또는 성년자라도 금치산자·한정치산자로 의심될 경우에는 호적등본을 제출토록 하여 무능력자 여부를 확인하여야 한다. 그 결과 무능력자인 경우에는 법정대리인 또는 후견인을 통하여 거래계약을 체결하여야 할 것이다. 일반적으로 권리를 취득하는 자에 대해서는 특별한 주의를 기울일 필요가 없으나, 무능력자가 당사자인 경우에는 권리를 이전하는 자에 상응하는 주의가 필요하다. 다만, 혼인한 미성년자는 성년의제(成年擬制)가 되므로 일반적인 주의 정도로도 가능함은 물론이다(민법 제826조2).

둘째, 상속재산인 경우에는 상속인 및 상속지분을 확인할 수 있다. 상속인이라 하더라도 자기의 상속분에 한하여 유효한 법률행위를 할 수 있을 뿐이다. 따라서 공동 상속된 부동산을 일괄 거래할 경우에는 법률행위도 모든 상속인이 공동으로 하여야 한다. 단독 상속인지, 공동 상속인지 여부는 호적등본 또는 제적등본을 통해서만 원칙상 확인할 수 있다. 따라서 다음과 같은 점을 검토해야 한다.

먼저, 권리를 이전 또는 설정하고자 하는 자가 법정 상속인에 해당하는지 여부를 확인해야 한다. 상속인의 범위와 상속 순위에 대하여 살펴보면 다음과 같다. 즉 상속순위는 피상속인의 직계비속과 배우자, 피상속인의 직계존속과 배우자, 피상속인의 형제자매, 피상속인의 4촌 이내의 방계혈족 순으로 되어 있다. 태아(胎兒)도 상속권이 인정된다(민법 제1000조 내지 제1001조). 이때 동 순위의 상속인이 수 인 있는 경우에는 최근친을 선순위로 하며, 동친등(同親等)의 상속인이 수 인 있는 경우에는 동순위가 된다. 그리고 상속인이 될 직계비속 또는 형제자매가 상속개시 전에 사망하거나 상속결격자가 된 경우에는, 그 직계비속이 사망하거나 결격된 자에 가름하여 상속인이 된다. 이를 대습상속(代襲相續)이라 한다.[110] 상속인이 피상속인의 직계비속·직계존속·배우자·형제자매인

---

110) 상속결격자란 다음과 같은 사유에 해당하는 자를 말한다(민법 제1004조).
　　① 고의로 직계존속, 피상속인, 그 배우자 또는 상속의 선순위나 동 순위에 있는 자를 살

경우에는 호적등본에 의하여 간단하게 상속인 적격 여부를 확인할 수 있으나, 상속인이 4촌 이내의 방계혈족인 경우에는 제적부 등에 의한 확인도 거쳐야 할 것이다.

다음, 상속인으로 확정된 경우에는 상속분(相續分)을 확인해야 한다. 상속분은 동순위의 상속인 상호간에는 동일하다. 다만, 피상속인의 배우자에 대한 상속분은 동순위 상속인의 상속분보다 5할이 가산된다(민법 제1009조).

위에서 설명한 상속인 범위 및 상속분은 1991. 1. 1. 이후 상속이 개시된 경우에만 적용되는 것이므로, 동법 시행일 이전에 상속이 개시된 경우에는 각 상속개시 당시의 민법규정이 적용되므로, 이에 따라 각 상속인 적격 여부와 그 상속분을 판단해야 할 것이다(민법 부칙 제1조 및 제2조).

다만, 위와 같은 내용은 법정 상속일 경우에만 타당할 뿐이며, 상속인들이 상호 상속재산을 분할하기로 협의한 경우라면 이에 따라 처리하여야 한다. 협의분할(協議分割)한 경우에는 상속인 전원이 체결한 "상속재산분할협의서"를 통하여 확인할 수 있는데, 동 협의서가 적법하기 위해서는 상속인에게 분할된 각 부동산이 특정되고, 이에 대하여 협의 분할한다는 취지의 문언 및 이에 대하여 정확함을 승인하는 상속인 전원의 서명과 인감도장이 날인되어 있고, 이를 증명하기 위한 각 상속인의 인감증명서가 별첨되어 있어야 한다. 결국 거래 당사자가 무능력자 또는 상속인인 경우에는 그 권리관계의 존부와 범위를 확인하기 위해서는 반드시 호적등본 및 제적등본을 통하여 조사할 수밖에 없다.

(다) 위임장

"위임장(委任狀)"이란 임의대리인의 경우 일반적으로 본인으로부터 당해 부동산 처분과 관련된 일정한 권한을 부여받았음을 객관적으로 입증하기 위하여

해하거나 살해하려 한 자
② 고의로 직계존속, 피상속인과 그 배우자에게 상해를 가하여 사망에 이르게 한 자
③ 사기 또는 강박으로 피상속인의 양자 기타 상속에 관한 유언 또는 유언의 철회를 방해한 자
④ 사기 또는 강박으로 피상속인의 양자 기타 상속에 관한 유언을 하게 한 자
⑤ 피상속인의 양자 기타 상속에 관한 유언서를 위조·변조·파기·은익한 자

작성된 서면을 말한다. 위임장에는 수권범위(授權範圍)가 명백히 규정되어 있다. 따라서 임의대리인과 거래계약을 체결할 경우에는 본인이 수여한 권한범위 내에서만 법률행위를 하여야 한다. 만약 위임장에 기재된 수권범위가 명확하지 않을 경우에는 본인에게 수권범위를 확인한 후 거래계약을 체결하는 것이 바람직하다.

위임장에는 본인(委任者)의 서명·날인과 더불어 인감증명서를 별첨함으로써 위임장의 진정성을 담보하는 것이 일반적이다. 만약 인감증명서가 첨부되지 않은 경우에는 본인에게 직접 확인하거나 위임장을 보완한 후 거래계약을 체결하여야 한다. 특히 본인(委任者)이 법인인 경우에는 위임장에 지점에서 사용하는 일명 "사용 인감도장"을 날인하는 경우가 있다. 이러한 경우에는 본점에서 확인하는 사용인감계를 통하여 위임장의 진정성 여부를 확인하여야 한다.

나) 권리를 취득하는 당사자의 확인

권리를 이전 또는 설정하는 당사자는 앞서 살펴본 바와 같이 본인의 인적사항, 주체의 적격성, 대리권의 존재 여부와 그 수권범위 등에 대한 고도의 주의와 확인이 필요했다. 그러나 권리를 취득하는 당사자 본인 또는 대리인의 진정성에 대한 확인은 일반적으로 특별한 의미가 없다. 즉 부동산에 대한 권리의 취득 및 설정에 따른 반대급부인 매입금액, 전세보증금, 차임 등에 대한 정확한 지급만 담보될 수 있으면 족하기 때문이다. 따라서 중개업자로서는 권리를 취득하는 당사자의 인적사항에 대해서는 특별히 확인할 필요는 없다.

한편 소유권 이전등기에 필요한 "매도용 인감증명서"를 발급받을 필요가 있는 경우, 주택 및 상가임대차 계약으로 임차인의 대항력이 필요한 경우, 농지취득자격증명서 발급을 위한 경우, 토지거래허가를 받기 위한 경우, 보증금 없이 차임만 지급하는 경우 또는 차임에 비해 보증금이 소액인 경우 및 무능력자가 권리를 취득하는 경우 등의 사정으로 후일에 대비할 필요가 있거나, 특별한 사정이 있을 경우에만 권리를 취득하는 당사자를 정확히 확인할 필요가 있다. 다만, 이러한 확인도 당사자에게 추후 발생할 법적 문제나 불이익에 대비한 전문가로서 요구되는 최소한의 신의칙 내지 조리상 의무에 지나지 않는 것이다.

7) 거래 당사자의 서명·날인

거래 당사자의 인적사항은 자연인의 경우에는 성명·주민등록번호·주소·연락처, 법인 또는 비법인사단·재단인 경우에는 명칭·등록번호·주된 사무소 소재지와 대표자의 성명·주민등록번호·주소·연락처 등이 이에 해당하고, 각 당사자에게 대리인이 존재할 경우에는 이들 대리인의 성명·주민등록번호·주소·연락처가 이에 해당한다.

거래계약서를 작성할 경우에는 당사자로 하여금 자신의 인적사항을 직접 기재하도록 할 필요가 있다. 공부법은 단순히 당사자의 인적사항만 기재하면 족한 것으로 할 뿐, 이에 대한 서명 또는 서명·날인에 대한 규정이 없다(영 제22조 제1항 제1호). 이는 입법상의 불비(不備)로써 거래계약 당사자가 직접 서명 또는 서명·날인하도록 개정할 필요가 있다. 물론 거래계약의 법적 성질이 불요식·낙성계약이므로 당사자의 서명·날인이 없어도 무방하다. 그러나 법 제26조 제1항 및 영 제22조 제1항에서 중개업자가 거래계약서를 작성할 경우 반드시 일정한 사항을 기재하여 당사자에게 교부하도록 규정하고 있는 바, 동 규정의 입법취지는 계약의 내용을 명백히 함으로써 후일에 대비하기 위한 것이다. 이러한 입장에서 보면 단순히 당사자의 인적사항을 명확히 기재하는 것만으로는 부족하고, 이에 더하여 최소한 당사자의 서명과 더불어 날인·무인(拇印) 또는 싸인(Sign)하도록 명문화하는 것이 바람직하다. 실무상으로도 대부분 이러한 방법을 취하고 있음은 주지의 사실이다.

"서명(署名)"은 당사자가 자신의 성명을 자서(自書)하는 것이며, "날인(捺印)"은 도장으로 압날(押捺)하는 것이다. "무인(拇印)"은 엄지손가락의 지문을 도장 대신 찍는 것이며, "싸인"은 도장 또는 무인을 대신한 본인을 표시하는 기호를 말한다. 서명은 거래계약서 중 한 곳에 하는 것으로 족하나, 날인·무인·싸인은 서명부분뿐만 아니라 계약금을 영수하였음을 증명하는 문언부분 및 동시 작성된 3부의 거래계약서에 간인이 필요한 부분 등 여러 곳에 행하게 된다.

대리인과 거래계약을 체결할 경우에는 거래계약서에 있는 본인 및 대리인의 인적사항은 대리인이 직접 자서하도록 하고, 이에 따른 날인·무인·싸인은 대리인의 것만 하면 된다. 이러한 당사자 또는 그 대리인의 서명 및 날인·무인·싸인은 후일 거래계약의 진정성을 담보할 수 있는 장치가 되고, 계약 당사자 또는 그 대리인의 신원을 추적할 수 있는 최소한의 근거가 된다.

8) 계약일자

계약일자는 거래계약을 체결한 해당 연월일을 말한다. 계약일자는 당사자 간에 거래계약을 체결한 날짜를 단순히 특정하는 것에 불과하다. 그러나 공법 또는 사법과 관련하여 의무이행 기산점이 될 수 있다. 즉 주택거래신고지역에 소재하는 신고대상인 아파트 또는 연립주택의 경우에는 주택법 제80조의2의 규정에 따른 주택거래신고에 대한 15일의 기산일이 되고, 공부법 제27조에 의한 부동산거래신고에 대한 30일의 기산일이 된다. 따라서 공법 내지 사법적 의미의 법률행위 효력과 관련될 수 있으므로 일반적으로도 거래계약 체결 일자를 기재하고 있다.

9) 그 밖의 약정내용

거래계약서를 작성할 경우에는 위에서 논한 것 이외에도 계약의 조건이나 기한이 있을 경우에는 그에 관한 사항, 제한물권 설정에 따른 계약기간, 기타 당사자 간에 체결된 다양한 특약 사항들이 일반적으로 포함되고 있다. 이와 관련하여 영 제22조 제1항 제7호에서는 "계약의 조건이나 기한이 있는 경우에는 그 조건이나 기한", 제9호에서는 "그 밖의 약정내용"이라고 규정하고 있다. 그러나 이러한 내용은 일괄 "그 밖의 약정내용"으로 통일하면 될 것이다.

관행상 사용되고 있는 매매계약서에는 일반적으로 소유권 이전등기일과 부동산 인도일, 제한물권 등에 대한 처리방법, 지방세 부담 관련사항, 계약의 해제와 그 효과, 채무불이행에 대한 손해배상책임 등에 관한 사항이 포함되어 있다. 그리고 임대차계약서에는 존속기간, 용도변경 및 전대에 관한 내용, 계약의 종료 효과, 계약의 해제와 그 효과, 채무불이행과 이에 대한 손해배상책임 등에 대하여 규정하고 있다. 그러나 이러한 사항들은 민법에서 규정하고 있는 일반

규정, 즉 보충규정에 불과한 내용이므로 굳이 거래계약에 포함시킬 필요는 없다.

그러나 이와 달리 당사자가 보충규정과 다른 내용으로 약정할 경우에는 특히 그 문언을 명백히 하여야 한다. 이러한 특약은 민법의 일반규정에 우선하는 효력을 갖고 있기 때문이다. 다만, 특약은 어디까지나 보충규정에 대한 것이어야 하고, 강행규정에 위반되는 것은 허용되지 않는다. 예컨대 주택에 대한 임대차 계약을 체결하면서 "임대차 기간은 1년으로 하고, 연장은 허용하지 않는다"는 특약을 한 경우에도, 이는 주택임대차보호법 제4조 제1항 및 제10조에서 정한 강행규정을 위반한 것이므로, 그 특약에도 불구하고 무효가 되기 때문이다.

당사자 간에 성립하는 특약은 다양하고 비정형적인 것이므로 이에 대하여 구체적으로 논하기는 곤란하다. 따라서 아래에서는 부동산 거래금액과 관련하여 일반적으로 문제가 되고 있는 수량매매와 필지매매에 대해서만 논하는 것으로 하겠다.

가) 수량매매

(1) 의　의

"수량매매(數量賣買)"란 일정한 수량을 기준으로 가액을 정한 후, 이를 기준으로 확정된 전체수량을 곱하여 거래금액을 산정하는 형식을 말한다. 즉 토지 1평당 금 100만원 또는 토지 $1m^2$당 금 30만원으로 정한 후, 이를 기준으로 확정된 전체 거래면적을 곱하여 산출된 가격을 거래금액으로 정하는 방식을 말한다. 수량매매로 거래하는 경우에도 전체 거래금액을 거래계약서에 기재하는 방식은 필지매매와 동일하다. 다만, 이에 대하여 추후 상호 정산하기로 특약하고 있는 점에서만 차이가 있을 뿐이다. 즉 거래계약서에 "1평당 거래금액은 금 100만원으로 하고, 면적측량 결과에 따라 상호 정산하기로 한다" 또는 "$1m^2$당 거래금액은 금 30만원으로 하되, 거래금액은 면적측량 결과에 따라 추후 정산하기로 한다" 등의 문언을 기재하고 있는 점에서만 차이가 있다.

수량매매로 거래계약을 체결할 경우에는 수량을 특정하는 데 필요한 조사 내지 측량비용은 누가 부담할 것인가에 대해서도 확정할 필요가 있다. 예컨대

"측량에 소요되는 비용은 매수인이 부담한다" 또는 "측량에 소요되는 비용은 매도자와 매수자가 각 1/2씩 부담하기로 한다" 등의 방법으로 특정하는 것이다. 수량을 특정할 경우에는 토지가격이 고액(高額)인 경우에는 1평을 기준으로 하는 것보다, 1m²를 단위로 거래금액을 결정하는 것이 바람직할 것이다.

(2) 수량매매의 필요성

일반적으로 수량매매 방식은 건물을 매매하는 경우에는 잘 활용하지는 않고, 토지를 매매하는 경우에만 간혹 이용되고 있다. 그러나 토지의 경우에도 평당 가액이 수천만원 이상인 경우에만 한정적으로 활용되고 있을 뿐이다.

그런데 목측(目測)에 의할 때 공부상 면적과 현황면적이 상이하다고 판단될 경우에는 반드시 수량매매 형식으로 거래할 필요가 있는 경우가 있다. 예컨대 당초 1필지인 토지가 다년간 수 회 분할되어 본번과 수 필지의 부번으로 구분되어 있는 경우, 만약 본번의 토지가 거래대상이 된 경우에는 수량매매 형식으로 거래계약을 체결할 필요가 있다. 그 이유는 본번에서 수 회 도상분할(圖上分割)되는 과정에서 부번 토지는 정상면적을 갖고 분할되기 때문에 최종 남는 본번 토지는 공부상 면적보다 작을 수도 있기 때문이다.[111] 이러한 개연성(蓋然性)은 분할시 허용되는 면적오차로 발생할 수도 있고, 본번 토지면적의 근본적 착오로 필연적으로 생길 수도 있다.

(3) 효   과

수량매매로 거래계약을 체결한 경우에는 당사자 간에 정산하기로 정한 단위 금액을 기준으로 확정된 면적을 곱하여 산정된 거래금액으로 정산하게 된다. 일반적으로는 잔금 지급시까지 해당 토지를 측량하여 면적을 확정한 후, 그 결과에 따라 당초 정한 전체 거래금액에서 가감하는 형식을 취하게 된다. 즉 면적이 증가된 경우에는 증가된 면적에 비례하여 당초 거래금액보다 증액하고, 감소된 경우에는 감소된 면적에 비례하여 감액된 금액을 지급하게 된다. 따라서 수량매매 특약을 한 거래계약서에 기재된 거래금액은 필지매매와는 달리 불확

---

111) 본번 토지는 경우에 따라서 공부상 면적보다 클 수도 있다. 이러한 경우에도 수량매매를 통하여 그 불일치를 바로잡아 공정한 거래계약이 체결될 수 있도록 하여야 할 것이다.

정 금액에 불과하며, 면적이 확정된 후에야 비로소 거래금액이 확정되는 조건
부 계약이라고 할 수 있다.

나) 필지매매

(1) 의   의

"필지매매(筆地賣買)"란 토지대장 또는 임야대장에 기재된 형식적인 면적을
확정된 것으로 보고, 이에 대하여 그 기준이 되는 평당 또는 m²당 금액을 곱하
여 산정된 금액으로 거래하는 계약을 말한다. 다만, 여기서 말하는 "필지"는 단
순한 1필지를 지칭하는 것은 아니며, 일괄 거래되는 수 필지를 포함하는 의미이
다.

필지매매의 경우에는 단순히 전체 거래금액만 기재하고 있는 점에서 수량매
매와 구별된다. 거래계약의 대부분이 이러한 필지매매 형식으로 체결되고 있으
며, 관례상으로도 필지매매임을 표시하는 특별한 문언은 기재하고 있지 않다.
그러나 사후 분쟁을 방지하기 위해서는 거래계약서에 "위 매매금액은 공부상
면적을 기준으로 한다"는 문언을 표시함으로써 필지매매임을 분명히 밝히는 것
이 옳을 것이다. 다만, 이러한 문언이 없더라도 수량매매에 대한 특약이 없다면
원칙상 필지매매로 해석하여야 할 것이다.

(2) 필지매매의 효과

수량매매는 추후 면적의 증감에 따라 매매대금을 정산하게 되므로 거래계약
서에 기재된 거래금액은 불확정 금액에 지나지 않는다. 그러나 필지매매는 거
래계약서에 기재된 금액이 확정된 것이므로, 추후 공부상 면적과 실측면적이
상이한 경우라도 특별한 사정이 없으면 상호 이의를 제기할 수 없다. 따라서 계
약서에 기재된 거래금액은 확정금액으로서의 성격을 갖고 있다

10) 중개업자 표시와 서명·날인

중개업자 알선으로 거래계약이 체결된 경우에는 위에서 규정한 사항들을 빠
짐없이 확인한 후 거래계약서를 작성하여야 하고, 아울러 동 계약서에는 중개
업자(법인의 경우에는 대표자 또는 분사무소 책임자)와 당해 중개 업무를 수행한

소속 공인중개사가 함께 서명·날인하여야 한다(법 제26조 제2항).

한편 법문에는 단순히 "서명·날인"이라고 규정하고 있으나, 서명·날인을 위한 전제로써 중개업자의 상호·등록번호·사무소소재지·연락처가 기재되어야 할 것이다. 공동중개로 거래계약을 체결하는 경우에는 중개업자의 인적사항 및 이에 대한 서명·날인은 중개에 관여한 중개업자 및 그 소속 공인중개사가 모두 하여야 한다.

이러한 의무를 부여한 취지는 거래 당사자의 이익보호에 있음은 명백하다. 그렇다면 중개업자와 소속 공인중개사뿐만 아니라 중개업무에 관여한 중개보조원에 대해서도 서명·날인토록 하는 것이 바람직할 것이다.

다. 잔금지급과 부동산 인도

"잔금(殘金)"이란 전체 거래금액에서 계약금, 중도금으로 이미 지급한 금액을 공제한 나머지 가액을 말한다. 계약금 및 중도금을 지급할 경우에는 당사자 간의 합의에 따라 정한 이들 금액 및 이에 대한 영수증만 수수함으로써 족하고, 중개업자도 각 금액이 수수되는 당시를 기준으로 대상 부동산에 대한 등기상 권리관계 및 물리적 현황의 이상 여부를 확인하는 것으로 족하다. 그러나 잔금을 지급할 경우에는 거래 당사자 간의 이해관계가 완전 정리되는 순간일 뿐만 아니라, 권리변동에 따른 등기 및 점유이전도 문제가 되므로 충분한 대비를 할 필요가 있다. 따라서 잔금지급 기일에는 아래와 같은 사항에 대하여 정확히 확인한 후 각 요건에 부합될 경우에만 잔금을 지급토록 하고, 등기를 요하는 권리인 경우에는 그 필요서면도 동시에 교부될 수 있도록 조치하여야 한다(민법 제536조).

1) 권리등기에 필요한 서면구비 여부 확인

소유권, 지상권·지역권·전세권, 저당권·등기할 임차권에 대하여 잔금을 지급할 경우에는 잔금 수령자로 하여금 각 권리등기에 필요한 서면을 준비토록 하여, 이들 서면과 잔금이 동시이행될 수 있도록 하여야 한다. 특히 토지거래허가구역에 소재하는 토지에 대한 소유권 또는 지상권을 이전·설정하는 예약 및 계약을 체결한 경우에는 토지거래허가필증이 발급되었는지 여부도 확인하여야 하고, 농지법 제8조에 의한 농지취득자격증명서 발급대상 농지에 대해서는 동 증명서가 발급되었는지도 확인할 필요가 있다. 그리고 외국인토지법에 의한 토지취득허가대상 토지인 경우, 전통사찰·사립학교·향교소유 부동산을 거래한 경우에도 동일하다.

이러한 서면은 잔금을 지급한 후에도 구비할 수는 있다. 그러나 만약 일방 당사자가 비협조적이거나, 관련 법규에 부적합하여 발급이 불가능할 경우에는 당사자 간에 복잡한 법률문제가 발생할 수 있다. 따라서 중개업자는 반드시 잔금지급 전에 이러한 서면의 구비 여부를 확인하는 것이 바람직하다.

2) 부동산의 물리적 하자 여부 확인

권리를 취득하는 당사자는 거래계약을 체결할 당시의 부동산 상태를 감안하여 거래금액을 약정하였다. 그런데 중도금 및 잔금을 지급하는 기간 중에 천재지변 또는 당사자의 과실로 부동산의 물리적 가치가 감소될 수도 있다. 만약 이러한 사정이 발생한 경우에는 위험부담 법리에 따라 다음과 같이 처리하여야 한다.

거래계약을 체결한 후 부동산이 멸실·소실·훼손·파손 등으로 그 가치가 감소된 경우, 당사자 중 누가 그 손해를 부담할 것인가 하는 문제에 대하여 우리 민법은 "채무자주의"를 취하고 있다. "채무자주의"란 거래계약을 체결한 후 권리가 이전되기 전까지 발생한 위험은 권리를 이전 또는 설정하는 자가 부담하는 것으로 정하는 입법주의를 말한다. 그러나 채무자주의도 절대적인 것은 아니므로, 당사자 간의 특약으로 채권자부담 또는 공동부담으로 약정할 수도 있음은 물론이다(민법 제569조 내지 제583조). 그러나 이러한 특약을 한 경우에도 채무자, 즉 매도인 등이 목적 부동산에 하자가 있음을 알고 이를 고지하지 않았을 경우에는 그 담보책임을 면할 수 없도록 하고 있다(민법 제584조). 이러한 담보책임에 따라 당초 약정한 거래금액을 일정 부분 감액하거나 계약을 해제 또는 취소할 수도 있다.

한편 대상 부동산의 자산가치가 증가된 경우, 예컨대 없던 도로가 생기거나, 좁고 거친 도로가 확·포장된 경우, 절토된 토지에 축대·옹벽이 설치된 경우 등 계약을 체결할 당시보다 부동산의 자산가치가 증가될 수도 있다. 이러한 경우에는 채무자주의에 대한 반대해석으로 거래금액을 적절히 증액하는 것이 타당할 것이다.

3) 등기부 권리상태 확인

잔금 지급일에는 다시 등기부를 통하여 권리관계의 이상 유무를 확인하는 작업이 필요하다. 이러한 확인은 중개업무 진행과정에서 반복되는 필요적 행위이나, 잔금이 지급될 경우에는 절대적이라 할 수 있다. 계약금·중도금이 지급될 경우에 간과한 권리하자에 대해서는 잔금 지급시까지 보완할 수 있는 여지가 있으나, 잔금 지급시 존재하는 하자를 놓친 경우에는 사실상 보완할 기회가 없기 때문이다. 따라서 잔금이 수수될 경우에는 어떤 경우를 불문하고 등기상 권리관계 이상 유무를 직접 확인한 후 그 결과에 따라 처리하여야 한다.

4) 부동산의 인도가능성 확인

권리를 취득하는 당사자가 거래대상 부동산을 직접 점유할 필요가 있을 경우에는 잔금지급과 동시에 점유이전이 가능한지 여부를 확인할 필요가 있다. 그 결과 그렇지 못할 경우라면 잔금지급을 보류시켜야 한다.

점유권은 등기권리가 아닌 단순한 관념상 권리이므로 거래계약 당사자 간의 명시 또는 묵시적 의사표시에 따라 이전되기도 하나, 건물의 경우에는 열쇠를 건네는 방법 등으로 현실인도가 행해지고 있다. 따라서 목적 부동산에 대하여 제3자가 유치권을 주장하거나 불법 점유하고 있을 경우에는 잔금을 지급하기 전에 권리를 이전·설정하는 당사자로 하여금 이러한 문제를 해결토록 함으로써, 점유를 취득하는 데 아무 문제가 없도록 조치하여야 한다.

5) 정산금 존재여부 확인

"정산금(精算金)"이란 목적 부동산에 존재하는 각종 부담금을 의미한다. 즉 부동산에 존재하는 담보대출 원리금, 용익권 등으로 존재하는 전세보증금·임대차보증금, 제3자에 의한 압류·가압류 금액, 기타 체납상태에 있는 각종 공과세금 등이 이에 해당한다. 정산금이 존재할 경우에는 지급할 잔금에서 이들 금액을 먼저 상환하거나 또는 이에 상당한 금액을 유보시켜야 한다. 이러한 측면에서 보면 잔금으로 보류할 금액은 목적 부동산이 부담하게 될 위와 같은 각종 정산금을 충당하고도 남을 정도의 가액으로 정하여야 한다.

라. 거래계약서 등 보존

중개업자가 거래계약서를 작성할 경우에는 원부(原簿)를 3부 작성하여 권리를 취득하는 당사자 및 권리를 이전·설정하는 당사자에게 각 1부씩 교부하고, 1부는 중개업자가 5년간 보존하게 된다(법 제26조 제1항, 영 제22조 제2항). 그리고 전속중개계약서 및 중개대상물확인·설명서 사본도 각 3년간 보존하게 된다(법 제25조 제3항 및 영 제21조 제3항, 법 제23조 제2항 및 칙 제14조 제2항). 일반적으로 동 서면들은 거래계약서 원본과 합철하여 보존하고 있다.[112]

거래계약서 등에 대한 보존의무를 규정하고 있는 취지는 부동산 거래질서를 확립하고, 거래계약을 체결한 당사자 간에 발생할 수 있는 각종 분쟁에 대비할 수 있도록 하기 위한 것이다.

제 6 절 거래계약 이행 담보제도

일반적으로 거래계약은 계약서 작성과 동시에 계약금을 지급하고, 일정기간

---

112) 공부법에는 보존서면에 대하여 전속중개계약서는 "당해 계약서"를, 기타 서면은 "사본"을 보존하도록 규정하고 있다. 그러나 실무상 전부 원부가 3부 작성되고 있으므로 보존하는 각 서면도 전부 "원부"로 규정하는 것이 타당하다.

을 두고 중도금 및 잔금을 지급하는 과정을 거치게 된다. 물론 특수한 경우에는 계약체결과 동시에 잔금지급과 부동산의 점유이전 및 권리등기에 필요한 서면을 수수하는 경우도 있으나, 일반적으로는 거래계약 체결로부터 잔금지급시까지 상당한 시간적 간극(間隙)을 두게 된다. 이러한 관행은 점유이전 문제 또는 취득자 명의로 등기하는 데 필요한 각종서면, 예컨대 농지취득자격증명서·토지거래허가필증 등을 구비하기 위한 현실적 필요에서 기인한다.

한편 권리이전 및 설정에 필요한 서면과 거래금액을 동시에 이행할 경우에도 등기주의 내지 형식주의를 취하고 있는 우리 법제상 실질적인 동시이행은 불가능하므로, 권리를 취득하는 당사자의 선이행(先履行)은 불가피하다. 즉 잔금지급과 동시에 등기를 신청할 경우에도, 행정절차상 즉시 등기부에 등재될 수 없기 때문이다. 이러한 현실적 한계에서 보면 권리를 취득하는 당사자 입장에서는 매우 불리한 것임을 알 수 있다. 이러한 문제를 극복하는 현실적 대안으로는 가등기와 에스크로우 제도를 이용하는 방법이다.

1. 가등기

"가등기(假登記)"란 본등기를 할 수 없는 부득이한 사정이 있을 경우, 후일 행할 본등기의 순위를 보전할 목적으로 설정하는 등기를 말한다(부동산등기법 제6조 제2항). 가등기는 본등기의 대상이 되는 소유권·지상권·지역권·전세권·저당권·권리질권[113]·임차권에 대한 설정·이전·변경·소멸에 대한 청구권을 보전할 경우에 할 수 있다.[114] 그리고 이들 권리에 대한 청구권이 시기부 또는 정지조건부인 경우, 기타 장래에 있어서 확정될 것인 때에도 허용된다

---

113) 권리질권은 부동산의 사용·수익을 목적으로 하는 용익권인 지상권·지역권·전세권·임차권을 목적으로는 설정할 수 없고(민법 제345조 단서), 성질상 소유권에도 설정할 수 없다(곽윤직 1999, 425). 따라서 권리질권이 설정될 수 있는 물권은 저당권에 한정되고 있다.
114) 본등기는 보존·설정·이전·변경·처분의 제한·소멸에 대하여 할 수 있으나, 가등기는 보존과 처분의 제한에 대해서는 할 수 없다(부동산등기법 제2조 및 제3조).

(부동산등기법 제3조).

우리 민법은 부동산 물권변동에 관하여 등기주의 내지 형식주의를 취하고 있으므로 등기하지 않으면 제3자는 물론, 거래계약 당사자 간에도 물권변동이 발생하지 않는다. 가등기는 이러한 법적 공백을 보완해 줄 수 있는 제도적 기능을 하고 있다.115) 그러나 이러한 기능에도 불구하고 실무상으로는 권리를 이전 또는 설정하는 당사자의 신용상태가 불안한 경우 등 예외적인 사정이 있을 경우에만 이용되고 있을 뿐이다. 아무튼 가등기는 권리를 취득하고자 하는 당사자의 지위를 확고히 할 수 있는 제도로써 손색이 없으므로, 중개업자는 거래계약을 체결할 경우 가등기를 적절히 활용할 필요가 있다.

2. 에스크로우 제도

가. 의의 및 목적

"에스크로우(Escrow)"란 거래계약 당사자의 상반된 이해관계를 만족시키기 위하여 중립적인 제3의 기관으로 하여금 거래계약과 관련된 금액 및 서류를 보관토록 하고, 계약조건이 완료된 경우 당사자 쌍방의 요청에 따라 대금 및 등기에 필요한 서류를 각 교부함으로써 실질적인 동시이행을 구현하기 위하여 창안된 제도를 말한다.

에스크로우 제도는 등기를 하는 동안 발생할 수 있는 일체의 사태에 대비함으로써 권리를 취득하는 당사자를 보호하기 위한 것이므로, 제도의 목적은 가등기와 유사하다고 볼 수 있다. 다만, 가등기는 등기부에 공시하는 방법으로 대응하는 것임에 비해, 에스크로우는 당사자 간의 합의에 따라 정한 제3자를 통하여 대비하는 점에서 차이가 있다.

---

115) 우리 부동산 등기제도가 형식주의로 전환된 것은 현행 부동산등기법이 시행된 1960. 1. 1.부터이며, 그 이전에는 대항요건주의를 취하고 있었다(곽윤직 1993, 57-58). 따라서 대항요건주의에서는 등기와 무관하게 당사자 간에는 물권변동 효력이 발생하므로 성립요건주의보다는 가등기의 필요성이 적었다고 볼 수 있다.

우리 공부법은 에스크로우 제도와 관련된 명문규정을 두고 있는데, 법 제31조 제1항에는 "계약금 등의 반환채무 이행의 보장"이라는 제목 하에 "중개업자는 거래의 안전을 보장하기 위하여 필요하다고 인정하는 경우에는 거래계약의 이행이 완료될 때까지 계약금·중도금 또는 잔금을 중개업자 또는 대통령령이 정하는 자의 명의로 금융기관, 제42조의 규정에 의하여 공제사업을 하는 자 또는 신탁업법에 의한 신탁회사 등에 예치하도록 거래 당사자에게 권고할 수 있다"고 규정하고 있다.

에스크로우 제도는 등기의 형식주의를 보완할 수 있는 가장 실효성 있는 제도로 평가되고 있다. 그럼에도 공부법의 규정 내용은 너무 형식적이고 무성의하다. 즉 에스크로우 제도의 목적은 거래 당사자 간의 차질 없는 권리이행과 그 확보에 있음에도, 공부법에는 단순히 거래금액에 대한 예치규정만 두고 있을 뿐, 그 보관금의 반환절차 등에 대해서는 아무 언급이 없다(법 제31조, 영 제27조 참조). 따라서 권리를 취득하는 당사자로부터 등기 및 점유이전이 완료되었음이 실질적으로 확인된 경우에만 예치금이 지급될 수 있도록 하는 등 제도를 정치(精緻)하게 정비할 필요가 있다.

나. 예치금 보관

에스크로우 제도는 거래계약 당사자의 이해관계를 조절하고, 그 이행을 확실히 담보하기 위한 제도이므로, 거래금액에 대한 예치금 명의자 및 수탁기관을 엄격히 제한할 필요가 있다. 이에 대한 공부법 규정을 살펴보면 다음과 같다(법 제31조, 영 제27조).

1) 예치금 명의자 요건

권리를 취득하는 당사자가 교부하는 계약금·중도금·잔금은 권리를 이전 또는 설정하는 당사자가 직접 수령할 수는 없고, 그 이행이 완료될 때까지 아래와 같은 자의 명의로 예치하여야 한다.

① 거래계약을 체결한 중개업자

② 은행법에 따른 금융기관

③ 보험업법에 따른 보험기관

④ 신탁업법에 따른 신탁회사

⑤ 우체국예금·보험에관한법률에 따른 체신관서

⑥ 공제사업을 하는 공인중개사협회

⑦ 에스크로우 전문회사

2) 예치금 수탁자 요건

예치금 명의자는 당사자 간의 협의로 위에서 규정한 자 가운데 하나를 선택하면 되나, 예치금은 어떤 기관에 보관할 것인가 하는 문제가 있다. 이에 대하여 공부법은 법 제31조 제1항에서 예치금 수탁자를 금융기관, 공제사업을 하는 공인중개사협회, 신탁업법에 의한 신탁회사 등이라고 규정하고 있다. 그런데 동조에서 "신탁회사 등"이라고 규정함으로써 금융기관·공인중개사협회·신탁회사 이외의 기관에도 예치할 수 있는 것으로 규정하고 있다. 그러나 영 제27조 제1항과의 관계에서 볼 때 중개업자를 제외한 예치금 명의자만 수탁기관이 된다고 보아야 한다. 거래금액의 안전을 담보할 필요가 있기 때문이다.

다. 예치금 수령

1) 선 수령조건

권리를 이전 또는 설정하는 당사자, 즉 매도인·임대인 등이 개인적 사정으로 예치금을 먼저 수령할 필요가 있을 경우에는 다음과 같은 조건이 필요하다. 즉 거래계약이 어떤 사정으로 해제 또는 취소될 경우에는 그 수령한 금액을 전부 정확히 반환할 것임을 보장하는 금융기관 또는 보증보험회사가 발행하는 보증서를 예치금 명의자에게 교부한 경우에만 권리등기가 완료되기 전에 수령할 수 있도록 하고 있다(법 제31조 제2항).

2) 거래이행 완료에 따른 수령

거래계약이 완료된 경우에는 권리를 이전 또는 설정하는 당사자가 예치된 거래금액을 전부 수령하게 된다. 즉 부동산에 대한 인도 및 권리의 이전·설정·변경등기가 완료된 경우에는 예치금을 수령할 수 있다.

그런데 예치금 수령 내지 반환은 어떻게 할 것인가 하는 문제가 있다. 이에 대하여 공부법은 중개업자가 자기 명의로 예치금을 보관할 경우에는, 계약이행이 완료되거나 계약해제 등의 사유가 발생할 경우를 대비하여 예치금 인출에 대한 당사자의 동의방법 및 예치금 반환채무 이행보장에 소요되는 실비 기타 거래의 안전을 위하여 필요한 사항을 약정하도록 규정하고 있을 뿐이다(법 제31조 제3항, 영 제27조 제2항). 그리고 중개업자 이외의 자가 예치금을 보관하고 있을 경우에 대해서는 아무 언급이 없다.

그러나 에스크로우 제도의 취지에서 보면 다음과 같이 처리하는 것이 타당할 것이다. 즉 예치금 명의자가 중개업자인 경우에는 그 중개업자가 목적 부동산의 점유이전 및 권리등기가 완료되었음을 직접 확인한 후 즉시 타방 당사자에게 출금하도록 하고, 기타의 자가 예치금 명의자인 경우에는 목적 부동산의 점유이전 및 권리등기가 완료되었음을 확인하는 당사자 및 관여 중개업자의 확인서가 제출된 경우에만 예치금을 출금토록 하여야 한다. 다만, 거래계약이 해제된 경우에는 이를 소명할 수 있는 서면 및 이에 대한 관여 중개업자의 확인서를 첨부함으로써 예치금을 즉시 반환받는 것으로 하면 될 것이다.

라. 중개업자의 의무

1) 예치금 분리의무

당사자로부터 계약금 등을 중개업자 명의로 예치해 줄 것을 의뢰받은 중개업자는 영 제27조 제1항에서 규정하고 있는 금융기관 등에 자기의 명의로 예치하게 된다. 이때 중개업자는 독립된 구좌로 예치·관리하여야 하고, 그 예치금은 당사자 쌍방으로부터 사전 동의가 없으면 인출할 수 없다(영 제27조 제3항).[116]

2) 보증 등 설정의무

중개업자가 자기의 명의로 계약금 등을 예치할 경우에는 그 예치금에 대한 반환을 담보하기 위하여 예치금에 상당하는 보증보험, 공인중개사협회의 공제, 공탁의 방법 중 어느 하나를 선택하여 가입할 의무가 있다(영 제27조 제4항 전단).

3) 보증서 등 서면교부의무

중개업자가 예치금 등을 자기의 명의로 예치한 경우에는 그 반환을 담보하기 위하여 보증보험·공제·공탁하였음을 증명하는 증서의 사본이나, 이를 증명하는 전자문서를 거래 당사자에게 교부할 의무가 있다(영 제27조 제4항 후단).

제 7 절 거래계약 이행완료 등

1. 서 설

중개업자는 거래계약을 체결한 후 당사자 간에 수수되는 계약금·중도금·잔금지급 과정에 참여하면서 각 절차이행 시점에서 목적 부동산의 등기에 대한 이상 여부 및 물리적 가치변동에 대하여 수시로 확인하였다. 그리고 잔금지급과 동시에 공과세금 등의 정산 및 필요서면도 수수하게 된다.

위와 같은 과정이 마무리 되면 이제는 거래계약을 완결하는 절차만 남았다. 물론 다음과 같은 과정에는 반드시 개입할 필요는 없으나, 중개업자로부터 시작된 거래계약이 중개업자에 의하여 마무리된다는 의미가 있다. 이하에서는 거래계약 완결 과정에서 중개업자가 일반적으로 검토 내지 준비할 서면과 이에 대한 내용을 검토하는 것으로 마무리 하고자 한다.

---

116) 법문에는 단순히 "동의"라고만 규정하고 있으나, "당사자 쌍방의 사전동의"에 한정된다고 해석함이 옳다.

2. 소유권 이전과 특별서면

등기권리를 취득하는 당사자는 권리를 이전 또는 설정하는 당사자로부터 각 등기신청에 필요한 서면을 교부받아야 한다. 등기로써 성립하는 권리는 부동산 등기법 제2조에서 규정하고 있는 소유권·지상권·지역권·전세권·저당권· 권리질권·임차권 및 환매권이며, 중개업자에 의하여 그 이행이 필요한 것은 이들 권리에 대한 설정·이전·변경에 대한 것이다. 물론 성질상 중개업자의 업무영역에 속할 수 없는 보존·처분의 제한 및 소멸의 경우에도 당사자 간의 거래계약의 원만한 이행을 위하여 일정부분 관여할 필요도 있다.

등기신청서에 일반적으로 첨부할 서면에 대해서는 부동산등기법 제40조에 서 규정하고 있다. 그러나 여기서는 소유권 이전에 따른 거래계약서에 대한 검 인문제와 농지취득자격증명서에 간주되는 반려서면 및 공부법 제27조에서 규 정하고 있는 부동산거래신고제에 대해서만 논하기로 하겠다.

가. 거래계약서에 대한 검인

1) 거래계약서 검인

계약을 원인으로 소유권 이전등기를 신청할 경우에는 거래계약서에 검인 신 청인을 표시하여 부동산 소재지 관할 시장(구가 설치된 시의 경우에는 구청장)· 군수 또는 그 권한을 위임받은 자로부터 검인을 받아야 한다.[117] 검인을 받지 않고 등기를 신청할 경우에는 부동산등기법 제55조 제8호의 "신청서에 필요한 서면을 첨부하지 않은 경우"에 해당하여 등기신청이 각하된다.

검인제도는 부동산 소유권을 이전할 경우 실체적 권리관계를 명확히 함으로

---

117) 검인은 부동산 소재지 관할 시장·군수·구청장이 부여하게 되나, 읍장·면장·동장· 출장소장도 시장·군수·구청장으로부터 그 권한을 위임받은 경우에는 검인을 부여할 수 있다(부동산등기특별조치법 제3조 제1항 및 동 대법원규칙 제1조 제6항). 그러나 현 재 읍장·면장·동장·출장소장에게는 동 업무가 위임되어 있지 않다.

써 투기 및 탈세를 방지하고 부동산 거래질서 확립을 위하여 도입된 제도이다(부동산등기특별조치법 제1조). 그런데 부동산등기특별조치법 제3조를 통하여 규정하고 있는 검인제도(檢印制度)는 1978. 12. 6. 법률 제3158호로 제정되고 1979. 3. 1.부터 시행한 부동산등기법 제40조 제2항을 통하여 도입한 바 있는 검인제도(檢認制度)와 구별된다.[118]

2) 필요적 기재사항

거래계약서에 검인을 신청하기 위해서는 아래와 같은 내용을 기재한 소유권이전 거래계약서를 제출하여야 한다(부동산등기특별조치법 제3조 제1항).

① 당사자의 인적사항

② 목적 부동산의 표시 및 내역

③ 소유권 이전계약을 체결한 연월일

④ 거래금액 및 그 지급일자 등 지급방법에 관한 사항 및 그 평가액 또는 차액의 정산에 관한 사항

⑤ 계약의 조건이나 기한이 있을 때에는 그 조건 또는 기한

⑥ 중개업자가 있을 경우에는 그 중개업자의 상호·등록번호·주소·성명·연락처

3) 검인신청 및 검인부여

검인신청은 당사자가 서로 대가적 채무를 부담할 경우에는 반대급부 이행이

---

[118] 1978. 12. 6. 법률 제3158호로 제정되고 1979. 3. 1.부터 시행한 부동산등기법 제40조 제2항에는 "매매 또는 교환으로 인하여 소유권의 이전등기를 신청할 때에는 시장(구가 설치되어 있는 시에 있어서는 구청장)·군수 또는 그 권한을 위임받은 자의 검인(檢認)을 받은 용지에 의한 매매 또는 교환계약서를 제출하여야 한다"는 규정을 통하여 검인제도(檢認制度)를 규정하고 있었다. 동 규정은 동법 부칙 제1항 단서 규정에 의하여 약 10년이 지난 1988. 10. 1.부터 1990. 8. 30.까지 시행되다가, 1990. 9. 1.부터 시행된 현행 부동산등기특별조치법에서 규정한 검인(檢印)과 중첩되어 삭제되었다. 당시 검인(檢認)을 받은 거래계약서를 일명 "관인계약서(官認契約書)" 또는 "검인계약서(檢認契約書)"라 칭했다(이승길 2004, 33-36).

완료된 날, 일방 당사자만 채무를 부담하는 경우에는 그 계약의 효력이 발생한 날로부터 각 60일 내에 신청하여야 한다(부동산등기특별조치법 제2조 제1항). 일 반적으로는 거래 당사자가 잔금을 수수한 날로부터 기산한다고 볼 수 있다. 그 러나 권리를 취득하는 당사자는 잔금을 지급하였으나 상대방으로부터 소유권 이전등기에 필요한 서면을 교부받지 못한 경우에는 동 서면을 수령한 때로부터 검인신청 기간이 기산된다.

검인을 신청할 수 있는 자는 소유권이전 거래계약을 체결한 당사자 중 1인 이나, 이들로부터 검인신청을 위임받은 자, 거래계약서를 작성한 변호사·법무 사, 거래계약을 알선한 중개업자가 신청할 수 있다(부동산등기특별조치법에따른 대법원규칙 제1조 제1항).119)

검인을 신청할 경우에는 계약서 원본(판결에 의하여 소유권 이전등기를 신청하 는 경우에는 판결서 등의 정본)과 사본 2통을 시장·군수·구청장에게 제출하여 야 한다. 만약 행정구역을 달리하는 수 개의 부동산에 대하여 일괄 소유권 이전 등기를 신청할 경우에는 부동산을 관할하는 어느 행정기관으로부터도 검인을 부여받을 수 있다. 이 경우에는 계약서 사본 2통에, 행정기관의 수를 더한 사본 을 추가로 제출하여야 한다(부동산등기특별조치법 제1조 제2항 및 제5항).

검인을 신청받은 행정기관은 부동산등기특별조치법 제3조 제1항에서 규정 하고 있는 필요적 기재사항이 포함된 계약서·판결서 등과 그 사본이 제출된 경우에는, 이에 대한 형식적 요건을 심사한 후, 그 기재사항에 하자가 없다고 인정될 경우에는 즉시 거래계약서에 부동산등기특별조치법 제3조에 의한 검인

---

119) 법무사 및 중개업자의 경우에는 검인신청권이 없다. 따라서 동 업무를 수행하면 원칙상 변호사법 또는 행정사법에 의하여 처벌된다. 다만, 부동산등기특별조치법 제1조 제1항에 의하여 법무사가 거래계약서를 작성하였거나, 거래계약을 알선한 중개업자가 거래계약 서를 작성한 경우에는 특별히 당사자의 편의를 위하여 이들에게도 검인신청권을 부여하 고 있다. 따라서 법무사 또는 중개업자가 이에 해당하지 않는 거래계약서에 대하여 검인 신청을 대행·대리한 경우에는 변호사법 또는 행정사법에 위반된다.
한편 행정사법 및 변호사법, 즉 법률로써 행정사 및 변호사의 업무로 규정한 것을 하위 법인 대법원규칙으로 이와 달리 규정하고 있음은 위법이다. 따라서 굳이 법무사 및 중개 업자에게 동 업무를 수행케 하려면 현재 대법원규칙으로 규정하고 있는 본 내용을 법률 인 부동산등기특별조치법에 명시하여야 할 것이다.

인 취지, 검인번호, 검인부여 연월일, 검인부여 기관을 표시하여 신청인에게 교부하여야 한다(부동산등기특별조치법에따른대법원규칙 제1조 제3항 및 제4항).

한편 시장 등은 거래계약서에 대한 형식적심사권만 있으므로, 그 요건에 하자가 없으면 지체없이 검인을 부여하여야 하고, 등기원인에 대한 제3자의 허가서 첨부를 요구하거나, 부동산 표시가 대장이나 등기부와 부합하는지 등에 대하여 심사할 권한은 없다(부동산등기특별조치법에따른대법원규칙 제1조 제3항, 등기예규 제1284호).

4) 검인간주 및 제외

검인제도(檢印制度)는 미등기 전매행위 등에 의한 불법·탈법적인 거래행위를 규제함으로써 부동산 거래질서 확립을 위하여 도입된 제도이다. 이러한 입장에서 보면 모든 부동산 거래행위에는 반드시 검인을 받도록 하는 것이 타당할 것이나, 검인을 생략하더라도 동 제도의 목적을 잠탈하지 않을 수 있는 경우라면 굳이 이를 강제할 필요는 없다. 따라서 계약을 원인으로 소유권 이전등기를 신청할 경우에만 검인신청 대상이 되는 것으로 하고 있다. 한편 검인받은 것으로 간주되는 특별한 규정들이 있는 바, 이에 대한 구체적인 내용을 살펴보면 다음과 같다.

가) 계약에 의하지 않는 소유권이전

검인신청은 계약을 원인으로 소유권 이전등기를 신청하는 경우에 하게 된다. 따라서 "계약 이외의 원인"으로 등기를 신청할 경우에는 검인을 받지 않아도 된다. 계약 이외의 사유로 소유권이 이전되는 경우란 일반적으로 민법 제187조에 해당하는 경우를 말한다. 즉 원인사유가 상속·공용징수·판결·경매 기타 법률의 규정에 의하여 부동산 소유권이 이전되는 경우이다. 다만, 이 경우에도 해석상 명확하지 않은 부분이 있으므로 구체적으로 살펴볼 필요가 있다.

(1) 상속에 의한 소유권 이전

상속으로 피상속인의 권리의무는 법률의 규정에 의하여 당연히 상속인에게 이전된다. 따라서 피상속인이 사망한 순간 상속인은 당해 부동산을 취득하게 되므로 등기는 필요요건이 아니다. 상속에 의하여 피상속인 소유 부동산이 상속인에게 이전되는 경우란 법정 상속분에 한정된 것임은 물론이다.

그런데 상속과 동시(同視)되는 유증(遺贈)도 이에 해당하는가? 유증에는 포괄유증과 특정유증이 있는데, 포괄유증(包括遺贈)은 수증자에게 상속인과 동일한 권리·의무가 인정되는 것이므로 당연히 검인을 받지 않아도 된다(민법 제1078조). 반면 특정유증(特定遺贈)은 단순한 증여에 불과한 것이므로 검인신청 대상이 된다. 즉 특정유증을 받은 수증자가 유증된 부동산에 대한 소유권을 이전받기 위해서는, 일단 상속인 명의로 소유권 이전등기를 필한 후, 다시 특정유증을 이유로 그 상속인으로부터 이전등기를 하여야 하기 때문이다. 따라서 특정유증은 민법 제186조의 법률행위에 의한 소유권 이전이라 할 수 있으므로 거래계약서에 검인을 받아야 한다(곽윤직 1999, 149).

(2) 공용징수에 의한 경우

"공용징수(公用徵收)"란 공익사업에 필요한 특정 재산권을 법률의 규정에 의하여 강제로 수용하는 것을 말한다. 공용수용의 일종인 징발(徵發)은 확정 또는 불확정 기간 동안 소유권 행사를 제한하는 것에 불과한 것이므로 공용징수에 해당하지 않는다.

공용징수 방법에는 기업주체와 부동산 소유자가 합의에 따라 수용하는 협의수용(協議收用)과, 협의가 성립되지 않을 경우에 토지수용위원회의 재결을 통하여 강제로 수용하는 재결수용(裁決收用)으로 구분된다. 협의수용은 사업 시행자와 부동산 소유자가 상호 원만한 협의를 통하여 부동산을 이전하는 것이므로 원칙적 의미의 공용수용이라 할 수 없다. 따라서 협의수용으로 소유권을 이전할 경우에는 민법 제186조의 법률행위에 의한 물권변동이므로 검인신청 대상이 된다(공익사업을위한토지등의취득및보상에관한법률 제18조 제6항). 그러나 재결수용은 협의수용이 불가능할 경우에 토지수용위원회의 재결에 따라 수용에 따른 보상금을 지급 또는 공탁함으로써 소유권을 강제로 취득하는 것이다. 결국 민법 제187조에 의한 수용은 재결수용을 의미하는 것이며, 이 경우에만 검인신청 대상이 되지 않는다(공익사업을위한토지등의취득및보상에관한법률 제40조 제1항 및

제45조 제1항).

(3) 판결에 의한 경우

판결에 의하여 소유권을 취득하는 경우에도 민법 제187조에 의하여 등기와 무관하게 이전되므로 검인을 받을 필요가 없다. 그런데 부동산등기특별조치법 제3조 제2항에는 "… 집행력 있는 판결서 또는 판결과 동일한 효력을 갖는 조서인 때에는 판결서 등에 검인을 받아 제출하여야 한다"고 규정하고 있다. 그렇다면 민법 제187조에 의하여 등기와 무관하게 소유권을 취득하게 되는 판결은 어떤 것인가?

판결에는 이행판결·형성판결·확인판결로 구분되는데, 부동산등기특별조치법 제3조 제2항에서 검인신청 대상이 되는 것으로 규정하고 있는 판결은 이행판결에 한정된 것임은 법문상 "집행력 있는"이라고 규정하고 있음에서 명백하다. 그리고 화해조서·인락조서·조정조서도 이행판결과 동일한 효력이 있는 경우에는 역시 동법에 의하여 검인신청 대상이 된다.

한편 확인판결은 현재 부동산 등기명의자가 정당한 소유자인지 여부에 대한 적극·소극적 지위를 인정하는 것에 불과한 것이므로, 판결의 결과에 따른 소유권 이전등기의 필요성은 존재하지 않는다. 그리고 형성판결도 법률관계 형성 그 자체를 목적으로 선고되는 것이므로 역시 확인판결과 동일하게 소유권 이전등기 문제가 없다.[120]

결국 확인 및 형성판결은 기존의 권리에 대한 소극 또는 적극적인 인정에 불과한 것이므로, 소유권 이전에 따른 검인문제는 발생하지 않는다. 이러한 입장에서 부동산등기특별조치법도 이행판결을 원인으로 소유권 이전등기를 신청할 경우에만 검인을 받도록 규정하고 있는 것이다(부동산등기특별조치법 제3조 제2항).

---

120) 부동산과 관련된 형성판결 중 일명 "형식적 형성판결"에 해당하는 공유물분할청구의 소, 경계확정청구의 소 등도 판결결과에 따라 소유권 이전등기 문제가 발생하는 것이 아니다. 따라서 검인신청 문제도 없다. 다만, 민법 제187조에 의하여 물권변동 효력이 발생하는 판결은 형성판결에 한정된다고 해석하고 있다(통설, 대판64다1721).

(4) 경매의 경우

경매는 구두(口頭)에 의한 경쟁체결 방법으로 권리를 매매하는 것을 말한다. 경매는 실행주체에 따라 공경매(公競賣)와 사경매(私競賣)로 구분된다. 공경매는 민사집행법에 의한 경매와 국세징수법에 의한 공매가 있고, 민사집행법에 의한 경매는 집행권원을 원인으로 하는 강제경매와 담보권자의 담보권 실행으로 개시되는 임의경매(일명 "담보권 실행경매"라 칭한다)로 구분된다.

입찰(入札)은 경매와 동일한 경쟁체결 방식으로 매매하는 것이나, 구두방식(口頭方式)이 아닌 서면방식(書面方式)을 취하고 있다는 점에서 차이가 있다. 그런데 민사집행법 제2편 제2장 제2절 제2관 및 제3편에는 강제경매와 임의경매에 대하여 규정하고 있는데, 그 법적 용어는 "경매"임에도 그 구체적인 절차과정은 "입찰"로 진행하고 있다. 따라서 민사집행법에 의한 일반적인 부동산 매각방법은 법적 성질로 볼 때 입찰이며 경매라 할 수는 없다. 다만, 민법 제187조에서 의미하는 경매는 강제매각 절차에 속하는 입찰을 포함하는 것임은 분명하다.

경매 중 검인을 받지 않아도 되는 것은 공경매(公競賣) 절차를 통하여 소유권을 취득하는 경우에 한정된다. 공경매로 소유권을 취득하는 시점은 낙찰대금을 전부 법원에 납입한 때이다(민사집행법 제135조). 따라서 경락자가 추후 필요에 따라 경락을 원인으로 소유권 이전등기를 신청할 경우에도 검인을 받을 필요가 없다. 이러한 법리는 공개된 적법절차를 통하여 이미 그 투명성이 확보되었기 때문이다.

사경매는 사인이 개설한 경매절차를 통하여 부동산의 소유권을 취득하는 것이므로, 일반 사인 간에 체결되는 거래계약과 다를 바 없다. 따라서 이를 통하여 부동산 소유권을 취득할 경우에는 거래계약서에 검인을 받아야 한다.

(5) 기타 법률의 규정에 의한 경우

기타 법률의 규정에 의하여 검인을 받을 필요가 없는 경우도 있다. 여기서 "기타 법률의 규정에 의한 경우"란 위에서 살펴본 상속·공용징수·판결·경매를 제외한 기타 사유로 부동산 소유권을 취득하는 경우를 의미하는데, 이에 해당하기 위해서는 각 개별 법률에서 특별한 규정을 두고 있는 경우이어야 한다. 여기에 해당하는 경우로는 압류부동산에 대한 소유권을 입찰로 취득하는 경우,121) 분배농지 상환완료에 의하여 소유권을 취득하는 경우(대판 66다1434), 당사자 간의 법률행위 무효에 의하여 소유권이 복귀되는 경우(곽윤직 1999, 152), 점유 시효취득을 원인으로 소유권을 이전하는 경우가 이에 해당한다. 이러한 사유로 소유권을 이전할 경우에도 검인을 받을 필요가 없다.

나) 특별규정에 의한 검인면제

(1) 토지거래허가를 받은 경우

토지거래허가구역에 소재하는 토지에 대한 소유권 및 지상권을 유상으로 이전 또는 설정하는 계약 및 예약을 체결하는 당사자는 공동으로 토지관할 시장·군수·구청장으로부터 토지거래허가를 받아야 하는데, 동 허가를 받은 경우에는 검인을 받지 않아도 된다. 즉 국토의계획및이용에관한법률 제126조 제2항에는 "… 허가증을 교부받은 경우에는 부동산등기특별조치법 제3조의 규정에 의한 검인을 받은 것으로 본다"고 규정하고 있기 때문이다. 이러한 입법취지는 이미 시장·군수·구청장이 토지거래허가 여부를 심사하는 과정에서 그 토지에 대한 투명성을 충분히 검증하였기 때문이다.122)

그런데 토지와 그 지상의 건물이 동시에 거래되고 이에 대하여 토지거래허가를 받은 경우, 그 지상에 소재하는 건물에 대한 소유권 이전 거래계약도 검인의제 되는가? 법문상으로 보면 검인의제효는 어디까지나 토지에 한정된 것이므로 건물에 대해서는 그 효력이 미치지 않는다고 보는 것이 타당하다. 그러나 일반적으로 토지와 건물은 동시에 거래되고 관례상으로도 1장의 매매계약서에 토지 및 건물이 함께 기재되고 있다. 그리고 토지거래허가신청서에는 허가대상 토지에 존재하는 건축물 등에 대해서도 상세한 기재를 요구함으로써, 그 토지

---

121) 국세징수법에는 압류재산을 매각하는 공매방법으로 입찰과 경매를 규정하고 있다(국세징수법 제67조 제1항).

122) 농지에 대하여 토지거래허가를 받은 경우에는 농지취득자격증명서도 발급받은 것으로 간주되고 있다(국토의계획및이용에관한법률 제126조 제1항).

의 이용목적에 따른 적정성도 일괄 심사하고 있다. 이러한 측면에서 보면 그 지상에 존재하는 건물에 대한 심사도 이미 행한 것이므로, 토지와 같이 검인의제 하더라도 전혀 부당하지 않다. 실무상으로도 토지거래허가를 받은 경우에는 그 지상에 존재하는 건물에 대해서는 별도의 검인을 요구하지 않는다.

다만, 토지거래허가구역이라 하더라도 허가대상 기준면적 이하인 토지 또는 무상취득으로 허가를 받지 않는 경우 및 토지와 무관하게 건물에 대한 소유권만 이전하는 경우에는 검인을 받아야 한다.

(2) 주택거래신고를 한 경우

주택거래신고지역으로 지정된 지역에 소재하는 주택 중 일정 규모 이상의 아파트 및 연립주택에 대하여 유상으로 소유권을 이전하는 경우에는 주택법 제80조의2 제1항에 의하여 거래계약을 체결한 날로부터 15일 내 주택 소재지 관할 시장·군수·구청장에게 신고하여야 한다. 이에 따른 신고가 있으면 당해 행정기관은 즉시 신고내용을 확인한 후 신고필증을 교부하도록 하고 있다. 이러한 주택거래신고필증을 교부받은 경우에는 부동산등기특별조치법에 의한 검인을 받은 것으로 간주되고 있다(주택법 제80조의2 제4항).[123)]

한편 주택거래신고를 한 경우에도 그 부속 토지는 주택과 다른 별개의 부동산이므로 별도로 검인을 받아야 한다고 보는 것이 타당하다. 그러나 주택도 토지거래허가와 동일하게 해석할 수 있으므로, 주택거래신고를 한 당해 주택의 대지에 대해서도 검인을 받은 것으로 간주하는 것이 옳을 것이다. 주택거래신고제도에 대해서는 후술하기로 하겠다.

(3) 부동산거래신고를 한 경우

부동산 소유권 이전에 대한 유상계약이 체결된 경우에는 거래계약 체결일로부터 30일 내에 부동산 소재지 관할 시장·군수·구청장에게 이를 신고할 의무가 있다. 이에 따라 거래당사자 또는 중개업자가 동 신고를 통하여 신고필증을 교부받은 경우에는 부동산등기특별조치법 제3조에 의한 검인을 받은 것으로 간

---

123) 주택거래신고필증을 교부받은 경우에는 부동산거래신고도 한 것으로 간주되고 있다(공부법 제27조 제6항).

주된다(법 제27조 제4항).

나. 농지취득자격증명반려서 등

지목이 전·답·과수원인 토지에 대한 소유권 이전등기를 신청할 경우에는 원칙상 농지 소재지 관할 시장·구청장·읍장·면장이 발급하는 농지취득자격 증명서를 첨부하여야 한다.124) 그러나 동 서면을 첨부하지 않고 이에 대신할 수 있는 소명서면을 제출함으로써 동 증명서를 대신할 수 있는 경우가 있다. 이에 해당하는 것으로는 농지취득자격증명반려서와 토지이용계획확인서가 있다.

1) 농지취득자격증명반려서

"반려(返戾)"란 관할 행정기관에서 농지취득자격증명신청에 대하여 심사한 결과 요건불비를 이유로 동 증명서 발급을 거부하는 행정행위를 말한다. 따라서 반려서면으로는 농지에 대한 소유권 이전등기가 불가능함은 당연하다. 그러나 "농지법 제8조에 해당하지 않는 농지라는 취지"를 기재한 반려서면은, 동 토지가 농지법상 농지가 아니라는 행정기관의 의사표시이므로 결국 동 증명서를 첨부할 필요가 없는 토지라는 의미로 해석된다. 따라서 이러한 취지의 반려서면은 일면 농지취득자격증명서의 대용서면이 되는 것이다(등기예규 제920호 제3항 타목). 동 반려서면은 농지가 적법한 사유로 이미 다른 용도로 전용된 경우, 과거부터 비농지 지목으로 사실상 활용되어 온 사정이 있는 경우, 수 십년 이상 미경작 상태로 방치되어 더 이상 농지로써 보존·관리하는 것이 불가능하다고 판단될 경우 등의 사정이 있을 경우에만 동 서면이 발급된다.

---

124) 농지법상 "농지"는 전·답·과수원 기타 법적 지목 여하에 불구하고 실제의 토지 현상이 농지에 해당하는 경우를 말하므로(농지법 제2조 제1호), 이에 해당하는 토지는 원칙상 전부 농지취득자격증명서를 첨부하여야 한다. 그러나 실무상으로는 대장에 기재된 법적지목을 기준으로 동 서면의 첨부 필요 여부를 등기관이 형식적으로 판단하고 있을 뿐이므로, 농지법에 의한 농지의 개념은 사실상 무의미한 측면이 있다.

2) 토지이용계획확인서

토지이용계획확인서는 국토의계획및이용에관한법률 제132조 제1항에 의하여 토지관할 시장·군수·구청장이 발급하는 서면을 말한다. 그런데 농지에 해당하는 토지가 도시관리계획에 의하여 주거·상업·공업지역 등에 포함될 수 있다. 이러한 용도지역에 속한 농지는 관계 행정기관장과 농림부장관이 사전협의를 통하여 농지법 제8조의 적용을 받지 않는 농지로 결정한 것이다. 따라서 토지이용계획확인서로 이를 소명함으로써 농지취득자격증명서와 무관하게 동 토지를 취득할 수 있는데, 이러한 사유는 다음과 같은 경우를 말한다(국토의계획및이용에관한법률 제36조 제2항 제1호).

① 도시지역의 주거·상업·공업지역에 소재하는 농지인 경우
② 도시계획시설지 또는 그 예정지에 소재하는 농지인 경우[125]

3. 주택거래신고제도

가. 주택거래신고지역 지정요건

"주택거래신고지역"이란 소득세법 제96조 제1항 제6호의2 규정에 의하여 투기지역으로 지정된 지역 중 주택에 대한 투기가 성행하거나 성행할 우려가 있다고 판단되는 지역에 대하여 주택정책심의위원회의 심의를 거쳐 건설교통부장관이 지정하는 지역을 말한다(주택법 제80조의2 제1항).

주택거래신고지역으로 지정되기 위해서는 지정되는 날이 속한 달의 직전 월(이하 "직전 월"이라 함)의 아파트 또는 연립주택 매매가격 상승률이 1.5% 이상인 경우, 직전 월로부터 소급하여 3개월간 아파트 또는 연립주택의 매매가격 상승률이 3% 이상인 경우, 직전 월로부터 소급하여 1년간 아파트 또는 연립주택 매매가격 상승률이 전국의 아파트 또는 연립주택 매매가격 상승률의 2배 이상인 경우 및 관할 시장·군수·구청장이 아파트 또는 연립주택에 대한 투기가

---

125) 도시계획시설은 국토의계획및이용에관한법률 제2조 제7호에서 규정하고 있는 각종 시설을 말한다.

성행할 우려가 있다고 판단하여 건설교통부장관에게 요청하는 지역에 대하여 지정하게 된다(주택법시행령 제107조의2 제1항).

나. 주택거래신고 절차

주택거래신고지역으로 지정된 경우에는 당해 지역에 소재하는 일정한 공동주택에 대한 소유권을 유상으로 이전하는 거래계약을 체결한 당사자는 공동으로 일정사항을 기재한 서면을 거래계약 체결일로부터 15일내 주택 소재지 관할 시장·군수·구청장에게 신고하여야 한다. 이러한 신고에 대하여 관할 관청은 거래계약서에 기재된 형식적 기재사항을 심사한 후 즉시 신고필증을 교부하게 된다(주택법 제80조의2 제3항 및 제4항).

다. 주택거래신고지역의 종류 및 대상

주택거래신고지역에 소재한 모든 주택이 신고대상이 되는 것은 아니며, 공동주택 중에서 일정한 면적 이상에 해당할 경우에만 신고대상이 된다. 주택거래신고지역의 종류는 아파트거래신고지역, 연립주택거래신고지역, 아파트 및 연립주택거래신고지역으로 구분된다. 신고지역별 신고대상이 되는 아파트 및 연립주택의 규모에 대하여 살펴보면 다음과 같다(주택법시행령 제107조의2 제2항).126)

1) 아파트거래신고지역

아파트거래신고지역으로 지정된 경우에는 아파트 중 주거 전용면적이 $60m^2$를 초과하는 것과, 도시및주거환경정비법에 의한 주택재건축사업을 위한 정비구역[종전의 주택건설촉진법에 의하여 설립인가를 받은 재건축 조합의 사업부지(단, 부지면적 1만m^2 이상이거나, 기존 또는 재건축하고자 하는 세대수가 300세대 이

---

126) "아파트"란 전체 층수 중 5개층 이상이 주거용으로 사용되는 건물을 말하며, "연립주택"
    은 전체 층수 중 주거용으로 사용하는 부분의 연면적이 660m^2를 초과하고 4개층 이하인
    건물을 말한다(건축법시행령 제3조의4 별표1, 제2호 가·나목).

상인 경우에 한함)를 포함한다] 및 주택재개발사업정비구역에 있는 모든 아파트를 말한다.

2) 연립주택거래신고지역

연립주택으로서 주택거래신고 대상이 되는 것은 주거 전용면적이 $150m^2$를 초과하는 경우 및 재건축·재개발 구역에 있는 모든 연립주택을 말한다.

3) 아파트 및 연립주택거래신고지역

아파트 및 연립주택거래신고지역에 소재하는 아파트 및 연립주택은 위에서 논한 아파트거래신고지역 및 연립주택거래신고지역에서 각 신고대상이 되는 아파트와 연립주택을 말한다.

라. 주택거래신고 내용

주택거래신고지역에 소재한 아파트 및 연립주택의 소유권에 대한 유상의 거래계약을 체결한 당사자는 공동으로 주택거래신고지역을 관할하는 시장·군수·구청장에게 거래계약을 체결한 날로부터 15일 내에 다음 사항을 기재하여 신고하여야 한다.

① 계약 당사자의 성명·주민등록번호·주소·연락처·계약일자
② 거래대상 주택의 소재지·종류·규모
③ 거래가액 및 주택에 대한 소유권 이전 예정일
④ 중개업자의 중개에 의한 경우에는 그 부동산 중개업자
⑤ 주택 거래계약의 조건 및 기한

마. 주택거래신고필증 효력

주택에 대한 거래계약을 체결한 당사자가 관할 시장·군수·구청장에게 주택거래신고를 함으로써 신고필증을 교부받은 경우에는 부동산등기특별조치법 제3조 제1항에 의한 검인을 받지 않아도 된다(주택법 제80조의2 제4항). 그리고

공부법 제27조에서 규정하고 있는 부동산거래 신고의무도 면제된다(법 제27조 제6호).

4. 부동산거래신고제도

가. 의의 및 목적

부동산거래신고제도는 공정하고 투명한 부동산 거래질서를 확립하고 부동산 거래에 따른 조세정의 실현 및 국민경제에 이바지 할 목적으로 공부법 제정과 더불어 2006. 1. 1.부터 시행된 제도이다. "부동산거래신고"란 토지 또는 건축물에 대한 소유권을 유상으로 이전하는 거래계약을 체결한 당사자 및 거래계약에 관여한 중개업자가 공부법 제27조 제1항 및 제2항에 따라 부동산 소재지 관할 시장·군수·구청장에게 실거래금액 등을 신고하는 것을 말한다.

나. 신고대상

부동산거래신고대상이 되는 부동산은 토지 및 건물에 한정된다(법 제27조 제1항). 따라서 입목에관한법률에 의한 입목, 공장저당법에 의한 공장재단, 광업재단저당법에 의한 광업재단은 신고대상이 아니다.

신고대상이 되는 권리는 소유권에 한정된다. 그리고 소유권은 유상으로 이전할 경우에만 신고대상이 되며, 무상으로 이전할 경우에는 신고대상이 아니다. 그런데 공부법 제27조 제1항 등에는 "소유권" 내지 "유상"이라는 명문규정은 없다. 그러나 제도의 취지 및 전체 법조의 내용으로 볼 때 신고대상이 되는 권리는 소유권에 한정되는 것으로 보는 것이 타당하고, 무상으로 거래할 경우에는 거래금액이 존재하지 않고, 특히 법문상 "매매"라고 규정하고 있음에서도 유상에 한정되는 것임은 분명하다.

한편 소유권을 "유상"으로 이전할 경우 부동산거래 신고대상이 된다고 한다면, "매매"의 경우에만 한정된다고 볼 수 없다. 따라서 교환도 포함되는 것으로 보아야 한다.

다. 신고내용 및 의무자

토지 및 건축물에 대한 유상의 소유권 이전을 목적으로 하는 거래계약을 체결한 당사자는 공동으로 아래와 같은 사항을 신고할 의무가 있다. 다만, 거래계약이 중개업자 알선으로 체결된 경우라면, 동 신고의무는 중개업자에게 있다 (법 제27조 제2항, 영 제23조).

① 매수인 및 매도인의 인적사항

② 계약일, 중도금 및 잔금 지급일

③ 거래대상 부동산의 소재지번 및 지목

④ 거래대상 부동산의 종류 및 면적

⑤ 실제 거래금액

⑥ 계약의 조건이나 기한이 있을 경우에는 그 조건 또는 기한

⑦ 중개업자의 알선에 의한 경우에는 중개업자의 인적사항 및 중개사무소 개설등록에 관한 사항

라. 신고방법

부동산거래신고를 하고자 하는 당사자는 칙 별지 제21호 서식의 "부동산거래계약신고서(전자문서로 된 신고서 포함. 이하 같다)"에 매수인 및 매도인이 공동으로 서명·날인(전자인증 포함. 이하 같다)하여 당사자 중 1인이 신청할 수 있다. 다만, 당사자 중 1인이 신고서에 서명·날인을 거부할 경우에는 그 사유서를 첨부하여 일방의 서명·날인만으로도 신고할 수 있다. 신고자는 주민등록증 등 신분증명서를 시장·군수·구청장에게 내보여야 한다. 그러나 전자문서로 신고할 경우에는 전자인증 방법에 따른다(칙 제17조 제1항 및 제3항).

한편 중개업자가 거래계약을 체결한 경우에는 중개업자가 "부동산거래계약신고서"에 서명·날인하여 제출하여야 한다.[127) 신고하는 중개업자는 주민등록증 등 신분증명서를 시장·군수·구청장에게 내보여야 한다. 다만, 전자문서로

---

127) 당초에는 거래계약서 원본을 제출하는 방법으로도 부동산거래신고를 할 수 있었으나 시행규칙 개정으로 2006. 3. 13.부터 부동산거래계약신고서에 의한 신고로 통일시켰다.

신고할 경우에는 전자인증 방법에 따른다(칙 제17조 제2호 및 제3호). 중개업자
가 신고할 경우(단, 전자문서에 의한 신고는 제외한다)에는 고용신고된 소속 공인
중개사로 하여금 신고를 하도록 위임할 수 있다. 신고를 위임받은 소속 공인중
개사는 시장·군수·구청장에게 주민등록증 등 그의 신분증명서와 중개업자의
등록인장이 날인된 위임장을 제출하여야 한다(칙 제17조 제7항).

마. 신고기한 및 신고필증

신고기한은 부동산 거래계약을 체결한 날로부터 30일 내에 하여야 한다. 거
래 당사자 또는 중개업자로부터 부동산거래신고를 받은 시장·군수·구청장은
신고서를 검토한 결과 그 거래금액이 부동산거래검증체계에 의하여 적정하다고
판단될 경우에는 즉시 신고인에게 신고필증을 교부하여야 하고, 그 내용을 관할
세무서장에게 통보하여야 한다(법 제27조 제3항, 제28조 제2항 및 제3항).[128] 관할
시장·군수·구청장으로부터 동 필증을 교부받은 경우에는 부동산등기특별조
치법 제3조 제1항 따른 검인을 받은 것으로 간주된다(법 제27조 제4항).

바. 부동산 거래계약 해제 등 신고

신고한 부동산 거래계약이 무효·취소·해제된 경우에는 거래계약 당사
자·중개업자 또는 그 대리인이 칙 별지 제23호 서식의 "부동산거래계약해제등
신고서(전자문서로 된 신고서 포함)"에 서명·날인(전자인증 방법 포함)하여 관할
시장·군수·구청장에게 제출할 수 있다. 동 서면을 제출받은 관할 관청은 그
내용을 확인한 후 즉시 확인서를 신청인에게 교부하여야 한다(칙 제17조 제8항
및 제9항).

---

128) "부동산거래가격검증체계"는 시장·군수·구청장이 당사자로부터 신고받은 부동산 거
    래가격, 부동산가격공시및감정평가에관한법률에 의한 토지 및 주택의 가격, 기타 부동산
    가격정보 등을 통하여 건설교통부장관이 구축하게 된다(법 제28조 제1항).

〔참 고 문 헌〕

김기수. 1973. 〈한국민사중개계약론〉. 서울: 법문사.

김주수. 1992. 〈친족・상속법〉. 제4전정판. 서울: 법문사.

김철수. 1993. 〈헌법학개론〉. 전정신판보증판. 서울: 박영사.

강현중. 1992. 〈민사소송법〉. 전정증보판. 서울: 박영사.

곽윤직. 1983. 〈채권총론〉. 재전정판. 서울: 박영사.

_____. 1984. 〈채권각론〉. 재전정판. 서울: 박영사.

_____. 1989. 〈민법총칙〉. 신정판. 서울: 박영사.

_____. 1993. 〈부동산등기법〉. 신정판. 서울: 박영사.

_____. 1999. 〈물권법〉. 신정수정판. 서울: 박영사.

김일수. 1996. 〈형법각론〉. 서울: 박영사.

_____. 1997. 〈형법총론〉. 제5판. 서울: 박영사.

소성규. 1998. 〈부동산중개계약론〉. 서울: 부연사.

신언숙. 1993. 〈부동산등기법강의〉. 전정판. 서울: 육법사.

이근부. 2001. 〈부동산등기법〉. 개정3판. 서울: 삼조사.

이재상. 1990. 〈형법총론〉. 전정판. 서울: 박영사.

이정전. 1988. 〈토지경제론〉. 서울: 박영사.

임정수・전왕. 1992. 〈주관식 PERFECT 행정법〉. 서울: 법지사.

이태교・안정근. 1997. 〈부동산마케팅〉. 서울: 법문사.

김기수. 1985. 〈부동산중개업법 제정의 배경에 관한 고찰〉. 법학논총 제2집. 한양대 법학연구소.

이승길. 2004. 〈부동산 실거래가격 확인방법에 관한 연구〉. 석사학위 논문. 대구대학교 행정대학원.

〔찾 아 보 기〕

[저자약력]

한국방송통신대학교 행정학과 졸업
한국방송통신대학교 법학과 졸업
대구대학교 행정대학원 부동산학과 졸업(부동산학 석사)
대구광역시 공무원
공인중개사(8회)

現 VIP공인중개사사무소 대표
　　VIP행정사사무소 대표
　　VIP투자클럽(주) 대표이사
　　한국공인중개사협회 연구위원
　　한국공인중개사협회 대구·경북 실무교육 전임교수
　　한국부동산분석학회 대구·경북 이사

해법 부동산중개론

2006년 7월 4일 초판인쇄
2006년 7월 6일 초판 1쇄발행

저　자　이　　　승　　　길
발행인　배　　　효　　　선

발행처　도서출판　法　文　社

경기도 파주시 교하읍 문발리 526-3 ☎ 413-832
등 록　　1957년 12월 12일 제2-76호(윤)
전 화　　031-955-6500~6, 팩 스 031-955-6525
e-mail(영업) : business@bobmunsa.co.kr
　　(편집) : edit66@bobmunsa.co.kr
홈페이지 http://www.bobmunsa.co.kr
조　판　광　암　문　화　사

정가　25,000원　　　　　　ISBN 89-18-51007-1